Elke Blome

Backen
was allen schmeckt

Kuchen, Torten, Gebäck und Brot
Über 700 Rezepte, die auf Anhieb gelingen

Bild Seite 1: Beschwipster Gugelhupf (Rezept Seite 54),
           Linzer Torte (Rezept Seite 184),
           Hefebuchteln (Rezept Seite 136)

Bild Seite 2: Engadiner Nußtorte (Rezept Seite 189),
           Birnenwähe (Rezept Seite 206)

CIP-Kurztitelaufnahme der Deutschen Bibliothek

Blome, Elke
Backen, was allen schmeckt: Kuchen, Torten, Gebäck und Brot /
Elke Blome. – Niedernhausen/Ts.:
Falken-Verlag 1984
  (Falken-Sachbuch)
  ISBN 3-8068-4166-7

ISBN 3 8068 4166 7

Satz: LibroSatz, Kriftel bei Frankfurt
Druck: Peli Printing Works Ltd., Tel Aviv, Israel

817 2635 4453 6271

Inhalt

Vorwort

Backen ist wieder modern, es ist zu einem beliebten Hobby von groß und klein geworden.

Moderne Backöfen mit regelbaren Backtemperaturen, spezielle beschichtete Backformen, Küchenmaschinen und Handrührgeräte erleichtern die Arbeit und lassen sie kinderleicht werden.

Es gibt unendlich viele überlieferte Backrezepte, die immer wieder abgewandelt, verbessert und unseren heutigen Erkenntnissen einer gesunden Ernährung angepaßt wurden.

Aber es gibt bestimmt genauso viele neue Rezepte. Das heutige Angebot an guten Backzutaten, angefangen von den verschiedenen Mehlsorten bis hin zu den Gewürzen und Obstarten fremder Länder, eröffnet uns „Backmöglichkeiten", von denen unsere Großeltern noch nichts ahnten.

Alles über Backöfen

Ein Backofen wird sicher in jeder Küche vorhanden sein, sei es nun ein Elektroherd oder ein Gasherd.

Bei Elektroherden liegt die Temperatur zwischen 0 und 300° C, bei Gasherden liegen die Temperaturbereiche zwischen den Stufen 0 und 8. Die modernen Elektroherde haben einen Thermostat, der den Backofen auf der gewünschten Temperatur hält, und eine rote Kontrollampe, die erlischt, wenn die gewählte Temperatur erreicht ist. Beim Elektroherd wird das Backgut immer erst hineingeschoben, wenn die Temperatur erreicht ist. Beim Gasherd können hohe Kuchen vor dem Aufheizen in den Ofen gestellt werden, da dieser sehr schnell aufheizt. Kleingebäck geben Sie besser in den vorgeheizten Ofen, damit es seine Form nicht verliert.

Die modernen Backöfen haben Sichtglasfenster, durch die Sie Ihre Backwerke beobachten können.

Die meisten Herde haben 3–4 Einschiebleisten oder auch Haken, auf die das Backblech oder der Rost gesetzt werden. In der Tür oder auch auf dem Boden des Backwagens finden Sie meist auch Angaben darüber, auf welcher Stufe und mit welcher Hitze das Backgut gebacken werden muß.

Bei Heißluftherden wird die Luft durch einen Ventilator bewegt, so daß sie sich gleichmäßig im Backofen verteilen kann. Das bedeutet, daß Sie auf allen Stufen gleichzeitig backen können. Bei voller Raumausnutzung des Ofens verlängert sich die Backzeit um einige Minuten.

Ein Vorheizen entfällt, da der Backofen durch die Umluft sofort heiß wird. Die Backtemperaturen sind in der Regel etwas niedriger als bei herkömmlichen Elektroöfen.

Da die Fabrikate sehr unterschiedliche Systeme haben, ist es schwer, zu Temperatur und Backzeiten genaue Angaben zu machen.

Lesen Sie die Bedienungsanleitung sehr genau, wenn Sie einen neuen Heißluftherd bekommen. Sie werden darin Hinweise über Temperaturen und Backzeiten – oft auch im Vergleich zu den herkömmlichen Backöfen – finden.

Backzeiten und Temperatureinstellung

Gebäckart	Einschub-höhe	E-Herd (°C)	Heißluft-herd (°C)	Gasherd (Stufe)	Backzeit in Minuten
flaches Gebäck					
Mürbeteigboden	Mitte	180–200	150	2–3	15 – 20
Biskuitrolle	Mitte	180–200	150	2–3	10 – 15
Baiser	Mitte	90–110	80	½–1	80 –140
Brandteig	Mitte	200–220	170	3–4	20 – 30
Blätterteig	Mitte	200–220	170	3–4	10 – 20
Kleingebäck	Mitte	180–200	150	2–3	5 – 25
Blechkuchen	Mitte	200–220	170	3–4	30 – 40
halbhohes Gebäck					
Rührteig	unten	180–200	150	2–3	30 – 40
Biskuittorten	unten	180–200	150–160	2–3	30 – 40
Hefezöpfe	Mitte	200–220	160–170	3–4	30 – 50
Strudel	unten	200–220	160	3–4	40 – 50
hohes Gebäck					
Gugelhupf	unten	180–200	160	2–3	45 – 60
Hefenapfkuchen	unten	190–200	160–170	2–3	45 – 55
Kastenkuchen	unten	180–200	150	2–3	50 – 70
Sandkuchen	unten	180–200	160–170	2–3	60 – 70
Quark- und Käsekuchen	unten	175–200	150–160	2–3	60 – 80

Arbeitsgeräte und Backformen

Rührschüssel

Rührschüsseln gibt es in den unterschiedlichsten Ausführungen: aus Plastik, Edelstahl oder Keramik. Sie brauchen zum Backen mindestens 2, eine große breite und eine kleine schmale.
Hefeteig läßt sich besser in einer breiten Schüssel verarbeiten, Eierschnee schlägt man besser in einer schmalen.

Handrührgerät

Ein elektrisches Handrührgerät nimmt Ihnen beim Rühren die schwerste Arbeit ab. Mit diesen Rührgeräten können Sie leichte Rührteige und sogar schwere Hefeteige rühren oder kneten.

Küchenmaschine

Genauso geeignet – besonders für große Familien – sind Küchenmaschinen, die gleichermaßen zum Rühren und Kneten des Teiges wie zum Mahlen von Mandeln, Nüssen u. ä. geeignet sind.

Küchenwaage, Meßbecher, Litermaß

Um die Zutaten genau abzumessen, brauchen Sie eine Küchenwaage oder einen Meßbecher und ein Litermaß. Meßbecher und Litermaß können zur Not eine Küchenwaage ersetzen.

Mühlen

Für besondere Bäckereien brauchen Sie vielleicht einmal eine Mohn- oder Mandelmühle, Sie können aber Mohn, Mandeln und auch Nüsse gemahlen kaufen. Denken Sie daran, bevor Sie sich ein solches Gerät kaufen. Meist haben auch die Küchenmaschinen und Rührstäbe ein Zusatzgerät, mit dem man mahlen kann.

Schneebesen, Rührlöffel, Teigschaber

Sie benötigen außerdem noch einen Schneebesen, einen Rührlöffel aus Plastik oder Metall mit einem Loch in der Mitte und einen Teigschaber – möglichst aus Hartgummi –, der sich biegen läßt.

Teigroller

Teigroller sind entweder aus Hartholz oder Porzellan. Die Holzroller sind preiswerter, und das Mehl, das Sie zum Bestäuben brauchen, haftet besser daran. Sie brauchen den Teigroller, um den Teig auf einer bemehlten Arbeitsfläche auszurollen.

Pinsel

2 Pinsel von unterschiedlicher Breite gehören zur Grundausstattung. Sie brauchen Sie, um das Backgut mit Kuvertüre, Zuckerguß oder geschlagenem Eigelb zu bestreichen oder um Formen mit Fett auszupinseln.

Mehlsieb

Ein Mehlsieb vereinfacht die Arbeit, ist aber nicht unbedingt nötig; ein Haarsieb können Sie auch verwenden.

Kuchengitter

Das Kuchengitter ist rund oder eckig zu haben. Es dient zum Auskühlenlassen der Kuchen.

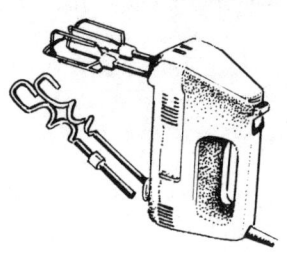

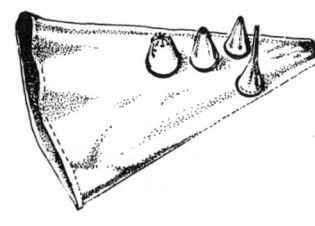

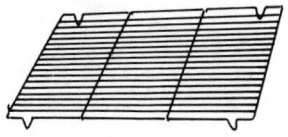

Holzstäbchen

Mit einem Holzstäbchen prüfen Sie, ob der Kuchen gar ist. Dazu stecken Sie das Stäbchen in die Mitte des Kuchens. Bleiben keine Teigreste daran kleben, ist der Kuchen gar.
Stürzen Sie den Kuchen, nachdem Sie ihn aus dem Ofen genommen haben, immer auf einen Rost, damit er noch von allen Seiten abkühlen kann!

Spritzbeutel

Zum Verzieren der Torten oder auch der Plätzchen brauchen Sie einen Spritzbeutel. Nehmen Sie Beutel aus durchsichtiger Folie, sie sind hygienischer als Stoffbeutel.
Bewährt haben sich auch Garnierspritzen aus Plastik, die leicht zu reinigen sind. Es gibt aber auch Einwegspritzen zu kaufen.

Backrädchen

Mit einem Backrädchen werden Streifen aus einem ausgerollten Teig geschnitten, die man als Gitter über einen Kuchen legt. Aber man kann damit auch Formen, wie Rauten, Karos, Kreise und Vierecke, schneiden.

Alufolie

Alufolie ist ein sehr brauchbares Hilfsmittel beim Backen. Sie können damit Kuchen abdecken, um eine zu starke Bräunung zu vermeiden, oder z. B. Stollen in einer aus Alufolie gefalteten Form bakken; er bleibt dann besser in Form.

Sie können damit auch Formen für Kleingebäck falten. Sie können mit Alufolie den Ofenboden auslegen, falls Sie einen sehr saftigen Obstkuchen backen, bei dem eventuell der Saft überläuft.

Backpapier

Mit Backpapier können Sie sich etwas Arbeit ersparen, wenn Sie die Bleche damit auslegen. Das Einfetten der Backbleche entfällt, ebenso das Säubern.

Backformen

Alle Kuchenformen gibt es aus den verschiedensten Materialien: Weißblech, Schwarzblech, Aluminium, Kupfer, Glas, Ton, Steingut, Keramik und teflonbeschichtet.

In ihren Backeigenschaften unterscheiden sie sich voneinander. Neue Formen müssen zunächst eingebacken werden. Spülen Sie die Formen mit kochendem Wasser aus, und trocknen Sie sie gut ab. Danach bestreichen Sie die Formen innen mit Öl und backen sie leer bei 220° C (Gas: 4) 30 Minuten lang.

Weißblechformen

Weißblechformen eignen sich besonders für Gasherde. Sie lassen das Gebäck schnell durchgaren und sind besonders geeignet für leicht backende Teigsorten, wie Biskuits. Vorsicht, sie backen schnell an!

Schwarzblechformen

Sie sind für den Elektroherd geeigneter als Weißblechformen. In ihnen backt man schwere Teige für Hefekuchen und Napfkuchen. Sie geben die Wärme besonders gut wieder, dadurch wird der Kuchen gut durchbacken.

Aluminiumformen

Wenn Sie Aluminiumformen nehmen, wählen Sie eine gute Qualität, sonst bäckt Ihnen der Kuchen leicht an. Ansonsten sind sie wie Weißblech- und Schwarzblechformen zu verwenden.

Kupferformen

Kupferformen sind sehr schön, aber auch sehr teuer. Sie backen sehr gut, da Kupfer die Wärme lange hält. Achten Sie beim Kauf darauf, daß die Formen von innen verzinnt sind.

Glasformen

Sie nehmen die Wärme nur sehr langsam auf und geben sie auch nur langsam an den Teig ab. Die Formen müssen immer gut eingefettet werden.

Tonformen

Sie müssen – wie z. B. der Römertopf – vor dem Gebrauch 15 Minuten in kaltes Wasser gestellt werden, damit sie nicht zerspringen.
Tonformen immer in den kalten Backofen stellen.

Steingut- und Keramikformen

Sie leiten die Wärme ähnlich wie Glas, können sie aber besser speichern.

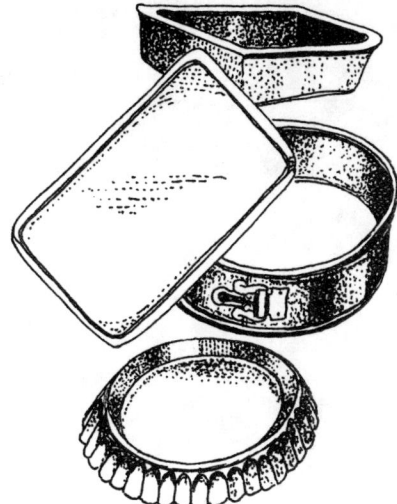

Teflonbeschichtete Formen

Teflonbeschichtete Backformen sind etwas teurer als Weiß- und Schwarzblechformen und Aluminiumformen, haben aber den Vorteil, daß sich das Backgut leicht von der Form löst. Sie müssen nur aufpassen, daß Sie die Beschichtung beim Reinigen nicht verkratzen.

Ein oder zwei Backbleche sind in jedem Ofen.
Zur Grundausstattung gehören: die *Kastenform* mit 26–30 cm Länge, eine *Gugelhupfform* mit einem Durchmesser von etwa 20 cm und einer Höhe von etwa 10 cm, eine *Springform* mit zwei Einsätzen, die *Kranzform* für Rührkuchen und der *flache Boden* für Obst- und Käsekuchen oder Torten. Oft ist dieser Boden leicht angeschrägt, was für Käsekuchen günstiger ist.
Darüber hinaus gibt es noch eine spezielle *Form für Frankfurter Kranz, Rehrücken-, Herz- und Fischformen.*

Backzutaten und Backgewürze

Eier

gibt es in unterschiedlichen Größen. Die Rezeptangaben gehen von einer Druchschnittsgröße von 50–60 g aus. Werden zum Backen sehr große Eier verwendet, so muß die Flüssigkeitszugabe etwas verringert werden.

Eier vor der Zugabe zum Teig immer über einem Schälchen aufschlagen und auf Frische überprüfen!

Eiweiß (Eiklar) läßt sich nur in einem sauberen, fettfreien Gefäß steif schlagen. Es darf kein Eigelb mit hineingelangen.

Fett

Hier können Sie Butter, Margarine, Mischfett, Öl und Butterschmalz je nach Rezept verwenden. Ob Sie Butter oder Margarine verwenden, ist gleich. Margarine ist preiswerter und läßt sich leichter rühren.

Den feinen Buttergeschmack merken Sie nur bei Mürbeteig, Hefegebäck und Cremes, bei Rührkuchen dagegen werden Sie den Unterschied zwischen

Butter und Margarine nicht merken, da sich das Butteraroma durch die lange Backzeit verflüchtigt.

Zum Ausbacken von Gebäck (z.B. Krapfen, Fettgebackenem) eignen sich nur Pflanzenfette, Öl und Schweineschmalz. Butter und Margarine sind hierfür ungeeignet, da der Siedepunkt zu niedrig liegt.

Mandeln

lassen sich kaum aus der Bäckerei wegdenken. Es sind die ovalen, flachgewölbten Samen der Steinfrüchte des Mandelbaumes. Hauptanbaugebiet sind die Mittelmeerländer.

Man unterscheidet süße und bittere Mandeln. Letztere dürfen nur als Aromaverstärkung verwendet werden, größere Mengen sind wegen der enthaltenen Blausäure gesundheitsschädlich.

Mandeln werden geschält (gehäutet), indem man sie in kochendem Wasser kurz ziehen läßt und sie dann aus der Schale drückt.

Mehl

Das Mehl sollte stets durchgesiebt und damit aufgelockert werden.

An den Typenbezeichnungen beim Mehl können Sie erkennen, wie weit es ausgemahlen ist. Je niedriger die Typenzahl ist, desto feiner und weniger wertvoll ist das Mehl.

Typ 405 ist unser normales Haushaltsmehl, das sich besonders für feine Backwaren eignet.

Die Typen 550 und 1050 sind nicht so fein und haben schon mehr Vitamine und Mineralien.

Bei Typ 1700, dem Weizenvollkornmehl, wird das ganze Korn mit dem fetthaltigen Keim und den mineralstoffreichen Randschichten ausgemahlen.

Weizenschrot, Roggenmehl und Körnermischungen eignen sich besonders gut für Brot und Brötchen und werden viel in der alternativen Küche gebraucht.

◁ Apfel im Schlafrock (Rezept S. 261), Blätterteiggebäck

Treibmittel

Backpulver ist für jede Art von Gebäck geeignet.

Frischhefe (aus Bier- oder Weinhefen) hat eine einwandfreie Beschaffenheit, wenn sie weißgelblich aussieht, sich feucht anfühlt und angenehm säuerlich riecht.

Trockenhefen werden seit einigen Jahren angeboten und lassen sich bequem verwenden. Einige Produkte werden vor der Verwendung in Flüssigkeit angerührt, andere gleich mit den übrigen Zutaten zu einem Teig verarbeitet.

Bei der Verwendung von Trockenhefe muß deren begrenzte Haltbarkeit berücksichtigt werden. Deshalb immer den Aufdruck mit dem Datum für die Triebkraftgarantie beachten.

Hirschhornsalz eignet sich für fettreiche und schwere Teige, z. B. Honigkuchen.

Pottasche nimmt man besonders bei Weihnachtsgebäck, wie Leb- und Honigkuchen.

Zucker

wird zum Backen möglichst fein verwendet (extra feine Raffinade). Feiner Zucker löst sich besser im Teig auf; der Kuchen wird feinporiger.

Für besonders feines Gebäck wird Puderzucker (Staubzucker) verwendet, der darüber hinaus noch zum Bestäuben oder für Zuckerglasuren gebraucht wird.

Brauner Rohr- und Farinzucker (naturbelassen, ungebleicht) wird vor allem für Gewürzkuchen und Weihnachtsgebäck verwendet.

Vanillezucker

können Sie selbst herstellen, indem Sie etwas Zucker mit einer kleingeschnittenen Vanilleschote im Mixpokal einer Küchenmaschine mahlen. Im verschlossenen Glas kann der Zucker aufbewahrt werden.

Vanillinzucker ist synthetisch hergestellt. Man kann ihn preiswert in Tütchen kaufen.

Stärkemehl (Speisestärke)

Stärkemehl kann das Mehl teilweise ersetzen, z. B. bei Sandkuchen, und wird zusammen mit dem Mehl vor dem Verarbeiten vermengt (gibt einen zarten Geschmack).

Walnüsse

sind besonders lagerempfindlich und werden wegen ihres hohen Ölgehalts leicht schimmelig und ranzig.

Für viele Kuchen und Gebäcke ist der Nußgeschmack unentbehrlich.

Mit etwas Zuckerwasser oder Honig überglänzt, werden Walnüsse gern zum Verzieren von Kuchen und Gebäck genommen.

Haselnüsse

Haselnußkerne werden im allgemeinen mit der Haut gemahlen oder kleingehackt. Will man die Haut entfernen, so werden die Haselnußkerne auf dem Backblech im stark vorgeheizten Backofen so lange geröstet, bis sich die Haut zwischen den Händen oder in einem Tuch abreiben läßt.

Wegen des hohen Ölanteils sind Haselnüsse wie alle Nüsse nur begrenzt lagerfähig. Kühl und trocken in luftdichtem Behältnis aufbewahren!

Schokolade

– man nimmt meist Kuvertüre – braucht man für Füllungen und Glasuren.

Kakaopulver

wird für verschiedene Kuchen, Torten und Cremes verwendet. Vermischen Sie es vor Gebrauch mit etwas Zucker.

Korinthen, Rosinen, Sultaninen

sind die getrockneten und haltbar gemachten Früchte verschiedener Traubensorten.

Geschwefelte Früchte sollten vor der Verwendung gewaschen werden. Die Früchte werden dann in einem Küchentuch trockengerieben, leicht in Mehl gewälzt und dem Teig beigefügt. Ungeschwefelte, naturreine Früchte sollten nicht gewaschen werden, damit der Traubenzucker nicht verlorengeht.

Die Früchte nur trocken in einem Tuch reiben, um die Stielchen und Verunreinigungen zu entfernen.

Mohn

Die einjährige Pflanze wird feldmäßig angebaut. Die reifen Samenkörner des Blaumohns, der in unseren Breitengraden wächst, werden für zahlreiche süße Gebäcke und Brötchen genommen.
Die Körner sollten möglichst frisch verarbeitet werden, da bei längerer Lagerung der Geschmack nachläßt und die stark ölhaltigen Körnchen leicht ranzig werden.

Orangeat und Zitronat

werden aus den Schalen bitterer Orangen (Pomeranzen) beziehungsweise aus den Früchten des Zitronenbaumes hergestellt.
Der Geschmack der kandierten Früchte ist süß und aromatischwürzig.
Für viele Früchtekuchen, Weihnachtsgebäcke, Stollen usw. finden Orangeat und Zitronat, in kleine Würfel oder feinste Streifchen geschnitten, Verwendung.

Feigen

werden in Südeuropa und Nordafrika angebaut.
Für den Export trocknet man sie. Dabei bekommen sie durch den ausgeschiedenen Traubenzucker eine gelblichweiße Färbung. Sie kommen zu Ringen aufgefädelt oder in kleinen Kistchen verpackt in den Handel.
Bei uns finden Feigen vor allem bei der Weihnachtsbäckerei und für die verschiedensten Früchtekuchen Verwendung. Die Außenhaut der Feigen ist häufig ledrigzäh, so daß die Früchte manchmal vor der Verwendung eingeweicht werden müssen.

Marzipan

wird aus gemahlenen Mandeln, Puderzucker und Rosenwasser hergestellt. Es ist als Rohmarzipan im Handel erhältlich und wird als Füllung von Torten, für Kleingebäck und Verzierungen verwendet.

Backaromen

sind chemisch hergestellte Essenzen mit Arrak-, Rum-, Zitronen-, Vanille- oder Bittermandelgeschmack. Sie sollen nur tröpfchenweise verwendet werden.

Datteln

sind immer wieder beliebt für die Weihnachtsbäckerei. Sie kommen aus dem Irak, aus Algerien, Kalifornien und dem Iran. Haupterntezeit ist Oktober bis Januar. Die besten Sorten sind weich und saftig und haben eine zarte Haut. Ihr Geschmack ist honigartig. Datteln sind wegen ihres hohen Zuckergehaltes sehr lange haltbar.

Pistazien

sind Früchte des Pistazienbaumes. Sie sind fast ohne Eigengeschmack und werden wegen ihrer grünen Farbe hauptsächlich zur Dekoration verwendet.

Verwenden Sie zum Backen nur Gewürze bester Qualität. Neben den einzelnen Gewürzen gibt es auch abgepackte Gewürzmischungen, wie Spekulatiusgewürz, Lebkuchengewürz und Pfefferkuchengewürz. Sie erleichtern die Arbeit wesentlich.

Anis

ist die Frucht einer früher in Ägypten und auf den griechischen Inseln wachsenden Pflanze, die heute auf Feldern in Bulgarien, Italien, Frankreich und Spanien angepflanzt wird. Es eignet sich für Kleingebäck und wird vor allem bei der Weihnachtsbäckerei verwendet.

Ingwer

ist die Wurzel einer Gewürzlilienart. Er ist frisch gemahlen, kandiert und eingelegt erhältlich. Findet vor allem bei der Weihnachtsbäckerei Verwendung.

Muskatnuß, Muskatblüte

beide werden getrocknet und im Ganzen oder als Samen angeboten. Der Geschmack ist scharf-aromatisch und leicht bitter. Honigkuchenteig und Lebkuchenteig können damit gewürzt werden, in leichter Dosierung auch Mürbeteig oder Hefeteig.

Nelken

Die rötlichbraunen Blütenknospen des Gewürznelkenbaumes enthalten ein starkes ätherisches Öl. Anbaugebiete sind die tropischen Länder; die besten Sorten kommen von den Molukken. Gewürznelken werden zum Kochen, zum Einlegen von Früchten, für Punsch und Glühwein genommen. Gemahlen sind sie ein wichtiges Backgewürz vor allem für die Weihnachtsbäckerei.

Lebkuchengewürz
ist eine Gewürzmischung aus Nelken, Ingwer, Koriander, Kardamom, Piment und Zimt.

Piment
Der Pimentbaum ist in Mittelamerika und auf den Westindischen Inseln heimisch. Seine getrockneten, erbsengroßen, rötlichbraunen Beeren haben ein nelkenähnliches Aroma und eine an Pfeffer erinnernde Schärfe.
Piment wird gemahlen für Lebkuchen- und Pfefferkuchenteig verwendet.

Koriander
ist ein südeuropäisches krautiges Doldengewächs. Die pfefferkorngroßen Früchte werden gemahlen und als Gewürz beim Backen von Pfeffer- und Lebkuchen verwendet.

Kardamom
Kapselfrüchte südostasiatischer Ingwergewächse. Kardamom ist gemahlen und ganz erhältlich und wird vor allem bei der Weihnachtsbäckerei gebraucht.

Kümmel
wird vor allem bei Salz- und Käsegebäck verwendet.

Rosenwasser
wird in der Weihnachtsbäckerei für verschiedene Gebäcke und Konfekt verwendet. Um etwa ¼ l Rosenwasser zu erhalten wird 1 Tropfen Rosenöl in 1 Eßlöffel Alkohol aufgelöst und mit lauwarmem Wasser vermischt.

Zimt
ist die Innenrinde des Zimtbaumes. Gemahlen und als Stangen erhältlich. Wird bei vielen Backwaren, vor allem bei Kleingebäck, genommen.

---

1 gestrichener Eßlöffel:
15 g Butter oder Margarine
10 g Mehl
10 g Semmelbrösel
 9 g Stärkemehl
12 g Zucker
 7 g Haferflocken
12 g Grieß

1 gestrichener Teelöffel:
3 g Backpulver
5 g Salz
4 g Zucker
2 g Stärkemehl
2 g gemahlene Gewürze

1 Tasse:
 80 g Mehl
120 g Zucker
100 g Semmelbrösel
120 g Grieß

Abkürzungen
EL   Eßlöffel
TL   Teelöffel
P.   Paket, Päckchen
Msp. Messerspitze
E   Elektroherd
G   Gasherd

Tips, die Ihnen die Arbeit erleichtern

Teilen einer Torte in mehrere Böden

Soll eine Torte in zwei oder drei Platten geteilt werden, ritzt man sie gleichmäßig am Rand rundherum ein, legt einen Zwirnsfaden in die Schnittlinie und zieht die Enden über Kreuz zusammen.

Sie können die Torte auch mit einem langen Messer durchschneiden, was allerdings etwas mehr Geschick erfordert.

Leichter läßt sich der Tortenboden auf jeden Fall schneiden, wenn Sie ihn am Tage vorher backen.

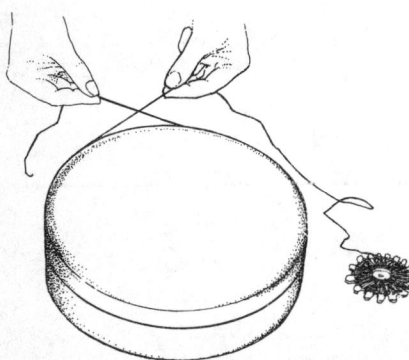

Abwiegen

Wiegen oder messen Sie alle Zutaten genau ab, nur so werden Sie auch ein gutes Backergebnis bekommen.

Aufbewahren von Keksen und Kleingebäck

Kleinere Gebäckstücke aus Mürbeteig oder Rührteig lassen sich 1–2 Wochen aufbewahren, sofern nicht verderbliches Obst dabei ist.

Andere Plätzchen wieder – vor allem Weihnachtsplätzchen – entfalten ihr Aroma erst nach einiger Zeit und können daher länger aufgehoben werden.

Am besten bewahren Sie die einzelnen Kekssorten getrennt auf. In keinem Fall sollten Sie knuspriges mit weichem Gebäck zusammentun. Zur Lagerung eignen sich gutschließende Blech- oder Kunststoffdosen. Weil das Gebäck leicht fremde Gerüche annimmt, müssen die Behälter absolut geruchsfrei sein.

Hartes Gebäck (Makronen, Springerle, Eiweißgebäcke, Honig- und Lebkuchen) werden luftig und kühl aufbewahrt; dafür eignen sich auch ein großer Tontopf, eine Holzkiste oder ein Pappkarton, der eine Luftzufuhr ermöglicht. Durch die Aufnahme von Luftfeuchtigkeit wird das Gebäck bei der Lagerung mürber. Knuspriges Gebäck, das auch so bleiben soll, müssen Sie luftdicht verschlossen aufbewahren.

Backfett

Nehmen Sie die Butter oder Margarine rechtzeitig aus dem Kühlschrank, damit alle Zutaten die gleiche Temperatur haben, wenn Sie anfangen zu rühren.

Blindbacken

Damit der Teig beim Backen von Obstkuchenböden und Torteletts nicht zusammenrutscht, wird „blind" gebacken.

Legen Sie auf den Teigboden einen gleich großen Kreis aus Backpapier oder Alufolie. An den Rand stellen Sie einen gleich

hohen Papier- oder Folienstreifen und drücken ihn etwas an. Darauf werden getrocknete Erbsen oder Bohnen gefüllt.
Nach dem Backen entfernen Sie die Füllmasse und das Papier. Die Erbsen oder Bohnen können Sie immer wieder verwenden.

Bräunung
Wird die Oberfläche des Kuchens während des Backens zu braun, decken Sie sie mit Alufolie ab.

Einfrieren
Die meisten Teigsorten lassen sich gut einfrieren. Sie können so gleich den Teig für mehrere Kuchen zubereiten. Nicht geeignet sind Brand-, Baiser- und Biskuitteige.
Besser ist es, die fertigen Kuchen oder Torten einzufrieren. Achten Sie beim Einfrieren darauf, daß das Backgut möglichst luftdicht verpackt wird, um ein Austrocknen oder eine Geschmacksübertragung zu vermeiden.
Torten setzen Sie am besten zunächst auf eine Pappunterlage. Fertig verzierte oder gespritzte Torten lassen Sie zunächst unverpackt vorfrieren. Erst danach luftdicht verpacken, damit die Verzierung nicht beschädigt wird.
Überziehen Sie Ihre Kuchen und Torten erst nach dem Auftauen mit Kuvertüre oder Zuckerglasur, da diese durch das Einfrieren stumpf und unansehnlich werden.

Eiweiß
Eiweiß erst unmittelbar vor der Verwendung schlagen. Es wird besonders steif, wenn man während des Schlagens etwas groben Zucker hinzufügt oder ein paar Tropfen Zitronensaft.
Das Eiweiß ist richtig steif geschlagen, wenn man es mit dem Messer einschneiden kann und der Schnitt zu sehen ist.

Garprobe
Bevor Sie den Kuchen aus dem Ofen nehmen, prüfen Sie, ob er durchgebacken ist.

Dazu verwenden Sie am besten Spießchen aus Holz. Die Spießchen werden an verschiedenen Stellen des Kuchens eingestochen und wieder herausgezogen. Haften an den Spießchen noch feuchte Teigreste, so ist der Kuchen noch nicht durchgebacken.

Käsekuchen
Käsekuchen fällt nicht so leicht zusammen, wenn Sie ihn im Backofen auskühlen lassen. Lösen Sie dazu den Springformrand, und öffnen Sie die Ofentür einen Spalt.

Vor dem Backen
Stellen Sie sich alle Geräte und Zutaten bereit, die Sie zum Backen brauchen.

Vorheizen
Heizen Sie den Backofen rechtzeitig vor, damit das Gebäck auch gleich in den Ofen kann. Manche Gebäckarten, vor allem Biskuit und Rührteig, sollen sofort gebacken werden.

Verzierungen

Zum Verzieren von Torten und Kuchen brauchen Sie einen Spritzbeutel mit verschiedenen Tüllen.

Nehmen Sie sich zum Verzieren Zeit, denn Sie brauchen eine ruhige Hand dazu, damit die Linien nicht verwackelt aussehen.

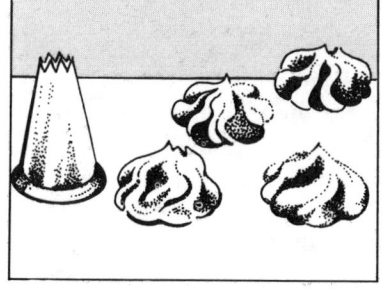

Die *Lochtülle* spritzt glatte Linien oder Tupfen mit glatten Rändern.

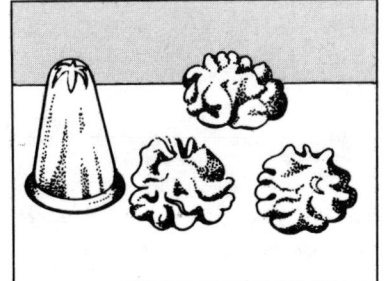

Die *Sterntülle* „produziert" eine fein gerillte Linie oder zarte, leicht eingekerbte Tupfen.

Die *Rosentülle* ergibt stark gerillte Linien und schön gekerbte, rosenblütenartige Tupfen.

So wird der Spritzbeutel gefüllt

1. *Die gewünschte Tülle in den Beutel schieben und fest in die Öffnung drücken, damit beim Spritzen keine Creme an den Seiten herausgedrückt wird.*

2. *Den Rand des Spritzbeutels so weit nach außen umschlagen, daß die Creme in den Beutel paßt.*

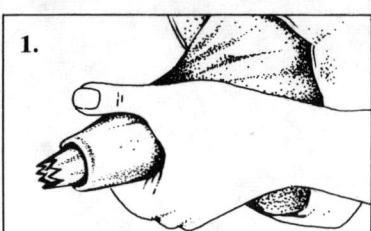

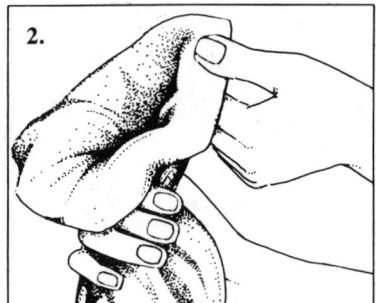

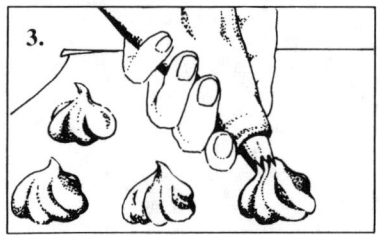

3. *Die Garniermasse mit einem Löffel in den Beutel füllen. Den Rand wieder zurückschlagen und über der Füllung zusammendrükken. Die Masse vorsichtig nach unten drücken, damit keine Luftlöcher bleiben.*

4. *Zum Verzieren den Beutel mit einer Hand zusammenhalten. Die andere Hand drückt die Füllung langsam nach unten und führt dabei den Beutel.*

1. Rosettenband
Die Rosentülle wird in den Spritzbeutel gesteckt und die Garniermasse eingefüllt. Den Spritzbeutel nun senkrecht halten und dicht nacheinander kleine Tupfen spritzen.

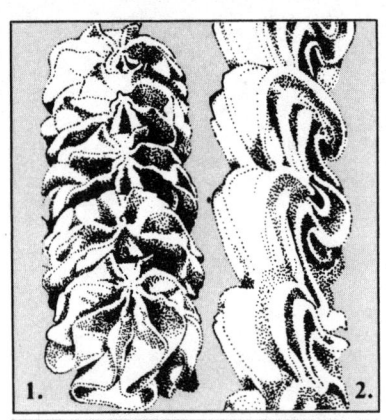

2. Wellenband
Hier wird der Spritzbeutel mit Sterntülle verwandt. Nach dem Füllen des Beutels senkrecht in auf- und niedergehender Linie spritzen.

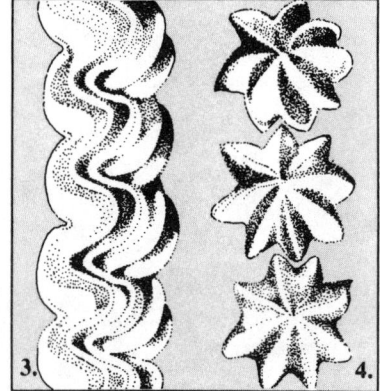

3. Schlangenlinie
Auch hier wird die Sterntülle genommen. Den Spritzbeutel fast waagerecht ansetzen und beim Spritzen leicht hin- und herbewegen.

4. Sterntupfen
Die Sterntülle in den Spritzbeutel stecken. Den Beutel nun senkrecht halten und kleine Tupfen spritzen. Dabei die Tülle jeweils nach oben wegziehen.

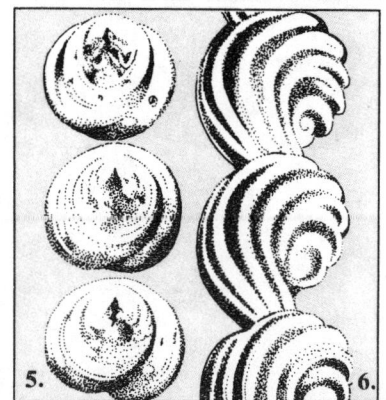

5. Kreistupfen
Hier wird die Lochtülle verwendet. Den Spritzbeutel senkrecht halten und kleine Tupfen spritzen. Dabei jeweils den Beutel nach oben wegziehen.

6. Rosettenspirale
Die Rosentülle in den Spritzbeutel setzen. Den Beutel senkrecht halten und beim Spritzen die Hand mit dem Beutel leicht drehen. Der Spritzbeutel darf dabei nicht abgesetzt werden.

Güsse, Glasuren und Cremes

Glasuren und Güsse werden aus Puderzucker und Flüssigkeit oder Eiweiß hergestellt.

Um einen einwandfreien Guß zu erhalten, muß der Puderzucker vor der Verwendung gesiebt werden. Ist der Puderzucker stark verklumpt, so gibt man ihn auf Pergamentpapier und zerkleinert ihn mit einer Kuchenrolle.

Soll dem Puderzucker Kakao oder ein pulverförmiges Gewürz (Zimt, Nelken o. ä.) zugegeben werden, so siebt man beides miteinander oder gibt ihn vor Zugabe der Flüssigkeit dazu.

Die Flüssigkeit rührt man von der Mitte her in den Zucker. Wichtig ist, daß die Flüssigkeit langsam und in kleinen Mengen – am besten teelöffelweise – dazugerührt wird.

Der Guß muß dickflüssig sein, ist er zu dünn, läuft er vom Gebäck, ist er zu dick, läßt er sich nicht gut verstreichen.

Um das Einsinken des Gusses in Biskuitböden zu vermeiden, bestreicht man sie dünn mit glatter Konfitüre, die vorher etwas er-

wärmt wird. Sie läßt sich dann besser streichen.

Soll Zuckerguß gespritzt werden, darf er nicht zu dünn sein.

Kuvertüre

Eine gute Kuvertüre muß richtig fett glänzen. Dazu sollten Sie folgendes beachten:

Es darf kein Tropfen Wasser an die Kuvertüre kommen.

Hacken Sie die Kuvertüre, geben Sie sie am besten in eine Chromarganschüssel, und lösen Sie sie im warmen Wasserbad auf. Da die Kakaobutter in der Kuvertüre einen Schmelzpunkt von 34 Grad hat, muß die Temperatur also etwas höher liegen, damit sich die Kakaobestandteile mit der Kakaobutter zu einer glatten Masse verbinden.

Nehmen Sie die flüssige Kuvertüre aus dem Wasserbad, und lassen Sie sie unter ständigem Rühren so kalt werden, daß sie kurz vor dem Erstarren ist.

Danach erwärmen Sie sie im Wasserbad wieder auf Körpertemperatur und verwenden sie.

Rahmguß

1 Becher saurer Rahm
1–2 Eier
2–3 EL Zucker
1 TL Stärkemehl
Saft von ½ Zitrone
oder ½ TL Zimt oder
verschiedene Backaromen
½ TL Backpulver

Die saure Sahne in eine Schüssel geben.
Die Eier trennen und das Eigelb mit der sauren Sahne verquirlen. Zucker, Stärkemehl, Zitronensaft und Backpulver dazugeben und alles gut verrühren.
Das Eiweiß steif schlagen und unterziehen.

Zuckerguß

200 g Puderzucker
3 EL Wasser

Den gesiebten Puderzucker in eine Schüssel geben und mit so viel heißem Wasser glattrühren, daß eine dickflüssige Masse entsteht.

Makronenguß

2 Eiweiß
100 g feiner Zucker
2–3 Tropfen Bittermandel-Backaroma
100 g abgezogene und gemahlene Mandeln

Das Eiweiß sehr steif schlagen und den Zucker nach und nach dazugeben.
Mit Bittermandel-Backaroma würzen und zum Schluß die gemahlenen Mandeln unterziehen. Auf das fertige Gebäck streichen oder spritzen und im Ofen trocknen lassen.

Fruchteiweißglasur

1 EL Fruchtsirup
(Himbeer-, Erdbeer-, Johannisbeer-, Kirschsirup)
150 g Puderzucker
1 Eiweiß

Das Eiweiß sehr steif schlagen und Puderzucker und Fruchtsirup unterrühren.

Schokoladenglasur

200 g Puderzucker
30 g Kakao
2–3 EL heißes Wasser

Den Puderzucker und Kakao in eine Schüssel sieben und mit heißem Wasser glattrühren, so daß eine dickflüssige Masse entsteht.

Zitroneneiweißglasur

1 Eiweiß
150 g Puderzucker
1 EL Zitronensaft

Das Eiweiß sehr steif schlagen und gesiebten Puderzucker und Zitronensaft darunterrühren.

Orangenglasur

150 g Puderzucker
1 EL Zitronensaft
1–2 EL Orangensaft

Den Puderzucker in eine Schüssel sieben und mit so viel Zitronen- und Orangensaft glattrühren, daß eine dickflüssige Masse entsteht.

Punschglasur

150 g Puderzucker
1 EL Rum
1 EL Orangensaft

Den Puderzucker in eine Schüssel sieben und mit so viel Rum und Orangensaft glattrühren, daß eine dickflüssige Masse entsteht.

Rumglasur

150 g Puderzucker
1–2 EL Rum

Den Puderzucker in eine Schüssel sieben und mit so viel Rum glattrühren, daß eine dickflüssige Masse entsteht.

Mokkaglasur

150 g Puderzucker
1–2 EL ganz starker Kaffee

Den Puderzucker in eine Schüssel sieben und mit so viel Kaffee glattrühren, daß eine dickflüssige Masse entsteht.

Karamelglasur

30 g feiner Zucker
2–3 EL Milch
150 g Puderzucker

Den feinen Zucker in einer Pfanne hellbraun werden lassen und mit Milch ablöschen.
Unter ständigem Rühren zu Sirup verkochen.
In eine Schüssel geben und mit dem gesiebten Puderzucker zur Glasur verrühren.
Falls die Glasur zu fest wird, noch etwas Milch dazugeben.

Zitronenglasur

200 g Puderzucker
3 EL Zitronensaft oder
2 EL Zitronensaft und
1 EL heißes Wasser

Den Puderzucker in eine Schüssel sieben und mit so viel Zitronensaft und Wasser glattrühren, daß eine dickflüssige Masse entsteht.

Zimtglasur

150 g Puderzucker
½ TL Zimt
1–2 EL Dosenmilch

Puderzucker und Zimt in eine Schüssel sieben, vermischen und mit so viel Dosenmilch glattrühren, daß eine dickflüssige Masse entsteht.

Eigelbglasur

150 g Puderzucker
2 Eigelb

Den gesiebten Puderzucker in eine Schüssel geben.
Die Eigelbe verquirlen und unter den Puderzucker rühren.

Eiweißglasur

150 g Puderzucker
1 Eiweiß

Das Eiweiß steif schlagen und den gesiebten Puderzucker unterrühren.

Cointreauglasur

150 g Puderzucker
1–2 EL Cointreau

Den Puderzucker in eine Schüssel sieben und mit so viel Cointreau glattrühren, daß eine dickflüssige Masse entsteht.

Schokoladenfettglasur

150 g Blockschokolade
25 g Kokosfett

Die Schokolade und das Kokosfett im Wasserbad schmelzen und gut miteinander verrühren.

Buttercreme

250 g Butter
250 g Puderzucker
1 Prise Salz

Die Butter schaumig rühren und dabei nach und nach den Puderzucker und das Salz einrieseln lassen.
Die Creme so lange weiterrühren, bis sich der Zucker gelöst hat.

Schokoladenbuttercreme

175 g Butter oder Margarine
100 g Puderzucker
100 g geriebene zartbittere Schokolade
2 Eigelb
2–3 EL Sahne
einige Tropfen Rumaroma

Die Butter oder Margarine schaumig rühren und nach und nach Puderzucker, geriebene Schokolade, Eigelbe und Sahne dazugeben.
Zum Schluß das Rumaroma unterrühren.
Man kann Schokoladenbuttercreme auch wie Vanillebuttercreme herstellen, man nimmt dann nur Schokoladenpuddingpulver statt Vanille.

Schokoladensahnecreme

50 g Butter, 50 g Puderzucker
¼ l Sahne
200 g Blockschokolade

Das weiche Fett schaumig rühren und den Puderzucker nach und nach dazugeben.
Die Schokolade zerkleinern, im Wasserbad schmelzen lassen und etwas abgekühlt unter das Fett rühren.
Die Schlagsahne steif schlagen und mit der Creme vermischen.

Fruchtcreme

100 g Butter
100 g Puderzucker
¼ l Sahne
1 P. Vanillinzucker
200 g Fruchtpüree (Erdbeeren, Kirschen, Himbeeren u. ä.)

Die Butter schaumig rühren und den Puderzucker nach und nach einrieseln lassen.
Die Schlagsahne mit dem Vanillinzucker steif schlagen und mit dem Fruchtpüree löffelweise unter die Butter rühren.

Rumcreme

½ l Milch
20 g Stärkemehl
2 Eigelb
75 g Zucker
1 P. Vanillinzucker
3 EL Rum
1 P. weiße Gelatine
2 Eiweiß

Das Stärkemehl mit etwas Milch anrühren.
Die restliche Milch mit Zucker und Vanillinzucker zum Kochen bringen. Nun die Eigelbe mit heißer Flüssigkeit verquirlen und unter die Creme ziehen.
Das angerührte Stärkemehl dazugeben und noch einmal aufkochen lassen.
Die Gelatine 10 Minuten in Wasser quellen lassen, mit dem Rum auflösen und unter die Creme rühren.
Das Eiweiß schnittfest schlagen und ebenfalls unterziehen.

Zitronencreme

½ l Sahne
⅛ l Zitronensaft
75 g Zucker
1 P. weiße Gelatine

Die Schlagsahne steif schlagen und den Zucker einrieseln lassen. Die Gelatine nach Anleitung auf der Packung auflösen und zusammen mit dem Puderzucker unter die Sahne rühren.

Vanillecreme

½ l Milch
80 g Zucker
1 P. Vanillepuddingpulver
2 Eier

Nach Anleitung einen Vanillepudding kochen und den restlichen Zucker in den noch heißen Pudding rühren.
Die Eier trennen und die Eigelbe unter den Vanillepudding ziehen.
Das Eiweiß sehr steif schlagen und ebenfalls unterziehen.
Die Creme nach dem Erkalten als Füllung verwenden.

Nußcreme

100 g geröstete und gemahlene Haselnüsse
⅛ l Milch
3 Eigelb
60 g Zucker
1 P. weiße Gelatine
¼ l Sahne
1 P. Vanillinzucker

Die Hälfte der Nüsse mit der Milch aufkochen und durch ein Sieb passieren.
Die Eigelbe mit dem Zucker schaumig rühren und zur Milch geben.
Die Gelatine 10 Minuten in Wasser quellen lassen und ebenfalls dazugeben.
Unter leichtem Schlagen die Masse erhitzen und wieder erkalten lassen.
Die restlichen Nüsse und die mit Vanillinzucker steif geschlagene Sahne unterziehen.

Vanillebuttercreme

½ l Milch
100 g Zucker
1 P. Vanillepuddingpulver
200 g Butter
einige Tropfen Rumaroma

Nach Anleitung einen Vanille-pudding kochen und den restli-chen Zucker in den noch heißen Pudding geben.
Den Pudding erkalten lassen und dabei immer wieder umrühren, damit sich keine Haut bildet.
Die Butter schaumig rühren und das Rumaroma dazugeben.
Den erkalteten Pudding löffelwei-se unter das Fett rühren, dabei darauf achten, daß weder das Fett noch der Pudding zu kalt sind, da sonst die Creme gerinnt.

Zitronenbuttercreme

½ l Milch
50 g Stärkemehl
60 g Zucker
2 Eigelb
3 EL Zitronensirup
1 EL Zitronensaft
abgeriebene Schale von
1 ungespritzten Zitrone
200 g Butter oder Margarine

Das Stärkemehl mit etwas Milch anrühren.
Die restliche Milch mit dem Zucker zum Kochen bringen, das angerührte Stärkemehl unter-rühren und noch einmal aufko-chen lassen.
Unter mehrmaligem Umrühren abkühlen lassen, dabei Eigelbe, Zitronensirup, Zitronensaft und -schale unterrühren.
Das weiche Fett schaumig rühren und den abgekühlten Pudding löffelweise dazugeben.

Mokkacreme

50 g Stärkemehl
½ l Milch
100 g Zucker
100 g Butter oder Margarine
1 TL Kakao
3 TL Pulverkaffee

Das Stärkemehl mit etwas Milch anrühren.
Die restliche Milch mit dem Zucker zum Kochen bringen, das angerührte Stärkemehl unter Rühren dazugeben und noch ein-mal aufkochen lassen.
Die Masse in eine Schüssel geben und auskühlen lassen.
Das Fett schaumig rühren, den Kakao und Pulverkaffee unter-rühren und löffelweise unter die abgekühlte Milchmasse schla-gen.

Kuchen und Gebäck aus Rührteig

Kuchen aus Rührteig sind sicher so beliebt, weil sie fast immer gelingen.

Wichtig ist, daß der Teig gut gerührt wird, damit viel Luft hineinkommt und der Kuchen dadurch zart und locker wird.

Die modernen Küchengeräte erleichtern uns die Arbeit, wenn auch sicher mancher meint, daß nichts über einen handgerührten Teig geht.

Geeignet ist Rührteig besonders für Napfkuchen aller Art, aber auch Kuchen vom Blech und Kleingebäck aus Rührteig schmecken vorzüglich.

Grundrezept

Verarbeitung mit der Hand

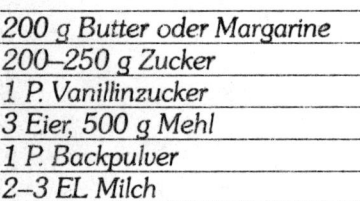

200 g Butter oder Margarine
200–250 g Zucker
1 P. Vanillinzucker
3 Eier, 500 g Mehl
1 P. Backpulver
2–3 EL Milch

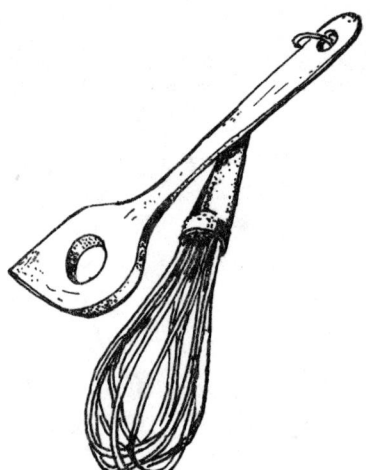

RÜHRLÖFFEL, SCHNEEBESEN

1. Das Fett schaumig rühren, nach und nach zunächst den Zucker und Vanillinzucker dazugeben und dann die Eier.
Noch lockerer wird der Teig, wenn der Eischnee extra geschlagen und zum Schluß untergehoben wird.

2. Das Mehl mit dem Backpulver mischen und abwechselnd mit der Milch unterrühren.

3. So lange rühren, bis der Teig locker und luftig ist.

Mit Handrührgerät und Küchenmaschine

Was zu beachten ist

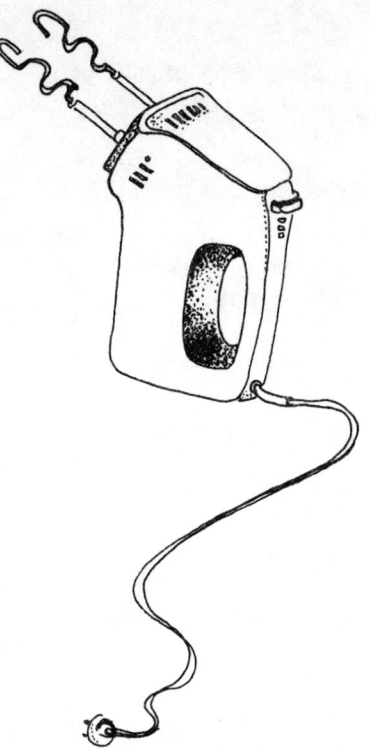

RÜHRBESEN

Alle Zutaten in eine Schüssel geben und zunächst auf der niedrigsten Stufe etwa 1 Minute, dann auf höchster Schaltstufe etwa 3 Minuten rühren.

Das Fett muß weich und geschmeidig sein, es läßt sich so besser schaumig rühren.
Die Eier müssen nacheinander dazugegeben werden, da sie sich dann besser mit dem Fett verrühren lassen.
Die Fett-Zucker-Ei-Masse muß so lange gerührt werden, bis sich der Zucker ganz aufgelöst hat.
Die Kuchenformen müssen vorher gut eingefettet und eventuell mit Semmelbröseln ausgestreut werden, damit sich der Kuchen leichter aus der Form löst.

Vom Gugelhupf bis zum Obstkuchen

Flambierter Früchtekuchen

Teig:
200 g Butter oder Margarine
200 g Zucker
4 Eier
1 TL Zimt
50 g Schokoladenstreusel
100 g Mandelblättchen
50 g gehackte Walnüsse
50 g Rosinen
50 g gehacktes Orangeat
50 g gehacktes Zitronat
400 g Mehl
1 P. Backpulver
etwa 1/8 l Milch
Zum Flambieren:
etwa 6 EL Rum (54%ig)
2–3 TL Zucker
Außerdem:
Fett für die Form

Backzeit: etwa 60 Minuten
Schaltung: E: 200°C, G: 3

1. Das weiche Fett und den Zucker in einer Rührschüssel sehr schaumig rühren.

2. Nacheinander die Eier hinzufügen. Dann Zimt, Schokoladenstreusel und die Kuchenfrüchte unterrühren.

3. Mehl und Backpulver vermischen und abwechselnd mit der Milch in den Teig rühren.

4. Diesen in eine ausgefettete Napfkuchenform füllen.

5. Im vorgeheizten Backofen (E: 200°C, G: 3) etwa 60 Minuten backen. Mit dem Holzspießchen prüfen, ob der Kuchen durchgebacken ist.

6. Einige Minuten in der Form abkühlen lassen, dann auf ein Kuchengitter stürzen.

7. Den hochprozentigen Rum mit dem Zucker vermischen, erhitzen, anzünden und brennend über den Kuchen gießen.

Mein Tip

Falls Sie den Kuchen vor den Augen der Gäste flambieren möchten, sollten Sie sich aus Alufolie eine runde, ausgezackte Schablone schneiden, die in die Mitte des Früchtekuchens gedrückt wird. Dahinein geben Sie die Hälfte des erwärmten Rums und träufeln den übrigen über den Kuchen. Dann wird der Alkohol in der Folie angezündet, so daß die Flammen über den beträufelten Kuchen züngeln.

Feiner Napfkuchen

Teig:
250 g Butter oder Margarine
200 g Zucker
1 P. Vanillinzucker
abgeriebene Schale von
1 ungespritzten Zitrone
4 Eier
100 g Stärkemehl
300 g Mehl
4 TL Backpulver
100 g abgezogene und
gemahlene Mandeln
50 g feingeschnittenes Zitronat
je 125 g Rosinen und Korinthen
3 EL Rum
Guß:
250 g Puderzucker
1 EL Zitronensaft
1 EL Wasser
Außerdem:
Fett für die Backform

Backzeit: 60–70 Minuten
Schaltung: E: 180°C, G: 2

1. Das weiche Fett in eine Schüssel geben und schaumig rühren.

2. Den Zucker, die abgeriebene Zitronenschale und die Eier nach und nach daruntergeben.

3. Das Mehl mit dem Stärkemehl und dem Backpulver vermischen und ebenfalls darunter geben.

4. Zum Schluß die gemahlenen Mandeln, das Zitronat, die gut gewaschenen und getrockneten Rosinen und Korinthen und den Rum unter den Teig mischen.

5. Den Teig in eine gut gefettete Backform geben und im vorgeheizten Backofen (E: 180°C, G: 2) 60–70 Minuten backen.

6. Für den Guß den Puderzucker in einen tiefen Teller geben, Zitronensaft und Wasser hinzugießen und alles rühren, bis eine glatte Masse entstanden ist.

7. Den Zuckerguß über den Kuchen streichen.

Flammerskuchen

Teig:
300 g saure Sahne
5–6 Eier
250 g Zucker
1 P. Vanillinzucker
1 TL Anissamen
500 g Mehl, 1 P. Backpulver
80 g Butter
Guß:
250 g Puderzucker
2–3 EL Rum
Verzierung:
Schokoladenstreusel
Außerdem:
Fett für das Blech

Backzeit: etwa 30 Minuten
Schaltung: E: 200°C, G:3

1. Die saure Sahne mit den Eiern, dem Zucker und Vanillinzucker schaumig rühren.

2. Den Anissamen mit dem Mehl und Backpulver mischen und unterrühren.

3. Die Butter schmelzen und ebenfalls unterziehen.

4. Ein Backblech einfetten und den Teig glatt darauf ausstreichen.

5. Den Kuchen im vorgeheizten Backofen (E: 200°C, G:3) etwa 30 Minuten backen.

6. Den Puderzucker mit dem Rum glattrühren und den ausgekühlten Kuchen damit bestreichen.

7. Sofort die Schokoladenstreusel darüberstreuen.

Rodonkuchen

Teig:
200 g Butter oder Margarine
200 g Zucker
1 P. Vanilinzucker
1 Prise Salz
abgeriebene Schale von
1 ungespritzten Zitrone
4 Eier
⅛ l Milch
500 g Mehl
1 P. Backpulver
je 100 g Rosinen und Korinthen
Zum Bestäuben:
125 g Puderzucker
Außerdem:
Fett und Semmelbrösel
für die Form

Backzeit: etwa 60 Minuten
Schaltung: E: 200°C, G: 3

1. Das Fett schaumig rühren und nach und nach Zucker, Vanilinzucker, Salz, abgeriebene Zitronenschale und die Eier gut unterrühren.

2. Das Mehl mit dem Backpulver mischen und abwechselnd mit etwas Milch zum Teig geben. Alles gut miteinander verrühren.

3. Zum Schluß die gewaschenen und getrockneten Rosinen und Korinthen unter den Teig mischen.

4. In eine gefettete und mit Semmelbröseln ausgestreute Bundform geben und im vorgeheizten Ofen (E: 200°C, G:3) etwa 60 Minuten backen.

5. Nach dem Erkalten mit Puderzucker bestäuben.

Kokosnapfkuchen

Teig:
250 g Margarine, 250 g Zucker
1 P. Vanillinzucker
4 Eigelb
500 g Mehl
1 P. Backpulver
2–3 EL Milch, 4 Eiweiß
75 g Kokosraspeln
Guß:
250 g Puderzucker
1 EL Kakao
25 g Kokosfett
Zum Bestreuen:
4 EL Kokosraspeln
Außerdem:
Fett für die Form

Backzeit: 60–70 Minuten
Schaltung: E: 175°C, G: 2

1. Die Margarine schaumig rühren und den Zucker hinzufügen, Vanillinzucker und nacheinander die Eigelbe unterrühren.

2. Das Mehl mit Backpulver vermischen, sieben und abwechselnd mit Milch dazugeben.

3. Das Eiweiß zu festem Schnee schlagen und mit den Kokosraspeln unterheben.

4. Eine beliebige Form ausfetten und den Teig hineinfüllen. Im vorgeheizten Ofen (E: 175°C, G: 2) auf unterer Schiene 60–70 Minuten backen.

5. Den Kuchen nach dem Stürzen mit Guß bestreichen. Dafür gesiebten Puderzucker mit 4 Eßlöffeln Wasser, Kakao und flüssigem Kokosfett glattrühren. Den Kuchen mit Kokosraspeln bestreuen.

Sachergugelhupf

Teig:
150 g Butter oder Margarine
150 g Zucker
2 Eier
2 Eigelb
250 g Mehl
6 EL Milch
3 EL Rum
1 TL Backpulver
Außerdem:
Fett und 50 g Mandelstifte
für die Form

Backzeit: 50–60 Minuten
Schaltung: E: 180°C, G: 2

1. Die Butter schaumig rühren und den Zucker, die Eier und Eigelbe nach und nach dazugeben.

2. Das Mehl mit dem Backpulver mischen und abwechselnd mit der Milch und dem Rum unterrühren.

3. Eine Gugelhupfform mit Fett gut ausstreichen, die Mandelsplitter dicht in die Rillen legen und den Teig einfüllen.

4. Im vorgeheizten Ofen (E: 180°C, G: 2) 50–60 Minuten backen.

Schweizer Marmorkuchen

Teig:
200 g Butter oder Margarine
1 Prise Salz
200 g Zucker
5 Eier
400 g Mehl
1 P. Backpulver
3–4 EL Milch
100 g halbbittere Schokolade
1 P. Vanillinzucker
Guß:
200 g Puderzucker
25 g Kakao
25 g Kokosfett
4 EL Wasser
Rum oder Cognac
Außerdem:
Fett für die Form

Backzeit: etwa 70 Minuten
Schaltung: 175–200°C, G:2–3

1. Das Fett schaumig rühren und nach und nach das Salz, den Zucker und die Eier dazugeben.

2. Das Mehl mit dem Backpulver vermischen und abwechselnd mit der Milch unterrühren.

3. Eine Kastenform gut einfetten und die Hälfte des Teiges hineinfüllen.

4. Die Schokolade zerbröckeln, mit heißem Wasser übergießen und kurze Zeit stehenlassen, dann das Wasser wieder abgießen und die geschmolzene Schokolade mit dem Vanillinzucker unter den restlichen Teig rühren und die Masse auf den hellen Teig geben.

5. Einen Kochlöffelstiel oder eine Gabel spiralenförmig durch den Teig ziehen und den Kuchen im vorgeheizten Ofen (E: 175–200°C, G: 2–3) etwa 70 Minuten backen.

6. Den Puderzucker in einer Schüssel mit dem Kakao vermischen, das Fett zerlassen und dazugeben.

7. Nun noch so viel Flüssigkeit darunterrühren, daß eine streichfähige Masse entsteht und den Kuchen damit bestreichen.

Englischer Kastenkuchen

Teig:
125 g süße Mandeln
200 g Rosinen
250 g Korinthen
100 g Orangeat
100 g Zitronat
10–12 kandierte Kirschen
400 g Mehl
1 P. Backpulver
1 Msp. Salz
200 g Butter
200 g Puderzucker
abgeriebene Schale von
1 ungespritzten Zitrone
1 TL Buttermandelöl
5 Eier
etwas Milch
Außerdem:
Alufolie für die Form

Backzeit: etwa 75 Minuten
Schaltung: E: 200°C, G: 3

1. Die Mandeln mit kochendem Wasser überbrühen, abziehen und halbieren.

2. Die Hälfte davon fein hacken und in eine Schüssel geben, den Rest beiseite stellen.

3. Die Rosinen, Korinthen, Orangeat, Zitronat und die gehackten Kirschen dazugeben und alles gut vermischen.

4. Das Mehl in eine Schüssel sieben und das Backpulver sowie das Salz dazugeben.

5. Die Butter mit dem Puderzucker, der abgeriebenen Zitronenschale und dem Buttermandelöl schaumig rühren.

6. Die Eier nach und nach unterschlagen und nochmals kräftig rühren.

7. Nun erst das Mehl einrieseln lassen und einen geschmeidigen Teig rühren, eventuell noch etwas Milch dazugeben.

8. Zum Schluß die miteinander vermengten Früchte gut einrühren.

9. Eine Kastenform mit Alufolie auslegen und den Teig hineinfüllen. Glatt streichen.

10. Die beiseite gestellten Mandeln als Dekoration auf der Oberfläche verteilen und dabei etwas eindrücken.

11. Den Kuchen im vorgeheizten Backofen (E: 200°C, G: 3) etwa 75 Minuten backen. Sollte dabei die Oberfläche zu braun werden, den Kuchen mit Alufolie abdecken.

12. Nach dem Backen den Kuchen auf ein Kuchengitter stürzen und auskühlen lassen.

Mein Tip

Servieren Sie zu dem Kuchen Schlagsahne, unter die Sie 1 Teelöffel abgeriebene Orangenschale gerührt haben.
Sie können den Kuchen auch in Alufolie verpackt einige Tage ruhen lassen, dann zieht das Aroma der Früchte noch besser durch.

Englischer Kastenkuchen ▷

Grießkuchen mit Sirup

Teig:
1 Tasse Mehl
3 TL Backpulver
2 Tassen Grieß
2 P. Vanillinzucker
1 Tasse Butter
1 Tasse Zucker
abgeriebene Schale von
1 ungespritzten Zitrone
5 Eier, 1 Tasse Milch
1 Tasse geröstete, gehackte
Mandeln
Sirup:
3½ Tassen Wasser
3½ Tassen Zucker
1 EL Zitronensaft
Außerdem:
Fett für das Blech

Backzeit: etwa 60 Minuten
Schaltung: E: 200°C, G: 3

◁ Grießkuchen mit Sirup

1. Das Mehl mit dem Backpulver, dem Grieß und dem Vanillinzucker in eine Schüssel geben und gut vermischen.

2. Die Butter mit dem Zucker und der abgeriebenen Zitronenschale schaumig rühren.

3. Die Eier trennen und die Eigelbe nach und nach unterrühren.

4. Danach die Milch, die Mehlmischung und die Mandeln dazugeben und gut verrühren.

5. Das Eiweiß zu schnittfestem Schnee schlagen und unter die Masse heben.

6. Eine möglichst quadratische oder rechteckige Pfanne einfetten und den Teig gleichmäßig darauf verteilen, die Oberfläche glattstreichen.

7. Den Kuchen im vorgeheizten Backofen (E: 200°C, G: 2) etwa 60 Minuten backen.

8. Inzwischen den Sirup zubereiten. Dazu in einem Topf das Wasser zum Kochen bringen.

9. Den Zucker dazugeben und unter ständigem Rühren in etwa 10–15 Minuten zu Sirup kochen.

Erst zum Schluß den Zitronensaft dazufügen.

10. Diesen Sirup noch heiß auf den lauwarmen Kuchen gießen und abkühlen lassen.

11. Danach den Kuchen in gleichmäßige Stücke schneiden.

Mein Tip

Servieren Sie diesen Kuchen mit steif geschlagener Sahne, einem starken Kaffee und eventuell – wer es mag – mit einem Grand Marnier oder einem Metaxa.
Dieser Kuchen kommt aus Griechenland, wo er gerne als Abschluß zum Osterfest gegessen wird.

Schokoladengugelhupf

Teig:
250 g Margarine
250 g Zucker
1 P. Vanillinzucker
3–4 Eier
2 Tafeln zartbittere Schokolade
500 g Mehl
1 P. Backpulver
1/8 l Milch
50 g Rosinen
100 g Zitronat
50 g Orangeat
50 g gehackte Mandeln
4–5 EL Arrak
Glasur:
200 g Puderzucker
3–5 EL Arrak
Außerdem:
Fett und Semmelbrösel
für die Form

Backzeit: 60–75 Minuten
Schaltung: E: 180°C, G: 2

1. Margarine, Zucker und Eier schaumig rühren. Geriebene Schokolade, das mit Backpulver versiebte Mehl und die Milch dazurühren. Rosinen, Zitronat, Orangeat, Mandeln und Arrak untermischen.

2. Eine Napfkuchenform ausfetten und mit Semmelbröseln ausstreuen.

3. Den Teig hineinfüllen und auf unterer Schiene im vorgeheizten Ofen (E: 180°C, G: 2) 60–75 Minuten backen.

4. Puderzuckerglasur herstellen und den Kuchen damit überziehen.

Marmorkuchen

Teig:
250 g Butter oder Margarine
1 P. Vanillinzucker
1 Prise Salz
250 g Zucker, 4 Eier
500 g Mehl, 1 P. Backpulver
1/8 l Milch
20 g Kakao
4 EL Milch
Außerdem:
Fett für die Form

Backzeit: etwa 60 Minuten
Schaltung: E: 200°C, G: 3

1. Butter oder Margarine in einer Schüssel schaumig rühren, Vanillinzucker, Salz und 200 g Zucker nach und nach zusammen mit den Eiern unterrühren.

2. Das Mehl mit dem Backpulver vermischen und nach und nach zusammen mit der Milch unterrühren.

3. Den Kakao mit der Milch und dem restlichen Zucker gut mischen.

4. Ein Drittel des Teiges in eine Schüssel geben und die Kakaomilch gut unterrühren.

5. Eine Bundform einfetten und die Hälfte des weißen Teiges hineinfüllen.

6. Danach den dunklen Teig und darauf den hellen Teig in die Form geben.

7. Mit einem Kochlöffelstiel spiralförmig durch den eingeschichteten Teig ziehen, so kommt die Marmorierung zustande.

8. Im vorgeheizten Ofen (E: 200°C, G: 3) etwa 60 Minuten backen.

Bunter Topfkuchen

Teig:
250 g Butter oder Margarine
200 g Zucker
1 Prise Salz
abgeriebene Schale von
1 ungespritzten Zitrone
4 Eier
400 g Mehl
1 P. Backpulver
40 g Zitronat, 40 g Orangeat
125 g Rosinen
60 g kandierte rote Kirschen
Außerdem:
Fett für die Form

Backzeit: etwa 60 Minuten
Schaltung: E: 180–200°C,
G: 2–3

1. Butter oder Margarine mit Zucker schaumig rühren, 1 Prise Salz und die abgeriebene Zitronenschale hinzufügen und nach und nach die Eier dazugeben.

2. Das mit Backpulver vermischte und vorher gesiebte Mehl unterrühren.

3. Zitronat, Orangeat, Rosinen und zerkleinerte Kirschen unterheben und den Teig in eine gut gefettete Topfkuchenform füllen.

4. In den vorgeheizten Ofen (E: 180–200°C, G: 2–3) schieben und auf mittlerer Schiene 60 Minuten backen.

Tinas Sonntagskuchen

Teig:
300 g Butter oder Margarine
300 g Zucker
6 Eier
500 g Mehl
1 P. Backpulver
1 ungespritzte Zitrone
125 g Zartbitterschokolade
Guß:
250 g Puderzucker
2–3 EL Zitronensaft
Außerdem:
Fett für die Form

Backzeit: 60 Minuten
Schaltung: E: 175°C, G: 3

1. Die Butter oder Margarine mit dem Zucker schaumig rühren.

2. Die Eier nach und nach dazugeben. So lange rühren, bis eine lockere, schaumige Masse entstanden ist.

3. Das Mehl mit dem Backpulver mischen und dazugeben.

4. Die Zitronenschale abreiben, den Saft auspressen und beides dazugeben.

5. Die Schokolade in kleine Stücke schneiden und unter den Teig rühren.

6. Den Teig in eine gefettete Kranzkuchenform geben und im vorgeheizten Ofen (E: 175°C, G: 2) etwa 60 Minuten backen.

7. Den Kuchen auf ein Kuchengitter stürzen und auskühlen lassen.

8. Den Puderzucker mit dem Zitronensaft verrühren und den Kuchen damit überziehen.

Sandkuchen

Teig:

150 g Margarine
150 g Zucker
1 P. Vanillinzucker
abgeriebene Schale von
1 ungespritzten Zitrone
1 Prise Salz
3 Eier
100 g Mehl
50 g Stärkemehl
2 EL Rum
Außerdem:
Fett für die Form

Backzeit: etwa 45 Minuten
Schaltung: E: 150–175°C, G: 2

1. Die Margarine mit dem Zucker, Vanillinzucker, Salz und der abgeriebenen Zitronenschale schaumig rühren.

2. Die Eier dazugeben und so lange rühren, bis sich der Zucker aufgelöst hat.

3. Mehl und Stärkemehl durchsieben und nach und nach unterrühren. Zum Schluß den Rum zugießen.

4. Eine Kastenform leicht einfetten, den Teig hineingeben und im vorgeheizten Ofen (E: 150 bis 175°C, G: 2) etwa 45 Minuten backen.

5. Den fertigen Sandkuchen in der Form etwas abkühlen lassen und dann stürzen.

Schokoladen-Nuß-Kuchen

Teig:

6 Eier
200 g brauner Zucker
200 g Butter, 2 EL Rum
200 g bittere Schokolade
150 g gemahlene Haselnüsse
50 g grob gehackte Haselnüsse
125 g Mehl
½ TL Kardamom
Guß:
200 g Kuvertüre
Außerdem:
Fett und Semmelbrösel
für die Form

Backzeit: etwa 90 Minuten
Schaltung: E: 175°C, G: 2

1. Die Eier trennen, das Eiweiß beiseite stellen und die Eigelbe mit dem Zucker, der Butter und dem Rum schaumig rühren.

2. Die Schokolade grob hacken und mit den Haselnüssen dazugeben.

3. Das Mehl mit dem Kardamom mischen und unterrühren.

4. Zum Schluß das Eiweiß sehr steif schlagen und unter den Teig heben.

5. Eine Kastenform einfetten und mit Semmelbröseln ausstreuen.

6. Den Teig hineinfüllen und im vorgeheizten Ofen (E: 175°C, G: 2) etwa 90 Minuten backen.

7. Die Kuvertüre im heißen Wasserbad schmelzen lassen und über den ausgekühlten Kuchen ziehen.

Schokoladenkuchen mit Guß

Teig:
100 g Butter oder Margarine
125 g Zucker
1 P. Vanillinzucker
1 Prise Salz, 1 TL Zimt
5 Eier
150 g zartbittere Schokolade
125 g Zwieback
100 g gemahlene Mandeln
Guß:
200 g Kuvertüre
Außerdem:
Fett für die Form

Backzeit: etwa 30 Minuten
Schaltung: E: 200°C, G: 3

1. Das Fett mit dem Zucker, Vanillinzucker, Salz und Zimt schaumig rühren.

2. Die Eigelbe vom Eiweiß trennen und nach und nach dazurühren, das Eiweiß beiseite stellen.

3. Die Schokolade in Stücke brechen und im heißen Wasserbad schmelzen lassen. Zur Eimasse geben.

4. Den Zwieback reiben und zusammen mit den Mandeln ebenfalls unterrühren.

5. Das Eiweiß zu festem Schnee schlagen und unter den Teig heben.

6. Eine Kranzkuchenform einfetten und den Teig hineingeben.

7. Den Kuchen im vorgeheizten Backofen (E: 200°C, G: 3) etwa 30 Minuten backen.

8. Die Kuvertüre im Wasserbad schmelzen und über den ausgekühlten Kuchen ziehen.

Nußkuchen

Teig:
250 g Margarine
250 g Zucker
1 P. Vanillinzucker
1 EL Rum
4 Eier
420 g Mehl
1 P. Backpulver
150 g geriebene Haselnüsse
etwa ⅛–¼ l Milch
Guß:
200 g Puderzucker
1 EL Rum

Verzierung:
einige halbierte Haselnüsse
Außerdem:
Fett und geriebene Nüsse für die Form

Backzeit: 60–70 Minuten
Schaltung: E: 175°C, G: 2

1. Die Margarine schaumig rühren und den Zucker dazugeben. Vanillinzucker, Rum und Eier nacheinander hinzufügen.

2. Das Mehl mit dem Backpulver vermischen und gesiebt zu der schaumigen Masse rühren. Die Nüsse und die Milch hinzugeben.

3. Eine Springform ausfetten und mit geriebenen Nüssen ausstreuen.

4. Den Teig einfüllen und im vorgeheizten Ofen (E: 175°C, G: 2) auf unterer Schiene 60–70 Minuten backen.

5. Den Kuchen mit Guß (dafür gesiebten Puderzucker mit Rum und Wasser glattrühren) bestreichen und mit halbierten Nüssen garnieren.

Schokoladenkuchen

Teig:
160 g Butter oder Margarine
160 g Puderzucker
4 Eigelb
160 g zartbittere Schokolade
160 g Mehl, 4 Eiweiß
Außerdem:
Fett und Semmelbrösel
für die Form

Backzeit: etwa 50 Minuten
Schaltung: E: 175° C, G: 2

1. Die Butter oder Margarine schaumig rühren.

2. Gesiebten Puderzucker und nacheinander Eigelbe und im Wasserbad aufgelöste Schokolade unter Rühren hinzufügen.

3. Das Mehl hineinsieben und zum Schluß den steifgeschlagenen Eischnee unterheben.

4. Eine Kastenform ausfetten und mit Semmelbröseln ausstreuen.

5. Den Teig hineinfüllen und im vorgeheizten Ofen (E: 175° C, G: 2) auf unterer Schiene etwa 50 Minuten backen.

6. Den Kuchen mit Sahne servieren oder mit einem Zitronenguß (Kap. „Güsse, Glasuren, Cremes") überziehen und mit Schokoladenstreuseln bestreuen.

Englischer Plumcake

Teig:
250 g Butter
250 g Zucker
1 Msp. Zimt
abgeriebene Schale von
1 ungespritzten Zitrone
6 Eier, 4 EL Rum
250 g Mehl
100 g Stärkemehl
je 125 g Korinthen, Rosinen
kandierte Kirschen und
Sultaninen
je 50 g Orangeat und
Zitronat
50 g gemahlene Mandeln
Zum Bestäuben:
Puderzucker
Außerdem:
Fett und Semmelbrösel
für die Form

Backzeit: 60–80 Minuten
Schaltung: E: 175° C, G: 2

1. Die Butter mit dem Zucker schaumig rühren und den Zimt und die abgeriebene Zitronenschale dazugeben.

2. Ein Ei nach dem anderen sowie den Rum dazugeben.

3. Das Mehl und Stärkemehl unter die Masse rühren und so lange weiterrühren, bis der Teig schwer reißend vom Löffel fällt.

4. Nun die restlichen Zutaten – die kandierten Kirschen vorher hacken – dazugeben.

5. Eine Napfkuchenform ausfetten, mit Semmelbröseln ausstreuen und den Teig hineingeben.

6. Den Kuchen im vorgeheizten Backofen (E: 175° C, G: 2) 60–80 Minuten backen.

7. Den Kuchen nach dem Backen auf ein Kuchengitter stürzen, auskühlen lassen und mit Puderzucker bestäuben.

Wiener Nußkuchen

Teig:
200 g Butter oder Margarine
200 g Zucker, 4 Eier
125 g Stärkemehl
125 g Mehl
2 TL Backpulver
2 EL Kakao
150 g gemahlene Haselnußkerne
Glasur:
200 g Puderzucker
3 EL Wasser
Außerdem:
Fett und Semmelbrösel für
die Form

Backzeit: etwa 55 Minuten
Schaltung: E: 180°C, G: 2

1. Das weiche Fett schaumig rühren und nach und nach den Zucker und die Eier dazugeben.

2. Mehl mit Stärkemehl, Backpulver und Kakao mischen und unter den Teig rühren. Zum Schluß die gemahlenen Haselnußkerne dazugeben.

3. Den Teig in eine gefettete und mit Semmelbröseln ausgestreute Kastenform füllen und im vorgeheizten Ofen (E: 180°C, G: 2) etwa 55 Minuten backen.

4. Den Puderzucker mit dem Wasser glattrühren und nach dem Erkalten den Kuchen damit bestreichen.

Tiroler Hochzeitskuchen

Teig:
200 g Butter oder Margarine
250 g Puderzucker
6 Eier, 1 Prise Salz
1 TL Zimt
200 g gemahlene Mandeln
125 g Mehl
1 TL Backpulver
200 g feingewürfelte
Vollmilchschokolade
Zum Bestäuben:
40 g Puderzucker
Außerdem:
Fett und Semmelbrösel
für die Form

Backzeit: etwa 60 Minuten
Schaltung: E: 200°C, G: 3

1. Die Butter oder Margarine mit der Hälfte des Puderzuckers schaumig rühren.

2. Die Eier trennen und die Eigelbe, Salz, Zimt und die gemahlenen Mandeln nach und nach daruntermischen.

3. Mehl mit dem Backpulver vermengen und dazugeben. Restlichen Puderzucker löffelweise dazugeben.

4. Das Eiweiß sehr steif schlagen und unter den Teig heben. Zum Schluß die Schokoladenwürfel vorsichtig untermischen.

5. Den Teig in eine gefettete und mit Semmelbröseln ausgestreute Napfkuchenform füllen und im vorgeheizten Backofen (E: 200°C, G: 3) etwa 60 Minuten backen.

6. Den gebackenen Kuchen noch 10 Minuten im abgeschalteten Ofen stehenlassen, dann abkühlen.

7. Den Kuchen vorsichtig aus der Form lösen und mit Puderzucker bestäuben.

Teekuchen

Rührteig:
200 g Butter oder Margarine
160 g Zucker, 4 Eier
2–3 EL Rum
abgeriebene Schale von
1½ ungespritzten Zitronen
1 Prise Salz, 200 g Mehl
100 g Stärkemehl
3 TL Backpulver
150 g kandierte Kirschen
125 g Zitronat, 125 g Rosinen
80 g gehackte Mandeln
Biskuitteig:
3 Eier, 90 g Zucker
90 g Mehl
Zum Bestreuen:
40 g feinblättrig geschnittene
Mandeln
Zum Bestreichen:
2 EL Aprikosenmarmelade
Außerdem:
Fett und Pergamentpapier
für die Form

Backzeit: insgesamt 70–80 Minuten
Schaltung: E: 175°C/200°C, G: 2/3

1. Das Fett mit Zucker und Eiern schaumig rühren, Rum, Zitronenschale und Salz dazugeben und das mit Backpulver vermischte, gesiebte Mehl und Stärkemehl unterrühren.

2. Die zerkleinerten Kirschen, Zitronat, Rosinen und gehackten Mandeln unterheben.

3. Den Teig in eine gefettete, mit Pergamentpapier ausgelegte Kastenform füllen, glattstreichen und im vorgeheizten Ofen auf mittlerer Schiene (E: 175°C, G: 2) 60–70 Minuten backen.

4. Stürzen, Papier abziehen und auskühlen lassen.

5. Dann wird der Biskuitteig zubereitet. Dafür die ganzen Eier zusammen mit dem Zucker dick schaumig schlagen und das Mehl unterziehen.

6. Auf ein gefettetes, mit Pergamentpapier ausgelegtes Blech geben (die Größe so bemessen, daß der gebackene Kuchen einmal damit umhüllt werden kann) und mit Mandelblättchen bestreuen.

7. Im vorgeheizten Ofen (E: 200°C, G: 3) etwa 10 Minuten auf mittlerer Schiene backen, sofort herausnehmen, auf ein Geschirrtuch stürzen und das Pergamentpapier abziehen.

8. Die verrührte Aprikosenmarmelade vorsichtig aufstreichen, den Kastenkuchen darauflegen und mit dem noch warmen Biskuitteig fest einwickeln.

So wird der Kuchen eingewickelt

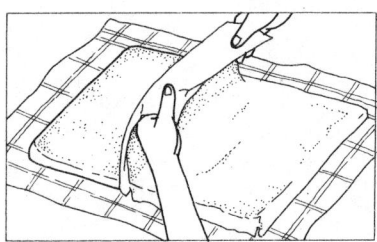

1. *Das Papier wird von der Platte abgezogen.*

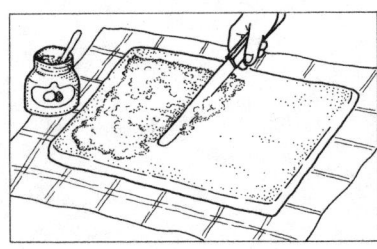

2. *Nun die Platte mit der Marmelade bestreichen.*

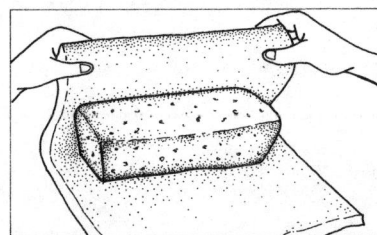

3. *Den Kuchen vorsichtig in die Platte einwickeln.*

Dundeekuchen

Teig:
225 g Butter oder Margarine
225 g Zucker
abgeriebene Schale von
1 Orange
6 Eier
300 g Mehl
1 TL Backpulver
120 g Korinthen
120 g kernlose Rosinen
50 g feingewürfeltes Zitronat
80 g gemahlene Mandeln
Zum Bestreuen:
25 g Mandeln
Außerdem:
Fett für die Form

Backzeit: etwa 50 Minuten
Schaltung: E: 150°C, G: 1–2

1. Fett mit dem Zucker schaumig rühren, die abgeriebene Schale von 1 Orange und die Eier nach und nach dazugeben.

2. Das Mehl mit dem Backpulver mischen und darunterrühren.

3. Danach die gewaschenen und getrockneten Korinthen und Rosinen, das feingewürfelte Zitronat und die gemahlenen Mandeln dazugeben.

4. Eine Kastenform einfetten und den Teig einfüllen. Mit Mandeln bestreuen und im vorgeheizten Ofen (E: 150°C, G: 1–2) etwa 50 Minuten backen.

5. Nach dem Backen den Kuchen kurz auskühlen lassen und dann auf einen Backrost stürzen und abkühlen lassen.

Gewürzkuchen

Teig:
200 g Margarine
6 Eier
300 g Zucker
3 TL Zimt
je 2 TL Nelkenpulver und Kardamom
je 1 TL Anis- und Ingwerpulver
1 Prise Muskat
375 g Mehl
3 TL Backpulver
40 g gestiftelte Mandeln
50 g Schokoladenplätzchen
50 g gewürfelte Sukkade
75 g kandierte Kirschen
Zum Bestäuben:
Puderzucker
Außerdem:
Fett für die Form

Backzeit: etwa 60 Minuten
Schaltung: E: 175°C, G: 2

1. Die Margarine zerlassen und mit den Eiern und dem Zucker gut schaumig rühren. Dann die Gewürze dazugeben.

2. Das Mehl mit dem Backpulver mischen und darunterrühren.

3. Zuletzt noch die gestiftelten Mandeln, die Schokoladenplätzchen, gewürfelte Sukkade und die halbierten kandierten Kirschen unterheben.

4. Eine Springform ausfetten, den Teig hineingeben und im vorgeheizten Ofen (E: 175°C, G: 2) etwa 60 Minuten backen.

5. Den fertigen Kuchen auf einem Kuchenrost auskühlen lassen und mit Puderzucker überstäuben.

Königskuchen

Teig:
200 g Margarine, 200 g Zucker
1 P. Vanillinzucker, 3 Eier
100 g Stärkemehl, 400 g Mehl
1 P. Backpulver
etwa ⅛–¼ l Milch
75 g Rosinen, 50 g Korinthen
1 EL Mehl
je 50 g gehacktes Zitronat
Mandeln und kandierte
Kirschen
Zum Bestäuben:
2 EL Puderzucker
Außerdem:
Fett für die Form

Backzeit: etwa 60 Minuten
Schaltung: E: 175°C, G: 2

1. Die Margarine schaumig rühren und Zucker, Vanillinzucker sowie nacheinander die Eier hinzufügen.

2. Dann Stärkemehl, Mehl und Backpulver vermischen und gesiebt an die schaumige Masse geben. Alles mit Milch zu einem glatten Teig verrühren.

3. Die Rosinen und Korinthen waschen und mit einem Tuch abtrocknen. Danach mit Mehl mischen, damit sie nicht am Teigboden bleiben, und mit den anderen Zutaten unter den Teig rühren.

4. Den Teig in eine gefettete Form füllen und im vorgeheizten Ofen (E: 175°C, G: 2) auf unterer Schiene etwa 60 Minuten backen.

5. Den abgekühlten Kuchen mit Puderzucker bestäuben.

Mandelkuchen

Teig:
200 g Butter
175 g Zucker
abgeriebene Schale von
1 ungespritzten Zitrone
3 Eier
250 g Mehl
150 g Speisestärke
3 TL Backpulver
etwa ⅛ l Milch
Zum Bestreuen:
150 g Mandelblättchen
3 EL Zucker
100 g Butter
Außerdem:
Fett für das
Backblech

Backzeit: 15–20 Minuten
Schaltung: E: 200°C, G: 3

1. Die Butter schaumig rühren, den Zucker, die abgeriebene Zitronenschale und nacheinander die Eier einrühren.

2. Dann das Mehl mit dem Backpulver und der Speisestärke vermischen, sieben und zu der schaumigen Masse rühren. Wenn nötig, noch etwas Milch hinzufügen.

3. Den Teig auf ein gefettetes Blech streichen, mit Mandelblättchen und Zucker bestreuen und mit Butterflöckchen belegen.

4. Den Kuchen im vorgeheizten Ofen (E: 200°C, G: 3) auf der Mittelschiene 15–20 Minuten backen.

Mein Tip

Anstelle der Mandelblättchen können auch gehackte Mandeln oder Mandelstifte genommen werden.

Mailänder Teekuchen

Teig:
200 g Mehl
50 g Stärkemehl
1 Prise Salz
2 TL Backpulver
150 g Zucker
1 Msp. Kardamom
2–3 Tropfen Zitronen-
Backaroma
1 Tasse Milch
½ Tasse Öl, 2 Eier
Guß:
Schokoladenglasur
Außerdem:
Fett und Semmelbrösel
für die Form

Backzeit: etwa 60 Minuten
Schaltung: E: 180° C, G: 2

1. Mehl, Stärkemehl, Salz, Backpulver und Zucker, Kardamom und Zitronen-Backaroma in einer Schüssel sehr gut vermischen.

2. Die Milch, das Öl und die Eier dazugeben und den Teig so lange rühren, bis er glatt und sämig ist.

3. In eine gefettete und mit Semmelbröseln ausgestreute Kasten- oder Gugelhupfform füllen und im vorgeheizten Backofen (E: 180°C, G: 2) etwa 60 Minuten backen.

4. Nach dem Erkalten mit Schokoladenglasur überziehen.

Haselnuß-Mandel-Kuchen

Teig:
100 g Butter oder Margarine
200 g Zucker
1 P. Vanillinzucker
4 Eier
300 g Mehl
2 TL Backpulver
200 g Haselnüsse
50 g ungeschälte
gemahlene Mandeln
Guß:
200 g Puderzucker
3 EL Rum
Außerdem:
Fett und Semmelbrösel für
die Form

Backzeit: 50–60 Minuten
Schaltung: E: 200° C, G: 3

1. Das weiche Fett mit dem Zucker und dem Vanillinzucker schaumig rühren und die Eier nach und nach dazugeben.

2. Das Mehl und Backpulver mischen, dazugeben und zu einem glatten Teig rühren, zuletzt die gemahlenen Haselnüsse und die ungeschälten gemahlenen Mandeln unterheben.

3. Eine Napf- oder Kastenform einfetten, mit Semmelbröseln ausstreuen und den Teig hineingeben.

4. Im vorgeheizten Backofen (E: 200°C, G: 3) 50–60 Minuten backen.

5. Den Puderzucker zusammen mit dem Rum glattrühren und über den Kuchen ziehen.

Beschwipster Gugelhupf

Teig:
250 g Butter oder Margarine
200 g Zucker
1 P. Orange-back
4 Eier
½ TL Zimt
1 Msp. Nelkenpulver
350 g Mehl
½ P. Backpulver
2 EL Kakao
125 g gemahlene Mandeln
100 g Zartbitterschokolade
75 g Kokosraspeln
Zum Tränken:
8 EL Whisky
1 EL Zucker
1 TL Instantkaffee
Zum Bestäuben:
Puderzucker
Außerdem:
Fett für die Form

Backzeit: etwa 60 Minuten
Schaltung: E: 175°C, G: 2

1. Die Butter oder Margarine mit dem Zucker schaumig rühren und Orange-back dazugeben.

2. Die Eier einzeln dazugeben und so lange rühren, bis der Zucker sich aufgelöst hat.

3. Die Gewürze, das Mehl und das Backpulver nach und nach dazurühren.

4. Den Kakao mit den gemahlenen Mandeln mischen und ebenfalls dazugeben.

5. Die Schokolade grob reiben und ebenso wie die Kokosraspeln unter den Teig heben.

6. Den Teig in eine gefettete Gugelhupfform füllen und im vorgeheizten Backofen (E: 175°C, G: 2) etwa 60 Minuten backen.

7. Danach den Kuchen aus der Form auf ein Kuchengitter stürzen und auskühlen lassen.

8. Den Whisky mit dem Zucker und dem Instantkaffee erwärmen und den Kuchen damit beträufeln.

9. Zum Schluß mit Puderzucker bestäuben.

Spanischer Mandelkuchen

Teig:
150 g Margarine, 200 g Zucker
1 P. Vanillinzucker, 3 Eier
250 g Mehl, 2 TL Backpulver
1 Prise Zimt
1 Prise gemahlene Nelken
100 g gemahlene Mandeln
je 50 g Mandelstifte,
Zitronat und Orangeat
Zum Bestreuen:
2 EL Hagelzucker
Außerdem:
Fett für die Form

Backzeit: etwa 50 Minuten
Schaltung: E: 175°C, G: 2

1. Die Margarine mit dem Zucker und dem Vanillinzucker schaumig rühren und die Eier nach und nach dazugeben.

2. Das Mehl mit Backpulver und den Gewürzen vermischen, zur Masse geben und einen glatten Teig rühren. Mandeln, Zitronat und Orangeat dazugeben.

3. Den Teig in eine gefettete Springform füllen, mit Hagelzucker bestreuen und im vorgeheizten Ofen (E: 175°C, G: 2) etwa 50 Minuten backen.

Haselnußkuchen mit Marzipan

Teig:
6–7 Eier, 200 g Zucker
1 P. Vanillinzucker
abgeriebene Schale von
½ Zitrone
225 g gemahlene Haselnüsse
50 g Mehl
½ P. Backpulver
Glasur:
200 g Haselnußglasur
Verzierung:
150 g Marzipanrohmasse
50 g Puderzucker
Außerdem:
Fett für die Form

Backzeit: etwa 70 Minuten
Schaltung: E: 175°C, G: 2

1. Die Eier sehr schaumig rühren und den Zucker und Vanillinzukker nach und nach einrieseln lassen. So lange rühren, bis sich der Zucker ganz aufgelöst hat.

2. Die abgeriebene Zitronenschale, die Haselnüsse, das Mehl und Backpulver dazugeben und zu einem glatten Teig rühren.

3. Eine gefettete Springform mit dem Teig füllen.

4. Den Kuchen im vorgeheizten Backofen (E: 175°C, G: 2) etwa 70 Minuten backen.

5. Die Glasur im Wasserbad auflösen und den ausgekühlten Kuchen damit überziehen.

6. Die Marzipanrohmasse mit dem Puderzucker verkneten und ausrollen. Mit kleinen Ausstecherformen Verzierungen ausstechen und den Kuchen damit garnieren.

Quarkteekuchen

Teig:
125 g Butter oder Margarine
175 g Zucker
1 unbehandelte Zitrone
2 Eier
250 g Speisequark (Magerstufe)
2 EL Rum
250 g Mehl
100 g Stärkemehl
1 P. Backpulver
100 g geschälte, gemahlene Mandeln
100 g Rosinen
1–2 EL Semmelbrösel
etwas Milch (bei Bedarf)
Zum Bestäuben:
Puderzucker

Außerdem:
Fett und Semmelbrösel
für die Form

Backzeit: 60–70 Minuten
Schaltung: E: 200°C, G: 3

1. Die weiche Butter oder Margarine mit dem Zucker gut schaumig rühren.

2. Die abgeriebene Schale und den Saft der Zitrone, Eigelb, Speisequark und Rum unterrühren.

3. Mehl, Stärkemehl und Backpulver vermischen und langsam unterrühren, danach die gemahlenen Mandeln und die mit 1 Eßlöffel Mehl vermischten Rosinen. Bei Bedarf etwas Milch unterrühren.

4. Das Eiweiß steif schlagen und zum Schluß locker unter den Teig heben.

5. Diesen in eine gut ausgefettete und mit Semmelbröseln ausgestreute Kasten- oder Gugelhupfform füllen und im vorgeheizten Backofen (E: 200°C, G: 3) 60–70 Minuten backen.

6. Danach auf ein Kuchengitter stürzen, auskühlen lassen und mit Puderzucker bestäuben.

Cherry-Mandel-Kuchen

Teig:
125 g Margarine
125 g Zucker
2 Eier
Schale und Saft von
1 ungespritzten Zitrone
250 g Mehl
1 Prise Salz
2 TL Backpulver
5 EL Milch
50 g kandierte Kirschen
etwas Mehl
40 g gestiftelte Mandeln
2 EL Rum
Außerdem:
Fett und Semmelbrösel
für die Form

Backzeit: 45–50 Minuten
Schaltung: E: 175°C, G: 2

1. Die Margarine mit Zucker schaumig rühren und die Eier nach und nach dazugeben. Saft und abgeriebene Schale der Zitrone unterrühren.

2. Das Mehl mit Salz und Backpulver mischen und abwechselnd mit der Milch hinzufügen.

3. Die kandierten Kirschen in Mehl wenden und mit dem Rum und den Mandeln unter den Teig mengen.

4. Eine Kastenform ausfetten und mit Semmelbröseln ausstreuen. Den Teig hineinfüllen und im vorgeheizten Ofen (E: 175°C, G: 2) 45–50 Minuten backen.

Kranzkuchen

Teig:
200 g Butter oder Margarine
250 g Zucker
1 P. Vanillinzucker
1 Prise Salz
3 Eier
1–2 TL Zimt
300 g Mehl
2½ TL Backpulver
100 g grob gehackte Walnüsse
350 g geschälte, geraspelte
Äpfel
Guß:
100 g Puderzucker
1 EL Rum
Außerdem:
Fett für die Form

Backzeit: etwa 70 Minuten
Schaltung: E: 175°C, G: 2

1. Das Fett schaumig rühren. Den Zucker, Vanillinzucker und das Salz hinzufügen.

2. Ein Ei nach dem anderen unterrühren. Den Zimt hinzufügen und so lange weiterrühren, bis der Zucker gelöst ist.

3. Das Mehl und Backpulver mischen und kurz unterrühren.

4. Zuletzt die gehackten Walnüsse und die geraspelten Äpfel unterheben.

5. Den Teig in eine gefettete Sprinform mit Rohr- bzw. Kranzboden füllen und im vorgeheizten Ofen (E: 175°C, G: 2) etwa 70 Minuten backen.

6. Für den Guß den Puderzucker und Rum verrühren und über den Kuchen gießen.

Zitronenkuchen

Teig:

250 g Zucker
4–5 Eier
abgeriebene Schale von
2–3 ungespritzten Zitronen
250 g Margarine
175 g Mehl
175 g Stärkemehl
Saft von 1 Zitrone
Außerdem:
Fett für die Form

Backzeit: 60–70 Minuten
Schaltung: E: 175°C, G: 2

1. Den Zucker mit den Eiern und der geriebenen Zitronenschale schaumig rühren.

2. Die Margarine schmelzen lassen und unter ständigem Rühren in die schaumige Masse geben.

3. Mehl und Stärkemehl mischen, sieben und abwechselnd mit Zitronensaft dazugeben. Alles zu einem glatten Teig verrühren.

4. Eine Kasten- oder Springform ausfetten und leicht mit Semmelmehl ausstreuen. Den Teig hineinfüllen und im vorgeheizten Ofen (E: 175°C, G: 2) auf unterer Schiene 60–70 Minuten backen.

5. Nach Belieben kann der Kuchen mit Puderzucker bestäubt oder mit Schokoladenglasur (Kap. Güsse, Glasuren, Cremes) bestrichen werden. Dazu Schlagsahne reichen.

Kaffeekuchen

Teig:

4 Eier
150 g Puderzucker
1 Prise Salz
75 g Mehl
75 g Stärkemehl
2 TL Backpulver
Füllung:
1 P. Mokkapudding, ½ l Milch
30 g Zucker, 1 Ei
1 TL Instantkaffee
1 TL Kakao
Verzierung:
Haselnußspäne
Außerdem:
Fett für die Form

Backzeit: etwa 30 Minuten
Schaltung: E: 175–200°C, G: 2–3

1. Die Eier zusammen mit dem Puderzucker und dem Salz sehr schaumig rühren.

2. Das Mehl mit dem Stärkemehl und dem Backpulver mischen und dazugeben.

3. Den Teig in eine gefettete Springform geben und im vorgeheizten Ofen (E: 175–200°C, G:2–3) etwa 30 Minuten backen.

4. Den Mokkapudding nach Anweisung mit Milch und Zucker zubereiten.

5. Danach zunächst das Eigelb, den Kaffee und den Kakao dazugeben. Zum Schluß das geschlagene Eiweiß unterheben.

6. Den Kuchen zweimal quer durchschneiden und mit der noch warmen Creme bestreichen.

7. Die Teile wieder übereinandersetzen und den Kuchen mit der restlichen Creme überziehen und mit Haselnußspänen bestreuen.

Mandel-Rosinen-Kuchen

Teig:
125 g kalifornische kernlose Rosinen
⅓ Tasse geviertelte rote und grüne kandierte Kirschen
¼ Tasse geschnittene Mandeln
⅓ Tasse Rum
125 g Butter oder Margarine
125 g brauner Zucker
½ Tasse Honig
1 TL Zimt
1½ TL geriebene Orangenschale
4 Eier
250 g Mehl
2 TL Backpulver
1 TL Salz
½ Glas Himbeergelee
100 g gestiftelte Mandeln
10 g Butter
Außerdem:
Fett für die Form

Backzeit: etwa 30 Minuten
Schaltung: E: 200°C, G: 3

1. Die Rosinen grob hacken und mit den Kirschen, gehackten Mandeln und der Hälfte des Rums vermischen.

2. Fett und Zucker schaumig schlagen, dann den Honig, Zimt und die Orangenschale daruntermischen.

3. Nacheinander die Eier hinzufügen.

4. Nun das mit Backpulver und Salz vermischte Mehl dazugeben. Zum Schluß die Fruchtmischung unterziehen.

5. Den Teig in eine gefettete Kastenform füllen und im vorgeheizten Backofen (E: 200°C, G: 3) etwa 30 Minuten backen.

6. Aus dem Ofen nehmen und noch warm mit dem restlichen Rum bestreichen.

7. Den abgekühlten Kuchen viermal in Längsrichtung teilen, mit Himbeergelee bestreichen und wieder übereinanderschichten.

8. Nun auch außen von allen Seiten mit Gelee bestreichen.

9. Die Mandeln in der Butter leicht bräunen und an die Seiten pressen.

Marzipanring

Teig:
200 g Marzipanrohmasse
175 g Butter oder Margarine
175 g Zucker
1 P. Vanillinzucker
1 Prise Salz
abgeriebene Schale
von 1 ungespritzten Zitrone
3 Eier
300 g Mehl
2 TL Backpulver
250 g Speisequark (20% Fett)
Guß:
100 g Zartbitterschokolade
1 TL Kokosfett
Verzierung:
1 EL Puderzucker
kandierte Kirschen
Außerdem:
Fett für die Form

Backzeit: 60–70 Minuten
Schaltung: E: 175°C, G: 2

1. Von der Marzipanrohmasse etwas für die Garnierung beiseitelegen.

2. Die übrige Marzipanrohmasse, das Fett, den Zucker, Vanillinzucker, das Salz und die abgeriebene Zitronenschale schaumig rühren. Die Eier hinzufügen.

3. Das Mehl und Backpulver mischen und kurz unterrühren.

4. Zum Schluß den glattgerührten Quark einrühren.

5. Den Teig in eine gefettete Kranzform füllen und im vorgeheizten Backofen (E: 175°C, G: 2) 60–70 Minuten backen.

6. Die Schokolade und das Kokosfett schmelzen lassen und den erkalteten Kuchen damit überziehen.

7. Das zurückgelassene Marzipan und den Puderzucker verkneten, ausrollen und kleine Figuren ausstechen.

8. Den Kuchen damit und mit halbierten kandierten Kirschen verzieren.

Kaffeekranz

Teig:
250 g Butter oder Margarine
175 g Zucker
2 P. Vanillinzucker
1 Prise Salz
3–4 Eier
1 unbehandelte Zitrone
375 g Mehl
125 g Stärkemehl
1 P. Backpulver
etwa ⅛ l Milch oder
saure Sahne
Guß I:
250 g Puderzucker
2 EL Zitronensaft
Guß II:
1 Becher Haselnußglasur
1 TL Instantkaffee
Außerdem:
Fett für die Form

Backzeit: 50–60 Minuten
Schaltung: E: 175–200°C,
G: 2–3

1. Die Butter oder Margarine in eine Schüssel geben und schaumig rühren. Zucker, Vanillinzucker und Salz hinzufügen.

2. Dann nach und nach die Eier unterrühren. Die abgeriebene Schale und den Saft der Zitrone zur Schaummasse geben.

3. Mehl, Stärkemehl und Backpulver mischen und unter den Teig rühren. Bei Bedarf etwas Milch (oder saure Sahne) hinzufügen.

4. Den Teig in eine gefettete Kranzform füllen und glattstreichen.

5. Im vorgeheizten Backofen (E: 175–200°C, G: 2–3) 50–60 Minuten backen.

6. Den Kuchen auf dem Kuchengitter auskühlen lassen.

7. Für den Überzug den Puderzucker mit Zitronensaft und etwas Wasser zu einem dickflüssigen Guß rühren. Den Kuchen damit überziehen.

8. Dann die Haselnußglasur im heißen Wasserbad erwärmen und als zweite Schicht über den Kranz gießen.

9. Die noch warme Glasur mit Instantkaffee bestäuben.

Terrassenkuchen

Teig:
250 g Butter oder Margarine
4 Eier, 200 g Zucker
1 P. Vanillinzucker
abgeriebene Schale von
1 ungespritzten Orange
100 g Stärkemehl, 150 g Mehl
3 EL Kakao, 3 TL Backpulver
1 Prise Salz
Füllung:
2 Tafeln (200 g) Zartbitter-
schokolade
3 EL Aprikosenmarmelade
Guß:
250 g Puderzucker
3–4 EL Orangensaft
Zum Verzieren:
kandierte Orangenscheiben
Belegkirschen
Außerdem:
Fett für das Blech

Backzeit: 15–20 Minuten
Schaltung: E: 200°C, G: 3

1. Die Butter mit den Eiern schaumig rühren und den Zucker sowie Vanillinzucker nach und nach dazugeben.

2. Die abgeriebene Orangenschale, das Mehl und das Stärkemehl mit Backpulver vermischen, Kakao und Salz dazugeben und alles zu einem glatten Teig verrühren.

3. Den Teig auf ein gut gefettetes Backblech legen, gleichmäßig verstreichen und im vorgeheizten Ofen (E: 200°C, G: 3) 15–20 Minuten backen.

4. Nach dem Backen den Kuchen in 4 unterschiedlich große Streifen schneiden, so daß man die Streifen treppenartig aufeinandersetzen kann. Auf einem Kuchenrost erkalten lassen.

5. Danach zuerst den breitesten Streifen auf eine Kuchenplatte legen, die restlichen Streifen jeweils auf der Unterseite mit Aprikosenmarmelade und mit im Wasserbad erhitzter flüssiger Schokolade bestreichen und terrassenförmig aufeinandersetzen.

6. Für den Guß den Puderzucker mit dem Orangensaft glattrühren.

7. Den Kuchen mit dem Guß beziehen und mit Orangenscheiben und Belegkirschen verzieren.

Rehrücken

Teig:
2 Eier
2 Eigelb
75 g Zucker
1 P. Vanillinzucker
2 Eiweiß
100 g Mandeln
100 g Halbbitterschokolade
3 Zwiebäcke
1 TL Zimt
Glasur:
200 g Zartbitterkuvertüre
50 g Mandelstifte
Außerdem:
Fett für die Form

Backzeit: etwa 45 Minuten
Schaltung: E: 175°C, G: 2

1. Die Eier, die Eigelbe, den Zucker und den Vanillinzucker sehr schaumig rühren.

2. Das Eiweiß sehr steif schlagen.

3. Die Mandeln mahlen, die Schokolade und die Zwiebäcke reiben und mit dem Zimt zur Eimasse geben.

4. Das steif geschlagene Eiweiß unterheben und die Masse in eine gefettete Rehrückenform füllen.

5. Im vorgeheizten Ofen (E: 175°C, G: 2) etwa 45 Minuten backen und nach dem Backen auf einem Kuchengitter auskühlen lassen.

6. Die Kuvertüre im Wasserbad schmelzen lassen, den Rehrücken damit überziehen und mit den Mandelstiften spicken.

Feiner Eiweißkuchen

Teig:
125 g Butter	
7 Eiweiß	
1 Prise Salz	
250 g Zucker	
2 P. Vanillinzucker	
100 g gehackte Mandeln	
150 g Mehl	

Außerdem:
Fett für die Form

Backzeit: 35–45 Minuten
Schaltung: E: 175°C, G: 2

1. Die Butter in einem Topf erwärmen (nicht bräunen!) und wieder abkühlen lassen.

2. Das Eiweiß und Salz sehr steif schlagen.

3. Dann den Zucker und Vanillinzucker unter ständigem Schlagen in sehr kleinen Mengen einrieseln lassen.

4. Die Mandeln und das Mehl mischen und unter die Masse heben. Die flüssige Butter vorsichtig unterziehen.

5. Den Teig in eine gefettete Rehrückenform geben und im vorgeheizten Backofen (E: 175°C, G: 2) 35–45 Minuten backen.

Mohnkuchen

Füllung:
⅛ l Milch	
1 P. Vanillesoßenpulver	
75 g Zucker	
100 g gemahlener Mohn	
1 Ei	

Teig:
250 g Butter oder Margarine	
175 g Zucker	
1 P. Vanillinzucker	
1 Prise Salz	
3 Eier	
1 P. Vanillepuddingpulver	
6 EL Milch	
350 g Mehl	
1 P. Backpulver	

Zum Bestäuben:
Puderzucker

Außerdem:
Fett für die Form

Backzeit: etwa 60 Minuten
Schaltung: E: 175°C, G: 2

1. Die Milch, das Soßenpulver und den Zucker glattrühren. Den Mohn hinzufügen.

2. Unter Rühren aufkochen und anschließend erkalten lassen. Dann das Ei unterrühren.

3. Das Fett schaumig rühren. Den Zucker, Vanillinzucker und das Salz hinzufügen. Ein Ei nach dem anderen unterrühren.

4. Das Puddingpulver und die Milch glattrühren und zum Teig geben.

5. Das Mehl und Backpulver kurz unterrühren.

6. Die Hälfte des Teigs in eine gut gefettete Kranzform füllen. Darauf die Mohnmasse und den restlichen Teig verteilen.

7. Im vorgeheizten Backofen (E: 175°C, G: 2) etwa 60 Minuten backen.

8. Danach den Kuchen mit Puderzucker bestäuben.

Schwäbischer Mandelkranz

Teig:
250 g Butter oder Margarine
180 g Zucker
1 P. Vanillinzucker, 4 Eier
1 EL Milch, 250 g Mehl
50 g Stärkemehl
2 TL Backpulver
Füllung:
125 g Butter, 125 g Margarine
100 g Puderzucker, 1–2 Eigelb
1 P. Vanillinzucker
Marmelade
Krokant:
50 g Butter
50 g Kristallzucker
100 g geschälte und zerhackte Mandeln
Außerdem:
Fett und Semmelbrösel
für die Form

Backzeit: etwa 50 Minuten
Schaltung: 175–200°C, G: 2–3

1. Die Butter schaumig rühren und nach und nach den Zucker, Vanillinzucker, die Milch und die Eier dazugeben.

2. Das Mehl mit dem Stärkemehl und dem Backpulver vermischen und in den Teig rühren.

3. Den Teig in eine gefettete und mit Semmelbröseln ausgestreute Kranzform geben und im vorgeheizten Backofen (E: 175–200°C, G: 2–3) etwa 50 Minuten backen.

4. Für die Creme die Butter zusammen mit der Margarine schaumig rühren, Eigelb, Puderzucker und Vanillinzucker langsam dazugeben. Alles zu einer lockeren Creme schlagen.

5. Für den Mandelkrokant die Butter in einer Pfanne erhitzen, den Kristallzucker dazugeben und so lange rühren, bis die Masse leicht gebräunt ist.

6. Die geschälten und gehackten Mandeln dazugeben und so lange rühren, bis sich eine hellbraune Färbung zeigt.

7. Die Masse auf einem gefetteten Blech abkühlen lassen und zu Krokant zerstoßen.

8. Den ausgekühlten Kranz zweimal durchschneiden.

9. Den Boden mit Marmelade bestreichen, die mittlere Platte aufsetzen und mit der Buttercreme bestreichen.

10. Zuletzt den Deckel darübersetzen und den Kuchen rundherum dick mit Buttercreme bestreichen. Den erkalteten Krokant gleichmäßig darüber verteilen.

Feiner Mohnkuchen

Teig:
150 g Butter oder Margarine
150 g Zucker
1 P. Vanillinzucker
5 geriebene bittere Mandeln
1 Prise Salz
3 Eier
500 g Mehl
1 P. Backpulver
¼ l Milch
150 g gemahlener Mohn
50 g Zucker
50 g gemahlene süße Mandeln
70 g Rosinen
1–2 EL Milch
Außerdem:
Fett für die Form

Backzeit: etwa 30 Minuten
Schaltung: E: 175–200°C,
G: 2–3

1. Das Fett schaumig rühren und den Zucker, Vanillinzucker, die bitteren Mandeln, das Salz und die Eier nach und nach dazugeben.

2. Das Mehl mit dem Backpulver mischen und abwechselnd mit der Milch dazugeben.

3. Eine Hälfte des Teigs zur Seite stellen und den Rest mit dem Mohn, Zucker, den Mandeln, Rosinen und so viel Milch verrühren, daß er vom Löffel reißt.

4. Eine gefettete Kastenform abwechselnd mit dem hellen und dunklen Teig füllen.

5. Im vorgeheizten Backofen (E: 175–200°C, G: 2–3) etwa 30 Minuten backen.

Orangenkuchen

Teig:
150 g Margarine, 150 g Zucker
4 Eier, abgeriebene Schale von
1 ungespritzten Orange
2 El Grand Marnier
150 g Mehl, 150 g Stärkemehl
1 TL Backpulver
Zum Tränken:
4 EL Orangensaft
Guß:
150 g Puderzucker
1 EL Zitronensaft
1–2 EL Orangensaft
Außerdem:
Fett für die Form

Backzeit: etwa 50 Minuten
Schaltung: E: 180°C, G: 2

1. Die Margarine schaumig rühren und den Zucker, die abgeriebene Orangenschale, die Eier und den Grand Marnier nach und nach darunterrühren.

2. Das Mehl mit dem Stärkemehl und dem Backpulver mischen, dazugeben und alles zu einer dickschaumigen Masse verrühren.

3. Den Teig in eine gefettete Kastenform füllen und im vorgeheizten Ofen (E: 180°C, G: 2) etwa 50 Minuten backen.

4. Nach dem Backen den Kuchen auf ein Kuchengitter stürzen und mit einer Stricknadel in gleichmäßigen Abständen in den Kuchen stechen.

5. Danach den Kuchen mit Orangensaft tränken.

6. Den Puderzucker mit Zitronen- und Orangensaft glattrühren und den Kuchen damit überziehen.

Sandkuchen mit Nußfüllung

Teig:
250 g Butter oder Margarine
225 g Zucker
1 P. Vanillinzucker
1 Prise Salz
6 Eier
400 g Mehl
½ P. Backpulver
1 Becher saure Sahne (200 g)
Füllung:
175 g gemahlene Haselnüsse
1 TL Zimt
3 EL Zucker
Zum Bestäuben:
Puderzucker
Außerdem:
Fett und Semmelbrösel
für die Form

Backzeit: 60–70 Minuten
Schaltung: E: 175°C, G: 2

1. Die Butter oder Margarine mit dem Zucker und Vanillinzucker schaumig rühren.

2. Das Salz und die Eier nach und nach dazugeben, und so lange rühren, bis sich der Zucker aufgelöst hat.

3. Das Mehl mit dem Backpulver vermischen und nach und nach unter die Fett-Ei-Masse rühren.

4. Zum Schluß die saure Sahne dazugeben und gut unterrühren.

5. Eine Kranzkuchenform einfetten und mit Semmelbröseln ausstreuen. Die Hälfte des Teigs einfüllen.

6. Die Haselnüsse mit dem Zimt und Zucker vermischen und auf den Teig streuen.

7. Den restlichen Teig daraufgeben und den Kuchen im vorgeheizten Backofen (E: 175°C, G: 2) 60–70 Minuten backen.

8. Den Kuchen danach auf ein Kuchengitter stürzen und auskühlen lassen.

9. Zum Schluß den Kuchen mit Puderzucker bestäuben.

Quarkkuchen Erika

Teig:
1 kg Schichtkäse
125 g Butter
1 P. Vanillinzucker
abgeriebene Schale von
1 ungespritzten Zitrone
3 Eier
1 P. Vanillepudding
5 EL Grieß
1 P. Backpulver
Außerdem:
Fett für die Form

Backzeit: 90–120 Minuten
Schaltung: E: 150°C, G: 2

1. Den Schichtkäse durch ein Sieb streichen und geschmeidig rühren.

2. Die weiche Butter, den Zucker, den Vanillinzucker, die abgeriebene Zitronenschale, die Eier und das Päckchen Vanillepudding darunterrühren.

3. Den Grieß mit dem Backpulver vermischen und unter die Quarkmasse rühren.

4. In einer gefetteten Springform im vorgeheizten Ofen (E: 150°C, G: 2) 90–120 Minuten backen.

Philadelphia

Teig:
70 g Paniermehl
50 g Zucker
50 g flüssige Butter
Belag:
400 g Doppelrahmfrischkäse
(Philadelphia)
4 Eier
100 g Zucker
1 P. Vanillinzucker
abgeriebene Schale von
1 ungespritzten Zitrone
Zum Bestreuen:
25 g gehackte Mandeln
100 g gehacktes Orangeat
Außerdem:
Fett für die Form

Backzeit: etwa 50 Minuten
Schaltung: E: 200°C, G: 3

1. Butter, Zucker und Paniermehl verrühren und in eine gefettete Springform drücken. 3 cm Rand hochziehen.

2. Frischkäse, Eier, Zucker, Vanillinzucker und Zitronenschale gut verrühren und auf den Boden geben, gleichmäßig auseinanderstreichen.

3. Im vorgeheizten Backofen (E: 200°C, G: 3) 20 Minuten backen.

4. Danach Mandeln und Orangeat darüberstreuen und weitere 30 Minuten backen. Frisch schmeckt er am besten.

Gefüllter Rehrücken

Teig:
125 g Butter oder Margarine
125 g Zucker
1 P. Vanillinzucker
½ ungespritzte Zitrone
3 Eier
50 g Mehl
100 g Stärkemehl
2 TL Backpulver
150 g geschälte,
gemahlene Mandeln
Füllung:
½ P. Tortencremepulver,
Schokoladengeschmack
(weitere Zutaten nach
Packungsangabe)
Glasur:
200 g Zartbitterkuvertüre
50 g Mandelstifte
Außerdem:
Fett für die Form

Backzeit: etwa 60 Minuten
Schaltung: E: 175°C, G: 2

1. Das weiche Fett mit dem Zucker, Vanillinzucker, der abgeriebenen Zitronenschale und dem Zitronensaft schaumig rühren. Nach und nach die Eier dazurühren.

2. Das Mehl mit dem Stärkemehl, den gemahlenen Mandeln und dem Backpulver mischen und unter die Masse rühren.

3. Den Teig in eine gefettete Rehrückenform füllen und im vorgeheizten Ofen (E: 175°C, G: 2) etwa 60 Minuten backen.

4. Nach dem Backen auf ein Kuchengitter stürzen, auskühlen lassen und zweimal durchschneiden.

5. Die Creme nach Anweisung auf der Packung – aber nur mit der Hälfte der Zutaten – zubereiten und den Rehrücken damit füllen.

6. Die Kuvertüre im Wasserbad schmelzen lassen, den Kuchen damit überziehen und mit Mandelstiften spicken.

Aprikosenkuchen mit Haube

Teig:
150 g Butter oder Margarine
100 g Zucker
3 Eier
1 P. Vanillinzucker
250 g Mehl
50 g Stärkemehl
½ P. Backpulver
etwas Milch
Belag:
750 g reife Aprikosen
2 Eiweiß
3 EL Zucker
50 g Mandelstifte
Außerdem:
Fett für die Form

Backzeit: insgesamt etwa 30 Minuten
Schaltung: E: 225/250–275°C, G: 4/5–6

1. Butter oder Margarine und Zucker in eine Rührschüssel geben und gut schaumig rühren. Der Zucker muß sich vollständig aufgelöst haben.

2. Dann nacheinander die Eier und den Vanillinzucker hinzufügen.

3. Mehl, Stärkemehl und Backpulver darübersieben und langsam unterrühren. So viel Milch hinzufügen, daß der Teig cremigdick wird und in Spitzen vom Löffel fällt.

4. Den Teig in eine ausgefettete Form (etwa 28 cm Durchmesser) geben und glattstreichen.

5. Die Aprikosen waschen und abtrocknen, dann halbieren und die Kerne herauslösen. Mit der Rundung nach oben auf der Teigplatte verteilen.

6. Im vorgeheizten Backofen (E: 225°C, G: 4) etwa 20 Minuten vorbacken.

7. Unterdessen die Eiweiße zu steifem Schnee schlagen und den Zucker unterschlagen.

8. Den Aprikosenkuchen mit Mandelstiften bestreuen und die Baisermasse darüberstreichen. Bei starker Oberhitze (250 bis 275°C oder Stufe 5–6) 10 Minuten überbacken.

Mein Tip

Sie können statt der Aprikosen auch kleine deutsche Pfirsiche nehmen. Die Rheingauer schmekken am besten, da sie ein sehr kräftiges Aroma haben.
Auch Äpfel, wie zum Beispiel Cox Orange, eignen sich vorzüglich.
Wer es gerne alkoholisch mag, kann die Aprikosen mit ein wenig Apricot Brandy beträufeln.

Aprikosenkuchen mit Haube ▷

Versunkener Apfelkuchen

Teig:

200 g Butter oder Margarine

200 g Zucker

4 Eier

2 ungespritzte Zitronen

400 g Mehl

100 g Stärkemehl

1 P. Backpulver

etwas Milch

Belag:

1 kg mittelgroße Äpfel

40 g Mandelstifte

Zum Bestäuben:

Puderzucker

Außerdem:

Fett für die Form

Backzeit: etwa 30 Minuten
Schaltung: E: 225°C, G: 4

◁ Versunkener Apfelkuchen

1. Butter oder Margarine und Zucker in eine Rührschüssel geben und schaumig schlagen.

2. Nacheinander die Eier und die abgeriebene Zitronenschale unterrühren.

3. Das Mehl mit Stärkemehl und Backpulver vermischen und langsam unterrühren. Bei Bedarf Milch hinzufügen.

4. Den Teig auf ein gefettetes rechteckiges Kuchenblech oder in eine große runde Kuchenform (30 cm Durchmesser) geben und glattstreichen.

5. Die Äpfel schälen, vierteln und das Kerngehäuse herausschneiden.

6. Die Außenrundungen gleichmäßig mit einem Küchenmesser einschneiden (einkerben) und die Apfelstücke sofort mit Zitronensaft bepinseln, damit sie nicht braun anlaufen.

7. Die Apfelstücke mit der Rundung nach oben auf dem Kuchenteig verteilen und mit Mandelstiften bestreuen.

8. Das Blech in die Mitte des vorgeheizten Backofens (E: 225°C, G: 4) einschieben und den Kuchen in etwa 30 Minuten backen.

9. Den abgekühlten Kuchen mit Puderzucker bestäuben und in Stücke schneiden.

Mein Tip

Nehmen Sie statt der Äpfel einmal entkernte Sauerkirschen oder Stachelbeeren. Der säuerliche Geschmack dieser Früchte gibt dem Kuchen eine pikante Note.

Aprikosenkuchen

Teig:
6 Eier
200 g Zucker
1 P. Vanillinzucker
1 Prise Salz
150 g Butter oder Margarine
300 g Mehl
½ P. Backpulver
6 EL Sahne
Belag:
1½ kg frische Aprikosen
40 g Butter
60 g Zucker
3 EL Sahne
100 g Mandelblättchen
Außerdem:
Fett für das Blech

Backzeit: etwa 35 Minuten
Schaltung: E: 200°C, G: 3

1. Die Eier mit dem Zucker, Vanillinzucker und dem Salz schaumig schlagen.

2. Die Butter oder Margarine in einem Topf schmelzen lassen und unter die Eier-Zucker-Masse rühren.

3. Das Mehl mit dem Backpulver vermischen und abwechselnd mit der Sahne dazurühren.

4. Den Teig in eine gefettete Fettpfanne geben.

5. Die Aprikosen waschen, halbieren und entkernen. Mit der Schnittfläche nach oben auf den Teig legen.

6. Den Kuchen im vorgeheizten Backofen (E: 200°C, G: 3) 20 Minuten backen.

7. Inzwischen die Butter in einem Topf mit dem Zucker und der Sahne erhitzen und die Mandeln dazugeben.

8. Nach etwa 20 Minuten diese Masse über den Kuchen streichen und ihn noch weitere 15 Minuten backen.

Saftiger Apfelkuchen

Teig:
250 g Butter oder Margarine
200 g Zucker
1 P. Vanillinzucker
4 Eier, 250 g Mehl
50 g Stärkemehl
½ P. Backpulver
3 EL Rum, 1 EL Kakao
½ TL Zimt
je 1 Msp. gemahlene
Nelken, Koriander und Ingwer
200 g gemahlene Haselnüsse
300 g Äpfel
Zum Bestreichen:
½ Glas Apfelgelee
Guß:
150 g Puderzucker
2 EL Zitronensaft
Außerdem:
Fett für die Form

Backzeit: etwa 60 Minuten
Schaltung: E: 175°C, G: 2

1. Das Fett mit dem Zucker und Vanillinzucker schaumig rühren.

2. Die Eier nach und nach dazugeben und so lange rühren, bis der Zucker sich aufgelöst hat.

3. Das Mehl mit dem Stärkemehl

und dem Backpulver mischen und dazugeben.

4. Den Rum, Kakao, die Gewürze und die Haselnüsse dazugeben und alles zu einem glatten Teig verarbeiten.

5. Die Äpfel schälen, vierteln, das Kerngehäuse entfernen und die Apfelviertel reiben.

6. Die geriebenen Äpfel unter den Teig heben und den Teig in eine gefettete Springform füllen.

7. Den Kuchen im vorgeheizten Backofen (E: 175°C, G: 2) etwa 60 Minuten backen.

8. Den Kuchen auf ein Kuchengitter stürzen und auskühlen lassen.

9. Danach den Kuchen zweimal durchschneiden, mit dem Apfelgelee bestreichen und wieder zusammensetzen.

10. Den Puderzucker mit dem Zitronensaft verrühren und die Glasur über den Kuchen ziehen.

Barbarakuchen

Teig:
200 g Butter oder Margarine
abgeriebene Schale von
1 ungespritzten Zitrone
250 g Zucker, 4 Eier
125 g Stärkemehl
125 g Mehl
½ TL Backpulver
Guß:
150 g Puderzucker
2–3 EL Zitronensaft
Zum Belegen:
rote Belegkirschen
Außerdem:
Pergamentpapier und Fett
für die Form

Backzeit: etwa 70 Minuten
Schaltung: E: 180°C, G: 2

1. Eine Kastenform mit Pergamentpapier so auslegen, daß an beiden Schmalseiten ein Stück herausragt. Einfetten.

2. Das Fett schaumig rühren und die abgeriebene Zitronenschale, den Zucker und die Eier dazugeben.

3. Das Mehl mit dem Stärkemehl und dem Backpulver vermengen, zum Teig geben und alles gut verrühren.

4. Den Teig in die Kastenform füllen und im vorgeheizten Ofen (E: 180°C, G: 2) etwa 70 Minuten backen.

5. Den Puderzucker mit dem Zitronensaft glattrühren, den heißen Kuchen damit bestreichen und mit Belegkirschen verzieren. In der Form erkalten lassen.

Stachelbeerkuchen

Teig:
250 g weiche Butter
250 g Zucker
1 P. Vanillinzucker
1 Prise Salz
4 Tropfen Zitronenbacköl
3 Eier
350 g Mehl
25 g Stärkemehl
2 gestrichene TL Backpulver
etwa 6 EL Milch
50 g gemahlene Mandeln
½ TL Zimt
1 kleines Glas Stachelbeeren
(215 g)
Verzierung:
100 g Puderzucker
2 EL warmes Wasser
3 Tropfen gelbe Speisefarbe
6 Cocktailkirschen
Außerdem:
Fett für die Form

Backzeit: 50–60 Minuten
Schaltung: E: 175°C, G: 2

1. Das Fett schaumig rühren. Den Zucker, Vanillinzucker und das Salz mischen und in kleinen Mengen unter Rühren zum Fett geben. Das Backöl hinzufügen.

2. Ein Ei nach dem anderen un-terrühren und so lange weiterrühren, bis der Zucker ganz gelöst ist.

3. Das Mehl, Stärkemehl und Backpulver mischen und in 2–3 Portionen kurz unterrühren. Zum Schluß die Milch hinzufügen. Der Teig muß schwerreißend vom Löffel fallen.

4. Die Mandeln und den Zimt untermengen und die gut abgetropften Stachelbeeren unterheben.

5. Den Teig in eine gefettete Rodonkuchen- oder Napfkuchenform füllen.

6. Auf unterer Schiene, Rostkrümmung nach oben, im vorgeheizten Backofen (E: 175°C, G: 2) 50–60 Minuten backen.

7. Danach auf einen Kuchenrost stürzen und auskühlen lassen.

8. Den Puderzucker, das Wasser und die Speisefarbe verrühren und über den Kuchen gießen. Mit Kirschen verzieren.

Versunkener Pfirsichkuchen

Teig:
200 g Butter oder Margarine
200 g Zucker
1 P. Vanillinzucker
1 Prise Salz, 3 Eier
300 g Mehl, 3 TL Backpulver
Belag:
1 Dose Pfirsiche
Außerdem:
Fett für die Form

Backzeit: etwa 60 Minuten
Schaltung: E: 175°C, G: 2

1. Das Fett schaumig rühren, den Zucker, Vanillinzucker, das Salz und die Eier nach und nach untermischen.

2. Das Mehl mit dem Backpulver vermischen und unter den Teig rühren.

3. Den glatten Teig in eine gut gefettete Springform füllen.

4. Die Pfirsiche auf einem Sieb gut abtropfen lassen und auf den Teig legen.

5. Den Kuchen im vorgeheizten Ofen (E: 175°C, G: 2) etwa 60 Minuten backen.

Traubenkuchen

Teig:
100 g Butter oder Margarine
125 g Zucker
1 P. Vanillinzucker
2 Eier
250 g Mehl
2 TL Backpulver
2–3 EL Milch
Belag:
500 g Weintrauben
125 g Zucker
¼ l Wein
Außerdem:
Fett für die Form

Backzeit: 50–60 Minuten
Schaltung: E: 200°C, G: 3

1. Das Fett schaumig rühren und den Zucker, den Vanillinzucker und die Eier nach und nach dazugeben.

2. Das Mehl mit dem Backpulver mischen und abwechselnd mit der Milch unterrühren.

3. Den Teig in eine gut gefettete Springform füllen.

4. Die Weintrauben waschen, von den Stengeln zupfen und eventuell entkernen.

5. Den Wein in einem Topf erhitzen, nicht kochen lassen und den Zucker darin auflösen. Die Weintrauben hineingeben und ¼ Stunde darin ziehen lassen.

6. Danach mit einem Schaumlöffel herausheben, gut abtropfen lassen und auf dem Teig verteilen.

7. Den Kuchen im vorgeheizten Ofen (E: 200°C, G: 3) 50–60 Minuten backen.

Aprikosen-Kirsch-Kuchen

Teig:
200 g Butter
175 g Zucker
2 P. Vanillinzucker
abgeriebene Schale
von 1 ungespritzten Zitrone
3 Eier
300 g Mehl
3 TL Backpulver
Belag:
1 Glas entkernte Sauerkirschen
8 Aprikosenhälften
aus der Dose

Außerdem:
Fett für die Form

Backzeit: etwa 60 Minuten
Schaltung: E: 175°C, G: 2

1. Die Butter mit dem Zucker, Vanillinzucker und der abgeriebenen Zitronenschale schaumig rühren.

2. Nach und nach die Eier dazugeben.

3. Das Mehl mit dem Backpulver mischen und dazugeben. Den Teig so lange rühren, bis er locker und glatt ist.

4. Die Sauerkirschen und Aprikosenhälften gut abtropfen lassen und die Sauerkirschen unter den Teig rühren.

5. Den Teig in eine gefettete Springform füllen und die Aprikosenhälften daraufsetzen.

6. Im vorgeheizten Ofen (E: 175°C, G: 2) etwa 60 Minuten backen.

Aprikosen-Mandel-Kuchen

Teig:
250 g Butter oder Margarine
200 g Zucker, 2 Eier
1 Prise Salz
abgeriebene Schale von
1 ungespritzten Zitrone
250 g gemahlene Mandeln
250 g Mehl, 1 TL Zimt
½ P. Backpulver
Belag:
1 große Dose Aprikosen
Zum Bestreichen:
1 Eigelb
Außerdem:
Fett für die Form

Backzeit: etwa 70 Minuten
Schaltung: E: 175°C, G: 2

1. Die Butter oder Margarine mit dem Zucker schaumig rühren.

2. Die Eier einzeln einrühren, das Salz und die abgeriebene Zitronenschale dazugeben.

3. Die gemahlenen Mandeln mit dem Mehl, dem Zimt und dem Backpulver mischen und unterrühren.

4. Eine Springform einfetten und ⅔ des Teigs einfüllen.

5. Die Aprikosen gut abtropfen lassen und auf den Teig legen.

6. Den restlichen Teig in einen Spritzbeutel mit glatter Tülle füllen und damit ein Gitter auf die Aprikosen spritzen.

7. Das Eigelb mit 1 Eßlöffel Wasser verquirlen und die Gitterstreifen damit bestreichen.

8. Den Kuchen im vorgeheizten Backofen (E: 175°C, G: 2) auf mittlerer Schiene etwa 70 Minuten backen.

9. Danach den Kuchen erst abkühlen lassen und dann den Springformrand lösen.

Spanischer Apfelkuchen

Teig:
200 g Butter
150 g Zucker, 4 Eier
1 EL Kakao, 1 TL Zimt
2 P. Vanillinzucker
200 g Mehl, ½ P. Backpulver
5–6 säuerliche Äpfel

Zum Bestäuben:
Puderzucker
Außerdem:
Fett für die Form

Backzeit: etwa 60 Minuten
Schaltung: E: 200°C, G: 3

1. Die Butter zusammen mit dem Zucker schaumig rühren.

2. Die Eier nach und nach dazugeben. Kakao, Zimt und Vanillinzucker dabei unterrühren.

3. Das Mehl mit dem Backpulver mischen und dazurühren.

4. Eine Springform einfetten und ⅔ des Teiges hineinfüllen.

5. Die Äpfel schälen, vierteln und das Kerngehäuse entfernen.

6. Die Apfelviertel in Spalten schneiden und auf dem Teig verteilen.

7. Den restlichen Teig darüberfüllen und den Kuchen im vorgeheizten Ofen (E: 200°C, G: 3) etwa 60 Minuten backen.

8. Auskühlen lassen und mit Puderzucker bestäuben.

Apfelkuchen mit Mandelblättchen

2½ kg säuerliche Äpfel
(Boskop)
2 ungespritzte Zitronen
Teig:
275 g Butter oder Margarine
225 g Puderzucker
1 Prise Salz
6 Eier
300 g Mehl
80 g Stärkemehl
1 TL Backpulver
Belag:
80 g Mandelblättchen
50 g Hagelzucker
½ Glas Aprikosenkonfitüre
Außerdem:
Backpapier oder Fett
für das Backblech

Backzeit: etwa 55 Minuten
Schaltung: E: 175° C, G: 2

1. Die Äpfel schälen und das Kerngehäuse mit einem Apfelausstecher herausschneiden.

2. Die Äpfel halbieren und die runde Seite mehrmals quer einschneiden.

3. Von den Zitronen die Schale dünn abreiben und zugedeckt beiseite stellen.

4. Den Saft der Zitronen auspressen und die Äpfel damit beträufeln, damit sie nicht braun werden.

5. Das Fett mit dem Puderzukker, Salz und der abgeriebenen Zitronenschale schaumig rühren.

6. Die Eier einzeln über einer Tasse aufschlagen und nach und nach dazurühren.

7. Das Mehl mit dem Stärkemehl und dem Backpulver mischen und dazugeben. Alles gut verrühren.

8. Ein Backblech mit Backpapier auslegen oder einfetten und den Teig darauf ausstreichen.

9. Die Apfelhälften dicht nebeneinander mit der Wölbung nach oben in den Teig drücken.

10. Die Mandelblättchen und den Hagelzucker darüberstreuen.

11. Das Blech in den kalten Ofen schieben und bei 175° C (G: 2) etwa 55 Minuten backen.

12. Inzwischen die Aprikosenkonfitüre mit 3 Eßlöffeln Wasser in einen Topf geben, gut verrühren und einmal aufkochen lassen. Danach durch ein Sieb streichen.

13. Den Kuchen aus dem Ofen nehmen, zum Auskühlen auf ein Backgitter setzen und sofort mit der heißen Konfitüre bestreichen.

Mein Tip

Statt der Äpfel können Sie auch Birnen nehmen.

Johannisbeerkuchen

Teig:
200 g Butter
200 g Zucker
4 Eier
350 g Mehl
½ P. Backpulver
2 EL Rum
300 g Johannisbeeren
Zum Bestäuben:
Puderzucker
Außerdem:
Fett und Semmelbrösel
für die Form

Backzeit: etwa 60 Minuten
Schaltung: E: 175–200°C,
G: 2–3

1. Die Butter mit dem Zucker schaumig rühren und nach und nach die Eier dazugeben.

2. Das Mehl mit dem Backpulver vermischen und mit dem Rum zu der gerührten Masse geben.

3. Alles gut durchrühren, bis die Masse schaumig und locker ist, eventuell noch ein wenig Milch dazugeben.

4. Die Johannisbeeren waschen, von den Stielen streifen und abtrocknen lassen.

5. Eine Kastenform ausfetten und mit Semmelbröseln ausstreuen.

6. Die Hälfte des Teigs hineinfüllen und darauf die Johannisbeeren geben.

7. Danach den restlichen Teig darüber verteilen und den Kuchen im vorgeheizten Ofen (E: 175–200°C, G: 2–3) etwa 60 Minuten backen.

8. Nach dem Backen auf einem Kuchenrost auskühlen lassen und mit Puderzucker bestäuben.

Mein Tip

Statt der Johannisbeeren können Sie auch frische Brombeeren nehmen oder rote und schwarze Johannisbeeren mischen.

Kokosnuß-Apfel-Kuchen

Teig:
100 g Butter oder Margarine
100 g Zucker
1 P. Vanillinzucker
1 Prise Salz
2 Eier
200 g Mehl
2 gestrichene TL Backpulver
Belag:
100 g Margarine oder Butter
100 g Zucker
½ Fläschchen Rumaroma
4 Eier
750 g Äpfel
3 EL Zitronensaft
75 g Kokosraspel
Zum Verzieren:
¼ l steif geschlagene
süße Sahne
Außerdem:
Fett für die Form

Backzeit: 60–70 Minuten
Schaltung: E: 175°C, G: 2

1. Das Fett schaumig rühren, den Zucker, Vanillinzucker und das Salz hinzufügen.

2. Die Eier nacheinander einrühren und so lange weiterrühren, bis der Zucker gelöst ist.

3. Das Mehl und Backpulver mischen und unterrühren.

4. Den Teig in eine nur am Boden gefettete Springform füllen. Mit einem Teigschaber etwa 3 cm am Rand hochstreichen.

5. Für den Belag das Fett schaumig rühren. Den Zucker, das Rumaroma und ein Ei nach dem anderen hinzufügen und cremig rühren.

6. Die Äpfel schälen, grob raspeln und mit Zitronensaft beträufeln. Zusammen mit den Kokosraspeln unterrühren.

7. Die Masse in die Form füllen und im vorgeheizten Backofen (E: 175°C, G: 2) auf unterer Schiene 60–70 Minuten backen.

8. Mit steif geschlagener Sahne verzieren.

Rührkuchen mit Kirschen

Teig:
200 g Butter oder Margarine
175 g Zucker
1 P. Vanillinzucker
4 Eier
abgeriebene Schale von
1 ungespritzten Zitrone
1 Prise Salz, 500 g Mehl
1 P. Backpulver
⅛ l Milch
300 g Sauerkirschen ohne
Kerne aus dem Glas
Zum Bestäuben:
2 EL Puderzucker
Außerdem:
Fett für die Form

Backzeit: etwa 60 Minuten
Schaltung: E: 200°C, G: 3

1. Das weiche Fett schaumig rühren und den Zucker sowie Vanillinzucker einrieseln lassen.

2. Dann nach und nach die Eier dazugeben und dabei ständig weiterrühren. Die abgeriebene Zitronenschale dazugeben.

3. Salz, Mehl und Backpulver mischen und ebenfalls hineinrühren.

4. Danach die Milch eingießen und dabei darauf achten, daß der Teig nicht zu dünn wird.

5. Die Kirschen auf einem Sieb gut abtropfen lassen, danach auf einem Teller ausbreiten und mit Mehl bestäuben, damit sie beim Backen nicht auf den Kuchenboden sinken.

6. In den Teig einrühren und den Teig in eine gefettete Springform füllen.

7. Im vorgeheizten Ofen (E: 200°C, G: 3) etwa 60 Minuten backen.

8. Nach dem Backen den Kuchen noch etwa 10 Minuten in der Form auskühlen lassen. Danach vorsichtig auf ein Kuchengitter heben.

9. Den erkalteten Kuchen mit Puderzucker bestäuben.

Sächsischer Apfelkuchen

Teig:
125 g Butter oder Margarine
1 P. Vanillinzucker, 2 Eier
175 g Mehl, 50 g Stärkemehl
1 TL Backpulver
Belag:
1 kg Äpfel
150 g Butter oder Margarine
175 g Zucker, 2 Eier
750 g magerer Quark
125 g Stärkemehl
2 TL Backpulver
Außerdem:
Fett für die Form

Backzeit: insgesamt 75 Minuten
Schaltung: E: 225/220°C,
G: 5/4

1. Das Fett mit dem Zucker, dem Vanillinzucker und den Eiern schaumig rühren.

2. Das mit Stärkemehl und Backpulver vermischte Mehl dazurühren.

3. In eine gefettete Springform geben und etwa 15 Minuten (E: 225°C, G: 4) vorbacken.

4. Die Äpfel schälen, das Kerngehäuse entfernen und in Scheiben schneiden. Die Äpfel auf dem vorgebackenen Kuchen verteilen.

5. Die Butter oder Margarine schaumig rühren, den Zucker und die Eier dazugeben und alles glatt verrühren.

6. Den Quark und das Stärkemehl mit dem Backpulver mischen und ebenfalls dazugeben.

7. Alles zusammen zu einer glatten Creme verrühren.

8. Die Quarkmasse über die Äpfel streichen und im vorgeheizten Backofen (E: 200°C, G: 3) noch etwa 60 Minuten backen.

Birnenkuchen

Teig:
150 g Butter oder Margarine
150 g Zucker
abgeriebene Schale von
1 ungespritzten Zitrone
2 Eier, 250 g Mehl
125 g Stärkemehl
1 P. Backpulver
⅛ l Milch
Belag:
1 kg Birnen
1 Prise Zimt, 50 g Zucker
75 g gehackte Mandeln
Zum Bestreichen:
40 g Butter
Außerdem:
Fett für das Blech

Backzeit: etwa 30 Minuten
Schaltung: E: 175–200°C,
G: 2–3

1. Butter oder Margarine schaumig rühren, den Zucker, die Zitronenschale und die Eier nach und nach dazugeben.

2. Das Mehl mit dem Stärkemehl und dem Backpulver mischen und abwechselnd mit der Milch gut verrühren.

3. Den Teig auf ein gut gefettetes Backblech streichen.

4. Die Birnen schälen, halbieren und vom Kerngehäuse befreien. Die Birnenhälften auf dem Teig verteilen, mit Zucker und Zimt bestreuen und die gehackten Mandeln darauf verteilen.

5. Im vorgeheizten Ofen (E: 175–200°C, G: 2–3) etwa 30 Minuten backen. Danach mit flüssiger Butter bestreichen.

Amerikanischer Apfelkuchen

Teig:
80 g Butter oder Margarine
160 g Zucker, 2 Eier
1 EL Zitronensaft
80 g Mehl
100 g Stärkemehl
1 TL Backpulver
3–4 EL Milch
Füllung:
40 g Butter, 90 g Zucker
750 g säuerliche Äpfel
75 g Walnußkerne
Außerdem:
Backpapier

Backzeit: etwa 40 Minuten
Schaltung: E: 200°C, G: 3

1. Die Butter oder Margarine mit dem Zucker schaumig rühren.

2. Die Eier und den Zitronensaft nach und nach dazugeben.

3. Das Mehl mit dem Stärkemehl und Backpulver mischen und zusammen mit der Milch unterrühren.

4. Eine Springform mit Backpapier auslegen. Die Butter schmelzen und daraufgeben.

5. Den Zucker sofort über die noch warme Butter streuen.

6. Die Apfelscheiben schälen, das Kerngehäuse mit einem Apfelausstecher ausstechen und die Äpfel in Scheiben schneiden.

7. Die Äpfel kreisförmig auf dem Zucker in der Form verteilen und die Löcher mit je 1 Walnußkern füllen.

8. Den vorbereiteten Teig darüberfüllen und den Kuchen im vorgeheizten Backofen (E: 200°C, G: 3) etwa 40 Minuten backen.

Kirschkuchen

Teig:
300 g Mehl
1 P. Backpulver
250 g Zucker
¼ l Öl, 4 Eier
¼ l Mineralwasser
1 Prise Salz
Belag:
1 kg Sauerkirschen
oder Süßkirschen
Zum Bestreuen:
50 g Hagelzucker
Außerdem:
Fett für das Blech

Backzeit: etwa 25 Minuten
Schaltung: E: 200°C, G: 3

1. Das Mehl mit dem Backpulver mischen und mit dem Zucker in eine Schüssel geben.

2. Das Öl, die Eier, das Mineralwasser und das Salz dazugeben und alles gut vermischen.

3. Eine Fettpfanne einfetten und den recht flüssigen Teig hineingeben.

4. Die Kirschen waschen, entkernen und auf dem Teig verteilen.

5. Den Kuchen im vorgeheizten Ofen (E: 200°C, G: 3) etwa 25 Minuten backen.

6. Den Kirschkuchen nach dem Backen sofort mit dem Hagelzucker bestreuen.

Schwedische Apfeltorte

Teig:
180 g Mehl
140 g Butter
140 g Zucker
3 Eigelb
Füllung:
8 Äpfel
Schale und Saft
von 1 ungespritzten Zitrone
3 EL Zucker
½ Tasse Weißwein oder
Apfelsaft
Belag:
70 g Hagebuttenkonfitüre
100 g Zucker, 3 Eiweiß
Außerdem:
Fett für die Form

Backzeit: etwa 35 Minuten
Schaltung: E: 200°C, G: 3

1. Das Mehl, die Butter, den Zucker und die Eigelbe verkneten.

2. ⅔ des Teiges auf dem Boden einer gefetteten Springform ausrollen. Den Rest 3 cm am Springformrand hochziehen.

3. Im vorgeheizten Backofen (E: 200°C, G: 3) etwa 15 Minuten blind backen.

4. Inzwischen die Äpfel schälen, das Kerngehäuse entfernen und in Spalten schneiden. Zusammen mit der Zitronenschale, dem Zitronensaft und Zucker in Wein oder Apfelsaft weichkochen und durch ein Sieb streichen.

5. Nach dem Backen auf den Kuchen geben.

6. Für den Belag die Hagebuttenkonfitüre und den Zucker schaumig rühren.

7. Das Eiweiß steif schlagen und unter die Konfitüre ziehen.

8. Den Belag auf den Kuchen geben und alles weitere 20 Minuten bei gleicher Temperatur backen.

Orangen-Möhren-Kuchen

Teig:
200 g Butter oder Margarine
250 g Zucker, 1 Prise Salz
abgeriebene Schale und Saft
von 1 ungespritzten Orange
4 Eier
3 EL Rum
375 g geriebene Möhren
150 g gemahlene Mandeln
250 g Mehl
1 P. Backpulver
Guß:
200 g Puderzucker
3 EL Orangensaft
Außerdem:
Fett für die Form

Backzeit: 50–60 Minuten
Schaltung: 175°C, G: 2

1. Die Butter oder Margarine mit dem Zucker, Salz und der abgeriebenen Orangenschale schaumig rühren.

2. Nach und nach den Orangensaft und die Eier hinzufügen.

3. Danach den Rum und die geriebenen Möhren dazugeben.

4. Die gemahlenen Mandeln, das Mehl und das Backpulver vermischen und unterrühren.

5. Den Teig in eine gefettete Springform geben und im vorgeheizten Backofen (E: 175°C, G: 2) 50–60 Minuten backen.

6. Den Puderzucker zusammen mit dem Orangensaft glattrühren und den Kuchen damit überziehen.

Gestürzter Johannisbeerkuchen

Belag:
500 g rote Johannisbeeren
Teig:
75 g Butter oder Margarine
150 g Zucker
1 P. Vanillinzucker
2 Eier, 80 g Mehl
100 g Stärkemehl
2 TL Backpulver
Zum Bestreuen:
Hagelzucker
Außerdem:
Alufolie und Fett für die Form

Backzeit: etwa 60 Minuten
Schaltung: E: 175°C, G: 2

1. Eine Springform mit Alufolie auslegen und den Boden der Folie fetten.

2. Die Johannisbeeren waschen und entstielen. In die Springform geben.

3. Die Butter oder Margarine schaumig rühren, Zucker, Vanillinzucker und Eier dazurühren.

4. Das Mehl mit dem Stärkemehl und dem Backpulver mischen und darunterrühren.

5. Den Teig über die Johannisbeeren geben und den Kuchen im vorgeheizten Backofen (E: 175°C, G: 2) etwa 60 Minuten backen.

6. Nach dem Backen den Springformrand abnehmen und den Kuchen ¼ Stunde auskühlen lassen, dann auf eine Platte stürzen.

7. Den Springformboden und die Alufolie abheben und die Johannisbeeren mit Zucker bestreuen.

Rhabarberkuchen

Teig:
500 g Rhabarber, 225 g Zucker
100 g Butter oder Margarine
abgeriebene Schale von
1 ungespritzten Zitrone
2 Eier
125 g Stärkemehl
100 g Mehl
3 TL Backpulver
½ Tasse Milch
Zum Bestäuben:
Puderzucker
Außerdem:
Alufolie für die Form

Backzeit: etwa 45 Minuten
Schaltung: E: 200°C, G: 3

1. Den Rhabarber putzen, waschen und in Stücke schneiden.

2. Eine Springform mit Alufolie auslegen, den Rhabarber darauf verteilen und mit 100 g Zucker bestreuen.

3. Das Fett mit dem restlichen Zucker und der abgeriebenen Zitronenschale schaumig rühren und die Eier einzeln dazugeben.

4. Stärkemehl mit Mehl und Backpulver mischen und abwechselnd mit der Milch dazurühren.

5. Den Teig über den Rhabarber füllen und glattstreichen.

6. Im vorgeheizten Ofen (E: 200°C, G: 3) etwa 45 Minuten backen.

7. Nach dem Backen etwa 10 Minuten auskühlen lassen, dann den Rand der Springform lösen und den Kuchen auf eine Tortenplatte stürzen. Die Alufolie abziehen.

8. Mit Puderzucker bestäuben.

Frankfurter Kranz

Teig:
150 g Margarine, 175 g Zucker
1 Prise Salz, 4 Eier
abgeriebe Schale von
1 ungespritzten Zitrone
200 g Mehl, 100 g Stärkemehl
2 TL Backpulver
Füllung:
1 TL Aprikosenmarmelade
250 g Butter
1 P. Vanillepuddingpulver
½ l Milch
75 g Zucker
Krokant:
1 TL Butter
60 g Zucker
125 g gehackte Mandeln
Zum Belegen:
10 Maraschinokirschen
Außerdem:
Fett für die Form

Backzeit: etwa 50 Minuten
Schaltung: E: 175°C, G: 2

1. Die Margarine mit dem Zucker, Salz und den Eiern schaumig rühren.

2. Nach und nach die abgeriebene Zitronenschale und das mit Backpulver und Stärkemehl vermischte Mehl dazurühren.

3. Eine Kranzkuchenform einfetten und den Teig hineingeben. Im vorgeheizten Ofen (E: 175°C, G: 2) etwa 50 Minuten backen.

4. Nach dem Backen auf einen Kuchenrost stürzen und auskühlen lassen. Danach zweimal waagrecht durchschneiden.

5. Die Aprikosenmarmelade leicht erwärmen und den unteren Boden damit bestreichen.

6. Einen Vanillepudding nach Vorschrift zubereiten und unter Umrühren kalt werden lassen, damit sich keine Haut bildet.

7. Die Butter schaumig rühren und den Vanillepudding löffelweise darunterrühren, dabei darauf achten, daß Pudding und Butter die gleiche Temperatur haben, da sonst die Creme gerinnt.

8. Auf den unteren Boden den nächsten Boden setzen und diesen mit der Hälfte der Creme bestreichen.

9. Den Deckel daraufsetzen und den Kranz ringsum mit Creme bestreichen, dabei aber etwa 5–6 Eßlöffel Creme zur Garnierung zurückbehalten.

10. Mit dem Spritzbeutel die restliche Creme auf den Kranz spritzen.

11. Für den Krokant die Butter in einer Pfanne zergehen lassen, Zucker dazugeben und so lange erhitzen, bis sich der Zucker leicht bräunt.

12. Die gehackten Mandeln dazugeben und unter Rühren so lange erwärmen, bis der Krokant genügend braun ist.

13. Die Krokantmasse zerstoßen und auf einem gefetteten Blech erkalten lassen.

14. Den Kranz mit Krokant bestreuen und die Kirschen daraufsetzen.

Gebäck

Punschküchlein

Teig:
150 g Butter oder Margarine
Schale von 1 ungespritzten
Orange
150 g Zucker, 3 Eier
125 g Mehl
125 g Stärkemehl
1 TL Backpulver
3 EL Kakao
3 EL Rum
Füllung:
125 g Marzipanrohmasse
75 g Puderzucker
Außerdem:
Alufolie
Fett für die Förmchen

Backzeit: etwa 15 Minuten
Schaltung: E: 200°C, G: 3

1. Für die Förmchen 11 cm breite Streifen aus Alufolie schneiden, diese zu Quadraten schneiden.

2. Jedes Quadrat über ein Wasserglas stülpen und zu Förmchen formen.

3. Die Förmchen fetten und auf ein Backblech setzen.

4. Butter oder Margarine schaumig rühren und nach und nach abgeriebene Orangenschale, Zucker, Eier und mit Stärkemehl und Backpulver vermischtes Mehl unterrühren.

5. Zum Schluß Kakao und Rum dazugeben.

6. Die Förmchen etwa halbvoll mit Teig füllen.

7. Die Marzipanrohmasse mit dem Puderzucker verkneten und Kugeln daraus formen.

8. In jedes Förmchen 1 Kugel setzen und im vorgeheizten Ofen (E: 200°C, G: 3) etwa 15 Minuten backen.

9. Nach dem Backen auf einem Kuchenrost erkalten lassen.

Mein Tip

Sie können nach dem Erkalten die Punschküchlein noch mit einer Zitronenglasur überziehen. Das Rezept finden Sie im Kapitel „Güsse, Glasuren und Cremes".

Baumkuchenspitzen

Teig:
250 g Butter oder Margarine
175 g Zucker, 2 P. Vanillinzucker
5 Eier, 125 g Mehl
125 g Stärkemehl
je 1 Msp. Zimt und Kardamom
50 g abgezogene, gemahlene
Mandeln, 1 EL Rosenwasser
1 EL Rum
Guß:
Schokoladenfettglasur
Außerdem:
Fett für die Form

Backzeit: 1–2 Minuten pro Boden
Schaltung: E: 250° C, G: 5

1. Die Butter oder Margarine mit dem Zucker und Vanillinzucker schaumig rühren. Die Eier nach und nach dazugeben.

2. Das Mehl mit Stärkemehl mischen, sieben und einrieseln lassen.

3. Zum Schluß Zimt, Kardamom, Mandeln, Rosenwasser und Rum unterrühren.

4. Eine Springform einfetten und einen dünnen Teigboden darauf ausstreichen.

5. Im vorgeheizten Ofen (E: 250° C, G: 5) 1–2 Minuten bakken, bis er goldgelb ist, danach den Vorgang wiederholen, bis der Teig aufgebraucht ist.

6. Den Kuchen auf ein Kuchengitter stürzen und erkalten lassen.

7. Danach in kleine Dreiecke schneiden und diese mit Schokoladenfettglasur überziehen.

Amerikaner

Teig:
100 g Butter oder Margarine
100 g Zucker
1 P. Vanillinzucker
2 Eier, 1 Prise Salz
4 EL Milch
1 P. Vanillepuddingpulver
3 TL Backpulver
250 g Mehl
Zum Bestreichen:
Milch
Guß:
250 g Puderzucker
2 EL Zitronensaft
Außerdem:
Backpapier

Backzeit: etwa 20 Minuten
Schaltung: E: 200° C, G: 3

1. Das Fett mit dem Zucker, Vanillinzucker, den Eiern, dem Salz und der Milch schaumig rühren.

2. Das Puddingpulver, Backpulver und Mehl vermischen und unterrühren.

3. Ein Backblech mit Backpapier auslegen und mit 2 Eßlöffeln Teighäufchen von etwa 7 cm Durchmesser und 3 cm Höhe daraufsetzen.

4. Im vorgeheizten Backofen (E: 200° C, G: 3) etwa 20 Minuten backen.

5. Den Puderzucker und den Zitronensaft glattrühren und die Unterseiten der Amerikaner damit bestreichen. Auf einem Kuchengitter trocknen lassen.

Mandel-Zimt-Streifen

Teig:
125 g Margarine
125 g Zucker
3 Eier
abgeriebene Schale von
1 ungespritzten Zitrone
250 g Mehl
1 EL Backpulver
Belag:
40 g Margarine
Zucker und Zimt
50 g Mandelblättchen
Außerdem:
Fett für das Backblech

Backzeit: etwa 20 Minuten
Schaltung: E: 200°C, G: 3

1. Margarine mit Zucker und Eiern schaumig rühren, Zitronenschale und das mit Backpulver durchgesiebte Mehl dazugeben.

2. Den Teig auf ein gefettetes Blech streichen, mit zerlassener Margarine bepinseln und mit Zucker und Zimt bestreuen. Geblätterte Mandeln darüber verteilen.

3. Den Kuchen im vorgeheizten Ofen (E: 200°C, G: 3) in etwa 20 Minuten goldgelb backen. Noch warm in Streifen schneiden.

Nußmadelaines

Teig:
200 g Haselnüsse
300 g Butter
6 Eier, 300 g Honig
300 g Weizenvollkornmehl
2 TL Backpulver
4 EL Rum
Außerdem:
Alufolie
Fett für die Förmchen

Backzeit: etwa 20 Minuten
Schaltung: E: 200°C, G: 3

1. Die Haselnüsse auf einem ungefetteten Backblech bei 200 Grad (G: 3) rösten.

2. Danach die Schalen mit Hilfe eines Küchentuches abreiben.

3. Die Haselnüsse mahlen.

4. Die Butter schaumig rühren.

5. Die Eier trennen und die Eigelbe abwechselnd mit dem Honig zur Butter geben und dabei kräftig rühren.

6. Die geriebenen Haselnüsse, das mit Backpulver vermischte Mehl und den Rum nach und nach unter die Butterhonigmasse rühren.

7. Das Eiweiß sehr fest schlagen und unter den Teig heben.

8. Aus fester Alufolie Quadrate von etwa 10 cm Seitenlänge schneiden.

9. Die Quadrate über einem Wasserglas zu Förmchen formen.

10. Die Förmchen einfetten und jedes zu etwa 2/3 mit Teig füllen.

11. Im vorgeheizten Backofen (E: 200°C, G: 3) etwa 20 Minuten backen.

Mein Tip

Servieren Sie dazu frische Erdbeeren und Schlagsahne.

Mandelkränze

Teig:
150 g abgezogene Mandeln
150 g Butter oder Margarine
125 g Zucker
2 P. Vanillinzucker
1 Prise Salz, 3 Eier
325 g Mehl
2 TL Backpulver
Zum Bestreuen:
150 g Hagelzucker
Außerdem:
Backpapier

Backzeit: etwa 15 Minuten
Schaltung: E: 220° C, G: 4

1. Die Mandeln in einer Pfanne ohne Fett unter ständigem Rühren rösten.

2. Auskühlen lassen und mit einer Mandelmühle mahlen.

3. Die Butter oder Margarine mit dem Zucker und Vanillinzucker schaumig rühren.

4. Das Salz und nach und nach die Eier dazugeben.

5. Die gemahlenen Mandeln mit dem Mehl und Backpulver mischen und dazurühren.

6. Den Teig in einen Spritzbeutel mit großer Sterntülle füllen.

7. Ein Backblech mit Backpapier auslegen und Kränze von etwa 8 cm Durchmesser daraufspritzen.

8. Die Ringe mit Hagelzucker bestreuen und im vorgeheizten Backofen (E: 220°C, G: 4) etwa 15 Minuten backen.

Schokoli

Teig:
250 g Butter oder Margarine
100 g Puderzucker
1 P. Vanillinzucker
75 g Mehl
250 g Stärkemehl
2 EL Kakao
1 TL Kardamom, 1 TL Zimt
Füllung:
100 g Haselnußkerne
Zum Bestäuben:
Puderzucker

Backzeit: etwa 15 Minuten
Schaltung: E: 175–200° C,
G: 2–3

1. Butter oder Margarine schaumig rühren und Puderzucker sowie Vanillinzucker einrieseln lassen.

2. Gesiebtes Mehl mit Stärkemehl und Kakao mischen und unterrühren. Zum Schluß Kardamom und Zimt dazugeben.

3. Den Teig gut durchkneten und kalt stellen.

4. Aus dem Teig Rollen von etwa 2 cm Durchmesser formen und in etwa 1 cm dicke Scheiben schneiden.

5. Jede Scheibe mit einem Haselnußkern belegen, den Teig darüber zusammenziehen und zu Kugeln formen. Diese auf einem bemehlten Backblech im vorgeheizten Ofen (E: 175–200° C, G: 2–3) etwa 15 Minuten backen.

6. Nach dem Backen auf einem Kuchenrost erkalten lassen und mit Puderzucker bestäuben.

Kuchen und Gebäck aus Hefeteig

Der lockere Hefeteig eignet sich für Napfkuchen, Kuchen vom Blech mit Obstbelag oder verschiedenen anderen Belägen und für geformtes Gebäck auf dem Backblech. Wichtig ist, daß Sie ihn an einem warmen Ort zugedeckt gehen lassen, bis der Teig sich etwa verdoppelt hat. Nur so bekommen sie einen lockeren und leichten Kuchen.

Grundrezept

Verarbeitung mit der Hand

500 g Mehl
30 g frische Hefe oder
1 P. Trockenhefe
80 g Zucker
1/8–1/4 l lauwarme Milch
1 Prise Salz
80 g Butter oder Margarine

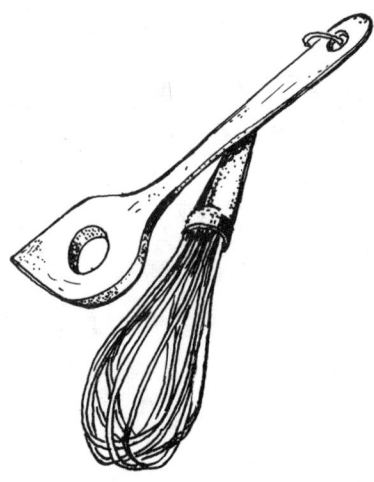

HOLZLÖFFEL, HAND

1. Das Mehl auf ein Backbrett oder in eine große Schüssel sieben und in die Mitte eine Vertiefung drücken.

2. Die Hefe hineinbröckeln und mit 1 Teelöffel Zucker, etwas lauwarmer Milch und etwas Mehl zu einem Vorteig verrühren.
Bei Verwendung von Trockenhefe die Hefe nach Anweisung auf der Packung verarbeiten.

3. Etwas Mehl über den Vorteig stäuben und diesen an einem warmen Ort etwa 15 Minuten zugedeckt gehen lassen.

4. Danach den Hefevorteig zunächst mit etwas Mehl verrühren.

5. Die restlichen Zutaten dazugeben und so lange schlagen, bis sich der Teig von Schüsselrand und Händen löst.

6. Den Hefeteig nochmals an einem warmen Ort gehen lassen, bis er sich ungefähr verdoppelt hat. Das dauert etwa 1 Stunde.

Mit Handrührgerät und Küchenmaschine

Was zu beachten ist

KNETHAKEN

1. Die Hefe in lauwarmer Milch auflösen.

2. Das Fett, den Zucker, das Salz und Mehl in eine hohe Schüssel geben und die Hefemilch dazugießen.

3. Alle Zutaten zunächst auf der niedrigsten und dann auf der höchsten Schaltstufe so lange verkneten, bis sich der Teig vom Schüsselrand löst.

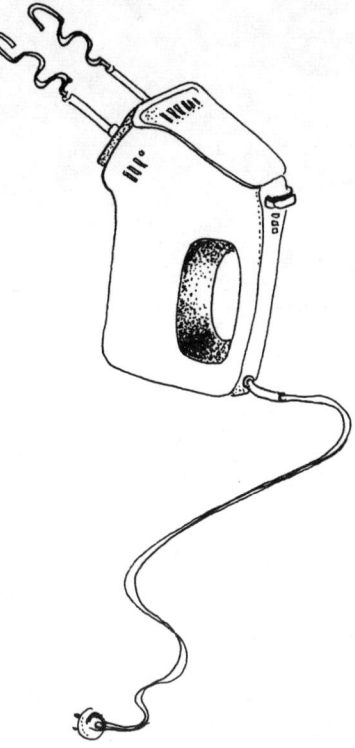

Mein Tip

Wenn Sie Hefeteig auf Vorrat backen, um ihn einzufrieren, lassen Sie ihn nur einmal gehen. Danach packen Sie ihn portionsweise in Alufolie oder Gefrierbeutel und frieren ihn ein.
Zum Auftauen nehmen sie den Teig am Abend vorher aus dem Gefrierschrank und legen ihn in eine Porzellanschüssel, die Sie zudecken.

Der Hefeteig wird durch die Einwirkung von Hefepilzen gelokkert, die sich bei einer Temperatur von 25–30° C entwickeln. Bei zu hoher Temperatur verlieren die Pilze ihre Wirkung.
Alle Zutaten sollten warm verarbeitet werden.
Nimmt man Hefewürfel, so müssen sie frisch sein. Die Frische erkennt man an der gelblichgrauen Farbe, an der Feuchtigkeit und am frischen Geruch.
Es gibt inzwischen Dauerbackhefe, die portionsgerecht in Päckchen abgefüllt ist und etwa 12 Monate hält.
Das Fett nie direkt mit der Hefe in Verbindung bringen, da diese dann nicht mehr so lockernd wirkt.
Einen Hefeteig läßt man dreimal gehen: als Vorteig, das heißt aufgelöst in warmer Milch mit etwas Zucker, nach dem Verarbeiten aller Zutaten und nach dem Formen oder Einfüllen in Backformen oder auf Bleche.

Geformte und feste Kuchen vom Backblech

Topfenkuchen

Teig:

500 g Mehl, 1 P. Hefe

knapp ¼ l lauwarme Milch

100 g Zucker

1 Prise Salz

100 g Margarine

Belag:

80 g Butter oder Margarine

150 g Zucker

2 P. Vanillinzucker

3 Eier

500 g Schichtkäse

2 EL Stärkemehl

1 ungespritzte Zitrone

Zum Bestreichen:

1 Ei, 4 EL Milch

3 EL Zucker, ½ TL Zimt

Außerdem:

Fett für das Backblech

Backzeit: 35–40 Minuten
Schaltung: E: 200–225° C,
G: 3–4

1. Einen Hefeteig zubereiten wie in der Arbeitsanleitung beschrieben.

2. Den Teig zugedeckt an einem warmen Ort etwa 1 Stunde gehen lassen.

3. Danach den Teig auf einem gefetteten Backblech ausrollen und nochmals 15 Minuten gehen lassen.

4. Inzwischen die Butter oder Margarine mit dem Zucker und Vanillinzucker schaumig rühren.

5. Die Eigelbe vom Eiweiß trennen und zur Butter-Fett-Masse rühren.

6. Den Schichtkäse, das Stärkemehl sowie abgeriebene Schale und Saft von der Zitrone dazugeben und alles gut verrühren.

7. Das Eiweiß sehr steif schlagen und unter die Käsemasse heben.

8. Die Quarkcreme gleichmäßig auf den Teigboden streichen.

9. Das Ei mit der Milch, dem Zucker und dem Zimt verschlagen und über die Quarkschicht pinseln.

10. Den Kuchen im vorgeheizten Backofen (E: 200–225° C, G: 3–4) 35–40 Minuten backen.

So wird ein Zopf aus 5 Strängen geflochten

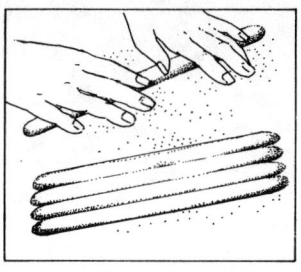

1. *Auf bemehlter Arbeitsfläche werden 5 Teigstränge geformt.*

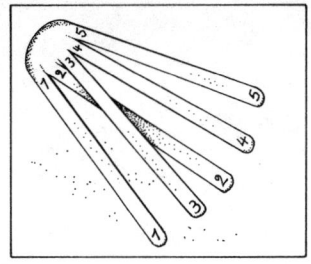

3. *Geflochten wird locker. Zuerst Strang 3 über Strang 2.*

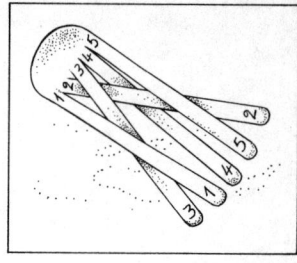

5. *Danach kommt Strang 1 über Strang 3, dann 5 über 2 usw.*

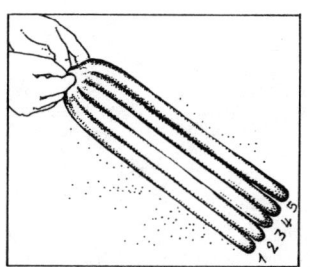

2. *Die gleich langen Stränge werden an einem Ende zusammengedrückt.*

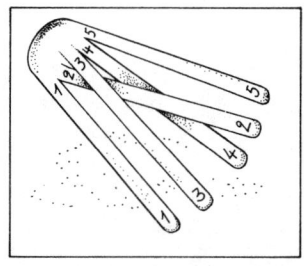

4. *Danach legt man das Teigende 2 über das Teigende 4.*

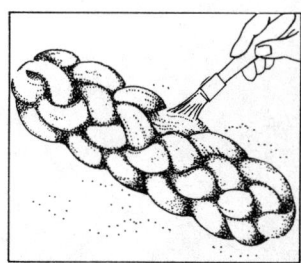

6. *Den fertigen Zopf vor dem Backen mit einem Eigelb-Milch-Gemisch bestreichen.*

Hefezopf

Teig:
500 g Mehl, 30 g Hefe
knapp ¼ l Milch
80–100 g Margarine
80 g Zucker, 1 Prise Salz
abgeriebene Schale von
1 ungespritzten Zitrone
200 g Rosinen
3–4 EL Weinbrand
100 g Zitronat,
100 g geriebene Haselnüsse
1 Eigelb
Außerdem:
Fett für das Blech

Backzeit: etwa 30 Minuten
Schaltung: E: 200°C, G: 3

1. Einen Hefeteig bereiten.

2. Mit Weinbrand beträufelte Rosinen, Zitronat und Haselnüsse darunterkneten.

3. Aus dem aufgegangenen Teig 5 Rollen formen und zu einem Zopf flechten. Nochmals gehen lassen.

4. Den geformten Teig mit Eigelbmilch bepinseln, auf ein gefettetes Backblech legen und im heißen Ofen (E: 200°C, G: 3) 30 Minuten auf unterer Schiene backen.

Doppelter Hefezopf

Teig:
500 g Mehl, 1 Würfel Hefe
knapp ¼ l lauwarme Milch
100 g Butter oder Margarine
100 g Zucker
½ TL Salz
Zum Bestreichen:
2 Eigelb, 2 EL Milch
Zum Bestreuen:
Hagelzucker
Außerdem:
Mehl zum Ausrollen
Fett für das Blech

Backzeit: etwa 35 Minuten
Schaltung: E: 225°C, G: 4

1. Einen Hefeteig nach dem Grundrezept zubereiten und gehen lassen.

2. Ein Drittel vom Teig abnehmen. Den übrigen Hefeteig auf bemehlter Unterlage zu 3 gleich langen und gleich dicken Rollen formen.

3. Daraus einen dicken Zopf flechten, die Enden zusammendrücken und nach unten unter die Zopfenden schieben. Den Zopf auf ein gefettetes Backblech legen.

4. Aus dem restlichen Teig einen kleineren Zopf in der Länge des großen Zopfes flechten und diesen der Länge nach in die Zopfmitte legen.

5. Eigelbe und Milch verrühren und den Teig damit bepinseln.

6. Den Zopf nochmals gehen lassen, dann das Backblech auf der mittleren Schiene in den vorgeheizten Backofen schieben. Etwa 35 Minuten (E: 225°C, G: 4) backen.

7. Mit Hagelzucker bestreut servieren.

Doppelter Hefezopf ▷

Zopf-Rezept

Zutaten zum Hefeteig:

500 g Mehl
1 Teelöffel Salz
20 g Hefe
1 Teelöffel Zucker
2½ dl Milch
100 g Planta-Margarine
1 Ei

Einen Hefeteig *zubereiten*
formen.

Salz

Mohnkranz

Teig:
400 g Mehl, 20 g Hefe
80 g Zucker
etwa ⅛ l lauwarme Milch
1 Prise Salz
60 g Butter oder Margarine
1 Ei
Füllung:
⅛–¼ l Milch
80 g Butter
140 g Zucker
250 g gemahlener Mohn
abgeriebene Schale von
1 ungespritzten Zitrone
75 g Korinthen
Zum Bestreichen:
1 Eigelb
Guß:
150 g Puderzucker
1–2 EL Zitronensaft
Außerdem:
Mehl zum Ausrollen
Fett für das Blech

Backzeit: etwa 30 Minuten
Schaltung: E: 225°C, G: 4

1. Einen Hefeteig herstellen wie in der Arbeitsanleitung beschrieben und den Teig etwa 60 Minuten gehen lassen.

◁ Mohnkranz

2. Die Milch mit dem Fett und Zucker aufkochen und den Mohn damit überbrühen. Die abgeriebene Zitronenschale und die Korinthen darunterrühren.

3. Den Hefeteig zu einem Rechteck von 35 x 50 cm ausrollen, die Mohnmasse daraufstreichen und den Teig von der langen Seite her aufrollen.

4. Die Rolle als Kranz auf ein gefettetes Backblech legen.

5. Mit der Schere oben einschneiden und kleine Teigdreiecke hochziehen.

6. Im vorgeheizten Backofen (E: 225°C, G: 4) etwa 30 Minuten backen. Nach 15 Minuten Backzeit mit Eigelb bepinseln und fertigbacken.

7. Den Puderzucker mit dem Zitronensaft glattrühren und den Kranz nach dem Auskühlen damit bestreichen.

Mohnkuchen

Teig:
500 g Mehl, 30 g Hefe
80 g Zucker
¼ l lauwarme Milch
½ TL Salz, 1 Ei
100 g Butter oder Margarine
Belag:
½ l Milch, 175 g Zucker
1 P. Vanillinzucker
500 g Mohn
125 g gemahlene Mandeln
Streusel:
125 g Butter, 125 g Zucker
125 g Mehl
Außerdem:
Fett für das Backblech

Backzeit: 30–40 Minuten
Schaltung: E: 200°C, G: 3

1. Einen Hefeteig herstellen und auf einem gefetteten Blech ausrollen.

2. Für den Belag die Milch mit Zucker und Vanillinzucker aufkochen lassen, den Mohn hinzufügen und kurz mitkochen.

3. Abkühlen lassen, die gemahlenen Mandeln unterrühren und auf dem Teig verstreichen.

4. Aus Butter, Zucker und Mehl Streusel kneten und über die Mohnmasse streuen.

5. Im vorgeheizten Ofen (E: 200°C, G: 3) 30–40 Minuten backen.

So wird ein gefüllter Hefekranz zubereitet

3. Die Füllung auf den Teig streichen und alles zu einer Rolle formen.

4. Ein Blech mit Butter einfetten und den Hefeteig vorsichtig, damit er nicht reißt, darauflegen. Am besten geht dies, wenn Sie ein Stück Pergamentpapier oder feste Alufolie unter die Rolle schieben, und diese damit auf das Blech transportieren.

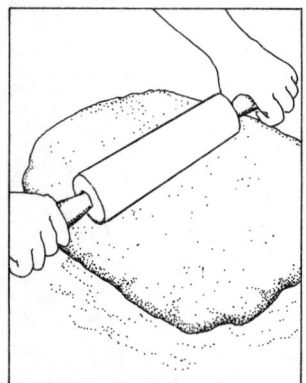

1. Den Hefeteig auf bemehlter Arbeitsfläche etwa 1 cm dick ausrollen.

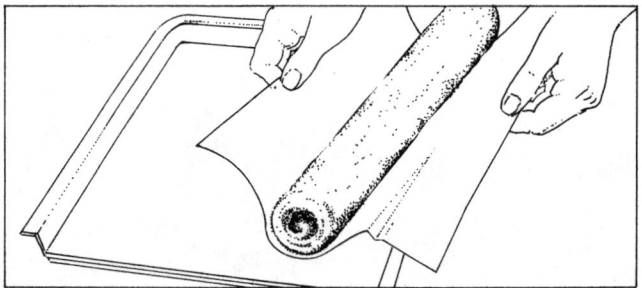

2. Alle Zutaten für die Füllung erhitzen und vermischen. Leicht abkühlen lassen.

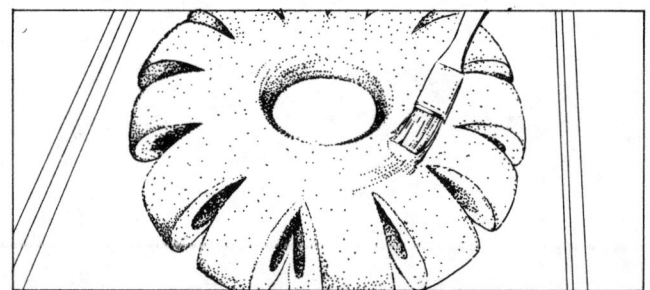

5. Nun die Teigrolle zum Kranz formen. Mit einem Küchenmesser am äußeren Rand entlang im Abstand von 6–8 cm etwa zur Hälfte einschneiden und die Schnittflächen etwas auseinanderbiegen. Mit Eigelb-Sahne-Mischung bestreichen und backen.

Apfelkranz

Teig:
500 g Mehl, 30 g Hefe
100 g Zucker
⅛ l lauwarme Milch
125 g Butter oder Margarine
1 Ei
½ TL Salz
Füllung:
250 g Quark, 50 g Zucker
abgeriebene Schale von
1 ungespritzten Zitrone
1 Ei
600 g saure Äpfel
75 g Zucker
Außerdem:
Mehl zum Ausrollen
Fett für die Form

Backzeit: etwa 45 Minuten
Schaltung: E: 200–220° C,
G: 3–4

1. Aus den Zutaten einen Hefeteig bereiten wie in der Arbeitsanleitung beschrieben und diesen etwa 1 Stunde gehen lassen.

2. Für die Füllung Quark mit Zucker, abgeriebener Zitronenschale und Ei in einer Schüssel verrühren.

3. Die Äpfel schälen, vierteln und das Kerngehäuse entfernen. In kleine Würfel schneiden.

4. Den gegangenen Hefeteig mit etwas Mehl verkneten und auf einer bemehlten Arbeitsfläche zu einem Rechteck (35 x 60 cm) ausrollen.

5. Zunächst die Quarkmasse auf das Rechteck streichen, danach die Apfelwürfel darauf verteilen und den Zucker darüberstreuen.

6. Den Teig von der Längsseite aufrollen und zu einem Kranz zusammenfügen. Den Kranz auf ein gefettetes und bemehltes Backblech legen und im vorgeheizten Ofen (E: 200–220° C, G: 3–4) etwa 45 Minuten backen.

7. Nach dem Backen auf einem Kuchenrost auskühlen lassen.

Krokantkuchen

Teig:
500 g Mehl, 1 P. Hefe
¼ l lauwarme Milch
100 g Zucker, 1 Prise Salz
1 Ei, 100 g Butter

Belag:
1 Glas Aprikosenkonfitüre
100 g Krokant
100 g Haselnußblättchen
40 g gehackte Mandeln
100 g Sahne
Außerdem:
Fett für das Backblech

Backzeit: etwa 40 Minuten
Schaltung: E: 225° C, G: 4

1. Einen Hefeteig zubereiten wie in der Arbeitsanleitung beschrieben.

2. Den Teig zugedeckt etwa 1 Stunde gehen lassen und dann auf ein gefettetes Backblech ausrollen.

3. Die Aprikosenkonfitüre mit 2–3 Eßlöffeln heißem Wasser glattrühren und auf den Teig streichen.

4. Krokant, Haselnüsse, Mandeln und süße Sahne verrühren und gleichmäßig auf der Teigplatte verteilen.

5. Den Kuchen im vorgeheizten Backofen (E: 225° C, G: 4) etwa 40 Minuten backen.

Schlesischer Hefestriezel

Teig:
400 g Mehl
1 P. Hefe
80 g Zucker
80 g Margarine
⅛ l lauwarme Milch
1 Prise Salz
1 Ei
Füllung:
etwa ⅛ l Milch
50 g Zucker
125 g gemahlener Mohn
40 g Grieß
50 g Butter oder Margarine
abgeriebene Schale von
½ ungespritzten Zitrone
1 Eigelb
40 g abgezogene und
gehackte Mandeln
75 g Rosinen
1 Eiweiß
Zum Bestreichen:
1 Eigelb
2 EL Dosenmilch
Zum Bestreuen:
Hagelzucker
Außerdem:
Mehl und Fett
für das Backblech

Backzeit: etwa 30 Minuten
Schaltung: E: 200°C, G: 3

1. Aus den Zutaten einen Hefeteig bereiten wie in der Arbeitsanleitung beschrieben und diesen etwa 1 Stunde gehen lassen.

2. Für die Füllung Milch, Zucker und Fett in einen Topf geben, zum Kochen bringen und Mohn sowie Grieß unterrühren.

3. Danach die Zitronenschale, das Eigelb, die gehackten Mandeln und gewaschenen Rosinen dazugeben. Zum Schluß das steif geschlagene Eiweiß unterziehen.

4. Den Hefeteig auf einem gefetteten und bemehlten Backblech zu einem etwa 1 cm dicken Rechteck ausrollen und mit der Füllung bestreichen. Von der Längsseite her aufrollen.

5. Das Eigelb mit der Dosenmilch verquirlen und den Striezel damit bestreichen.

6. Mit Hagelzucker bestreuen, nochmals gehen lassen und im vorgeheizten Ofen (E: 200°C, G: 3) etwa 30 Minuten backen.

Bremer Klaben

Teig:
500 g Mehl, 40 g Hefe
125 g Zucker
⅛–¼ l Milch
1 Ei
200 g Butter oder Margarine
1 Prise Salz
125 g Korinthen
175 g Sultaninen
40 g gestiftete Mandeln
je 20 g Orangeat und Zitronat
1 TL Rosenwasser
3 Tropfen Bittermandelbacköl
Zum Bestreichen:
1 Eigelb
Saft von 1 Zitrone
Zum Bestreuen:
Hagelzucker
Außerdem:
Fett für das Blech

Backzeit: etwa 60 Minuten
Schaltung: E: 200°C, G: 3

1. Aus den Grundzutaten einen Hefeteig zubereiten wie in der Arbeitsanleitung beschrieben.

2. Die Korinthen und Sultaninen abwaschen und abtrocknen. Zusammen mit den gestifteten Mandeln, dem Orangeat und Zitronat zum Teig geben.

3. Rosenwasser und Backöl mischen und ebenfalls dazugeben. Alles zusammen gut verkneten.

4. Den Teig zugedeckt an einem warmen Ort gehen lassen.

5. Danach den Teig etwa 3 cm dick zu einem Rechteck ausrollen.

6. Eine Seite über die andere schlagen und den Klaben auf ein gut gefettetes Backblech legen, dabei zu einem Halbmond formen.

7. Die Oberfläche einige Male einschneiden und den Kuchen nochmals gehen lassen.

8. Das Eigelb mit dem Zitronensaft verquirlen und den Klaben damit bestreichen.

9. Im vorgeheizten Ofen (E: 200°C, G: 3) etwa 60 Minuten backen und noch heiß mit Hagelzucker bestreuen.

Schlesischer Mohnkuchen

Teig:
500 g Mehl, 30 g Hefe
80 g Zucker
knapp ¼ l lauwarme Milch
½ TL Salz
100 g Butter oder Margarine
1 Ei
Belag:
¾ l Milch
80 g Butter oder Margarine
150 g Grieß
250 g gemahlener Mohn
2 Eier
150 g Zucker
1 P. Vanillinzucker
50 g abgezogene, gehackte Mandeln
100 g Rosinen
Zum Bestreichen:
1–2 EL Dosenmilch
Außerdem:
Fett für das Blech

Backzeit: etwa 30 Minuten
Schaltung: E: 200–220°C, G: 3–4

1. Einen Hefeteig zubereiten wie in der Arbeitsanleitung beschrieben.

2. Den Teig an einem warmen Ort gehen lassen.

3. Mit Mehl verkneten, bis der Teig nicht mehr klebt. ¾ des Teiges auf einem gefetteten Backblech ausrollen.

4. Für den Belag die Milch und das Fett aufkochen und den Grieß unter Rühren dazugeben. Etwa 10 Minuten lang kochen, dabei immer wieder rühren.

5. Danach den Mohn, die Eier, den Zucker, Vanillinzucker, die Mandeln und die gewaschenen und getrockneten Rosinen dazugeben.

6. Die Masse auf den ausgerollten Teig streichen.

7. Den restlichen Hefeteig ausrollen und in Streifen schneiden. Die Streifen als Gitter über die Mohnmasse legen und mit Dosenmilch bestreichen.

8. Den Kuchen nochmals gehen lassen und im vorgeheizten Ofen (E: 200–220°C, G: 3–4) etwa 30 Minuten backen.

Batzelkuchen

Teig:
500 g Mehl, 30 g Hefe
80 g Zucker, ½ TL Salz
100 g Butter oder Margarine
knapp ¼ l lauwarme Milch
Belag:
¼ l Milch
300 g Zucker
200 g gemahlener Mohn
100 g Rosinen
200 g Quark
100 g Pflaumenmus
100 g Butter, 200 g Mehl
Außerdem:
Fett für die Form

Backzeit: 30–40 Minuten
Schaltung: E: 200°C, G: 3

1. Einen Hefeteig nach der Arbeitsanleitung herstellen und nach dem Gehen auf einem gefetteten Backblech ausrollen.

2. Für den Belag die Milch mit 100 g Zucker aufkochen, gemahlenen Mohn und gewaschene Rosinen unterrühren und abkühlen lassen.

3. Den Quark mit 100 g Zucker und den Eiern schaumig rühren. Abwechselnd mit der Mohnmasse in Klecksen (Batzeln) auf dem Teig verteilen.

4. Dazwischen teelöffelweise Pflaumenmus geben.

5. Aus dem restlichen Zucker, dem Fett und dem Mehl Streusel kneten und über den Kuchen streuen.

6. Im vorgeheizten Ofen (E: 200°C, G: 3) 30–40 Minuten backen.

Honigrolle mit Nußkernen

Teig:
500 g Mehl, 1 P. Trockenhefe
knapp ¼ l Milch, 80 g Zucker
40 g Butter oder Margarine
abgeriebene Schale von
1 ungespritzten Zitrone
Füllung:
80 g Walnußkerne
50 g abgezogene Mandeln
50 g Datteln
90 g getrocknete Aprikosen
20 g Zitronat, 3 EL Apfellikör
1 TL Zimt, 150 g Honig

Zum Bestreichen:
1 Ei
Außerdem:
Mehl zum Ausrollen
Fett für die Backform

Backzeit: etwa 60 Minuten
Schaltung: E: 200°C, G: 3

1. Einen Hefeteig nach der Arbeitsanleitung herstellen und an einem warmen Ort gehen lassen.

2. Danach auf einem bemehlten Backbrett ausrollen.

3. Nußkerne und Mandeln hacken. Datteln, Aprikosen und Zitronat würfeln.

4. Die zerkleinerten Zutaten mit Apfellikör und Zimt vermengen.

5. Den ausgerollten Teig mit Honig bestreichen und die Füllung daraufgeben.

6. Zu einer Rolle zusammenschlagen, auf ein gefettetes Backblech legen und mit verschlagenem Ei bestreichen.

7. Im vorgeheizten Ofen (E: 200°C, G: 3) etwa 60 Minuten backen.

Quark-Streusel-Kuchen

Teig:

300 g Mehl, 20 g Hefe

etwa ⅛ l Milch,

50 g Margarine

70 g Zucker, 1 Prise Salz

Füllung:

2 P. Vanillepudding

125 g Zucker

½ l Milch

3 Eigelb, 500 g Quark

abgeriebene Schale von

1 ungespritzten Zitrone

3 Eiweiß

Streusel:

300 g Mehl

150 g Zucker

1 P. Vanillinzucker

150 g Butter

Außerdem:

Fett für das Blech

Backzeit: 30–40 Minuten
Schaltung: E: 200°C, G: 3

1. Einen Hefeteig zubereiten wie im Grundrezept beschrieben und diesen etwa 1 Stunde gehen lassen.

2. Inzwischen aus Milch, Zucker und Puddingpulver einen dicken Brei kochen, abkühlen lassen.

3. Quark, abgeriebene Zitronenschale und Eigelbe unterrühren, zum Schluß den steifen Eischnee unterziehen.

4. Ein Kuchenblech fetten und den Teig darauf ausrollen.

5. Während der Teig aufgeht, Mehl, Zucker und Vanillinzucker vermischen und mit flüssiger Butter zu Streuseln verkneten.

6. Die Quarkmasse auf den Teig geben und die Streusel daraufstreuen.

7. Im vorgeheizten Backofen (E: 200°C, G: 3) 30–40 Minuten backen.

Bienenstich

Teig:

500 g Mehl

1 P. Trockenhefe

⅛ l lauwarme Milch

60 g Zucker, 1 Prise Salz

1 Ei, 100 g Margarine

Belag:

3 EL Milch

100 g Butter, 150 g Zucker

1 P. Vanillinzucker

160 g gehobelte Mandeln

Außerdem:

Fett für das Backblech

Backzeit: etwa 25 Minuten
Schaltung: E: 175°C, G: 2

1. Einen Hefeteig aus den Zutaten herstellen wie in der Arbeitsanleitung beschrieben.

2. Den gegangenen Teig auf einem gefetteten Backblech ausrollen und weitere 15 Minuten gehen lassen.

3. Für den Belag die Milch mit Butter, Zucker und Vanillinzucker kochen lassen und die gehobelten Mandeln darunterrühren.

4. Die Masse abkühlen lassen und auf den Teig verteilen.

5. Nochmals gehen lassen und im vorgeheizten Ofen (E: 175°C, G: 2) etwa 25 Minuten backen.

Gefüllter Bienenstich

Teig:

500 g Mehl, 30 g Hefe

etwa ¼ l Milch

knapp ½ TL Salz

80 g Butter

50–80 g Zucker

abgeriebene Schale von

1 ungespritzten Zitrone

Belag:

200 g Butter, 200 g Zucker

1 P. Vanillinzucker

2 EL Milch

200 g gehackte Mandeln

Füllung:

½ l Milch

1 P. Vanillepuddingpulver

75 g Zucker

1 P. Vanillinzucker

1 Eigelb

100 g Butter

Außerdem:

Fett für die Form

Backzeit: etwa 20 Minuten
Schaltung: E: 225°C, G: 4

1. Aus den angegebenen Zutaten einen Hefeteig herstellen wie in der Arbeitsanleitung beschrieben.

2. Ein Blech fetten und den Teig darauf ausrollen.

3. Für den Belag die Butter schmelzen lassen, Zucker, Vanillinzucker, Milch und die gehackten Mandeln hinzufügen.

4. Alles einmal durchkochen lassen, anschließend unter öfterem Umrühren erkalten lassen und gleichmäßig auf dem Teig verteilen.

5. Den Kuchen im vorgeheizten Ofen (E: 225°C, G: 4) etwa 20 Minuten backen.

6. Abkühlen lassen und in 6 gleich große Stücke schneiden.

7. Dann jedes Stück einmal quer durchschneiden, damit man es füllen kann.

8. Für die Füllung ¾ der Milch mit Zucker und Vanillinzucker zum Kochen bringen.

9. Das Vanillepuddingpulver mit der restlichen kalten Milch anrühren und zur Milch geben. Kurz aufkochen, bis die Masse dick wird.

10. Dann das Eigelb mit etwas Pudding verrühren und in den restlichen Pudding geben. Den Pudding unter öfterem Umrühren erkalten lassen.

11. Die Butter schaumig rühren und den erkalteten Pudding eßlöffelweise zufügen. Nun jedes Stück mit Creme füllen und in Portionsstücke schneiden.

Mein Tip

Füllen Sie zur Abwechslung den Bienenstich einmal mit einer Mokkacreme.
Das Rezept dafür finden Sie im Kapitel „Güsse, Glasuren, Cremes".

Streuselkuchen

Teig:
400 g Mehl
20 g Hefe
1 Prise Salz
etwa ⅛ l Milch
100 g Margarine
80 g Zucker
2 Eier
Zum Bestreichen:
2 EL flüssige Butter
1 Eigelb
Streusel:
250 g Mehl
1 Prise Salz
125 g Zucker
125 g Butter
Mark von 2
Vanilleschoten
Außerdem:
Mehl zum Verkneten
Fett für das Blech

Backzeit: etwa 20 Minuten
Schaltung: E: 200°C, G: 3

1. Einen Hefeteig, wie in der Arbeitsanleitung beschrieben, zubereiten und gehen lassen, bis er sich etwa verdoppelt hat.

2. Danach mit Mehl verkneten, den Teig ausrollen und auf ein gefettetes Backblech legen.

3. Die flüssige Butter und das verquirlte Eigelb über den Teig streichen.

4. Für die Streusel das Mehl mit Salz, Zucker, Butter und Vanillemark locker verkneten.

5. Die Streusel auf dem ausgerollten Teig verteilen und im vorgeheizten Ofen (E: 200°C, G: 3) etwa 20 Minuten backen.

Butterkuchen

Teig:
500 g Mehl, 1 P. Hefe
¼ l lauwarme Milch
100 g Zucker
100 g Butter oder Margarine
1 Prise Salz
abgeriebene Schale von
1 ungespritzten Zitrone
1 Prise Muskatblüte
1 Ei
Belag:
125 g Mandelscheibchen
2 P. Vanillinzucker
60 g Zucker
100 g Butter
Zum Bestreichen:
125 g saure Sahne
2 EL Zucker
1 TL Zimt
Außerdem:
Fett für das Blech

Backzeit: etwa 20 Minuten
Schaltung: E: 175°C, G: 2

1. Aus den Zutaten einen Hefeteig – wie in der Arbeitsanleitung beschrieben – zubereiten und an einem warmen Ort gehen lassen, bis er sich verdoppelt hat.

2. Danach auf ein gefettetes Backblech ausrollen und weitere 15 Minuten gehen lassen.

3. Die Mandelscheibchen darauf verteilen und Vanillinzucker sowie Zucker darüberstreuen. Butterflöckchen daraufsetzen.

4. Im vorgeheizten Ofen (E: 175°C, G: 2) etwa 20 Minuten backen.

5. Nach dem Backen den noch heißen Kuchen mit saurer Sahne bestreichen und mit Zucker und Zimt bestreuen.

Topfkuchen

Schokoladen-Früchte-Kuchen

Teig:
350 g Mehl
1 P. Trockenhefe
50 g brauner Zucker
50 g Butterschmalz
⅛ l lauwarme Milch
abgeriebene Schale von
je 1 ungespritzten Orange
und Zitrone
½ TL Zimt, 1 Ei
5–7 getrocknete Aprikosen
6 Kurpflaumen
3 getrocknete Datteln
4 getrocknete Apfelringe
2 EL Haselnüsse
1 EL Mandeln
1 EL Walnußkerne
150 g Zartbitterschokolade
2 EL Korinthen
2 EL Rosinen
Außerdem:
Fett für die Form

Backzeit: etwa 40 Minuten
Schaltung: E: 175°C, G: 2

1. Das Mehl mit der Trockenhefe und dem Zucker mischen.

2. Das geschmolzene Butterschmalz, die lauwarme Milch, die abgeriebene Zitronen- und Orangenschale, den Zimt und das Ei dazugeben und alles so lange kneten, bis sich der Teig vom Schüsselrand löst.

3. Den Teig zugedeckt an einem warmen Ort gehen lassen, bis er sich verdoppelt hat.

4. In der Zwischenzeit die Aprikosen, Kurpflaumen, Datteln und Apfelscheiben in Würfel schneiden.

5. Die Haselnüsse, Mandeln, Walnußkerne und Schokolade grob hacken.

6. Alles mit den Korinthen und Rosinen mischen und unter den Teig kneten.

7. Eine Kastenform einfetten und den Teig hineingeben. Nochmals 15 Minuten gehen lassen.

8. Danach den Kuchen im vorgeheizten Backofen (E: 175°C, G: 2) etwa 40 Minuten backen.

9. Kurz vor Ende der Backzeit den Kuchen mit kaltem Wasser bepinseln.

10. Danach aus der Form lösen und auskühlen lassen.

Mein Tip

Überziehen Sie den Kuchen nach dem Auskühlen mit einer Zimtglasur.
Das Rezept dazu finden Sie im Kapitel „Güsse, Glasuren und Cremes".

Gugelhupf nach Großmutters Art

Teig:
30 g Hefe
1 Tasse süßer Rahm
250 g Butter oder Margarine
125 g Zucker
6–8 Eier je nach Größe
1 Prise Salz
450 g Mehl
60 g Zibeben (große Rosinen)
60 g Korinthen
40 g blättrig geschnittene Mandeln
Zum Bestäuben:
Puderzucker
Außerdem:
Fett für die Form

Backzeit: etwa 50 Minuten
Schaltung: E: 200°C, G: 3

1. Die Hefe im warmen Rahm gehen lassen. Das weiche Fett mit dem Zucker verrühren und nach und nach die Eier, das Salz, den Rahm mit der Hefe und das Mehl dazugeben.

2. Die Zibeben waschen, die Korinthen aufkochen lassen und beides abgetrocknet zum Teig geben. Zum Schluß die Mandeln unterrühren.

3. Alle Zutaten gut schlagen, bis sich der Teig vom Topfrand löst. Den Teig an einem warmen Ort gehen lassen.

4. Eine Gugelhupfform ausfetten und den Teig hineingeben. Im vorgeheizten Ofen (E: 200°C, G: 3) etwa 50 Minuten backen. Falls der Teig oben zu dunkel wird, mit Alufolie abdecken.

5. Nach dem Backen mit Puderzucker bestäuben.

Wiener Napfkuchen

Teig:
250 g Mehl
100 g Butter oder Margarine
100 g Zucker
20 g Hefe
4 Eier, 1 Prise Salz
150 g Rosinen
je 75 g gehackte Mandeln und gehacktes Zitronat
Zum Bestäuben:
Puderzucker
Außerdem:
Fett für die Form

Backzeit: etwa 40 Minuten
Schaltung: E: 175–200°C, G: 2–3

1. Das Mehl in eine Schüssel geben und in die Mitte eine Mulde drücken. Die Hefe hineinbrökkeln und mit 1 Teelöffel Zucker, etwas lauwarmer Milch und Mehl zu einem Vorteig verrühren. 15 Minuten gehen lassen.

2. Das weiche Fett, den Zucker, die Eier, Salz und die restliche Milch dazugeben und schlagen, bis sich der Teig vom Schüsselrand löst.

3. 30 Minuten gehen lassen, dann die Rosinen, gehackte Mandeln und gehacktes Zitronat unterkneten.

4. Eine Napfkuchenform einfetten und den Teig hineingeben.

5. Nochmals gut zugedeckt gehen lassen und im vorgeheizten Ofen (E: 175–200°C, G: 2–3) etwa 40 Minuten backen.

6. Nach dem Backen mit Puderzucker bestäuben.

Orangengugelhupf

Teig:
500 g Mehl
40 g Hefe
1 EL Zucker
knapp ¼ l warme Milch
250 g Butter
175 g Puderzucker
1 Prise Salz
6 Eier
Saft und abgeriebene Schale
von 1 ungespritzten Orange
abgeriebene Schale
von 1 ungespritzten Zitrone
125 g Mandeln
30 g gehackte Mandeln
Zum Bestreichen:
150 g Orangenmarmelade
2 EL Cointreau
Außerdem:
Fett und Semmelbrösel
für die Form

Backzeit: etwa 60 Minuten
Schaltung: E: 200°C, G: 3

1. Das Mehl in eine Schüssel geben und in die Mitte eine Vertiefung drücken. Die Hefe hineinbröckeln und mit dem Zucker und etwas warmer Milch zu einem Vorteig verrühren. Diesen etwa 15 Minuten gehen lassen.

2. Danach die restliche Milch, die in Flöckchen geschnittene weiche Butter, den Puderzucker, das Salz, die Eier und die anderen Zutaten dazugeben.

3. Alles gut verkneten und den Teig so lange schlagen, bis er sich vom Schüsselrand löst. Nochmals den Teig mindestens 60 Minuten gehen lassen.

4. Eine Gugelhupfform ausfetten und mit Semmelbröseln ausstreuen.

5. Den Teig hineingeben, 15 Minuten gehen lassen und dann im vorgeheizten Ofen (E: 200°C, G: 3) etwa 60 Minuten backen.

6. Nach dem Backen den Gugelhupf auf ein Kuchengitter stürzen.

7. Die Orangenmarmelade mit dem Cointreau verrühren und den noch heißen Kuchen damit bestreichen.

Gewickelter Napfkuchen

Teig:
500 g Mehl (Typ 550)
100 g Weizenvollkornmehl
(Typ 1700)
100 g 3-Korn-Flocken
2 P. Trockenhefe
¼ l lauwarme Milch
100 g brauner Rohrzucker
3 Eier
1 Msp. Salz
110 g Butter oder Margarine
Füllung:
50 g Butter
200 g Rosinen
250 g getrocknete Aprikosen
150 g brauner Rohrzucker
Außerdem:
Mehl zum Ausrollen
Fett für die Form

Backzeit: etwa 80 Minuten
Schaltung: E: 180°C, G: 2

1. Das Mehl mit dem Weizenvollkornmehl, den 3-Korn-Flocken und der Trockenhefe in einer Schüssel mischen.

2. Die lauwarme Milch, den Rohrzucker, die Eier, das Salz und das weiche Fett dazugeben und alles zu einem glatten Teig verkneten.

3. Den Teig zugedeckt an einem warmen Ort etwa 1 Stunde gehen lassen, bis er sich verdoppelt hat.

4. Für die Füllung die Butter schaumig rühren und die Rosinen, die kleingeschnittenen Aprikosen und den Zucker dazugeben.

5. Den Teig auf einer bemehlten Arbeitsfläche etwa ½ cm dick ausrollen und die Füllung darauf verteilen.

6. Den Teig von der breiten Seite her aufrollen und in eine gefettete Napfkuchenform füllen.

7. Den Teig in der Form nochmals etwa 30 Minuten gehen lassen.

8. Im vorgeheizten Backofen (E: 180°C, G: 2) etwa 80 Minuten backen.

Flambierter Hefesavarin mit Früchten

Teig:
500 g Mehl

30 g Hefe
knapp ¼ l lauwarme Milch
50 g Zucker
1 Prise Salz
100 g Butter oder Margarine
5 Eier
Zum Tränken:
1 große Dose Cocktailfrüchte
50 g Zucker
5 EL Rum
Außerdem:
4 EL Orangenmarmelade
16 Maraschinokirschen
Fett für die Form
Zum Flambieren:
5 EL 54%iger Rum

Backzeit: etwa 50 Minuten
Schaltung: E: 175–200°C,
G: 2–3

1. Aus den Zutaten einen Hefeteig zubereiten wie in der Arbeitsanleitung beschrieben.

2. Nachdem der Teig 1 Stunde gegangen ist, den Teig in eine gefettete Kranzkuchenform geben und nochmals 15 Minuten gehen lassen.

3. Den Kuchen im vorgeheizten Backofen (E: 175–200°C, G: 2–3) etwa 50 Minuten backen.

4. Die Cocktailfrüchte inzwischen auf einem Sieb abtropfen lassen.

5. Den Saft auffangen und ⅛ l davon mit dem Zucker und Rum verrühren.

6. Den noch warmen Savarin mit dieser Flüssigkeit tränken und einpinseln.

7. Die Orangenmarmelade zusammen mit den Cocktailfrüchten erwärmen und in die Mitte des Savarins geben.

8. Die Maraschinokirschen als Garnierung auf den Kranz geben.

9. Den Rum erwärmen, anzünden und brennend über den Savarin gießen.

Mein Tip

Legen Sie vor dem Flambieren Alufolie unter den Savarin, so schützen Sie Ihre Tortenplatte vor zu großer Hitze.

Slawischer Hefezopf

Teig:
500 g Mehl
30 g Hefe
125 g Zucker
⅛–¼ l lauwarme Milch
½ TL Salz
1 P. Vanillinzucker
1 TL Kardamom
250 g Butter oder Margarine
1 Ei
125 g gewürfeltes Zitronat
250 g Rosinen
Guß:
125 g Puderzucker
2–3 EL Zitronensaft
Zum Bestreuen:
40 g blättrig geschnittene
Mandeln
Außerdem:
Mehl zum Verkneten
Fett für das Blech

Backzeit: 30–40 Minuten
Schaltung: E: 200–220°C,
G: 3–4

1. Aus den Zutaten einen Hefeteig zubereiten wie in der Arbeitsanleitung beschrieben.

2. Das feingewürfelte Zitronat und die gewaschenen und getrockneten Rosinen dazugeben, alles gut verkneten und den Teig nochmals gehen lassen.

3. Mit etwas Mehl verkneten, bis er nicht mehr klebt.

4. Aus dem Teig mit bemehlten Händen 3 gleich dicke und lange Rollen formen und daraus einen Zopf flechten.

5. Den Zopf auf ein gefettetes Backblech legen, aufgehen lassen und dann im vorgeheizten Ofen (E: 200–220°C, G: 3–4) 30–40 Minuten backen.

6. Den Puderzucker mit dem Zitronensaft glattrühren, den warmen Zopf damit bestreichen und die blättrigen Mandeln sofort darüberstreuen.

Mandelkranz

Teig:
375 g Mehl, 25 g Hefe
80 g Butter oder Margarine
75 g Zucker, 1 Prise Salz
⅛ l Milch, 1 Ei
Füllung:
100 g Zucker, ⅛ l Sahne
1 Ei
225 g gemahlene Mandeln
½ Glas Aprikosenkonfitüre
Zum Überstäuben:
Puderzucker
Außerdem:
Mehl zum Ausrollen
Fett für die Form

Backzeit: 20–30 Minuten
Schaltung: E: 200°C, G: 3

1. Einen Hefeteig herstellen wie in der Arbeitsanleitung beschrieben.

2. Den Zucker mit dem Ei und der Sahne gut verrühren und die gemahlenen Mandeln nach und nach unterrühren.

3. Den Hefeteig auf einem bemehlten Backbrett zu einem Rechteck von 30 x 45 cm ausrollen.

4. Die Aprikosenkonfitüre daraufstreichen und die Mandelmasse darauf verteilen.

5. Den Teig von der Längsseite her aufrollen, auf ein gefettetes Backblech legen und zu einem Kranz formen.

6. Im vorgeheizten Ofen (E: 200°C, G: 3) 20–30 Minuten backen und danach mit Puderzucker bestäuben.

Grieß-Sahne-Kuchen

Teig:
300 g Mehl, 15 g Hefe
100 g Zucker
1 P. Vanillinzucker
⅛ l Milch
¼ TL Salz
100 g Butter
Belag:
½ l Milch
100 g Zucker
abgeriebene Schale von
1 ungespritzten Zitrone
60 g Grieß
2 Eigelb
125 g Korinthen

Guß:
⅛ l saure Sahne
6 Eigelb
2 P. Vanillinzucker
100 g Zucker
3 Handvoll Semmelbrösel
6 Eiweiß
Zum Bestreuen:
Puderzucker
Außerdem:
Fett für das Blech

Backzeit: insgesamt etwa 55 Minuten
Schaltung: E: 200° C, G: 3

1. Einen Hefeteig nach der Arbeitsanleitung herstellen und gehen lassen.

2. Den Teig auf einem gefetteten Blech ausrollen und nochmals gehen lassen.

3. Für den Belag Milch mit Zucker und Zitronenschale aufkochen, in die heiße Flüssigkeit den Grieß einrühren. Gut durchkochen lassen und mit den Eigelben legieren.

4. Die Korinthen dazugeben und den Grießbelag auf die Teigplatte streichen.

5. Im vorgeheizten Ofen (E:

200°C, G: 3) etwa 35 Minuten auf mittlerer Schiene backen.

6. Für den Guß die saure Sahne mit Eigelb, Vanillinzucker, Zucker und Semmelbröseln verrühren.

7. Eiweiß sehr steif schlagen und darunterziehen.

8. Die Masse auf den heißen Kuchen füllen und etwa 20 Minuten backen, bis sie gestockt und goldgelb ist.

9. Dick mit Puderzucker bestreuen.

Rosenkuchen

Teig:
500 g Mehl
30 g Hefe
80 g Zucker
knapp ¼ l lauwarme Milch
½ TL Salz
100 g Butter oder Margarine
1 EL Öl
1 EL Magerquark
1 Ei
Belag:
200 g Marzipanrohmasse
2–3 EL Rum
2 EL Wasser
75 g Rosinen
Zum Bestreichen:
Dosenmilch
Außerdem:
Mehl zum Ausrollen
Fett für die Form

Backzeit: etwa 30 Minuten
Schaltung: E: 200–220° C,
G: 3–4

1. Das Mehl in eine Schüssel geben und in die Mitte eine Vertiefung drücken. Die Hefe hineinbröckeln und mit 1 Teelöffel Zucker, etwas warmer Milch und etwas Mehl zu einem Vorteig ansetzen.

2. Mit Mehl bestäuben und an einem warmen Ort zugedeckt gehen lassen.

3. Danach Zucker, Milch, Salz, warmes Fett, Öl, Magerquark und Ei dazugeben und alles schlagen, bis sich der Teig vom Topfrand löst. Nochmals gehen lassen.

4. Den Teig mit etwas Mehl verkneten, bis er nicht mehr klebt. Dann auf einer bemehlten Arbeitsfläche zu einem Rechteck von 20 x 45 cm ausrollen.

5. Die Marzipanmasse mit Rum, Wasser und Rosinen verrühren und auf die Teigplatte streichen.

6. Den Teig der Länge nach aufrollen und 10 gleich dicke Scheiben schneiden.

7. Die Scheiben nebeneinander in eine gefettete Springform legen und nochmals gehen lassen.

8. Dosenmilch darüberstreichen und im vorgeheizten Ofen (E: 200–220° C, G: 3–4) etwa 30 Minuten backen.

Mein Tip

Sehr gut schmeckt der Kuchen auch, wenn Sie ihn mit einer Glasur aus 200 g Puderzucker und 3–4 Eßlöffeln Zitronensaft überziehen.

So wird der Rosenkuchen geformt

2. *Aus der Rolle Scheiben schneiden. Sie müssen alle gleich groß sein.*

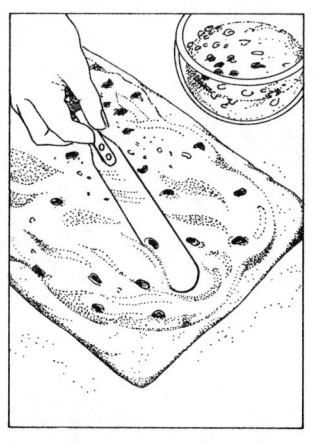

1. *Den ½ cm dick ausgerollten Teig mit Füllung bestreichen und aufrollen.*

3. *Die Scheiben auf den Schnittkanten in eine Form setzen. In der Mitte beginnen.*

Cognackuchen

Teig:
500 g Mehl
40 g Hefe
100 g Zucker
gut ⅛ l lauwarme Milch
2 Eigelb
1 Eiweiß
½ TL Salz
100 g Butter oder Margarine
abgeriebene Schale
von 1 ungespritzten Zitrone
Zum Bestreichen:
flüssige Butter oder Margarine
Füllung:
1 Eiweiß
200 g gemahlene Haselnüsse
100 g Zucker
4–5 EL Sahne
65 g Sultaninen
40 g Zitronat
½ TL Zimt
2–3 EL Cognac
Guß:
250 g Puderzucker
4–5 EL Cognac
Außerdem:
Fett für die Form

Backzeit: etwa 30 Minuten
Schaltung: E: 200–225°C,
G: 3–4

1. Einen Hefeteig aus den Teigzutaten zubereiten wie in der Arbeitsanleitung beschrieben und etwa 60 Minuten gehen lassen.

2. Dann den Teig zu einem ½ cm dicken Rechteck ausrollen und mit Fett bestreichen.

3. Für die Füllung alle Zutaten vermischen und auf dem Teig verteilen.

4. Zu einer Rolle aufrollen und davon 4–5 cm dicke Scheiben abschneiden.

5. Zuerst eine Scheibe mit der Schnittfläche nach oben in die Mitte der Form geben und dann die restlichen Scheiben rundherum setzen. Nochmals gehen lassen!

6. Im vorgeheizten Backofen (E: 200–225°C, G: 3–4) etwa 30 Minuten backen.

7. Danach mit dem Cognacguß bestreichen.

Ingwerkuchen

Teig:
500 g Mehl
30 g Hefe
175 g Zucker
1 Prise Salz,
abgeriebene Schale
von 1 ungespritzten Zitrone
4 Eier
200 g Margarine
100 g gehobelte Haselnüsse
50 g in Sirup eingelegter
Ingwer
je 75 g rote und grüne
Belegkirschen
Guß:
200 g Puderzucker
1 EL Ingwersirup
2 EL Zitronensaft
Außerdem:
Fett für die Form

Backzeit: etwa 60 Minuten
Schaltung: E: 175°C, G: 2

1. Einen Hefeteig zubereiten wie in der Arbeitsanweisung beschrieben.

2. Den Teig zugedeckt an einem warmen Ort etwa 1 Stunde gehen lassen.

3. Den Ingwer abtropfen lassen

und ebenso wie die Belegkirschen kleinschneiden.

4. Die kleingeschnittenen Früchte mit den Haselnüssen unter den Teig rühren.

5. Den Teig in eine gefettete Napfkuchenform füllen und nochmals 30 Minuten gehen lassen.

6. Danach im vorgeheizten Backofen (E: 175°C, G: 2) etwa 60 Minuten backen.

7. Den Puderzucker zusammen mit dem Ingwersirup und dem Zitronensaft glattrühren und über den Kuchen streichen.

Dresdner Eierschecke

Teig:
1 P. Trockenhefe
⅛ l Milch
50 g Zucker
200 g Mehl
1 Prise Salz, 45 g Margarine

Quarkmasse:
500 g Magerquark
75 g Zucker
2 Eigelb
2 P. Vanillinzucker
abgeriebene Schale von
1 ungespritzten Zitrone
2 Eiweiß
50 g Rosinen, 2 EL Rum
Puddingmasse:
½ l Milch
1 P. Vanillepuddingpulver
150 g Butter
75 g Puderzucker
4 Eigelb, 4 Eiweiß
Außerdem:
Fett für die Form

Backzeit: etwa 60 Minuten
Schaltung: E: 200°C, G: 3

1. Die Trockenhefe mit lauwarmer Milch und 1 Teelöffel Zucker verrühren und gehen lassen.

2. Danach mit dem restlichen Zucker, Mehl, Salz und der Margarine verkneten und zugedeckt an einem warmen Ort gehen lassen.

3. Den Quark mit Zucker, Eigelben, Vanillinzucker und Zitronenschale verrühren und steifgeschlagenes Eiweiß unterheben.

4. Die Rosinen mit dem Rum übergießen.

5. Aus Milch und Puddingpulver einen Vanillepudding nach Vorschrift kochen.

6. Butter, Puderzucker und Eigelbe schaumig rühren. Den Pudding in kleinen Mengen unterrühren und den steifgeschlagenen Eischnee unterziehen.

7. Den Teig in eine gefettete Springform geben. Die Quarkmasse daraufstreichen, darüber die rumgetränkten Rosinen streuen und darauf die Puddingmasse verteilen.

8. Im vorgeheizten Backofen (E: 200°C, G: 3) etwa 60 Minuten backen.

Eierschecke

Teig:

250 g Mehl

25 g Hefe

⅛ l lauwarme Milch

30 g Zucker

1 Prise Salz

30 g Schmalz

Streusel:

125 g Butter

125 g Zucker

125 g Mehl

1 Prise Salz

1 Prise Zimt

Quarkmasse:

1 kg Sahnequark

3 Eier

125 g Zucker

1 ungespritzte Zitrone

1 Prise Salz

⅛ l Sahne

Guß:

⅜ l Milch

75 g Zucker

1 Prise Salz

50 g Vanillepuddingpulver

150 g Butter

2 Eier

15 g Mehl

1 Prise Salz

⅛ l Sahne

Zum Bestreuen:

2 Zwiebäcke

50 g Rosinen

2 P. Vanillinzucker

Außerdem:

Fett oder Backpapier

für das Backblech

Backzeit: etwa 40 Minuten

Schaltung: E: 175°C, G: 2

1. Einen Hefeteig herstellen wie in der Arbeitsanleitung beschrieben. Den Hefeteig zugedeckt an einem warmen Ort gehen lassen, bis er sich verdoppelt hat.

2. Für die Streusel die kalte Butter mit dem Zucker, Mehl, Salz und Zimt zu groben Krümeln verkneten und kühl stellen.

3. Den Sahnequark mit den Eiern und dem Zucker sehr schaumig rühren.

4. Die Zitronenschale abreiben und den Saft auspressen. Beides zum Quark geben, ebenso das Salz.

5. Die Sahne schlagen und unter die Quarkmasse rühren.

6. Für den Guß die Milch, von der etwas zum Anrühren des Puddinpulver zurückbehalten

wird, mit dem Zucker und Salz zum Kochen bringen.

7. Das Puddingpulver mit der zurückbehaltenen Milch anrühren und in die kochende Milch gießen. Dabei immer umrühren, damit sich keine Klümpchen bilden. Den Pudding einmal aufkochen lassen und dann beiseite stellen.

8. Das tiefste Backblech ausfetten oder mit Backpapier auslegen.

9. Den Hefeteig auf bemehlter Arbeitsfläche ausrollen und auf das Blech legen, an den Rändern hochdrücken.

10. Die Zwiebäcke auf einer Reibe reiben und mit den Rosinen über den Teig streuen.

11. Die kalt gestellten Streusel ebenfalls gleichmäßig über den Boden verteilen.

12. Über die Streusel und die vorbereitete Quarkmasse streichen.

13. Den nicht ganz ausgekühlten Pudding mit der Butter, den Eiern, dem Mehl und Salz schaumig rühren.

14. Die Sahne fest schlagen und unterziehen, so daß die Creme schön locker ist.

15. Diese Vanillecreme nun gleichmäßig über die Quarkmasse streichen.

16. Das Backblech auf die oberste Einschubleiste in den vorgeheizten Ofen (E: 175°C, G: 2) schieben und den Kuchen etwa 40 Minuten backen.

17. Den Kuchen zum Auskühlen auf ein Kuchengitter stellen und den Vanillinzucker über den noch warmen Kuchen streuen.

Rumkuchen

Teig:
250 g Mehl, 15 g Hefe
¼ l lauwarme Milch,
50 g Zucker
50 g Butter oder Margarine
1 Prise Salz
abgeriebene Schale von
½ ungespritzten Zitrone
3 Eier
Zum Tränken:
¼ l Wasser
125 g Zucker
abgeriebene Schale von
½ Zitrone
4 Gläschen Rum
Zum Bestreichen:
3 EL Aprikosenkonfitüre
Guß:
⅛ l Sahne
20 g Zucker
200 g Blockschokolade
Außerdem:
Fett und Semmelbrösel
für die Form

Backzeit: etwa 40 Minuten
Schaltung: E: 220°C, G: 4

1. Aus den Teigzutaten einen Hefeteig herstellen wie in der Arbeitsanleitung beschrieben und etwa 1 Stunde gehen lassen.

2. Eine Napfkuchenform fetten und mit Semmelbröseln ausstreuen.

3. Den Teig hineinfüllen und so lange gehen lassen, bis er um die Hälfte größer geworden ist.

4. Im vorgeheizten Ofen (E: 220°C, G: 4) etwa 40 Minuten backen.

5. Das Wasser mit dem Zucker so lange kochen, bis es klar geworden ist. Danach die abgeriebene Zitronenschale und den Rum in die Flüssigkeit geben und den Kuchen damit tränken, bis alle Flüssigkeit verbraucht ist.

6. Die Aprikosenkonfitüre in einem Topf erwärmen und den Kuchen damit bestreichen.

7. Für den Guß Sahne und Zucker heiß werden lassen, aber nicht kochen. Die Schokolade hineinreiben, alles gut miteinander verrühren und über den Kuchen geben.

Brioche

Teig:
75 g Margarine
250 g Mehl
⅛ l lauwarme Milch
15 g Hefe
50 g Zucker
1 Ei
2 Eigelb
abgeriebene Schale von
1 ungespritzten Zitrone
½ TL Kardamom
Zum Bestreichen:
1 Eigelb
Außerdem:
Fett für die Form

Backzeit: 25–30 Minuten
Schaltung: E: 200° C, G: 3

1. Die Margarine schmelzen und abkühlen lassen.

2. Aus Mehl, Milch, Hefe, Zucker, Ei, Eigelben, den Gewürzen und der Margarine einen Hefeteig bereiten und gehen lassen.

3. Eine Gugelhupfform von 20 cm Durchmesser ausfetten.

4. Den Teig nochmals gut schlagen, dann ¾ davon zu einer dikken Rolle formen und auf den Boden der Form rundlegen.

5. Den Teigrest zu einem Kloß formen und in die Mitte setzen. Nochmals gehen lassen.

6. Das Eigelb mit 1 Eßlöffel Wasser verquirlen, das Gebäck damit bepinseln und die Brioche im vorgeheizten Ofen (E: 200° C, G: 3) 25–30 Minuten backen.

7. Mit Butter oder Margarine und guter Konfitüre servieren.

Hefenapfkuchen

Teig:
250 g Mehl, 15 g Hefe
⅛ l lauwarme Milch
75 g Zucker, Salz
Kardamom
75 g Margarine, 2 Eier
75 g Rosinen
50 g gehackte Mandeln
Außerdem:
Fett für die Form

Backzeit: etwa 40 Minuten
Schaltung: E: 175–200° C,
G: 2–3

1. Das Mehl in eine Schüssel geben und in die Mitte eine Vertiefung drücken.

2. Die Hefe hineinbröckeln und mit etwas Zucker und lauwarmer Milch und Mehl zu einem Vorteig verrühren. 15 Minuten gehen lassen.

3. Danach Zucker, Salz, Kardamom, die weiche Margarine, Eier, Rosinen und gehackte Mandeln dazugeben und den Teig so lange schlagen, bis er sich vom Schüsselrand löst.

4. Den Teig gehen lassen, dann kräftig durchschlagen und in eine gefettete Rodonform füllen.

5. Nochmals gehen lassen und dann im vorgeheizten Ofen (E: 175–200° C, G: 2–3) etwa 40 Minuten backen.

Obstkuchen vom Backblech

Kirsch-Quark-Kuchen

Teig:

250 g Mehl

15 g Hefe

knapp ⅛ l lauwarme Milch

1 Prise Salz

abgeriebene Schale von

1 ungespritzten Zitrone

40 g Margarine

40 g Zucker

Belag:

750 g Sahnequark

2 Eigelb

150 g Zucker

abgeriebene Schale von

1 ungespritzten Zitrone

1 P. Vanillesoßenpulver

1 P. Vanillinzucker

50 g Rosinen

50 g Korinthen

2 Eiweiß

1 Glas Sauerkirschen oder

750 g frische Sauerkirschen

Außerdem:

Fett für das Backblech

Backzeit: etwa 30 Minuten
Schaltung: E: 200° C, G: 3

1. Aus den angegebenen Zutaten einen Hefeteig zubereiten wie in der Arbeitsanleitung beschrieben.

2. Den Teig an einem warmen Ort zugedeckt etwa 60 Minuten gehen lassen.

3. Den Teig nochmals kräftig durchkneten und auf einem gefetteten Backblech ausrollen. Nochmals 15 Minuten gehen lassen.

4. Den Sahnequark mit den Eigelben, dem Zucker, der abgeriebenen Zitronenschale, dem Vanillesoßenpulver und dem Vanillinzucker schaumig rühren.

5. Die Rosinen und Korinthen waschen, gründlich abtrocknen und dazugeben.

6. Das Eiweiß sehr steif schlagen und unter die Quarkmasse rühren.

7. Die Sauerkirschen abtropfen lassen. Frische Kirschen waschen, die Stiele abzupfen und die Früchte entkernen.

8. Die Quarkmasse auf dem Teigboden verstreichen und die Kirschen darauf verteilen.

9. Den Kuchen in den vorgeheizten Backofen (E: 200° C, G: 3) auf die mittlere Schiene schieben und etwa 30 Minuten backen.

10. Danach auskühlen lassen und den Kuchen möglichst frisch verzehren.

Mein Tip

Sehr gut schmeckt der Kuchen auch mit Rhabarber.
Putzen Sie dafür 750 g Rhabarber.
Danach den Rhabarber mit 100 g Zucker in etwas Wasser nicht zu weich dünsten.
Den Rhabarber gut abtropfen lassen und dann auf dem Teigboden verteilen.
Die Quarkmasse darüberstreichen und den Kuchen wie oben backen.

Stachelbeerkuchen vom Blech

Teig:
500 g Mehl, 30 g Hefe
80 g Zucker
¼ l lauwarme Milch
1 Ei, 1 Prise Salz
1 P. Vanillinzucker
100 g weiche Butter oder
Margarine
Belag:
1 kg Stachelbeeren
200 g Butter
225 g Zucker
325 g Mehl
1 TL Zimt
Außerdem:
Fett für das Backblech

Backzeit: etwa 35 Minuten
Schaltung: E: 200–220°C,
G: 3–4

1. Aus den oben angegebenen Zutaten einen Hefeteig zubereiten wie in der Arbeitsanleitung beschrieben und den Teig etwa 1 Stunde gehen lassen.

2. Danach ein Backblech einfetten, den Teig auf bemehlter Arbeitsfläche ausrollen und auf das Beckblech legen.

3. Die Stachelbeeren waschen, putzen und mehrmals mit einer Nadel einstechen.

4. Die Butter in Flöckchen schneiden und mit dem Zucker, Mehl und Zimt zu Streuseln verkneten.

5. Die Stachelbeeren auf dem Teigboden verteilen und die Streusel darüberstreuen.

6. Im vorgeheizten Backofen (E: 200–220°C, G: 3–4) etwa 35 Minuten backen.

Zwetschenkuchen

Teig:
500 g Mehl, 30 g Hefe
80 g Zucker
100 g Butter oder Margarine
¼ l lauwarme Milch
½ TL Salz, 1 Ei
Belag:
2 kg Zwetschen
Zum Bestreuen:
Zucker
Außerdem:
Mehl zum Ausrollen
Fett für das Blech

Backzeit: etwa 30 Minuten
Schaltung: E: 200°C, G: 3

1. Aus den Zutaten einen Hefeteig bereiten wie in der Arbeitsanleitung beschrieben.

2. Danach auf einem bemehlten Teigbrett ausrollen und auf ein gefettetes Backblech geben.

3. Die Zwetschen waschen, entsteinen und auf den Teig setzen, nochmals 15 Minuten gehen lassen.

4. Den Kuchen im vorgeheizten Ofen (E: 200°C, G: 3) etwa 30 Minuten backen und noch heiß mit Zucker bestreuen.

Zwetschenkuchen mit Mandeln

Den Kuchen wie oben beschrieben zubereiten und mit 100 g Mandelblättchen bestreuen.
Den heißen Kuchen mit 100 g Zucker vermischt mit ½ Teelöffel Zimt bestreuen.

Zwetschenkuchen mit Mandeln ▷

Traubenkuchen mit Walnüssen

Teig:
500 g Mehl
1 Würfel Hefe oder
1 P. Trockenhefe
75 g Zucker
150 g Butter oder Margarine
¼ l lauwarme Milch

Belag:
750 g blaue Weintrauben
750 g grüne Weintrauben
125 g Marzipanrohmasse
60 g Zucker
100 g Butter
1 ungespritzte Zitrone
2 Eier, 50 g Mehl
1 TL Backpulver
250 g Walnußkerne

Zum Bestreichen:
½ Glas Aprikosenkonfitüre

Außerdem:
Fett für das Blech oder
Backpapier

Backzeit: etwa 30 Minuten
Schaltung: E: 200°C, G: 3

1. Einen Hefeteig zubereiten wie in der Arbeitsanleitung beschrieben.

2. Den Teig zugedeckt an einem warmen Ort gehen lassen, bis er sich verdoppelt hat.

3. Inzwischen die Weintrauben waschen, von den Stielen zupfen und halbieren, eventuell entkernen.

4. Die Marzipanrohmasse mit dem Zucker verkneten, die Butter, abgeriebene Zitronenschale und den Zitronensaft dazugeben und alles schaumig rühren.

5. Nach und nach die beiden Eier und das mit Backpulver vermischte Mehl dazugeben.

6. Ein Backblech einfetten oder mit Backpapier auslegen und den Hefeteig darauf ausrollen. An den Rändern etwas hochziehen.

7. Den Teig nochmals zugedeckt 15 Minuten an einem warmen Ort gehen lassen.

8. Die Marzipanmasse auf den Hefeteig streichen und die Weintrauben und Walnüsse darauf verteilen.

9. Im vorgeheizten Backofen (E: 200°C, G: 3) etwa 30 Minuten backen.

10. Inzwischen die Aprikosenkonfitüre mit 4 Eßlöffel Wasser in einen Topf geben und aufkochen lassen. Danach durch ein Sieb streichen.

11. Nach dem Backen den Kuchen mit der heißen Konfitüre bestreichen.

Mein Tip

Diesen Kuchen können Sie auch mit entkernten Sauerkirschen, Süßkirschen oder Stachelbeeren backen. Sie brauchen dann 1 ½ kg Früchte.

◁ Traubenkuchen mit Walnüssen

Zwetschenkuchen mit Guß

Teig und Belag:
wie bei Zwetschenkuchen
Guß:
1 l Milch
50 g Grieß
50 g Stärkemehl
1 P. Vanillepuddingpulver
2 P. Vanillinzucker
150 g Zucker
2 Eier
⅛ l Sahne

Backzeit: etwa 45 Minuten
Schaltung: E: 200°C, G: 3

1. Den Zwetschenkuchen zubereiten und belegen wie oben beschrieben.

2. Von der Milch ½ Tasse abnehmen und den Rest zum Kochen bringen.

3. Den Grieß unter ständigem Rühren einrieseln lassen. Den Topf von der Herdplatte nehmen.

4. Das Stärkemehl mit dem Vanillepuddingpulver und dem Vanillinzucker in der restlichen Milch anrühren und unter die Grießmilch rühren.

5. Den Zucker dazugeben und alles etwa 3 Minuten unter ständigem Rühren kochen.

6. Die Eier trennen und die Eigelbe unter die Masse rühren.

7. Das Eiweiß und die Sahne getrennt steifschlagen und unter die Creme rühren.

8. Die Creme auf die Zwetschen streichen und im vorgeheizten Backofen (E: 200°C, G: 3) etwa 45 Minuten backen.

Apfel-Streusel-Kuchen

Teig:
500 g Mehl
etwa ¼ l Milch
40 g Hefe, 80 g Zucker
50 g Butter oder Margarine
1 Ei
Belag:
2 kg säuerliche Äpfel
125 g Rosinen
Saft von 2 Zitronen
50 g Zucker
Streusel:
150 g Mehl
75 g Butter
75 g Zucker
1 P. Vanillinzucker
1 TL Zimt
Außerdem:
Fett für das Blech

Backzeit: etwa 30 Minuten
Schaltung: E: 225°C, G: 4

1. Einen Hefeteig herstellen wie in der Arbeitsanweisung beschrieben. Gehen lassen und auf einem gefetteten Backblech ausrollen.

2. Die Äpfel schälen, vierteln und das Kerngehäuse herausschneiden.

3. Die Apfelviertel grob reiben und mit den gewaschenen Rosinen, dem Zitronensaft und Zucker mischen. Auf dem Hefeteigboden verteilen.

4. Für die Streusel mit den Händen Mehl, Butter, Zucker, Vanillinzucker und Zimt verkneten und über die Äpfel streuen.

5. Im vorgeheizten Ofen (E: 225°C, G: 4) etwa 30 Minuten backen.

Gedeckter Apfelkuchen

Teig:
500 g Mehl, 1 P. Hefe
100 g Zucker
knapp ¼ l lauwarme Milch
½ TL Salz, 80 g Butter
1 Ei

Füllung:
2 kg säuerliche Äpfel
80 g Rosinen
40 g Mandelsplitter
75 g Zucker
½ TL Zimt

Zum Bestreuen:
Hagelzucker

Außerdem:
Mehl zum Ausrollen
Fett für das Blech

Backzeit: etwa 30 Minuten
Schaltung: E: 200–225° C,
G: 3–4

1. Einen Hefeteig zubereiten wie in der Arbeitsanleitung beschrieben. Den Teig etwa 1 Stunde gehen lassen.

2. Die Äpfel schälen, vierteln und das Kerngehäuse herausschneiden. Nochmals in Spalten schneiden.

3. ⅔ des Hefeteigs auf einem gefetteten Backblech ausrollen.

4. Die Äpfel darauf verteilen und die Rosinen und die Mandelsplitter darüberstreuen.

5. Den Zucker mit dem Zimt vermischen und ebenfalls über die Äpfel streuen.

6. Den restlichen Teig auf einer bemehlten Arbeitsfläche in Größe des Backblechs ausrollen und vorsichtig über den Belag legen. An den Seiten den Teig gut andrücken.

7. Die Teigdecke mit einer Gabel mehrmals einstechen und den Teig nochmals an einem warmen Ort zugedeckt etwa 30 Minuten gehen lassen.

8. Danach in den vorgeheizten Backofen (E: 200–225° C, G: 3–4) etwa 30 Minuten backen.

9. Den Kuchen mit Hagelzucker bestreuen.

Apfelkuchen

Teig:
500 g Mehl, 1 P. Hefe
80 g Zucker, 1 Prise Salz
knapp ¼ l lauwarme Milch
100 g Margarine, 1 Ei

Belag:
1 kg saure Äpfel
100 g Rosinen, 125 g Zucker

Außerdem:
Fett für das Blech

Backzeit: 20–30 Minuten
Schaltung: E: 200°C, G: 3

1. Aus den Zutaten einen Hefeteig, wie in der Arbeitsanleitung beschrieben, herstellen und auf einem gefetteten Backblech ausrollen.

2. Die Äpfel schälen, vierteln und das Kerngehäuse entfernen.

3. Die Apfelstücke in schmale Spalten schneiden und auf den Teig setzen.

4. Die Rosinen darüberstreuen und den Kuchen im vorgeheizten Ofen (E: 200°C, G: 3) 20–30 Minuten backen.

5. Nach dem Backen den Zucker über die Äpfel streuen.

Apfelkuchen mit Rum

Teig:
500 g Mehl, 30 g Hefe
125 g Zucker
knapp ¼ l lauwarme Milch
1 Prise Salz
abgeriebene Schale von
1 ungespritzten Zitrone
125 g Butter oder Margarine
Belag:
2 kg säuerliche Äpfel
2 EL Zitronensaft
50 g Mandeln
100 g Rosinen
50 g Butter, 100 g Zucker
Zum Tränken:
¼ l Rum
Außerdem:
Fett für das Blech

Backzeit: etwa 30 Minuten
Schaltung: E: 200° C, G: 3

1. Aus den Zutaten, wie in der Arbeitsbeschreibung angegeben, einen Hefeteig herstellen und diesen etwa 1 Stunde gehen lassen.

2. Danach den Hefeteig auf einem gefetteten Backblech ausrollen.

3. Die Äpfel schälen, in Spalten schneiden und das Kerngehäuse entfernen.

4. Die Apfelspalten gleichmäßig auf dem Teig verteilen und mit Zitronensaft beträufeln.

5. Die Mandeln und Rosinen zwischen die Apfelspalten streuen und die Butter in Flöckchen darauf verteilen.

6. Den Kuchen im vorgeheizten Backofen (E: 200° C, G: 3) etwa 30 Minuten backen.

7. Den Zucker etwa 10 Minuten vor Backende über den Kuchen streuen.

8. Nach dem Backen den Rum über den noch heißen Kuchen träufeln.

Blaubeerkuchen

Teig:
500 g Mehl, 30 g Hefe
80 g Zucker
1 P. Vanillinzucker
½ TL Salz
100 g Butter oder Margarine
1 Ei
Belag:
1½ kg Blaubeeren
Zum Bestreuen:
grober Zucker
Außerdem:
Fett für das Blech

Backzeit: 20–30 Minuten
Schaltung: E: 200° C, G: 3

1. Einen Hefeteig nach der Arbeitsanleitung herstellen und auf einem gefetteten Backblech ausrollen.

2. Die Blaubeeren verlesen, waschen und abtropfen lassen.

3. Danach auf dem Teig gleichmäßig verteilen und im vorgeheizten Ofen (E: 200° C, G: 3) 20–30 Minuten backen.

4. Nach dem Backen den heißen Kuchen mit grobem Zucker bestreuen.

Blaubeerkuchen mit Guß

Teig:
500 g Mehl, 30 g Hefe
80 g Zucker
1 P. Vanillinzucker
½ TL Salz
100 g Butter oder Margarine
1 EL Öl
1 EL Magerquark
1 Ei
Belag:
5 EL Semmelbrösel
1½ kg vorbereitete Blaubeeren
Guß:
½ l Milch
30 g Butter oder Margarine
125 g Zucker
1 P. Vanillinzucker
70 g Grieß, 3 Eigelb
4 Eiweiß
Zum Bestreichen:
1 Eigelb
1–2 EL Dosenmilch
Außerdem:
Fett für das Backblech

Backzeit: etwa 30 Minuten
Schaltung: E: 200–225°C,
G: 3–4

1. Einen Hefeteig nach der Arbeitsanleitung herstellen und den gegangenen Teig auf einem gefetteten Backblech ausrollen.

2. Mit Semmelbröseln bestreuen und die Blaubeeren darauf verteilen.

3. Für den Guß Milch, Fett, Zucker und Vanillinzucker zum Kochen bringen. Grieß unter Rühren einrieseln lassen.

4. Unter den Grießbrei die 3 Eigelbe und zuletzt das steifgeschlagene Eiweiß ziehen.

5. Den Guß über die Blaubeeren geben.

6. Das Eigelb mit der Dosenmilch verquirlen und darüberstreichen.

7. Den Kuchen nochmals gehen lassen und im vorgeheizten Ofen (E: 200–225°C, G: 3–4) etwa 30 Minuten backen.

Mein Tip

Statt der Blaubeeren können auch Johannisbeeren oder Brombeeren genommen werden.

Variation

Sahneguß:
5 Eier
125 g Puderzucker
¼ l Sahne
1 P. Sahnestärke
30 g Butter

1. Das Eiweiß vom Eigelb trennen.

2. Die Eigelbe mit der Hälfte des Puderzuckers schaumig schlagen. Das Eiweiß sehr steif schlagen und unter die Eigelbmasse ziehen.

3. Die Sahne zusammen mit der Sahnestärke ebenfalls sehr steif schlagen und mit dem restlichen Puderzucker unter die Eimasse heben.

4. Die Butter flüssig werden lassen und unter die Sahne ziehen.

5. Die Masse auf die Blaubeeren streichen und im vorgeheizten Ofen backen.

Versunkener Kirschkuchen

Teig:
1½ kg Sauerkirschen
80 g Butter
225 g Mehl
125 g Puderzucker
6 Eier, 2 EL Öl
¾ P. Trockenhefe
Zum Bestreuen:
80 g Mandelstifte
50 g Hagelzucker
Außerdem:
Fett für die Form

Backzeit: etwa 40 Minuten
Schaltung: E: 200°C, G: 3

1. Die Sauerkirschen waschen, entkernen und beiseite stellen.

2. Die Butter schmelzen und wieder abkühlen lassen.

3. Das Mehl mit dem Puderzucker mischen und in eine Schüssel geben.

4. Die Eier, das Öl, die Butter und die Trockenhefe dazugeben und alles zu einem recht flüssigen Teig verarbeiten. ½ Stunde gehen lassen.

5. Die Sauerkirschen auf eine gefettete Fettpfanne verteilen und den Teig darübergießen.

6. Die Mandelstifte und die Hälfte des Zuckers darüberstreuen und den Kuchen im vorgeheizten Backofen (E: 200°C, G: 3) etwa 40 Minuten backen.

7. Nach dem Backen sofort den restlichen Zucker darüberstreuen.

Rhabarberkuchen

Teig:
450 g Mehl, 1 Ei
½ TL Salz
80 g Zucker
125 g Butter oder Margarine
knapp ¼ l Milch
1 P. Trockenhefe
Belag:
1 ½ kg Rhabarber
75–100 g Zucker
Guß:
1 P. klarer Tortenguß
80 g Zucker

Außerdem:
Fett für die Form

Backzeit: 35–40 Minuten
Schaltung: E: 200°C, G: 3

1. Aus den Zutaten einen Hefeteig bereiten wie in der Arbeitsanleitung beschrieben.

2. Den Teig gehen lassen, bis er sich etwa verdoppelt hat.

3. Nun den weichen Teig mit einem nassen Schaber auf einem gefetteten Backblech gleichmäßig verstreichen.

4. Den Rhabarber waschen, in 2 cm lange Stücke schneiden und auf den Hefeteig verteilen.

5. Den Kuchen etwa 20 Minuten gehen lassen, dann im vorgeheizten Ofen (E: 200°C, G: 3) 35–40 Minuten backen.

6. Danach mit Zucker bestreuen.

7. Tortenguß nach Anweisung auf der Packung bereiten und darübergießen.

Aprikosenkuchen

Teig:

250 g Mehl, 15 g Hefe

½ Tasse Milch

1 Prise Salz

60 g Butter, 60 g Zucker

abgeriebene Schale von

1 ungespritzten Zitrone

1 P. Vanillinzucker, 1 Ei

Belag:

1 Tüte gehackte Mandeln (40 g)

2 Dosen Aprikosen

Zum Bestreichen:

2 EL Aprikosenkonfitüre

Außerdem:

Fett für das Backblech

Backzeit: etwa 30 Minuten
Schaltung: E: 200°C, G: 3

1. Einen Hefeteig nach der Arbeitsanleitung herstellen.

2. Den Teig gehen lassen, ausrollen und eine gefettete Springform damit auslegen.

3. Den Teigboden mit gehackten Mandeln und halbierten und geviertelten, gut abgetropften Aprikosen belegen.

4. Im vorgeheizten Ofen (E: 200°C, G: 3) etwa 30 Minuten goldgelb backen.

5. Die Aprikosenkonfitüre in einem kleinen Topf erhitzen, damit sie flüssig wird.

6. Die gebackenen Aprikosen mit der heißen Konfitüre bestreichen, so daß sie schön glänzen.

Kirschquarkkuchen mit Streuseln

Teig:

500 g Mehl, 30 g Hefe

80 g Zucker

1 P. Vanillinzucker

½ TL Salz

100 g Butter oder Margarine

knapp ¼ l Milch

1 Ei

Belag:

1 kg Magerquark

200 g Zucker

125 g Butter oder Margarine

1 P. Vanillepuddingpulver

3 Eier

1 Glas Sauerkirschen

Streusel:

100 g Butter

100 g Zucker

200 g Mehl

Außerdem:

Mehl zum Verkneten

Fett für das Blech

Backzeit: 30–40 Minuten
Schaltung: E: 200°C, G: 3

1. Einen Hefeteig zubereiten wie in der Arbeitsanleitung beschrieben und gehen lassen.

2. Den Teig mit etwas Mehl verkneten, bis er nicht mehr klebt, dann auf einem gefetteten Backblech ausrollen.

3. Den Magerquark mit Zucker, Butter oder Margarine, Vanillepuddingpulver und den Eiern gut verrühren.

4. Die Sauerkirschen abtropfen lassen und auf dem Teig verteilen. Die Quarkmasse darübergeben.

5. Aus Butter, Zucker und Mehl Streusel kneten und darüberstreuen.

6. Nochmals gehen lassen und im vorgeheizten Ofen (E: 200°C, G: 3) 30–40 Minuten backen.

Johannisbeerkuchen mit Baiser

Teig:
250 g Mehl, 15 g Hefe
knapp ⅛ l Milch
1 Prise Salz
40 g Margarine
40 g Zucker
Belag:
500 g rote Johannisbeeren
100–125 g Zucker
Baiserhaube:
4 Eiweiß
180 g Zucker
1 TL Rum
Außerdem:
Fett für die Form

Backzeit: etwa 25 Minuten
Schaltung: E: 200°C, G: 3

1. Aus den angegebenen Zutaten einen Hefeteig herstellen wie in der Arbeitsanleitung beschrieben.

2. Eine Springform fetten und mit dem Teig auskleiden.

3. Die geputzten Johannisbeeren darauf gleichmäßig verteilen, den Teig noch einmal gehen lassen und im vorgeheizten Ofen (E: 200°C, G: 3) etwa 25 Minuten backen.

4. Nach dem Backen die Johannisbeeren mit Zucker bestreuen.

5. Die Eiweiße zu sehr steifem Schnee schlagen und unter weiterem Schlagen langsam 1 Teelöffel Rum und Zucker hinzufügen.

6. Diese Baisermasse auf die Johannisbeeren streichen und im Ofen kurz überbacken. Der Kuchen darf oben nur leicht gebräunt sein.

Himbeer-Quark-Kuchen

Teig:
500 g Mehl, 30 g Hefe
80 g Zucker
1 P. Vanillinzucker, ½ TL Salz
100 g Butter oder Margarine
knapp ¼ l Milch, 1 Ei
Belag:
1 kg Magerquark
175 g Zucker
125 g Butter oder Margarine
1 P. Vanillepuddingpulver
3 Eier, 500 g frische Himbeeren
oder 2 P. tiefgefrorene
Himbeeren.

Außerdem:
Fett für das Blech

Backzeit: 30–40 Minuten
Schaltung: E: 200°C, G: 3

1. Einen Hefeteig nach der Arbeitsanleitung herstellen und auf einem gefetteten Backblech ausrollen.

2. Den Quark mit Zucker, weichem Fett, Vanillepuddingpulver und den Eiern gut verrühren.

3. Zum Schluß die vorbereiteten Himbeeren vorsichtig unterheben und die Quarkmasse auf dem Hefeteig verteilen.

4. Im vorgeheizten Ofen (E: 200°C, G: 3) 30–40 Minuten backen.

Gebäck

Rumsavarinchen mit Früchten

Teig:
500 g Mehl
1 Würfel Hefe oder
1 P. Trockenhefe
⅛–¼ l Milch
100 g Zucker
80 g Butter oder Margarine
1–2 EL Öl, 3–4 Eier
Soße:
½ l Wasser
3 TL Instanttee
125 g Zucker
½ TL gemahlener Zimt
2 Glas Rum (4 cl)
Füllung:
¼ l Sahne
1 P. Vanillinzucker
2 kleine Dosen
Mandarinenscheiben
oder 500 g frische Früchte
(Kirschen, Pfirsich usw.)
Außerdem:
Fett für die Förmchen

Backzeit: 20–25 Minuten
Schaltung: E: 200°C, G: 3

1. Einen Hefeteig zubereiten wie in der Arbeitsanleitung beschrieben. Den Teig zugedeckt etwa 1 Stunde gehen lassen.

2. In der Zwischenzeit 6–8 kleine Savarinförmchen ausfetten.

3. Den gut gegangenen Hefeteig nochmals durchkneten und in 6–8 Stücke teilen.

4. Diese jeweils zu einer kleinen Rolle formen und in die Savarinförmchen legen.

5. Zugedeckt etwa 15 Minuten gehen lassen und anschließend im vorgeheizten Backofen (E: 200°C, G: 3) in 20–25 Minuten auf der mittleren Schiene goldbraun backen.

6. Während der Backzeit für die Rumsoße Wasser, den Instanttee, Zimt, Zucker und Rum zusammenrühren und 5 Minuten kochen.

7. Die Sahne steif schlagen und mit dem Vanillinzucker süßen.

8. Die Mandarinen auf einem Durchschlag abtropfen lassen oder frische Früchte entsprechend vorbereiten.

9. Die Savarinchen auf eine große Platte oder einen Teller stürzen und mit der Rumsoße übergießen.

10. Man kann auch einen Teil der Rumsoße nach dem Stürzen der Savarins in die Förmchen gießen und die Savarins wieder hineinsetzen und von oben noch mit Rumsoße beträufeln.

11. Die vorbereiteten Früchte einfüllen und mit steif geschlagener Sahne verzieren.

Marzipanhörnchen

Teig:
500 g Mehl, 40 g Hefe
etwa ¼ l Milch
knapp ½ TL Salz
50 g Margarine
75 g Zucker
1 Eigelb
200 g Margarine
Füllung:
250 g Rohmarzipan
Zum Bestreichen:
1 Eigelb
Außerdem:
Fett für das Blech

Backzeit: etwa 15 Minuten
Schaltung: E: 200°C, G: 3

1. Das Mehl in eine Schüssel sieben und in die Mitte eine Vertiefung drücken.

2. Die Hefe hineinbröckeln, mit etwas lauwarmer Milch, Zucker und Mehl zu einem Vorteig verrühren und zugedeckt eine Viertelstunde gehenlassen.

3. Danach auf den Mehlrand den restlichen Zucker, Salz, das Eigelb und 50 g weiche Margarineflöckchen geben, zum Schluß die restliche warme Milch dazugießen.

4. Alle Zutaten gut verarbeiten und so lange schlagen, bis der Teig Blasen wirft.

5. Nochmals gehen lassen, bis sich der Teig verdoppelt hat.

6. Den Teig ausrollen und die kalte verknetete Margarine daraufstreichen.

7. Den Teig von 2 Seiten überschlagen und wieder ausrollen. Dieses dreimal wiederholen.

8. Zuletzt den Teig messerrückendick ausrollen und Quadrate von 12 cm Kantenlänge diagonal zu Dreiecken schneiden.

9. Das Rohmarzipan in kleine Röllchen formen und in etwa 8 cm lange Stücke schneiden.

10. Nun auf jedes Teigdreieck ein kleines Marzipanröllchen legen und von der breiten Seite her zu Hörnchen aufrollen.

11. Die Hörnchen etwas rund biegen und auf ein gefettetes Blech legen und gehen lassen.

12. Dann mit Eigelb bestreichen und im vorgeheizten Ofen (E: 200°C, G: 3) etwa 15 Minuten backen.

So werden Hörnchen gerollt

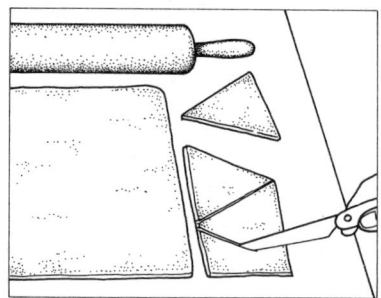

1. Den ausgerollten Teig in Dreiecke schneiden.

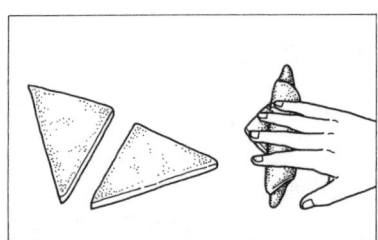

2. Die Dreiecke von der breiten Seite her aufrollen.

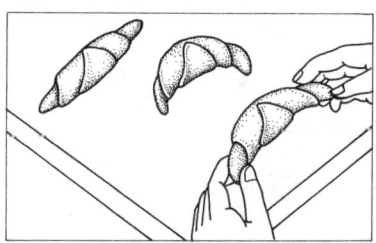

3. Die Rollen zu Hörnchen biegen.

Rosinenschnecken

Teig:
500 g Mehl, 1 Würfel Hefe
knapp ¼ l Milch
100 g Zucker, ½ TL Salz
2 Eier, 100 g Butter oder
Margarine
Füllung:
100 g Sahne
4 EL Honig
100 g gehackte Haselnüsse
1 Msp. Zimt
125 g Rosinen
Zum Bestreichen:
100 g Puderzucker
1–2 EL Zitronensaft
Außerdem:
Mehl zum Ausrollen
Fett für das Blech

Backzeit: 20–25 Minuten
Schaltung: E: 225° C, G: 4

1. Einen Hefeteig zubereiten wie in der Arbeitsanleitung beschrieben.

2. Den Teig mit Mehl bestäuben und etwa 1 Stunde gehen lassen.

3. Die Sahne mit dem Honig, Zimt und den Haselnüssen verrühren.

4. Den gegangenen Hefeteig auf einer bemehlten Arbeitsfläche etwa ½ cm dick zu einem Rechteck ausrollen.

5. Die Nußmischung daraufstreichen und die Rosinen darüberstreuen.

6. Den Teig zu einer gleichmäßigen Rolle formen und etwa 3 cm dicke Scheiben abschneiden.

7. Die Scheiben auf ein gefettetes Backblech legen und im vorgeheizten Ofen (E: 225° C, G: 4) 20–25 Minuten backen.

8. Den Puderzucker mit dem Zitronensaft glattrühren und die Schnecken dünn damit bestreichen, wenn sie noch etwas warm sind.

Babas

Teig:
400 g Butter, 8 Eier
500 g Mehl, 20 g Hefe
25 g Zucker, Salz
2–3 EL Milch
Zum Tränken:
Saft von 3 Orangen
3 EL Zucker
4 EL Orangenlikör
Außerdem:
Fett für die Förmchen

Backzeit: 20–25 Minuten
Schaltung: 200° C, G: 3

1. Die Butter schaumig rühren, die Eier dazugeben und nach und nach das Mehl, Salz und die in Zucker und warmer Milch gegangene Hefe einrühren.

2. Den Teig in einen Spritzbeutel füllen und gefettete Törtchenformen zur Hälfte damit füllen.

3. Gehen lassen und im vorgeheizten Ofen (E: 200° C, G: 3) 20–25 Minuten auf mittlerer Schiene backen.

4. Das Gebäck aus den Formen lösen und mit der heißen Tränkflüssigkeit übergießen.

Nußbeigerl

Teig:
400 g Mehl
½ Würfel Hefe (20 g)
ca. ⅛ l lauwarme Milch
60 g Zucker
3 Eier
125 g Butter oder Margarine
1 Prise Salz

Füllung:
200 g gemahlene Haselnüsse
2 EL Honig
4 EL Sahne oder Kondensmilch
½ TL gemahlener Zimt
1 TL Zitronensaft

Zum Bestreichen:
1 Ei, etwas Milch

Außerdem:
Mehl zum Ausrollen
Fett für das Blech

Backzeit: 25–30 Minuten
Schaltung: E: 225°C, G: 4

1. Aus den Teigzutaten einen Hefeteig zubereiten wie in der Arbeitsanleitung beschrieben und diesen 1 Stunde gehen lassen.

2. In der Zwischenzeit für die Füllung die gemahlenen Haselnüsse in der Pfanne ohne Fett leicht anrösten.

3. Abkühlen lassen und mit dem Honig, der Sahne, dem Zimt und Zitronensaft vermischen.

4. Den gegangenen Hefeteig auf einer leicht bemehlten Unterlage etwa ½ cm dick ausrollen.

5. 10–12 cm große Quadrate daraus schneiden und in die Mitte jeweils 1 Teelöffel Nußfülle legen.

6. Das Ei trennen und die Teigränder mit dem Eiweiß bepinseln.

7. Die Quadrate von einer Spitze aus zur gegenüberliegenden Spitze hin aufrollen.

8. Zu Hörnchen biegen, auf das gefettete Backblech legen und zugedeckt nochmals etwa 15 Minuten gehen lassen.

9. Das Eigelb mit ein wenig Milch verrühren, die Nußbeigerl damit bepinseln und im vorgeheizten Backofen (E: 225°C, G: 4) in 25–30 Minuten goldbraun backen.

So kann man Aluförmchen selbst herstellen

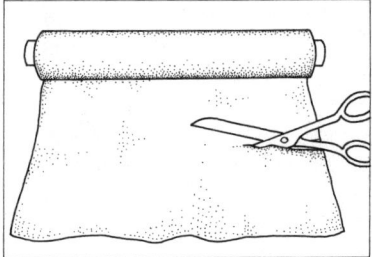

1. Aus Alufolie gleichgroße Quadrate schneiden.

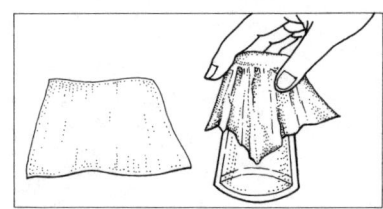

2. Die Quadrate über ein Wasserglas stülpen.

3. Die Förmchen vorsichtig vom Glas heben und den Rand nach außen umknicken.

Aprikosenaugen

Teig:
500 g Mehl
etwa ¼ l Milch
40 g Hefe, 80 g Zucker
60 g Butter oder Margarine
1 Ei
Belag:
2 kleine Dosen Aprikosen
Guß:
200 g Puderzucker
2–3 EL Rum
Außerdem:
Fett für die Förmchen

Backzeit: 20–25 Minuten
Schaltung: E: 200°C, G: 3

1. Einen Hefeteig zubereiten wie in der Arbeitsanleitung beschrieben.

2. Kleine Teigstücke in gefettete Aluförmchen geben.

3. Jeweils eine abgetropfte Aprikose hineindrücken und nochmals gehen lassen.

4. Im vorgeheizten Ofen (E: 200°C, G: 3) in 20–25 Minuten goldgelb backen.

5. Die Ränder mit Rumguß bestreichen.

Schweizer Birnenwecken

Teig:
450 g Mehl, ½ P. Hefe
1 Tasse saure Sahne
2 EL Zucker
1 Prise Salz
1 Ei, 120 g Butter
½ Tasse lauwarme Milch
Füllung:
1 kg gedörrte Birnen
400 g gedörrte, entkernte Zwetschen
200 g Walnüsse
100 g Zitronat
200 g Rosinen
150 g Zucker
1 TL Zimt
1 Msp. Nelkenpulver
2 Gläschen Kirschwasser
2 EL Zitronensaft
Zum Bestreichen:
1 Eigelb
120 g Mandelstifte
Außerdem:
Fett für die Form

Backzeit: etwa 30 Minuten
Schaltung: E: 220°C, G: 4

1. Die Birnen und Zwetschen 1–2 Tage in Wasser einweichen.

2. Aus den Zutaten einen Hefeteig zubereiten wie in der Arbeitsanleitung beschrieben.

3. Die Birnen und Zwetschen 10–15 Minuten in dem Einweichwasser leicht kochen und dann abtropfen lassen.

4. Die Früchte, die Walnüsse und das Zitronat grob hacken.

5. Mit den Rosinen, dem Zucker, Zimt, Nelkenpulver, Kirschwasser und Zitronensaft vermischen.

6. Den Hefeteig auf einer bemehlten Arbeitsfläche ausrollen und zu Rechtecken schneiden.

7. Jeweils die Hälfte eines Rechtecks mit der Füllung belegen und die andere darüberklappen. An den Rändern gut andrücken.

8. Die Wecken mit verquirltem Eigelb bestreichen und mit Mandelstiften bestreuen.

9. Nochmals 10 Minuten gehen lassen und im vorgeheizten Backofen (E: 220°C, G: 4) etwa 30 Minuten backen.

Muffins

Teig:
500 g Mehl, 1 Prise Salz
¼ l lauwarme Milch
1 TL Zucker
20 g Hefe
Zum Bestreichen:
gesalzene Butter
Außerdem:
Fett und Mehl für das Blech

Backzeit: 15–20 Minuten
Schaltung: E: 200°C, G: 3

1. Mehl und Salz in eine Schüssel geben. Die Hefe mit dem Zucker in der lauwarmen Milch anrühren, zum Mehl geben und alles zu einem glatten Teig verarbeiten. Diesen an einem warmen Ort gehen lassen, bis er sich verdoppelt hat.

2. Nochmals durchkneten, eigroße Stücke mit den Händen formen, mit dem Handballen flachdrücken und auf ein gefettetes und bemehltes Backblech setzen.

3. Wieder bis zur doppelten Größe zugedeckt gehen lassen und dann im vorgeheizten Ofen (E: 200°C, G: 3) in 15–20 Minuten hellgelb backen.

4. Muffins werden warm serviert, waagerecht durchgeschnitten und mit gesalzener Butter bestrichen.

Hefetaschen

Teig:
500 g Mehl
1 P. Trockenhefe
40 g Zucker
⅛ l lauwarme Milch
1 P. Vanillinzucker
3 Tropfen Bittermandelöl
1 TL Salz
100 g warme Butter oder Margarine
2 Eier, 1 Eigelb
Füllung:
1 Glas Konfitüre
Zum Bestreichen:
etwas Dosenmilch
Außerdem:
Mehl zum Ausrollen
Fett für das Backblech

Backzeit: 10–15 Minuten
Schaltung: E: 200°C, G: 3

1. Aus den Teigzutaten einen Hefeteig bereiten wie in der Arbeitsanleitung beschrieben. Den Teig etwa 1 Stunde gehen lassen.

2. Den Teig nochmals gut durchkneten und auf einer bemehlten Arbeitsfläche aus der Hälfte eine Teigplatte von 36 x 36 cm ausrollen.

3. Die Platte in 12 Quadrate teilen und auf jedes Quadrat 1 Eßlöffel Konfitüre geben.

4. Die Ränder mit etwas Dosenmilch bestreichen und zu Dreiekken zusammenklappen. Die Ränder mit einer Gabel gut zusammendrücken.

5. Die zweite Teighälfte ebenso verarbeiten.

6. Auf ein gefettetes Backblech legen und nochmals zugedeckt etwa 15 Minuten gehen lassen.

7. Im vorgeheizten Ofen (E: 200°C, G: 3) 10–15 Minuten backen.

Hefekränzchen

Teig:
380 g Mehl, 25 g Hefe
75 g Zucker
⅛ l lauwarme Milch
1 Prise Salz, 1 Ei
75 g Butter oder Margarine
Guß:
125 g Puderzucker
2 EL Rum
4 EL grob gehackte, geröstete
Haselnüsse
Außerdem:
Mehl zum Ausrollen
Fett für das Blech

Backzeit: etwa 15 Minuten
Schaltung: E: 200–225°C,
G: 3–4

1. Einen Hefeteig zubereiten wie in der Arbeitsanleitung beschrieben und diesen etwa 1 Stunde gehen lassen.

2. Danach den Teig in dünne Röllchen von etwa 25 cm formen und aus je dreien Zöpfe flechten.

3. Die Zöpfe zu Kränzen zusammendrücken und auf einem gefetteten Backblech im vorgeheizten Ofen (E: 200–225°C, G: 3–4) etwa 15 Minuten backen.

4. Den Puderzucker mit dem Rum glattrühren und die grob gehackten Haselnüsse dazugeben.

5. Mit diesem Guß die ausgekühlten Kränze bestreichen.

So werden Hefekränze zubereitet

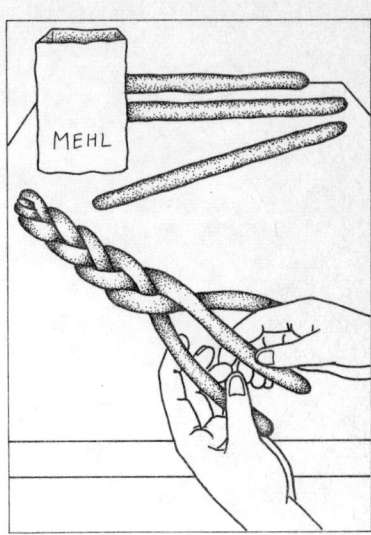

2. Jeweils 3 Röllchen zu einem Zopf flechten.

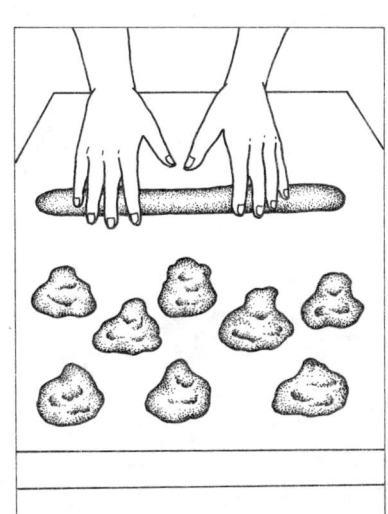

1. Aus dem Teig dünne Röllchen von etwa 25 cm Länge formen.

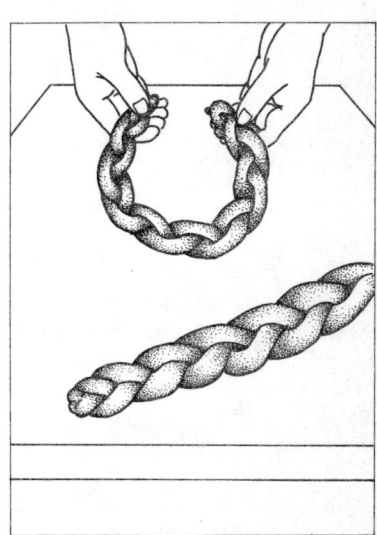

3. Die Zöpfe zu Ringen zusammenlegen und an den Enden zusammendrücken.

Apfelbrötchen

Teig:
250 g Mehl, 15 g Hefe
etwa ⅛ l Milch
50 g Zucker, 1 Prise Salz
40 g Butter
Füllung:
375 g Äpfel, 30 g Rosinen
2 EL Zucker
etwas Zitronensaft
Zum Bestreichen:
30 g Butter
1 Eigelb
Zum Bestäuben:
4 EL Puderzucker
Außerdem:
Mehl zum Ausrollen
Fett für die Form

Backzeit: 15–20 Minuten
Schaltung: E: 200°C, G: 3

1. Einen Hefeteig herstellen wie in der Arbeitsanleitung beschrieben.

2. Den Teig messerrückendick ausrollen und runde Plätzchen (8 cm Durchmesser) ausstechen.

3. Äpfel schälen, in kleine Stücke schneiden und die anderen Zutaten hinzufügen.

4. Die Plätzchen mit flüssiger Butter bestreichen und jeweils mit 1 Eßlöffel Apfelmischung belegen.

5. Den überstehenden Teig um die Füllung ziehen und zu Brötchen formen.

6. Auf ein gefettetes Blech setzen, gehen lassen und mit Eigelb bestreichen.

7. Im vorgeheizten Ofen (E: 200°C, G: 3) 15–20 Minuten auf Mittelschiene backen.

8. Abgekühlt mit Puderzucker bestäuben.

Hefebuchteln

Teig:
400 g Mehl, 50 g Zucker
knapp ¼ l lauwarme Milch
1 Msp. Salz, 3 Eigelb
100 g Butter
abgeriebene Schale von
1 ungespritzten Zitrone
Zum Bestreichen:
Aprikosenkonfitüre
Zum Tauchen:
100 g Butter

Außerdem:
Mehl zum Ausrollen
Fett für die Form

Backzeit: etwa 60 Minuten
Schaltung: E: 200°C, G: 3

1. Einen Hefeteig zubereiten wie in der Arbeitsanleitung beschrieben und diesen 1 Stunde gehen lassen.

2. Den Teig nochmals durchwalken und auf einer bemehlten Arbeitsfläche nicht zu dünn zu einem Rechteck ausrollen.

3. Den Teig in Rechtecke von etwa 6 x 8 cm schneiden.

4. Jedes Rechteck an der schmalen Seite mit etwas Aprikosenkonfitüre bestreichen und aufrollen.

5. Die Rollen sofort in zerlassene Butter tauchen und senkrecht in eine gefettete feuerfeste Form setzen.

6. Im vorgeheizten Backofen (E: 200°C, G: 3) etwa 60 Minuten backen. Die Buchteln müssen Platz haben, da sie noch aufgehen.

Kuchen, Torten und Gebäck aus Biskuit

Biskuit ist ein sehr feines und luftiges Gebäck, das mit vielen Eiern und zumeist ohne Fett zubereitet wird. Biskuit ist dadurch sehr bekömmlich und weniger kalorienreich als andere Teigarten.

Dieser Teig eignet sich besonders für Rollen mit Creme- oder Sahnefüllungen, für Schnitten und natürlich für Torten.

Grundrezept für Torten

4 Eiweiß
4 Eigelb
6–7 EL warmes Wasser
150 g Zucker
1 P. Vanillinzucker
100 g Mehl
80 g Stärkemehl
2 TL Backpulver

Dieses Rezept ist für Torten zum Durchschneiden, die Hälfte ergibt einen Tortenboden für Obstkuchen.

Grundrezept für Rollen

4 Eiweiß, 4 Eigelb
3–4 EL warmes Wasser
125 g Zucker
1 P. Vanillinzucker
125 g Mehl oder
75 g Mehl und
50 g Stärkemehl
½ TL Backpulver

Verarbeitung mit der Hand

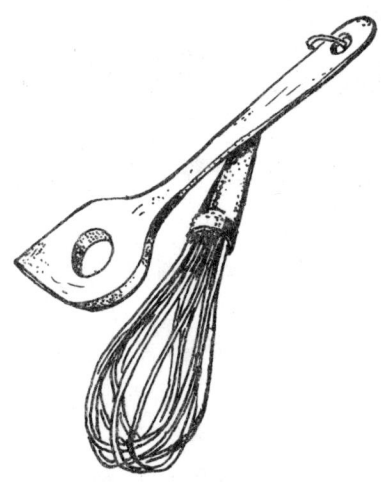

SCHNEEBESEN

1. Das Eigelb mit dem Wasser schaumig schlagen.

2. Nach und nach ⅔ des Zuckers und den Vanillinzucker dazugeben.

3. So lange schlagen, bis die Masse cremig ist.

4. Das Eiweiß mit dem Zucker sehr steif schlagen und auf das Eigelb geben.

5. Mehl mit Stärkemehl und Backpulver mischen und darübersieben.

6. Alles vorsichtig unter die Eigelbmasse ziehen.

Biskuit für Blechkuchen

4 Eiweiß
4 Eigelb
4–5 EL warmes Wasser
150 g Zucker
2 P. Vanillinzucker
150 g Mehl
1 TL Backpulver

Mit Handrührgerät und Küchenmaschine

RÜHRBESEN

1. Die Eier mit dem Wasser auf der höchsten Schaltstufe etwa 1 Minute schlagen.

2. Danach den Zucker und Vanillinzucker einrieseln lassen und noch 2 Minuten weiterschlagen.

3. Das Mehl mit dem Stärkemehl und dem Backpulver mischen und auf die Eimasse geben. Auf niedrigster Stufe kurz unterheben.

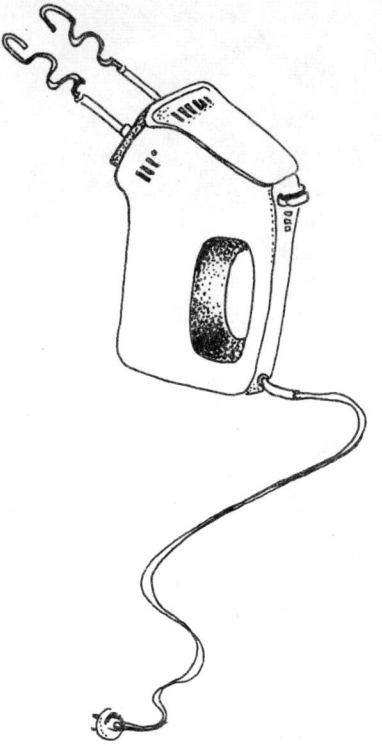

Was zu beachten ist

Biskuitteige müssen gleich nach der Zubereitung im heißen Ofen gebacken werden, da sonst der Eischnee zerläuft.

Während der ersten Hälfte der Backzeit darf der Backofen nicht geöffnet werden, da sonst der Teig zusammenfällt.

Für Biskuitteige wird die Form oder das Backblech zunächst am Boden eingefettet und dann mit Pergamentpapier ausgelegt.

An der offenen Seite des Blechs einen Papierrand kniffen, damit der Teig nicht herunterlaufen kann.

Nach dem Backen wird der Kuchen gestürzt, dann das Pergamentpapier angefeuchtet und abgezogen.

Böden für Biskuittorten sollten Sie möglichst 1 Tag vorher bakken, da sie sich am nächsten Tag leichter durchschneiden lassen.

Rollen, Schnitten und Kuchen

Biskuitrolle mit Rumcreme

Creme:
½ l Milch
50 g Zucker
50 g Stärkemehl
1 P. Vanillinzucker
5 EL Rum
200 g Butter
50 g Zucker
Teig:
4 Eigelb
4 EL heißes Wasser
200 g Zucker
1 P. Vanillinzucker
4 Eiweiß
80 g Stärkemehl
80 g Mehl
1 TL Backpulver
Außerdem:
Fett und Pergamentpapier
für das Blech

Backzeit: etwa 15 Minuten
Schaltung: E: 225°C, G: 4

1. Für die Creme einen Flammeri mit den angegebenen Zutaten kochen, den Rum dazugeben und erkalten lassen.

2. Butter und Zucker schaumig rühren und den erkalteten Flammeri eßlöffelweise dazugeben.

3. Den Biskuitteig nach der Arbeitsanleitung herstellen und mit einem Teigschaber etwa 1 cm dick auf ein gefettetes, mit Pergamentpapier ausgelegtes Kuchenblech streichen.

4. Im vorgeheizten Backofen (E: 225°C, G: 4) etwa 15 Minuten backen.

5. Die gebackene Biskuitplatte auf ein mit Zucker bestreutes Geschirrtuch stürzen, das Pergamentpapier mit kaltem Wasser bestreichen und sehr vorsichtig, aber schnell abziehen.

6. Die Biskuitplatte behutsam von der Längsseite her durch Anheben des Tuches aufrollen.

7. Die noch warme Roulade zurückrollen, Tuch entfernen, Creme daraufstreichen und wieder zusammenrollen. Mit Creme bestreichen und bespritzen.

Erdbeer-Sahne-Rolle

Teig:
4 Eigelb
4 EL heißes Wasser
200 g Zucker
1 P. Vanillinzucker
4 Eiweiß
80 g Stärkemehl
80 g Mehl
1 TL Backpulver
Füllung:
½ l Sahne
2 P. Sahnestärke
1 TL Zucker
500 g Erdbeeren
Außerdem:
Fett und Pergamentpapier
für das Blech

Backzeit: etwa 15 Minuten
Schaltung: E: 225°C, G: 4

1. Biskuitteig herstellen wie in der Arbeitsanleitung beschrieben.

2. Den Teig auf ein gefettetes, mit Pergamentpapier ausgelegtes Blech streichen und im vorgeheizten Ofen (E: 225°C, G: 4) etwa 15 Minuten backen.

3. Auf ein Tuch stürzen, Papier mit kaltem Wasser bestreichen und schnell abziehen.

4. Den Biskuit mit dem Tuch von der Längsseite her einrollen und auskühlen lassen.

5. Die Sahne mit Sahnestärke und Zucker steif schlagen.

6. Die Roulade wieder abrollen, mit Sahne füllen, mit Erdbeeren belegen und durch leichtes Anheben des Tuchs aufrollen.

7. Mit Sahne bestreichen und verzieren.

So wird die Biskuitplatte aufgerollt

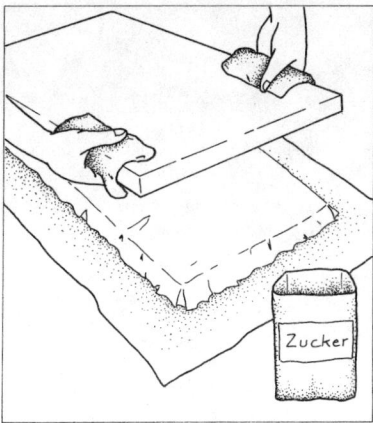

1. *Die gebackene Biskuitplatte auf ein mit Zucker bestreutes Geschirrtuch stürzen.*

3. *Die Füllung schnell auf die Platte streichen.*

2. *Das Pergamentpapier mit kaltem Wasser bestreichen und schnell abziehen.*

4. *Das Tuch an einem Ende hochheben und die Teigplatte damit zusammenrollen.*

Mandelrolle

Teig:
4 Eigelb
4 EL heißes Wasser
125 g Zucker
4 Eiweiß
80 g Mehl
50 g Stärkemehl
½ TL Backpulver

Füllung:
⅜ l Milch
75 g Zucker
1 P. Vanillepuddingpulver
200 g Butter
125 g geschälte und
gemahlene Mandeln
2 cl Rum

Verzierung:
2. P. Rohmarzipan (400 g)
175 g Puderzucker
½ P. Kuvertüre

Außerdem:
Fett und Pergamentpapier
für das Blech

Backzeit: 10–12 Minuten
Schaltung: E: 225° C, G: 4

1. Einen Biskuitteig zubereiten wie in der Arbeitsanleitung beschrieben.

2. Ein Backblech einfetten und mit Pergamentpapier belegen. Den Teig gleichmäßig darauf verstreichen.

3. Im vorgeheizten Backofen (E: 225° C, G: 4) etwa 10–12 Minuten backen.

4. Danach die Biskuitplatte auf ein mit Zucker bestreutes Tuch stürzen, das Papier befeuchten und abziehen.

5. Die Platte sofort mit dem Handtuch aufrollen.

6. Die Milch mit dem Zucker und dem Vanillepuddingpulver nach Anleitung auf der Packung zu einem Pudding kochen.

7. Die Butter schaumig rühren und den abgekühlten Pudding löffelweise unterrühren.

8. Zum Schluß die Mandeln und den Rum unterziehen.

9. Die Biskuitrolle halbieren und die Rollen wieder auseinanderrollen.

10. Die Creme in einen Spritzbeutel ohne Tülle füllen und in die Mitte jeder Rolle die Hälfte der Buttercreme spritzen.

11. Danach die Rollen wieder aufrollen und kühl stellen.

12. Das Rohmarzipan mit dem Puderzucker verkneten und halbieren.

13. Jede Hälfte so groß ausrollen, daß die Biskuitrollen darin eingepackt werden können.

14. Die Biskuitrollen vorsichtig in das Marzipan einwickeln, in Alufolie packen und kalt legen.

15. Vor dem Servieren mit Kuvertüre verzieren.

Joghurt-Kirsch-Schnitten

Teig:
4 Eigelb
4 EL heißes Wasser
150 g Zucker
4 Eiweiß
1 P. Vanillinzucker
80 g Mehl
80 g Stärkemehl
1 TL Backpulver

Füllung:
3 Eier, 100 g Zucker
Saft und Schale von
1 ungespritzten Zitrone
2 Becher Vollmilchjoghurt
8 Blatt weiße Gelatine
750 g Sauerkirschen
aus dem Glas

Zum Bestäuben:
Puderzucker

Außerdem:
Fett und Pergamentpapier
für das Blech

Backzeit: etwa 12 Minuten
Schaltung: E: 225°C, G: 4

1. Aus den Zutaten einen Biskuitteig wie in der Arbeitsanleitung beschrieben zubereiten.

2. Ein Backblech mit Fett bepinseln und mit Pergamentpapier auslegen. Den Teig darauf ausstreichen.

3. Im vorgeheizten Backofen (E: 225°C, G: 4) etwa 12 Minuten backen.

4. Danach die Platte auf ein gezuckertes Handtuch stürzen und das Papier abziehen.

5. Für die Füllung die Eier mit dem Zucker und dem Saft sowie der abgeriebenen Schale der Zitrone schaumig schlagen.

6. Den Joghurt nach und nach unterrühren, so daß eine glatte Creme entsteht.

7. Die Gelatine nach Anleitung aufweichen und unter die Joghurtcreme schlagen. Die Masse kalt stellen, bis sie anfängt, steif zu werden.

8. Die Biskuitplatte einmal durchschneiden und um die eine Hälfte einen etwa 10 cm hohen Rand aus Alufolie legen.

9. Die Sauerkirschen gut abtropfen lassen und auf die untere Teigplatte legen.

10. Die Joghurtcreme darüberstreichen und die zweite Platte darauflegen. Etwa 3 Stunden durchkühlen lassen.

11. Vor dem Servieren mit Puderzucker bestäuben und in Schnitten schneiden.

Schokoladenrolle

Teig:
4 Eigelb
4 EL heißes Wasser
200 g Zucker
4 Eiweiß
125 g Mehl, 40 g Kakao
1 TL Backpulver
Füllung:
6 EL Aprikosenkonfitüre
3 EL Apricot Brandy
½ l Sahne
1 P. Vanillinzucker
1 P. Sahnestärke
Zum Bestäuben:
Puderzucker
Außerdem:
Fett und Pergamentpapier
für das Blech

Backzeit: 10–12 Minuten
Schaltung: E: 225°C, G: 4

1. Aus den Zutaten einen Biskuitteig zubereiten wie in der Arbeitsanleitung beschrieben.

2. Ein Backblech einfetten, das Pergamentpapier darauf auslegen und den Teig daraufgeben.

3. Im vorgeheizten Backofen (E: 225°C, G: 4) etwa 10–12 Minuten backen.

4. Die Kuchenplatte auf ein feuchtes Geschirrtuch stürzen und das Pergamentpapier abziehen.

5. Danach die Platte mit dem Handtuch aufrollen und auskühlen lassen. Danach zurückrollen.

6. Die Aprikosenkonfitüre mit dem Apricot Brandy glattrühren und die Teigplatte damit bestreichen.

7. Die Sahne zusammen mit dem Vanillinzucker und der Sahnestärke steif schlagen und auf die Platte streichen.

8. Danach die Platte wieder zusammenrollen und leicht mit Puderzucker bestäuben.

Variante

Rumcreme:
½ l Milch
50 g Zucker
50 g Stärkemehl
1 P. Vanillinzucker
5 EL Rum
200 g Butter
50 g Zucker

1. Von der Milch ½ Tasse abnehmen und den Rest mit dem Zucker aufkochen.

2. Das Stärkemehl mit der restlichen Milch verrühren, zur kochenden Milch geben und unter Umrühren fest werden lassen.

3. Nach dem Erkalten den Vanillinzucker und den Rum unter die Creme rühren.

4. Die Butter mit dem Zucker schaumig rühren und eßlöffelweise den erkalteten Pudding unterrühren.

Schokoladenrolle ▷

Biskuitröllchen mit Früchten

Teig:
4 Eier, 4 EL kaltes Wasser
125 g Zucker
1 P. Vanillinzucker
75 g Mehl
75 g Stärkemehl
1 TL Backpulver
Füllung:
¼ l Sahne
1 P. Sahnestärke
2 EL Zucker
250 g frische Erdbeeren
50 g Zucker
Zum Bestäuben:
Puderzucker
Außerdem:
Alufolie
Öl

Backzeit: etwa 10 Minuten
Schaltung: E: 225–250°C,
G: 4–5

1. Einen Biskuitteig herstellen wie in der Arbeitsanleitung beschrieben.

2. Aus Alufolie 8 Kreise von 15 cm Durchmesser schneiden. Diese auf ein Backblech legen und leicht einölen.

3. Jeweils etwa 2 Eßlöffel Biskuitteig daraufstreichen, aber rundherum einen 1–2 cm breiten Rand lassen.

4. Im vorgeheizten Backofen (E: 225–250°C, G: 4–5) in etwa 10 Minuten goldbraun backen. Dabei darauf achten, daß die Teigränder der Kreise noch etwas weich bleiben.

5. Die Biskuitscheiben auf ein feuchtes Geschirrtuch legen und die Alufolie abziehen. Die Scheiben zu einer Tasche umklappen und auskühlen lassen.

6. Für die Füllung die Sahne steif schlagen, Sahnestärke und Zucker unterziehen. Die Sahne in einen Spritzbeutel mit großer Sterntülle füllen.

7. Die Erdbeeren vorsichtig waschen und die Stiele von den Früchten zupfen.

8. Danach die Früchte trockentupfen und zuckern.

9. Die Früchte halbieren, in die Biskuittaschen verteilen und die Sahne hineinspritzen.

10. Das Gebäck mit Puderzucker bestäuben.

Mein Tip

Sie können die Taschen auch mit anderem frischen oder tiefgefrorenen Obst, wie Himbeeren, Brombeeren, Kirschen oder Mandarinorangen aus der Dose, füllen.
Geben Sie die Füllung aber auf jeden Fall erst kurz vor dem Servieren hinein, damit der Teig nicht aufweicht.

◁ Biskuitröllchen mit Früchten

Apfelrolle

Teig:
4 Eigelb
4 EL heißes Wasser
200 g Zucker
1 P. Vanillinzucker
4 Eiweiß
80 g Stärkemehl
80 g Mehl
1 TL Backpulver
Füllung:
500 g Äpfel
50 g Zucker
Garnierung:
¼ l Sahne
1 P. Vanillinzucker
½ Apfel
Zitronensaft
Außerdem:
Fett und Pergamentpapier
für das Blech

Backzeit: etwa 15 Minuten
Schaltung: E: 225°C, G: 4

1. Einen Biskuitteig nach der Arbeitsanleitung herstellen.

2. Ein Backblech fetten und mit Pergamentpapier auslegen. Den Biskuitteig darauf verteilen und im vorgeheizten Ofen (E: 225°C, G: 4) etwa 15 Minuten backen.

3. Für die Füllung die Äpfel schälen, in Stücke schneiden, entkernen und zusammen mit dem Zucker in etwas Wasser weich dünsten. Erkalten lassen. Einen halben Apfel ungeschält zurückbehalten.

4. Nach dem Backen die Biskuitrolle auf ein feuchtes Geschirrtuch stürzen, das Papier befeuchten und abziehen.

5. Die Apfelmischung auf die Platte streichen. Von der schmalen Seite her aufrollen.

6. Die Sahne mit dem Vanillinzucker steif schlagen und die Rolle damit überziehen.

7. Den halben ungeschälten Apfel in dünne Scheiben schneiden, mit Zitronensaft beträufeln und die Apfelrolle damit verzieren.

Haselnußschnitten

Teig:
3 Eigelb, 3 EL heißes Wasser
150 g Zucker
1 P. Vanillinzucker
3 Eiweiß, 60 g Mehl
60 g Stärkemehl
1 TL Backpulver
Creme:
½ l Milch, 100 g Zucker
1 P. Vanillinzucker
20 g geriebene Schokolade
45 g Stärkemehl
100 g gemahlene Haselnüsse
¼ l Sahne, 1 P. Sahnestärke
Verzierung:
Haselnußkerne
Außerdem:
Fett und Pergamentpapier
für das Backblech

Backzeit: etwa 15 Minuten
Schaltung: E: 200°C, G: 3

1. Einen Biskuitteig herstellen wie in der Arbeitsanleitung beschrieben.

2. Ein Backblech einfetten und mit Pergamentpapier auslegen.

3. Den Teig darauf ausstreichen und im vorgeheizten Ofen (E: 200°C, G: 3) etwa 15 Minuten backen.

4. Danach die Teigplatte auf ein Handtuch stürzen und in 3 gleich große Teile schneiden.

5. Für die Creme ⅔ der Milch mit dem Zucker, Vanillinzucker und der Schokolade aufkochen.

6. Das Stärkemehl mit der restlichen Milch verrühren und in die Milch geben. Aufkochen lassen.

7. Die Haselnüsse ebenfalls dazugeben und die Creme abkühlen lassen.

8. Die Sahne zusammen mit der Sahnestärke steif schlagen, etwas für die Verzierung beiseite stellen und den Rest unter den Pudding ziehen.

9. 2 Biskuitplatten mit ⅔ der Creme bestreichen und zusammensetzen.

10. Die 3. Platte daraufgeben, mit der restlichen Creme bestreichen und in Schnitten teilen.

11. Die restliche Sahne in einen Spritzbeutel mit Sterntülle füllen und die Schnitten damit und mit Haselnüssen verzieren.

Weinschnitten

Teig:
3–4 Eier
4 EL heißes Wasser
4 TL Instantkaffee
125 g Zucker
1 P. Vanillinzucker
abgeriebene Schale von
1 ungespritzten Zitrone
80 g Mehl
80 g Stärkemehl
25 g Kakao
2 TL Backpulver
Füllung:
1 P. Weißweincreme
1 EL Cognac
¼ l Sahne
1 P. Sahnestärke
Verzierung:
50 g Puderzucker
100 g Weintrauben
50 g Borkenschokolade
Außerdem:
Fett und Pergamentpapier
für das Backblech

Backzeit: etwa 10 Minuten
Schaltung: E: 225°C, G: 4

1. Aus den Zutaten einen Biskuitteig zubereiten wie in der Arbeitsanleitung beschrieben.

2. Ein Backblech einfetten und mit Pergamentpapier auslegen. Den Teig darauf ausstreichen.

3. Im vorgeheizten Backofen (E: 225°C, G: 4) etwa 10 Minuten backen.

4. Danach die Kuchenplatte auf eine Arbeitsfläche stürzen und das Papier abziehen.

5. Die Weißweincreme mit 5 Eßlöffeln Wasser und dem Cognac schaumig schlagen.

6. Die Sahne zusammen mit der Sahnestärke steif schlagen und unterheben.

7. Die Biskuitplatte halbieren und die eine Hälfte mit der Creme bestreichen. Die zweite Hälfte darauflegen.

8. Die Teigplatte mit Puderzukker bestäuben und in Schnitten schneiden.

9. Die Schnitten mit gewaschenen halbierten Weintrauben und der Borkenschokolade verzieren.

Schokoladenschnitten

Teig:
200 g gemahlene Haselnüsse
200 g geriebene
Kochschokolade
120 g Mehl
250 g Butter oder Margarine
250 g Puderzucker
2 EL Rum
1 P. Vanillinzucker
8 Eier
Außerdem:
Fett und Mehl
für das Blech

Backzeit: etwa 25 Minuten
Schaltung: E: 200°C, G: 3

1. Die gemahlenen Nüsse mit dem Mehl und der Schokolade vermengen.

2. Die Butter oder Margarine weich schlagen und die Hälfte des Zuckers, den Vanillinzucker und Rum einrühren. Alles sehr schaumig schlagen.

3. Die Eigelbe vom Eiweiß trennen und nach und nach unter die Masse rühren.

4. Das Eiweiß zu sehr steifem Schnee schlagen und den restlichen Zucker einrieseln lassen, dabei weiterschlagen. Ein Drittel des Eischnees unter die Buttermasse ziehen.

5. Den übrigen Eischnee mit den vermischten Nüssen dazugeben und zu einer glatten Masse verrühren.

6. Die Masse auf ein gefettetes und mit Mehl bestäubtes Backblech streichen und im vorgeheizten Ofen (E: 200°C, G: 3) etwa 25 Minuten backen.

7. Noch heiß in kleine Schnitten schneiden und auskühlen lassen.

Mein Tip

Nehmen Sie statt der Haselnüsse einmal gemahlene Walnüsse oder Mandeln.

Bananenschnitten

Teig:
3 Eier, 150 g Zucker
70 g Mehl
70 g Stärkemehl
1 P. Vanillinzucker
½ TL Backpulver
Belag:
½ Glas Aprikosenkonfitüre
200 g Marzipanrohmasse
50 g Puderzucker
1 EL Rosenwasser
8 Bananen
Guß:
1 P. Schokoladenglasur
Außerdem:
Fett und Pergamentpapier
für das Blech

Backzeit: etwa 15 Minuten
Schaltung: E: 200°C, G: 3

1. Die Eier trennen und das Eiweiß sehr steif schlagen. Die Eigelbe mit dem Zucker schaumig rühren und unter die Eiweißmasse ziehen.

2. Das Mehl mit dem Backpulver und dem Stärkemehl vermischen und unter die Eimasse heben.

3. Ein Backblech einfetten, mit Pergamentpapier auslegen und die Masse darauf ausstreichen.

4. Im vorgeheizten Ofen (E: 200°C, G: 3) etwa 15 Minuten backen.

5. Nach dem Backen sofort auf ein Kuchengitter stürzen und das Pergamentpapier abziehen. Es geht leichter, wenn es etwas angefeuchtet wird.

6. Die Aprikosenkonfitüre erwärmen und den Boden damit bestreichen.

7. Das Rohmarzipan mit dem Puderzucker und dem Rosenwasser verkneten, in der Größe der Teigplatte ausrollen und darauflegen.

8. Den Biskuitboden in 16 längliche Stücke von der Länge der Bananen schneiden.

9. Die Bananen schälen, der Länge nach halbieren und jeweils eine Hälfte auf eine Schnitte legen.

10. Mit der Schokoladenglasur überziehen.

Heidelbeerschnitten

Teig:
4 Eiweiß
3 EL Wasser
175 g Zucker
1 P. Vanillinzucker
1 Prise Salz
4 Eigelb
80 g Mehl
80 g Stärkemehl
1 TL Backpulver
Belag:
½ l Sahne
2 P. Sahnestärke
1 P. tiefgekühlte Heidelbeeren
2 EL Zucker
Außerdem:
Fett und Pergamentpapier
für das Blech

Backzeit: etwa 10 Minuten
Schaltung: E: 220°C, G: 4

1. Einen Biskuitteig herstellen wie in der Arbeitsanleitung beschrieben.

2. Den Teig auf ein gefettetes und mit Pergamentpapier ausgelegtes Backblech streichen und im vorgeheizten Ofen (E: 220°C, G: 4) etwa 10 Minuten backen.

3. Nach dem Backen auf ein Kuchengitter stürzen, das Pergamentpapier anfeuchten und abziehen.

4. Die Teigplatte auskühlen lassen und in 3 gleich große Streifen schneiden.

5. Die Schlagsahne mit der Sahnestärke steif schlagen und die aufgetauten Heidelbeeren und den Zucker unterziehen.

6. ⅓ der Heidelbeersahne auf den untersten Streifen streichen, den nächsten darauflegen und ebenfalls mit ⅓ der Sahne bestreichen.

7. Den letzten Streifen darauflegen und die Seiten sowie die Oberfläche mit der restlichen Heidelbeersahne bestreichen.

Punschschnitten

Teig:
4 Eier
125 g Zucker
1 P. Vanillinzucker
125 g Mehl
50 g Stärkemehl
1 TL Backpulver
Füllung:
250 g Zwieback
100 g Haselnüsse
1 Weinglas Kirschlikör
1 Weinglas Weißwein
1 Weinglas Rum
3 TL Kakao
100 g Zucker
1 Zitrone
½ Glas Johannisbeergelee
Verzierung:
250 g Puderzucker
2–3 EL Zitronensaft
kandierte Kirschen
Außerdem:
Backpapier

Backzeit: etwa 12 Minuten
Schaltung: E: 200°C, G: 3

1. Aus den Zutaten einen Biskuitteig zubereiten wie in der Arbeitsanleitung beschrieben.

2. Ein Backblech mit Backpapier auslegen und den Teig darauf ausstreichen.

3. Im vorgeheizten Backofen (E: 200°C, G: 3) etwa 12 Minuten backen.

4. Danach die Teigplatte auf ein Kuchengitter stürzen und das Papier abziehen. Die Teigplatte halbieren.

5. Den Zwieback reiben und in eine genügend große Schüssel geben.

6. Die Haselnüsse auf ein Backblech legen und im Ofen rösten.

7. Danach die Haut mit einem Handtuch abreiben und die Nüsse mahlen. Ebenfalls in die Schüssel geben.

8. Den Kirschlikör, Wein, Rum, Kakao, Zucker und den ausgepreßten Zitronensaft ebenfalls dazugeben und alles zu einem glatten Teig verarbeiten.

9. Das Johannisbeergelee etwas heiß werden lassen und die beiden Teigplatten damit bestreichen.

10. Auf eine der Platten nun die Füllung streichen und die andere Platte mit dem Johannisbeergelee nach unten darauflegen.

11. Den Puderzucker mit dem Zitronensaft glattrühren und den Kuchen damit überziehen.

12. Mit kandierten Kirschen verzieren und in Schnitten teilen.

Aprikosenschnitten

Teig:
200 g Butter oder Margarine
150 g Zucker
3 Eier
1 Prise Salz
Schale von 1 ungespritzten
Zitrone
150 g Mehl
200 g gemahlene Haselnüsse
2 TL Backpulver
Belag:
1 kg frische Aprikosen
Zum Bestäuben:
Puderzucker

Außerdem:
Backpapier für das Blech

Backzeit: etwa 30 Minuten
Schaltung: E: 225°C, G: 4

1. Die Butter oder Margarine zusammen mit dem Zucker schaumig rühren.

2. Die Eier nach und nach sowie das Salz und die abgeriebene Zitronenschale dazugeben.

3. Das Mehl mit den Haselnüssen und dem Backpulver mischen und unterrühren. So lange rühren, bis der Teig locker ist.

4. Ein Backblech mit Backpapier auslegen und den Teig darauf ausstreichen.

5. Die Aprikosen waschen, halbieren und entkernen.

6. Die Aprikosenhälften mit der Schnittfläche nach unten auf den Teig legen.

7. Den Kuchen im vorgeheizten Backofen (E: 225°C, G: 4) etwa 30 Minuten backen.

8. Mit Puderzucker bestäuben und in Schnitten schneiden.

Orangenschnitten

Teig:
4 Eigelb
3–4 EL heißes Wasser
125 g Zucker
1 P. Vanillinzucker
4 Eiweiß
75 g Mehl
50 g Stärkemehl
1 Msp. Backpulver
Creme:
1 P. Orangenspeise
1 Eigelb, 30 g Zucker
3 Blatt weiße Gelatine
1/8 l Sahne
Verzierung:
1 kleine Dose Mandarinen
Außerdem:
Fett und Pergamentpapier
für das Blech

Backzeit: 10–15 Minuten
Schaltung: E: 200°C, G: 3

1. Den Biskuitteig herstellen wie in der Arbeitsanleitung beschrieben.

2. Ein gefettetes Blech mit Pergamentpapier auslegen und an der offenen Seite des Blechs einen Papierrand kniffen, damit der Teig nicht herunterläuft.

3. Den Teig gleichmäßig auf dem Blech verteilen und im vorgeheizten Ofen (E: 200°C, G: 3) 10–15 Minuten backen.

4. Sofort auf ein mit Zucker bestreutes Geschirrtuch stürzen und das Papier schnell abziehen. Abkühlen lassen und in Rechtecke von etwa 9 x 4 cm schneiden.

5. Für die Füllung die Orangenspeise nach Anweisung auf der Packung herstellen (außer Verwendung von Eiweiß).

6. Die aufgelöste Gelatine unterziehen. Wenn die Creme anfängt, steif zu werden, die Schlagsahne unterheben und jeweils ein Rechteck damit bespritzen und ein zweites daraufsetzen.

7. Mit Cremetupfen und Mandarinen garnieren.

Kirschschnitten

Teig:

4 Eiweiß

4 EL kaltes Wasser

190 g Zucker

1 TL Rum

abgeriebene Schale von

1 ungespritzten Zitrone

4 Eigelb

100 g Stärkemehl

100 g Mehl

1½ TL Backpulver

Belag:

1 großes Glas

Schattenmorellen (875–1000 g),

½ l Kirschsaft

1 EL Rum

etwas Zucker

8–10 Blatt weiße Gelatine

Zum Bespritzen:

¼ l Sahne

1 P. Sahnestärke

etwas Zucker

Außerdem:

Fett und Pergamentpapier

Backzeit: 15–20 Minuten
Schaltung: E: 200° C, G: 3

1. Einen Biskuitteig zubereiten wie in der Arbeitsanleitung beschrieben.

2. Ein Blech einfetten und mit Pergamentpapier auslegen. An der offenen Seite des Blechs einen Papierrand kniffen, damit der Teig beim Backen nicht herunterläuft.

3. Den Teig gleichmäßig auf dem Blech verteilen und im vorgeheizten Ofen (E: 200° C, G: 3) 15–20 Minuten backen.

4. Danach den Kuchen sofort auf ein mit Zucker bestreutes Geschirrtuch stürzen und das Pergamentpapier schnell abziehen. Den Kuchen abkühlen lassen.

5. Die Kirschen abtropfen lassen und auf dem Kuchen verteilen.

6. Den Saft mit Rum und Zucker aufkochen und die aufgelöste Gelatine einrühren.

7. Diesen Kirschsaft unter öfterem Umrühren erkalten lassen. Wenn er anfängt, dick zu werden, über die Kirschen verteilen. Ganz steif werden lassen.

8. Dann den Kuchen in etwa 9 x 8 cm große Stücke schneiden.

9. Die Schlagsahne mit Sahnestärke und etwas Zucker steif schlagen und in eine Garnierspritze füllen. Jedes Kuchenstück mit Sahne bespritzen.

Mein Tip

Statt eingemachter Kirschen kann man Kirschkonfitüre (mit ganzen Früchten) oder eine andere Konfitüre, z. b. schwarze Johannisbeerkonfitüre, verwenden. Dafür werden 2 Gläser Konfitüre mit etwas Rum verrührt und auf den Kuchen gestrichen.
Weitere Verarbeitung wie oben beschrieben.

Gefüllter Kranzkuchen

Teig:
5 Eigelb
4 EL Cream Sherry
1 ungespritzte Orange
150 g Zucker
1 Prise Salz
5 Eiweiß
100 g Mehl
125 g Stärkemehl
½ P. Backpulver
Zum Tränken:
4 EL Cream Sherry
Füllung:
2 Eigelb
50 g Zucker
⅛ l Cream Sherry
5 Blatt weiße Gelatine
2 Eiweiß
1 P. Vanillinzucker
½ l Sahne
1 EL Zucker
2 P. Sahnestärke
Außerdem:
Fett für die Form

Backzeit: 30–35 Minuten
Schaltung: E: 175–200° C,
G: 2–3

1. Aus den angegebenen Teigzutaten einen Biskuitteig herstellen.

2. Eine Kranzform einfetten und den Teig heineinfüllen.

3. Im vorgeheizten Backofen (E: 175–200° C, G: 2–3) 30–35 Minuten backen.

4. Den Kuchen aus der Form stürzen und auskühlen lassen.

5. Nach dem Erkalten den Kranzkuchen zweimal durchschneiden und die Böden mit Cream Sherry tränken.

6. Für die Füllung die Eigelbe mit dem Zucker schaumig schlagen und den Cream Sherry dazugeben.

7. Die Gelatine nach Anweisung auf der Packung auflösen und unter die Ei-Sherry-Creme rühren.

8. Das Eiweiß sehr steif schlagen und dabei den Vanillinzucker einrieseln lassen.

9. Die Schlagsahne zusammen mit dem Zucker und Sahnesteif fest schlagen.

10. Sobald die Ei-Sherry-Creme fest wird, das Eiweiß und 4 Eßlöffel der Sahne unterziehen.

11. Die beiden unteren Kranzböden mit der Creme bestreichen, aufeinandersetzen und den Deckel daraufgeben.

12. Die restliche Sahne in einen Spritzbeutel füllen und den Kuchen damit verzieren.

Mein Tip

Verzieren Sie den Kuchen noch mit bunten Zuckerblümchen oder bestreuen Sie ihn mit geraspelter Schokolade.

Zitronenkuchen

Teig:
4 Eigelb
3–4 EL heißes Wasser
200 g Zucker
1 P. Vanillinzucker
abgeriebene Schale von
1 ungespritzten Zitrone
4 Eiweiß
100 g Mehl
100 g Stärkemehl
1½ TL Backpulver
Füllung:
1 P. Zitronenspeise
¼ l Sahne
3 Blatt weiße Gelatine
1 Eigelb, etwas Zucker
Außerdem:
Fett und Pergamentpapier
für die Form

Backzeit: 45–50 Minuten
Schaltung: E: 175–200°C,
G: 2–3

1. Einen Biskuitteig herstellen wie in der Arbeitsanleitung beschrieben.

2. Den Teig in eine am Boden gefettete, mit Pergamentpapier ausgelegte Kastenform füllen und im vorgeheizten Ofen (E: 175 bis 200°C, G: 2–3) 45–50 Minuten backen.

3. Den Kuchen stürzen und das Papier abziehen.

4. Ausgekühlt zweimal durchschneiden.

5. Eine Zitronenspeise mit den angegebenen Zutaten nach Anleitung auf der Packung herstellen. Die aufgelöste Gelatine unterrühren.

6. Wenn die Speise anfängt, steif zu werden, 2 Eßlöffel geschlagene Sahne unterheben. Damit den Kuchen füllen.

7. Von außen mit dem Rest der Sahne bestreichen.

Schwedischer Apfelbiskuit

Teig:
4 Eier
300 g Zucker
125 g Butter
⅛ l Milch
300 g Mehl
3 TL Backpulver
Belag:
8 säuerliche Äpfel
1 TL Zimt, 50 g Zucker
80 g gehackte Mandeln
Außerdem:
Fett für das Blech

Backzeit: etwa 30 Minuten
Schaltung: E: 200°C, G: 3

1. Die Eier mit dem Zucker schaumig rühren.

2. Die Butter mit der Milch in einem Topf aufkochen und abgekühlt zur Eier-Zucker-Masse geben.

3. Das Mehl mit dem Backpulver mischen und unterrühren.

4. Den Teig in eine gefettete Fettpfanne geben.

5. Die Äpfel schälen, vierteln und das Kerngehäuse entfernen. Danach in Spalten schneiden.

6. Die Apfelspalten auf den Teig verteilen.

7. Den Zimt mit dem Zucker mischen und mit den gehackten Mandeln über die Äpfel streuen.

8. Im vorgeheizten Backofen (E: 200°C, G: 3) 30 Min. backen.

Gefüllter Schokoladenbiskuit

Teig:
4 Eigelb
4 EL heißes Wasser
100 g Zucker
1 P. Vanillinzucker
3 Tropfen Bittermandelöl
1 Msp. Zimt
4 Eiweiß
75 g Mehl
50 g Stärkemehl
10 g Kakao
½ TL Backpulver
Füllung:
½ l Sahne
2 P. Tortenbelag Ananas
1 EL Rum
Zum Bestäuben:
Puderzucker
Außerdem:
Fett und Pergamentpapier
für die Form

Backzeit: etwa 25 Minuten
Schaltung: E: 175°C, G: 2

1. Aus den angegebenen Teigzutaten nach der Arbeitsanleitung einen Biskuitteig herstellen. Das Bittermandelöl dabei gleich mit zum Eigelb geben, den Kakao zum Mehl.

2. Eine Springform einfetten und mit Pergamentpapier auslegen.

3. Den Teig hineingeben und im vorgeheizten Ofen (E: 175°C, G: 2) etwa 25 Minuten backen.

4. Die Sahne steif schlagen und den Tortenbelag sowie den Rum dazugeben.

5. Den ausgekühlten Tortenboden einmal durchschneiden und mit der Ananassahne füllen.

6. Vor dem Servieren mit Puderzucker bestäuben.

Französischer Apfelbiskuit

Teig:
4 Eigelb
4 EL warmes Wasser
200 g Zucker
1 P. Vanillinzucker
4 Eiweiß, 80 g Mehl
80 g Stärkemehl
1 TL Backpulver
2–3 Äpfel
Verzierung:
½ Glas Apfelgelee
Außerdem:
Fett und Pergamentpapier
für die Form

Backzeit: etwa 40 Minuten
Schaltung: E: 175–200°C,
G: 2–3

1. Einen Biskuitteig herstellen wie in der Arbeitsanleitung beschrieben.

2. Die Äpfel schälen, das Kerngehäuse ausschneiden und die Äpfel fein raspeln. Unter den Teig heben.

3. Den Boden einer Springform fetten und mit Pergamentpapier auslegen.

4. Den Teig einfüllen und im vorgeheizten Ofen (E: 175–200°C, G: 2–3) etwa 40 Minuten backen.

5. Nach dem Backen auf einen Kuchenrost stürzen, das Papier abziehen und den Kuchen auskühlen lassen.

6. Das Apfelgelee mit einem Messer über dem Kuchen verteilen.

Walnußring

Teig:

1 ungespritzte Orange
150 g Walnußkerne
30 g abgezogene Pistazien
100 g Mehl
50 g Stärkemehl
50 g Kakao
1 TL Backpulver
6 Eier
125 g Butter oder Margarine
175 g Zucker
1 Gläschen Rum
1 Gläschen Orangenlikör
1 TL Zimt
½ TL gemahlene Nelken

Guß:

100 g dunkle Kuchenglasur
200 g halbbittere Kuvertüre
100 g Aprikosenkonfitüre

Verzierung:

300 g Walnußkerne

Außerdem:

Fett für die Form
Alufolie

Backzeit: 60–70 Minuten
Schaltung: E: 175°C, G: 2

1. Die Orange waschen, abtrocknen und die Schale dünn abreiben.

2. 100 g Walnußkerne fein mahlen, die restlichen grob hacken. Die Pistazien ebenfalls hacken.

3. Das Mehl, Stärkemehl, den Kakao und das Backpulver in eine Schüssel geben.

4. Die Eier trennen und die Eigelbe zusammen mit dem Fett, dem Zucker, Rum, Orangenlikör und den Gewürzen dazugeben und alles schaumig rühren.

5. Das Eiweiß sehr fest schlagen und mit den gemahlenen und gehackten Nüssen und den Pistazien unter den Teig heben.

6. Eine Frankfurter-Kranz-Form ausfetten und den Teig hineingeben.

7. Im vorgeheizten Ofen (E: 175°C, G: 2) 60–70 Minuten backen.

8. Danach den Kuchen in der Form auf einem Kuchengitter 30 Minuten auskühlen lassen.

9. Die Kuchenglasur und die Kuvertüre im warmen Wasserbad auflösen und gut durchrühren.

10. Die Aprikosenkonfitüre mit 1–2 Eßlöffeln Wasser aufkochen und durch ein Sieb streichen. Den Kranz damit bepinseln und fest werden lassen.

11. Ein Stück Alufolie, etwas größer als der Kranz, unter das Kuchengitter schieben und den Kranz mit der Kuvertüre einpinseln.

12. Die Walnüsse dicht an dicht in die noch warme Glasur drücken.

13. Nachdem die Glasur fest geworden ist, den Kuchen in Alufolie packen und einige Tage durchziehen lassen.

Böhmischer Apfelkuchen

Teig:
6 Eier
250 g Zucker
75 g Grieß
1 EL Kakao
300 g Äpfel
120 g gemahlene Haselnüsse
Zum Bestreichen:
4 EL Aprikosenkonfitüre
Verzierung:
200 g Kuvertüre
40 g Haselnußblättchen
Außerdem:
Fett für die Form

Backzeit: etwa 45 Minuten
Schaltung: E: 200°C, G: 3

1. Die Eier trennen und die Eigelbe mit dem Zucker sehr schaumig rühren.

2. Den Grieß und Kakao mischen und nach und nach unterrühren.

3. Die Äpfel schälen, grob raspeln und sofort dazugeben.

4. Zum Schluß die Haselnüsse und den steif geschlagenen Eischnee unterrühren.

5. Den Boden einer Springform einfetten und den Teig darauf verteilen.

6. Im vorgeheizten Backofen (E: 200°C, G: 3) etwa 45 Minuten backen.

7. Nach dem Backen den Kuchen aus der Form nehmen und mit der Aprikosenkonfitüre bestreichen.

8. Die Kuvertüre im heißen Wasserbad schmelzen lassen und über den Kuchen ziehen.

9. Die Haselnußblättchen darüberstreuen, solange die Kuvertüre noch weich ist.

Beschwipster Igel

Teig:
4 Eigelb
4 EL heißes Wasser
150 g Zucker
4 Eiweiß
1 P. Vanillinzucker
80 g Mehl
80 g Stärkemehl
1 TL Backpulver

Zum Spicken:
200 g Mandelstifte
Zum Tränken:
1/8 l Rum
1/8 l Portwein
1 TL Zucker
Außerdem:
Fett und Pergamentpapier
für die Form

Backzeit: etwa 35 Minuten
Schaltung: E: 175–200°C,
G: 2–3

1. Aus den angegebenen Teigzutaten einen Biskuitteig zubereiten wie in der Arbeitsanleitung beschrieben.

2. Eine Springform einfetten und mit Pergamentpapier auslegen. Den Teig hineingeben.

3. Im vorgeheizten Backofen (E: 175–200°C, G: 2–3) etwa 35 Minuten backen.

4. Den Kuchen nach dem Erkalten ringsum mit Mandelstiften bespicken.

5. Den Rum mit dem Portwein und dem Zucker verrühren und den Kuchen damit tränken.

6. Den Kuchen über Nacht kühl stellen und durchziehen lassen.

Rumbombe

Teig:
4 Eigelb
100 g Zucker
4 Eiweiß
80 g Mehl
40 g Stärkemehl
2 EL Kakao
1 TL Backpulver
Zum Tränken:
4 EL Rum
Füllung:
½ l Sahne
2 P. Vanillinzucker
2 P. Sahnestärke
1 EL Kakao
1 EL Rum
Guß:
200 g Kuvertüre
Außerdem:
Fett und Pergamentpapier
für die Form

Backzeit: etwa 40 Minuten
Schaltung: E: 200°C, G: 3

1. Aus den Zutaten einen Biskuitteig herstellen wie in der Arbeitsanleitung beschrieben.

2. Eine Springform von 20 cm Durchmesser einfetten, mit Pergamentpapier auslegen und den Teig hineingeben.

3. Im vorgeheizten Backofen (E: 200°C, G: 3) etwa 40 Minuten backen.

4. Danach den Kuchen aus der Form stürzen und auskühlen lassen.

5. Den Kuchen ein- bis zweimal waagerecht durchschneiden und die Teigböden mit dem Rum beträufeln.

6. Die Sahne zusammen mit dem Vanillinzucker und der Sahnestärke steif schlagen und den Kakao und Rum dazugeben.

7. Die Sahne auf die beiden unteren Tortenböden streichen, diese zusammensetzen und den letzten daraufsetzen.

8. Die Kuvertüre im Wasserbad schmelzen lassen uld die Rumbombe damit überziehen.

Mohnbiskuit

Teig:
50 g gewürfeltes Zitronat
50 g kandierte Kirschen
3 EL Rum
¼ l Sahne
125 g gemahlener Mohn
3 Eigelb
125 g Zucker
1 P. Vanillinzucker
abgeriebene Schale von
½ ungespritzten Zitrone
50 g gehackte Walnüsse
125 g Mehl
25 g Stärkemehl
1 gestrichener TL Backpulver
3 steif geschlagene Eiweiß
Verzierung:
125 g Puderzucker
2 EL Rum
kandierte rote Kirschen
Außerdem:
Fett und Pergamentpapier
für die Form

Backzeit: 35–45 Minuten
Schaltung: E: 175°C, G: 2

1. Das Zitronat und die kleingeschnittenen Kirschen mit dem Rum vermengen und zugedeckt ziehen lassen.

2. Die Sahne mit 2 Eßlöffeln Wasser aufkochen. Über den

Mohn gießen, durchrühren und quellen lassen, bis der Mohn abgekühlt ist.

3. Die Eigelbe, den Zucker, Vanillinzucker und die Zitronenschale schaumig schlagen.

4. Die Mohnmasse, gehackte Walnüsse, das Zitronat, die Kirschen und den Rum hinzufügen.

5. Das Mehl, das Stärkemehl und das Backpulver mischen und unterrühren.

6. Den steif geschlagenen Eischnee locker unterheben.

7. Den Teig in eine mit gefettetem Pergamentpapier ausgelegte Kastenform füllen und im vorgeheizten Backofen (E: 175°C, G: 2) 35–45 Minuten backen.

8. Den Puderzucker mit dem Rum und 1 Eßlöffel Wasser glattrühren, über den Kuchen ziehen und mit halbierten Kirschen verzieren.

Englischer Geburtstagskuchen

Teig:
4 Eier
150 g Zucker
80 g Mehl
80 g Stärkemehl
1 TL Backpulver
Füllung:
70 g Puddingpulver
¾ l Milch
1 Prise Salz
1 Prise Zucker
250 g Butter
3 EL Rum
50 g Rosinen
40 g Zitronat
100 g geriebene Haselnüsse
2–3 EL Instantkaffee
Verzierung:
kandierte Früchte
Außerdem:
Fett und Pergamentpapier
für die Form

Backzeit: etwa 40 Minuten
Schaltung: E: 200°C, G: 3

1. Aus den Eiern, dem Zucker, Mehl, Stärkemehl und Backpulver einen Biskuitteig bereiten.

2. In einer gefetteten, mit Pergamentpapier ausgelegten Kastenform im vorgeheizten Ofen (E: 200°C, G: 3) etwa 40 Minuten backen.

3. Abgekühlt in 4–6 Schichten schneiden.

4. Das Puddingpulver mit der Milch, dem Salz und Zucker zubereiten. Unter Rühren abkühlen.

5. Die Butter cremig rühren, nach und nach den Pudding und Rum hinzufügen.

6. Die Rosinen und das Zitronat sehr fein hacken. Zusammen mit den Nüssen in ⅔ der Creme mischen.

7. Die restliche Creme mit dem Kaffee verrühren.

8. Die Teigschichten mit Nußcreme bestreichen und zusammensetzen.

9. Rundherum mit Mokkacreme bestreichen und mit kandierten Früchten garnieren.

Rumkuchen

Teig:

3 Eiweiß

150 g Zucker

3 EL warmes Wasser

3 Eigelb

1 P. Vanillinzucker

2 Tropfen

Bittermandelbackaroma

1 Fläschchen Rumaroma

1 Prise Salz

150 g Mehl

1 P. Vanillepuddingpulver

2 TL Backpulver

75 g Butter oder Margarine

Guß:

100 g Schokolade

25 g Kokosfett

Außerdem:

Fett und Pergamentpapier

für die Form

Backzeit: etwa 45 Minuten
Schaltung: E: 175–200°C,
G: 2–3

1. Das Eiweiß mit etwas Zucker sehr steif schlagen.

2. Die Eigelbe mit Wasser und Zucker schaumig rühren und das Eiweiß daraufgeben.

3. Bittermandelaroma und Rumaroma dazugeben.

4. Das Mehl mit dem Puddingpulver und dem Backpulver mischen und darübersieben. Alles vorsichtig unterrühren.

5. Die Butter oder Margarine zerlassen, abkühlen und unter den Teig rühren.

6. Eine Kastenform fetten und mit Pergamentpapier auslegen.

7. Den Teig hineingeben und im vorgeheizten Ofen (E: 175 bis 200°C, G: 2–3) etwa 45 Minuten backen.

8. Nach dem Backen den Kuchen auf einen Kuchenrost stürzen und das Pergamentpapier abziehen. Abkühlen lassen.

9. Die Schokolade zusammen mit dem Kokosfett im Wasserbad zu einer geschmeidigen Masse verrühren und den Kuchen damit überziehen.

Bananenkuchen mit Schokoladenguß

Teig:

2 Eigelb

100 g Zucker

1 P. Vanillinzucker

2 Eiweiß

1 Prise Salz

50 g Mehl

50 g Stärkemehl

1 TL Backpulver

Belag:

1 P. Vanillepuddingpulver

¼ l Milch

100 g Butter

75 g Puderzucker

1 Eigelb

2 EL Rum

100 g Frischkäse

1 kg Bananen

Guß:

150 g Blockschokolade

6 EL Milch

Außerdem:

Fett für die Form

Backzeit: etwa 15 Minuten
Schaltung: E: 200°C, G: 3

1. Aus den angegebenen Teigzutaten einen Biskuitteig zubereiten wie in der Arbeitsanleitung beschrieben.

2. Eine Springform einfetten, den Teig hineingeben und im vorgeheizten Backofen (E: 200°C, G: 3) etwa 15 Minuten backen.

3. Den Vanillepudding nach Anweisung auf der Packung mit ¼ l Milch kochen und so lange rühren, bis er ausgekühlt ist.

4. Die Butter mit dem Puderzukker, dem Eigelb und dem Rum schaumig rühren und den Vanillepudding und den Frischkäse löffelweise unterrühren.

5. Die Bananen schälen, halbieren und auf dem Tortenboden verteilen.

6. Die Creme gleichmäßig über die Bananen streichen und den Kuchen 1 Stunde kühl stellen.

7. Die Blockschokolade zusammen mit der Milch unter ständigem Rühren schmelzen und rühren, bis sie nur noch lauwarm ist.

8. Den Schokoladenguß mit einem breiten Messer über den Kuchen streichen und im Kühlschrank erstarren lassen.

Orangenkuchen

Teig:
4 Eigelb
4 EL heißes Wasser
180 g Zucker
4 Eiweiß
abgeriebene Schale von
1 ungespritzten Orange
80 g Mehl
80 g Stärkemehl
1 TL Backpulver
80 g Butter
Zum Tränken:
3 Orangen
1 Zitrone
3 EL Orangenlikör
1 EL Zucker
Zum Bestäuben:
Puderzucker
Außerdem:
Backpapier und
40 g Mandelsplitter
für die Form

Backzeit: 30–40 Minuten
Schaltung: E: 175°C, G: 2

1. Aus den Zutaten einen Biskuitteig zubereiten wie in der Arbeitsanleitung beschrieben.

2. Die Butter schmelzen lassen und unter den Teig ziehen.

3. Den Boden einer Springform mit Backpapier auslegen und die Mandelsplitter darüberstreuen.

4. Den Teig hineinfüllen und im vorgeheizten Backofen (E: 175°C, G: 2) 30–40 Minuten backen.

5. Danach den Kuchen stürzen und das Papier abziehen.

6. Mit einer Stricknadel den Kuchen mehrmals einstechen.

7. Die Orangen und die Zitrone auspressen und den Saft mit dem Orangenlikör und dem Zucker verrühren.

8. Diese Mischung über den noch heißen Kuchen gießen.

9. Nach dem Auskühlen den Kuchen mit Puderzucker bestäuben.

Schokoladenkranz mit Ingwersahne

Teig:
3 Eigelb
4 EL Wasser
100 g Zucker
3 Eiweiß
75 g Mehl
25 g Stärkemehl
15 g Kakao
1 gestrichener TL Backpulver
Füllung:
¼ l Sahne
30 g Zucker
1 P. Sahnestärke
15 g eingelegter Ingwer
3 EL Ingwersirup
Guß:
100 g Puderzucker
25 g Kakao
3 EL Wasser oder Rum
Außerdem:
Fett für die Form

Backzeit: etwa 30 Minuten
Schaltung: E: 175–200°C,
G: 2–3

1. Aus den angegebenen Teigzutaten einen Biskuitteig herstellen wie in der Arbeitsanleitung beschrieben.

2. Eine Kranzkuchenform ausfetten und den Teig hineingeben. Im vorgeheizten Ofen (E: 175–200°C, G: 2–3) etwa 30 Minuten backen.

3. Den fertigen Ring auf ein Kuchengitter stürzen und abkühlen lassen. Dann zweimal durchschneiden.

4. Die Sahne mit dem Zucker und der Sahnestärke nach Anweisung aufschlagen.

5. Den eingelegten Ingwer fein reiben und mit dem Ingwersirup unter die Sahne heben.

6. Den Kranz mit ⅔ der Ingwersahne füllen und den Rest zur Garnierung zurückbehalten.

7. Den Puderzucker mit dem Kakao vermischen und mit Wasser oder Rum glattrühren.

8. Den Kranz mit dem Guß überziehen und mit der zurückbehaltenen Ingwersahne verzieren.

Kirsch-Biskuit-Savarin

Teig:
3 Eigelb
3–4 EL warmes Wasser
150 g Zucker
3 Eiweiß
1 P. Vanillinzucker
150 g Mehl
50 g Stärkemehl
2 TL Backpulver
Zum Beträufeln:
2 Gläschen Kirschgeist
Füllung:
500 g Süßkirschen
1 Becher Sahne (200 g)
½ P. Vanillinzucker
1 P. Sahnestärke
Außerdem:
Fett und Semmelbrösel
für die Form

Backzeit: etwa 35 Minuten
Schaltung: E: 175–200°C,
G: 2–3

1. Aus den Zutaten einen Biskuitteig herstellen wie in der Arbeitsanleitung beschrieben.

2. Eine Kranzkuchenform ausfetten, mit Semmelbrösel ausstreuen und den Teig hineinfüllen.

3. Glattstreichen und im vorgeheizten Ofen (E: 175–200°C, G: 2–3) etwa 35 Minuten backen.

4. Nach dem Backen den Ring auf ein Kuchengitter stürzen und abkühlen lassen.

5. Den Kuchen an der Oberfläche mit einer Stricknadel des öfteren einstechen.

6. Den Savarin mit dem Kirschgeist tränken.

7. Die Kirschen waschen, eventuell entkernen und in die Mitte des Savarins legen.

8. Die Sahne mit dem Vanillinzucker und der Sahnestärke steif schlagen und in einen Spritzbeutel mit Sterntülle geben.

9. Rings um den Kranz Sahnerosetten setzen und einige Sahnetupfer auf die Kirschen geben.

Kirschkranz

Teig:
3 Eigelb
3 EL Wasser
100 g Zucker
1 P. Vanillinzucker
3 Eiweiß
60 g Mehl
60 g Stärkemehl
1 TL Backpulver
Füllung:
3 Eiweiß
150 g feiner Zucker
200 g geriebene Mandeln
300 g entsteinte Kirschen
Außerdem:
Fett und Semmelbrösel
für die Form

Backzeit: etwa 45 Minuten
Schaltung: E: 175°C, G: 2

1. Einen Biskuitteig bereiten wie in der Arbeitsanleitung beschrieben.

2. In einer gefetteten, mit Bröseln bestreuten Kranzform im vorgeheizten Ofen (E: 175°C, G: 2) etwa 45 Minuten backen.

3. Am nächsten Tag den Kuchen leicht aushöhlen

4. Das Eiweiß zu steifem Schnee schlagen. Den Zucker einschlagen, die Mandeln daruntermischen und zum Schluß die abgetropften Kirschen unterheben.

5. Die Masse in den Kranz füllen (vorher den Springformrand darumsetzen) und noch einmal bei Oberhitze kurz überbacken.

Mein Tip

Sie können statt der Kirschen auch frische Himbeeren, Brombeeren oder Stachelbeeren nehmen. Reichen Sie zu dem Kranz viel geschlagene Sahne.

Torten

Biskuittorte mit Maraschino

Teig:
4 Eiweiß
4 Eigelb
125 g Zucker
1 P. Vanillinzucker
100 g Mehl
75 g Stärkemehl
2 TL Backpulver
Zum Tränken:
5 EL Maraschino
Belag:
½ Glas Himbeerkonfitüre
¼ l Sahne
1 EL Zucker
1 P. Sahnestärke
Verzierung:
50 g Borkenschokolade
Himbeeren
Außerdem:
Fett und Semmelbrösel
für die Form

Backzeit: etwa 20 Minuten
Schaltung: E: 175°C, G: 2

1. Einen Biskuitteig herstellen wie in der Arbeitsanleitung beschrieben.

2. Den Boden einer Tortenform einfetten, mit Semmelbröseln bestreuen und den Teig hineingeben.

3. Im vorgeheizten Ofen (E: 175°C, G: 2) etwa 20 Minuten backen.

4. Nach dem Backen den Kuchen auf einen Kuchenrost stürzen und nach dem Abkühlen zweimal quer durchschneiden.

5. Die Teigplatten mit dem Maraschino tränken.

6. Die untere Platte mit Himbeerkonfitüre bestreichen.

7. Die Sahne und den Zucker mit der Sahnestärke steifschlagen und ⅓ der Sahne auf der Himbeerkonfitüre verteilen.

8. Eine Platte daraufsetzen und diese ebenfalls mit Himbeerkonfitüre und ⅓ Schlagsahne bestreichen.

9. Den Deckel daraufsetzen und mit dem Rest der Sahne verzieren. Borkenschokolade darüberstreuen und Himbeeren auf die Sahne setzen.

Mein Tip

Sie können die Torte auch mit einer anderen Konfitüre bestreichen. Nehmen Sie dann aber auch zur Verzierung die entsprechenden Früchte.

Stachelbeertorte

Teig:

4 Eier

4 EL heißes Wasser

150 g Zucker

80 g Mehl

80 g Stärkemehl

1 TL Backpulver

Füllung:

500 g frische oder 1 Glas
eingemachte Stachelbeeren

50 g Butter

¼ l Stachelbeersaft

1 TL Stärkemehl

50 g Butter, 125 g Zucker

40 g gestiftelte Mandeln

Verzierung:

¼ l Sahne

1 P. Vanillinzucker

1 P. Sahnestärke

Außerdem:

Fett und Pergamentpapier
für die Form

Backzeit: etwa 30 Minuten
Schaltung: E: 200°C, G: 3

1. Aus den angegebenen Zutaten einen Biskuitteig herstellen wie in der Arbeitsanleitung beschrieben.

2. Eine Springform einfetten und mit Pergamentpapier auslegen. Den Teig hineingeben.

3. Im vorgeheizten Ofen (E: 200°C, G: 3) etwa 30 Minuten backen.

4. Danach den Kuchen aus der Form lösen und auskühlen lassen.

5. Von dem Biskuitboden einen Deckel von etwa 1 cm Dicke abschneiden.

6. Den unteren Teil aushöhlen, dabei darauf achten, daß der Boden nicht durchstoßen wird und ein genügend breiter Rand stehen bleibt.

7. Frische Stachelbeeren waschen, die Blüten und Stiele entfernen und in etwas Wasser mit 1 Eßlöffel Zucker weichdünsten. Stachelbeeren aus dem Glas abtropfen lassen.

8. Die ausgehöhlten Biskuitkrümel in der zerlassenen Butter bräunen und abkühlen lassen. Eine Hälfte auf dem Tortenboden verteilen.

9. Den Stachelbeersaft mit dem Stärkemehl aufkochen und die Stachelbeeren untermengen. Auskühlen lassen.

10. Die Butter in einer Pfanne zergehen lassen und den Zucker sowie die Mandelstifte darin rösten.

11. Diese Masse unter die Stachelbeeren rühren und in die Torte füllen. Den Deckel daraufsetzen.

12. Die Sahne zusammen mit dem Vanillinzucker und der Sahnestärke steif schlagen.

13. Die Hälfte der Sahne über die Torte streichen. Die andere Hälfte in einen Spritzbeutel mit Sterntülle füllen und die Torte damit am Rand verzieren.

14. In die Mitte die restlichen angerösteten Biskuitbrösel geben.

Mein Tip

Sie können statt der Stachelbeeren auch Sauerkirschen, frische Himbeeren oder Brombeeren nehmen.

Punschtorte

Teig:
6 Eigelb
3 EL lauwarmes Wasser
130 g Zucker, 6 Eiweiß
20 g Zucker, 125 g Mehl
Zum Tränken:
Rum
Füllung:
4 EL Orangenmarmelade
150 g Zucker
Schale und Saft
von je 1ungespritzten
Zitrone und Orange
3 EL Orangenmarmelade
¼ l Rum
6 Blatt Gelatine
½ l Sahne
Punschglasur:
250 g Puderzucker
1 Eiweiß, 1 EL Rum
1 EL Johannisbeergelee
Außerdem:
Fett und Pergamentpapier
für die Form

Backzeit: etwa 45 Minuten
Schaltung: E: 175°C, G: 2

1. Einen Biskuitteig herstellen wie in der Arbeitsanleitung beschrieben.

2. In eine am Boden mit Pergamentpapier ausgelegte Spring-form füllen und im vorgeheizten Ofen (E: 175°C, G: 2) etwa 45 Minuten backen.

3. Danach aus der Form nehmen, das Pergamentpapier abziehen und auskühlen lassen.

4. Dann zweimal waagerecht durchschneiden. Den oberen und unteren Boden mit Rum tränken und mit Orangenmarmelade bestreichen. Die mittlere Biskuitplatte zerpflücken.

5. Den Zucker, die Zitronen- und Orangenschale und den Saft etwas erwärmen, bis der Zucker gelöst ist.

6. Die Orangenmarmelade und den Rum unterrühren und über die Biskuitkrümel gießen.

7. Die Gelatine einweichen, ausdrücken und auflösen.

8. Die Sahne steif schlagen und zusammen mit der Gelatine unter die getränkte Biskuitmasse heben und die Torte damit füllen.

9. Für die Punschglasur den Puderzucker, das Eiweiß, den Rum und Johannisbeergelee zu einer dicken Masse verrühren und über die Torte gießen.

Kiwitorte

Teig:
3 Eier, 90 g Zucker
90 g Mehl
30 g Butter oder Margarine
Belag:
50 g Rosinen, 6 EL Rum
10 Blatt Gelatine
500 g Magerquark
3 Eigelb
200 g Zucker
Schale und Saft von
1 ungespritzten Orange
¼ l Sahne
2 Kiwifrüchte
Außerdem:
Pergamentpapier
für die Form

Backzeit: etwa 30 Minuten
Schaltung: E: 200°C, G: 3

1. Die Eier und den Zucker schaumig schlagen, bis der Zucker gelöst ist.

2. Das Mehl vorsichtig unterheben und das flüssige Fett unterziehen.

3. In eine ungefettete, am Boden mit Pergamentpapier ausgelegte Springform füllen und im vorgeheizten Backofen (E: 200°C, G: 3) etwa 30 Minuten backen.

4. Die Rosinen mit Rum und die Gelatine in Wasser einweichen.

5. Den Quark, die Eigelbe, den Zucker, die abgeriebene Orangenschale und den Saft verrühren.

6. Die Gelatine ausdrücken und auflösen. Etwas abkühlen lassen und unter die Quarkmasse rühren.

7. Die Rosinen und den Rum hinzufügen und kalt stellen.

8. Wenn die Masse anfängt, dick zu werden, die steif geschlagene Sahne unterziehen.

9. Den Biskuitboden auf eine Platte legen. Den Springformrand fetten. Mit Pergamentpapier belegen und um den Boden setzen.

10. Die Quarkmasse hineinfüllen und kalt stellen. Danach die Torte oben und am Rand mit Kiwischeiben belegen. Gut gekühlt servieren.

Preiselbeer-Sahne-Torte

Teig:
2 Eier
3 EL heißes Wasser
100 g Zucker
1 P. Vanillinzucker
75 g Mehl
50 g Stärkemehl
1 TL Backpulver
Füllung:
1 Schuß Wacholderkorn
1 Glas Preiselbeeren
50 g Zartbitterschokolade
½ l Sahne
3 P. Sahnestärke
2 P. Vanillinzucker
3 EL Preiselbeersaft
Außerdem:
Pergamentpapier
für die Form

Backzeit: etwa 30 Minuten
Schaltung: E: 200°C, G: 3

1. Einen Biskuitteig herstellen wie in der Arbeitsanleitung beschrieben.

2. Den Teig in eine ungefettete, mit Pergamentpapier ausgelegte Springform füllen und im vorgeheizten Ofen (E: 200°C, G: 3) etwa 30 Minuten backen.

3. Den ausgekühlten Biskuitboden durchschneiden und mit Korn beträufeln.

4. Die Preiselbeeren abtropfen lassen und den Saft auffangen.

5. Die Schokolade auflösen und auf den unteren Tortenboden streichen. Die Preiselbeeren darauf verteilen.

6. Die Sahne mit der Sahnestärke und dem Vanillinzucker steif schlagen, den Preiselbeersaft unterziehen.

7. ⅔ der Sahne auf die Preiselbeeren geben und den oberen Boden daraufsetzen.

8. Die restliche Sahne daraufgeben und glattstreichen. Mit Sahnetupfen und Preiselbeeren verzieren.

Käse-Sahne-Torte

Teig:

4 Eiweiß
150 g Zucker
4 Eigelb
6–7 EL warmes Wasser
1 P. Vanillinzucker
100 g Mehl
80 g Stärkemehl
2 TL Backpulver

Füllung:

3 P. Gelatine
200 g Butter
200 g Zucker
6 Eigelb
750 g Sahnequark
abgeriebene Schale von
1 ungespritzten Zitrone
6 EL Zitronensaft
200 g Sahne, 6 Eiweiß

Garnierung:

1 Büchse Mandarinorangen

Außerdem:

Fett und Pergamentpapier
für die Form

Backzeit: etwa 30 Minuten
Schaltung: E: 175°C, G: 2

1. Einen Biskuitteig herstellen wie in der Arbeitsanleitung beschrieben.

2. Eine Springform fetten, mit Pergamentpapier auslegen und den Teig darauf verteilen. Im vorgeheizten Ofen (E: 175°C, G: 2) etwa 30 Minuten backen.

3. Für die Füllung die Gelatine nach Anleitung auf der Packung in kaltem Wasser einweichen.

4. Die Butter mit dem Zucker und Eigelb schaumig rühren und den Sahnequark, die Zitronenschale und den Zitronensaft dazugeben. Alles gut glattrühren.

5. Die Gelatine unter Rühren leicht erwärmen und völlig auflösen lassen.

6. Danach die Gelatine unter die Quarkmasse schlagen.

7. Die Sahne und das Eiweiß steif schlagen und locker unter die Quarkmasse heben.

8. Den Biskuitboden einmal quer durchschneiden und den unteren Boden in die Springform zurücklegen.

9. ⅔ der Quarkcreme auf dem Boden verteilen und rund um den Rand Mandarinenorangen legen. Dann den Deckel darauflegen.

10. Die restliche Quarkmasse auf dem Deckel und rings um den Rand verteilen.

11. Die Torte mit den restlichen Orangenspalten garnieren.

Mein Tip

Sie können auch frische Mandarinen nehmen. Zuckern Sie die Spalten etwas ein, bevor Sie sie auf die Torte legen.

Käse-Sahne-Torte ▷

Kuppeltorte

Teig:
4 Eier
4 EL kaltes Wasser
125 g Zucker
1 P. Vanillinzucker
einige Tropfen Angostura-Bitter
150 g Mehl
1 TL Backpulver
Füllung:
1 Glas Erdbeer- oder
Himbeerkonfitüre
2–3 EL Rum, ½ l Sahne
250 g Erdbeeren
60 g Zucker
8 Blatt weiße Gelatine
Garnierung:
einige kandierte Kirschen
Sahne
Schokoladenstreusel
Außerdem:
Fett und Pergamentpapier
für die Form

Backzeit: 10–12 Minuten
Schaltung: E: 225°C, G: 4

1. Aus den Teigzutaten einen Biskuitteig zubereiten wie in der Arbeitsanleitung beschrieben.

2. Ein Backblech einfetten und mit Pergamentpapier belegen. Den Teig darauf ausstreichen.

3. Den Kuchen in die Mitte des vorgeheizten Backofens (E: 225°C, G: 4) einschieben und 10–12 Minuten backen.

4. Die Biskuitplatte auf ein feuchtes Geschirrtuch stürzen und das Papier abziehen.

5. Die Kuchenplatte schnell mit der mit Rum verrührten Konfitüre bestreichen und zu einer Rolle formen. Diese kalt werden lassen.

6. In der Zwischenzeit die Sahne steif schlagen.

7. Die Erdbeeren waschen, entstielen und pürieren.

8. Die Gelatine in kaltem Wasser einweichen.

9. Die Biskuitrolle in 1½ cm dicke Scheiben schneiden.

10. Eine kuppelförmige Schüssel (oder Eisbombenform) mit Öl auspinseln. Den Boden und die

Seiten dicht mit den Biskuitscheiben auslegen.

11. Die pürierten Erdbeeren, den Zucker und die in etwas heißem Wasser aufgelöste Gelatine mit ⅔ der geschlagenen Sahne verrühren. In die Form füllen, glattstreichen und vollständig mit Biskuitscheiben bedecken.

12. Nun die Form in den Kühlschrank stellen und in 2 Stunden fest werden lassen.

13. Dann die Kuppeltorte auf eine runde Glasplatte stürzen, mit der restlichen Sahne, kandierten Kirschen und Schokoladenstreuseln verzieren.

◁ Kuppeltorte

Himbeer-Sahne-Torte

Teig:

2 Eier, 1 EL Wasser

1 P. Vanillinzucker

100 g Zucker, 100 g Mehl

1 TL Backpulver

Creme:

800 g frische oder

tiefgefrorene Himbeeren

8 EL Zucker

1 P. Götterspeise

Himbeergeschmack

¼ l Sahne

1 P. Vanillinzucker

Außerdem:

Pergamentpapier

für die Form

Backzeit: etwa 30 Minuten
Schaltung: E: 200°C, G: 3

1. Einen Biskuitteig herstellen wie in der Arbeitsanleitung beschrieben.

2. In eine am Boden mit Pergamentpapier ausgelegte Springform füllen. Im vorgeheizten Backofen (E: 200°C, G: 3) etwa 30 Minuten backen.

3. Danach aus der Form lösen und erkalten lassen.

4. Für die Creme die Himbeeren auf einen Durchschlag geben und auftauen lassen.

5. Den Saft auffangen und mit Wasser zu ½ l Flüssigkeit ergänzen.

6. Den Zucker und das Götterspeisenpulver hinzufügen und 10 Minuten quellen lassen.

7. Unter ständigem Rühren so lange erhitzen, bis die Gelatine gelöst ist. Abkühlen lassen.

8. Inzwischen die Sahne steif schlagen.

9. Den Biskuitboden auf eine Tortenplatte legen und den Rand der Springform darumsetzen. Die Himbeeren auf den Boden verteilen.

10. Die Sahne unter die Götterspeise ziehen, über die Himbeeren geben und fest werden lassen.

11. Zum Verzieren die Sahne mit dem Vanillinzucker steif schlagen. Die Torte damit und mit einigen Himbeeren garnieren.

Mein Tip

Falls Sie es einmal eilig haben: Es gibt auf dem Markt verschiedene Backmischungen für Biskuitteig, die recht gut sind. Wenn Sie sich bei der Zubereitung genau nach den Packungsangaben richten, können Sie sicher sein, daß der Kuchen gelingt.

Gebäck

Cremeköpfchen

Teig:
3 Eier
3 EL warmes Wasser
150 g Zucker
1 P. Vanillinzucker
30 g Stärkemehl
20 g Kakao
50 g Mehl
1 TL Backpulver
Guß:
150 g Kuvertüre
Creme:
500 g Sahnequark
etwas Zucker
abgeriebene Schale von
1 ungespritzten Zitrone
1 kleine Dose Pfirsiche
(etwa 250 g Fruchteinwaage)
6 Blatt weiße Gelatine
⅛ l Sahne
Außerdem:
Alufolie, Fett
für die Förmchen

Backzeit: 15–20 Minuten
Schaltung: E: 175–200°C,
G: 2–3

1. Einen Biskuitteig herstellen wie in der Arbeitsanleitung beschrieben.

2. Aluförmchen (Alufolie 11 x 11 cm über ein Wasserglas stülpen) am Boden einfetten und ¾ voll mit Teig füllen.

3. Im vorgeheizten Backofen (E: 175–200°C, G: 2–3) 15–20 Minuten auf mittlerer Schiene bakken.

4. Danach stürzen und abgekühlt einmal durchschneiden.

5. Die oberen Hälften auf ein Kuchengitter legen, Pergamentpapier darunterlegen und die Kuchen mit aufgelöster Kuvertüre überziehen.

6. Für die Creme Sahnequark, Zucker nach Geschmack, Zitronenschale und Pfirsichsaft (aus der Dose) verrühren.

7. Pfirsiche in Stücke schneiden und unter die Quarkmasse heben. (Einige Pfirsichstücke zum Verzieren zurückbehalten.)

8. Die Gelatine auflösen und darunterrühren. Wenn die Creme anfängt fest zu werden, die Hälfte der geschlagenen Sahne unterheben.

9. Von der Creme je etwa 1 gehäuften Eßlöffel voll auf die unteren Hälften der Törtchen geben.

10. Die mit Kuvertüre bestrichenen oberen Hälften daraufsetzen. Mit Sahne und Pfirsichstücken garnieren.

Schokoladen-törtchen

Teig:
5 Eier, 200 g Zucker
50 g Zartbitterschokolade
150 g abgezogene
gemahlene Mandeln
50 g Stärkemehl
50 g Butter
Zum Bestäuben:
Puderzucker
Verzierung:
¼ l Sahne
1 P. Vanillinzucker
gehackte Pistazienkerne
Außerdem:
Fett und Semmelbrösel
für die Form

Backzeit: etwa 20 Minuten
Schaltung: E: 200–225°C,
G: 3–4

1. Die Eier trennen und die Eigelbe zusammen mit dem Zucker schaumig rühren.

2. Die Schokolade im Wasserbad schmelzen und darunterziehen.

3. Die gemahlenen Mandeln und das Mehl mischen und dazugeben.

4. Die Butter schmelzen lassen und abgekühlt unter den Teig rühren.

5. Das Eiweiß sehr steif schlagen und unterheben.

6. 12–16 kleine Förmchen – es können ruhig verschiedene sein – einfetten und mit Semmelbröseln ausstreuen.

7. Den Teig in die Förmchen füllen, diese auf den Bratenrost stellen und im vorgeheizten Backofen (E: 200–225°C, G: 3–4) etwa 20 Minuten backen.

8. Die Törtchen auf ein Kuchengitter stürzen und nach dem Auskühlen mit Puderzucker bestäuben.

9. Die Sahne zusammen mit dem Vanillinzucker steif schlagen und in einen Spritzbeutel mit Sterntülle geben.

10. Die Törtchen mit der Sahne und gehackten Pistazienkernen garnieren.

Mein Tip

Sie können diese Törtchen auch auf Vorrat backen.
Wenn Sie die Törtchen in eine luftdicht verschließbare Gebäckdose geben, halten sie einige Tage. Dann aber erst vor dem Servieren mit der Sahne garnieren.

Zitronenomelett

Teig:
2 Eigelb
2 EL heißes Wasser
80 g Zucker
1 P. Vanillinzucker
3 Eiweiß, 50 g Stärkemehl
50 g Mehl, 1 TL Backpulver
Creme:
¼ l Wasser
Saft von 3 Zitronen und
etwas ungespritzte Schale
100 g Zucker
45 g Stärkemehl
¼ l Sahne
2 Blatt weiße Gelatine
Zum Bestäuben:
Puderzucker
Außerdem:
Alufolie
Fett für die Formen

Backzeit: 8–10 Minuten
Schaltung: E: 200–225° C,
G: 3–4

1. Einen Biskuitteig, wie in der Arbeitsanleitung beschrieben, herstellen.

2. Aus Folie Teller von 14 cm Durchmesser schneiden, einen Rand biegen, fetten und mit Teig füllen.

3. Im vorgeheizten Ofen (E: 200–225° C, G: 3–4) 8–10 Minuten backen. Nicht mehr als 3 in den Ofen schieben.

4. Die Folie entfernen und den Biskuit über dem Löffelstiel zusammengeklappt auf einem Kuchengitter auskühlen lassen.

5. Einen Flammeri aus den angegebenen Zutaten kochen. Geschlagene Sahne und Gelatine unter den erkalteten Flammeri ziehen.

6. Die Omeletts damit füllen und mit Puderzucker bestäuben.

Mohrenköpfe

Teig:
4 Eigelb
4 EL heißes Wasser
150 g Zucker
4 Eiweiß
100 g Stärkemehl
100 g Mehl
3 TL Backpulver
Füllung:
1 P. Vanillepuddingpulver
½ l Milch
50 g Zucker
Guß:
200 g Kuvertüre
Außerdem:
Fett für die Förmchen

Backzeit: etwa 20 Minuten
Schaltung: E: 175–200° C,
G: 2–3

1. Einen Biskuitteig herstellen wie in der Arbeitsanleitung beschrieben.

2. Leicht gefettete Eierstichformen (es gibt auch Mohrenkopfformen) zu ⅔ mit dem Teig füllen und im vorgeheizten Ofen (E: 175–200° C, G: 2–3) etwa 20 Minuten auf unterer Schiene backen.

3. Den Rand lockern und die Köpfchen auf einen Kuchendraht gestürzt auskühlen lassen.

4. Einen Vanillepudding nach Anweisung der Packung kochen. Den Pudding erkalten lassen.

5. Die Köpfchen zweimal durchschneiden und mit Pudding füllen.

6. Die Kuvertüre im Wasserbad auflösen und mit einem Eßlöffel schnell über die Köpfe füllen.

Sahnetörtchen

Teig:
4 Eigelb
3–4 EL heißes Wasser
125 g Zucker
1 P. Vanillinzucker
4 Eiweiß
75 g Mehl
50 g Stärkemehl
1 Msp. Backpulver
Creme:
¼ l Sahne
1 P. Sahnestärke
etwas Zucker
50 g geriebene Schokolade
1 TL Rum
Zum Garnieren:
Maraschinokirschen
Außerdem:
Fett und Pergamentpapier
für das Blech

Backzeit: 10–15 Minuten
Schaltung: E: 200°C, G: 3

1. Einen Biskuitteig herstellen wie in der Arbeitsanleitung beschrieben.

2. Ein gefettetes Blech mit Pergamentpapier auslegen, den Teig daraufstreichen und im vorgeheizten Ofen (E: 200°C, G: 3) 10–15 Minuten backen.

3. Danach den Teigboden stürzen und das Papier rasch abziehen.

4. Abkühlen lassen und Plätzchen von jeweils 2 verschiedenen Größen ausstechen.

5. Die Schlagsahne mit Sahnestärke schlagen und mit Zucker sowie Rum abschmecken. Die Schokolade hinzufügen.

6. Auf die großen Plätzchen Sahne spritzen und jeweils ein kleines Plätzchen daraufsetzen.

7. Mit Sahne und jeweils 1 Kirsche garnieren.

Schokoladen-Mandel-Gebäck

Teig:
4 Eier, 175 g Zucker
200 g Mehl
2 TL Backpulver
200 g Zartbitterschokolade
200 g gehackte Mandeln
200 g Rosinen
Verzierung:
1 P. Schokoladenkuvertüre
Außerdem:
Fett und Pergamentpapier
für das Blech

Backzeit: etwa 20 Minuten
Schaltung: E: 175°C, G: 2

1. Einen Biskuitteig herstellen wie in der Arbeitsanleitung beschrieben.

2. Die Schokolade kleinschneiden und mit Mandeln und Rosinen dazugeben.

3. Ein Backblech einfetten, mit Pergamentpapier auslegen, den Teig darauf glattstreichen und im vorgeheizten Ofen (E: 175°C, G: 2) etwa 20 Minuten backen.

4. Die Kuvertüre erwärmen und nach dem Backen über die Kuchenplatte träufeln.

5. Danach sofort kleine Schnitten daraus schneiden und abkühlen lassen.

Petits fours

Teig:
4 Eier
4 EL Orangensaft
175 g Zucker
1 P. Vanillinzucker
1 Prise Salz
150 g Mehl
30 g Stärkemehl
½ TL Backpulver
Füllung:
1 Glas Ananas-
oder Erdbeerkonfitüre
200 g Marzipanrohmasse
2 EL Rum
Glasur:
1 Becher Schokoladenglasur
200 g Puderzucker
1 Eiweiß
rote Speisefarbe
Verzierung:
Pistazien
kandierte Veilchen
Smarties
Außerdem:
Fett und Pergamentpapier
für das Blech

Backzeit: 12–15 Minuten
Schaltung: E: 225°C, G: 4

1. Aus den Zutaten einen Biskuitteig herstellen wie in der Arbeitsanleitung beschrieben.

2. Den Teig auf ein gefettetes und mit Backtrennpapier ausgelegtes Backblech streichen und im vorgeheizten Ofen (E: 225°C, G: 4) 12–15 Minuten backen.

3. Die Platte danach auf ein feuchtes Tuch stürzen und das Papier abziehen.

4. Die ausgekühlte Platte halbieren und die Ränder gerade schneiden.

5. Die Konfitüre mit 2 Eßlöffeln Wasser glattrühren und beide Platten damit bestreichen.

6. Die Marzipanrohmasse mit dem Rum geschmeidig kneten und zwischen zwei Bogen Pergamentpapier oder Alufolie in der Größe einer halben Teigplatte ausrollen. Das Papier dabei immer wieder von der Marzipanmasse lösen und neu auflegen. Falls die Masse zu sehr klebt, etwas Puderzucker darüberstreuen.

7. Die Marzipanplatte auf eine Teigplatte legen, die zweite mit der Konfitürenseite nach unten darauflegen. Beide Platten fest zusammendrücken.

8. Nun gleich große Würfel oder runde Türmchen aus der Teigplatte ausstechen. Alles mit dem Rest der Konfitüre bestreichen.

9. Die Kuvertüre im heißem Wasserbad schmelzen lassen und die Hälfte der Petits fours überziehen.

10. Den Puderzucker mit dem etwas geschlagenen Eiweiß und etwas Speisefarbe verrühren und die restlichen Petits fours damit überziehen.

11. Die Gebäckstücke nun beliebig mit den Resten der Güsse und gehackten Pistazien, kandierten Veilchen und Smarties verzieren.

Zitronentörtchen

Teig:
4 Eigelb
3–4 EL heißes Wasser
150 g Zucker, 4 Eiweiß
100 g Stärkemehl
100 g Mehl
2 TL Backpulver
Creme:
1 P. Zitronenspeise
1/8 l Sahne
Guß:
200 g Puderzucker
Saft von 1/2 Zitrone
Verzierung:
kandierte Kirschen
Außerdem:
Fett und Pergamentpapier
für das Blech

Backzeit: 15–20 Minuten
Schaltung: E: 175°C, G: 2

1. Einen Biskuitteig wie in der Arbeitsanleitung beschrieben, herstellen, auf ein gefettetes, mit Pergamentpapier ausgelegtes Backblech geben und im vorgeheizten Ofen (E: 175°C, G: 2) 15–20 Minuten auf mittlerer Schiene backen.

2. Auf ein Geschirrtuch stürzen, das Papier schnell abziehen und mit einer Ausstechform (5 cm Durchmesser) Kreise ausstechen.

3. Die Creme nach Anleitung auf der Packung herstellen. Die steife Sahne unterziehen.

4. Je 3 Kuchen mit Creme bestreichen und aufeinandersetzen.

5. Für den Guß den Puderzucker mit Zitronensaft verrühren, die Törtchen damit bestreichen. Mit halbierten, kandierten Kirschen verzieren.

Ingwermohrenköpfe

Teig:
4 Eiweiß
4 EL kaltes Wasser
200 g Zucker
1 P. Vanillinzucker
4 Eigelb
80 g Stärkemehl
80 g Mehl
1 TL Backpulver
Füllung:
1/2 l Sahne
3 eingelegte Ingwerknollen
Schale von 1/2 ungespritzten
Zitrone
5–6 Blatt weiße Gelatine
Guß:
2 P. Kuvertüre
Schale von 1 ungespritzten
Orange
Außerdem:
Alufolie für die Förmchen
Fett

Backzeit: etwa 20 Minuten
Schaltung: E: 175–200°C,
G: 2–3

1. Einen Biskuitteig herstellen wie in der Arbeitsanleitung beschrieben.

2. Den Teig in gefettete Aluförmchen füllen und im vorgeheizten Ofen (E: 175–200°C, G: 2–3) etwa 20 Minuten backen.

3. Die Sahne steif schlagen, Ingwerwürfel und Zitronenschale hinzufügen, die aufgelöste Gelatine unterziehen.

4. Die halbierten Törtchen mit Creme füllen, zusammensetzen und auf ein Kuchengitter geben.

5. Mit Kuvertüre bestreichen und mit Orangenschale bestreuen.

Mürbeteig –
für alles zu verwenden

Mürbeteig läßt sich schnell und bequem zubereiten. Er besteht hauptsächlich aus Mehl und Fett. Zucker kommt nur in kleinen Mengen dazu.
Er eignet sich für Obstkuchen, für Schnitten, Gebäck und auch für große Torten, wo er auch mit anderen Teigarten (z. B. mit Biskuitteig) kombiniert werden kann.

Grundrezept I

250 g Mehl
2 TL Backpulver
1 Ei
100 g Zucker
1 P. Vanillinzucker
100 g Butter oder Margarine

Quarkmürbeteig

200 g Mehl
2 TL Backpulver
80 g Zucker, 1 Ei
1 Prise Salz
125 g Quark
80 g Butter oder Margarine

Grundrezept II

200 g Mehl
80 g Zucker
2 EL Weißwein oder
saure Sahne
1 Ei, 1 Prise Salz
125 g Butter oder Margarine

Ölmürbeteig

250 g Mehl
1 Prise Salz
1 TL Backpulver
1 Ei
50 g Zucker
50 g geriebene Mandeln
abgeriebene Schale von
½ ungespritzten Zitrone
1 EL Rum
½ Tasse Öl
5 EL Orangensaft

Verarbeitung mit der Hand

1. Das Mehl auf ein Backbrett geben und in die Mitte eine Vertiefung drücken.

2. Das Ei hineingeben und mit etwas Mehl zu einem Brei verrühren.

3. Zucker und Gewürze darüberstreuen und das Fett in Flöckchen darüber verteilen.

4. Die Zutaten mit einem breiten Messer durchhacken, verkneten und den Teig ½ Stunde kalt stellen.

Mit Handrührgerät und Küchenmaschine

Was zu beachten ist

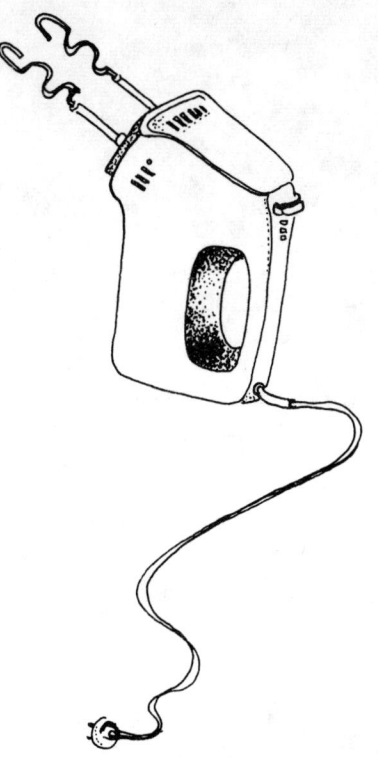

1. Das Mehl in eine hohe Schüssel geben und Ei, Zucker, Gewürze sowie das weiche Fett daraufgeben.

2. Alles auf der niedrigen Schaltstufe verkneten und den Teig ½ Stunde kalt stellen.

Das Fett darf nicht flüssig sein, sondern muß zur Verarbeitung gut gekühlt sein.
Eier machen Mürbeteig fest, deswegen sind sie nur in geringen Mengen angebracht.
Bleche und Kuchenformen brauchen zum Backen nicht unbedingt gefettet zu werden, da der Teig genügend Fett enthält.

Kuchen

Linzer Torte

Teig:
150 g Butter
100 g Zucker
2 Eigelb, 1 Ei
180 g Mehl
abgeriebene Schale von
1 ungespritzten Zitrone
½ P. Backpulver
150 g frische Walnußkerne
Belag:
200 g Johannisbeerkonfitüre
2 TL Rum
Zum Bestreichen:
1 Eigelb
Außerdem:
Fett und Mehl für die Form

Backzeit: etwa 40 Minuten
Schaltung: E: 180°C, G: 2

1. Die Butter mit dem Zucker schaumig rühren und nach und nach die Eigelbe und das Ei dazugeben. So lange schlagen, bis sich der Zucker ganz aufgelöst hat.

2. Das Mehl mit der abgeriebenen Zitronenschale und dem Backpulver mischen und dazugeben.

3. Die Walnüsse hacken und ebenfalls unterrühren und die Zutaten zu einem glatten Teig verarbeiten.

4. Die Hälfte des Teigs in eine gefettete und leicht bemehlte Springform füllen.

5. Die Johannisbeerkonfitüre mit dem Rum verrühren und dick auf den Teig streichen.

6. Aus dem restlichen Teig auf einer bemehlten Arbeitsfläche lange Würstchen drehen und als Gitter über den Kuchen legen.

7. Das Eigelb verquirlen und das Gitter damit bestreichen.

8. Im vorgeheizten Ofen (E: 180°C, G: 2) etwa 40 Minuten backen.

9. Die Torte auskühlen lassen und möglichst noch einen Tag stehenlassen, dann wird sie saftiger.

10. Vor dem Servieren den Rand der Torte mit Puderzucker bestäuben.

Mein Tip

Statt der Walnüsse können auch Haselnüsse oder Mandeln genommen werden.
Zum Bestreichen eignet sich auch Preiselbeer- oder Himbeerkonfitüre, die mit Himbeergeist verrührt wird.

Rheinischer Kirschkuchen

Teig:
600 g Mehl
125 g gemahlene Mandeln
3 Eier, ½ TL Salz
125 g Zucker
250 g Butter oder Margarine
Belag:
1½ kg Sauerkirschen
125 g Zwieback
100 g gemahlene Mandeln
75 g Zucker
Guß:
200 g Puderzucker
2 EL Zitronensaft
Außerdem:
Fett für das Backblech
oder Backtrennpapier

Backzeit: etwa 35 Minuten
Schaltung: E: 200° C, G: 3

1. Das Mehl mit den gemahlenen Mandeln in einer Schüssel mischen.

2. Die Eier, das Salz, den Zucker und das Fett dazugeben und alles zu einem festen Teig verkneten. Den Teig etwa 1 Stunde kalt stellen.

3. In der Zwischenzeit die Kirschen waschen, entstielen und entkernen.

4. ¾ des Teigs auf einer bemehlten Arbeitsfläche ausrollen und auf ein gefettetes Backblech legen. Die Ränder etwas hochdrükken. Den Boden mehrfach mit der Gabel einstechen.

5. Die Zwiebäcke zwischen einem Handtuch mit der Kuchenrolle zerbröseln. Zusammen mit den gemahlenen Mandeln auf den Tortenboden streuen.

6. Die entkernten Sauerkirschen gleichmäßig auf dem Boden verteilen.

7. Den restlichen Teig ausrollen und schmale Streifen daraus schneiden.

8. Die Streifen gitterartig über die Kirschen legen und die Ränder gut andrücken.

9. Im vorgeheizten Backofen (E: 200° C, G: 3) etwa 35 Minuten auf der mittleren Schiene backen.

10. Den Puderzucker mit dem Zitronensaft glattrühren und nach dem Erkalten des Kuchens auf die Gitter streichen.

Zitronenkuchen

Teig:
200 g Mehl
1 TL Backpulver
1 Ei, 1 Eigelb
125 g Butter oder Margarine
1 Prise Salz

Füllung:
150 g gemahlene Mandeln
125 g Zucker
abgeriebene Schale von
1 ungespritzten Zitrone
Saft von 2–3 Zitronen
je nach Größe

Zum Bestreichen:
2 EL Milch

Zum Bestreuen:
40 g Mandelsplitter

Backzeit: etwa 40 Minuten
Schaltung: E: 200°C, G: 3

1. Aus den Teigzutaten einen Mürbeteig herstellen wie in der Arbeitsanleitung beschrieben und diesen 30 Minuten kalt stellen.

2. ⅔ des Teiges in eine Springform füllen, glattstreichen und einen Rand hochdrücken.

3. Für die Füllung Mandeln, Zucker, abgeriebene Zitronenschale und Zitronensaft zusammenrühren. Die Masse auf dem Kuchenteig verteilen.

4. Den restlichen Teig als Deckel ausrollen und auf die Füllung legen. Deckel und Seitenrand etwas zusammendrücken.

5. Den Deckel mit einer Gabel spiralförmig einstechen und mit Milch bestreichen.

6. Die Mandelsplitter darüberstreuen und etwas andrücken.

7. Im vorgeheizten Ofen (E: 200°C, G: 3) etwa 40 Minuten backen.

Holländerkuchen

Teig:
250 g Mehl
2 TL Backpulver
1 Eigelb, 1 Ei
100 g Zucker
1 Prise Salz
125 g Butter oder Margarine

Belag:
¼ Glas Aprikosenkonfitüre
75 g Butter
100 g Zucker
1 P. Vanillinzucker
3 Eier
abgeriebene Schale von
1 ungespritzten Zitrone
200 g gemahlene Mandeln
30 g Stärkemehl
1 TL Backpulver

Außerdem:
Fett für die Form

Backzeit: insgesamt 70 Minuten
Schaltung: E: 225°C, G: 4

1. Aus den Teigzutaten einen Mürbeteig herstellen wie in der Arbeitsanleitung beschrieben und diesen 30 Minuten kalt stellen.

2. Eine Springform einfetten und mit ⅔ des Teigs auskleiden.

3. Den Boden mit der Gabel mehrmals einstechen und im vorgeheizten Ofen (E: 225°C, G: 4) etwa 10 Minuten blind backen.

4. Danach mit Aprikosenkonfitüre bestreichen.

5. Die Butter mit Zucker, Vanillinzucker, Eiern und abgeriebener Zitronenschale schaumig rühren. Nach und nach die gemahlenen Mandeln und das mit Backpulver vermischte Stärkemehl dazugeben.

6. Die Mandelmasse auf den mit Aprikosenkonfitüre bestrichenen Boden geben und glattstreichen.

7. Den restlichen Teig auf einem Teigbrett glatt ausrollen und mit einem Backrädchen Streifen ausschneiden.

8. Diese als Gitter über die Mandelmasse legen und den Kuchen in etwa 60 Minuten (E: 175°C, G: 2) fertigbacken.

Bananen-Aprikosen-Kuchen

Teig:
300 g Mehl
1 TL Backpulver
100 g Zucker
1 Ei
1 Prise Salz
1 EL Zitronensaft
125 g Butter oder Margarine
Füllung:
1 Glas Aprikosen
4 feste Bananen
40 g gehackte Mandeln
2 EL Zitronensaft
Guß:
200 g Puderzucker
3–4 EL Zitronensaft
Außerdem:
Fett für die Form

Backzeit: insgesamt etwa 50 Minuten
Schaltung: E: 225°C / 200–225°C, G: 4/3–4

1. Aus den Teigzutaten einen Mürbeteig herstellen wie in der Arbeitsanleitung beschrieben und diesen 30 Minuten kalt stellen.

2. Die Aprikosen abtropfen lassen und die geschälten Bananen in Scheiben schneiden.

3. Die gehackten Mandeln mit dem Obst vermischen und mit Zitronensaft beträufeln.

4. ⅔ des Teigs in eine gefettete Springform geben und auf dem Boden und am Rand hoch glattstreichen.

5. Den Teig am Boden mehrmals mit einer Gabel einstechen und im vorgeheizten Ofen (E: 225°C, G: 4) 10 Minuten vorbacken.

6. Die Früchte auf den Teig legen.

7. Den restlichen Teig in Größe der Springform ausrollen und auf die Früchte legen.

8. Den Deckel mehrmals mit der Gabel einstechen und den Kuchen in etwa 40 Minuten (E: 200–225°C, G: 3–4) fertigbacken.

9. Etwas auskühlen lassen, dann aus der Form nehmen und auf ein Kuchengitter stellen.

10. Den Puderzucker mit dem Zitronensaft verrühren und auf den heißen Kuchen streichen.

Dänischer Käsekuchen

Teig:
70 g Semmelbrösel
70 g Zucker
50 g Butter oder Margarine
Belag:
200 g Doppelrahm-Frischkäse
1 Beutel Orange-back
oder abgeriebene Schale
von 1 ungespritzten Orange
3 Eier
1 P. Vanillesoßenpulver
3 EL Orangensaft, 100 g Zucker
Zum Bestreuen:
2 EL gehackte Mandeln
40 g Orangeat
Außerdem:
Fett und Semmelbrösel
für die Form

Backzeit: etwa 40 Minuten
Schaltung: E: 200°C, G: 3

1. Die Semmelbrösel mit dem Zucker und dem Fett verkneten.

2. Den Frischkäse mit dem Orange-back oder der abgeriebenen Orangenschale in eine Schüssel geben.

3. Die Eier trennen und die Eigelbe dazugeben, das Eiweiß beiseite stellen.

4. Das Vanillesoßenpulver, den Orangensaft und den Zucker dazugeben und alles schaumig rühren.

5. Das Eiweiß sehr steif schlagen und unterheben.

6. Den Teig in eine ausgefettete und mit Semmelbröseln ausgestreute Form geben, den Belag daraufstreichen und im vorgeheizten Backofen (E: 200°C, G: 3) etwa 40 Minuten backen.

7. Nach dem Backen den Kuchen mit den gehackten Mandeln und dem gehackten Orangeat bestreuen und auskühlen lassen.

Quarkkuchen, besonders fein

Teig:
250 g Mehl
125 g Zucker
1 Eigelb
Saft von 1 Zitrone
125 g Butter oder Margarine
½ P. Backpulver
1 P. Vanillinzucker
Füllung:
125 g Butter
250 g Zucker
1 EL Grieß, 5 Eier
1 ungespritzte Zitrone
750 g Sahnequark
1 P. Vanillinzucker
Außerdem:
Fett für die Form

Backzeit: etwa 60 Minuten
Schaltung: E: 220°C, G: 4

1. Das Mehl mit den übrigen Teigzutaten zu Streuseln verkneten.

2. Die Butter zusammen mit dem Zucker und dem Grieß schaumig rühren.

3. Die Eigelbe vom Eiweiß trennen und zur Butter-Zucker-Masse rühren.

4. Die Schale von der Zitrone abreiben, den Saft auspressen und beides dazugeben, ebenso den Quark und Vanillinzucker.

5. Den Eischnee fest schlagen und unter die Quarkmasse geben.

6. Die Hälfte der Streusel in eine gefettete Springform streuen und die Quarkmasse darauf verteilen. Die restlichen Streusel daraufstreuen.

7. Den Kuchen im vorgeheizten Backofen (E: 220°C, G: 4) etwa 60 Minuten backen.

8. Nach Fertigstellung die Backofentür nur ein wenig öffnen und nach etwa ½ Stunde den Kuchen herausnehmen.

Engadiner Nußtorte

Teig:
300 g Mehl
200 g Butter
1 Msp. Salz
125 g Zucker
2 Eier
Füllung:
250 g Zucker
2 EL Honig
¼ l Sahne
250 g grob gehackte frische Walnußkerne
Außerdem:
Fett für die Form

Backzeit: etwa 60 Minuten
Schaltung: E: 225°C, G: 4

1. Das Mehl mit der kleingeschnittenen Butter, dem Salz, dem Zucker und den Eiern zu einem Mürbeteig verkneten. Den Teig 30 Minuten kalt stellen.

2. Den Zucker in einem Topf karamelisieren lassen und den Honig dazugeben.

3. Die Sahne unter ständigem Rühren einfließen lassen und zum Schluß die gehackten Nüsse unterrühren.

4. Etwa ⅔ des Teigs auf einer bemehlten Arbeitsfläche ausrollen und in eine gefettete Springform geben. Einen Rand hochziehen.

5. Die Füllung gleichmäßig auf dem Boden verteilen und glattstreichen.

6. Aus dem restlichen Teig einen Deckel rollen, diesen auf die Füllung legen und mehrmals mit der Gabel einstechen.

7. Im vorgeheizten Backofen (E: 225°C, G: 4) etwa 60 Minuten backen.
Diese Torte kann längere Zeit aufbewahrt werden.

Mohnkuchen

Teig:
200 g Mehl
2 TL Backpulver
1 Ei
70 g Zucker
1 P. Vanillinzucker
150 g Butter oder Margarine
Belag:
4 Eier
125 g Zucker
1 P. Vanillinzucker
1 EL Rum
150 g Mohn
Außerdem:
Semmelbrösel für die Form

Backzeit: insgesamt etwa
60 Minuten
Schaltung: E: 200/175°C,
G: 3/2

1. Aus den Teigzutaten einen Mürbeteig herstellen wie in der Arbeitsanleitung beschrieben und diesen 30 Minuten kalt stellen.

2. Eine Springform mit Semmelbröseln ausstreuen und den Boden mit dem Teig auslegen, einen Rand hochdrücken.

3. Im vorgeheizten Ofen (E: 200°C, G: 3) etwa 10 Minuten blind backen.

4. Die Eier trennen. Die Eigelbe zusammen mit Zucker, Vanillinzucker und Rum schaumig rühren.

5. Den Mohn mahlen (oder bereits gemahlenen Mohn kaufen) und unter die Eimasse rühren.

6. Das Eiweiß zu steifem Schnee schlagen und ebenfalls unter die Masse ziehen.

7. Diese auf den vorgebackenen Boden geben und in etwa 50 Minuten fertig backen (E: 175°C, G: 2).

Johannisbeerkuchen mit Guß

Teig:
125 g Butter oder Margarine
125 g Zucker
2 Eier
2 TL Backpulver
250 g Mehl
Belag:
500 g Johannisbeeren
Guß:
2 Eiweiß
50 g Zucker
1 Eigelb
½ TL Backpulver
50 g Mehl
Verzierung:
4 schöne Johannisbeertrauben mit Blättern
Außerdem:
Fett für die Form

Backzeit: etwa 60 Minuten
Schaltung: E: 175°C, G: 2

1. Die Butter oder Margarine mit dem Zucker und den Eiern schaumig schlagen und das mit Backpulver vermischte Mehl einrieseln lassen.

2. Den Teig in eine gefettete Springform füllen und 30 Minuten kühl stellen.

3. Inzwischen die Johannisbeeren waschen, entstielen und abtrocknen lassen. Auf dem Kuchenboden verteilen.

4. Das Eiweiß sehr steif schlagen und den Zucker dabei einrieseln lassen.

5. Das Eigelb und das mit Backpulver vermischte Mehl vorsichtig unterheben und die Masse über den Johannisbeeren verteilen.

6. Sofort im vorgeheizten Ofen (E: 175°C, G: 2) etwa 60 Minuten backen.

7. Den Kuchen mit den Johannisbeertrauben in der Mitte verzieren.

Heidelbeerkuchen

Teig:
150 g Mehl
1 TL Backpulver
1 Ei, 50 g Zucker
1 P. Vanillinzucker
100 g Butter oder Margarine
Belag:
750 g Heidelbeeren
oder 1 Glas Heidelbeeren
4 zerbröselte Zwiebäcke
100 g Zucker
Guß:
3 Eiweiß
75 g Zucker

Backzeit: insgesamt etwa
35 Minuten
Schaltung: E: 200°C, G: 3

1. Aus den Teigzutaten einen Mürbeteig herstellen wie in der Arbeitsanleitung beschrieben und diesen kalt stellen.

2. Den Boden einer Springform mit dem Teig auskleiden und einen Rand hochziehen.

3. Die frischen Heidelbeeren waschen und abtropfen lassen. Heidelbeeren aus dem Glas abtropfen lassen, dann mit den Zwiebackbröseln und dem Zucker (bei eingemachten Heidelbeeren den Zucker weglassen) vermischen.

4. Auf dem Teigboden verteilen und im vorgeheizten Ofen (E: 200°C, G: 3) 15–20 Minuten backen.

5. Das Eiweiß zu festem Schnee schlagen und den Zucker einrieseln lassen.

6. Die Masse in einen Spritzbeutel füllen. Den Kuchen spiralenförmig von der Mitte aus mit dem Eischnee bespritzen und etwa 15 Minuten (E: 200°C, G: 3) überbacken.

Birnenpie

Teig:
200 g Mehl
1 EL Zucker
1 Prise Salz
80 g kalte Butter
1 Ei, 6 EL Milch
Füllung:
1 kg Birnen
25 g Zucker
1 Prise Zimt
50 g Korinthen
Zum Bestreichen:
1 Eigelb

Backzeit: etwa 25 Minuten
Schaltung: E: 225°C, G: 4

1. Das Mehl mit dem Zucker, Salz, der in Flöckchen geschnittenen Butter, dem Ei und der Milch zu einem glatten Teig verkneten. 30 Minuten kalt stellen.

2. Inzwischen die Birnen schälen, längs halbieren und das Kerngehäuse entfernen.

3. Die Birnenhälften in Spalten schneiden und mit Zucker, Zimt und Korinthen vermischen.

4. Aus einem Drittel des Teigs eine daumendicke Rolle formen und an den Rand einer Pieform legen. Einen Rand daraus hochziehen.

5. Die vorbereiteten Birnen in die ungefettete Form geben.

6. Den restlichen Teig ausrollen und als Deckel über die Form legen. Er muß am Rand etwa ½ cm überstehen, den Rest abschneiden.

7. Den Rand etwas andrücken und in der Mitte der Teigplatte einen kleinen Kreis herausschneiden, damit der Dampf entweichen kann.

8. Das Eigelb mit 1 Eßlöffel Wasser verquirlen und den Teigdeckel damit bestreichen. Aus den Teigresten Verzierungen ausstechen und auf den Deckel legen. Ebenfalls mit Eigelb bestreichen.

9. Im vorgeheizten Backofen (E: 225°C, G: 4) etwa 25 Minuten backen.

Mein Tip

Servieren Sie den Pie noch heiß mit leicht geschlagener Sahne.

Zitronenpie

Teig:
225 g Mehl
100 g Butter
1 Prise Salz
1 großes oder
2 kleine Eier
3 EL kaltes Wasser
Füllung:
5 EL Maismehl
3 EL Mehl
100 g Zucker
½ l Wasser
3 Eigelb
Saft von 5 Zitronen
1 Prise Salz
abgeriebene Schale von
3 ungespritzten Zitronen
Verzierung:
4 Eiweiß
3 P. Vanillinzucker
Außerdem:
Fett für die Form

Backzeit: insgesamt etwa
40 Minuten
Schaltung: E: 200°C, G: 3

1. Das Mehl in eine Schüssel geben. Die in Flöckchen geschnittene Butter, das Salz, die Eier und das Wasser dazugeben und alles zu einem glatten Teig verkneten.

2. Den Teig etwa 30 Minuten ruhen lassen und dann eine gefettete Springform damit auskleiden.

3. Den Boden mehrmals mit einer Gabel einstechen und den Kuchen im vorgeheizten Ofen (E: 200°C, G: 3) etwa 15 Minuten vorbacken.

4. Das Maismehl, Mehl und den Zucker in einer kleinen Schüssel mit 1 Tasse Wasser glattrühren.

5. Das restliche Wasser erhitzen und nach und nach das aufgelöste Mehl dazugeben, aufkochen lassen und nach und nach die Eigelbe einzeln dazugeben.

6. Das Salz, den Zitronensaft und die Zitronenschale dazugeben. Die Creme auf den Teig streichen und auf mittlerer Schiene in etwa 20 Minuten bei gleicher Hitze fertigbacken.

7. Das Eiweiß mit dem Vanillinzucker sehr steif schlagen und in einen Spritzbeutel mit Sterntülle füllen. Auf die Torte Verzierungen spritzen und kurz im Ofen überbacken.

Beerenpie

Teig:
200 g Mehl
½ TL Salz
100 g Butter
4–5 EL eiskaltes Wasser
Füllung:
je 150 g Himbeeren
Johannisbeeren
Erdbeeren und
entkernte Süßkirschen
125 g Zucker
100 g gemahlene Mandeln
60 g Corn-flakes
Zum Bestreuen:
Hagelzucker
Außerdem:
Fett für die Form

Backzeit: etwa 40 Minuten
Schaltung: E: 200°C, G: 3

1. Das Mehl mit dem Salz, der Butter und dem Wasser schnell zu einem glatten Teig kneten und zugedeckt etwa 60 Minuten kühlen lassen.

2. Danach den Teig ausrollen und einen Deckel in Pieform ausschneiden. In der Mitte des Deckels ein paar Löcher ausstechen.

3. Mit dem restlichen Teig eine gefettete Pieform auslegen und mit der Gabel mehrmals einstechen.

4. Die Früchte vorbereiten, waschen und mit dem Zucker, den gemahlenen Mandeln und den Corn-flakes vermischen.

5. Auf dem Boden verteilen und den Deckel daraufsetzen.

6. Beide Teigschichten am Rand gut zusammendrücken und die Teigreste als Garnierung darauf verteilen.

7. Im vorgeheizten Ofen (E: 200°C, G: 3) etwa 40 Minuten backen und nach dem Backen noch heiß mit Hagelzucker bestreuen.

Weintraubenkuchen mit Guß

Teig:
250 g Mehl
3 Eier
1 EL Rum
1 Msp. Salz, 75 g Zucker
1 P. Vanillinzucker
100 g Butter oder Margarine
Belag:
750 g grüne Weintrauben
2 Eiweiß
80 g Zucker
100 g gemahlene Mandeln
Puderzucker
40 g Mandelblättchen

Backzeit: insgesamt etwa
50 Minuten
Schaltung: E: 225° C/175° C,
G: 4/2

1. Aus den Teigzutaten einen Mürbeteig herstellen wie in der Arbeitsanleitung beschrieben und diesen 30 Minuten lang kalt stellen.

2. Danach den Teig auf leicht be mehlter Unterlage etwa ½ cm dick ausrollen.

3. Eine Springform mit dem Teig auslegen und einen 2 cm hohen Rand hochdrücken.

4. Den Teigboden mehrmals mit einer Gabel einstechen und im vorgeheizten Backofen (E: 225° C, G: 4) 15 Minuten blind vorbacken.

5. Während der Boden etwas ab kühlt, die Weintrauben waschen und abtrocknen. Größere Beeren sollten möglichst halbiert und entkernt werden. Danach auf dem Boden verteilen.

6. Das Eiweiß sehr steif schlagen. Langsam den Zucker und die gemahlenen Mandeln locker unterheben.

7. Diese Baisermasse auf den Mürbeteigboden geben und glattstreichen. Mit Mandelblättchen und Puderzucker bestreuen.

8. Im Backofen (E: 175° C, G: 2) 30–35 Minuten überbacken.

Pflaumenkuchen mit Mandelguß

Teig:
125 g Butter oder Margarine
125 g Zucker
3 Eigelb
2 TL Backpulver
250 g Mehl
Belag:
500 g entkernte Pflaumen
Guß:
3 Eiweiß
150 g Zucker
2 EL Stärkemehl
120 g gemahlene Mandeln
½ TL Zimt
abgeriebene Zitronenschale
von 1 ungespritzten Zitrone
20 g gestiftelte Mandeln
Außerdem:
Fett für die Form

Backzeit: insgesamt etwa
40 Minuten
Schaltung: E: 225° C/175° C,
G: 4/2

1. Die Butter oder Margarine mit dem Zucker und Eigelb schaumig rühren und das mit Backpulver vermischte Mehl darunterkneten.

2. ⅔ des Teigs auf dem Boden einer gefetteten Springform ausrollen und das letzte Drittel als Rand rundherumlegen.

3. Den Boden mehrmals mit einer Gabel einstechen und den Kuchen im vorgeheizten Ofen (E: 225°C, G: 4) etwa 10 Minuten blind backen.

4. Danach die Pflaumen auf den Tortenboden legen.

5. Das Eiweiß sehr steif schlagen und den Zucker dabei einrieseln lassen.

6. Das Stärkemehl, die gemahlenen Mandeln, den Zimt und die abgeriebene Zitronenschale unterheben und die Masse über den Pflaumen verteilen.

7. Die gestiftelten Mandeln darüberstreuen und den Kuchen sofort im vorgeheizten Ofen (E: 175°C, G: 2) in etwa 30 Minuten fertigbacken.

Aprikosenkuchen mit Mandeln

Teig:
200 g Mehl
1 TL Backpulver
1 Ei
100 g Butter oder Margarine
70 g Zucker
1 P. Vanillinzucker
Belag:
750 g Magerquark
150 g Zucker
3 Eier
¼ l Milch
1 P. Vanillepuddingpulver
3 Tropfen Zitrone-Backaroma
1 Dose Aprikosen
40 g gehackte Mandeln

Backzeit: insgesamt etwa 75 Minuten
Schaltung: E: 220°C / 170–190°C, G: 4/2–3

1. Aus den Teigzutaten einen Mürbeteig herstellen wie in der Arbeitsanleitung beschrieben.

2. Mit dem Teig eine Springform auskleiden, ½ Stunde kühl stellen und dann im vorgeheizten Ofen (E: 220°C, G: 4) etwa 15 Minuten blind backen.

3. Quark, Zucker, Zitrone-Backaroma, Eigelbe, Milch und Vanillepuddingpulver in eine Schüssel geben und kräftig glattrühren.

4. Zum Schluß das steif geschlagene Eiweiß unterheben.

5. Die Käsecreme auf dem gebackenen Boden verteilen und glattstreichen.

6. Die Aprikosen gut abtropfen lassen und den Rand der Torte damit belegen. In die Mitte die gehackten Mandeln streuen.

7. Im vorgeheizten Ofen (E: 170–190°C, G: 2–3) etwa 60 Minuten fertigbacken.

8. Nach dem Backen die Torte sofort vom Springformrand lösen, sie jedoch in der Form im Ofen bei etwas geöffneter Tür auskühlen lassen.

Pflaumenkuchen mit Baiser

Teig:
150 g Mehl
1 Msp. Backpulver
50 g Zucker
1 Eigelb
2 EL Wasser
100 g saure Sahne
Belag:
500 g Pflaumen
4 EL gehackte Haselnüsse
200 g Apfelmus
50 g Rosinen
Saft und Schale von
1 ungespritzten Zitrone
Baiser:
2 Eiweiß
1 P. Vanillinzucker
100 g Zucker
Außerdem:
Fett für die Form

Backzeit: insgesamt 30–35 Minuten
Schaltung: E: 200° C, G: 3

1. Aus den Teigzutaten einen Mürbeteig herstellen wie in der Arbeitsanleitung beschrieben. Den Teig 30 Minuten kalt stellen.

2. Die Pflaumen waschen, halbieren und entkernen.

3. Den Mürbeteig in eine gefettete Springform geben, den Teig glattstreichen und einen Rand hochdrücken.

4. Die gehackten Haselnüsse auf den Boden streuen, das Apfelmus darüberstreichen und die Pflaumen darauf verteilen.

5. Die Rosinen mit dem Saft und der Zitronenschale vermischen und über die Pflaumen streuen.

6. Den Kuchen im vorgeheizten Ofen (E: 200° C, G: 3) 20 Minuten backen.

7. Inzwischen das Eiweiß sehr steif schlagen und den Vanillinzucker sowie den Zucker einrieseln lassen.

8. Die Baisermasse in einen Spritzbeutel geben und über den vorgebackenen Kuchen spritzen.

9. Danach 10–15 Minuten bei gleicher Hitze überbacken.

Mein Tip

Ist der Teig zu weich geworden, kein Mehl unterarbeiten, er wird sonst beim Ausrollen brüchig. In diesem Fall den Teig noch einmal kalt stellen – eventuell ins Tiefkühlfach – und erst danach verwenden.

Einfrieren:
Mürbeteig läßt sich roh gut einfrieren, sollte aber nicht länger als 3 Monate gelagert werden. Fertige Mürbeteigkuchen werden möglichst frisch gebacken eingefroren.

Pflaumenkuchen mit Baiser ▷

Tarte Lorraine aux Framboises

Faire fondre le
dans le lait à feu doux. Battre
une cuillerée à
de sucre. l'œuf
Ajouter la
farine, la crème
reste de la
beurre, le
tiède.
Verser la pâte
moule à tarte;
Poser les framboises dessus.
Saupoudrer de sucre.
Cuire à four moyen
40 à 45 mn.

Gestürzter Apfelkuchen
(Tarte Tatin)

Teig:

125 g Mehl

1 Msp. Backpulver

50 g Butter oder Margarine

25 g Zucker

1 Prise Salz

1 Eigelb

2 EL kaltes Wasser

Belag:

1 kg säuerliche Äpfel

(Boskop)

120 g Butter

120 g Zucker

Backzeit: etwa 35 Minuten
Schaltung: E: 225°C, G: 4

1. Einen Mürbeteig herstellen wie in der Arbeitsanleitung beschrieben und diesen 30 Minuten kalt stellen.

2. Die Äpfel schälen, das Kerngehäuse entfernen und die Äpfel in Scheiben schneiden.

3. Eine feuerfeste Pieform auf die Herdplatte stellen und die Butter darin schmelzen lassen.

◁ Gestürzter Apfelkuchen

4. Den Zucker dazugeben und karamelisieren lassen, dabei ab und zu umrühren.

5. Die Apfelscheiben in die Pieform legen und im vorgeheizten Ofen (E: 225°C, G: 4) 5 Minuten vorbacken.

6. Inzwischen den Teig in Größe der Pieform ausrollen.

7. Den Teig vorsichtig über die Äpfel legen und an mehreren Stellen mit der Gabel einstechen.

8. Den Kuchen nun noch etwa 30 Minuten bei gleicher Hitze backen.

9. Danach sofort herausnehmen und auf einen glatten Teller stürzen.

Kiwikuchen

Teig:

200 g Mehl

1 TL Backpulver

1 Ei, 50 g Zucker

1 P. Vanillinzucker

1 Prise Salz

100 g Butter oder Margarine

Belag:

4 Kiwifrüchte

1 Banane

1 Gläschen Rum

1 P. Vanillinzucker

1 P. klarer Tortenguß

2 EL Zucker

Außerdem:

Semmelbrösel für die Form

Backzeit: 15–20 Minuten
Schaltung: E: 175°C, G: 2

1. Aus den Teigzutaten einen Mürbeteig herstellen wie in der Arbeitsanleitung beschrieben und diesen 30 Minuten kalt stellen.

2. Den Teig in eine mit Semmelbröseln ausgestreute Springform geben, glattstreichen und einen Rand hochdrücken.

3. Im vorgeheizten Ofen (E: 175°C, G: 2) 15–20 Minuten backen.

4. Kiwis und Banane schälen, in Scheiben schneiden, auf dem Boden verteilen. Mit Rum beträufeln und mit Vanillinzucker bestreuen.

5. Den Tortenguß mit Zucker und ¼ l Wasser nach Anweisung bereiten und die Früchte damit beziehen.

Gedeckter Apfelkuchen

Teig:
300 g Mehl
100 g Zucker, 1 Ei
1 P. Vanillinzucker
1 EL Milch
200 g Butter
Füllung:
750 g Äpfel
50 g Zucker
je 50 g Rosinen
und Korinthen
1 Zitrone
Guß:
150 g Puderzucker
1 EL Zitronensaft
1 EL gebräunte
gehackte Mandeln

Backzeit: etwa 45 Minuten
Schaltung: E: 200°C, G: 3

1. Einen Mürbeteig herstellen wie in der Arbeitsanleitung beschrieben und 30 Minuten kalt stellen.

2. ⅓ vom Teig für den Deckel zurückbehalten. Aus ⅓ Teig einen Teigboden ausrollen und in eine Springform legen.

3. Aus dem Rest eine fingerdicke Rolle formen, an den Springformrand drücken und den Teig (E: 200°C, G: 3) etwa 15 Minuten blind vorbacken.

4. Dünne Apfelscheiben mit Zucker, Rosinen und Korinthen vermischen und mit Zitronensaft beträufeln. Alles in die Form geben.

5. Einen Teigdeckel ausrollen, auf die Füllung legen, mit einer Gabel einstechen und im vorgeheizten Ofen (E: 200°C, G: 3) etwa 30 Minuten auf mittlerer Schiene backen.

6. Mit einem Guß aus Puderzucker und Zitronensaft bestreichen und mit Mandeln bestreuen.

Brombeerkuchen

Teig:
250 g Mehl
2 TL Backpulver
1 Ei, 120 g Zucker
1 P. Vanillinzucker
1 Prise Salz
125 g Butter oder Margarine
Belag:
750 g Brombeeren
75 g gemahlene Mandeln
75 g Zucker
Zum Bestreichen:
1 Eigelb

Backzeit: 20–30 Minuten
Schaltung: E: 200°C, G: 3

1. Aus den Teigzutaten einen Mürbeteig herstellen wie in der Arbeitsanleitung beschrieben und diesen 30 Minuten kaltstellen.

2. Eine Springform mit ⅔ des Teigs auslegen.

3. Die Brombeeren vorsichtig waschen und abtropfen lassen.

4. Die gemahlenen Mandeln über den Tortenboden streuen, die Brombeeren daraufgeben und mit Zucker bestreuen.

5. Den restlichen Teig ausrollen, mit einem Backrädchen in Streifen schneiden und gitterförmig über die Brombeeren legen.

6. Mit verquirltem Eigelb bestreichen und im vorgeheizten Ofen (E: 200°C, G: 3) 20–30 Minuten backen.

Birnenkuchen „Belle Hélène"

Teig:
200 g Mehl
75 g Zucker
1 P. Vanillinzucker
100 g Butter
abgeriebene Schale
von ½ ungespritzten Zitrone
1 Prise Salz
1 Ei
1 TL Backpulver
Belag:
1–2 Gläser Williamsbirnen
200 g Kuvertüre
40 g blättrig geschnittene
Mandeln
1 EL Butter
Außerdem:
Fett für die Form

Backzeit: etwa 10 Minuten
Schaltung: E: 220°C, G: 4

1. Aus den Teigzutaten einen Mürbeteig herstellen wie in der Arbeitsanleitung beschrieben und diesen 30 Minuten kalt stellen.

2. Eine gefettete Tortenform damit auskleiden und im vorgeheizten Ofen (E: 220°C, G: 4) etwa 10 Minuten blind backen.

3. Die Birnen gut abtropfen lassen und den Tortenboden dick damit belegen.

4. Die Kuvertüre im Wasserbad auflösen und über die Birnen streichen.

5. Die Mandeln in der Butter etwas anrösten, auf Küchenpapier abtropfen lassen und über die noch weiche Kuvertüre streuen.

Pfirsich-Streusel-Kuchen

Teig:
200 g Mehl
50 g Zucker
1 P. Vanillinzucker
100 g Butter
1 Ei
Belag:
1 Dose Pfirsiche
Streusel:
150 g Mehl
100 g Zucker
1 P. Vanillinzucker
100 g Margarine
½ Zitrone

Backzeit: insgesamt etwa 35 Minuten
Schaltung: E: 200/220°C, G: 3/4

1. Aus den Teigzutaten einen Mürbeteig herstellen wie in der Arbeitsanleitung beschrieben und diesen 30 Minuten kalt stellen.

2. Den Teig ausrollen, eine mittelgroße Springform damit auslegen und etwa 15 Minuten blind vorbacken (E: 200°C, G: 3).

3. Gut abgetropfte Pfirsiche in Spalten schneiden und auf dem Kuchen verteilen

4. Für die Streusel Mehl, Zucker und Vanillinzucker vermischen, zerlassene Margarine und Zitronensaft hinzufügen und erst mit der Gabel, dann mit den Händen zu Streuseln verarbeiten.

5. Über die Früchte streuen und noch etwa 20 Minuten backen (E: 220°C, G: 4).

Apfel-Sahne-Kuchen

Teig:

250 g Mehl

125 g Zucker

1 Ei

150 g Margarine oder Butter

Belag:

7–8 saure Äpfel

Saft von 1 Zitrone

150 g Margarine oder Butter

125 g Zucker

1 Ei

Schale von 1

ungespritzten Zitrone

100 g Mehl

¼ l Sahne

Zum Bestreuen:

1 EL Zucker

100 g Mandeln

Backzeit: etwa 60 Minuten
Schaltung: E: 175–200°C,
G: 2–3

1. Aus den Teigzutaten einen Mürbeteig kneten. 30 Minuten kalt stellen.

2. ⅔ des Teigs auf dem Boden einer Springform ausrollen. Den restlichen Teig etwa 3 cm am Formenrand hochziehen.

3. Die Äpfel schälen, vierteln, das Kerngehäuse herausschneiden und mit dem Zitronensaft beträufeln.

4. Die Apfelviertel kranzförmig dicht nebeneinander in die Springform legen.

5. Dann das Fett, den Zucker, das Ei und die abgeriebene Zitronenschale schaumig rühren. Das Mehl hinzufügen und kurz unterrühren.

6. Die Sahne steif schlagen und unter den Teig heben.

7. Die Masse auf die Äpfel geben und gleichmäßig verteilen. Mit dem Zucker und den Mandeln bestreuen.

8. Im vorgeheizten Backofen (E: 175–200°C, G: 2–3) etwa 60 Minuten backen. In der Form erkalten lassen, erst dann herausnehmen.

Ananas-Trauben-Kuchen

Teig:

250 g Mehl

1 TL Backpulver

125 g Margarine

65 g Zucker

1 Prise Salz, 1 Ei

Belag:

3 Eigelb

150 g Zucker

1 Scheibe Ananas aus der Dose

1 EL Zitronensaft

375 g grüne Trauben

5 Scheiben Ananas

3 Eiweiß

50 g Mehl

1 Msp. Backpulver

100 g Kokosraspeln

Zum Bestäuben:

Puderzucker

Backzeit: insgesamt etwa
75 Minuten
Schaltung: E: 200°C/175°C,
G: 3/2

1. Aus den Teigzutaten einen Mürbeteig herstellen wie in der Arbeitsanleitung beschrieben und diesen 30 Minuten kalt stellen.

2. Eine Tortenform damit auskleiden und im vorgeheizten Ofen (E: 200°C, G: 3) etwa 15 Minuten vorbacken.

3. Die Trauben waschen, von den Stielen zupfen und die Schalen abziehen.

4. Die Ananasscheiben auf ein Sieb zum Abtropfen geben.

5. Die Eigelbe mit dem Zucker dickschaumig rühren, dann 1 Scheibe Ananas fein würfeln und zusammen mit dem Zitronensaft darunterrühren.

6. Das Eiweiß sehr steif schlagen und auf die Eigelbmasse gleiten lassen.

7. Das Mehl mit dem Backpulver mischen und zusammen mit den Kokosraspeln auf das Eiweiß geben.

8. Alles vorsichtig unterheben und die Masse auf den vorgebackenen Boden streichen.

9. Die Ananasscheiben und die Weinbeeren darauf verteilen und bei 175°C (G: 2) 50–60 Minuten fertigbacken.

10. Vor dem Servieren mit Puderzucker bestäuben.

Schwedischer Apfelkuchen

Teig:
180 g Mehl
140 g Butter
140 g Zucker
3 Eigelb
Füllung:
8 Äpfel
Saft und Schale von
1 ungespritzten Zitrone
3 EL Zucker
½ Tasse Weißwein oder
Apfelsaft
Belag:
70 g Hagebuttenkonfitüre
100 g Zucker
3 Eiweiß

Backzeit: insgesamt 40 Minuten
Schaltung: E: 220°C, G: 4

1. Das Mehl, die Butter, den Zucker und die Eigelbe verkneten.

2. ⅓ abteilen, ⅔ des Teigs auf dem Boden einer Springform ausrollen.

3. Den Rest 3 cm am Springformrand hochziehen.

4. Den Teig im vorgeheizten Backofen (E: 220°C, G: 4) etwa 20 Minuten blind backen.

5. Inzwischen die Äpfel schälen, das Kerngehäuse entfernen und in Spalten schneiden.

6. Zusammen mit der Zitronenschale, dem Zitronensaft und Zucker in Wein oder Apfelsaft weichkochen und durch ein Sieb streichen.

7. Nach dem Backen auf den Kuchen geben.

8. Für den Belag die Hagebuttenkonfitüre und den Zucker schaumig rühren.

9. Das Eiweiß steif schlagen und unter die Konfitüre ziehen.

10. Den Belag auf den Kuchen geben und alles weitere 20 Minuten bei gleicher Temperatur backen.

Apfel-Ingwer-Kuchen

Teig:
250 g Mehl
100 g Margarine
50 g Zucker
1 Prise Salz
1 Ei
½ TL Backpulver
Belag:
500 g grüne Äpfel
50 g Zucker
75 g gezuckerter Ingwer
50 g Rosinen
1 EL Zimt
Zum Bestreichen:
1 Eigelb
3 EL Hagelzucker

Backzeit: etwa 25 Minuten
Schaltung: E: 175° C, G: 2

1. Einen Mürbeteig nach der Arbeitsanleitung herstellen und 30 Minuten kalt stellen.

2. Danach den Teig ausrollen und 2 Platten in Größe der Springform ausschneiden. Eine Platte als Boden hineinlegen.

3. Die Äpfel schälen, vom Kerngehäuse befreien und in Spalten schneiden.

4. In wenig Wasser knapp gar ziehen lassen. Zucker, feingeschnittenen Ingwer, Rosinen und Zimt dazugeben, kurz mitdünsten und kalt stellen.

5. Die Apfelmasse auf dem Boden verteilen und den Teigdeckel darauflegen.

6. Mit verquirltem Eigelb bestreichen und mit Hagelzucker bestreuen.

7. Im vorgeheizten Ofen (E: 175° C, G: 2) etwa 25 Minuten backen.

Apfelkuchen ohne Mehl

Teig:
6 Eier
250 g Zucker
75 g Grieß
1 EL Kakao
300 g Äpfel
125 g gemahlene Haselnüsse
Verzierung:
3 EL Quittengelee
200 g Blockschokolade
einige Haselnüsse
Außerdem:
Fett für die Form

Backzeit: etwa 45 Minuten
Schaltung: E: 200° C, G: 3

1. Die Eier trennen und die Eigelbe mit der Hälfte des Zuckers sehr schaumig schlagen.

2. Den Grieß und Kakao unter ständigem Rühren einfließen lassen.

3. Die Äpfel dünn schälen, vierteln und das Kerngehäuse entfernen.

4. Die Apfelviertel reiben und mit den Haselnüssen unter den Teig rühren.

5. Das Eiweiß sehr steif schlagen und den restlichen Zucker einrieseln lassen. Die Eiweißmasse vorsichtig unter die anderen Zutaten heben.

6. Den Teig in eine gefettete Springform füllen und im vorgeheizten Ofen (E: 200°C, G: 3) etwa 45 Minuten backen.

7. Den Kuchen auf ein Kuchengitter stürzen und auskühlen lassen.

8. Das Quittengelee mit etwas heißem Wasser glattrühren und den Kuchen damit bestreichen.

9. Die Schokolade im Wasserbad schmelzen und den Kuchen damit überziehen.

10. Mit Haselnüssen garnieren.

Birnenkuchen

Teig:
240 g Mehl
1 gestrichener TL Zimt
60 g gehackte Walnüsse
120 g Zucker
1 P. Vanillinzucker
1 Prise Salz, 1 Ei
1 EL Wasser
150 g Butter oder Margarine
Obstfüllung:
6 mittelgroße Williamsbirnen
Zuckerwasser
Cremefüllung:
1 P. Zitronencreme
3 Blatt weiße Gelatine
1/4 l Sahne

Backzeit: 20–25 Minuten
Schaltung: E: 200°C, G: 3

1. Aus den Teigzutaten einen Mürbeteig herstellen wie in der Arbeitsanleitung beschrieben und diesen 30 Minuten kalt stellen.

2. Die geschälten, halbierten Birnen im Zuckerwasser halb weich garen, auf einem Sieb abtropfen lassen.

3. Mit 1/3 des Teigs den Springformboden auslegen.

4. Die Hälfte des übrigen Teigs für die Teigdecke ausrollen und in der Mitte ein etwa 10 cm großes Stück ausstechen.

5. Den restlichen Teig zu einer dünnen Rolle verkneten und um den Teigboden legen. Mit zwei Fingern den Teig dünn am Springformrand hochdrücken.

6. Birnen auf den Teig verteilen, die Decke über die Birnen legen und den Kuchen im vorgeheizten Ofen (E: 200°C, G: 3) 20–25 Minuten auf unterer Schiene backen.

7. Inzwischen die Creme nach Anweisung auf der Packung bereiten.

8. Sowie die Masse zu erkalten beginnt, die aufgelöste Gelatine und 2/3 der geschlagenen Sahne unterziehen.

9. Die Creme in einer kalt ausgespülten Kuppelschüssel (10 cm Durchmesser) erstarren lassen und anschließend in die Mitte des ausgekühlten Kuchens stürzen.

10. Mit der restlichen Sahne kleine Tupfen an den Cremerand spritzen.

Karamel-Aprikosen-Kuchen

Teig:
100 g Butter oder Margarine
200 g Zucker
1 Prise Salz, ¼ l Sahne
300 g Corn-flakes
Belag:
½ Glas Aprikosenkonfitüre
1 EL Amaretto
1 kg frische Aprikosen
200 g Zucker
Außerdem:
Backpapier

Backzeit: 10 Minuten
Schaltung: E: 200°C, G: 3

1. Eine Springform ganz mit Backpapier auskleiden.

2. Die Butter oder Margarine in einer Pfanne zerlassen, den Zucker hineinrühren und hellbraun karamelisieren lassen.

3. Die Sahne dazugießen und die Corn-flakes unterheben.

4. Diese Masse ganz langsam einkochen lassen. Wenn sie noch streichfähig ist, in die vorbereitete Springform streichen und einen kleinen Rand hochdrücken.

5. Im vorgeheizten Backofen (E: 200°C, G: 3) etwa 10 Minuten backen.

6. Die Aprikosenkonfitüre erhitzen, durch ein Sieb streichen und mit dem Amaretto verrühren. Dünn auf den Tortenboden streichen.

7. Die Aprikosen in etwas kochendem Wasser ziehen lassen, dann schälen und halbieren. Die Kerne entfernen.

8. Die Aprikosen dicht an dicht auf den Teig legen.

9. Den Zucker mit 75 ml Wasser mischen und bei schwacher Hitze auflösen. Danach etwa 8 Minuten bei mittlerer Hitzezufuhr leicht kochen lassen, ohne umzurühren.

10. Ist die Zuckermasse goldbraun, über die Aprikosen gießen und mit einem Löffel kreuz und quer Fäden ziehen.

11. Den Kuchen sofort nach dem Zubereiten servieren, da der Boden weich wird, wenn er lange steht.

Birnenwähe

Teig:
250 g Mehl
100 g Butter oder Margarine
1 Msp. Salz
3–4 EL kaltes Wasser
Belag:
3 EL Honig
100 g gemahlene Haselnüsse
1 kg Birnen
1 Zitrone
Guß
150 g saure Sahne
2 Eier
1 EL Stärkemehl
2 EL Zucker
1 TL gemahlener Zimt
2 EL Birnenschnaps
Zum Bestreichen:
3 EL Aprikosenkonfitüre
1 EL Birnenschnaps

Backzeit: 45–60 Minuten
Schaltung: E: 200°C, G: 3

1. Aus den Teigzutaten einen Mürbeteig herstellen und diesen 30 Minuten kalt stellen.

2. Eine Pizza- oder Wähenform ausfetten und mit dem dünn ausgerollten Teig auslegen. Den Teigboden einige Male mit einer Gabel einstechen.

3. Im vorgeheizten Backofen (E: 200°C, G: 3) 15–20 Minuten vorbacken.

4. Dann den Boden dünn mit Honig bestreichen und mit gemahlenen Haselnüssen bestreuen.

5. Die Birnen schälen, halbieren und die Kerngehäuse herausschneiden.

6. Die Birnen in Spalten schneiden und den Teigboden kreisförmig damit belegen. Zitronensaft darüberträufeln.

7. Für den Guß die saure Sahne mit den Eiern, dem Stärkemehl, Zucker, Zimt und dem Birnenschnaps verquirlen.

8. Über die Birnen gießen und den Kuchen in 30–40 Minuten fertigbacken (E: 200°C, G: 3).

9. Die Aprikosenkonfitüre mit Birnenschnaps glattrühren und über die Birnenwähe pinseln, wenn diese aus dem Backofen genommen wird.

Stachelbeer-Mandel-Kuchen

Teig:
120 g Butter oder Margarine
75 g Zucker, 1 Prise Salz
4 Eigelb, 120 g Mehl
1 TL Backpulver
2 EL Milch
Belag:
4 Eiweiß
180 g Zucker
150 g Mandelblättchen
Füllung:
1 Glas Stachelbeeren
1 P. weiße Gelatine
½ l Sahne
Außerdem:
Fett für die Form

Backzeit: pro Boden etwa 10 Minuten
Schaltung: E: 200°C, G: 3

1. Aus den Teigzutaten einen Mürbeteig herstellen wie in der Arbeitsanleitung beschrieben. Den Teig 30 Minuten kalt stellen.

2. Danach die Hälfte des Teigs in eine gefettete Springform füllen.

3. 2 Eiweiß steif schlagen und die Hälfte des Zuckers einrieseln lassen.

4. Die Baisermasse auf den Teig streichen und die Hälfte der Mandelblättchen darüber streuen.

5. Im vorgeheizten Backofen (E: 200°C, G: 3) etwa 10 Minuten backen.

6. Mit dem restlichen Teig und Belag ebenso verfahren.

7. Die Stachelbeeren abtropfen lassen und den Saft auffangen.

8. Die Gelatine in ¼ l Stachelbeersaft auflösen und halbfest werden lassen.

9. Dann die Stachelbeeren und die geschlagene Sahne unterziehen. Die Creme fest werden lassen.

10. Einen Boden mit der Stachelbeercreme bestreichen.

11. Den 2. Boden in 12 Tortenstücke schneiden und über die Creme legen.

Rhabarber-Erdbeerkuchen

Teig:
100 g gehackte Haselnußkerne
2 P. Vanillinzucker
175 g Mehl
100 g kernige Haferflocken
100 g Zucker
200g Butter oder Margarine
1 Prise Salz
1 ungespritzte Zitrone
2 Eier

Belag:
1 kg Rhabarber
1/8 l Weißwein
150 g Zucker
6 Blatt Gelatine
1 kg Erdbeeren
1 Glas Johannisbeergelee

Außerdem:
Fett für das Backblech

Backzeit: 25–30 Minuten
Schaltung: E: 200°C, G: 3

1. Die Haselnußkerne mit dem Vanillinzucker, dem Mehl, den Haferflocken und dem Zucker in eine Schüssel geben.

2. Die Butter oder Margarine in Flöckchen geschnitten dazugeben, ebenso das Salz, die abgeriebene Zitronenschale und die Eier.

3. Diese Zutaten zu einem glatten Teig verarbeiten und diesen 2 Stunden kalt stellen.

4. Den Rhabarber waschen, putzen und in etwa 5 cm lange Stücke schneiden.

5. Den Wein mit 1/8 l Wasser und dem Zucker zum Kochen bringen und den Rhabarber darin portionsweise kurz dünsten, so daß er weich ist, aber nicht zerfällt.

6. Den Rhabarber auf einem Sieb abtropfen lassen und den Saft auffangen.

7. Die Gelatine in kaltem Wasser einweichen.

8. Inzwischen die Erdbeeren waschen, die Stiele abzupfen und die großen Früchte halbieren.

9. Den Teig auf einer bemehlten Arbeitsfläche ausrollen und auf ein gefettetes Backblech legen, dabei einen Rand hochdrücken.

10. Im vorgeheizten Backofen (E: 200°C, G: 3) 25–30 Minuten backen.

11. Nach dem Backen den Teigboden sofort mit etwas Johannisbeergelee bestreichen.

12. Das restliche Johannisbeergelee zum Rhabarbersaft geben und auf 400 ml einkochen lassen.

13. Die Gelatine dazugeben und darin unter Rühren auflösen. Die Creme kühl stellen, bis sie anfängt fest zu werden.

14. Den Kuchenboden mit den Erdbeeren und dem Rhabarber belegen.

15. Den Rhabarber-Johannisbeerguß, kurz bevor er fest ist mit einem Pinsel mehrmals über die Früchte streichen.

Mirabellenkuchen mit Guß

Teig:
150 g Mehl
1 TL Backpulver
1 Ei, 50 g Zucker
1 P. Vanillinzucker
1 Prise Salz
80 g Butter oder Margarine
Belag:
750 g Mirabellen
Guß:
2 Eiweiß
50 g Zucker
3 EL blättrig geschnittene
Mandeln
Außerdem:
Fett für die Form

Backzeit: 40–50 Minuten
Schaltung: E: 175° C, G: 2

1. Einen Mürbeteig herstellen wie in der Arbeitsanweisung beschrieben und diesen 30 Minuten kalt stellen.

2. Eine Springform einfetten und mit dem Teig auskleiden.

3. Die Mirabellen waschen, entkernen und auf den Teigboden legen.

4. Das Eiweiß zu festem Schnee schlagen, Zucker einrieseln lassen und die Mandeln unterheben. Die Masse über die Mirabellen verteilen und im vorgeheizten Ofen (E: 175°C, G: 2) 40–50 Minuten backen.

Stachelbeerkuchen

Teig:
250 g Mehl
1 Msp. Backpulver
125 g Butter
80 g Zucker
2 Eigelb
abgeriebene Schale
von ½ ungespritzten Zitrone
Creme:
¼ l Stachelbeersaft
1 gestrichener EL Stärkemehl
1 Eigelb
75 g Zucker
1 P. Vanillinzucker
Belag:
1 Dose Stachelbeeren
3 Eiweiß
150 g Zucker

Backzeit: etwa 20 Minuten
Schaltung: E: 200° C, G: 3

1. Einen Mürbeteig bereiten wie in der Arbeitsanleitung beschrieben und 30 Minuten kalt stellen.

2. Die Stachelbeeren abtropfen lassen.

3. Stärkemehl, Eigelb, Zucker und Vanillinzucker mit etwas Saft verrühren.

4. Den restlichen Saft zum Kochen bringen, die angerührten Zutaten dazufügen und zu einer Creme kochen.

5. Den Teig ausrollen, in eine Springform oder eine kunststoffbeschichtete, rechteckige Backform geben.

6. Im vorgeheizten Ofen (E: 200°C, G: 3) etwa 20 Minuten backen.

7. Die Creme auf den Kuchen streichen und die Früchte hineindrücken.

8. Das Eiweiß mit dem Zucker sehr steif schlagen und darübergeben. Mit einem Eßlöffel glattstreichen und verzieren. Im Grill oder Backofen leicht überbräunen.

Rhabarberkuchen

Teig:

200 g Mehl

1 TL Backpulver

100 g Zucker

1 P. Vanillinzucker

1 EL Zitronensaft

2 Eier

75 g Butter

1 Obstkuchenoblate

Belag:

1 kg Rhabarber

150 g Zucker

1 P. Gelatine

1 P. Vanillepuddingpulver

½ l Milch

2 EL Zucker

1 Ei

80 g blättrig geschnittene Mandeln

15 g Butter

Backzeit: 15–20 Minuten
Schaltung: E: 225°C, G: 4

1. Aus den Teigzutaten einen Mürbeteig herstellen wie in der Arbeitsanleitung beschrieben und diesen 30 Minuten kalt stellen.

2. Etwa ⅔ des Teigs auf einem Springformboden ausrollen. Den restlichen Teig zu einer Rolle formen und am Springformrand etwa 2–3 cm hoch andrücken.

3. In den Rand nach Belieben mit der stumpfen Messerseite Zacken eindrücken.

4. Den Boden mehrmals mit einer Gabel einstechen und im vorgeheizten Ofen (E: 225°C, G: 4) 15–20 Minuten blind backen.

5. Nach dem Backen den Boden auskühlen lassen und mit einer Obstkuchenoblate belegen, damit die Füllung nicht durchweicht.

6. Den Rhabarber putzen und in etwas Wasser mit dem Zucker gar, aber nicht zu weich kochen.

7. Inzwischen die Gelatine nach Vorschrift aufweichen und unter die Rhabarbermasse rühren.

8. Diese auskühlen lassen und dann auf dem Tortenboden glattstreichen.

9. Den Vanillepudding mit Milch und Zucker nach Anleitung auf der Packung zubereiten und das Ei hineinrühren.

10. Während des Auskühlens den Pudding ab und zu umrühren, damit sich keine Haut bildet. Nach dem Auskühlen den Pudding auf den Rhabarber streichen.

11. Die Mandelblättchen goldbraun in der Butter rösten und auf Küchenkrepp auskühlen und abtropfen lassen. Danach die Torte damit bestreuen.

Französischer Apfelkuchen

Belag:
1 kg saure Äpfel
Saft von 1 Zitrone
1 Msp. Zimt
2 EL. grober Zucker
Teig:
75 g Butter oder Margarine
75 g Zucker
1 P. Vanillinzucker
2 Eier, 110 g Mehl
30 g Stärkemehl
½ TL Backpulver
Guß:
5–6 EL Quittengelee
Außerdem:
Fett für die Form

Backzeit: etwa 45 Minuten
Schaltung: E: 200°C, G: 3

1. Die Äpfel schälen, in Scheiben schneiden und mit dem Zitronensaft beträufeln, damit sie nicht braun werden. Mit Zucker und Zimt bestreuen.

2. Das Fett mit dem Zucker, Vanillinzucker und den Eiern schaumig rühren.

3. Wenn die Masse recht schaumig ist, das Mehl, vermischt mit Stärkemehl und Backpulver, dazugeben.

4. Alles gut verrühren und den Teig in eine gefettete Springform oder Tortenform geben.

5. Die Apfelscheiben auf dem Tortenboden verteilen und im vorgeheizten Ofen (E: 200°C, G: 3) etwa 45 Minuten backen.

6. Den heißen Kuchen mit Quittengelee überziehen.

Herbstlicher Traubenkuchen

Teig:
200 g Mehl
1 EL Zucker
150 g Butter oder Margarine
1 Prise Salz, 1 Ei
Belag:
150 g Haselnüsse
¼ l Sahne
100 g Zucker
750 g Weintrauben
Außerdem:
Fett für die Form

Backzeit: insgesamt etwa 65 Minuten
Schaltung: E: 200°C, G: 3

1. Aus den Teigzutaten einen Mürbeteig herstellen und diesen 30 Minuten kalt stellen.

2. Danach den Teig in eine gefettete Springform geben und einen Rand hochziehen.

3. Im vorgeheizten Backofen (E: 200°C, G: 3) etwa 15 Minuten vorbacken.

4. Die Haselnüsse im Backofen auf einem Backblech rösten, bis die Schale abplatzt. Die Schale mit einem Tuch abreiben und die Nüsse grob hacken.

5. Die gehackten Nüsse mit der Sahne und dem Zucker vermengen.

6. Die Weintrauben waschen, von den Stielen zupfen, abtrocknen und auf den Kuchenboden legen.

7. Die Sahne-Nuß-Mischung darübergießen und bei gleicher Hitze noch etwa 40 Minuten backen, bis der Guß karamelisiert ist.

Pfirsichkuchen

Teig:
250 g Mehl, 125 g Butter
80 g Zucker, 1 Ei
1 P. Vanillinzucker

Belag:
4 EL Konfitüre
1 große Dose Pfirsiche
einige Kirschen
1 Scheibe Ananas
1 P. Tortenglasur
50 g Mandelblättchen
etwas Butter

Backzeit: etwa 15 Minuten
Schaltung: E: 220°C, G: 4

1. Aus den angegebenen Zutaten einen Mürbeteig herstellen und 30 Minuten kalt stellen.

2. Den Teig in Größe der Obstbodenform ausrollen. In die Form legen und den Rand mit den Fingern andrücken.

3. Den Boden mit der Gabel einstechen und im vorgeheizten Ofen (E: 220°C, G: 4) etwa 15 Minuten backen.

4. Den Tortenboden mit Konfitüre bestreichen.

5. Die abgetropften Pfirsiche in Spalten schneiden, mit Kirschen und Ananas auf die Konfitüre legen.

6. Mit der zubereiteten Tortenglasur überziehen.

7. Den Rand mit in Butter gebräunten Mandelblättchen belegen.

Bunter Obstkuchen

Teig:
250 g Mehl, 125 g Butter
80 g Zucker, 1 Ei

Belag:
1 P. Vanillepuddingpulver
½ l Milch, etwa 40 g Zucker
50 g gehackte Mandeln
je 125 g grüne und
blaue Weintrauben
2 Bananen, 1 P. Tortenglasur

Außerdem:
Fett für die Form

Backzeit: etwa 10 Minuten
Schaltung: E: 220°C, G: 4

1. Aus den Zutaten einen Mürbeteig herstellen wie in der Arbeitsanleitung beschrieben und diesen 30 Minuten kalt stellen.

2. Den Teig in eine gefettete Obstbodenform legen und im vorgeheizten Ofen (E: 220°C, G: 4) etwa 10 Minuten backen.

3. Einen Vanillepudding kochen, mit Mandeln mischen und abgekühlt auf den Tortenboden streichen.

4. Mit Weintrauben und Bananenscheiben belegen und die Tortenglasur überziehen.

Apfel-Käse-Kuchen

Teig:
200 g Mehl, 50 g Stärkemehl
1 TL Backpulver
1 Ei, 100 g Zucker
1 P. Vanillinzucker
125 g Butter oder Margarine

Belag:
1 kg Äpfel, Saft von 1 Zitrone
150 g Butter oder Margarine
175 g Zucker, 1 P. Vanillinzucker
2 Eier, 750 g Magerquark
75 g Stärkemehl
2 TL Backpulver

Streusel:
100 g Mehl, 50 g Stärkemehl
75 g Zucker, 75 g Butter

Außerdem:
Fett für die Form

Backzeit: insgesamt
70–80 Minuten
Schaltung: E: 175–200°C,
G: 2–3

1. Einen Mürbeteig zubereiten. Den Teig 30 Minuten kalt stellen.

2. In eine Springform geben, einen Rand hochdrücken und etwa 10 Minuten vorbacken (E: 175–200°C, G: 2–3).

3. Die Äpfel schälen, in Viertel schneiden und das Kerngehäuse entfernen. Mit Zitronensaft beträufeln.

4. Das Fett mit dem Zucker, dem Vanillinzucker und den Eiern schaumig rühren. Den glatten Quark und das Stärkemehl, vermischt mit Backpulver, dazugeben und unterrühren.

5. Die Äpfel auf dem vorgebakkenen Kuchen verteilen und den Quark darüberstreichen.

6. Mehl, Stärkemehl, Zucker und Butter zu Streuseln verarbeiten und über die Quarkmasse streuen.

7. Den Kuchen bei gleicher Hitze in 50–60 Minuten backen.

Orangen-Baiser-Torte

Teig:
140 g Mehl
½ TL Salz
85 g Butter oder Margarine
1 Eigelb
Creme:
abgeriebene Schale von
1 ungespritzten Orange
150 g Zucker
Saft von 2 Orangen
30–40 g Stärkemehl
2 Eigelb
2 Eiweiß
Baisermasse:
3 Eiweiß
6 EL Zucker
1 TL Zitronensaft
Außerdem:
Fett für die Form

Backzeit: 15–20 Minuten
Schaltung: E: 225°C, G: 4

1. Aus den Zutaten einen Mürbeteig herstellen wie in der Arbeitsanleitung beschrieben und diesen 30 Minuten kalt stellen.

2. Eine ungefettete Springform mit ⅔ des Teigs auslegen. Vom restlichen Teig eine Rolle formen, an den Teigrand legen und mit zwei Fingern am Formrand hochdrücken.

3. Den Kuchen im vorgeheizten Ofen (E: 225°C, G: 4) 15–20 Minuten auf mittlerer Schiene backen.

4. Für die Creme ¼ l Wasser mit der Orangenschale und dem Zucker aufkochen.

5. Das Stärkemehl mit Orangensaft verquirlen und unter Rühren in die kochende Flüssigkeit geben.

6. Vom Feuer nehmen, das Eigelb mit etwas Creme vermengen und dieses in die nicht zu heiße Creme geben.

7. Eischnee darunterziehen und die erkaltende Creme in den Mürbeteigboden einfüllen.

8. Für die Baisermasse Eiweiß steif schlagen, nach und nach Zucker und Zitronensaft dazugeben.

9. Die feste Masse auf die Creme streichen und kurz unter den Grill schieben.

Gebäck

Schwarz-weiß-Gebäck

Teig:
250 g Mehl
125 g Zucker
125 g Butter
1 Ei, 1 Prise Salz
2 P. Vanillinzucker
2 EL Kakao
1 EL Zucker
1 EL Milch
Zum Bestreichen:
2 Eiweiß
Außerdem:
Mehl zum Ausrollen
Fett für das Blech

Backzeit: 10–12 Minuten
Schaltung: E: 180°C, G: 2

1. Aus Mehl, Zucker, Butter, Ei, Salz und Vanillinzucker einen Mürbeteig zubereiten.

2. Den Teig halbieren und die eine Hälfte in Alufolie verpackt etwa 3 Stunden in den Kühlschrank legen.

3. Die andere Hälfte mit dem Kakao, Zucker und der Milch verkneten und ebenfalls für etwa 3 Stunden kühl stellen.

4. Die beiden Teigplatten auf einer bemehlten Arbeitsfläche etwa ½ cm dick ausrollen.

5. Die beiden Teigplatten mit einem scharfen Messer rechteckig in gleicher Größe zuschneiden, damit sie aufeinanderpassen.

6. Die Eiweiße verquirlen und eine Platte damit bestreichen. Die andere darauflegen. Die Platte entsprechend der gewünschten Rollenzahl für die verschiedenen Muster durchschneiden.

7. Nun die Platten nach verschiedenen Mustern aufrollen.

8. Die Teigrollen nochmals durchkühlen lassen und dann etwa ½ cm dicke Scheiben davon abschneiden.

9. Im vorgeheizten Backofen (E: 180°C, G: 2) 10–12 Minuten backen.

Verschiedene Muster

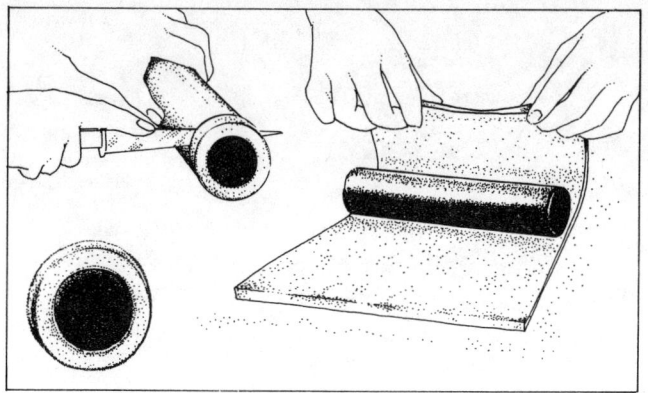

Astscheiben:
Den dunklen Teig zu einer länglichen Rolle formen und den hellen Teig auf bemehlter Arbeitsfläche dünn ausrollen.
Diese Platte mit Eiweiß bestreichen und die dunkle Rolle darin einwickeln. Die Ränder fest zusammendrücken. In Scheiben schneiden.

Zebrastreifen:
Die Teighälften auf bemehlter Arbeitsfläche dünn ausrollen und in etwa 3 cm breite Streifen schneiden.
Abwechselnd die mit Eiweiß bestrichenen Streifen übereinandersetzen und von diesem nun entstandenen Block Scheiben abschneiden.

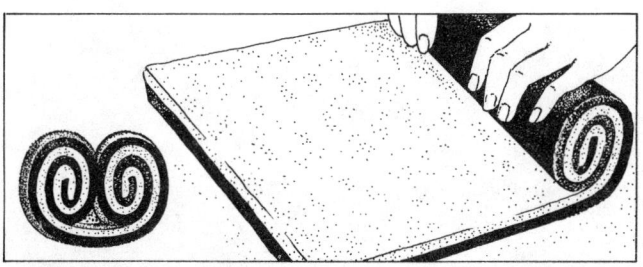

Schweinsöhrchen:
Beide Teighälften gleichmäßig auf bemehlter Arbeitsfläche ausrollen, mit Eiweiß bestreichen, aufeinanderlegen, von jeder Seite zur Mitte hin zusammenrollen und in Scheibchen schneiden.

Pflaumentaschen

Teig:

250 g Mehl

125 g Margarine

70 g Zucker

1 Ei

1 P. Vanillinzucker

250 g Pflaumen

Zum Bestreichen:

1 Eigelb

Außerdem:

Fett für das Blech

Backzeit: etwa 20 Minuten
Schaltung: E: 225°C, G: 4

1. Aus den Zutaten einen Mürbeteig herstellen wie in der Arbeitsanleitung beschrieben und diesen 30 Minuten kalt stellen.

2. Den Teig messerrückendick ausrollen. Quadrate von etwa 10 x 10 cm ausradeln.

3. Die Pflaumen entsteinen und je eine Hälfte oder eine ganze Pflaume in die Mitte des Quadrats legen.

4. Eine Ecke des Teigs über die Pflaumen klappen, so daß Dreiecke entstehen, und den Teig andrücken.

5. Die Seiten der Pflaumentaschen mit dem Kuchenrädchen 1 cm tief einritzen.

6. Auf ein gefettetes Blech legen, mit Eigelb bestreichen und im vorgeheizten Ofen (E: 225°C, G: 4) etwa 20 Minuten auf der Mittelschiene backen.

1. *Aus dem Teig Quadrate ausradeln und in die Mitte eine Pflaume (oder Pflaumenmus) geben.*

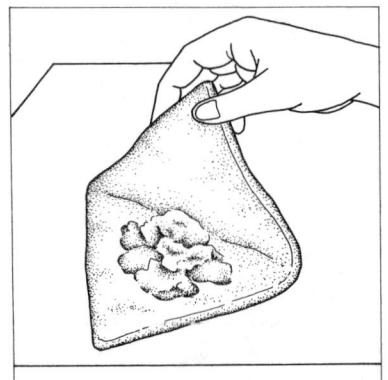

2. *Eine Ecke über die Pflaume ziehen.*

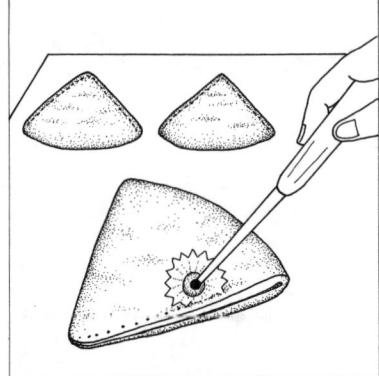

3. *Die Ränder der Dreiecke mit einem Kuchenrädchen etwa 1 cm tief einschneiden.*

Cremeschiffchen

Teig:
125 g Mehl
2 Eigelb
1 Prise Salz
60 g Zucker
60 g Butter oder Margarine
Füllung:
¼ l Milch
20 g Zucker
½ Vanillestange
10 g Stärkemehl
40 g gemahlene Mandeln
3 Eigelb
2 EL Sahne
1 Eiweiß
Zum Bestreichen:
3 EL Aprikosenkonfitüre
1 EL Zitronensaft
Außerdem:
Fett für die Förmchen

Backzeit: etwa 30 Minuten
Schaltung: E: 200°C, G: 3

1. Das Mehl mit den Eigelben, dem Salz, Zucker und der Butter oder Margarine zu einem Mürbeteig verkneten und 30 Minuten durchkühlen lassen.

2. Danach den Teig ausrollen und gefettete Schiffchenformen damit auskleiden. Mehrmals mit einer Gabel einstechen.

3. Für die Creme die Milch mit dem Zucker und der halben aufgeschnittenen Vanillestange aufkochen. Danach die Vanillestange herausnehmen.

4. Das Stärkemehl mit etwas kaltem Wasser anrühren und in die heiße Milch geben, einmal aufkochen lassen.

5. Die gemahlenen Mandeln dazugeben.

6. Die Eigelbe schlagen und mit etwas Creme vermischen, danach in die Creme einrühren und auskühlen lassen.

7. Die Sahne und das Eiweiß steif schlagen und unterheben.

8. Die Schiffchen mit der Creme füllen und im vorgeheizten Ofen (E: 200°C, G: 3) etwa 30 Minuten backen.

9. Die Aprikosenkonfitüre etwas erwärmen, mit dem Zitronensaft verrühren und die Schiffchen damit überziehen.

Vanillebrezeln

Teig:
250 g Mehl
125 g Margarine
100 g Zucker, 1 Ei
2 P. Vanillinzucker
Guß:
150 g Puderzucker
1 EL Zitronensaft
etwas Wasser
Zum Bestreuen:
50 g bunter Streuzucker

Backzeit: 10–15 Minuten
Schaltung: E: 225°C, G: 4

1. Einen Mürbeteig herstellen wie in der Arbeitsanleitung beschrieben.

2. Dünne Rollen formen und zu Brezeln legen. Die Brezeln auf ein Blech legen und im vorgeheizten Ofen (E: 225°C, G: 4) 10–15 Minuten auf mittlerer Schiene backen.

3. Danach mit Guß besprtizen. Dafür gesiebten Puderzucker mit Zitronensaft und Wasser glattrühren.

4. Mit buntem Streuzucker bestreuen.

Sahneküchlein

Teig:
250 g Mehl
200 g Butter oder Margarine
1 Ei, 70 g Zucker
2 EL dicke saure Sahne
Zum Bestreichen:
40 g Butter, 3 EL Zucker
½ TL Zimt
Außerdem:
Mehl zum Ausrollen
Fett für das Backblech

Backzeit: etwa 10 Minuten
Schaltung: E: 200°C, G: 3

1. Aus den Zutaten einen Mürbeteig herstellen wie in der Arbeitsanleitung beschrieben und den Teig 30 Minuten kalt stellen.

2. Danach den Teig auf einer bemehlten Arbeitsfläche ausrollen und mit einem Kuchenrädchen kleine Rhomben ausrollen.

3. Die Rhomben auf ein gefettetes Backblech legen.

4. Die Butter in einem Topf zerlassen und die Rhomben damit bestreichen.

5. Den Zucker mit dem Zimt vermischen und daraufstreuen.

6. Die Plätzchen im vorgeheizten Backofen (E: 200°C, G: 3) etwa 10 Minuten backen.

Kirsch-Baiser-Törtchen

Teig:
200 g Mehl
1 TL Backpulver
150 g Zucker
1 P. Vanillinzucker
2 EL Wasser
100 g Butter
Belag:
750 g Sauerkirschen
aus dem Glas
1 P. roter Tortenguß
¼ l Kirschsaft
2 Eiweiß
100 g Zucker
Außerdem:
Mehl zum Ausrollen
Fett für das Blech

Backzeit: etwa 10 Minuten
Schaltung: E: 175–200°C,
G: 2–3

1. Aus den Teigzutaten einen Mürbeteig herstellen wie in der Arbeitsanleitung beschrieben und diesen 30 Minuten kalt stellen.

2. Anschließend den Teig 3 mm dick auf einer bemehlten Arbeitsfläche ausrollen und runde Plätzchen von 10 cm Durchmesser ausstechen.

3. Die Plätzchen auf ein gefettetes Backblech legen, mehrmals mit der Gabel einstechen und im vorgeheizten Ofen (E: 175 bis 200°C, G: 2–3) etwa 10 Minuten backen.

4. Die Kirschen auf einem Sieb abtropfen lassen und dann so auf die ausgekühlten Plätzchen verteilen, daß ein 1 cm breiter Rand bleibt.

5. Nach Anleitung auf der Packung mit dem Saft einen Tortenguß zubereiten und diesen über die Früchte ziehen.

6. Das Eiweiß sehr steif schlagen und den Zucker nach und nach einrieseln lassen.

7. Die Eiweißmasse in einen Spritzbeutel füllen und Ränder um die Kirschen spritzen.

8. Etwa 2–3 Minuten im heißen Grill überbacken.

Fruchtringe

Teig:
150 g Mehl
80 g Mandeln
1 P. Vanillinzucker
1 Prise Salz
80 g Butter oder Margarine
Füllung:
2 EL Konfitüre
1 kleine Dose Pfirsiche
1 kleines Glas Kirschen
1 P. Tortenguß (hell)
Guß:
60 g Puderzucker
etwas Rum
Außerdem:
Mehl zum Ausrollen
Fett für das Blech

Backzeit: etwa 15 Minuten
Schaltung: E: 200°C, G: 3

1. Das gesiebte Mehl mit den geriebenen Mandeln, Vanillinzucker und Salz vermischen. Das Fett in Flöckchen darübergeben, alles zu einem glatten Teig verkneten und 30 Minuten im Kühlschrank ruhen lassen.

2. Auf leicht bemehltem Brett dünn ausrollen und Plätzchen und doppelt so viele Ringe von 6–7 cm Durchmesser ausstechen.

3. Im gut vorgeheizten Ofen (E: 200°C, G: 3) etwa 15 Minuten backen und auskühlen lassen.

4. Auf jedes Plätzchen zwei mit Konfitüre bestrichene Ringe setzen und mit Pfirsichstückchen und einer Kirsche füllen.

5. Den Tortenguß nach Anweisung auf der Packung zubereiten und je 1 Eßlöffel über die Früchte füllen. Den Törtchenrand mit Puderzuckerguß bestreichen.

Marzipantörtchen

Teig:
250 g Mehl
1 Prise Salz
200 g Butter oder Margarine
2 EL Wasser
Zum Bestreichen:
1 Eigelb
Füllung:
1 kleine Dose Aprikosen
250 g Marzipanrohmasse
Außerdem:
Mehl zum Ausrollen
Fett für die Förmchen

Backzeit: 20–25 Minuten
Schaltung: E: 200°C, G: 3

1. Aus den Zutaten einen Mürbeteig herstellen wie in der Arbeitsanleitung beschrieben und diesen 30 Minuten kalt stellen.

2. Den Teig auf leicht bemehltem Brett dünn ausrollen und kleine gefettete Törtchenformen damit auslegen.

3. Auf den Boden eine gut abgetropfte Aprikose geben.

4. Die Marzipanmasse zu einer Rolle verkneten, gleichmäßige Stücke abschneiden und kleine Deckel formen. Die Füllung damit abdecken.

5. Aus Teigresten dünne Streifen ausradeln, kreuzweise über das Marzipan legen und mit Wasser verrührtem Eigelb dünn bestreichen.

6. Die Törtchen im vorgeheizten Ofen (E: 200°C, G: 3) 20–25 Minuten auf mittlerer Schiene backen.

Kirschtörtchen

Teig:
300 g Mehl, 80 g Zucker
1 P. Vanillinzucker
200 g Butter
50 g geriebene Blockschokolade
1 EL Milch
Creme:
½ l Milch
2 EL Zucker
1 P. Vanillepuddingpulver
200 g Butter
50 g Zucker
Saft von ½ Zitrone
Zum Belegen:
1 Glas Sauerkirschen
Außerdem:
Mehl zum Ausrollen

Backzeit: 15–20 Minuten
Schaltung: E: 225°C, G: 4

1. Einen Mürbeteig herstellen wie in der Arbeitsanleitung beschrieben.

2. Den Teig auf bemehltem Brett ausrollen und Plätzchen von etwa 5 cm Durchmesser ausstechen (ergibt etwa 18–20 Törtchen).

3. Im vorgeheizten Ofen (E: 225°C, G: 4) 15–20 Minuten auf mittlerer Schiene backen.

4. Einen Pudding kochen und unter mehrmaligem Rühren erkalten lassen.

5. Butter mit Zucker sehr schaumig rühren und den erkalteten Pudding löffelweise hinzufügen. Mit Zitrone abschmecken, im Kühlschrank kalt stellen.

6. Die Creme mit einer Garnierspitze dick auf die einzelnen Kekse spritzen.

7. Je drei zusammensetzen und mit Sauerkirschen belegen.

Obsttörtchen

Teig:
100 g Margarine
150 g Mehl
1 Eigelb
1 Msp. Backpulver
Creme:
2 schwach gehäufte TL
gemahlene Gelatine
40 g Zucker
2 EL Zitronensaft
1/8 l Wasser (oder Fruchtsaft)
65 g Sahne
Zum Belegen:
beliebige eingemachte Früchte
Zum Bestreuen:
15 g geriebene Schokolade
15 g gebräunte Mandelblättchen
Margarine
Außerdem:
Fett für die Förmchen

Backzeit: etwa 15 Minuten
Schaltung: E: 200°C, G: 3

1. Einen Mürbeteig herstellen wie in der Arbeitsanleitung beschrieben und diesen 30 Minuten kalt stellen.

2. Kleine Förmchen fetten und mit Teig auslegen, im vorgeheizten Ofen (E: 200°C, G: 3) etwa 15 Minuten auf der Mittelschiene backen.

3. Die Gelatine mit 1/8 l Wasser verrühren, quellen lassen und auflösen. Zucker und Zitronensaft hinzufügen und kalt stellen.

4. Wenn die Masse anfängt, steif zu werden, die geschlagene Sahne unterheben. In die Törtchen geben und beliebig mit Früchten belegen.

5. Mit Schokolade und Mandelblättchen verzieren.

Orangentörtchen

Teig:
200 g Mehl
150 g Butter
40 g geriebene Mandeln
75 g Zucker, 2 Eigelb
Füllung:
1 Packung Orangencreme
(ohne Kochen)
⅛ l Sahne
1 Dose Mandarinen
Außerdem:
Tortelettförmchen
aus Alufolie
Fett für die Förmchen

Backzeit: 15–20 Minuten
Schaltung: E: 225°C, G: 4

1. Einen Mürbeteig herstellen wie in der Arbeitsanleitung beschrieben und diesen 30 Minuten kalt stellen.

2. Nach Anweisung auf der Packung die Orangencreme zubereiten. Die Sahne sehr steif schlagen und unterziehen.

3. Den Teig ausrollen, in gefettete Tortelettformen aus Alufolie drücken und im vorgeheizten Ofen (E: 225°C, G: 4) 15–20 Minuten blind auf der Mittelschiene backen (ergibt etwa 12–14 Törtchen).

4. Die Creme gut durchschlagen und mit einer Garnierspitze in die Törtchen füllen, mit Mandarinenscheiben garnieren.

Stachelbeerschiffchen

Teig:
250 g Mehl
1 Ei
125 g Zucker
1 P. Vanillinzucker
1 Prise Salz
125 g Butter oder Margarine
Belag:
500 g frische Stachelbeeren
100 g Zucker
1 P. gehackte Nüsse (50 g)
1 P. klarer Tortenguß
Verzierung:
¼ l Sahne
1 P. Vanillinzucker
Außerdem:
Fett für die Form

Backzeit: etwa 10 Minuten
Schaltung: E: 200–225°C,
G: 3–4

1. Das Mehl mit den anderen Zutaten schnell zu einem Mürbeteig verarbeiten und diesen im Kühlschrank 30 Min. ruhen lassen.

2. Danach gefettete Schiffchenformen mit dem Teig auskleiden, den Teig dabei fest andrücken und mehrmals mit der Gabel einstechen. Im vorgeheizten Ofen (E: 200–225°C, G: 3–4) etwa 10 Minuten blind backen.

3. Die Stachelbeeren waschen und die Stiele sowie Blüten abzupfen.

4. Mit dem Zucker in etwas Wasser dünsten, dabei darauf achten, daß die Früchte nicht zu weich werden und zerfallen.

5. Die Böden der Schiffchen mit den gehackten Nüssen bestreuen, damit sie nicht so durchfeuchten und mit den abgetropften Stachelbeeren füllen.

6. Den aufgefangenen Stachelbeersaft mit Wasser auf ¼ l verlängern und den Tortenguß nach Anleitung auf der Packung zubereiten. Über die Früchte ziehen.

7. Die Sahne mit dem Vanillinzucker steif schlagen und die Schiffchen damit verzieren.

Nougatschnitten

Teig:
750 g Mehl, 250 g Zucker
1 Msp. Salz, 2 Eier
1 ungespritzte Zitrone
150 g gemahlene Mandeln
500 g Butter oder Margarine

Füllung:
200 g bittere Kuvertüre
750 g Nougatmasse
1 Becher Sahne (200 g)

Guß:
250 g Puderzucker
1 Eiweiß

Außerdem:
Mehl zum Ausrollen
Fett für das Backblech

Backzeit: etwa 20 Minuten
Schaltung: E: 200°C, G: 3

1. Aus den Zutaten einen Mürbeteig herstellen und diesen etwa 1 Stunde kühl stellen.

2. Den Teig halbieren und jede Teigmenge auf bemehlter Arbeitsfläche in Größe des Backblechs ausrollen.

3. Jeweils 1 Teigplatte auf ein gefettetes Backblech legen und im vorgeheizten Backofen (E: 200°C, G: 3) etwa 20 Minuten backen.

4. Die Kuvertüre im Wasserbad schmelzen lassen und zusammen mit der Nougatmasse schaumig rühren, dann die Sahne dazugeben.

5. Eine Teigplatte mit der Nougatmasse bestreichen und die andere darauflegen.

6. Den Puderzucker mit dem geschlagenen Eiweiß verrühren und die Teigplatte bestreichen.

7. Die Teigplatte mit einem Messer in Schnitten teilen.

Linzer Stangen

Teig:
140 g Butter oder Margarine
70 g Zucker, 2 Eigelb
200 g Mehl, 2–3 EL Milch

Zum Bestreichen:
½ Glas Johannisbeergelee

Belag:
2 Eiweiß, 200 g Zucker
140 g gemahlene Haselnüsse

Außerdem:
Fett für das Backblech

Backzeit: insgesamt etwa
30 Minuten

Schaltung: E: 200–220°C / 225°C, G: 3–4/4

1. Aus den Teigzutaten einen Mürbeteig herstellen, wie in der Arbeitsanleitung beschrieben. Den Teig 30 Minuten kalt stellen.

2. Danach den Teig auf einem gefetteten Backblech ausrollen und im vorgeheizten Ofen (E: 200–220°C, G: 3–4) 10–15 Minuten backen.

3. Das Johannisbeergelee mit etwas heißem Wasser glattrühren und auf die Kuchenplatte streichen.

4. Das Eiweiß sehr steif schlagen und den Zucker dabei einrieseln lassen.

5. Zum Schluß die gemahlenen Haselnüsse unterziehen.

6. Die Masse auf das Gelee streichen und bei 225°C, G: 4 etwa 15 Minuten überbacken, bis der Schnee goldbraun wird.

7. Die Kuchenplatte noch warm in etwa 2 cm breite und 8 cm lange Stangen schneiden.

Linzer Stangen ▷

Makronentörtchen

Teig:
250 g Mehl
80 g Zucker
125 g Butter
1 Msp. Backpulver
1 Ei
Füllung:
4 Eiweiß
200 g Zucker
abgeriebene Schale von
1 ungespritzten Zitrone
300 g geriebene Haselnüsse
Außerdem:
Mehl zum Ausrollen
Fett für die Förmchen

Backzeit: etwa 35 Minuten
Schaltung: E: 200°C, G: 3

1. Aus den Teigzutaten einen Mürbeteig herstellen wie in der Arbeitsanleitung beschrieben und diesen 30 Minuten kalt stellen.

2. Auf bemehltem Brett ausrollen und kleine Törtchenbackformen mit dem Teig auslegen (ergibt etwa 14–16 Törtchen).

3. Für die Füllung das Eiweiß sehr steif schlagen und den Zucker hinzufügen.

◁ Makronentörtchen, Ochsenaugen

4. Die abgeriebene Zitronenschale mit den geriebenen Haselnüssen unter die Masse heben.

5. Die Creme mit einem Teelöffel in die mit Teig ausgelegten Formen füllen.

6. Im vorgeheizten Ofen (E: 200°C, G: 3) etwa 35 Minuten auf der Mittelschiene backen.

Ochsenaugen

Teig:
200 g Mehl, 80 g Butter
80 g Zucker
1 naturreine Zitrone
Belag:
100 g geschälte
gemahlene Mandeln
100 g Zucker
2 EL Zitronensaft
1 Eiweiß
4 EL rote Konfitüre
Außerdem:
Mehl zum Ausrollen
Fett für die Form

Backzeit: 20–25 Minuten
Schaltung: E: 200°C, G: 3

1. Einen Mürbeteig herstellen wie in der Arbeitsanleitung beschrieben und diesen 30 Minuten kalt stellen.

2. In der Zwischenzeit die gemahlenen Mandeln, den Zucker und 2 Eßlöffel Zitronensaft in einer Kasserolle unter Rühren erhitzen, bis die Masse zusammenklumpt. In eine Schüssel geben und abkühlen lassen.

3. Das Eiweiß steif schlagen und unter die Mandelmasse mischen. Diese in einen Spritzbeutel mit großer Sterntülle füllen.

4. Den Mürbeteig auf leicht bemehlter Unterlage ½ cm dick ausrollen und Kreise (8 cm Durchmesser) ausstechen (ergibt 8–10 Stück).

5. Diese auf ein gefettetes Backblech legen. Jeweils einen Mandelkranz auf die Kreise spritzen. In die Mitte rote Konfitüre füllen.

6. Im vorgeheizten Backofen (E: 200°C, G: 3) in 20–25 Minuten backen.

7. Die Ochsenaugen mit einem breiten Pfannenmesser vorsichtig vom Blech lösen und auskühlen lassen.

Heidelbeertörtchen

Teig:
250 g Mehl
1 Msp. Backpulver
80 g Zucker
125 g Butter
1 Ei
abgeriebene Schale von
1 ungespritzten Zitrone
Füllung:
2 P. Tiefkühlheidelbeeren
3 Eiweiß
150 g Zucker

Backzeit: 10–15 Minuten
Schaltung: E: 225° C, G: 4

1. Einen Mürbeteig herstellen wie in der Arbeitsanleitung beschrieben und diesen 30 Minuten kalt stellen.

2. Auf bemehltem Brett ausrollen und kleine Törtchenformen damit auslegen.

3. Im vorgeheizten Ofen (E: 225° C, G: 4) 10–15 Minuten auf mittlerer Schiene backen.

4. Die aufgetauten Heidelbeeren in die Törtchen füllen.

5. Das Eiweiß sehr steif schlagen, zuletzt den Zucker hinzugeben, die Masse in eine Garnierspritze füllen und die Törtchen damit dick bespritzen und leicht überbacken.

Ingwergebäck

Teig:
3 eingelegte
Ingwerknollen
250 g Mehl
1 TL Backpulver
75 g Zucker
½ TL Ingwerpulver
100 g Butter, 1 Ei
Außerdem:
Fett für das Backblech

Backzeit: etwa 10 Minuten
Schaltung: 200° C, G: 3

1. 1 Ingwerknolle sehr fein hakken, die anderen beiden in hauchdünne Scheiben schneiden.

2. Aus dem Mehl, Backpulver, Zucker, Ingwerpulver, der Butter und dem Ei einen Mürbeteig kneten.

3. Die feingehackte Ingwerknolle zum Schluß unterkneten und den Teig 1 Stunde kalt stellen.

4. Danach aus dem Teig etwa 3 cm dicke Rollen formen und von diesen ½ cm dicke Scheiben abschneiden.

5. Die Scheiben dicht auf ein gefettetes Backblech legen und jedes Plätzchen mit einer Ingwerscheibe belegen.

6. Im vorgeheizten Backofen (E: 200° C, G: 3) etwa 10 Minuten backen.

Haselnußtörtchen

Teig:
125 g Butter oder Margarine
125 g Zucker
2–3 Eier
100 g gemahlene Haselnüsse
100 g Mehl
2 EL Stärkemehl
2 TL Backpulver
1–2 EL Nußlikör oder Rum
Guß:
100–150 g Puderzucker
1 Eiweiß
Verzierung:
einige kandierte Kirschen
oder Haselnüsse.
Außerdem:
Fett für die Form

Backzeit: etwa 20 Minuten
Schaltung: E: 200°C, G: 3

1. Die weiche Butter oder Margarine und den Zucker in eine Rührschüssel geben, schaumig rühren, dann nacheinander die Eier hinzufügen.

2. Die gemahlenen Haselnüsse einige Minuten ohne Fett in der Pfanne durchrösten, damit der Nußgeschmack intensiver wird.

3. Abkühlen lassen und mit dem Mehl, Stärkemehl und dem Back-pulver vermischen. Langsam in den Teig rühren. Zum Schluß den Nußlikör oder Rum hinzufügen.

4. Kleine Backförmchen (eventuell auch aus Alufolie) ausfetten. Die Förmchen bis zu 2/3 hoch mit Teig füllen.

5. Auf das Backblech oder den Backrost stellen und in dem vorgeheizten Backofen (E: 200°C, G: 3) etwa 20 Minuten backen. Zum Auskühlen auf das Kuchengitter stürzen.

6. Den Puderzucker durchsieben und mit dem Eiweiß zu einem dicken Guß rühren.

7. Die Oberseiten der Haselnußtörtchen damit überziehen und mit kandierten Kirschen oder Haselnüssen verzieren.

8. Nußtörtchen halten sich luftdicht aufbewahrt einige Tage frisch.

Haselnußkekse

Teig:
125 g Margarine
200 g brauner Zucker
1 verquirltes Ei
60 g Haselnüsse
200 g Mehl
1 gestrichener TL Backpulver
1 Prise Salz
Außerdem:
Alufolie
Fett für das Blech

Backzeit: 10–12 Minuten
Schaltung: E: 200°C, G: 3

1. Margarine mit Zucker schaumig rühren. Ei und Haselnüsse dazufügen.

2. Mehl, Backpulver und Salz mischen und darunterrühren bzw. kneten.

3. Den Teig zu einer Rolle (4 cm Durchmesser) formen, gut in Alufolie einschlagen und über Nacht in den Kühlschrank stellen.

4. Dann in dünne Scheiben schneiden, auf ein gefettetes Blech legen (nicht zu dicht nebeneinander) und im vorgeheizten Ofen (E: 200°C, G: 3) 10–12 Minuten backen.

Haselnußröllchen

Teig:
250 g Mehl
75 g Zucker
1 Prise Salz
150 g Butter oder Margarine
Zum Bestreichen:
1 Ei
100 g gehackte Haselnüsse

Backzeit: 15–20 Minuten
Schaltung: E: 175°C, G: 2

1. Einen Mürbeteig herstellen wie in der Arbeitsanleitung beschrieben und diesen 30 Minuten kalt stellen.

2. Eine fingerdicke Rolle formen und in etwa 5 cm lange Stücke schneiden. In dem verschlagenen Ei wenden und in den gehackten Nüssen wälzen.

3. Im vorgeheizten Ofen (E: 175°C, G: 2) 15–20 Minuten auf mittlerer Schiene goldbraun backen.

Cremehüte

Teig:
150 g Mehl
1 gestrichener
TL Backpulver
abgeriebene Schale von
½ ungespritzten Zitrone
1 P. Vanillinzucker
1 Prise Salz
1 EL Dosenmilch
100 g Butter oder Margarine
Füllung:
5 Blatt weiße Gelatine
1 Magermilchjoghurt
1 EL Orangensaft
1 EL Zucker
⅛ l Sahne
Belag:
150 g Marzipanrohmasse
Puderzucker
einige Maraschinokirschen
Walnußhälften

Backzeit: 25–30 Minuten
Schaltung: 175–200°C, G: 2–3

1. Einen Mürbeteig nach der Arbeitsanleitung herstellen. Etwa ½ Stunde in den Kühlschrank stellen, dann den Teig 2–3 cm dick ausrollen.

2. Plätzchen von 5 cm Durchmesser ausstechen und im vorgeheizten Ofen (E: 175–200°C,

G: 2–3) 25–30 Minuten goldgelb backen, vorsichtig lösen und auskühlen lassen.

3. Für die Creme eingeweichte, aufgelöste Gelatine unter den Joghurt rühren, den frisch ausgepreßten Orangensaft und den Zucker hinzufügen.

4. Sowie die Masse zu erstarren beginnt, die geschlagene Sahne unterheben. Die Creme dick auf die gebackenen Plätzchen auftragen.

5. Die Marzipanrohmasse mit Puderzucker verkneten, bis die Masse weiß wird.

6. Auf gesiebtem Puderzucker ausrollen und Plätzchen von 5 bis 6 cm Durchmesser ausstechen. Die Mitte mit einer kleineren Form herausheben.

7. Das Marzipan auf die Creme legen und den Mittelpunkt mit halbierten Maraschinokirschenhälften und Walnußstückchen belegen.

Aprikosenhüte

Teig:
250 g Mehl
1 Msp. Backpulver
80 g Zucker
125 g Butter
1 Ei
abgeriebene Schale von
1 ungespritzten Zitrone
Belag:
1 Dose Aprikosen
Zum Bestreichen:
1 Eigelb
Außerdem:
Mehl zum Ausrollen

Backzeit: insgesamt 30 Minuten
Schaltung: E: 225°C, G: 4

1. Einen Mürbeteig herstellen wie in der Arbeitsanleitung beschrieben und diesen 30 Minuten kalt stellen.

2. Auf bemehltem Brett nicht zu dünn ausrollen und Plätzchen von 6 und 8 cm Durchmesser ausstechen.

3. Die Plätzchen etwa 15 Minuten (E: 225°C, G: 4) backen.

4. Auf jedes eine gut abgetropfte Aprikosenhälfte legen und den Plätzchenrand mit Eigelb bepinseln.

5. Das größere Teigstück darüberlegen, gut andrücken, mit Ei bestreichen und in etwa 15 Minuten bei gleicher Hitze fertigbacken.

Quarktörtchen

Teig:
250 g Mehl
180 g Margarine
80 g Zucker, 1 Eigelb
1 Prise Salz
1 Gläschen Rum
Füllung:
750 g Quark
300 g feiner Zucker
abgeriebene Schale von
1 ungespritzten Zitrone
Vanillinzucker
1/8 l Sahne
8 Blatt weiße Gelatine
1/4 l steif geschlagene Sahne
1 Eischnee
Garnierung:
Johannisbeergelee
geblätterte,
geröstete Mandeln

Backzeit: etwa 10 Minuten
Schaltung: E: 200°C, G: 3

1. Einen Mürbeteig bereiten wie in der Arbeitsanleitung beschrieben und 30 Minuten kühl stellen.

2. Messerrückendick ausrollen, runde Plätzchen ausstechen und in etwa 10 Minuten goldgelb backen (E: 200°C, G: 3).

3. Inzwischen Quark mit Zucker, Zitronenschale, Vanillinzucker und Sahne verrühren.

4. Die aufgelöste Gelatine langsam unter den Quark mischen. Die Sahne und das steife Eiweiß unterziehen.

5. Eine Platte mit 3 cm hohem Rand kalt ausspülen, die Masse darin fest werden lassen.

6. Einen runden Ausstecher in kaltes Wasser tauchen, die Füllung ausstechen und jeweils 2 Plätzchen damit zusammensetzen.

7. Die Oberfläche mit Johannisbeergelee bestreichen und die Törtchenränder mit gerösteten Mandeln bestreuen.

Apfelschnitten

Teig:

600 g Mehl
300 g gemahlene Haselnüsse
200 g Zucker
150 g Butter oder Margarine
4 Eier
2 EL Rum

Füllung:

3 kg säuerliche Äpfel
100 g Zucker
125 g Butter
1 Vanilleschote

Zum Bestreichen:

1 Eigelb

Außerdem:

Fett für das Backblech
Alufolie

Backzeit: insgesamt 45 Minuten
Schaltung: E: 200°C, G: 3

1. Das Mehl mit den Haselnüssen und dem Zucker in einer Schüssel mischen.

2. Die Butter oder Margarine, die Eier und den Rum dazugeben und alles zu einem glatten Teig verkneten.

3. Die Hälfte des Teigs in Größe des Backbleches ausrollen und auf das gefettete Backblech legen.

4. An den Rändern den Teig etwas hochdrücken. An der freien Seite des Blechs einen Rand aus Alufolie formen.

5. Den Teig im vorgeheizten Backofen (E: 200°C, G: 3) 15 Minuten backen.

6. In der Zwischenzeit die Äpfel schälen, vierteln und das Kerngehäuse herausschneiden.

7. Die Apfelviertel in Spalten schneiden und in der Butter andünsten. Den Zucker dazugeben.

8. Die Vanilleschote halbieren, auskratzen und das Mark ebenfalls unterrühren.

9. Die Äpfel kochen, bis sie weich sind, und dann auf den gebackenen Teig streichen.

10. Den restlichen Teig in der Größe des Backblechs ausrollen und quer halbieren.

11. Nun jeweils 1 Teighälfte auf das Nudelholz wickeln und vorsichtig über die Apfelmasse abrollen. Mit der 2. Hälfte ebenso verfahren und die Nahtstelle zusammendrücken.

12. Das Eigelb mit 1 Eßlöffel Wasser verquirlen und über den Kuchen streichen.

13. Im vorgeheizten Backofen bei gleicher Temperatur nochmals etwa 30 Minuten backen.

Brandteig – eine luftige Angelegenheit

Brandteig ist ein luftiger, leichter Teig, der sich besonders für Kleingebäck eignet.

Er nimmt eine besondere Stellung unter den übrigen Teigarten ein, da er erst gekocht – in der Fachsprache heißt das „abgebrannt" – und dann gebacken wird. Brandteig schmeckt unmittelbar nach dem Backen am besten, er läßt sich nicht aufbewahren.

Grundrezepte

Ungesüßter Brandteig

¼ l Wasser
50 g Butter oder Margarine
1 Prise Salz
150 g Mehl
3–4 Eier
1 TL Backpulver.

Gesüßter Brandteig

¼ l Milch
100 g Butter oder Margarine
125 g Mehl
4–5 Eier
20 g Zucker
1 P. Vanillinzucker
1 TL Backpulver.

Verarbeitung mit der Hand

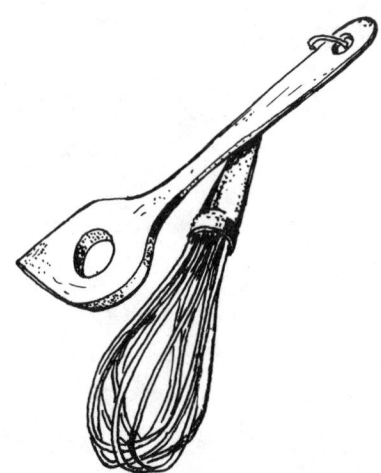

HOLZLÖFFEL

1. Wasser und Fett mit etwas Salz in einem Topf zum Kochen bringen.

2. Den Topf von der Kochstelle ziehen und das Mehl unter Rühren auf einmal in die heiße Flüssigkeit schütten.

3. Den Topf wieder auf die Herdplatte stellen und den Teig unter Rühren so lange erhitzen, bis sich ein Kloß gebildet hat und sich am Topfboden eine milchige Haut ansetzt.

4. Den abgebrannten Teig sofort in eine Schüssel geben und nach und nach die Eier mit dem Rührlöffel unterrühren.

5. Das Backpulver – soweit angegeben – unterrühren, wenn der Teig erkaltet ist.

6. Der Teig wird je nach Verwendungsart auf ein bemehltes Backblech oder auf ein gefettetes Pergamentpapier gesetzt oder gespritzt. Er kann auch im Fettbad ausgebacken werden.

Mit Handrührgerät und Küchenmaschine

Was zu beachten ist

KNETHAKEN

1. Den abgebrannten Teig (siehe Hand) in eine hohe Schüssel geben und sofort 1 Ei zum Binden daruntergeben. Die Masse abkühlen lassen.

2. Dann die restlichen Eier darunterrühren und so lange durcharbeiten, bis der Teig eine glänzende Oberfläche hat.

3. Glänzt er schon nach 3 Eiern, das 4. Ei nicht mehr dazurühren, da der Teig sonst zu dünn wird.

4. Backpulver darunterrühren, wenn der Teig abgekühlt ist.

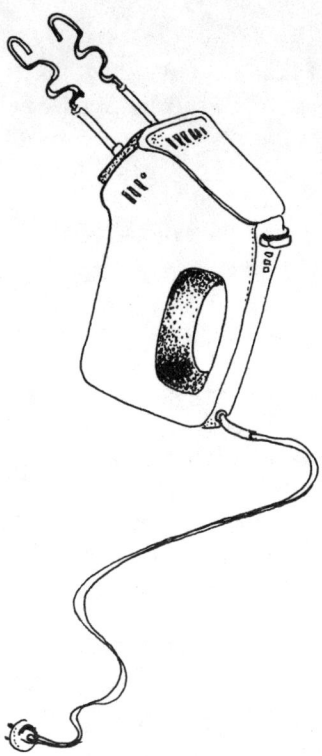

Richten Sie sich genau nach den angegebenen Mengen.

Da die Größe der Eier unterschiedlich ist, eventuell nicht alle Eier in den Teig geben. Der Teig ist fertig, wenn er stark glänzt und lange Spitzen am Löffel hängen bleiben. Dann kein Ei mehr dazugeben, denn ein zu weicher Teig würde beim Backen auseinanderfließen.

Das gefettete Backblech muß zusätzlich mit Mehl bestäubt werden, damit das Gebäck nicht auseinanderläuft.

Den Ofen erst kurz vor Ablauf der Backzeit öffnen, um nach dem Gebäck zu sehen, da Brandteig keine Zugluft verträgt.

Torten

Brandteigtorte

Teig:

¼ l Milch

50 g Butter

1 EL Zucker

1 Prise Salz

150 g Mehl

½ TL Backpulver

Füllung:

500 g Erdbeeren

½ l Milch

50 g Zucker

1 P. Vanillinzucker

1 P. Vanillepuddingpulver

3 Eier

Garnierung:

Vanilleglasur

12 Erdbeeren

Außerdem:

Fett und Mehl für die Form

Backzeit: etwa 20 Minuten
Schaltung: E: 200°C, G: 3

1. Einen Brandteig herstellen wie in der Arbeitsanleitung beschrieben.

2. Eine Springform oder ein Backblech einfetten und mit Mehl bestäuben.

3. Den Teig in einen Spritzbeutel füllen und spiralenförmig auf den Boden der Springform spritzen.

4. Im vorgeheizten Ofen (E: 200°C, G: 3) etwa 20 Minuten backen und nach dem Backen einmal quer durchschneiden und auskühlen lassen.

5. Den unteren Teigboden mit den vorbereiteten Erdbeeren belegen.

6. Aus Milch, Zucker, Vanillinzucker, Vanillepuddingpulver und Eigelb einen Vanillepudding nach Anweisung zubereiten.

7. Das Eiweiß zu festem Schnee schlagen und unter den Pudding ziehen.

8. Die Creme über die Erdbeeren ziehen und die Torte zusammensetzen.

9. Mit Vanilleglasur beziehen und mit den 12 Erdbeeren verzieren.

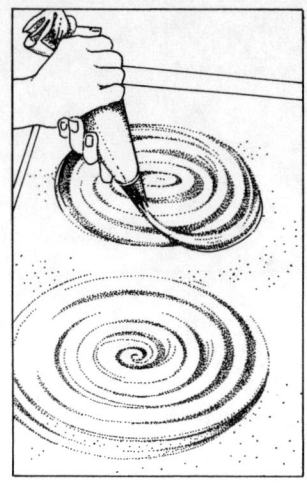

So bereitet man Brandteigböden zu

1. *Spritzen Sie mit einem Spritzbeutel spiralförmig 2 Böden auf ein Blech.*

2. *Lösen Sie die Böden nach dem Backen vom Blech. Am besten mit einer Palette.*

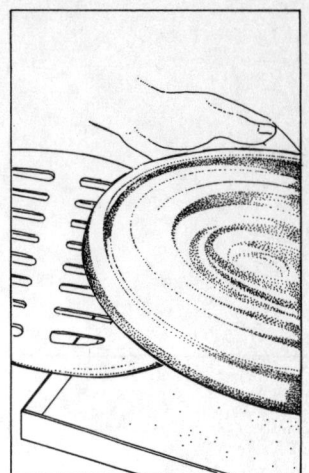

Fruchtkranz

Teig:
¼ l Wasser
50 g Butter oder Margarine
150 g Mehl
30 g Stärkemehl
5–6 Eier
1 TL Backpulver

Füllung:
½ l Sahne
4 TL Sahnestärke
1 EL Zucker
abgeriebene Schale von
1 ungespritzten Orange
2 kleine Dosen Mandarinen

Außerdem:
Fett und Mehl für die Backform

Backzeit: 30–35 Minuten
Schaltung: E: 225°C, G: 4

1. Den Brandteig herstellen wie in der Arbeitsanleitung beschrieben.

2. Einen Springformboden einfetten und mit Mehl bestäuben.

3. Den Teig in einen Spritzbeutel mit breiter Tülle füllen und den Springformboden von außen nach innen spritzen.

4. Im vorgeheizten Ofen (E: 225°C, G: 4) etwa 30–35 Minuten auf mittlerer Schiene backen. Aufschneiden und auskühlen lassen.

5. Die Sahne mit Sahnestärke und Zucker steif schlagen und etwas Orangenschale unterziehen.

6. Die Torte mit ⅔ der Sahne und ⅔ der abgetropften Mandarinen füllen.

7. Mit Sahnetupfen und restlichen Mandarinen garnieren.

Orangen-Quark-Torte

Teig:
¼ l Wasser
50 g Margarine
1 Prise Salz, 150 g Mehl
3–4 Eier
Füllung:
2 Eier, 250 g Zucker
750 g Quark
8–10 Blatt weiße Gelatine
1 P. Orangenspeise
100 g Zucker
⅛ l Sahne
Außerdem:
Fett und Mehl für die Form

Backzeit: etwa 20 Minuten
Schaltung: E: 220°C, G: 4

1. Brandteig herstellen wie in der Arbeitsanleitung beschrieben.

2. Eine Springform fetten und bemehlen.

3. Den Boden mit Teig bespritzen, etwas Teig zurückbehalten und davon kleine Kugeln formen.

4. Die Kugeln auf ein gefettetes und mit Mehl bestäubtes Backblech legen.

5. Beides im vorgeheizten Ofen (E: 225°C, G: 4) etwa 20 Minuten auf der Mittelschiene backen.

6. Eier, Zucker und Quark schaumig rühren.

7. Mit ¼ l Wasser und 100 g Zucker eine Orangenspeise kochen. Abgekühlt unter den Quark rühren und die aufgelöste Gelatine hinzufügen.

8. Die Creme auf den Teigboden in der Form füllen und im Kühlschrank steif werden lassen.

9. Mit Kugeln und Schlagsahne garnieren.

10. Den Rand vorsichtig mit dem Messer lösen, und die Torte herausheben.

Mein Tip

Brandteig schmeckt am besten unmittelbar nach dem Backen, er läßt sich nicht gut aufbewahren.

Preiselbeertorte

Teig:
¼ l Milch
1 Prise Salz
100 g Butter oder Margarine
140 g Mehl
4–5 Eier
1 TL Backpulver
Füllung:
8 EL Preiselbeerkompott
1 P. Vanillepuddingpulver
2 EL Zucker
½ l Milch
100 g Butter
Zum Bestäuben:
Puderzucker
Außerdem:
Fett und Mehl für die Form

Backzeit: 10–20 Minuten
Schaltung: E: 175°C, G: 2

1. Einen Brandteig herstellen wie in der Arbeitsanleitung beschrieben.

2. Die Hälfte des Teigs mit 2 Löffeln als Häufchen auf einen gefetteten und bemehlten Springformboden setzen. Die Häufchen müssen so dicht nebeneinander sein, daß sie beim Backen ineinanderlaufen.

3. Im vorgeheizten Ofen (E: 175°C, G: 2) 10–20 Minuten backen und abkühlen lassen. Die andere Teighälfte genauso zubereiten.

4. Einen Tortenboden mit dem Preiselbeerkompott bestreichen.

5. Den Vanillepudding mit der Milch und dem Zucker nach Anweisung zubereiten.

6. Die Butter schaumig rühren und den abgekühlten Pudding nach und nach unterrühren.

7. Die Creme auf den Preiselbeeren verteilen und den 2. Boden darauflegen.

8. Mit Puderzucker bestäuben.

Flockentorte

Teig:
¼ l Wasser
50 g Butter oder Margarine
1 Prise Salz
150 g Mehl, 4–5 Eier
½ TL Backpulver
Füllung:
250 g Magerquark
⅛ l Milch
4 EL Zucker
¼ l Sahne
2 P. Vanillinzucker
1 Dose Fruchtcocktail
Zum Bestäuben:
Puderzucker
Außerdem:
Fett und Mehl für die Form

Backzeit: etwa 20 Minuten
Schaltung: E: 225°C, G: 4

1. Einen Brandteig wie in der Arbeitsanleitung beschrieben herstellen.

2. Je ein Drittel des Teigs in eine gefettete und bemehlte Springform geben und im vorgeheizten Ofen (E: 220°C, G: 4) in etwa 20 Minuten nacheinander backen. Auskühlen lassen.

3. Für die Füllung den Quark mit

Milch und Zucker in einer Schüssel schaumig rühren.

4. Die Schlagsahne steif schlagen und den Vanillinzucker dazugeben.

5. Den Fruchtcocktail auf einem Sieb gut abtropfen lassen und mit dem Quark mischen. Die Sahne unterheben.

6. Die Hälfte der Füllung auf einen Tortenboden geben, den 2. Boden darauflegen und die übrige Füllung darauf glattstreichen.

7. Den 3. Tortenboden auf die Quarkmischung legen und mit Puderzucker bestäuben.

Gebäck

Schokoladeneclairs

Teig:
¼ l Wasser
75 g Butter oder Margarine
1 Prise Salz
175 g Mehl
4–5 Eier
1 TL Backpulver
Füllung:
1 P. Schokoladencreme
(ohne Kochen)
etwa ¼ l Milch
⅛ l Sahne
1 P. Sahnestärke
Guß:
150 g Puderzucker
2 EL dunkler Kakao
2–3 EL heißes Wasser
50 g Kokosfett
Außerdem:
Fett und Mehl für das Blech

Backzeit: etwa 30 Minuten
Schaltung: E: 225°C, G: 4

1. Einen Brandteig herstellen wie in der Arbeitsanleitung beschrieben.

2. Den Teig in einen Spritzbeutel mit großer Sterntülle füllen.

3. Das Backblech einfetten und mit Mehl bestäuben. Nun in gleichem Abstand etwa 8 cm lange, an den Enden verdickte Streifen aufspritzen.

4. Im vorgeheizten Backofen (E: 225°C, G: 4) etwa 30 Minuten goldbraun backen.

5. Die fertigen Eclairs sofort waagrecht aufschneiden und die feuchten Innenhäutchen herauslösen. Die Eclairs auskühlen lassen.

6. Für die Füllung die Schokoladencreme mit der kalten Milch nach Anweisung zubereiten (aber 3 Eßlöffel weniger Flüssigkeit verwenden, als auf der Packung angegeben).

7. Die Sahne steif schlagen, mit der Sahnestärke und der Schokoladencreme locker vermischen.

8. In die unteren Hälften der Eclairs spritzen.

9. Den Puderzucker mit dem Kakao vermischen und mit heißem Wasser und flüssigem Kokosfett verrühren.

10. Die Deckel der Eclairs mit der Glasur überziehen und auf die Füllung setzen.

Kirschwindbeutel

Teig:
1/4 l Wasser
50 g Butter oder Margarine
1 Prise Salz
150 g Mehl
3–4 Eier
Füllung:
1/2 l Sahne
4 leicht gehäufte TL
Sahnestärke
1 EL Zucker
1 kleines Glas Kirschen
Außerdem:
Fett und Mehl für das Blech

Backzeit: 30–35 Minuten
Schaltung: E: 225°C, G: 4

1. Einen Brandteig herstellen wie in der Arbeitsanleitung beschrieben.

2. Teighäufchen auf ein gefettetes, mit Mehl bestäubtes Blech setzen und im vorgeheizten Ofen (E: 225°C, G: 4) 30–35 Minuten backen.

3. Sofort mit einer Schere aufschneiden, damit der Dampf entweichen und das Gebäck auskühlen kann.

4. Die Sahne mit Sahnestärke und Zucker steif schlagen.

5. Die Windbeutel mit Sahne und abgetropften Kirschen füllen.

Schneebälle

Teig:
1/4 l Wasser
50 g Butter oder Margarine
1 Prise Salz
150 g Mehl
4 Eier
Zum Ausbacken:
1 kg Pflanzenfett
Creme:
5 Blatt weiße Gelatine
1/8 l Milch
75 g Zucker
3 Eigelb
einige Tropfen
Vanillebackaroma
1 Becher Sahne (200 g)
Zum Bestäuben:
Puderzucker

Backzeit: etwa 15 Minuten

1. Einen Brandteig zubereiten wie in der Arbeitsanleitung beschrieben.

2. Das Ausbackfett auf etwa 180°C erhitzen.

3. Mit 2 Eßlöffeln vom Teig Klöße von etwa 4 cm Durchmesser abstechen und diese im heißen Fett in 15 Minuten goldbraun backen.

4. Für die Creme die Gelatine nach Anweisung auf der Packung einweichen.

5. Die Milch mit dem Zucker und dem Vanillearoma aufkochen und die Gelatine darin auflösen. Die verschlagenen Eigelbe unterrühren.

6. Die Creme im kalten Wasserbad mit einem Schneebesen schlagen, bis sie fest wird.

7. Die Sahne steif schlagen und unter die Creme ziehen.

8. Die Schneebälle halbieren, mit Creme füllen und wieder zusammensetzen.

Schwäne

Teig:
1/4 l Wasser
50 g Margarine
1 Prise Salz
150 g Mehl
3–4 Eier
Füllung:
1/2 l Sahne
2 P. Vanillinzucker
2 P. Sahnestärke
Garnierung:
Puderzucker oder Kuvertüre
Außerdem:
Fett und Mehl für das Blech

Backzeit:
Körper: etwa 20 Minuten
Hälse: etwa 15 Minuten
Schaltung: E: 220°C, G: 4

1. Einen Brandteig herstellen wie in der Arbeitsanleitung beschrieben.

2. Den größten Teil des abgekühlten Teigs in einen Spritzbeutel mit großer Sterntülle füllen.

3. Ein Backblech einfetten und mit Mehl bestäuben.

4. Nun jeweils für die Schwanenkörper pro Schwan nebeneinander zwei Stränge von 6 cm und darüber in die Mitte einen weiteren Teigstrang in gleicher Länge spritzen. Die Spitzen dabei leicht hochziehen.

5. Den restlichen Teig in einen Spritzbeutel mit dünner, glatter Tülle geben und auf ein weiteres gefettetes und mit Mehl bestäubtes Kuchenblech so viel Schwanenhälse in Form von großen Fragezeichen spritzen, wie Körper vorhanden sind.

6. Beides getrennt backen. Den Ofen dazu auf 220°C (G: 3) vorheizen und die Schwanenkörper 20, die Hälse 15 Minuten backen.

7. Den Brandteig vorsichtig vom Blech lösen und die Schwanenkörper senkrecht durchschneiden. Ausdampfen lassen. Die Hälse abkühlen lassen.

8. Kurz vor dem Servieren die Schwanenkörper mit Sahne oder Creme füllen und die Schwanenhälse vorne in die Füllung einsetzen.

9. Die Flügel nun entweder mit durchgesiebtem Puderzucker bestäuben oder die Flügelspitzen in flüssige Kuvertüre tauchen.

10. Selbstverständlich können Sie auch den gesamten Brandteig mit flüssiger Kuvertüre überziehen.

So bereitet man Brandteigschwäne zu

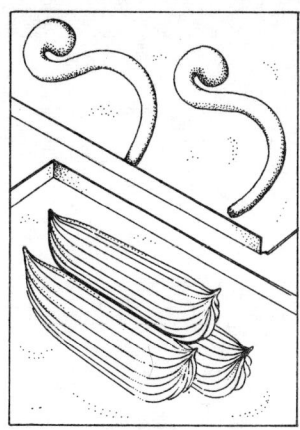

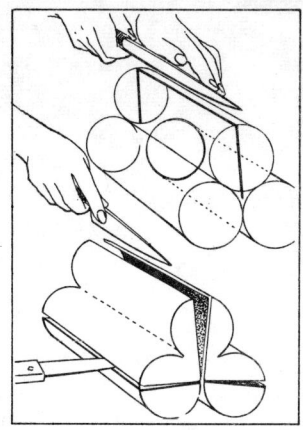

2. *Die Körper nach dem Backen zum Auskühlen sofort mit einem Messer aufschneiden.*

1. *Auf je ein Blech Schwanenkörper und -hälse spritzen. Getrennt backen.*

3. *Die Schwäne mit Schlagsahne oder Creme füllen und die Hälse einsetzen.*

Kaffeekrapfen

Teig:
etwa ⅛ l Wasser
1 Prise Salz
80 g Butter oder Margarine
120 g Mehl
2 Eier
1 Eigelb
½ TL Backpulver
Füllung:
4 EL Pulverkaffee
⅛ l Wasser
⅛ l Milch
25 g Stärkemehl
50 g Zucker
⅛ l Sahne
Guß:
50 g Puderzucker
100 g Kuvertüre
Außerdem:
Fett und Mehl für das Blech

Backzeit: etwa 25 Minuten
Schaltung: E: 220°C, G: 4

1. Einen Brandteig herstellen wie in der Arbeitsanleitung beschrieben.

2. Den Teig in einen Spritzbeutel mit weiter, gezackter Tülle füllen und kleine Häufchen auf ein gefettetes und bemehltes Backblech spritzen.

3. Die Krapfen im vorgeheizten Ofen (E: 220°C, G: 4) etwa 25 Minuten backen und sofort nach dem Backen aufschneiden. Abkühlen lassen.

4. Für die Creme den Pulverkaffee im heißen Wasser auflösen und erkalten lassen.

5. Kaffee, Milch, Stärkemehl und Zucker miteinander verrühren, aufkochen und danach erkalten lassen.

6. Die Schlagsahne steif schlagen und unter die Kaffeecreme ziehen.

7. Die Krapfen damit füllen und die Deckel wieder aufsetzen.

8. Den Puderzucker mit 3 Eßlöffeln Wasser glattrühren und zusammen mit der Kuvertüre erwärmen.

9. Abkühlen lassen, bis die Masse dickflüssig ist, und die Krapfen damit bestreichen.

Liebesknochen

Teig:
¼ l Wasser
65 g Butter
1 Prise Salz
1 P. Vanillinzucker
150 g Mehl
5 Eier
Füllung:
4 Blatt Gelatine
100 g Quark
50 g Zucker
⅜ l Milch
1 P. Vanillepuddingpulver
¼ l Sahne
1 kleine Dose Aprikosen
Verzierung:
½ P. Kuvertüre
2 EL Zitronenglasur
Außerdem:
Fett und Mehl für das Blech

Backzeit: etwa 25 Minuten
Schaltung: E: 220°C, G: 4

1. Einen Brandteig herstellen wie in der Arbeitsanleitung beschrieben. Dann den Teig in einen Spritzbeutel füllen.

2. Auf ein mit Mehl bestäubtes Backblech jeweils 2 fingerdicke Streifen direkt nebeneinander und einen dritten Streifen obendraufspritzen.

3. Im vorgeheizten Backofen (E: 220°C, G: 4) etwa 25 Minuten auf der 2. Schiene von unten backken. Danach sofort aufschneiden.

4. Für die Füllung die Gelatine einweichen.

5. Den Quark und Zucker glattrühren. Die Milch und das Puddingpulver verrühren. Die Sahne steif schlagen.

6. Die ausgedrückte Gelatine nach Anweisung auf der Packung auflösen und unter den Quark rühren. Den Pudding und die Sahne ebenfalls unterrühren.

7. Die Masse in die Liebesknochen füllen. Mit den abgetropften Aprikosenhälften belegen.

8. Mit der erwärmten Kuvertüre und dem angerührten Zitronenguß bestreichen.

Französische Windbeutel

Teig:
¼ l Wasser
1 Prise Salz
100 g Butter oder Margarine
1 EL Zucker
125 g Mehl
3–4 Eier
1 TL Backpulver
Zum Bestreichen:
1 Eigelb
Füllung:
½ l Milch
½ Vanillestange
125 g Zucker
75 g Stärkemehl
4 Eigelb
1 Gläschen Kirschwasser
Glasur:
200 g Puderzucker
1–2 EL Zitronensaft
2 EL Wasser
Zum Bestreuen:
10 g gehackte Pistazien
Außerdem:
Fett und Mehl
für das Backblech

Backzeit: etwa 25 Minuten
Schaltung: E: 200°C, G: 3

1. Einen Brandteig herstellen wie in der Arbeitsanleitung beschrieben.

2. Ein Backblech einfetten und dünn mit Mehl bestäuben.

3. Den Teig in einen Spritzbeutel füllen, der eine weite, gezackte Tülle hat. Auf das Backblech kleine Häufchen spritzen und im vorgeheizten Ofen (E: 200°C, G: 3) etwa 25 Minuten backen.

4. Die Windbeutel seitlich einschneiden und auskühlen lassen.

5. Für die Füllung die Milch mit der aufgeschnittenen Vanillestange aufkochen und die Stange herausnehmen.

6. Den Zucker, das Stärkemehl und etwas Milch verrühren und die restliche Milch unter ständigem Rühren dazugießen. Nochmals aufkochen. Abkühlen lassen und die verquirlten Eigelbe und das Kirschwasser dazugeben.

7. Die Creme in einen Spritzbeutel mit großer Sterntülle geben und in die Windbeutel spritzen.

8. Den Puderzucker mit dem Zitronensaft und dem Wasser verrühren und über die Windbeutel streichen. Sofort mit gehackten Pistazien bestreuen.

Brombeer-Sahne-Ringe

Teig:
1/4 l Wasser
1 Prise Salz
50 g Butter
150 g Mehl
3–4 Eier
1 TL Backpulver
Füllung:
300 g Brombeeren
2½ EL Zucker
1 P. Vanillinzucker
½ l Sahne
Zum Bestäuben:
Puderzucker
Außerdem:
Fett und Mehl für das Blech

Backzeit: etwa 30 Minuten
Schaltung: E: 220°C, G: 4

1. Einen Brandteig herstellen wie in der Arbeitsanleitung beschrieben.

2. Den Teig in einen Spritzbeutel geben und doppelte Ringe auf ein bemehltes Backblech spritzen.

3. Im vorgeheizten Ofen (E: 220°C, G: 4) etwa 30 Minuten backen.

4. Nach dem Backen die Ringe aufschneiden und auskühlen lassen.

5. Die Brombeeren waschen, abtropfen lassen und zuckern. Auf die aufgeschnittenen Ringe legen.

6. Die Schlagsahne mit dem Vanillinzucker steif schlagen und je einen Ring auf die Brombeeren spritzen.

7. Darauf die Deckel setzen und leicht mit Puderzucker bestäuben.

Berner Ofenküchlein

Teig:
1/4 l Milch
1 Prise Salz
100 g Butter oder Margarine
125 g Mehl
4–5 Eier
1 EL Zucker
1 TL Backpulver
Füllung:
½ l Sahne
3 EL Zucker
2 P. Vanillinzucker
2 P. Sahnestärke
Außerdem:
Fett und Mehl für das Blech

Backzeit: etwa 20 Minuten
Schaltung: E: 220°C, G: 4

1. Einen Brandteig herstellen wie in der Arbeitsanleitung beschrieben.

2. Mit 2 Teelöffeln nußgroße Häufchen auf ein gefettetes und bemehltes Blech setzen und im vorgeheizten Ofen (E: 220° C, G: 4) etwa 20 Minuten backen.

3. Noch warm auf einer Seite aufschneiden und abkühlen lassen.

4. Für die Creme die Schlagsahne halbsteif schlagen, den Zucker mit dem Vanillinzucker und der Sahnestärke mischen und einrieseln lassen.

5. Steif schlagen und in die aufgeschnittenen Küchlein füllen.

Weinchaudeau

Teig:
1/4 l Weißwein
50 g Butter oder Margarine
1 Prise Salz
175 g Mehl
4 Eier
Füllung:
1/4 l Sahne
3 EL Zucker
1 P. Sahnestärke
1 EL Weinbrand
300 g grüne Weintrauben
2 EL Zitronensaft
2 Gläschen Weinbrand
oder Cognac
Außerdem:
Mehl und Fett für das Blech

Backzeit: etwa 20 Minuten
Schaltung: E: 225°C, G: 4

1. Einen Brandteig herstellen wie in der Arbeitsanleitung beschrieben.

2. Den Teig in einen Spritzbeutel mit glatter Spritztülle geben und kleine Teigtupfer auf ein gefettetes und bemehltes Backblech setzen.

3. Im vorgeheizten Ofen (E: 225°C, G: 4) etwa 20 Minuten backen.

4. Danach die Windbeutel aufschneiden und auskühlen lassen.

5. Für die Füllung die Sahne mit dem Zucker, der Sahnestärke und dem Weinbrand steif schlagen.

6. Die Weintrauben entstielen, schälen und der Länge nach einritzen. Mit Hilfe eines Zahnstochers die Kerne entfernen und die Früchte mit dem Zitronensaft und Weinbrand oder Cognac beträufeln.

7. Die Trauben etwas ziehen lassen, danach abtropfen und auf die untere Hälfte der Windbeutel legen. Die Sahne darüberspritzen und die Deckel daraufsetzen.

Eclairs

Teig:
1/4 l Wasser
50 g Margarine
1 Prise Salz
150 g Mehl
3–4 Eier
Erdbeercreme:
500 g Erdbeeren
100 g Zucker
5 Blatt weiße und
3 Blatt rote Gelatine
3 EL heißes Wasser
1/8–1/4 l Sahne
Zum Bestreichen:
100 g Kuvertüre
Außerdem:
Fett und Mehl für das Blech

Backzeit: etwa 30 Minuten
Schaltung: E: 225°C, G: 4

1. Einen Brandteig, wie in der Arbeitsanleitung beschrieben, herstellen.

2. Auf ein gefettetes, bemehltes Blech jeweils 2 fingerdicke Streifen nebeneinander- und einen dritten daraufspritzen.

3. Im vorgeheizten Ofen (E: 225°C, G: 4) etwa 30 Minuten backen. Dann durchschneiden und auskühlen lassen.

4. Die Erdbeeren im Mixer mit Zucker pürieren, aufgelöste Gelatine einrühren.

5. Wenn die Masse anfängt steif zu werden, die geschlagene Sahne unterheben.

6. Die Eclairs damit füllen und obendrauf mit im Wasserbad aufgelöster Kuvertüre bestreichen.

Gefüllte Ringe

Teig:

¼ l Wasser
50 g Margarine
1 Prise Salz
150 g Mehl
3–4 Eier
Außerdem:
Fett und Mehl für die Form

Backzeit: etwa 30 Minuten
Schaltung: E: 225°C, G: 4

1. Einen Brandteig nach der Arbeitsanleitung herstellen.

2. Ein Blech einfetten und mit Mehl bestäuben. Ringe auf das Blech spritzen.

3. Im vorgeheizten Ofen (E: 225°C, G: 4) etwa 30 Minuten auf der Mittelschiene backen.

4. Die Ringe sofort durchschneiden und auskühlen lassen. Mit Creme (Rezepte anschließend) füllen.

Orangencreme

¼ l Wasser
100 g Zucker
1 P. Orangenspeise
⅛–¼ l Sahne
1 kleine Dose Mandarinen
etwas Puderzucker

1. ⅔ des Wassers mit dem Zucker zum Kochen bringen.

2. Mit dem restlichen Wasser das Orangenpuddingpulver anrühren und unter Rühren in das kochende Wasser geben.

3. Kurz aufkochen lassen, bis die Masse dick wird. Dann die Creme unter ständigem Umrühren erkalten lassen.

4. Die Sahne steif schlagen und unterheben.

5. Die Mandarinen abtropfen lassen.

6. Die durchgeschnittenen, ausgekühlten Ringe mit Orangencreme und Mandarinen füllen und mit Puderzucker bestäuben.

Sahne mit Himbeeren

½ l Sahne
2 P. Sahnestärke
etwas Zucker
1 P. Vanillinzucker
1 P. Tiefkühlhimbeeren
oder 250 g frische Himbeeren

1. Die Sahne mit der Sahnestärke und etwas Zucker steif schlagen. Vanillinzucker hinzufügen.

2. Die frischen Himbeeren putzen und waschen, nach Wunsch etwas zuckern. Die tiefgekühlten Himbeeren auftauen und abtropfen lassen.

3. Die durchgeschnittenen, ausgekühlten Ringe mit Schlagsahne und Himbeeren füllen.

Blätterteig

Die besondere Eigenart des Blätterteigs sind die knusprigen Teigschichten, die durch das „Tourieren" entstehen. Tourieren bedeutet nichts anderes, als daß der Teig immer wieder ausgerollt und übereinander geschlagen wird, dadurch entstehen die vielen Teigschichten.
Blätterteig eignet sich besonders für Kleingebäck, sei es süß oder deftig.
Die Herstellung des echten Blätterteigs bedeutet viel Arbeit. Leichter herzustellen ist Quarkblätterteig.
Wer es ganz eilig hat, kann auch auf den tiefgekühlten Blätterteig zurückgreifen.

Grundrezpt

250 g Mehl
knapp ½ TL Salz
⅛ l Wasser
250 g Butter oder Margarine

Verarbeitung nur mit der Hand möglich

1. Aus Mehl, Salz und Wasser schnell einen geschmeidigen Teig kneten. Kühl stellen.

3. Den Teig 2 mm dick ausrollen und die Butter einschlagen. 30 Minuten kühl stellen.

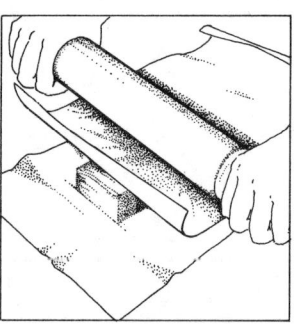

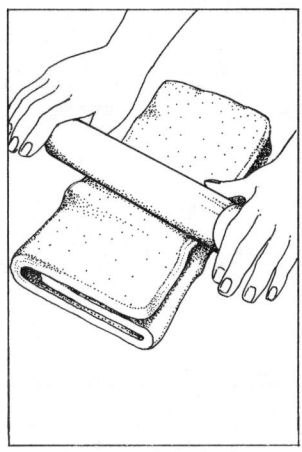

2. Die Butter oder Margarine zwischen Pergamentpapier daumendick ausrollen.

4. Den Teigblock auf bemehlter Arbeitsfläche mit sanftem Druck in einer Richtung ausrollen.

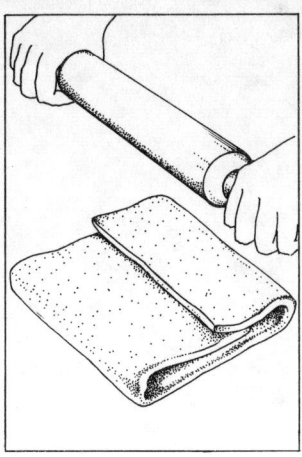

Quarkblätterteig

225 g Mehl

3 TL Backpulver

225 g trockener Schichtkäse

200 g Butter oder Margarine

Verarbeitung mit der Hand

1. Das Mehl mit dem Backpulver vermischen und auf ein Backbrett sieben. In die Mitte eine Vertiefung eindrücken und kaltes Fett und trockenen Schichtkäse hineingeben.

2. Das Fett mit Mehl bedecken und alles zu einem Kloß zusammendrücken.

3. Danach von der Mitte her alle Zutaten zu einem glatten Teig verkneten.

4. Der Teig wird etwa ½ cm dick ausgerollt, mehrfach übereinandergeschlagen und nach der offenen Seite zu wieder ausgerollt. Das Ausrollen und Übereinanderschlagen noch zweimal wiederholen.

5. Nun die beiden Längsseiten in der Mitte zusammenklappen. Weitere 30 Minuten kühl stellen.

6. Erneut auf bemehlter Fläche in einer Richtung ausrollen und zusammenklappen.

7. Dieses „Tourieren" 2–3 mal wiederholen. Je öfter dies geschieht, desto zarter wird der Teig.

8. Zwischendurch den Teig immer wieder kühlen. Den Teig niemals kneten, sonst werden die Schichten zerstört.

5. Danach stellt man den Teig kalt, am besten über Nacht.

6. Danach zu Gebäck verarbeiten und auf einem mit kaltem Wasser abgespülten Backblech backen.

Mit Rührgerät

KNETHAKEN

Mehl, Wasser, Salz und die übrigen Zutaten mit dem Knethaken verarbeiten, dann weiterarbeiten wie oben (Hand) beschrieben.

Was zu beachten ist

Alle Zutaten kalt verarbeiten. Blätterteig immer nur nach der offenen Seite ausrollen.

Das Backblech nicht fetten, sondern mit kaltem Wasser abspülen, dadurch geht der Teig besser auf.

Blätterteig muß bei starker Hitze gebacken werden, da sonst die Butter ausfließt und der Teig nicht aufgeht.

Kuchen

Blätterteigkuchen mit Erdbeersahne

Teig:
2 P. tiefgefrorener Blätterteig
Füllung:
150 g Rohmarzipan
60 g Puderzucker
2 P. Vanillinzucker
25 g Butter
1 Ei
1 EL Rum
Erdbeersahne:
¼ l Sahne
1 P. Vanillinzucker
150 g frische Erdbeeren
Außerdem:
Mehl zum Ausrollen

Backzeit: etwa 30 Minuten
Schaltung: E: 220°C, G: 4

1. Die Blätterteigscheiben etwa 20 Minuten auftauen lassen.

2. 5 Scheiben übereinanderlegen und auf einer bemehlten Arbeitsfläche in Größe der Springform ausrollen. Dazu die Form darauflegen und im Abstand von 2 cm ausradeln. So erhalten Sie die Decke.

3. Die Teigreste auf die restlichen Blätterteigscheiben legen und wieder etwas größer als die Springform ausrollen, aber nicht ausradeln.

4. Dieses Teigstück als Boden in die mit Wasser ausgespülte Springform legen und am Rand hochdrücken.

5. Für die Füllung alle Zutaten verrühren, auf den Teigboden geben und glattstreichen.

6. Darauf die Teigdecke legen und etwas andrücken. Mit einem spitzen Messer von der Mitte zum Rand fächerförmig einritzen.

7. 15–30 Minuten kalt stellen, danach im vorgeheizten Backofen (E: 220°C, G: 4) etwa 30 Minuten auf der 2. Schiene backen.

8. Die Sahne und den Vanillinzucker steif schlagen. Die zerkleinerten Erdbeeren unterheben und zum Kuchen reichen.

Apfelwähe

1 P. Tiefkühlblätterteig
Füllung:
750 g Äpfel
50 g Butter
4 EL Zucker
1 Tasse blaue Weintrauben
2 EL Kirschwasser
2 Eier
2 EL Zucker
4 EL Sahne
Zum Bestreuen:
Zucker und Zimt

Außerdem:
Butter für die Form

Backzeit: etwa 40 Minuten
Schaltung: E: 200°C, G: 3

1. Den Blätterteig auftauen lassen, die Platten an den Rändern übereinanderlegen und ausrollen.

2. Eine Pieform mit Butter ausfetten und den Teig hineinlegen. Überstehenden Teig mit einem scharfen Messer abschneiden.

3. Den Teigboden mehrmals mit einer Gabel einstechen.

4. Die Äpfel schälen, vierteln, das Kerngehäuse herausschneiden und Äpfel in Spalten schneiden.

5. Die Butter in einem Topf zergehen lassen und die Äpfel mit dem Zucker darin halb gar dünsten. Auskühlen lassen.

6. Inzwischen die Weintrauben mit dem Kirschwasser übergießen und ziehen lassen.

7. Die Äpfel und die Weintrauben auf dem Teigboden verteilen.

8. Die Eier mit dem Zucker schaumig schlagen und die Sahne unterziehen.

9. Die Creme über die Früchte gießen.

10. Im vorgeheizten Backofen (E: 200°C, G: 3) etwa 40 Minuten backen.

11. Noch warm mit Zucker und Zimt bestreuen. Die Wähe kann warm oder kalt gegessen werden.

Apfelkuchen „Zürich"

Teig:	
225 g Mehl	
3 TL Backpulver	
225 g trockener Schichtkäse	
200 g Butter oder Margarine	
½ TL Salz	
Füllung:	
1 kg saure Äpfel	
125 g Rosinen	
Zum Bestreichen:	
1 Eigelb	
Garnierung:	
50 g Hagelzucker	
Außerdem:	
Mehl zum Ausrollen	

Backzeit: 30–40 Minuten
Schaltung: E: 200°C, G: 3

1. Einen Quarkblätterteig wie in der Arbeitsanleitung beschrieben herstellen und diesen über Nacht kalt stellen.

2. Die Äpfel schälen, entkernen und in dünne Scheiben teilen.

3. ⅔ des Blätterteigs auf einer bemehlten Arbeitsfläche ausrollen und ein mit kaltem Wasser abgespültes Backblech damit auslegen.

4. Die Apfelscheiben darauf reihenweise verteilen.

5. Die Rosinen waschen, abtrocknen und mit dem Puderzucker vermischen. Über die Äpfel streuen.

6. Den restlichen Teig etwas dünner ausrollen als die erste Teigplatte und die Äpfel damit bedecken, mit dem unteren Rand fest zusammendrücken.

7. Das Eigelb verquirlen und den Kuchen damit bestreichen.

8. Mit Hagelzucker bestreuen und im vorgeheizten Ofen (E: 200°C, G: 3) 30–40 Minuten backen.

Traubenkuchen

Teig:

225 g Mehl

3 TL Backpulver

225 g trockener Schichtkäse

200 g Butter oder Margarine

1 Prise Salz

Belag:

1 kg Trauben

75 g Zucker

2 Tassen gemahlene

Mandeln

3–4 Eier

¼ l Sahne

Außerdem:

Mehl zum Ausrollen

Backzeit: etwa 60 Minuten
Schaltung: E: 200°C, G: 3

1. Einen Quarkblätterteig herstellen wie in der Arbeitsanleitung beschrieben. Den Teig über Nacht kalt stellen.

2. Den Teig etwa ½ cm dick auf einer bemehlten Arbeitsfläche ausrollen und ein mit kaltem Wasser abgespültes Blech damit auslegen.

3. Die Trauben waschen, abzupfen und einzuckern.

4. Die gemahlenen Mandeln mit 1 Ei, 2 Eßlöffeln Zucker und ⅛ l Sahne verrühren.

5. Den Teigboden mit der Mandelmasse bestreichen und die Trauben daraufüllen.

6. Die restlichen Zutaten gut verschlagen und darübergießen.

7. Im vorgeheizten Ofen (E: 200°C, G: 3) etwa 60 Minuten backen.

Prasselkuchen

Teig:

250 g Mehl

250 g Butter oder Margarine

knapp ½ TL Salz

oder 1 P. Tiefkühlblätterteig

Zum Bestreichen:

2 EL Aprikosenkonfitüre

2 EL Weinbrand

Streusel:

220 g Mehl

125 g Butter

125 g Zucker

Zum Bestreuen:

40 g Mandelstifte

Außerdem:

Backpapier für das Blech

Backzeit: etwa 20 Minuten
Schaltung: E: 220°C, G: 4

1. Einen Blätterteig zubereiten wie in der Arbeitsanleitung beschrieben oder den tiefgekühlten auftauen.

2. Den zubereiteten Blätterteig ausrollen und Quadrate von etwa 6 cm Seitenlänge ausschneiden. Den aufgetauten Blätterteig halbieren.

3. Die Aprikosenkonfitüre mit dem Weinbrand glattrühren und die Quadrate damit bestreichen, dabei einen kleinen Rand lassen, damit der Blätterteig aufgehen kann.

4. Das Mehl mit der Butter und dem Zucker zu Streuseln verkneten und mit den Mandeln über die Quadrate streuen.

5. Die Teigstücke auf ein mit Backpapier ausgelegtes oder mit kaltem Wasser abgespültes Blech legen.

6. Im vorgeheizten Backofen (E: 220°C, G: 4) etwa 20 Minuten backen.

Aprikosenkuchen

Teig:
225 g Mehl
3 TL Backpulver
225 g trockener Schichtkäse
200 g Butter
oder 2 P. Tiefkühlblätterteig

Belag:
750 g frische Aprikosen
200 g Zucker
1 Becher Sahne
3 Eigelb
ausgeschabtes Mark
von ½ Vanilleschote
2 EL Mehl
2 EL Rum

Zum Bestreuen:
40 g gehackte Pistazien

Außerdem:
Mehl zum Ausrollen
Backpapier

Backzeit: etwa 40 Minuten
Schaltung: E: 220°C, G: 4

1. Aus den angegebenen Teigzutaten nach der Arbeitsanleitung einen Quarkblätterteig herstellen oder den tiefgekühlten auftauen.

2. Die Aprikosen kurz in kochendes Wasser legen und die Haut abziehen. Die Früchte halbieren und die Kerne entfernen.

3. ¼ l Wasser mit 75 g Zucker zum Kochen bringen und die Aprikosen darin etwa 8 Minuten bei schwacher Hitze dünsten. Danach abtropfen lassen.

4. Die Sahne mit dem restlichen Zucker, den Eigelben, dem Vanillemark, dem Mehl und Rum in einem Topf verrühren.

5. Die Masse unter ständigem Schlagen bis kurz vor dem Siedepunkt erhitzen. Sie darf nicht kochen, da sonst das Eigelb gerinnt. Danach abkühlen.

6. Den Quarkblätterteig (die aufgetauten Scheiben dazu aufeinanderlegen) auf bemehltem Backpapier zu einem Kreis von etwa 40 cm Durchmesser ausrollen.

7. Die Creme so darauf ausstreichen, daß ein 5 cm breiter Rand übersteht.

8. Die Aprikosen auf der Creme verteilen und die gehackten Pistazien daraufstreuen.

9. Die Teigränder nun zur Mitte hin einschlagen und den Kuchen mit dem Backpapier auf ein Backblech heben.

10. Im vorgeheizten Backofen (E: 220°C, G: 4) etwa 40 Minuten backen.

Mein Tip

Bei Bestreichen des Blätterteigs mit Eigelb darauf achten, daß es nicht herunterläuft, da der Teig sonst an den Kanten kleben bleibt und nicht aufgeht.

Gemischter Obstkuchen

1 P. tiefgekühlter Blätterteig
Belag:
250 g grüne Weintrauben
250 g blaue Weintrauben
500 g Birnen
500 g säuerliche Äpfel
125 g Studentenfutter
2 EL Rum
1 ungespritzte Zitrone
Teig:
250 g Butter oder Margarine
225 g Puderzucker
1 Msp. Salz
6 Eier
600 g Mehl
½ P. Backpulver
Glasur:
1 Ei
150 g Puderzucker
Außerdem:
Mehl zum Ausrollen
Fett für das Backblech

Backzeit: etwa 60 Minuten
Schaltung: E: 200° C, G: 3

1. Den Blätterteig aus der Packung nehmen, die Platten nebeneinander legen und auftauen lassen.

2. Die Weintrauben waschen, von den Stielen zupfen und abtropfen lassen.

3. Die Äpfel und Birnen schälen, vierteln und das Kerngehäuse herausschneiden. Die Viertel in Scheiben schneiden.

4. Das Studentenfutter mit dem Rum beträufeln und ziehen lassen.

5. Die Zitronenschale abreiben und den Saft der Zitrone auspressen.

6. Die Weintrauben halbieren, entkernen und mit dem übrigen Obst, 2 Eßlöffeln Zitronensaft, der Zitronenschale und dem Studentenfutter vermischen.

7. Die Arbeitsfläche mit etwas Mehl bestäuben und die übereinandergelegten Blätterteigplatten in Größe des Backbleches ausrollen. Etwas ruhen lassen.

8. Die Butter oder Margarine mit dem Puderzucker und dem Salz schaumig rühren, die Eier nach und nach dazugeben.

9. Das Mehl mit dem Backpulver mischen und ebenfalls unterrühren.

10. Zum Schluß das Obst unter den Teig heben.

11. Ein tiefes Backblech ausfetten und mit Mehl bestäuben. Den Teig mit einem breiten Messer auf dem Backblech ausstreichen.

12. Den ausgerollten Blätterteig vorsichtig auf den Teig legen und die Ränder etwas andrücken.

13. Das Ei trennen und das Eiweiß beiseite stellen. Das Eigelb mit 1 Eßlöffel Wasser verquirlen und die Teigdecke damit bestreichen.

14. Den Kuchen im vorgeheizten Backofen (E: 200° C, G: 3) auf der untersten Schiene etwa 60 Minuten backen.

15. Den Puderzucker mit dem restlichen Zitronensaft und etwas Eiweiß glattrühren und den noch heißen Kuchen damit bestreichen.

Mein Tip

Servieren Sie den Kuchen noch warm mit viel Schlagsahne.

Gebäck

Holländer Schnitten

1 P. Tiefkühlblätterteig
Füllung:
1 Glas Sauerkirschen
ohne Steine
3 EL Rum
¼ l Sahne
1 P. Vanillinzucker
1 P. Sahnestärke
Glasur:
100 g Puderzucker
1 EL Kirschwasser

Backzeit: etwa 15 Minuten
Schaltung: E: 225–250° C,
G: 4–5

1. Die Blätterteigscheiben auseinanderlegen und 20 Minuten auftauen lassen.

2. Die Kirschen auf einem Sieb abtropfen lassen und danach mit dem Rum beträufeln.

3. Die Blätterteigscheiben etwas ausrollen, mit einer Tasse aus jedem Stück 2 Kreise schneiden und diese oval formen.

4. Auf ein mit kaltem Wasser abgespültes Backblech legen und im vorgeheizten Ofen (E: 225 bis 250° C, G: 4–5) etwa 15 Minuten backen.

5. Für den Guß den Puderzucker mit dem Kirschwasser glattrühren und damit die Hälfte der noch heißen Ovale überziehen.

6. Die Sahne anschlagen, den Vanillinzucker und die Sahnestärke dazugeben und nun die Sahne sehr steif schlagen.

7. Die Ovale ohne Zuckerguß mit Sahne bestreichen, die Kirschen darauflegen und nochmals Sahne darübergeben. Die mit Guß überzogenen Blätterteigdeckel daraufsetzen.

Mein Tip

Aus den Blätterteigresten kann man Salzgebäck machen: Die Stücke mit etwas Dosenmilch bestreichen und Salz, Kümmel oder Paprika daraufstreuen. Danach backen.

Blätterteigschnitten

2 P. Blätterteig
Füllung:
250 g rotes Johannisbeergelee
100 g Puderzucker
1 EL Zitronensaft
1 Eiweiß
4 Eier
120 g Zucker
½ l Milch
¼ l Sahne
1 Prise Salz
100 g Stärkemehl
1 Vanillestange
Außerdem:
Mehl zum Ausrollen

Backzeit: etwa 15 Minuten
Schaltung: E: 200° C, G: 3

1. Die Blätterteigscheiben auseinanderlegen und 20 Minuten auftauen lassen.

2. Jeweils 5 Blätterteigscheiben übereinanderlegen, leicht andrücken und auf einer bemehlten Arbeitsfläche zu einem Rechteck von etwa 40 x 35 cm ausrollen.

3. Den Teig zwischendurch 6–8 Minuten zugedeckt ruhen lassen, damit er geschmeidiger wird.

4. Ein Backblech mit Wasser befeuchten, eine der beiden Blätterteigplatten darauflegen und mehrmals mit einer Gabel einstechen.

5. Den Teig zugedeckt 10 Minuten ruhen lassen, dann im vorgeheizten Ofen (E: 200° C, G: 3) etwa 15 Minuten auf mittlerer Einschubleiste backen.

6. Den Teig vorsichtig mit einem flachen Messer vom Blech lösen. Das Blech auskühlen lassen, säubern, wieder befeuchten und die zweite Teigplatte darauf backen.

7. Inzwischen 100 g Johannisbeergelee aufkochen.

8. Eine gebackene Teigplatte so umdrehen, daß die glatte Seite oben liegt.

9. Von der breiten Seite etwa 24 cm abschneiden und mit dem heißen Gelee bestreichen.

10. Von der 2. Platte ebenfalls 24 cm abschneiden und die unebene Seite mit 150 g ungekochtem Johannisbeergelee bestreichen. Die beiden schmalen Teigstreifen erst einmal beiseite legen.

11. Den Puderzucker, Zitronensaft und wenig Eiweiß zu einer Glasur verrühren und auf den Boden mit dem gekochten Gelee streichen.

12. Die Eier trennen, das Eiweiß mit 60 g Zucker sehr steif schlagen.

13. Die Milch und Sahne mit einer Prise Salz in einen Topf geben. ¼ l der Mischung abnehmen und das Stärkemehl darin auflösen.

14. Die Vanillestange auskratzen, das Mark und den restlichen Zucker zur Milch in den Topf geben und zum Kochen bringen.

15. Das Stärkemehl mit dem Schneebesen unter die kochende Milch rühren und noch einmal aufkochen lassen, den Topf vom Feuer ziehen, etwas von der Milch abnehmen, mit den Eigelben verquirlen und unter die Milch schlagen bis der Pudding dicklich ist.

16. Den Eischnee mit dem Schneebesen vorsichtig unter den Pudding ziehen. Abkühlen lassen.

17. Die Hälfte des Puddings auf den Blätterteig mit dem ungekochten Gelee streichen.

18. Die beiden schmalen Teigstreifen darauflegen und leicht andrücken. Den restlichen Pudding darüberstreichen.

19. Das glasierte Blätterteigstück mit einem nassen Sägemesser in sechzehn 8 x 6 cm große Stücke schneiden und auf die obere Puddingschicht legen. Die Ränder glattstreichen.
Alles 30 Minuten kühl stellen.

20. Die einzelnen Cremeschnitten dann mit einem nassen Sägemesser ganz durchschneiden.

Brezeln

Teig:
250 g Mehl
3 TL Backpulver
250 g trockener Schichtkäse
200 g Butter oder Margarine
½ TL Salz
Zum Bestreuen:
Hagelzucker

Backzeit: 10–15 Minuten
Schaltung: E: 225–250°C,
G: 4–5

1. Einen Quarkblätterteig herstellen wie in der Arbeitsanleitung beschrieben. Über Nacht kalt stellen.

2. Den Teig auf einer bemehlten Arbeitsfläche zu einem Rechteck von etwa 40 cm Länge ausrollen und in schmale Streifen schneiden.

3. Die Streifen mehrmals mit einem Hölzchen einstechen und zu Brezeln formen.

4. Mit Wasser bestreichen und Hagelzucker darüberstreuen.

5. Auf einem mit Wasser bespülten Blech etwas ruhen lassen und dann im vorgeheizten Ofen (E: 225–250°C, G: 4–5) 10–15 Minuten backen.

So werden Brezeln hergestellt

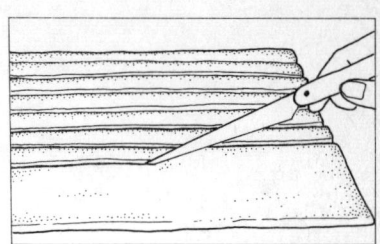

1. Den Teig zu einem Rechteck ausrollen und schmale Streifen daraus schneiden.

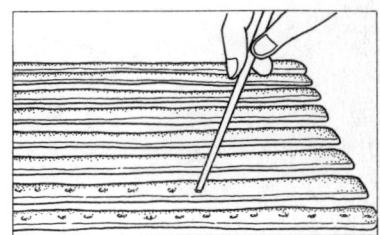

2. Die Streifen mehrmals mit einem Hölzchen einstechen.

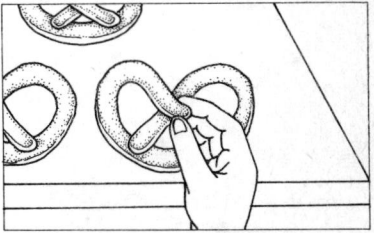

3. Die Streifen zu Brezeln formen.

Schweinsöhrchen

Teig:

250 g Mehl

⅛ l Wasser

250 g Butter oder Margarine

knapp ½ TL Salz

oder 2 P. tiefgefrorener

Blätterteig

Zum Ausrollen:

Sandzucker

Backzeit: 15–20 Minuten
Schaltung: E: 225°C, G: 4

1. Einen Blätterteig zubereiten wie im Grundrezept beschrieben. Den tiefgefrorenen Blätterteig nach Anweisung verarbeiten.

2. Danach den Teig auf Sandzucker zu einem Rechteck ausrollen, etwa 10 cm breit und 20 cm lang.

3. Den Teig von beiden Seiten bis zur Mitte aufrollen und davon 1 cm dicke Scheiben abschneiden.

4. Die Scheiben ein wenig flachdrücken und auf einem mit Wasser abgespülten Blech im vorgeheizten Ofen (E: 225°C, G: 4) 15–20 Minuten backen.

So werden Schweinsöhrchen hergestellt

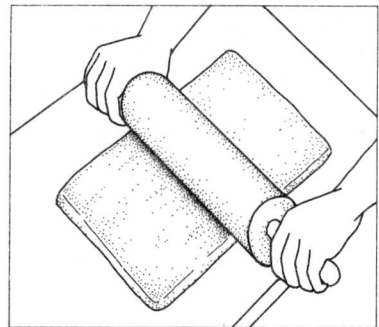

1. *Den Teig zu einem Rechteck ausrollen.*

2. *Den Teig von den Längsseiten her zur Mitte hin aufrollen.*

3. *Von der Rolle etwa 1 cm dicke Scheiben abschneiden.*

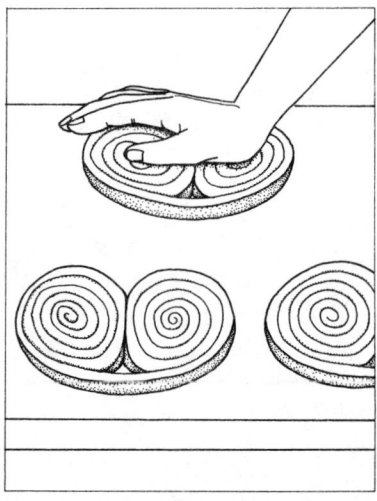

4. *Die Scheiben mit dem Handballen etwas flachdrücken.*

Schillerlocken mit Kirschsahne

Teig:
225 g Mehl
3 TL Backpulver
225 g trockener Schichtkäse
200 g Butter oder Margarine
oder 2 P. Tiefkühlblätterteig

Zum Bestreichen:
1 Eigelb
1 EL Milch

Füllung:
1 Glas entkernte Sauerkirschen
1 Becher Sahne (200 g)
2 P. Vanillinzucker
1 P. Sahnestärke

Außerdem:
Mehl zum Ausrollen

Backzeit: etwa 15 Minuten
Schaltung: E: 220°C, G: 4

1. Einen Quarkblätterteig herstellen wie in der Arbeitsanleitung beschrieben. Diesen über Nacht kalt stellen.

2. Den Teig auf einer bemehlten Platte zu einem Rechteck von 30 x 30 cm ausrollen und mit einem Teigrädchen Streifen von 2 cm Breite schneiden. Die Teigstreifen etwa 15 Minuten ruhen lassen.

3. Die Schillerlockenformen mit kaltem Wasser abspülen.

4. Das Eigelb mit der Milch verquirlen und die Teigstreifen an einem Längsrand damit bestreichen.

5. Die Teigstreifen vom spitzen Ende her so auf die Formen rollen, daß jeweils der mit Eigelb bestrichene Rand ½ cm über dem unbestrichenen liegt.

6. Die Ränder gut zusammendrücken und die Schillerlocken mit dem restlichen Eigelb bestreichen. Im vorgeheizten Ofen (E: 220°C, G: 4) etwa 15 Minuten goldgelb backen.

7. Die noch heißen Schillerlocken aus den Formen lösen und auf einem Kuchengitter auskühlen lassen.

8. Die Sauerkirschen auf einem Sieb abtropfen lassen.

9. Die Sahne halb steif schlagen, den Vanillinzucker und die Sahnestärke dazugeben und steif schlagen.

10. Danach die Schillerlocken mit der Sahne und den Kirschen füllen.

Variante

Erdbeersahne
250 g Erdbeeren
4 Blatt weiße Gelatine
75 g Zucker
2 EL Portwein
1 Becher Sahne (200 g)

1. Die Erdbeeren waschen und die Stielansätze abzupfen.

2. Die Gelatine nach Anweisung auf der Packung in etwas kaltem Wasser aufweichen.

3. Die Erdbeeren mit dem Zucker und dem Portwein im Mixer pürieren und die Gelatine unterrühren.

4. Wenn die Creme anfängt, steif zu werden, die geschlagene Sahne unterziehen und die Schillerlocken damit füllen.

Schuhsohlen mit Pistaziensahne

1 P. tiefgefrorener Blätterteig
Füllung:
350 g Sahne
1 P. Sahnestärke
2 EL Zucker
2 EL gehackte Pistazien
Guß:
150 g Puderzucker
1–2 EL Wasser
Außerdem:
Mehl zum Ausrollen

Backzeit: etwa 15 Minuten
Schaltung: E: 225°C, G: 4

1. Den Blätterteig nach Vorschrift auftauen lassen und auf einer bemehlten Arbeitsfläche zu einer 2–3 mm dünnen Platte ausrollen.

2. Aus Karton eine kleine Schuhsohlenschablone schneiden und jeweils auf den Teig legen.

3. Den Teig danach ausschneiden und die Schuhsohlen auf ein mit kaltem Wasser abgespültes Blech legen.

4. Im vorgeheizten Ofen (E: 225°C, G: 4) etwa 15 Minuten backen und danach die Schuhsohlen vorsichtig vom Blech lösen.

5. Für die Füllung die Sahne halb steif schlagen und die Sahnestärke und den Zucker dazugeben. Danach steif schlagen und die gehackten Pistazien darunterrühren.

6. Jeweils 2 Schuhsohlen mit der Pistaziensahne zusammensetzen.

7. Den Puderzucker mit Wasser glattrühren und die Deckel der Schuhsohlen damit bestreichen.

Hahnenkämme

Teig:
225 g Mehl, 3 TL Backpulver
225 g trockener Schichtkäse
200 g Butter oder Margarine
1 Eiweiß
Füllung:
1 Glas Aprikosenkonfitüre
Zum Bestreichen:
200 g Puderzucker
2 EL Zitronensaft
Außerdem:
Mehl zum Ausrollen

Backzeit: etwa 20 Minuten
Schaltung: E: 200–225°C, G: 3–4

1. Einen Quarkblätterteig nach der Arbeitsanleitung herstellen und diesen über Nacht kalt stellen.

2. Den Teig auf einer bemehlten Platte dünn zu einem Quadrat ausrollen und in etwa 8 x 8 cm große Quadrate schneiden.

3. Auf jedes Quadrat einen Klecks Konfitüre geben und die Ränder mit Eiweiß bestreichen.

4. Danach die Quadrate zusammenklappen, die Ränder fest andrücken und jeweils die lange Seite kammartig einschneiden und etwas auseinanderziehen.

5. Das Gebäck auf ein mit kaltem Wasser abgespültes Backblech legen, 15 Minuten ruhen lassen und im vorgeheizten Ofen (E: 200–225°C, G: 3–4) etwa 20 Minuten auf mittlerer Schiene backen.

6. Den Puderzucker mit dem Zitronensaft glattrühren und die Hahnenkämme nach dem Erkalten mit dem Guß bestreichen.

Apfel im Schlafrock

1 P. Tiefkühlblätterteig
Füllung:
5 kleine Äpfel (Cox Orange)
4 TL Zucker
4 EL Rosinen
4 TL Pistazienkerne
Zum Bestreichen:
1 Ei
Außerdem:
Backpapier für das Blech

Backzeit: etwa 25 Minuten
Schaltung: E: 225°C, G: 4

1. Den Blätterteig auftauen lassen und die 5 Rechtecke zu Quadraten ausrollen.

2. Die Äpfel waschen und mit dem Apfelausstecher das Kerngehäuse ausstechen.

3. Den Zucker mit den Rosinen und Pistazienkernen vermengen.

4. Die Äpfel auf die Blätterteigquadrate setzen und mit der Masse füllen.

5. Das Eiweiß vom Eigelb trennen und die Ränder der Quadrate damit bestreichen.

6. Den Teig über den Äpfeln zusammenklappen und die Ränder fest zusammendrücken.

7. Das Eigelb verquirlen und die Äpfel im Schlafrock damit bestreichen.

8. Im vorgeheizten Backofen (E: 225°C, G: 4) etwa 25 Minuten backen.

Mein Tip

Am besten schmecken die Äpfel im Schlafrock, wenn sie noch warm sind.

Pfirsichkuppeln

1 P. Tiefkühlblätterteig
Füllung:
1 Dose feste Pfirsichhälften
1 Eiweiß
1 Eigelb
1 EL Dosenmilch
Zum Bestreuen:
Puderzucker
Außerdem:
Mehl zum Ausrollen

Backzeit: etwa 15 Minuten
Schaltung: E: 225°C, G: 4

1. Den Teig auftauen lassen. Auf bemehltem Brett etwa messerrückendick ausrollen.

2. Kreisrunde Plätzchen von 8 und 10 cm Durchmesser ausstechen.

3. Jeweils auf ein kleineres Plätzchen eine abgetropfte Pfirsichhälfte legen, darüber ein größeres Teigplätzchen legen und andrücken.

4. Aus den Teigresten kleine Plätzchen ausstechen, mit Eiweiß bestreichen und auf die Kuppel setzen.

5. Das Gebäck mit einem mit Milch verquirlten Eigelb bestreichen und im vorgeheizten Ofen (E: 225°C, G: 4) etwa 15 Minuten backen.

6. Dick mit Puderzucker bestreuen.

Windräder

So entstehen Windräder

1 P. tiefgefrorener Blätterteig
Zum Bestreichen:
1 Eiweiß
1 Eigelb
Füllung:
Kirschkonfitüre

Backzeit: etwa 20 Minuten
Schaltung: E: 225°C, G: 4

1. Die einzelnen Blätterteigplatten auftauen lassen und in Quadrate schneiden.

2. Danach die Quadrate von den Ecken her zur Mitte einschneiden. Die Spitzen und die Mitte mit dem Eiweiß bepinseln und die Spitzen so zur Mitte biegen, daß Windräder entstehen.

3. Mit dem verquirlten Eigelb bestreichen und in jede Mitte einen Klecks Kirschkonfitüre setzen.

4. Die Windräder auf ein mit kaltem Wasser abgespültes Backblech setzen und etwa 15 Minuten ruhen lassen.

5. Danach im vorgeheizten Ofen (E: 225°C, G: 4) etwa 20 Minuten backen.

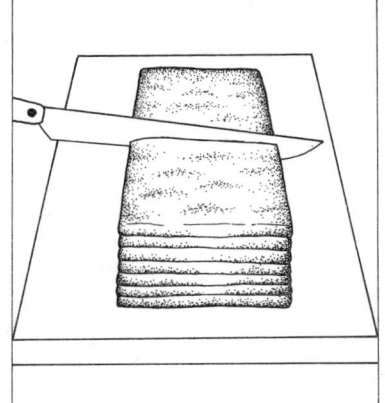

1. *Die Teigplatten in Quadrate schneiden.*

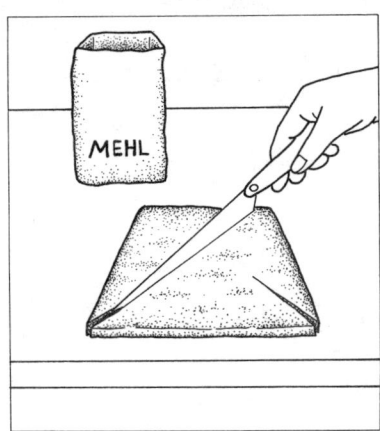

2. *Die Quadrate von den Ecken her zur Mitte einschneiden.*

3. *Die Spitzen zur Mitte biegen.*

Pfirsichküsse

Teig:
225 g Mehl
3 TL Backpulver
225 g trockener Schichtkäse
200 g Butter oder Margarine
1 Prise Salz

Füllung:
80 g Marzipanrohmasse
30 g gehackte Walnußkerne
1 Gläschen Curaçao
1 EL Puderzucker
8 Pfirsichhälften
aus der Dose
1 Eiweiß

Guß:
50 g Aprikosenkonfitüre

Zum Bestreuen:
20 g gehobelte und
geröstete Mandeln

Außerdem:
Mehl zum Ausrollen

Backzeit: 15–20 Minuten
Schaltung: E: 220°C, G: 4

1. Einen Quarkblätterteig herstellen wie in der Arbeitsanleitung beschrieben. Über Nacht kalt stellen.

2. Den Teig auf einer bemehlten Arbeitsfläche zu einem Rechteck ausrollen und daraus 8 Quadrate schneiden.

3. Marzipanrohmasse, gehackte Walnußkerne, Curaçao und Puderzucker gut miteinander verrühren und von dieser Masse in die Mitte eines jeden Quadrates ein Häufchen setzen.

4. Die Pfirsichhälften abtropfen lassen und daraufsetzen.

5. Die Ecken der Quadrate mit verquirltem Eiweiß bestreichen und die Quadrate zu Dreiecken zusammenfalten.

6. Den restlichen Teig nochmals ausrollen und Rosetten daraus ausstechen. Die Rosetten an der Unterseite mit Eiweiß bestreichen und auf je 1 Gebäckstückchen eine Rosette setzen.

7. Ein Backblech mit kaltem Wasser abspülen und die Teilchen daraufsetzen.

8. 15 Minuten ruhen lassen und dann im vorgeheizten Ofen (E: 220°C, G: 4) 15–20 Minuten backen.

9. Die Aprikosenkonfitüre erwärmen und auf die noch warmen Teilchen streichen, die gerösteten Mandeln darüberstreuen und auskühlen lassen.

Mein Tip

Sie können rationeller arbeiten, wenn im Haushalt eine Tiefkühltruhe vorhanden ist. Dann werden von einer größeren Menge Blätterteig einige Portionen eingefroren.

Nußtaschen

Teig:
225 g Mehl
3 TL Backpulver
225 g trockener Schichtkäse
200 g Butter oder Margarine
1 Prise Salz
Füllung:
100 g gemahlene Haselnüsse
75 g Zucker
3 EL Dosenmilch
2 EL Rum
Glasur:
150 g Puderzucker
1–2 EL Rum
Außerdem:
Mehl zum Ausrollen

Backzeit: 15–25 Minuten
Schaltung: E: 200°C, G: 3

1. Einen Quarkblätterteig herstellen wie in der Arbeitsanleitung beschrieben und diesen über Nacht kalt stellen.

2. Den Teig etwa 4 mm dick auf einer bemehlten Arbeitsfläche ausrollen und in 10 cm große Quadrate schneiden.

3. Die gemahlenen Haselnüsse mit dem Zucker, der Dosenmilch und dem Rum zu einer streichfähigen Masse verrühren und diese Masse auf die Quadrate streichen, wobei etwa 1 cm Rand gelassen wird.

4. Die Quadrate übereinanderklappen und an den Seiten gut zusammendrücken.

5. Auf ein mit kaltem Wasser abgespültes Backblech legen und im vorgeheizten Ofen (E: 200°C, G: 3) 15–25 Minuten backen.

6. Den Puderzucker mit dem Rum glattrühren und die noch warmen Taschen damit bestreichen.

Aprikosenschleifen

1 P. Tiefkühlblätterteig
Füllung:
1 Glas Aprikosenkonfitüre
1 Eigelb
50 g Teezucker
Zum Bestreichen:
1 Eigelb
Zum Bestreuen:
50 g Hagelzucker

Außerdem:
Mehl zum Ausrollen

Backzeit: 15–20 Minuten
Schaltung: E: 225°C, G: 4

1. Den Blätterteig nach Anweisung auf der Packung auftauen lassen.

2. Auf leicht bemehltem Backbrett rechteckig ausrollen. Aprikosenkonfitüre auf eine Hälfte streichen, die unbestrichene Teigseite darüberklappen.

3. 5 x 12 cm große Stücke ausradeln, die Mitte aufschneiden und das Blätterteigstück durch diese Öffnung ziehen.

4. Mit etwas Eigelb bestreichen und mit Hagelzucker bestreuen.

5. Auf ein mit Wasser abgespültes Blech legen und im vorgeheizten Ofen (E: 225°C, G: 4) in 15–20 Minuten auf mittlerer Schiene goldgelb backen.

Aprikosentaschen

Teig:
225 g Mehl
3 TL Backpulver
225 g trockener Schichtkäse
200 g Butter oder Margarine
1 Prise Salz
Füllung:
8 halbe Aprikosen
aus dem Glas
Zum Bestreichen:
1 Eigelb
Glasur:
100 g Aprikosenkonfitüre
125 g Puderzucker
Außerdem:
Mehl zum Ausrollen

Backzeit: 10–20 Minuten
Schaltung: E: 200°C, G: 3

1. Einen Quarkblätterteig herstellen wie in der Arbeitsanleitung beschrieben. Über Nacht kalt stellen.

2. Den kalten Blätterteig auf einer bemehlten Arbeitsfläche zu einem Rechteck von 20 x 40 cm ausrollen und daraus 8 Quadrate schneiden.

3. Das Eigelb verquirlen und die Quadrate damit bestreichen.

4. Die Aprikosen abtropfen lassen und auf jedes Quadrat 1 Aprikose setzen.

5. Die am Rande abgefallenen Teigreste nochmals ausrollen und schmale Streifen daraus schneiden. Die Blätterteigstücke jeweils kreuzweise damit belegen.

6. Ein Backblech mit kaltem Wasser abspülen und die Teilchen darauflegen.

7. Im vorgeheizten Ofen (E: 200°C, G: 3) 10–20 Minuten backen.

8. Die Aprikosenkonfitüre in einem Topf erwärmen und auf die noch warmen Blätterteigstücke streichen.

9. Den Puderzucker mit etwas Wasser glattrühren und das Gebäck damit bestreichen.

Quarktaschen

1 P. Tiefkühlblätterteig
Füllung:
100 g Speisequark
1 Eigelb, 40 g Zucker
1/3 Tasse gehackte Mandeln
Zum Bestreichen:
1 Eigelb
Außerdem:
Mehl zum Ausrollen

Backzeit: 15–20 Minuten
Schaltung: E: 225°C, G: 4

1. Den Blätterteig nach Anweisung auf der Packung auftauen lassen.

2. Auf leicht bemehltem Brett ausrollen und in Quadrate von 8 x 8 cm ausradeln.

3. Die Zutaten für die Füllung miteinander vermischen und jeweils einen Teelöffel voll in die Teigmitte geben.

4. Die Ecken zur Mitte zusammenlegen und gut andrücken.

5. Auf ein mit Wasser abgespültes Blech legen, mit Eigelb bestreichen und im vorgeheizten Ofen (E: 225°C, G: 4) 15–20 Minuten auf mittlerer Schiene backen.

Kaiserkragen

Teig:
225 g Mehl
3 TL Backpulver
225 g trockener Schichtkäse
200 g Butter oder Margarine
1 Prise Salz
Füllung:
4–5 EL Aprikosenkonfitüre
100 g Marzipanrohmasse
50 g Puderzucker
1 EL Rosenwasser
Außerdem:
Mehl zum Ausrollen

Backzeit: 15–20 Minuten
Schaltung: E: 225°C, G: 4

1. Einen Quarkblätterteig nach der Arbeitsanleitung herstellen.

2. Den Blätterteig auf einer bemehlten Arbeitsfläche ausrollen und in 10 cm große Quadrate schneiden. Dünn mit Aprikosenkonfitüre bestreichen.

3. Das Rohmarzipan mit Puderzucker und Rosenwasser gut verkneten, ausrollen und in 7 cm große Quadrate schneiden.

4. Immer eine Marzipanscheibe auf eine Blätterteigscheibe legen.

5. Jedes Stückchen einmal zusammenklappen und mit einem Messer dreimal bis fast zur Mitte einschneiden.

6. Auf ein mit Wasser abgespültes Backblech legen und im vorgeheizten Ofen (E: 225°C, G: 4) 15–20 Minuten backen.

Kaffeegebäck

Teig:
250 g Mehl
3 TL Backpulver
250 g trockener Schichtkäse
200 g Butter oder Margarine
1 Prise Salz
2 P. Vanillinzucker
Füllung:
Konfitüre
Glasur:
Zuckerguß
Außerdem:
Mehl zum Ausrollen

Backzeit: etwa 20 Minuten
Schaltung: E: 220°C, G: 4

1. Einen Quarkblätterteig herstellen wie in der Arbeitsanleitung beschrieben. Diesen über Nacht kalt stellen.

2. Den kalten Blätterteig etwa ½ cm dick auf einer bemehlten Fläche ausrollen und mit dem Kuchenrädchen in Vierecke schneiden.

3. Auf jedes Viereck ein Kleckschen Konfitüre setzen und die Vierecke zu verschiedenen Formen (Dreieck, Taschen) übereinanderschlagen.

4. Auf ein mit kaltem Wasser abgespültes Blech setzen und im vorgeheizten Ofen (E: 220°C, G: 4) etwa 20 Minuten backen.

Mein Tip

Blätterteig sollte nicht länger als 3 Monate eingefroren werden, da er dann nicht mehr so gut aufgeht.

Strudelteig – dünn und fein

Der Strudelteig kommt aus der österreichischen Küche und je dünner er ausgezogen wird, desto besser schmeckt der Strudel.

Die Österreicher sagen, man muß durch den Teig hindurch einen Liebesbrief lesen können.

Gefüllt werden kann der Strudel mit Obst, Quark, oder auch mit herzhaften Zutaten.

Strudel schmecken warm und kalt gleichermaßen gut.

Grundrezept I

250 g Mehl
3 EL Öl
½ TL Salz
lauwarmes Wasser nach Bedarf

Grundrezept II

250 g Mehl
20 g Butter oder Margarine
1 Ei
½ TL Salz
lauwarmes Wasser nach Bedarf

Verarbeitung mit der Hand

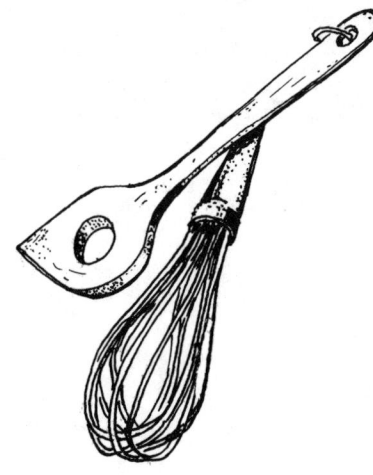

1. Das Mehl in eine Schüssel sieben und in die Mitte eine Vertiefung drücken.

2. In die Vertiefung Öl und Salz (oder Fett, Ei und Salz) geben und so viel Wasser dazugießen, daß sich die Zutaten zu einem glatten geschmeidigen Teig kneten lassen.

3. Den Teig mit Öl bestreichen und etwa ½ Stunde unter einer vorgewärmten Schüssel ruhen lassen.

Mit Rührgerät und Küchenmaschine

Was zu beachten ist

KNETHAKEN

1. Mehl, Wasser, Salz und Öl (Fett und Ei) in eine hohe Schüssel geben und alles so lange verkneten, bis der Teig geschmeidig ist und sich vom Schüsselrand löst.

2. Den Teig mit Öl bestreichen und etwa 30 Minuten unter einer vorgewärmten Schüssel ruhen lassen.

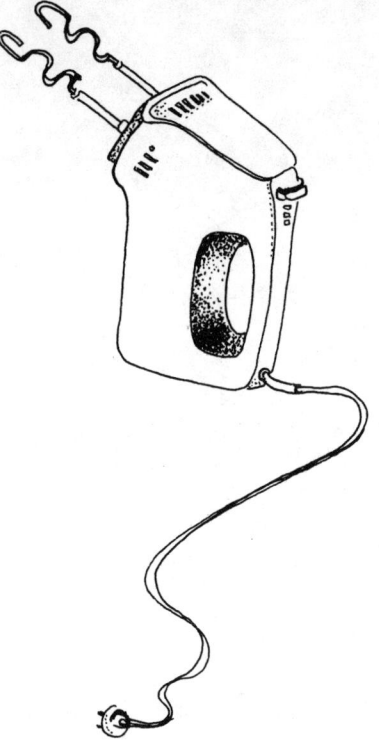

Strudelteig reißt nicht so leicht, wenn Sie zu dem Teig etwas Essig geben und ihn während des Ausziehens mehrmals mit Fett bestreichen.

So wird der Strudelteig ausgezogen und aufgerollt

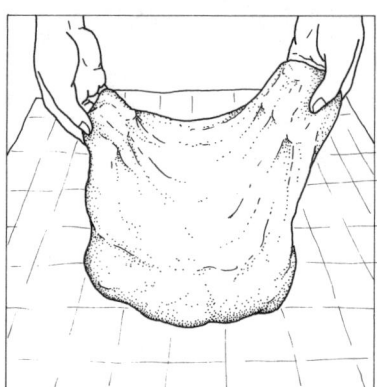

2. *Den Teig ganz vorsichtig mit den Händen von der Mitte her zu einem Rechteck ausziehen.*
Der Teig muß so dünn sein, daß man dadurch das Muster des Handtuchs erkennen kann.

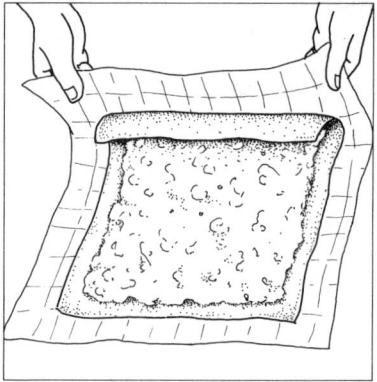

4. *Nun von der oberen Schmalseite her das Geschirrtuch flach nach vorne ziehen, so daß der Teig sich aufrollt.*

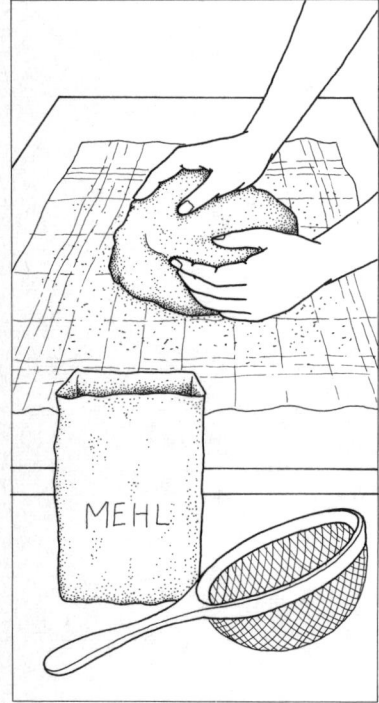

1. *Ein Geschirrtuch mit Mehl bestäuben und den Teigkloß darauf mit der Hand etwas flachdrücken.*

3. *Den Strudelteig mit Butter bestreichen oder Semmelbrösel daraufstreuen und die Füllung daraufgeben. Dabei darauf achten, daß am oberen Rand 2 Handbreit und an den Seiten jeweils etwa 5 cm frei bleiben.*

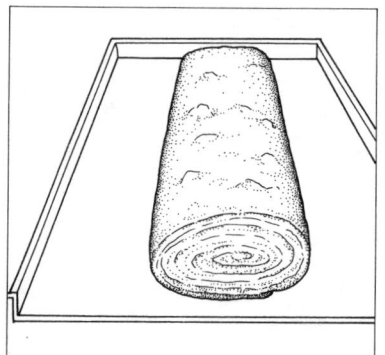

5. *Den Strudel auf ein gefettetes und bemehltes oder mit Backpapier ausgelegtes Backblech legen. Dabei darauf achten, daß die Naht nach unten kommt.*

Schwäbischer Rahmstrudel

Teig:
250 g Mehl
1 Msp. Salz, 1 Ei
⅛ l lauwarmes Wasser
20 g Butter oder Margarine

Zum Bestreichen:
Öl

Füllung:
75 g Butter
4 Eigelb
75 g Zucker
¼ l saure Sahne
4 EL Semmelbrösel
1 Msp. Zimt
75 g Rosinen
100 g Weintrauben
4 Eiweiß

Zum Bestreichen:
Öl
30 g Butter

Zum Bestäuben:
Puderzucker

Außerdem:
Mehl zum Ausrollen
Fett und ¼ l Milch
für das Blech

Backzeit: etwa 60 Minuten
Schaltung: E: 200°C, G: 3

1. Einen Strudelteig nach der Arbeitsanleitung herstellen.

2. Den Teig auf einem bemehlten Tuch wie am Anfang des Kapitels beschrieben rechteckig (etwa 70 x 50 cm) ausrollen.

3. Für die Füllung Butter, Eigelbe und Zucker sehr schaumig rühren.

4. Sahne, Semmelbrösel, Rosinen und Zimt darunterrühren.

5. Die Weintrauben waschen und von den Stielen zupfen. Halbieren, entkernen und unter die Creme heben.

6. Das Eiweiß sehr steif schlagen und unterziehen.

7. Die Füllung auf den Teig geben und dabei einen etwa 15 cm breiten Längsstreifen freilassen.

8. Den Teig an den Enden einschlagen und zur ungefüllten Seite hin aufrollen.

9. Eine Fettpfanne mit etwas Butter einfetten und den Strudel vorsichtig daraufgleiten lassen.

10. Die Butter schmelzen und den Teig damit bepinseln.

11. Im vorgeheizten Ofen (E: 200°C, G: 3) etwa 60 Minuten auf der untersten Schiene bakken.

12. Nach 30 Minuten Backzeit die Milch in die Fettpfanne gießen.

13. Nach dem Backen den Strudel mit Puderzucker bestäuben und warm oder kalt servieren.

Schokoladenstrudel

Teig:
250 g Mehl, 1 Ei
½ TL Salz
⅛ l Wasser
Zum Bestreichen:
Öl, 50 g Butter
Füllung:
4 Eier, 100 g Zucker
3 Tafeln bittere Schokolade
125 g gemahlene Mandeln
1 EL Stärkemehl
Außerdem:
Mehl zum Ausrollen
Fett und Mehl für die Form.

Backzeit: etwa 30 Minuten
Schaltung: E: 225°C, G: 4

1. Einen Strudelteig herstellen und ausrollen wie in der Arbeitsanleitung beschrieben.

2. Den Teig mit flüssiger Butter bestreichen.

3. Für die Füllung die Eier trennen und die Eigelbe mit Zucker schaumig rühren.

4. Die Schokolade im Wasserbad schmelzen lassen und zusammen mit den Mandeln und dem Stärkemehl dazugeben.

5. Das Eiweiß sehr steif schlagen und ebenfalls untermischen.

6. Die Füllung bis zum letzten Drittel auf dem Teig verteilen.

7. Das gefüllte Teigende etwas einschlagen und den Strudel mit Hilfe des Tuchs aufrollen.

8. Auf ein gefettetes und bemehltes Backblech legen und im vorgeheizten Ofen (E: 225°C, G: 4) etwa 30 Minuten backen.

Topfenstrudel

Teig:
250 g Mehl, 3 EL Öl
½ TL Salz
etwas lauwarmes Wasser
Zum Bestreichen:
Öl, 50 g Butter
Füllung:
¼ l Sahne
250 g Schichtkäse
125 g Zucker, 2 Eier
150 g Rosinen
Außerdem:
Mehl zum Ausrollen
Fett und Mehl für das Blech

Backzeit: 40–50 Minuten
Schaltung: E: 175°C, G: 2

1. Einen Strudelteig herstellen wie in der Arbeitsanleitung beschrieben.

2. Den Teig auf einem bemehlten Tuch papierdünn ausrollen.

3. Die Butter schmelzen und den Teig damit bestreichen.

4. Für die Füllung die Sahne steif schlagen.

5. Den Käse mit dem Zucker und den Eiern glattrühren und die gewaschenen und abgetrockneten Rosinen und die Sahne unterheben.

6. Die Quarkmasse auf den Teig geben, so daß das letzte Drittel frei bleibt.

7. Das gefüllte Teigende etwas einschlagen und mit Hilfe des Tuchs aufrollen.

8. Auf ein gefettetes und bemehltes Backblech legen und im vorgeheizten Ofen (E: 175°C, G: 2) 40–50 Minuten backen.

Topfenstrudel ▷

Kirschstrudel

Teig:
250 g Mehl
2 EL Öl
½ TL Salz
⅛ l lauwarmes Wasser
Zum Bestreichen:
Öl
Füllung:
750 g Sauerkirschen
75 g Zucker
1 Prise Zimt
100 g geriebene Mandeln
1–2 EL Rum
Zum Bestreichen:
1 Tasse Semmelbrösel
100 g Butter
Außerdem:
Mehl zum Ausrollen
Fett und Mehl für das Blech

Backzeit: etwa 30 Minuten
Schaltung: E: 225°C, G: 4

1. Einen Strudelteig herstellen wie in der Arbeitsanleitung beschrieben.

2. Ein Tuch mit Mehl bestäuben und den Teig papierdünn darauf ausrollen.

3. Die Kirschen abtropfen lassen und mit Zucker und Zimt bestreuen.

4. Die gemahlenen Mandeln und den Rum untermischen.

5. Die Semmelbrösel in etwas Butter anrösten und auf die Teigplatte streichen.

6. Die Kirschmasse darauf verteilen, so daß ein Drittel freibleibt. Das gefüllte Teigende etwas einschlagen.

7. Den Strudel mit Hilfe des Tuchs aufrollen, die Ränder festdrücken.

8. Mit flüssiger Butter bestreichen und im vorgeheizten Ofen (E: 225°C, G: 4) etwa 30 Minuten backen.

Variante
Beschwipster Kirschstrudel

Teig und Backzeit sind wie beim Kirschstrudel.

Füllung:
125 g Makronen
750 g entkernte Sauerkirschen aus dem Glas
75 g Zucker
1 Gläschen Kirschwasser

1. Die Makronen fein zerbröseln und auf den ausgerollten Teig streuen.

2. Die Sauerkirschen abtropfen lassen und auf ⅔ des Teigs geben. Mit Zucker bestreuen und mit Kirschwasser beträufeln.

3. Weiterarbeiten wie im Rezept Kirschstrudel beschrieben.

◁ Kirschstrudel

Nußstrudel

Teig:
250 g Mehl
⅛ l Wasser
50 g Butter oder Margarine
½ TL Salz
Zum Bestreichen:
Öl
50 g Butter
Zum Bestreuen:
Semmelbrösel
Füllung:
100 g Blockschokolade
5 Eier, 75 g Zucker
250 g gemahlene Haselnüsse
Außerdem:
Mehl zum Ausrollen
Fett und Mehl für das Blech

Backzeit: 30–40 Minuten
Schaltung: E: 200–225°C,
G: 3–4

1. Einen Strudelteig herstellen und ausrollen wie in der Arbeitsanleitung beschrieben.

2. Den ausgerollten Strudel mit flüssiger Butter bestreichen und mit Semmelbröseln bestreuen.

3. Für die Füllung die Schokolade im Wasserbad schmelzen lassen.

4. Die Eier trennen und die Eigelbe mit dem Zucker schaumig rühren.

5. Die geschmolzene Schokolade und die Nüsse dazugeben.

6. Das Eiweiß zu sehr festem Schnee schlagen und unter die Masse heben.

7. Die Masse auf ⅔ des Teigs streichen und diesen, wie am Anfang des Kapitels beschrieben, aufrollen.

8. Den Strudel mit Hilfe des Tuchs auf ein gefettetes und bemehltes Backblech legen.

9. Im vorgeheizten Ofen (E: 200–225°C, G: 3–4) 30–40 Minuten backen.

Badischer Apfelstrudel

Teig:
250 g Mehl
3 EL Öl
½ TL Salz
⅛ l Wasser
Zum Bestreichen:
Öl
Füllung:
200 g Orangengelee
500 g saure Äpfel
2 EL Zucker
2 TL Zimt
60 g Rosinen
Zum Bestreichen:
30 g Butter
Zum Bestäuben:
Puderzucker
Außerdem:
Mehl zum Ausrollen
Fett und Mehl für das Blech

Backzeit: etwa 30 Minuten
Schaltung: E: 220°C, G: 4

1. Einen Strudelteig herstellen wie in der Arbeitsanleitung beschrieben.

2. Den Teig auf einem bemehlten Küchentuch ausrollen und dann mit den Händen vorsichtig nach allen Seiten hin ausziehen,

bis er durchsichtig ist. Mit Orangengelee bestreichen.

3. Die Äpfel schälen, das Kerngehäuse entfernen und die Äpfel in kleine Stücke schneiden. Auf ⅔ des Teigs häufen.

4. Den Zucker und Zimt vermischen und darüberstreuen, ebenso die Rosinen.

5. Das gefüllte Teigende etwas einschlagen und den Strudel mit Hilfe des Tuchs aufrollen und auf ein gefettetes und bemehltes Backblech legen.

6. Mit flüssiger Butter bestreichen und im vorgeheizten Ofen (E: 220°C, G: 4) etwa 30 Minuten backen.

7. Nach dem Backen mit Puderzucker bestreuen.

Krautstrudel

Teig:
250 g Mehl
1 Msp. Salz
3 EL Öl
⅛ l lauwarmes Wasser
Zum Bestreichen:
Öl
Füllung:
500 g geputzter Weißkohl
2 EL Öl
100 g durchwachsener Speck
1 Zwiebel
1 TL Zucker
½ TL Salz
Pfeffer, ½ TL Kümmel
⅛ l saure Sahne
Zum Bestreichen:
50 g Butter
Außerdem:
Backpapier
für das Blech

Backzeit: etwa 50 Minuten
Schaltung: E: 200°C, G: 3

1. Einen Strudelteig herstellen und ausrollen wie in der Arbeitsanleitung beschrieben.

2. Den Weißkohl in feine Streifen hobeln oder schneiden.

3. Das Öl in einem Topf erhitzen,

den Speck kleinschneiden und darin auslassen.

4. Die Zwiebel schälen, fein hacken und mit dem Kohl dazugeben. Zugedeckt 10 Minuten dünsten.

5. Den Zucker, das Salz, etwas Pfeffer, den Kümmel und die Sahne dazugeben. Gut abschmecken und eventuell nachwürzen.

6. Die Kohlmasse etwas abkühlen lassen und gleichmäßig auf dem Strudelteig verteilen.

7. Den Strudel aufrollen wie am Anfang des Kapitels beschrieben und auf ein mit Backpapier ausgelegtes Backblech legen.

8. Die Butter schmelzen lassen und den Strudel damit bestreichen.

9. Im vorgeheizten Ofen (E: 200°C, G: 3) etwa 50 Minuten backen. Zwischendurch noch einmal mit Butter bestreichen.

10. Den Strudel auf eine Platte legen und heiß servieren.

Rhabarberstrudel

Teig:
300 g Mehl
1 Msp. Salz, 1 Ei
⅛ l lauwarmes Wasser
Zum Bestreichen:
Öl, 30 g Butter
Semmelbrösel
Füllung:
1 kg Rhabarber
125 g Zucker
Zum Bestreichen:
50 g Butter
Außerdem:
Mehl zum Ausrollen
Fett und Mehl für das Blech

Backzeit: etwa 40 Minuten
Schaltung: E: 225°C, G: 4

1. Einen Strudelteig herstellen wie in der Arbeitsanleitung beschrieben.

2. Den Teig gut durchkneten und 1 Stunde ruhen lassen.

3. Ein Tuch mit Mehl bestäuben und den Teig sehr dünn ausrollen.

4. Mit in Butter gerösteten Semmelbröseln bestreichen.

5. Den Rhabarber waschen, putzen und sehr klein schneiden.

6. Gut durchzuckern und auf ⅔ der Teigplatte verteilen, das letzte Drittel frei lassen.

7. Das gefüllte Teigende etwas einschlagen und den Strudel mit Hilfe des Tuchs aufrollen, auf ein gefettetes und bemehltes Backblech legen.

8. Mit flüssiger Butter bestreichen und im vorgeheizten Ofen (E: 225°C, G: 4) etwa 40 Minuten backen.

Zwetschenstrudel

Teig:
300 g Mehl
1 Msp. Salz
1 Ei, ⅛ l lauwarmes Wasser
30 g Butter
Zum Bestreichen:
Öl
Füllung:
1½ kg Zwetschen
100 g gestiftelte Mandeln
75 g Zucker
⅛ l Sahne
Semmelbrösel
Zum Bestreichen:
40 g Butter
Zum Bestäuben:
Puderzucker
Außerdem:
Mehl zum Ausrollen
Fett und Mehl für das Blech

Backzeit: etwa 60 Minuten
Schaltung: E: 225°C, G: 4

1. Einen Strudelteig herstellen wie in der Arbeitsanleitung beschrieben.

2. Ein Tuch mit Mehl bestäuben und den Teig papierdünn darauf ausrollen.

3. Die Zwetschen waschen, entsteinen und halbieren. Mit Mandeln und Zucker mischen.

4. Den Strudel mit der Sahne be-streichen, Semmelbrösel dar-überstreuen und die Zwetschen daraufgeben, aber so, daß das letzte Drittel frei bleibt.

5. Das gefüllte Teigende etwas einschlagen und mit Hilfe des Tuchs aufrollen. Die Ränder fest-drücken und auf ein gefettetes Blech legen.

6. Mit flüssiger Butter bestrei-chen und im vorgeheizten Ofen (E: 225° C, G: 4) etwa 60 Minuten backen.

7. Den fertigen Strudel mit Pu-derzucker bestäuben und warm oder kalt servieren.

Aprikosenstrudel

Teig:
250 g Mehl
3 EL Öl
½ TL Salz
knapp ⅛ l lauwarmes Wasser
Zum Bestreichen:
Öl
Zum Bestreuen:
100 g Zwiebackmehl
Füllung:
750 g frische Aprikosen
100 g Zucker
Zum Bestreichen:
30 g Butter
Zum Bestreuen:
Puderzucker
Außerdem:
Mehl zum Ausrollen
Fett und Mehl für das Blech

Backzeit: etwa 30 Minuten
Schaltung: E: 220° C, G: 4

1. Einen Strudelteig herstellen und ausrollen wie in der Arbeits-anleitung beschrieben.

2. Auf den ausgerollten Teig die Zwiebackbrösel streuen.

3. Die Aprikosen waschen, hal-bieren und entsteinen. In etwas Wasser mit dem Zucker kurz dün-sten und abtropfen lassen.

4. Die Aprikosenmasse auf ⅔ der Teigfläche geben, das gefüllte Teigende etwas einschlagen und den Strudel mit Hilfe des Tuchs aufrollen und auf ein gefettetes und bemehltes Backblech geben.

5. Mit flüssiger Butter bestrei-chen und im vorgeheizten Ofen (E: 220° C, G: 4) etwa 30 Minuten backen.

6. Nach dem Backen mit Puder-zucker bestreuen.

Mohnstrudel

Teig:
250 g Mehl

4 EL Öl

1 Prise Salz

⅛ l lauwarmes Wasser

Zum Bestreichen:
Öl

Füllung:
¼ l Milch

2 EL Honig

100 g Zucker

abgeriebene Schale von

1 ungespritzten Zitrone

½ TL Zimt

250 g gemahlener Mohn

50 g Semmelbrösel

30 g gemahlene Mandeln

⅛ l Sahne

Zum Bestreichen:
75 g Butter

Zum Bestäuben:
Puderzucker

Außerdem:
Fett und Mehl für das Blech

Backzeit: etwa 45 Minuten
Schaltung: E: 200°C, G: 3

1. Einen Strudelteig herstellen und ausrollen wie in der Arbeitsanleitung beschrieben.

2. Die Milch mit dem Honig, dem Zucker, der Zitronenschale und dem Zimt aufkochen.

3. Den Mohn unter ständigem Rühren dazugeben und noch einmal aufkochen lassen.

4. Anschließend die Semmelbrösel, die Mandeln und die Sahne unterrühren und etwas abkühlen lassen.

5. Die Mohnmasse gleichmäßig auf der Teigplatte verteilen.

6. Den Strudel wie am Anfang des Kapitels beschrieben aufrollen und auf ein gefettetes und bemehltes Backblech legen.

7. Die Butter schmelzen lassen und den Strudel damit bestreichen.

8. Im vorgeheizten Backofen (E: 200°C, G: 3) etwa 45 Minuten backen lassen.

9. Während des Backens den Strudel ab und zu mit Butter bestreichen.

10. Nach dem Backen den Strudel vom Blech lösen und mit Puderzucker bestäuben.
Der Strudel kann heiß oder kalt gegessen werden.

Mein Tip

Dazu schmeckt sehr gut Schlagsahne, die mit Vanillinzucker leicht angeschlagen wurde.

Süßes Baiser

Baiser ist eine luftige, schaumige Masse aus Eiweiß und Zucker.
Es eignet sich für Torten, Törtchen und Gebäck und schmeckt sehr gut als Haube über Obstkuchen.
Sie können die Baisermasse durch Beigabe von Kakao, Kaffee, Likör oder Weinbrand, Schokolade oder pürierten Früchten verändern.

Torten

Baisertorte

Baisermasse:
6 Eiweiß
400 g Zucker
1 EL Essig

Buttercreme:
⅛ l starker Kaffee
1 EL Vanillepuddingpulver
100 g Zucker
100 g Butter

Krokant:
100 g gehackte Mandeln
2 EL Zucker
2 EL Butter
¼ l Sahne

Außerdem:
Backpapier

Backzeit: etwa 90 Minuten pro Boden
Schaltung: E: 100°C, G: 1

1. Das Eiweiß sehr steif schlagen. Den Zucker unter ständigem Schlagen einrieseln lassen. Den Essig hinzufügen.

2. Einen Springformboden mit Backpapier belegen. ⅓ der Baisermasse mit Hilfe eines Spritzbeutels daraufspritzen.

3. Im vorgeheizten Backofen (E: 100°C, G: 1) in etwa 90 Minuten trocknen lassen. Dies noch zweimal wiederholen.

4. Für die Creme den Kaffee, das Puddingpulver und den Zucker verrühren. Aufkochen und erkalten lassen.

5. Die Butter schaumig rühren und den Pudding eßlöffelweise unterrühren.

6. Für den Krokant die Mandeln, den Zucker und die Butter rösten. Zuletzt die Sahne steif schlagen.

7. Den unteren Boden mit der Hälfte der Mokkacreme bestreichen.

8. Darauf ⅓ der Schlagsahne geben und mit ⅓ des Krokants bestreuen.

9. Den 2. Boden darauflegen und den Vorgang wiederholen.

10. Darauf den 3. Boden setzen, mit Sahne bestreichen und mit dem restlichen Krokant bestreuen.

So stellt man Baiserböden her

1. *Zeichnen Sie für den Boden mit Hilfe einer Springform einen Kreis auf Backpapier oder Pergamentpapier, das Sie auf ein Kuchenblech gelegt haben.*

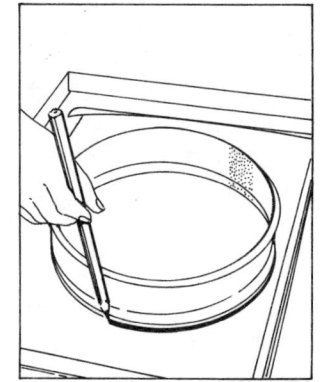

2. *Spritzen Sie den Boden mit dem Spritzbeutel von außen nach innen spiralenförmig.*

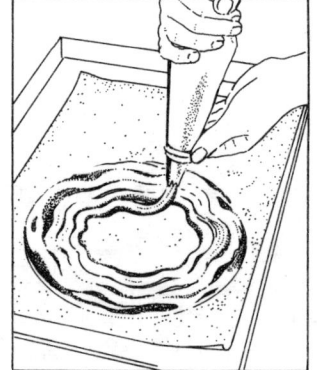

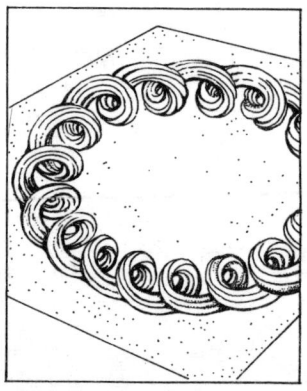

3. *Für den Rand entweder Tupfen oder eine spiralförmige dicke Linie spritzen.*

So werden Torteletts hergestellt

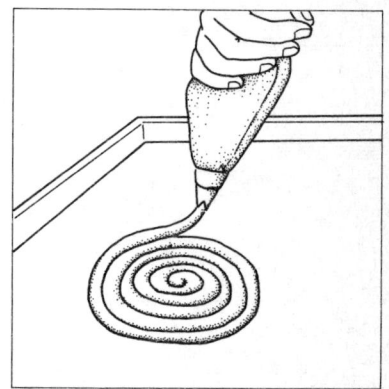

1. *Mit einem Spritzbeutel mit Sterntülle die Baisermasse spiralenförmig von innen nach außen spritzen.*

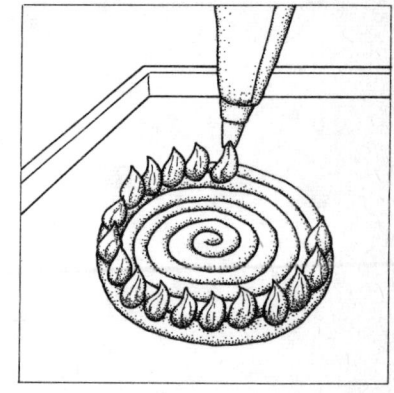

2. *Auf den Rand kleine Tupfen setzen.*

Baisertorte mit Erdbeeren

Baisermasse:
5 Eiweiß
1 Prise Salz
150 g Zucker
150 g Puderzucker
2 EL Zitronensaft
Belag:
125 g Erdbeerkonfitüre
2 cl Himbeergeist
500 g frische Erdbeeren
Garnierung:
¼ l Sahne
20 g Zucker
1 Msp. Zimt
Außerdem:
Backpapier für die Form

Backzeit: etwa 150 Minuten
Schaltung: E: 100°C, G: 1

1. Das Eiweiß mit dem Salz zu schnittfestem Schnee schlagen und nach und nach den Zucker und Puderzucker einrieseln lassen. Zum Schluß den Zitronensaft unterrühren.

2. Eine Springform mit Backpapier auslegen.

3. Die Baisermasse in einen Spritzbeutel mit großer Lochtülle füllen und von außen zur Mitte hin einen Boden spritzen.

4. Für den Rand nun eine doppelte Spirale spritzen.

5. Den Baiserboden im vorgeheizten Backofen (E: 100°C, G: 1) auf mittlerer Einschubhöhe zunächst 30 Minuten backen; danach den Ofen ausstellen und den Boden noch 120 Minuten trocknen lassen.

6. Danach das Backpapier entfernen und den Baiserboden auf einem Kuchengitter auskühlen lassen.

7. Die Erdbeerkonfitüre mit dem Himbeergeist glattrühren und den Baiserboden damit bestreichen.

8. Die Erdbeeren waschen, die Stiele abzupfen und die Früchte gut abtrocknen lassen.

9. Die Erdbeeren dicht auf den Baiserboden legen, dabei zu große Früchte halbieren.

10. Die Sahne mit dem Zucker und Zimt steif schlagen und in einen Spritzbeutel mit Sterntülle geben.

11. Die Torte mit der Sahne verzieren und sofort servieren.

Mein Tip

Statt der Erdbeeren können Sie auch frische Himbeeren, Brombeeren oder Sauerkirschen aus dem Glas nehmen. Die Sauerkirschen werden dann mit Kirschwasser beträufelt.

Baisertorte mit Stachelbeeren

Baisermasse:
8 Eiweiß
400 g Zucker
Füllung:
2 Gläser Stachelbeeren
2 P. Tortenguß
½ l Sahne
Außerdem:
Pergamentpapier für die Form

Backzeit: etwa 90 Minuten
Schaltung: E: 100°C, G: 1

1. Das Eiweiß zu steifem Schnee schlagen und dabei nach und nach den Zucker einrieseln lassen.

2. Die Baisermasse in einen Spritzbeutel mit glatter Tülle füllen und 3 gefettete, mit Pergamentpapier ausgelegte Springformböden mit der Baisermasse bespritzen.

3. Auf mittlerer Schiene etwa 90 Minuten backen (E: 100°C, G: 1). Das Papier abziehen und die Böden abkühlen lassen.

4. Die Stachelbeeren zum Abtropfen auf ein Sieb geben (einige Beeren zum Verzieren zurücklassen) und 2 Böden damit belegen.

5. Den Tortenguß nach Anweisung auf der Packung bereiten und – sobald er zu erstarren beginnt – über die Früchte geben.

6. ⅔ der Sahne daraufstreichen, die beiden Böden aufeinandersetzen und mit dem dritten Boden abdecken.

7. Mit restlicher Sahne einen Rand auf die Torte spritzen und die zurückgelassenen Beeren hineindrücken.

Baisertorte mit Johannisbeeren

Baisermasse:
6 Eiweiß
300 g feiner Zucker
1 EL Zitronensaft
Füllung:
½ l Sahne
1 P. Sahnestärke
750 g rote Johannisbeeren
100 g Zucker
Zum Bestäuben:
Puderzucker
Außerdem:
Backpapier

Backzeit: etwa 80 Minuten
Schaltung: E: 100° C, G: 1

1. Das Eiweiß sehr steif schlagen und nach und nach dabei den Zucker einrieseln lassen und den Zitronensaft dazugeben.

2. Ein Backblech mit Backpapier auslegen und mit Hilfe eines Spritzbeutels 2 Tortenböden auf das Papier spritzen.

3. Die Böden im Backofen bei 100° C (G: 1) etwa 80 Minuten backen.

4. Die Böden vorsichtig vom Papier lösen und auskühlen lassen.

5. Die Sahne steif schlagen und dabei die Sahnestärke dazugeben.

6. Die Johannisbeeren waschen, von den Stielen zupfen und mit dem Zucker unter die Sahne rühren.

7. Eine Tortenplatte damit füllen und die andere darüberlegen.

8. Die Torte mit Puderzucker bestäuben und möglichst bald verzehren.

Törtchen und Gebäck

Stachelbeerbaisers

Baisermasse:
2 Eiweiß
100 g Zucker
1 P. Vanillinzucker
Belag:
500 g Stachelbeeren
150 g Zucker
1 P. klarer Tortenguß
Außerdem:
Backpapier für das Blech

Backzeit: etwa 90 Minuten
Schaltung: E: 100°C, G: 1

1. Das Eiweiß sehr steif schlagen und nach und nach den Zucker und Vanillinzucker einrieseln lassen. Die Eischneemasse muß so fest sein, daß ein Einschnitt mit dem Messer sichtbar bleibt.

2. Die Masse in einen Spritzbeutel mit Sterntülle füllen und auf ein mit Backpapier ausgelegtes Backblech Törtchen von 7 cm Durchmesser spritzen. Den Boden dabei spiralenförmig spritzen und auf den Rand Tupfer setzen.

3. Im vorgeheizten Ofen (E: 100°C, G: 1) etwa 90 Minuten backen, dann abkühlen lassen und von dem Backpapier lösen.

4. Die Stachelbeeren von Blüten und Stielen befreien, waschen und abtropfen lassen.

5. Etwas Wasser mit dem Zucker aufkochen, die Stachelbeeren hineingeben und bei schwacher Hitze ziehen, jedoch nicht kochen lassen. Danach auf einem Sieb abtropfen und erkalten lassen.

6. Die Baisertörtchen vor dem Servieren mit den Stachelbeeren belegen und den nach Anleitung auf der Packung zubereiteten Tortenguß über die Früchte ziehen (dabei den aufgefangenen Stachelbeersaft verwenden).

Baisertörtchen

Baisermasse:
3 Eiweiß
175 g Puderzucker
1 P. Vanillinzucker
1 TL Zitronensaft
Belag:
3 Eigelb
45 g Zucker
Saft und abgeriebene Schale
von 1 kleinen Orange
Saft von ½ Zitrone
2 TL weiße Gelatine
⅛ l süße Sahne
Verzierung:
1 kleine Dose Mandarinen
Außerdem:
Pergamentpapier für das Blech

Backzeit: etwa 90 Minuten
Schaltung: E: 100° C, G: 1

1. Das Eiweiß sehr steif schlagen und den Puderzucker, Vanillinzucker und Zitronensaft unter ständigem Schlagen nach und nach dazugeben.

2. Ein Backblech mit Pergamentpapier auslegen und mit einem Spritzbeutel runde Böden von 10 cm Durchmesser daraufspritzen.

3. Auf jeden Boden noch einen kleinen Rand spritzen und im vorgeheizten Ofen (E: 100°C, G: 1) etwa 120 Minuten backen.

4. Für den Belag die Eigelbe mit dem Zucker schaumig rühren und die Orangenschale sowie den Orangen- und Zitronensaft untermischen.

5. Die Gelatine nach Vorschrift auflösen und unter die Eicreme rühren.

6. Die Sahne schlagen und unterheben, sobald die Creme anfängt steif zu werden.

7. Die Creme kurz vor dem Servieren in die Baisertörtchen füllen und mit Mandarinenschnitzen verzieren.

Sahnemerinken

Baisermasse:
6 Eiweiß, 250 g Zucker
1 P. Vanillinzucker
1 EL Zitronensaft
Füllung:
¼ l Sahne
1 P. Vanillinzucker
30 g geraspelte Schokolade
1 P. Sahnestärke
Außerdem:
Backpapier für das Blech

Backzeit: etwa 30 Minuten
Schaltung: E: 100° C, G: 1

1. Das Eiweiß zu sehr steifem Schnee schlagen und nach und nach den Zucker sowie Vanillinzucker einrieseln lassen und den Zitronensaft hinzufügen.

2. Ein Backblech mit Backpapier auslegen und mit einem Löffel flache runde Häufchen von der Masse daraufsetzen.

3. Im vorgeheizten Ofen (E: 100°C, G: 1) etwa 30 Minuten mehr trocknen als backen.

4. Die Sahne mit der Sahnestärke steif schlagen, Vanillinzucker und geraspelte Schokolade darunterrühren und damit je 2 Merinken füllen.

Baiser mit Schokoladencreme

Baisermasse:
3 Eiweiß
1 Prise Salz
200 g Zucker
1 EL Zitronensaft
Creme:
4 Eigelb
2 EL Zucker
170 g Zartbitterschokolade
1 EL Instantkaffee
125 g Butter
4 Eiweiß
Belag:
1 kleine Dose Mandarinen
1 kleines Glas Sauerkirschen
Zum Bestreuen:
20 g Butter
40 g Mandelblättchen
Außerdem:
Backpapier für das Blech

Backzeit: etwa 90 Minuten
Schaltung: E: 100°C, G: 1

1. Das Eiweiß mit dem Salz sehr steif schlagen und nach und nach ⅔ des Zuckers einrieseln lassen.

2. Zum Schluß den restlichen Zucker und den Zitronensaft unterrühren.

3. Die Baisermasse sofort in einen Spritzbeutel mit Sterntülle füllen.

4. Ein Backblech mit Backpapier auslegen und darauf schneckenförmig Törtchen von etwa 10 cm Durchmesser spritzen. Auf den Rand kleine Tupfen setzen.

5. Die Törtchen im vorgeheizten Backofen (E: 100°C, G: 1) etwa 90 Minuten backen.

6. Inzwischen die Creme zubereiten. Dafür die Eigelbe mit dem Zucker in einer Schüssel im heißen Wasserbad schaumig schlagen, bis die Masse ganz heiß ist.

7. Abkühlen lassen und dabei die Creme ab und zu umrühren.

8. Die Schokolade zerbröckeln und mit dem Kaffee und 3 Eßlöffeln Wasser in einem Topf schmelzen lassen.

9. Die Butter schaumig rühren und zunächst die Eigelbcreme und dann die Schokoladenmasse nach und nach unterschlagen.

10. Das Eiweiß zu festem Schnee schlagen und unterheben.

11. Die Mandarinen und Kirschen abtropfen lassen und mischen.

12. Die Baisertörtchen mit der Creme füllen und das Obst darauflegen.

13. Die Mandelblättchen in der zerlassenen Butter anrösten und über die Törtchen streuen.

Mein Tip

Wer es hochprozentig mag, kann unter die Creme noch etwas Rum rühren und die Früchte mit Grand Marnier beträufeln.

Baisertörtchen mit Obst

Baisermasse:
3 Eiweiß
200 g Zucker
1 EL Zitronensaft
Belag:
frisches Obst (wie Erdbeeren, Kirschen, Kiwis).
Außerdem:
Backpapier für das Blech

Backzeit: etwa 90 Minuten
Schaltung: E: 100° C, G: 1

1. Das Eiweiß in eine Schüssel geben und sehr steif schlagen. Die Masse muß so fest sein, daß ein Messerschnitt sichtbar bleibt.

2. Nun unter ständigem Schlagen den Zucker einrieseln lassen.

3. Durch Zugabe von Zitronensaft wird erreicht, daß die Schaummasse noch steifer wird und beim Backen nicht auseinanderläuft.

4. Die Baisermasse in einen Spritzbeutel mit gezackter Tülle geben.

5. Ein Backblech mit Backpapier auslegen und mit der Baisermasse Schnecken von 8–10 cm Durchmesser daraufspritzen. An die Ränder Tupfen setzen, so daß Törtchen entstehen.

6. Im vorgeheizten Backofen (E: 100° C, G: 1) etwa 90 Minuten auf mittlerer Schiene mehr trocknen lassen als backen.

7. Die Törtchen mit frischem Obst belegen und mit Sahne – und wer mag – auch mit Eis servieren.

Kaffeebaiser mit Schokosahne

Baisermasse:
3 Eiweiß
200 g Zucker
½ TL Instantkaffe
Füllung:
1 Becher Sahne (200 g)
1–2 EL Zucker
eventuell 1 P. Sahnestärke
2 EL geriebene Block- oder Halbbitterschokolade
Außerdem:
Backpapier für das Backblech

Backzeit: etwa 120 Minuten
Schaltung: E: 100° C, G: 1

1. Das Eiweiß sehr steif schlagen, dann langsam den Zucker und Instantkaffee einrieseln lassen.

2. Mit einem Eßlöffel aus der Baisermasse 12 gleich große Häufchen auf ein mit Backpapier ausgelegtes Backblech setzen (Durchmesser ca. 6 cm). Im Backofen (E: 100° C, G: 1) in etwa 120 Minuten mehr trocknen als backen.

3. Die Baiserschalen vorsichtig vom Papier lösen und die Unterseite mit einem Löffel eindrücken.

4. Bei geöffneter Backofentür noch nachtrocknen und auskühlen lassen.

5. Für die Füllung die gut gekühlte Sahne steif schlagen. Den Zucker – eventuell Sahnestärke – und die geriebene Schokolade unterschlagen.

6. Die Sahne in einen Spritzbeutel füllen. Eine Hälfte der Baiserschalen mit der Sahne bespritzen und mit der anderen Hälfte abdecken.

Ingwer-Erdbeer-Baiser

Baisermasse:
4 Eiweiß
225 g Puderzucker
100 g kandierter Ingwer
Belag:
500 g Erdbeeren
2 EL Zucker
¼ l Sahne
1 P. Vanillinzucker
Außerdem:
Backpapier für das Backblech

Backzeit: etwa 90 Minuten
Schaltung: E: 100°C, G: 1

1. Das Eiweiß sehr steif schlagen und den Puderzucker einrieseln lassen.

2. Den Ingwer in kleinste Würfel schneiden und unter die Eiweißmasse ziehen.

3. Ein Backblech mit Backpapier auslegen und dieses leicht mit Mehl bestäuben.

4. Die Eiweißmasse in einen Spritzbeutel mit großer Tülle füllen und spiralenförmig Kreise von etwa 6 cm Durchmesser auf das Blech spritzen. Den Rand ringsum mit Tupfern markieren.

5. Die Törtchen im vorgeheizten Ofen (E: 100°C, G: 1) in etwa 90 Minuten mehr trocknen lassen als backen.

6. Die Erdbeeren waschen, die Stiele abzupfen und große Früchte teilen. In eine Schüssel geben und mit dem Zucker bestreuen.

7. Die Sahne mit dem Vanillinzucker steif schlagen und die Hälfte auf die Baiserböden geben. Darauf die Erdbeeren anrichten und mit dem Rest der Sahne verzieren.

Bunte Baisers

Baisermasse:
8 Eiweiß
200 g Zucker
150 g Puderzucker
30 g Stärkemehl
1 EL Schokoladenpulver
1 EL Kirschsaft
Außerdem:
Pergamentpapier für das Blech

Backzeit: 60–120 Minuten
Schaltung: E: 100°C, G: 1

1. Das Eiweiß sehr steif schlagen und dann unter ständigem Rühren den Zucker einrieseln lassen.

2. Den Puderzucker mit dem Stärkemehl mischen und über die Eiweißmasse sieben. Vorsichtig mit einem Schneebesen unterheben.

3. Die Masse in 3 Teile teilen. Unter das 1. Drittel das Schokoladenpulver heben, unter das 2. Drittel den Kirschsaft rühren und das 3. Drittel weiß lassen.

4. Mit 2 Eßlöffeln kleine Häufchen auf ein mit Pergamentpapier ausgelegtes Backblech setzen und die Baisers im Ofen (E: 100°C, G: 1) in 60–120 Minuten mehr trocknen als backen.

Fettgebackenes

*Dieses Gebäck wird schwimmend in heißem Fett ge-
backen.*

*Dafür gibt es Fettbacktöpfe mit Einhängekörben oder
elektrisch beheizte Friteusen mit Temperaturregler.*

*Sie können aber auch einen hohen Topf – am besten
aus Stahl oder Gußeisen – nehmen.*

Was Sie bei der Zubereitung von Fettgebackenem beachten sollten

Nehmen Sie zum Ausbacken entweder Öl oder festes Fett. Beide Sorten sollten Sie nicht mischen, da es sonst spritzt.

Füllen Sie den Topf, den Sie verwenden, nur bis zu ⅓ mit Fett.

Das Fett muß eine Temperatur zwischen 175 und 190°C haben. Ist das Fett nicht heiß genug, kann sich keine Kruste bilden, und das Gebäck saugt sich mit Fett voll.

Ist das Fett zu heiß, wird das Gebäck außen braun, ohne innen gar zu werden.

Die Idealtemperatur muß während des Backens durchgehend erhalten werden.

Um zu erfahren, ob die richtige Temperatur erreicht ist, hält man ein Holzstäbchen in das Fett. Bilden sich Bläschen, kann mit dem Backen begonnen werden.

Damit das Fett nicht zu schnell auskühlt, sollte man nie zuviel Gebäck auf einmal hineintun.

Die Fettmenge, die gebraucht wird, liegt zwischen 750 und 1500 g, sie richtet sich nach der Größe des Topfes. Das Fett verbraucht sich mit der Zeit und beginnt zu schäumen. Sie sollten das Fett nur zwei- bis dreimal verwenden.

Gießen Sie es nach dem Fritieren durch einen Filter, damit Teigrückstände entfernt werden.

Das Gebäck lassen Sie am besten auf Küchenpapier abtropfen, da dieses das Fett gut aufsaugen kann.

Rosinenkrapfen

Teig:
500 g Mehl
40 g Hefe
100 g Zucker
knapp ¼ l Milch
abgeriebene Schale
von 1 ungespritzten Zitrone
80 g Butter
2 Eier
½ TL Salz
125 g kernlose Rosinen
Zum Ausbacken:
1 kg reines Pflanzenfett
oder Öl
Zum Bestreuen:
80 g Zucker
2 P. Vanillinzucker

1. Das Mehl in eine Schüssel geben und in die Mitte eine Vertiefung drücken.

2. Die Hefe hineinbröckeln und mit etwas Zucker und lauwarmer Milch zu einem Vorteig verrühren. Mit etwas Mehl bestäuben und zugedeckt etwa 15 Minuten gehen lassen.

3. Danach den restlichen Zucker, die übriggebliebene Milch, die abgeriebene Zitronenschale, weiche Butter, Eier, das Salz und die Rosinen dazugeben und den Teig so

lange kneten, bis er sich vom Schüsselrand löst. Zugedeckt nochmals 60 Minuten gehen lassen.

4. Aus dem Teig etwa 20 kleine Kugeln formen, diese auf ein Backbrett legen, mit einem Handtuch zudecken und nochmals 20 Minuten gehen lassen.

5. Das Pflanzenfett oder Öl in einen Topf oder in eine Friteuse geben und auf 180°C erhitzen.

6. Die Krapfen darin von beiden Seiten knusprig braun werden lassen.

7. Danach herausnehmen und abtropfen lassen.

8. Den Zucker mit dem Vanillinzucker vermischen und die Rosinenkrapfen darin wälzen.

Rautentürmchen

Teig:
400 g Mehl
4 Eier
1 Prise Salz

Zum Bestreichen:
1 Eiweiß
Zum Ausbacken:
etwa 1 kg Fett
Zum Bestreuen:
70 g feiner Zucker
2 TL Zimt

1. Das Mehl mit den Eiern und dem Salz schnell zu einem Teig verkneten und in einer Schüssel zugedeckt an einem warmen Ort ruhen lassen.

2. Den Teig auf bemehlter Arbeitsfläche ausrollen und Rauten ausschneiden. Jeweils 3 Rauten mit dem Eiweiß aufeinanderkleben.

3. Das Fritierfett auf 180°C erhitzen und die Rautentürme darin goldbraun backen. Auf Haushaltspapier abfetten lassen.

4. Zucker und Zimt vermischen und vor dem Servieren über die Rauten streuen.

Mein Tip

Statt mit Zimtzucker können die Rauten entweder mit Puderzucker bestreut oder mit einem Guß aus Puderzucker und Rum bestrichen werden.

Gewürzkugeln

Teig:
50 g Margarine
125 g Zucker, 3 Eier
1 Prise Salz, 1 Msp. Zimt
1 Msp. gemahlene Muskatnuß
Salz, 500 g Mehl
1 P. Backpulver
knapp ¼ l Milch
Zum Ausbacken:
1 l Öl
Zum Bestäuben:
Puderzucker

1. Die Margarine mit dem Zucker sehr schaumig rühren.

2. Nach und nach die Eier hinzufügen. 1 Prise Salz an die Schaummasse geben.

3. Das Mehl mit Zimt, etwas Muskatnuß und dem Backpulver sieben und eßlöffelweise abwechselnd mit etwas Milch unterrühren. Den Teig etwas ruhen lassen.

4. Mit einem Teelöffel Teigkugeln abstechen und in dem auf 180°C erhitzten Öl goldbraun ausbacken.

5. Die Kugeln auf einem Kuchengitter abtropfen lassen und dick mit Puderzucker bestäuben.

Buttermilchstangen

Teig:
500 g Mehl
1 P. Backpulver
abgeriebene Schale
von ½ ungespritzten Zitrone
1 Prise Muskatblüte
6 geriebene bittere Mandeln
knapp ¼ l Buttermilch
2 Eier
40 g flüssige Butter
80 g Zucker
1 EL Arrak
Zum Ausbacken:
etwa 1 kg Pflanzenfett
Zum Bestreuen:
Zucker

1. Das Mehl mit dem Backpulver mischen und in eine Schüssel geben.

2. Die abgeriebene Zitronenschale, Muskatblüte sowie die geriebenen Mandeln dazugeben und in die Mitte eine Vertiefung drücken.

3. Die Buttermilch mit den Eiern und der flüssigen Butter verquirlen, den Arrak und Zucker dazugeben und in die Vertiefung gießen.

4. Alles recht schnell zu einem derben Teig verarbeiten.

5. Aus dem Teig 6 cm lange und 1 cm dicke Stangen formen, die sogleich in dem heißen Pflanzenfett braun gebacken werden.

6. Sie werden heiß mit Zucker bestreut und noch warm gegessen.

Kirschkrapfen

Teig:
70 g Butter oder Margarine
50 g Zucker
1 Prise Zimt
1 Prise Salz
2 Eier
250 g Mehl
2 TL Backpulver
⅛ l Milch
1 Gläschen Kirschwasser
250 g Süßkirschen
Zum Ausbacken:
etwa 750 g Pflanzenfett
Zum Bestreuen:
Zucker

1. Die Butter oder Margarine, Zucker, Zimt und Salz schaumig rühren.

2. Die Eier trennen und die Eigelbe dazugeben.

3. Das Mehl mit dem Backpulver mischen und abwechselnd mit der Milch und dem Kirschwasser dazurühren. Sollte der Teig zu dünn werden, nicht alle Milch dazugeben.

4. Das steifgeschlagene Eiweiß unterziehen.

5. Die Kirschen waschen, entstielen und entkernen und zum Teig geben.

6. Mit einem Löffel Teig in das heiße Pflanzenfett gleiten lassen und die Krapfen braun backen.

7. Mit Zucker bestreuen und noch warm servieren.

Mandelkrapfen

Teig:
125 g Butter oder Margarine
125 g Zucker
125 g gehackte Mandeln
5 Eier
600 g Mehl
½ TL Zimt
1 P. Backpulver
etwas Milch
Zum Ausbacken:
Fett
Zum Bestreuen:
Zucker und Zimt

1. Die Butter schaumig rühren und Zucker, gehackte Mandeln und Eier nach und nach dazugeben.

2. Das Mehl mit Zimt und Backpulver mischen.

3. Alles mit etwas Milch zu einem glatten Teig verkneten.

4. Den Teig fingerdick ausrollen und ovale Plätzchen ausstechen.

5. Im heißen Fett ausbacken und mit Zucker und Zimt bestreuen.

Zigarren

Teig:
500 g Mehl
1 Tasse Öl
1 Tasse Weißwein
1 Prise Salz
Füllung:
200 g Rosinen
70 g Mandelsplitter
Saft von 1 Zitrone
5 EL Zucker
1 Eiweiß
Zum Ausbacken:
1 kg Kokosfett oder
1 l Speiseöl
Zum Wälzen:
300 g Zucker
6 EL Wasser
Kokosflocken

1. Das Mehl, Öl, den Weißwein und das Salz verkneten. Den Teig dünn ausrollen und zusammenschlagen.

2. Diesen Vorgang viermal wiederholen. Zum Schluß eine Rolle formen und in etwa 25 Stücke schneiden.

3. Für die Füllung alle Zutaten außer dem Eiweiß in einen Topf geben und so lange kochen, bis die Flüssigkeit verdampft ist. Abkühlen lassen.

4. Die einzelnen Teigteilchen handflächengroß und dünn ausrollen. 1 Teelöffel Füllung daraufgeben, aufrollen und die Ränder mit Eiweiß verkleben.

5. Das Fett zum Ausbacken erhitzen. Die Röllchen nacheinander hineinlegen und hellbraun backen.

6. Inzwischen den Zucker und das Wasser erhitzen, bis die Masse dickflüssig ist.

7. Die fertigen Röllchen darin wenden und dann sofort in Kokosflocken wälzen.

8. Sollte die Zuckerlösung fest werden, können Sie sie wieder erhitzen.

Räderküchlein

Teig:
150 g Butter oder Margarine
150 g Zucker
3 Eier
abgeriebene Schale
von 1 ungespritzten Zitrone
500 g Mehl
2 TL Backpulver
Zum Ausbacken:
1 kg Hartfett oder
1 l Pflanzenöl
Zum Bestreuen:
Puderzucker oder grober Zucker
Außerdem:
Mehl zum Ausrollen

1. Die Butter oder Margarine mit dem Zucker, den Eiern und der abgeriebenen Zitronenschale schaumig rühren.

2. Das Mehl mit dem Backpulver mischen und nach und nach dazurühren, bis es einen glatten Teig gibt.

3. Den Teig auf einer bemehlten Arbeitsplatte dünn ausrollen. Mit einem Kuchenrädchen etwa 4 cm breite und 10 cm lange Streifen ausschneiden. Jeden Streifen in der Mitte einschneiden.

4. Jeweils ein Ende der Streifen durch den Einschnitt in der Mitte ziehen, so entstehen die Räderkuchen.

5. Man kann auch aus dem Teig etwa 10 cm lange dünne Rollen formen und diese vorsichtig zu Knoten verschlingen.

6. Das Hartfett oder Pflanzenöl in einer Friteuse auf 170° C erhitzen, jeweils 3–4 Gebäckstücke hineingeben und schön goldgelb ausbacken.

7. Auf einen Kuchenrost Küchenkrepp legen. Das Fettgebäck mit einer Schaumkelle aus dem heißen Fett holen und auf dem Krepp abtropfen lassen.

8. Sofort mit Puderzucker bestäuben oder in grobem Zucker wenden.

Mutzenmandeln

Teig:
50 g Margarine
75 g Zucker
2 Eier
200 g Mehl
1 gestrichener TL Backpulver
1 Msp. Salz
1 Teelöffelspitze Zimt
1 Prise Muskatblüte
100 g geriebene Mandeln
Zum Ausbacken:
1 kg Pflanzenfett

1. Die Margarine mit dem Zucker sehr schaumig rühren und nach und nach die Eier hinzugeben.

2. Das mit den Gewürzen und dem Backpulver gesiebte Mehl eßlöffelweise mit den Mandeln dazugeben und gut durchrühren.

3. Mit zwei Teelöffeln kleine Teigklößchen abstechen und im heißen Fett schwimmend zu schöner goldbrauner Farbe ausbacken.

4. Auf einem Kuchendraht abtropfen lassen.

5. Nicht zu viele auf einmal in dem heißen Fett ausbacken.

Herzen

Teig:
125 g Butter
125 g Zucker
1 P. Vanillinzucker
1 Prise Salz
2 Eier
½ Tasse Sahne
2 EL Rum
500 g Mehl
3 gestrichene TL Backpulver
Zum Ausbacken:
1 kg Kokosfett oder
1 l Speiseöl
Zum Bestreichen:
125 g Puderzucker
etwa 2 EL Rum
Außerdem:
Mehl zum Ausrollen

1. Die Butter schaumig rühren. Den Zucker, Vanillinzucker und das Salz hinzufügen.

2. Die Eier nacheinander einrühren und so lange weiterrühren, bis der Zucker gelöst ist.

3. Dann die Sahne und den Rum hinzugeben.

4. Das Mehl und Backpulver mischen. Einen Teil des Mehls unterrühren und den Rest unterkneten.

5. Den Teig auf einer bemehlten Arbeitsfläche ½ cm dick ausrollen. Mit Ausstechformen Herzen oder andere Figuren ausstechen.

6. Im heißen Fettbad in etwa 4 Minuten goldbraun backen.

7. Zwischendurch einmal umdrehen. Danach auf Küchenkrepp abtropfen lassen.

8. Für den Guß den Puderzucker und Rum verrühren. die Figuren auf einer Seite mit Guß bestreichen.

9. Sie können das Gebäck warm oder kalt mit geschlagener Sahne servieren.

Mein Tip

Sollte das Öl während des Arbeitens zu schwarz geworden sein, geben Sie eine große Papierfiltertüte in einen Porzellanfilter und gießen das heiße Fett hindurch.

Fröhliche Jungfrauen

Teig:
100 g Zucker
6 Eier
2 EL Mehl
2 EL Stärkemehl
abgeriebene Schale
von 1 Zitrone
1 Prise Salz
Zum Ausbacken:
1 kg Kokosfett
Soße:
¾ l Weißwein
200 g Zucker
1 Stückchen Zimtrinde

1. Zucker, Salz, abgeriebene Zitronenschale und Eigelbe (die Eier trennen) schaumig rühren und Mehl und Stärkemehl dazugeben.

2. Das geschlagene Eiweiß darunterziehen, mit einem Löffel kleine Kugeln abstechen und in heißem Fett goldgelb backen.

3. Für die Soße Weißwein, Zucker und Zimt 2–3 Minuten kochen lassen.

4. Die heißen Krapfen mit der Weinsoße begießen und sofort servieren.

Mutzen

Teig:

125 g Butter oder Margarine

125 g Zucker

1 P. Vanillinzucker

2 Eier

2 Gläschen Rum

6 EL Milch

1 Msp. Salz

500 g Mehl

Zum Ausbacken:

1 kg Pflanzenfett

Zum Bestreuen:

Puderzucker

Außerdem:

Mehl zum Ausrollen

1. Die Butter oder Margarine in einem Topf zerlassen und den Zucker, den Vanillinzucker, die Eier, den Rum, die Milch und das Salz dazugeben und kräftig schlagen.

2. Nach und nach das Mehl einrühren und den Teig gut verkneten.

3. Etwas ruhen lassen und dann auf einer bemehlten Arbeitsfläche etwa ½ cm dick ausrollen.

4. Mit dem Teigrädchen Rhomben oder andere Figuren ausschneiden und diese im heißen Pflanzenfett ausbacken.

5. Nach dem Backen auf Küchenkrepp abtropfen lassen und mit Puderzucker bestäuben.

Faschingskrapfen (Berliner)

Teig:

500 g Mehl

30 g frische Hefe

⅛ l lauwarme Milch

80 g Zucker

1 Prise Salz

80 g Butter oder Margarine

Füllung:

Pflaumenmus oder Kirsch- oder Aprikosenkonfitüre

Zum Ausbacken:

1 kg Kokosfett oder

1 l Speiseöl

Zum Bestäuben:

Puderzucker

Außerdem:

Mehl zum Ausrollen

1. Das Mehl in eine Schüssel geben und in die Mitte eine Vertiefung drücken.

2. Die Hefe hineinbröckeln und mit etwas Milch und Zucker zu einem Vorteig verrühren. Zugedeckt etwa 25 Minuten gehen lassen.

3. Danach den restlichen Zucker, die restliche Milch, das Salz und das weiche Fett dazugeben und alles so lange schlagen, bis sich der Teig vom Schüsselrand löst. Zugedeckt etwa 1 Stunde gehen lassen.

4. Dann den Teig auf einer bemehlten Fläche daumendick ausrollen und mit einem Glas Teigscheiben von 6–8 cm ausstechen.

5. Die Hälfte dieser Scheiben mit Pflaumenmus oder Konfitüre belegen, die anderen darüberdecken und am Rand kräftig zusammendrücken.

6. Die Faschingskrapfen in heißem Fett goldgelb backen, auf Küchenkrepp abtropfen lassen und mit Puderzucker bestäuben.

Faschingskrapfen, Mutzen ▷

Eberswalder Spritzkuchen

Teig:
1/4 l Wasser
65 g Butter
1 Prise Salz
1 P. Vanillinzucker
abgeriebene Schale
von 1 ungespritzten Zitrone
150 g Mehl
30 g Stärkemehl
4–6 Eier
Zum Ausbacken:
1 kg Pflanzenfett
Glasur:
200 g Puderzucker
3–4 EL Zitronensaft
Außerdem:
Pergamentpapier

1. In einem Topf das Wasser, die Butter, das Salz, den Vanillinzucker und die abgeriebene Zitronenschale zum Kochen bringen.

2. Den Topf vom Feuer nehmen, das Mehl und Stärkemehl unterrühren.

3. Den Topf wieder auf den Herd stellen und unter Rühren den Teigkloß abbrennen lassen, bis sich ein weißer Belag auf dem Topfboden bildet.

4. Den Topf vom Herd nehmen und sofort 1 Ei zum Binden unterrühren. Danach den Teig abkühlen lassen.

5. Ein Ei nach dem anderen unter den ausgekühlten Teig rühren, bis der Teig glänzt und in Spitzen vom Löffel hängt. Je nach Größe der Eier werden dazu 4–6 gebraucht.

6. Das Fett auf 180°C erhitzen. Das Fett ist heiß genug, wenn ein Stückchen Weißbrot, das man hineingeworfen hat, braun wird.

7. Den Teig in einen Spritzbeutel mit Sterntülle füllen.

8. Aus Pergamentpapier einige etwa 10 cm breite Streifen schneiden, die Streifen fetten und Teigringe darauf spritzen.

9. Die Ringe mit der Oberseite nach unten ins Fettbad halten, bis sich die Ringe vom Papier lösen.

10. In dem Pflanzenfett schwimmend ausbacken und dabei einmal wenden.

11. Die fertigen Spritzkuchen auf Küchenkrepp abtropfen lassen.

12. Den Puderzucker mit dem Zitronensaft glattrühren und die heißen Kuchen damit überziehen. Man kann sie aber auch nur mit Puderzucker bestäuben.

◁ Eberswalder Spritzkuchen

Quarkkrapfen

Teig:
100 g Butter oder Margarine
100 g Zucker
1 P. Vanillinzucker
abgeriebene Schale
von ½ ungespritzten Zitrone
2 Eier
250 g Magerquark
300 g Mehl
100 g Stärkemehl
2 TL Backpulver
½ Tasse Milch

Zum Ausbacken:
etwa 1 kg Pflanzenfett

Zum Bestreuen:
Zucker

1. Die Butter oder Margarine schaumig rühren, den Zucker, Vanillinzucker, die abgeriebene Zitronenschale, die Eier und den Quark nach und nach unterrühren.

2. Das Mehl mit dem Stärkemehl und Backpulver mischen und mit der Milch daruntermengen.

3. Von dem Teig mit einem Teelöffel Krapfen abstechen und in dem heißen Pflanzenfett goldgelb backen.

4. Auf einem Gitter abtropfen lassen und mit Zucker überstreuen.

Weinfrüchte

Teig:
400 g Mehl
3 Eier
⅛ l Milch
¼ l Weißwein
1 Prise Salz

Zum Ausbacken:
1 kg Pflanzenfett

Füllung:
grüne oder blaue Weintrauben
Mirabellen
Ananas
Kirschen
Pfirsische u. ä.

Zum Ausbacken:
1 kg Pflanzenfett

Zum Bestäuben:
Puderzucker
Vanillinzucker
Zucker und Zimt

1. Das Mehl in eine Schüssel geben.

2. Die Eier trennen und die Eigelbe mit der Milch, dem Wein und Salz zum Mehl geben.

3. Alles zu einem dicken Teig verquirlen. Den Teig bei Zimmertemperatur etwa 2 Stunden ruhen lassen.

4. Danach das Eiweiß schnittfest schlagen und unter den Teig heben.

5. Die Früchte vorbereiten, trocknen lassen und in den Teig tauchen.

6. In dem sehr heißen Pflanzenfett goldgelb ausbacken und auf einem Kuchengitter abtropfen lassen.

7. Noch heiß mit Puderzucker, Vanillinzucker oder einem Zucker-Zimt-Gemisch bestreuen.

Pflaumenbällchen

Teig:
250 g Mehl
125 g Butter oder Margarine
75 g Zucker
1 Ei
1 Prise Salz
1 P. Vanillinzucker
abgeriebene Schale von
½ ungespritzten Zitrone
Füllung:
Pflaumenmus
Zum Ausbacken:
1 kg Kokosfett oder Speiseöl
Zum Bestreuen:
Puderzucker
geriebene Schokolade
Außerdem:
Mehl zum Ausrollen

1. Das Mehl auf ein Backbrett geben und die Butter oder Margarine in Flöckchen daraufschneiden.

2. Den Zucker, das Ei, Salz, den Vanillinzucker und die abgeriebene Zitronenschale dazugeben und alles zu einem Mürbeteig verkneten. Diesen ½ Stunde kalt stellen.

3. Danach auf bemehlter Arbeitsfläche 3 mm dick ausrollen und mit einem Glas Scheiben von 6 cm Durchmesser ausschneiden.

4. Auf jedes Plättchen 1 Teelöffel Pflaumenmus geben und kleine Bällchen formen.

5. Die Pflaumenbällchen hellbraun in heißem Fett ausbacken.

6. Auf Küchenpapier abtropfen lassen und mit Puderzucker und geriebener Schokolade bestreut servieren.

Apfelbeignets

Teig:
250 g Mehl
20 g Hefe
1 EL Zucker
⅛ l Milch
1 Ei
1 Msp. Salz
½ Wasserglas Salatöl
Füllung:
500 g saure Äpfel
1 Gläschen Kirschgeist
50 g Zucker
1 Prise Zimt

Zum Ausbacken:
etwa 750 g Pflanzenfett
Zum Bestreuen:
Zucker

1. Das Mehl in eine Schüssel geben und in die Mitte eine Vertiefung drücken.

2. Die Hefe hineinbröckeln, mit etwas Zucker bestreuen und mit etwas warmer Milch zu einem Vorteig verrühren. Zugedeckt ¼ Stunde gehen lassen.

3. Danach die restliche Milch, das Ei und Salz dazugeben und alles gut verarbeiten. Zum Schluß das Salatöl hinzufügen.

4. Die Äpfel schälen, das Kerngehäuse ausstechen und Ringe schneiden.

5. Die Ringe in einer Schüssel mit Kirschgeist beträufeln, ½ Stunde ziehen lassen, dann mit Zucker und Zimt bestreuen.

6. Die Apfelringe in den Teig tauchen und in dem heißen Pflanzenfett ausbacken. Mit Zucker bestreuen.

Oberländer Küchlein

Teig:
80 g Butter
3 Eier
60 g Zucker
3 EL geschälte und
gemahlene Mandeln
3 EL Rosinen
knapp ½ l Sahne
oder Milch
375 g Mehl
1 Prise Salz
3 TL Backpulver
Zum Ausbacken:
etwa 750 g Pflanzenfett
Außerdem:
Mehl zum Ausrollen

1. Die Butter schaumig rühren und nach und nach die Eier, den Zucker, die gemahlenen Mandeln, die gewaschenen und getrockneten Rosinen sowie Sahne oder Milch unterrühren.

2. Das Mehl mit Salz und Backpulver mischen, dazugeben und zu einem glatten Teig rühren.

3. Den Teig 1 cm dick auf einer bemehlten Arbeitsfläche ausrollen und kleine runde Plätzchen ausstechen.

4. In dem heißen Pflanzenfett ausbacken.

Doughnuts

Teig:
375 g Mehl
20 g Hefe
1 Prise Salz
gut ⅛ l warme Milch
40 g Zucker
1 Ei
60 g Margarine
abgeriebene Schale von
1 ungespritzten Zitrone
Zum Ausbacken:
Pflanzenfett
Zum Bestreuen:
Puderzucker

1. Das Mehl in eine große Schüssel sieben und in die Mitte eine Vertiefung drücken. Dahinein die Hefe bröckeln, mit 4 Eßlöffeln warmer Milch und etwas Zucker verrühren.

2. Restlichen Zucker, Salz, Margarineflöckchen, Zitronenschale sowie das Ei auf den Mehlrand geben.

3. Sobald sich die Hefe verdoppelt hat, kann der Teig weiterverarbeitet werden. Mit der restlichen erwärmten Milch verrühren. Etwas gehen lassen und fingerdick ausrollen.

4. Mit einem Glas von etwa 8 cm Durchmesser Plätzchen ausstechen, mit einem kleineren Glas die Mitte ausstechen.

5. Nochmals gut gehen lassen und mit der aufgegangenen Seite nach unten in heißes Pflanzenfett geben. Von beiden Seiten goldbraun ausbacken.

6. Abtropfen lassen und mit Puderzucker überstäuben.

Mein Tip

Sollte das Öl während des Arbeitens zu schwarz geworden sein, geben Sie eine große Papierfiltertüte in einen Porzellanfilter und gießen das heiße Fett hindurch.

Waffeln

Seit es moderne elektrische Waffeleisen gibt, werden Waffeln immer beliebter, denn sie sind einfach und problemlos zuzubereiten. Ganz anders als früher, als das Erhitzen des Waffeleisens und das gleichmäßige Backen der Waffeln fast eine Kunst war.

Das Waffeleisen wird zunächst erhitzt und dann gleichmäßig, aber sparsam mit einem geschmacksneutralen Fett eingepinselt.

Der Teig wird mit einer Kelle in das Waffeleisen eingefüllt und glattgestrichen.

Drücken Sie danach den Deckel kurz fest an, damit das Muster gut herauskommt.

Je fester der Teig ist, desto knuspriger werden die Waffeln.

Backen Sie nur in einem ganz sauberen Waffeleisen, denn Teigreste und Fett verbrennen beim Aufheizen und beeinträchtigen dadurch den Geschmack der Waffeln. Waffeln schmecken nur ganz frisch sehr gut. Am besten ist es, sie werden gleich am Kaffeetisch zubereitet.

Sandwaffeln

Teig:
250 g Butter oder Margarine
175 g Zucker
1 P. Vanillinzucker
1 Prise Salz
1 ungespritzte Zitrone
4 Eier
200 g Mehl
50 g Stärkemehl
Außerdem:
Fett für das Waffeleisen

1. Das Fett schaumig rühren und nach und nach den Zucker, Vanillinzucker, das Salz und die abgeriebene Zitronenschale dazugeben.

2. Unter ständigem Rühren die Eier nach und nach dazugeben.

3. Das Mehl mit dem Stärkemehl mischen und unterrühren.

4. Jeweils etwas Teig in das heiße, gefettete Waffeleisen geben und goldgelbe Waffeln bakken.

Rosinenwaffeln

Teig:
125 g Butter oder Margarine
50 g Zucker
3 Eier
4 EL Milch
50 g Rosinen
50 g geschälte und gemahlene Mandeln
70 g Mehl
1 Msp. Salz
Zum Bestreuen:
Puderzucker
Außerdem:
Fett für das Waffeleisen

1. Die Butter oder Margarine mit dem Zucker schaumig rühren.

2. Die Eier trennen und die Eigelbe nach und nach mit der Milch dazugeben.

3. Die Rosinen sowie die Mandeln und zum Schluß das Mehl und das Salz daruntermischen.

4. Das Eiweiß zu sehr steifem Schnee schlagen und vorsichtig unter den Teig heben.

5. Im vorgeheizten und gefetteten Waffeleisen goldgelb backen und noch heiß mit Puderzucker bestreuen.

Schokoladenwaffeln

Teig:
125 g Butter oder Margarine
1 P. Vanillinzucker
100 g Zucker
2 Eier
75 g Mehl
75 g Stärkemehl
1 Msp. Backpulver
25 g feingehackte Mandeln
1 TL Rum
25 g geriebene Blockschokolade
Außerdem:
Fett für das Waffeleisen
½ l Sahne
1 P. Vanillinzucker

1. Die Butter oder Margarine mit dem Vanillinzucker und Zucker sehr schaumig rühren.

2. Danach die Eier, das Mehl, Stärkemehl und das Backpulver dazugeben.

3. Zum Schluß die feingehackten Mandeln, den Rum und die geriebene Schokolade unterziehen.

4. Im vorgeheizten und gefetteten Waffeleisen backen und noch heiß mit steif geschlagener Sahne servieren.

Ostpreußische Waffeln

Teig:
200 g Butter
8 Eier
1 EL Zucker
250 g Mehl
½ l heiße Sahne
abgeriebene Schale von
1 ungespritzten Zitrone
1 Prise Salz
Zum Bestäuben:
Puderzucker
Außerdem:
Fett für das Waffeleisen

1. Die Butter schmelzen lassen.

2. Die Eier mit dem Zucker schaumig schlagen und in die Butter geben.

3. Nach und nach das Mehl und die heiße Sahne dazugeben.

4. Zum Schluß die abgeriebene Zitronenschale und das Salz dazugeben.

5. Im Waffeleisen goldgelb bakken, mit Puderzucker bestäuben und heiß servieren.

Eierwaffeln

Teig:
6 Eier
125 g Zucker
120 g Mehl
⅛ l saure Sahne
abgeriebene Schale von
1 ungespritzten Zitrone
Zum Bestreuen:
Zucker
Außerdem:
Fett für das Waffeleisen

1. Die Eier trennen und die Eigelbe mit dem Zucker schaumig rühren.

2. Das Mehl, die saure Sahne und die abgeriebene Zitronenschale darunterrühren.

3. Das Eiweiß sehr steif schlagen und unterheben.

4. Ein Waffeleisen vorheizen und mit Fett bestreichen.

5. Mit einer Kelle Teig hineingeben und die Waffeln goldgelb bakken.

6. Mit Zucker bestreuen und sofort servieren.

Haferflockenwaffeln

Teig:
125 g Haferflocken
1 Tasse Milch
4 EL Zucker
abgeriebene Schale von
1 ungespritzten Zitrone
1 Msp. Salz
2 EL Butter
2 Eier
Zum Bestreuen:
Hagelzucker
Außerdem:
Fett für das Waffeleisen

1. Die Haferflocken mit der kalten Milch übergießen und etwa 2 Stunden ziehen lassen.

2. Danach den Zucker, die abgeriebene Zitronenschale, das Salz, die zerlassene Butter und die Eigelbe unterrühren.

3. Das Eiweiß sehr steif schlagen und vorsichtig unter den Teig heben.

4. Die Waffeln im vorgeheizten und gefetteten Waffeleisen bakken und noch heiß mit Hagelzucker bestreuen und servieren.

Ingwerwaffeln

Teig:
125 g Butter
65 g Zucker
½ TL Ingwerpulver
3 Eier
175 g Mehl
75 g Stärkemehl
1 EL Rum
¼ l Milch
Zum Bestreuen:
Zucker
Außerdem:
Fett für das Waffeleisen

1. Die Butter mit dem Zucker, vermischt mit dem Ingwerpulver, schaumig rühren.

2. Die Eier dazugeben, das Mehl mit dem Stärkemehl mischen und ebenfalls unterrühren.

3. Zum Schluß den Teig mit Rum und Milch glattrühren – der Teig muß ziemlich dünn sein, eventuell noch etwas mehr Milch dazugeben.

4. Das Waffeleisen vorheizen und einfetten. Mit einer Kelle etwas vom Teig hineinfüllen und die Waffeln goldgelb backen.

5. Mit Zucker bestreuen und sofort servieren.

Berliner Waffeln

Teig:
3 Eier
¼ l saure Sahne
1 Prise Salz
2 EL Kümmellikör
200 g Mehl
Außerdem:
Fett für das Waffeleisen

1. Die Eier schaumig rühren und die saure Sahne, das Salz und den Kümmellikör untermischen. Zum Schluß das Mehl dazugeben.

2. Das Waffeleisen heiß werden lassen und einfetten.

3. Mit einer Kelle Teig hineinfüllen und die Waffeln goldgelb backen.

Weißweinwaffeln

Teig:
65 g Butter oder Margarine
65 g Zucker
1 P. Vanillinzucker
5 Eier
160 g Mehl
1 EL Sahne
⅛ l herber Weißwein
1 Prise Salz
Außerdem:
Fett für das Waffeleisen

1. Die Butter oder Margarine mit dem Zucker und Vanillinzucker schaumig rühren.

2. Die Eier trennen und die Eigelbe nach und nach dazugeben.

3. Das Mehl, die Sahne, den Wein und das Salz unterrühren und alles zu einem glatten Teig verarbeiten.

4. Das steif geschlagene Eiweiß vorsichtig unterheben.

5. Im vorgeheizten und gefetteten Waffeleisen backen.

Nußwaffeln mit Vanillefüllung

Teig:
100 g Butter oder Margarine
100 g Zucker
4 Eier
100 g gemahlene Haselnüsse
½ naturreine Orange
200 g Mehl
3–4 EL Sahne
oder Dosenmilch
Füllung:
¼ l Milch
½ P. Vanillepuddingpulver
3 EL Puderzucker
100 g Butter oder Margarine
Außerdem:
Fett für das Waffeleisen

1. Die Butter oder Margarine und den Zucker schaumig rühren.

2. Nacheinander die Eier, die gemahlenen Haselnüsse, die abgeriebene Schale und den Saft der Orange unterrühren.

3. Das Mehl und die Sahne hinzufügen.

4. Den Teig in einem gefetteten Waffeleisen backen und auf einem Gitter abkühlen lassen.

5. Für die Füllung aus der Milch und dem Puddingpulver – nach Packungsanweisung – einen Pudding kochen und etwas abkühlen lassen.

6. Den Puderzucker und die Butter oder Margarine zusammen schaumig rühren und den Vanillepudding löffelweise darunterschlagen.

7. Jeweils 2 der Waffeln mit Füllung zusammensetzen.

Brüsseler Waffeln

Teig:
225 g Mehl
1½ TL Trockenhefe
5 EL Zucker
1 Msp. Salz
etwa ½ l Milch
1 Ei
½ TL Vanillemark
4 EL zerlassene und
abgekühlte Butter
Zum Bestreuen:
Puderzucker
Außerdem:
Fett für das Waffeleisen

1. Das Mehl mit der Trockenhefe in einer Schüssel gut vermischen.

2. Den Zucker, das Salz, die lauwarme Milch, das Eigelb, Vanillemark und die Butter dazugeben und alles so lange kneten, bis der Teig glatt ist.

3. Den Teig in einer Schüssel zugedeckt an einem warmen Ort etwa 60 Minuten gehen lassen.

4. Das Eiweiß sehr steif schlagen und unter den Teig heben.

5. Die Waffeln im vorgeheizten und eingefetteten Waffeleisen goldgelb backen.

6. Die fertigen, noch heißen Waffeln dick mit Puderzucker bestreuen und servieren.

Gefüllte Hefewaffeln

Teig:
375 g Mehl
25 g Hefe
50 g Zucker
½ l lauwarme Milch
1 Prise Salz
4 Eier
125 g Butter
abgeriebene Schale von
1 ungespritzten Zitrone
Füllung:
½ l Sahne
4 P. Vanillinzucker
2 P. Sahnestärke
Verzierung:
etwa 2 ungespritzte Zitronen
Außerdem:
Fett für das Waffeleisen

1. Das Mehl in eine Schüssel geben und in die Mitte eine Vertiefung drücken.

2. Die Hefe hineinbröckeln und mit etwas Zucker, Mehl und Milch zu einem Vorteig verrühren. 15 Minuten zugedeckt gehen lassen.

3. Das Salz, die restliche Milch, die Eier, die warme Butter und die abgeriebene Zitronenschale dazugeben und den Teig so lange schlagen, bis er sich vom Schüsselrand löst. Zugedeckt 60 Minuten gehen lassen.

4. Das Waffeleisen aufheizen, mit Öl fetten und dünn mit dem Hefeteig bestreichen.

5. Die Waffeln goldbraun backen und auf einem Kuchengitter auskühlen lassen.

6. Die Sahne mit dem Vanillinzucker und der Sahnestärke steif schlagen und in einen Spritzbeutel füllen.

7. Jeweils 2 Waffeln mit Sahne bespritzen, die 3. daraufsetzen und mit einem Sahnetupfer und einer sehr dünn geschnittenen Zitronenscheibe verzieren.

Zimtwaffeln

Teig:
100 g Butter oder Margarine
50 g Zucker
1 TL Zimt
5 EL Milch
3 Eier
1 Prise Salz
200 g Mehl
2 TL Backpulver
Zum Bestreuen:
Zucker
Außerdem:
Fett für das Waffeleisen

1. Die Butter mit Zucker und Zimt vermischt schaumig rühren, die Milch und die Eier sowie Salz dazurühren.

2. Das Mehl mit dem Backpulver mischen und ebenfalls unterrühren.

3. Das Waffeleisen vorheizen und einfetten.

4. Mit einer Kelle etwas vom Teig einfüllen und die Waffeln goldgelb backen.

5. Mit Zucker bestreuen und sofort servieren.

Schlemmerwaffeln

Teig:
300 g Butter
200 g Puderzucker
2 Eier
abgeriebene Schale von
1 ungespritzten Orange
¼ l Milch
¼ l Sahne
400 g Mehl
1 Prise Salz
Zimt
Füllung:
½ Glas Aprikosenkonfitüre
2 Eiweiß
60 g Zucker
¼ l Sahne
300 g Himbeeren
1 P. Schokoladencreme
¼ l kalte Milch
Zum Bestreuen:
2 EL gehackte Pistazien
Außerdem:
Fett für das Waffeleisen

1. Die Butter mit dem Puderzukker, den Eiern und der Orangenschale schaumig rühren und die Milch, Sahne und das Mehl langsam dazurühren.

2. Mit Salz und Zimt würzen. Den Teig 10 Minuten quellen lassen und dann daraus 16 Waffeln im vorgeheizten und gefetteten Waffeleisen backen.

3. Die Waffeln auf einem Kuchengitter auskühlen lassen.

4. 4 Waffeln mit Aprikosenkonfitüre bestreichen, je 1 Waffel darauflegen.

5. Das Eiweiß mit dem Zucker steif schlagen.

6. ⅔ der geschlagenen Sahne und die Himbeeren unterheben, als 2. Schicht auf die Waffeln geben und wieder 1 Waffel darauflegen.

7. Die nach Vorschrift zubereitete Schokoladencreme darüber verteilen.

8. Darauf kommen die restlichen Waffeln und dicke Sahnetupfer, mit gehackten Pistazien bestreut.

Honigwaffeln

Teig:
125 g Butter oder Margarine
3 EL Honig
1 P. Vanillinzucker
2 Eier
1 Prise Salz
¼ l Milch
250 g Mehl
½ TL Backpulver
Zum Bestäuben:
Puderzucker
Außerdem:
Fett für das Waffeleisen

1. Die Butter oder Margarine mit dem Honig, dem Vanillinzucker, den Eiern und dem Salz schaumig rühren.

2. Die Milch abwechselnd mit dem Mehl, vermischt mit Backpulver, unterrühren.

3. Ein Waffeleisen vorheizen und einfetten.

4. Mit einer Kelle etwas vom Teig hineinfüllen und die Waffeln goldgelb backen.

5. Mit Puderzucker bestäuben und noch heiß servieren.

Waffeln „Marianne"

Teig:
250 g Butter oder Margarine
abgeriebene Schale von
1 ungespritzten Zitrone
175 g Zucker
1 P. Vanillinzucker
1 Msp. Salz
4 Eier
150 g Mehl
150 g Stärkemehl
½ TL Backpulver
Zum Bestreuen:
Puderzucker
Außerdem:
Fett für das Waffeleisen

1. Die Butter oder Margarine schaumig rühren und die abgeriebene Zitronenschale, den Zucker, Vanillinzucker und das Salz dazugeben.

2. Danach die Eier einzeln daruntermischen und den Teig so lange rühren, bis sich der Zucker aufgelöst hat.

3. Das Mehl mit dem Stärkemehl und Backpulver vermengen und unterrühren.

4. Im vorgeheizten und eingefetteten Waffeleisen backen.

5. Vor dem Servieren noch heiß mit Puderzucker bestäuben.

Weincremewaffeln mit Erdbeeren

Teig:
125 g Butter oder Margarine
2 EL Zucker, 4 Eier
250 g Mehl, ¼ l Milch
1 Msp. Salz
abgeriebene Schale von
1 ungespritzten Zitrone
Weincreme:
6 Blatt weiße Gelatine
4 Eier, 100 g Zucker
¼ l Milch
¼ l herber Weißwein
2 EL Cognac
Saft von 1 Zitrone
⅛ l Sahne
Belag:
250 g Erdbeeren
Außerdem:
Fett für das Waffeleisen

1. Die Butter oder Margarine mit dem Zucker und den Eigelben schaumig rühren.

2. Nach und nach das Mehl, die Milch, das Salz und die abgeriebene Zitronenschale dazugeben.

3. Zum Schluß den steif geschlagenen Eischnee unterheben.

4. Im vorgeheizten und geölten Waffeleisen goldbraune Waffeln backen.

5. Für die Creme die Gelatine nach Anleitung auf der Packung auflösen.

6. Die Eier trennen und die Eigelbe mit dem Zucker schaumig rühren. Die Milch, den Wein, den Cognac sowie den Zitronensaft unterrühren.

7. Die nach Anleitung vorbereitete Gelatine unter ständigem Rühren zur Creme geben und kühl stellen.

8. Wenn die Creme halbfest geworden ist, zuerst den steif geschlagenen Eischnee und dann die feste Sahne unterziehen.

9. Die fertigen Waffeln zuerst mit den zubereiteten Erdbeeren belegen und darauf die Weincreme geben.

Biskuitwaffeln

Teig:
6 Eier
6 EL Zucker
6 EL Sahne
6 EL Mehl
1 Msp. Backpulver
1 EL Rum
Zum Bestreuen:
Puderzucker
Außerdem:
Fett für das Waffeleisen

1. Die Eier trennen und die Eigelbe mit dem Zucker schaumig rühren.

2. Danach abwechselnd die Sahne und das mit Backpulver vermischte Mehl dazugeben und zum Schluß den Rum unterrühren.

3. Das Eiweiß zu sehr steifem Schnee schlagen und vorsichtig unter den Teig ziehen.

4. Die Waffeln im vorgeheizten und eingefetteten Waffeleisen goldgelb backen und noch heiß mit Puderzucker bestreuen und servieren.

Quarkwaffeln

Teig:
125 g Magerquark
60 g Butter
50 g Zucker
abgeriebene Schale von
1 ungespritzten Zitrone
150 g Mehl
1 Tasse Milch, 3 Eier
Zum Bestreuen:
Puderzucker
Außerdem:
Fett für das Waffeleisen

1. Den Magerquark mit der zerlassenen Butter verrühren, dabei den Zucker und die abgeriebene Zitronenschale einrieseln lassen.

2. Nach und nach das Mehl und die Milch dazurühren.

3. Die Eier trennen und die Eigelbe daruntermischen.

4. Das Eiweiß sehr steif schlagen und vorsichtig unter den Teig ziehen.

5. Das Waffeleisen etwas einölen und darin goldbraune Waffeln backen.

6. Noch heiß mit Puderzucker bestäuben.

Käsewaffeln

Teig:
100 g Butter oder Margarine
3 Eier
75 g Mehl
75 g Stärkemehl
½ TL Salz
½ TL Backpulver
3 EL geriebener Schweizer Käse
1 Prise Paprika
Außerdem:
Fett für das Waffeleisen

1. Die Butter oder Margarine schaumig rühren und Eier und Salz dazugeben.

2. Dann Mehl mit dem Stärkemehl und dem Backpulver vermischen und ebenfalls unterrühren.

3. Zum Schluß den geriebenen Käse und Paprika unter den Teig mischen.

4. Ein Waffeleisen vorheizen und mit Öl einfetten.

5. Mit einer Kelle etwas vom Teig hineinfüllen und die Waffeln goldgelb backen. Sofort servieren.

Nußwaffeln

Teig:

150 g Butter oder Margarine

65 g Zucker

4 Eier

6–8 EL Milch

1 Prise Salz

100 g gemahlene Haselnüsse

100 g Mehl

½ TL Backpulver

Zum Bestäuben:

Puderzucker

Außerdem:

Fett für das Waffeleisen

1. Die Butter oder Margarine mit dem Zucker und Eigelb (Eier vorher trennen) schaumig rühren.

2. Milch, Salz, gemahlene Haselnüsse und das mit Backpulver vermischte Mehl unterrühren und alles zu einem glatten Teig verarbeiten.

3. Das Eiweiß steif schlagen und unter den Teig ziehen.

4. Das Waffeleisen vorheizen und einfetten.

5. Mit einer Kelle etwas vom Teig einfüllen und die Waffeln goldgelb backen.

6. Mit Puderzucker bestäuben und sofort servieren.

Hefewaffeln

Teig:

375 g Mehl

20 g Hefe

65 g Zucker

etwa ¼ l Milch

4 Eier

125 g Butter oder Margarine

abgeriebene Schale von

1 ungespritzten Zitrone

1 Prise Salz

Zum Bestreuen:

Zucker und Zimt

Außerdem:

Fett für das Waffeleisen

1. Das Mehl in eine Schüssel geben und in die Mitte eine Vertiefung drücken.

2. Die Hefe hineinbröckeln, etwas Zucker und lauwarme Milch darübergeben und zu einem Vorteig verrühren.

3. Mit Mehl überstäuben und zugedeckt an einem warmen Ort gehen lassen, bis sich der Vorteig verdoppelt hat.

4. Den restlichen Zucker, die restliche Milch und die Eier zum Teig geben.

5. Die Butter oder Margarine in Flöckchen darüberschneiden und alles zusammen mit der abgeriebenen Zitronenschale und Salz zu einem glatten Teig verrühren.

6. Eventuell noch etwas Milch dazugeben, der Teig muß beim Rühren große Blasen werfen.

7. Nochmal zugedeckt gehen lassen.

8. Das Waffeleisen vorheizen und einfetten. Mit dem Löffel Teig einfüllen, glattstreichen und goldgelb backen.

9. Zucker und Zimt mischen und über die gebackenen Waffeln streuen.

Festliche Torten

Torten sind die „hohe Schule" der Backkunst. Sie werden im allgemeinen für einen besonderen Anlaß gebacken, sei es Geburtstag, Kommunion oder Konfirmation oder sonst ein feierlicher Anlaß.

Torten werden aus verschiedenen Teigarten hergestellt, so zum Beispiel aus Mürbeteig, Brandteig oder Baiser, der klassische Tortenboden ist aus Biskuitteig. Aber eine Torte kann auch aus verschiedenen Teigen zusammengesetzt sein.

Tortenböden sollten Sie möglichst schon am Vortag zubereiten, sie lassen sich dann besser schneiden.

Am einfachsten lassen sich Tortenböden schneiden, wenn man sie rundherum mit einem scharfen Messer gleichmäßig einritzt, einen Zwirnsfaden in die Schnittlinie legt und die Enden über kreuz zusammenzieht.

Verwenden Sie für Cremes und Füllungen immer nur frische Zutaten.

Wickeltorte

Mürbeteig:
125 g Mehl, 60 g Zucker
1 Prise Salz
1 Ei, 70 g Butter
Biskuit:
5 Eigelb
100 g Zucker
5 Eiweiß
1 Prise Salz
125 g Mehl
30 g Stärkemehl
Füllung:
500 g Sauerkirschen
50 g Zucker
1 Stückchen ungespritzte
Zitronenschale
8 Blatt weiße Gelatine
3 Blatt rote Gelatine
1 Gläschen Kirschwasser
1 l Sahne
2 P. Vanillinzucker
4 P. Sahnefestiger
Außerdem:
Pergamentpapier

Mürbeteig:
Backzeit: 15–20 Minuten
Schaltung: E: 200°C, G: 3
Biskuit:
Backzeit: 10–12 Minuten
Schaltung: E: 200°C, G: 3

1. Für den Mürbeteig alle Zutaten rasch zu einem glatten Teig verarbeiten und diesen 30 Minuten kühl stellen.

2. Danach den Teig auf einem Springformboden ausrollen und mit der Gabel mehrfach einstechen.

3. Im vorgeheizten Backofen (E: 200°C, G: 3) 15–20 Minuten backen und dann auf einem Kuchengitter auskühlen lassen.

4. Für den Biskuitteig die Eigelbe mit 5 Eßlöffeln Wasser schaumig schlagen und nach und nach ⅔ des Zuckers einrieseln lassen.

5. Das Eiweiß mit dem Salz schnittfest schlagen und den restlichen Zucker dazugeben. Auf die geschlagenen Eigelbe gleiten lassen.

6. Das Mehl mit dem Stärkemehl sieben. Alles vorsichtig mischen.

7. Ein Backblech mit Pergamentpapier auslegen und den Teig darauf ausstreichen.

8. Im vorgeheizten Backofen (E: 200°C, G: 3) 10–12 Minuten backen.

9. Danach die Biskuitplatte sofort auf ein mit Zucker bestreutes Handtuch stürzen, das Papier anfeuchten und abziehen.

10. Die Teigplatte mit Hilfe des Tuchs einrollen und auskühlen lassen.

11. Die Sauerkirschen waschen und entsteinen. Mit ⅛ l Wasser, dem Zucker und der Zitronenschale aufkochen lassen.

12. Die Gelatine nach Anleitung auf der Packung einweichen.

13. Die Zitronenschale aus den Kirschen nehmen und die Kirschen mit der Flüssigkeit im Mixer pürieren.

14. Die ausgedrückte Gelatine unter Rühren darin auflösen.

15. Das Kirschwasser dazugeben und die Kirschmasse kalt stellen.

16. Sobald die Kirschmasse anfängt steif zu werden, die Sahne mit dem Vanillinzucker steif schlagen und den Sahnefestiger dazugeben.

17. Die Hälfte der Sahne unter die Kirschmasse rühren.

19. Die bestrichene Platte mit einem scharfen Messer in 4 cm breite Streifen schneiden.

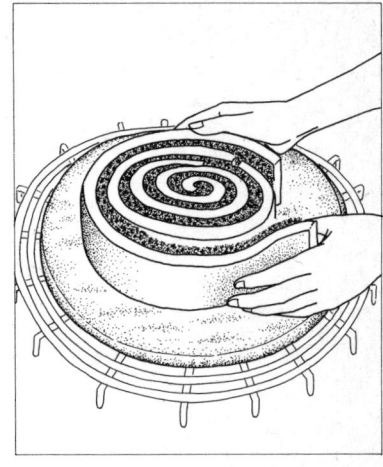

21. Die übrigen Streifen vorsichtig darumherumrollen und leicht andrücken.

22. Den Rand und die Oberfläche dick mit der restlichen Kirschcreme bestreichen und die Torte bis zum Servieren kühl stellen. Kurz vorher die Torte mit der restlichen Sahne verzieren.

18. Die Biskuitplatte auseinanderrollen und mit Kirschcreme bestreichen.

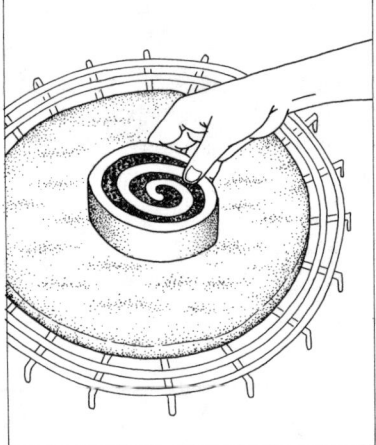

20. Den 1. Streifen locker aufrollen und senkrecht in die Mitte des Mürbeteigbodens stellen.

Muttertagstorte

Teig:
5 Eier, 100 g Zucker
1 P. Vanillinzucker
125 g Stärkemehl
75 g Mehl
2 TL Backpulver
175 g Butter oder Margarine
200 g Zartbitterschokolade
Füllung:
2 EL Apricot-Brandy
½ Glas Aprikosenkonfitüre
Creme:
100 g Butter
1 Beutel helle Kuchenglasur
175 g Puderzucker
Verzierung:
50 g Schokoladenblättchen
Außerdem:
Fett für die Form

Backzeit: etwa 30 Minuten
Schaltung: E: 175–200°C,
G: 2–3

1. Die Eier trennen und das Eiweiß sehr steif schlagen.

2. Die Eigelbe mit dem Zucker und Vanillinzucker schaumig rühren und unter das Eiweiß ziehen.

3. Das Stärkemehl, Mehl und Backpulver mischen und unterrühren.

4. Das Fett und die Schokolade schmelzen, vermischen und zum Teig geben.

5. Die Masse in eine nur am Boden gefettete Tortenform geben und im vorgeheizten Ofen (E: 175–200°C, G: 2–3) etwa 30 Minuten backen.

6. Nach dem Backen den Tortenboden auf einen Kuchenrost stürzen, auskühlen lassen und einmal quer durchschneiden.

7. Den unteren Tortenboden mit Apricot-Brandy beträufeln, mit Aprikosenkonfitüre bestreichen und die Torte wieder zusammensetzen.

8. Für die Creme die Butter, die erwärmte Kuchenglasur und den Puderzucker sehr schaumig rühren.

9. Die Torte damit bestreichen und mit Schokoladenblättchen verzieren.

Himbeertorte mit Joghurtcreme

Teig:
200 g Mehl
½ TL Backpulver
150 g Butter oder Margarine
75 g Zucker, 1 Ei
Creme:
6 Blatt weiße Gelatine
4 Becher Joghurt (à 150 g)
125 g Zucker, 1 Prise Salz
abgeriebene Schale und Saft
von 2 ungespritzten Zitronen
¼ l Sahne
Zum Belegen:
300 g Himbeeren
frisch oder tiefgefroren
Verzierung:
¼ l Sahne, 1 P. Vanillinzucker
Außerdem:
Fett für die Form

Backzeit: etwa 30 Minuten
Schaltung: E: 200°C, G: 3

1. Das Mehl mit dem Backpulver, der Butter oder Margarine, dem Zucker und dem Ei in eine Schüssel geben und gut verkneten. Zugedeckt 30 Minuten kalt stellen.

2. Inzwischen die Gelatine in kaltem Wasser einweichen.

3. Den Joghurt mit dem Zucker, Salz, abgeriebener Zitronenschale und Zitronensaft verrühren.

4. Die aufgelöste Gelatine unter die Joghurtcreme rühren und die Creme so lange kalt stellen, bis sie anfängt zu gelieren.

5. Den Teig in eine gefettete Springform geben und einen Boden und Rand daraus drücken.

6. Im vorgeheizten Backofen (E: 200°C, G: 3) etwa 30 Minuten blind backen und auskühlen lassen.

7. Die Sahne steifschlagen und unter die halbfeste Joghurtmasse ziehen.

8. Die vorbereiteten oder aufgetauten Himbeeren auf dem Tortenboden verteilen und die Creme darüberstreichen.

9. Die Torte bis zum Servieren kalt stellen.

10. Kurz vorher die Sahne mit dem Vanillinzucker steif schlagen und die Torte kurz vor dem Servieren damit garnieren.

Geburtstagstorte

Teig:
250 g Margarine
1 P. Vanillinzucker
150 g Zucker
4–6 Eier
100 g Stärkemehl
200 g Mehl
1 TL Backpulver
175 g abgezogene gemahlene Mandeln
Füllung:
150 g Johannisbeerkonfitüre
150 g Himbeerkonfitüre
Guß:
250–300 g Puderzucker
2 Eiweiß
etwa 1 EL Wasser
Verzierung:
kandierte Früchte
Außerdem:
Fett für die Formen

Backzeit: 30–40 Minuten
Schaltung: E: 175°C, G: 2

1. Das weiche Fett in eine hohe Schüssel geben und mit dem Vanillinzucker, Zucker, den Eiern, dem Stärkemehl, Mehl, Backpulver und den Mandeln gut verrühren.

2. Den Teig auf 2 verschieden große gefettete Springformen verteilen und im vorgeheizten Backofen (E: 175–200°C, G: 2 bis 3) 30–40 Minuten backen.

3. Nach dem Erkalten der Tortenböden beide durchschneiden – am besten kurz einschneiden und dann einen Zwirnsfaden durchziehen!

4. Nun beide mit Konfitüre füllen. Den kleineren Tortenboden auch von unten mit Konfitüre bestreichen und nun beide aufeinanderlegen.

5. Den Puderzucker mit dem Eiweiß und dem Wasser verrühren und den Kuchen damit bestreichen.

6. Den Kuchen – solange der Guß noch weich ist – mit kandierten Früchten garnieren.

Kokostorte

Teig:
4 Eigelb
3–4 EL heißes Wasser
200 g Zucker
1 P. Vanillinzucker
4 Eiweiß
100 g Mehl
100 g Stärkemehl
1½ gestrichener TL Backpulver
Creme:
1 P. Vanillepudding
½ l Milch
etwas Zucker
200 g Butter
100 g Kokosraspeln
Zum Bestreichen:
200 g Nougatmasse
200 g Kuvertüre
Zum Bestreuen:
100 g Kokosraspeln
Außerdem:
Fett und Pergamentpapier
für die Form

Backzeit: 45–50 Minuten
Schaltung: E: 180–200° C,
G: 2–3

1. Die Eigelbe mit heißem Wasser schaumig schlagen, ⅔ des Zuckers und den Vanillinzucker unter Schlagen hinzufügen, bis alles eine cremige Masse ist.

2. Eiweiß zu steifem Schnee schlagen und den Rest des Zuckers hinzufügen.

3. Den Eischnee auf die Eigelbmasse geben, das Mehl mit Stärkemehl und Backpulver vermischt daraufsieben. Alles vorsichtig unterheben.

4. Den Teig in eine am Boden gefettete und mit Pergamentpapier ausgelegte Springform füllen und im vorgeheizten Ofen (E: 180 bis 200° C, G: 2–3) 45–50 Minuten auf unterer Schiene backen.

5. Etwas abkühlen lassen, stürzen, das Papier abziehen, ganz auskühlen lassen.

6. Den Tortenboden dreimal durchschneiden.

7. Den Vanillepudding mit Milch und Zucker kochen und erkalten lassen.

8. Löffelweise mit schaumig gerührter Butter verarbeiten und die Kokosraspeln hinzufügen.

9. Die Torte zweimal mit Creme, in der Mitte mit geschmolzener Nougatmasse füllen.

10. Von außen mit aufgelöster Kuvertüre bestreichen und mit Kokosraspeln bestreuen.

Erdbeer-Baiser-Torte

Teig:
180 g Mehl
½ TL Backpulver
3 Eigelb
2 EL Sahne
60 g Zucker
100 g Butter
Belag:
750 g Erdbeeren
3 Eiweiß
150 g Puderzucker
Außerdem:
Fett für die Form

Backzeit: insgesamt 30–40 Minuten
Schaltung: 200° C/175° C,
G: 3/2

1. Das Mehl mit dem Backpulver mischen und auf ein Teigbrett geben. In die Mitte eine Vertiefung drücken.

2. Das Eigelb hineingeben und zusammen mit der Sahne und mit etwas Mehl zu einem dicken Brei verrühren.

3. Zucker und in Flöckchen geschnittene Butter darübergeben und alles zu einem glatten Teig verarbeiten.

4. 30 Minuten kalt stellen, danach in eine Springform von 26 cm Durchmesser geben, den Teig auf dem Boden verteilen und einen Rand hochdrücken.

5. Im vorgeheizten Backofen (E: 200°C, G: 3) etwa 10 Minuten backen.

6. Den Teigboden mit 650 g Erdbeeren belegen, die restlichen pürieren.

7. Das Eiweiß zu festem Schnee schlagen, den Puderzucker einrieseln lassen und die pürierten Erdbeeren unterziehen.

8. Diese Masse in einen Spritzbeutel geben und spiralenförmig von der Mitte aus über die Erdbeeren spritzen.

9. 20–30 Minuten bei 175°C, G: 2 überbacken.

Trüffeltorte

Teig:
6 Eier
125 g Zucker
¼ l Milch
2 EL Rum
125 g Zucker
150 g Blockschokolade
225 g gemahlene Mandeln
80 g Stärkemehl
80 g Mehl
2 TL Backpulver
Belag:
½ Glas Aprikosenkonfitüre
2 EL Grand Marnier
Guß:
200 g Schokoladenkuvertüre
Garnierung:
5 EL Schokoladenstreusel
12 Schokoladentrüffel
Außerdem:
Fett und Semmelbrösel
für die Form

Backzeit: etwa 60 Minuten
Schaltung: E: 200°C, G: 3

1. Die Eier trennen und die Eigelbe mit Zucker, Milch und Rum schaumig rühren.

2. Die Blockschokolade raspeln und mit den Mandeln vermischt unter die Zucker-Ei-Masse rühren.

3. Stärkemehl, Mehl und Backpulver mischen und unterrühren.

4. Eiweiß zu sehr steifem Schnee schlagen und vorsichtig unterheben.

5. Eine Tortenform von 24 cm Durchmesser einfetten und mit Semmelbröseln ausstreuen.

6. Den Teig hineingeben und im vorgeheizten Ofen (E: 200° C, G: 3) etwa 60 Minuten backen.

7. Nach dem Backen den Tortenboden auf einem Kuchenrost auskühlen lassen und danach einmal quer durchschneiden.

8. Die Aprikosenkonfitüre mit dem Grand Marnier vermischen und auf den unteren Tortenboden streichen.

9. Den Deckel daraufsetzen und mit der aufgelösten Kuvertüre bestreichen.

10. Den Rand der Torte sofort mit Schokoladenstreuseln verzieren.

11. Mit einem spitzen Messer 12 Stücke auf der Torte markieren und auf jedes eine Schokoladentrüffel setzen.

Schönbrunner Torte

Teig:
6 Eier, 70 g Butter
140 g Zucker
1 P. Vanillinzucker
175 g gemahlene Mandeln
100 g geraspelte Schokolade
1 EL Rum
Garnierung:
¼ l Sahne
1 P. Vanillinzucker
1 P. Schokoladenstreusel
Außerdem:
Fett und Semmelbrösel
für die Form

Backzeit: 20–30 Minuten
Schaltung: E: 160°C, G: 1–2

1. Die Eier trennen und die Eigelbe mit Butter, Zucker und Vanillinzucker schaumig rühren.

2. Nach und nach die gemahlenen Mandeln und die Schokolade unterziehen und den Rum dazugeben.

3. Das Eiweiß sehr steif schlagen und unterziehen.

4. Eine Springform von 26 cm Durchmesser einfetten, mit Semmelbröseln ausstreuen und den Teig hineingeben.

5. Glattstreichen und im vorgeheizten Ofen (E: 160°C, G: 1–2) 20–30 Minuten backen.

6. Erst am nächsten Tag aus der Form nehmen und auf eine Tortenplatte legen.

7. Die Sahne mit Vanillinzucker steif schlagen und mit einem Messer glatt über die Torte streichen.

8. Mit Schokoladenstreuseln bestreuen.

Prinzregententorte

Teig:
4 Eigelb, 4 EL Wasser
200 g Zucker
2 P. Vanillinzucker
4 Eiweiß, 125 g Mehl
100 g Stärkemehl
3 TL Backpulver
Füllung:
½ l Milch
1 P. Vanillepuddingpulver
100 g Zucker
2 Eigelb, 250 g Butter
50 g Kakaopulver
50 g bittere Schokolade

Zum Überziehen:
200 g Kuvertüre
Außerdem:
Fett und Semmelbrösel
für die Form

Backzeit: insgesamt etwa 30 Minuten
Schaltung: E: 200°C, G: 3

1. Die Eigelbe mit dem Wasser, dem Zucker und dem Vanillinzucker schaumig rühren.

2. Das Eiweiß sehr steif schlagen und daraufgeben.

3. Das Mehl mit dem Stärkemehl und Backpulver mischen und darübersieben.

4. Alles vorsichtig mit einem Schneebesen unterheben.

5. Eine Springform ausfetten, mit Semmelbröseln ausstreuen und ⅙ des Teigs hineingeben.

6. Im vorgeheizten Ofen (E: 200°C, G: 3) etwa 5 Minuten backken.

7. Im ganzen auf diese Weise 6 Tortenböden backen und auskühlen lassen.

8. Aus der Milch, dem Pudding-

pulver und Zucker nach Anleitung auf der Packung einen Pudding kochen und die Eigelbe einrühren.

9. Den Pudding auf Zimmertemperatur abkühlen lassen und die Butter, die die gleiche Temperatur haben muß, schaumig rühren.

10. Den Pudding löffelweise dazugeben. Zum Schluß das Kakaopulver und die im Wasserbad aufgeweichte Schokolade unterrühren.

11. Die 6 Tortenböden mit der Creme bestreichen und zusammensetzen. Im Kühlschrank fest werden lassen und zum Schluß mit der aufgelösten Kuvertüre überziehen.

Innsbrucker Torte

Teig:
4 Eiweiß
4 EL lauwarmes Wasser
175 g Zucker
1 P. Vanillinzucker
4 Eigelb
100 g Mehl
100 g Stärkemehl
1 TL Backpulver
Füllung:
125 g Butter
120 g Zucker
2 Eigelb
2 EL Rum
⅜ l Sahne
120 g abgezogene gemahlene Mandeln
120 g kandierte Früchte
Verzierung:
kandierte Kirschen
Außerdem:
Fett für die Form

Backzeit: etwa 30 Minuten
Schaltung: E: 175°C, G: 2

1. Das Eiweiß mit dem Wasser sehr steif schlagen.

2. Zucker und Vanillinzucker mit den Eigelben schaumig rühren und das Eiweiß daraufgeben.

3. Das Mehl mit dem Stärkemehl und dem Backpulver mischen und darübersieben. Mit einem Schneebesen vorsichtig unterheben.

4. Den Teig in eine gefettete Tortenform von 24 cm Durchmesser geben und im vorgeheizten Ofen (E: 175°C, G: 2) etwa 30 Minuten backen.

5. Danach den Tortenboden auf einen Kuchenrost stürzen, auskühlen lassen und zweimal waagerecht durchschneiden.

6. Für die Füllung Butter, Zucker, Eigelbe und Rum schaumig rühren.

7. Die sehr steif geschlagene Sahne, die gemahlenen Mandeln und die kleingeschnittenen kandierten Früchte unterrühren.

8. Die beiden unteren Tortenböden mit ⅔ der Creme bestreichen und die Torte zusammensetzen.

9. Den Deckel mit der restlichen Creme bestreichen und mit kandierten Kirschen verzieren.

Dobostorte

Teig:
8 Eier, 4 EL Wasser
1 ungespritzte Zitrone
200 g Zucker
1 P. Vanillinzucker
250 g Mehl
1 TL Backpulver
Creme:
250 g Butter
150 g Puderzucker
2 Eigelb
100 g geriebene Schokolade
1–2 EL Rum
Guß:
200 g Zucker
1 EL Zitronensaft
1–2 EL Öl
Außerdem:
Fett für die Form
Backpapier oder Alufolie

Backzeit: etwa 35 Minuten
Schaltung: E: 200°C, G: 3

1. Aus den Teigzutaten einen Biskuitteig zubereiten wie im Kapitel „Kuchen, Torten und Gebäck aus Biskuit" beschrieben.

2. Eine Springform von 24 bis 26 cm Durchmesser am Boden ausfetten und mit Backpapier oder Alufolie auslegen.

3. Den Biskuitteig einfüllen und im vorgeheizten Backofen (E: 200°C, G: 3) etwa 35 Minuten backen.

4. Auf das Kuchengitter stürzen und vollständig kalt werden lassen. Am besten einen Tag vor der Verwendung backen.

5. Dann die Biskuittorte mit einem sehr großen, scharfen Messer oder mit Hilfe eines Zwirnsfadens in 5 dünne Platten schneiden. Vorsichtig schneiden, da die Platten ganz bleiben sollen.

6. Die oberste Platte zur Seite legen.

7. Die Butter mit dem Puderzucker und den Eigelben sehr schaumig rühren und die geriebene Schokolade und den Rum dazurühren.

8. Die 4 unteren Tortenplatten dünn mit der Buttercreme bestreichen.

9. Etwa 6 Eßlöffel der Buttercreme in einen Spritzbeutel oder eine Tortenspritze mit glatter Tülle füllen.

10. Den Außenrand und die Oberfläche der Torte dünn mit der restlichen Buttercreme bestreichen.

11. Auf der Tortenoberfläche 16 Tortenstücke markieren.

12. Entlang der Mittellinie jedes Tortenstückes, von der Tortenmitte zum Rand hin, eine zunächst dünne, nach außen dicker verlaufende Spirale spritzen.

13. Die Torte anschließend etwa 1 Stunde durchkühlen.

14. Die letzte Biskuitplatte wird inzwischen mit einem hellen Karamelguß überzogen. Dafür zunächst den Zucker in einer Kasserolle erhitzen und hell karamelisieren. Mit etwas Zitronensaft (vom Biskuit übriggeblieben) und eventuell ein wenig Wasser dickflüssig kochen.

15. Den Guß glatt über die Biskuitplatte gießen. Sofort, bevor er erstarrt, mit einem großen, eingeölten Messer 16 Stücke aus der Platte schneiden.

16. Wenn diese Karamelblätter fest geworden sind, werden sie fächerartig auf die Tortenstücke gesteckt.

Dobostorte ▷

Karens beste Torte

Teig:
100 g Puderzucker, 6 Eigelb
100 g geriebene Schokolade
60 g feingehackte
Haselnußkerne
6 Eiweiß
Füllung:
100 g Butter
100 g Kuvertüre
2 Eigelb, 50 g Zucker
6 EL kalter, starker Kaffee
4 EL Madeira
Dekoration:
200 g Marzipanrohmasse
125 g frische Walnußkerne
Außerdem:
Butter für die Form
Puderzucker zum Ausrollen

Backzeit: etwa 30 Minuten
Schaltung: E: 180°C, G: 2

1. Den Puderzucker mit den Eigelben schaumig rühren und die geriebene Schokolade sowie die Haselnüsse dazugeben.

2. Das Eiweiß zu steifem Schnee schlagen und unter den Teig ziehen.

3. Den Teig in eine gebutterte Springform füllen und im vorgeheizten Backofen (E: 180°C, G: 2) etwa 30 Minuten backen.

4. Den Tortenboden nach dem Backen auskühlen lassen und dann einmal durchschneiden.

5. Die Butter und die zerbröckelte Kuvertüre im heißen Wasserbad schmelzen lassen, dabei immer wieder umrühren. Etwas abkühlen lassen.

6. Die Eigelbe mit dem Zucker schaumig rühren und mit dem Kaffee und Madeira zur Butter-Schokoladen-Mischung geben.

7. Die Creme kalt stellen, bis sie halbfest ist, und dann auf den unteren Tortenboden streichen.

8. Den oberen Boden darauflegen und die Torte kühl stellen, bis die Creme fest geworden ist.

9. Die Hälfte der Marzipanmasse auf einer mit Puderzucker bestäubten Arbeitsfläche dünn ausrollen und lange Streifen daraus rädeln.

10. Die Streifen als Gitter über die ausgekühlte Torte legen. In jedes Viereck 1 Walnuß legen.

11. Das restliche Marzipan zu einem Streifen, der etwas höher als die Torte und so lang wie der Umfang der Torte ist, ausrollen und um die Torte legen. Oben etwas umbiegen.

Mein Tip

In Alufolie verpackt kann die Torte auch einige Tage im Kühlschrank durchziehen.

◁ Karens beste Torte

Molthainer Torte

Teig:
4 Eier, 2 EL warmes Wasser
150 g Zucker
1 P. Vanillinzucker
1 Prise Salz
abgeriebene Schale von
1 ungespritzten Zitrone
100 g Mehl
100 g Stärkemehl
2 TL Backpulver

Füllung:
½ l Milch
1 P. Vanillinzucker
2–3 Eigelb
60 g Zucker, 30 g Mehl
125 g Butter, 60 g Zucker

Guß:
125 g Puderzucker
etwas Rum
20 g Hartfett

Zum Bestreuen:
125 g Krokant

Außerdem:
Fett und Pergamentpapier
für die Form

Backzeit: 20–30 Minuten
Schaltung: E: 175°C, G: 2

1. Die Eier trennen und die Eigelbe mit Wasser schaumig rühren, nach und nach Zucker, Vanillinzucker, Salz und Zitronenschale hinzufügen.

2. Den steif geschlagenen Eischnee auf die Eigelbmasse geben.

3. Mehl, Stärkemehl und Backpulver vermischen und daraufgeben. Vorsichtig unterheben.

4. Eine Springform am Boden fetten und mit Pergamentpapier auslegen.

5. Den Teig hineinfüllen und im vorgeheizten Ofen (E: 175°C, G: 2) 20–30 Minuten backen. Abgekühlt zweimal durchschneiden.

6. Für die Füllung die Milch mit Vanillinzucker aufkochen.

7. Die Eigelbe mit 60 g Zucker schaumig rühren und das Mehl hinzufügen.

8. Die heiße Milch langsam dazugießen und unter ständigem Schlagen 7 Minuten ziehen lassen, bis das Mehl aufgequollen ist. Die Masse nicht mehr kochen lassen, damit das Eigelb nicht gerinnt.

9. Die Butter mit 60 g Zucker schaumig rühren und die erkaltete Creme hinzugeben.

10. Die Torte mit ¾ der Creme füllen. Den Rest an den Tortenrand streichen.

11. Gesiebten Puderzucker mit flüssigem Hartfett und etwas Rum verrühren. Die Tortenoberfläche damit bestreichen.

12. Die ganze Torte von außen mit Krokant bestreuen.

13. Die Torte kühl stellen, damit sie gut durchzieht.

Sachertorte

Teig:

125 g Butter, 125 g Zucker
3 Eigelb
125 g geriebene Schokolade
125 g Mehl
1 geh. TL Backpulver
60 g gemahlene Mandeln
3 Eiweiß

Zum Bestreichen:

1 Glas Aprikosenkonfitüre
150 g Kuvertüre

Außerdem:

Fett für die Form

Backzeit: etwa 45 Minuten
Schaltung: E: 175°C, G: 2

1. Die Butter schaumig rühren und den Zucker hinzufügen.

2. Nacheinander die Eigelbe und die geriebene Schokolade einrühren.

3. Dann das Mehl mit dem Backpulver vermischen, sieben und mit den gemahlenen Mandeln dazurühren.

4. Zum Schluß das steif geschlagene Eiweiß unterheben.

5. Den Teig in eine nur am Boden gefettete Form füllen und im vorgeheizten Ofen (E: 175°C, G: 2) etwa 45 Minuten auf unterer Schiene backen.

6. Die Torte oben mit Aprikosenkonfitüre bestreichen.

7. Die Torte auf eine Platte stellen, ringsherum Pergamentpapier unterlegen und mit im Wasserbad aufgelöster Kuvertüre überziehen. Das Papier vorsichtig wegziehen.

Christas Schokoladentorte

Teig:

100 g Pumpernickel
200 g Zartbitterschokolade
75 g Butter, 6 Eier
200 g Zucker, 1 EL Rum
150 g ungeschälte gemahlene Mandeln
1 Prise Salz

Guß:

125 g Puderzucker
½ TL Zimt
2 EL Rum

Außerdem:

Backpapier

Backzeit: 60 Minuten
Schaltung: E: 180°C, G: 2

1. Das Brot fein reiben und die Schokolade im Wasserbad auflösen.

2. Die Butter in einem Topf schmelzen, aber nicht zu heiß werden lassen.

3. Die Eier trennen und die Eigelbe mit dem Zucker sehr schaumig rühren.

4. Die Mandeln, die Butter, die Schokolade, das Brot und 1 Eßlöffel Rum unterrühren.

5. Das Eiweiß zu sehr steifem Schnee schlagen und unter die Zutaten heben.

6. Eine Springform mit Backpapier auslegen und den Teig hineinfüllen.

7. Den Kuchen im vorgeheizten Ofen (E: 180°C, G: 2) 60 Minuten backen.

8. Den Puderzucker mit dem Zimt mischen und mit dem Rum glattrühren.

9. Die noch warme Torte mit dem Rumguß überziehen.

Limonentorte

Teig:
6 Eigelb, 4 EL Wasser
125 g Zucker
2 P. Vanillinzucker
6 Eiweiß, 150 g Mehl
100 g gemahlene Mandeln
2 TL Backpulver

Füllung:
1 P. Tortencremepulver
Vanillegeschmack
½ l Milch
Saft von 1 Limone
250 g Butter

Verzierung:
100 g blättrig geschnittene
Mandeln
20 g Butter
2 ungespritzte Limonen

Außerdem:
Fett und Semmelbrösel
für die Form

Backzeit: etwa 30 Minuten
Schaltung: E: 200°C, G: 3

1. Die Eigelbe mit dem Wasser, Zucker und Vanillinzucker sehr schaumig schlagen.

2. Das Eiweiß steif schlagen und daraufgeben.

3. Das Mehl mit den gemahlenen Mandeln und dem Backpulver mischen und auf das Eiweiß sieben.

4. Alles mit einem Schneebesen vorsichtig mischen und in eine gefettete und mit Semmelbröseln ausgestreute Springform geben.

5. Im vorgeheizten Ofen (E: 200°C, G: 3) etwa 30 Minuten backen und auf ein Kuchengitter stürzen.

6. Nach dem Auskühlen den Biskuitboden zweimal durchschneiden.

7. Das Tortencremepulver nach Anleitung auf der Packung mit der Milch verrühren und den Limonensaft dazugeben.

8. Wenn die Creme schön schaumig ist, die weiche Butter unterschlagen.

9. Die beiden unteren Böden mit je ⅓ der Creme bestreichen und die Torte zusammensetzen.

10. Danach die Torte mit der Hälfte der restlichen Creme bestreichen.

11. Die andere Hälfte in einen Spritzbeutel mit Sterntülle füllen und auf die Torte Verzierungen spritzen.

12. Die Mandelblättchen in der Butter goldgelb rösten und auf Küchenkrepp abkühlen lassen. Den Tortenrand und die Tortenmitte damit bestreuen.

13. Die Limonen waschen und in sehr dünne Scheiben schneiden und die Torte damit garnieren.

Margeritentorte

Teig:
4 Eigelb
4 EL warmes Wasser
125 g Zucker, 4 Eiweiß
125 g Mehl
125 g Stärkemehl
2 TL Backpulver
Belag:
½ l Milch
1 P. Vanillepuddingpulver
1 P. gemahlene Gelatine
2 Gläschen Orangenlikör
½ l steifgeschlagene Sahne
6 EL Orangenmarmelade
200 g Rohmarzipan
150 g Puderzucker
200 g Kuvertüre
7 kandierte Kirschen
Außerdem:
Fett und Pergamentpapier
für die Form

Backzeit: 20–30 Minuten
Schaltung: E: 175°C, G: 2

1. Die Eigelbe mit dem Wasser und Zucker schaumig rühren.

2. Das Eiweiß sehr steif schlagen und daraufgeben.

3. Das Mehl, Stärkemehl und Backpulver mischen und darübersieben.

4. Alles mit einem Schneebesen vermischen.

5. Eine Springform mit Pergamentpapier auslegen und den Teig hineingeben.

6. Im vorgeheizten Ofen (E: 175°C, G: 2) 20–30 Minuten backen.

7. Nach dem Erkalten den Boden zweimal durchschneiden.

8. Aus der Milch und dem Puddingpulver einen Pudding nach Anleitung auf der Packung zubereiten und die aufgelöste Gelatine dazugeben.

9. Den Orangenlikör und die steifgeschlagene Sahne dazugeben, wenn der Pudding ausgekühlt, aber noch nicht zu fest ist.

10. 2 Tortenböden mit Orangenmarmelade und der Creme bestreichen und den 3. daraufsetzen.

11. Das Rohmarzipan mit dem Puderzucker verkneten, ausrollen und die Torte damit überziehen.

12. Aus der restlichen Masse Margeritenblüten ausstechen.

13. Die Kuvertüre im Wasserbad auflösen und die Torte damit bestreichen.

14. Wenn die Kuvertüre fast fest ist, 12 oder 14 Tortenstücke markieren und die ausgestochenen Blüten auf jedes Tortenstück setzen.

15. Die kandierten Kirschen halbieren und auf jede Blüte eine Hälfte setzen.

Schokoladentorte

Teig:
8 Eier, 160 g Zucker
1 Prise Salz
200 g Mehl
Creme:
5 Eier
100 g Zucker
100 g bittere Schokolade
250 g Butter
Zum Bestreichen:
8 EL Preiselbeeren
Außerdem:
Fett für die Form

Backzeit: etwa 40 Minuten
Schaltung: E: 200°C, G: 3

1. Die Eier schaumig schlagen. Den Zucker und das Salz in kleinen Mengen einrieseln lassen und so lange weiterschlagen, bis der Zucker gelöst ist. Dann das Mehl locker unterheben.

2. Den Teig in eine nur am Boden mit Pergamentpapier ausgelegte Springform füllen und im vorgeheizten Backofen (E: 200°C, G: 3) etwa 40 Minuten backen. Danach aus der Form lösen und auskühlen lassen.

3. Für die Creme einen Topf mit Wasser erhitzen. Einen zweiten Topf hineinhängen.

4. Die Eier und den Zucker hineingeben und so lange schlagen, bis eine dickliche, schaumige Masse entstanden ist. Den Topf zur Seite stellen.

5. Im gleichen Wasserbad die Schokolade auflösen.

6. Inzwischen die Butter schaumig schlagen.

7. Die aufgelöste Schokolade eßlöffelweise unterrühren und dann nach und nach die Eiermasse hinzufügen. Die Buttercreme kalt stellen.

8. Nun den Biskuitboden zweimal durchschneiden und mit Preiselbeeren bestreichen.

9. ⅓ der Buttercreme in einen Spritzbeutel geben. Mit dem Rest die Torte füllen und rundherum bestreichen. Danach mit der abgefüllten Buttercreme verzieren.

Mein Tip

Wenn Sie die Torte einfrieren wollen, dann machen Sie es so: die Torte füllen und verzieren. Uneingepackt im Vorfroster des Gefriergerätes 1 Stunde einfrieren, dann erst in Alufolie packen und wieder in das Gefriergerät geben.

Schokoladentorte mit Eierlikör

Teig:
80 g Butter oder Margarine
80 g Zucker
1 P. Vanillinzucker
4 Eigelb
100 g gemahlene Mandeln
1 TL Backpulver
100 g geraspelte
Zartbitterschokolade
je 1 EL Weinbrand und Rum
4 Eiweiß
Belag:
¼ l Sahne
2 P. Sahnestärke
1 TL Zucker
2 EL Eierlikör
Außerdem:
Fett und Pergamentpapier
für die Form

Backzeit: etwa 60 Minuten
Schaltung: E: 150°C, G: 1–2

1. Das Fett schaumig rühren und den Zucker und Vanillinzucker dazugeben. Ein Eigelb nach dem anderen unterrühren.

2. Danach Mandeln, Backpulver, Schokolade, Weinbrand und Rum einrühren.

3. Eiweiß sehr steif schlagen und vorsichtig unterheben.

4. Eine gefettete Springform am Boden mit Pergamentpapier auslegen und den Teig hineinfüllen.

5. Im vorgeheizten Ofen (E: 150°C, G: 1–2) etwa 60 Minuten backen.

6. Danach den Kuchen auf ein Kuchengitter stürzen, das Pergamentpapier abziehen und den Kuchen auskühlen lassen.

7. Sahne mit Sahnestärke steif schlagen, zuckern und zum Schluß den Eierlikör darunterrühren.

8. Die Sahne auf den ausgekühlten Kuchen streichen.

Schokoladen-Sahne-Torte

Teig:

3 Eier, 125 g Zucker,
75 g Mehl
75 g Stärkemehl
1 TL Backpulver
100 g gemahlene Mandeln

Füllung:

1 P. gemahlene Gelatine
½ l Sahne
1 EL Puderzucker
1 Tafel
Zartbitterschokolade (100 g)

Glasur:

125 g Puderzucker
20 g Kakao, 2 EL Rum
1 EL Wasser
25 g Kokosfett

Außerdem:

Fett für die Form

Backzeit: 20–30 Minuten
Schaltung: E: 175°C, G: 2

1. Die Eier trennen und das Eiweiß sehr steif schlagen.

2. Die Eigelbe schaumig rühren und leicht unter den Eischnee ziehen.

3. Mehl mit Stärkemehl und Backpulver mischen und zusammen mit den gemahlenen Mandeln leicht unterziehen.

4. Eine Tortenform von 24 cm Durchmesser einfetten, mit Semmelbröseln ausstreuen und den Teig hineingeben. Im vorgeheizten Ofen (E: 175°C, G: 2) 20 bis 30 Minuten backen.

5. Auf einem Kuchenrost abküh-len lassen und einmal quer durchschneiden.

6. Für die Creme die Gelatine in kaltem Wasser quellen lassen und unter leichtem Erwärmen auflösen.

7. Die Sahne steif schlagen und den Puderzucker einrieseln lassen.

8. Die Schokolade im Wasserbad flüssig werden lassen und unter die Sahne geben. Zum Schluß die Gelatine unterrühren.

9. Den unteren Tortenboden mit ⅔ der Creme bestreichen und den oberen daraufsetzen.

10. Den Puderzucker mit dem Kakao vermischen und mit Rum, Wasser und flüssigem Kokosfett glattrühren.

11. Diese Glasur auf den oberen Tortenboden streichen und diesen mit der restlichen Schokoladensahne verzieren.

Pyrmonter Himmeltorte

Teig:
300 g Mehl, 1 Ei
1 Prise Salz
100 g Zucker, 200 g Butter

Füllung:
1 Glas Johannisbeergelee
½ l Sahne
2 P. Vanillinzucker
2 P. Sahnestärke

Zum Bestäuben:
Puderzucker

Außerdem:
Fett für die Form

Backzeit: etwa 10 Minuten
Schaltung: E: 200°C, G: 3

1. Aus den angegebenen Zutaten einen Mürbeteig herstellen und diesen 30 Minuten kühl stellen.

2. Aus dem Mürbeteig 4 gleich große Stücke formen und diese nacheinander in eine gefettete Springform geben und im vorgeheizten Backofen (E: 200°C, G: 3) etwa 10 Minuten backen.

3. 3 der ausgekühlten Böden mit Johannisbeergelee bestreichen.

4. Die Sahne mit dem Vanillin-zucker und der Sahnestärke steif schlagen und auf die 3 Böden verteilen.

5. Die Böden zusammensetzen und den 4. als Deckel obendrauf setzen. Mit Puderzucker bestäuben.

6. Diese Torte sollte einige Tage ziehen. Sie wird in Folie gepackt und in den Kühlschrank gestellt.

Himmelreichtorte

Teig:
4 Eigelb, 100 g Zucker
200 g Mehl
2 TL Backpulver
100 g Butter

Belag:
4 Eiweiß
200 g Zucker
100 g Mandelblättchen

Füllung:
2 Becher Sahne (à 150 g)
2 P. Vanillinzucker
2 P. Sahnestärke
200 g frische oder
tiefgekühlte Himbeeren

Außerdem:
Fett für die Form

Backzeit: etwa 30 Minuten
Schaltung: E: 200°C, G: 3

1. Aus den Zutaten einen Mürbe-teig herstellen und diesen 30 Minuten kühl stellen.

2. Danach den Teig auf 2 gefettete, gleichgroße Springformen verteilen.

3. Das Eiweiß zu sehr steifem Schnee schlagen und den Zucker langsam einrieseln lassen.

4. Den Eischnee über die beiden Tortenböden verteilen und die Mandeln darüberstreuen.

5. Die beiden Tortenböden im vorgeheizten Backofen (E: 200°C, G: 3) etwa 30 Minuten backen.

6. Den einen Boden noch warm in 12 Stücke schneiden.

7. Die Sahne mit dem Vanillin-zucker und der Sahnestärke schlagen und die gewaschenen oder aufgetauten Himbeeren darunterziehen.

8. Den ganzen Tortenboden mit der Füllung bestreichen und die 12 Stücke darüberlegen.

Kaiserin-Augusta-Viktoria-Torte

Teig:
500 g Butter
6 Eigelb
4 ganze Eier
2 EL Arrak
100 g kleingewürfeltes Zitronat
10 gemahlene bittere Mandeln
das Ausgeschabte von
1 Vanillestange
300 g Zucker
400 g Mehl
100 g Stärkemehl
1 P. Backpulver
6 Eiweiß

Füllung:
3/8 l Wasser vermischt
mit etwas Rosenwasser
750 g Zucker
125 g Schokolade
600 g gemahlene Mandeln
200 g Aprikosenkonfitüre

Guß
200 g Puderzucker
3 EL Zitronensaft

Verzierung:
kandierte Früchte

Außerdem:
Fett für die Form

Backzeit: insgesamt etwa 90 Minuten
Schaltung: E: 200–225°C,
G: 3–4

1. Die Butter sehr schaumig rühren, die 6 Eigelbe, die ganzen Eier, den Arrak, das Zitronat, die gemahlenen bitteren Mandeln, das Ausgeschabte der Vanillestange sowie den Zucker nach und nach unterrühren.

2. Das Mehl mit dem Stärkemehl und dem Backpulver mischen und dazurühren. Das steif geschlagene Eiweiß unterheben.

3. Eine Springform ausfetten und den Teig in 6 gleiche Teile teilen.

4. 1/3 von einem Teigteil wird in die gefettete Springform gegeben und in etwa 15 Minuten hellgelb gebacken, dann wieder 1/3 Teig daraufgeben und backen, danach das letzte Drittel. So müssen alle Böden nacheinander gebacken werden (E: 200–225°C, G: 3–4).

5. Für die Füllung 1/8 l Wasser mit 250 g Zucker und der Schokolade aufkochen.

6. 200 g gemahlene Mandeln hinzufügen und zu einem dicken Brei kochen.

7. Diesen heiß auf die 1. Platte streichen und eine Platte darüberdecken.

8. Auf diese Platte Aprikosenkonfitüre streichen und die nächste Platte darauflegen.

9. Die 2. Mandelfüllung wird ohne Schokolade hergestellt und mit etwas rotem Saft rot gefärbt.

10. Auf die Platte streichen und die nächste Platte daraufgeben.

11. Die 3. Mandelmasse kochen, ohne sie zu färben, und auf die Platte geben.

12. Die nächste Platte darauflegen und diese mit Aprikosenkonfitüre bestreichen.

13. Die letzte Platte darauflegen, mit dem mit Zitronensaft glattgerührten Puderzucker bestreichen und mit kandierten Früchten verzieren.

Triester Torte

Teig:
250 g Butter oder Margarine
200 g Zucker, 6 Eigelb
100 g Schokolade
225 g abgezogene
gemahlene Mandeln
5 EL Orangensaft
100 g Semmelbrösel
2½ gestrichene TL
Backpulver
6 steif geschlagene Eiweiß
Guß
150 g Puderzucker
3 EL Kakao
1 EL Wasser
20 g Kokosfett
Verzierung:
abgezogene Mandeln
Außerdem:
Fett für die Form

Backzeit: etwa 70 Minuten
Schaltung: E: 175°C, G: 2

1. Das Fett schaumig rühren. Den Zucker hinzufügen. Die Eigelbe nach und nach unterrühren.

2. Danach die kleingeschnittene Schokolade, Mandeln und den Orangensaft einrühren.

3. Die Semmelbrösel und das Backpulver mischen, kurz unterrühren und das steif geschlagene Eiweiß locker unterheben.

4. Den Teig in eine gefettete Springform füllen und im vorgeheizten Backofen (E: 175°C, G: 2) etwa 70 Minuten backen.

5. Danach aus der Form lösen und auf einem Kuchenrost erkalten lassen.

6. Für den Guß den Puderzucker, Kakao, das Wasser und heiße Kokosfett verrühren und über die Torte gießen.

7. Mit Mandeln verzieren.

Russische Nußtorte

Teig:
225 g Mehl
125 g Stärkemehl
2 TL Backpulver
150 g Butter oder Margarine
125 g Zucker
1 Eigelb
3–4 EL Milch
Füllung:
3 Eier
100 g Butter
125 g Zucker
1 P. Vanillinzucker
50 g Mehl
2 TL Backpulver
225 g gemahlene Haselnüsse
Glasur:
80 g Nougat
Außerdem:
Fett für die Form

Backzeit: insgesamt etwa
50 Minuten
Schaltung: E: 200°C, G: 3

1. Das Mehl mit dem Stärkemehl und dem Backpulver mischen und auf ein Backbrett sieben.

2. Das Fett in Flöckchen darauf verteilen, den Zucker, das Eigelb und die Milch dazugeben und alle Zutaten zu einem glatten Teig verkneten. Etwa ½ Stunde kalt stellen.

3. Den Teig ausrollen, in eine gefettete Springform geben und einen Rand hochdrücken.

4. Etwa 10 Minuten (E: 200° C, G: 3) blind vorbacken.

5. Die Eier trennen und die Eigelbe mit der Butter, dem Zucker und Vanillinzucker schaumig rühren.

6. Das Mehl mit dem Backpulver mischen und abwechselnd mit den gemahlenen Haselnüssen unterrühren.

7. Zum Schluß den festen Eischnee unterziehen.

8. Die Masse auf den vorgebakkenen Boden geben und in etwa 40 Minuten (E: 200° C, G: 3) fertigbacken. Auf einem Kuchenrost auskühlen lassen.

9. Das Nougat im Wasserbad erwärmen und die Torte damit bestreichen.

Quarktorte mit Schuß

Teig:
5 Eier
250 g Zucker
1 Prise Salz
250 g Mehl
Füllung:
30 g Zitronat
30 g Orangeat
30 g kandierte Kirschen
50 g geriebene Zartbitterschokolade
60 g gehackte Mandeln
1 Gläschen Apricot Brandy
500 g Sahnequark
100 g Puderzucker
¼ l Sahne
1 P. Sahnestärke
etwas Zucker
Guß:
250 g Puderzucker
etwa 4 EL Orangensaft
Verzierung:
kandierte Kirschen
Außerdem:
Fett für die Form

Backzeit: etwa 30 Minuten
Schaltung: E: 200° C, G: 3

1. Die Eier schaumig schlagen. Den Zucker und das Salz hinzufügen und weiterschlagen. Das Mehl unterheben.

2. Den Teig in eine gefettete Springform füllen und etwa 30 Minuten (E: 200° C, G: 3) bakken.

3. Zitronat, Orangeat und die Kirschen kleinschneiden. Die Schokolade, Mandeln und den Likör hinzufügen.

4. Den Quark und Puderzucker verrühren und hinzufügen.

5. Die Sahne mit Sahnestärke und dem Zucker steif schlagen und unter die Quarkmasse heben.

6. Von dem Biskuitboden einen 1,5 cm dicken Deckel abschneiden.

7. Mit einem Teelöffel das Innere der Torte bis auf einen etwa 2 cm dicken Rand aushöhlen.

8. Die Quarkmasse in die Torte füllen, den Deckel wieder auflegen.

9. Den Puderzucker und Saft verrühren, über die Torte gießen und mit Kirschen verzieren.

Schachbrettorte

Teig:
4 Eigelb
4 EL heißes Wasser
150 g Zucker
1 Prise Salz
1 P. Vanillinzucker
abgeriebene Schale von
1 ungespritzten Zitrone
4 Eiweiß
100 g Stärkemehl
1 TL Backpulver
40 g Kakao
80 g Mehl
Zum Tränken der Böden:
4–6 EL Kirschwasser
Zum Füllen und Bestreichen:
½ l Milch
1 P. Vanillepuddingpulver
200 g Zucker
750 g Speisequark
Schale und Saft von
1 ungspritzten Zitrone
4 Blatt weiße Gelatine
⅜ l Sahne
Verzierung:
Schokoladenstreusel
kandierte Kirschen
Außerdem:
Backpapier für die Form

Backzeit: etwa 30 Minuten
Schaltung: E: 200°C, G: 3

1. Die Eigelbe mit heißem Wasser schaumig schlagen.

2. Dann ⅔ des Zuckers, etwas Salz, Vanillinzucker sowie abgeriebene Zitronenschale hinzufügen und zu einer cremigen Masse schlagen.

3. Eiweiß sehr steif schlagen und den Rest des Zuckers dazugeben. Den Eischnee auf die Eigelbmasse geben.

4. Darüber das mit Stärkemehl, Backpulver und Kakao gemischte Mehl sieben und mit dem Schneebesen unterheben.

5. Den Teig in einer mit Backpapier ausgelegten Springform etwa 30 Minuten backen (E.: 200°C, G: 3).

6. Den erkalteten Kuchen zweimal durchschneiden und mit Kirschwasser tränken.

7. Die oberen 2 Böden in 2 cm breite Ringe schneiden.

8. Für die Creme aus Milch, Puddingpulver und Zucker einen Pudding kochen.

9. Quark, abgeriebene Zitronenschale und Zitronensaft in die abgekühlte Masse rühren.

10. Die aufgelöste Gelatine hineingeben und die geschlagene Sahne unterziehen.

11. Den unteren Boden dünn mit Creme bestreichen. Die 2 geschnittenen Böden in breiten Ringen versetzt auf den unteren auflegen. Zwischenräume mit Creme ausfüllen.

12. Zum Schluß mit dem 4. dünnen Boden abdecken und außen mit Creme bestreichen.

13. Die Ränder der Torte rundherum mit kandierten Kirschen und Schokoladenstreuseln garnieren.

So wird die Schachbrettorte hergestellt

1. *Schneiden Sie mit Hilfe von Tellern, Untertassen, Tassen und Gläsern Ringe von etwa 2 cm Breite aus den Biskuitböden aus. Eine Platte bleibt ganz, weil sie als Boden verwendet wird.*
Damit die Ringe nicht zerbrechen, sollten Sie sie mit darunterge-schobenem Papier transportie-ren.

2. *Der untere Teigboden wird mit Creme bestrichen und ein Ring in gleicher Größe daraufgesetzt. Die Mitte füllt man mit Creme aus. Nun können die verschieden großen Ringe versetzt übereinan-dergelegt werden. Die Zwischen-räume streicht man mit Creme aus.*

3. *Zum Schluß wird die ganze Torte mit Creme überzogen. Sie kann nun ganz nach Ge-schmack garniert werden. Geeig-net sind Schokoladenstreusel, Be-legkirschen oder auch frisches Obst, wie Orangenstückchen, Erd- oder Himbeeren sowie Prei-selbeeren.*

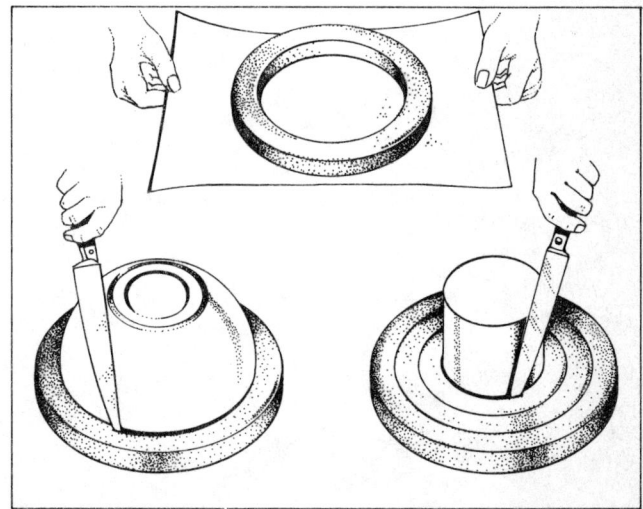

Himmelstorte

Teig:
250 g Butter
250 g Zucker
6 Eier
250 g Mehl
1 TL Backpulver
Füllung:
225 g Quittengelee
1 Vanillestange
1 l Sahne
4 P. Sahnestärke
2 EL Zucker
Außerdem:
Backpapier

Backzeit: insgesamt etwa
70 Minuten
Schaltung: E: 200°C/250°C,
G: 3/5

1. Die Butter mit 200 g Zucker, 3 Eiern, 3 Eigelben, Mehl und Backpulver schaumig rühren.

2. 2 Eiweiß steif schlagen und unter den Teig heben.

3. Den Boden einer Springform mit Backpapier auslegen und 2 Eßlöffel Teig daraufstreichen.

4. Den Teigboden im vorgeheizten Backofen (E: 200°C, G: 3) etwa 10 Minuten backen.

5. Auf gleiche Art nacheinander noch 6 Böden backen.

6. Das letzte Eiweiß mit dem restlichen Zucker steif schlagen und auf einen Tortenboden streichen.

7. Diesen Boden bei 250°C (G: 5) etwa 5 Minuten backen, bis die Spitzen leicht gebräunt sind.

8. Für die Füllung das Quittengelee glattrühren und 2 Böden damit bestreichen.

9. Das Vanillemark aus der Schote kratzen und in die Sahne rühren.

10. Die Sahne mit dem Zucker und der Sahnestärke steif schlagen.

11. Die restlichen Böden, bis auf den Boden mit der Baiserhaube, damit bestreichen und dabei etwas Sahne für die Verzierung zurückbehalten.

12. Die Tortenböden nun zusammensetzen und als letzten den Boden mit der Baiserhaube darauflegen.

13. Den Tortenrand mit der restlichen Sahne ringsum bestreichen.

Mokkatorte

Teig:
4 Eigelb
3–4 EL heißes Wasser
190 g Zucker
1 P. Vanillinzucker
oder 1 TL Rum
4 Eiweiß, 100 g Mehl
100 g Stärkemehl
1½ TL Backpulver
Füllung:
½ l Sahne
2 P. Sahnestärke
100 g Puderzucker
100–150 g gemahlene Nüsse
1–2 EL Instantkaffee
Verzierung:
Mokkabohnen
Außerdem:
Fett und Pergamentpapier
für die Form

Backzeit: 45–50 Minuten
Schaltung: E: 180–200°C,
G: 2–3

1. Die Eigelbe mit heißem Wasser schaumig schlagen.

2. ⅔ des Zuckers und den Vanillinzucker hinzufügen und alles zu einer dickcremigen Masse schlagen.

3. Dann das Eiweiß zu steifem Schnee schlagen und den Rest des Zuckers hinzufügen.

4. Den Eischnee auf die Eigelbmasse geben.

5. Obendrauf Mehl mit Stärkemehl und Backpulver vermischt sieben und mit einem Schneebesen vorsichtig unterheben.

6. Eine Springform am Boden einfetten und mit Pergamentpapier auslegen, den Teig hineinfüllen und im vorgeheizten Ofen (E: 180–200° C, G: 2–3) 45–50 Minuten auf der unteren Schiene backen.

7. Den Kuchen abgekühlt stürzen, das Papier abziehen. Viermal waagerecht durchschneiden (möglichst erst am nächsten Tag).

8. Für die Füllung die Schlagsahne mit Sahnestärke steif schlagen und mit gesiebtem Puderzucker vermischen. Etwas zum Garnieren zurücklassen.

9. Den Rest mit gemahlenen Nüssen und Instantkaffee vermischen und die Torte füllen.

10. Die Torte von außen mit dem Rest der Füllung bestreichen, mit Sahnetupfen und Mokkabohnen garnieren.

Ananascharlotte

etwa 30 Löffelbiskuits
Füllung:
1 EL Kirschwasser
1 große Dose Ananas
6–8 Blatt weiße Gelatine
3 Eigelb
60 g Zucker
⅛ l Ananassaft
¼ l Sahne
Zum Garnieren:
Ananasstücke
Kirschen und Sahne

1. Die Löffelbiskuits in Stücke schneiden und auf den Boden einer Springform legen. Mit Kirschwasser beträufeln.

2. Eigelb mit Zucker sehr schaumig rühren.

3. Die Ananasscheiben auf einem Sieb abtropfen lassen, ⅛ l Ananassaft davon abnehmen und in die Schaummasse rühren.

4. Dahinein die aufgelöste Gelatine rühren, kalt stellen und öfter umrühren.

5. Wenn die Masse anfängt, steif zu werden, geschlagene Sahne unterheben (etwas zum Garnieren zurücklassen).

6. Die Hälfte dieser Creme auf die Löffelbiskuits geben.

7. Die Ananasscheiben in Stücke schneiden (eine zum Garnieren zurücklassen) und auf die Creme legen. Mit der restlichen Creme abdecken.

8. Die Form in den Kühlschrank stellen, damit die Creme steif wird. Dann den Springformrand lösen.

9. Die Ananascharlotte mit Löffelbiskuits belegen, sowie mit Ananasstückchen, Kirschen und Sahnetupfen garnieren.

Quark-Pflaumen-Torte

375 g entkernte
Trockenpflaumen
⅛ l Rotwein
Teig:
180 g Mehl
1 Eigelb
1–2 EL Wasser
45 g gemahlene Mandeln
45 g Zucker
120 g Butter oder Margarine
Füllung für die Pflaumen:
60 g gemahlene Mandeln
1 EL Zucker
½ geschlagenes Eiweiß
Guß:
4 EL Johannisbeergelee
3 Blatt weiße Gelatine
Creme:
500 g Quark
60 g Zucker
abgeriebene Schale und Saft
von 1 ungespritzten Zitrone
4 Blatt weiße Gelatine
⅛ l Sahne
Außerdem:
Fett für die Form
Pergamentpapier

Backzeit: etwa 15 Minuten
Schaltung: E: 225°C, G: 4

1. Die Pflaumen eine Nacht in erwärmtem Rotwein einweichen.

2. Für den Teig das Mehl auf ein Backbrett sieben, eine Mulde hineindrücken und das Eigelb und Wasser in die Mitte geben.

3. Mandeln, Zucker und Fettflöckchen auf dem Mehlrand verteilen.

4. Die Zutaten mit einem Pfannenmesser gut durchhacken, schnell verkneten und 30 Minuten im Kühlschrank ruhen lassen.

5. Mit ⅔ des Teigs den Boden einer gefetteten Springform auslegen.

6. Aus dem restlichen Teig eine Rolle formen, an den Springformrand legen und mit Mittel- und Zeigefinger an der Form hochdrücken.

7. Im gut vorgeheizten Ofen (E: 225°C, G: 4) etwa 15 Minuten blind auf mittlerer Schiene backen.

8. Die Pflaumen aus dem Rotwein nehmen und halbseitig einritzen.

9. Das Eiweiß mit Zucker und Mandeln gut verrühren und die Pflaumen damit füllen.

10. Den Rotwein erhitzen, das Gelee darin auflösen und die eingeweichte, aufgelöste Gelatine unterrühren.

11. Für die Füllung den Quark mit Zucker, Saft und Schale von 1 Zitrone verrühren, die aufgelöste Gelatine unterziehen und die geschlagene Sahne vorsichtig unterheben.

12. Den Mürbeteigboden auf einen Tortenteller geben, einen mit Pergamentpapier ausgelegten Springformrand herumlegen und die Quarkmasse in den Kuchen füllen.

13. Die gefüllten Pflaumen gleichmäßig an den Rand legen und das Rotweingelee vorsichtig darübergießen.

14. Die Torte 40 Minuten in den sehr kalten Kühlschrank stellen.

Quark-Creme-Torte

Teig:
250 g Mehl
180 g Margarine
80 g Zucker
1 Eigelb
1 P. Vanillinzucker

Füllung:
750 g Quark
200 g Zucker
abgeriebene Schale von
1 ungespritzten Zitrone
2 Eigelb
¼ l Sahne
1½ Tassen gewürfelte
kandierte Früchte
12 Blatt weiße Gelatine
2 Eiweiß

Verzierung:
125 g Sahnequark
1 P. Vanillinzucker
einige kandierte Früchte

Außerdem:
Fett für die Form

Backzeit: insgesamt etwa 30 Minuten
Schaltung: E: 225°C, G: 4

1. Das Mehl auf ein Backbrett sieben und in die Mitte eine Vertiefung drücken.

2. Das Eigelb hineingeben und mit etwas Mehl verrühren.

3. In Flöckchen geschnittene Margarine, Zucker und Vanillinzucker auf den Mehlrand geben und alles von der Mitte her mit einem Pfannenmesser zerhakken.

4. Mit den Händen zu einem Teig verkneten und 30 Minuten kalt stellen.

5. Ausrollen und 2 Böden in der Springform in etwa 15 Minuten pro Boden backen (E: 225°C, G: 4).

6. Den Quark mit Zucker, Zitronenschale, Eigelb und Sahne schaumig rühren.

7. Kandierte Früchte und aufgelöste Gelatine unterheben.

8. Beginnt die Masse steif zu werden, den Eischnee unterziehen.

9. Den einen Teigboden in der Springform lassen, die Füllung daraufstreichen, dann die andere Teigplatte darauflegen.

10. Oben mit Quark, der mit Vanillezucker verrührt wurde, bestreichen und garnieren. Mit kandierten Früchten belegen.

___

Mein Tip

Sehr frisch schmeckt die Torte, wenn Sie statt der kandierten Früchte frische Früchte, wie zum Beispiel rote oder schwarze Johannisbeeren, Himbeeren oder Brombeeren, nehmen.
Lassen Sie die Früchte nach dem Waschen gut abtrocknen. Sie brauchen dafür etwa 250 g Früchte.

Himbeer-Marzipan-Torte

Teig:
6 Eier
240 g Zucker
100 g gemahlene Walnüsse
oder Haselnüsse
100 g Mehl
1 TL Kakao
½ TL Backpulver

Füllung:
½ l Sahne
2 P. Sahnestärke
1 TL Zucker
100 g Kuvertüre
150 g gemahlene Walnüsse
oder Haselnüsse

Belag:
100 g Marzipanrohmasse
50 g Puderzucker
1 EL Rum
1 P. tiefgefrorene
Himbeeren (300 g)
1 P. roter Tortenguß

Außerdem:
Fett und Pergamentpapier
für die Form

Backzeit: etwa 40 Minuten
Schaltung: E: 175°C, G: 2

1. Die Eier schaumig schlagen. Den Zucker in kleinen Mengen einrieseln lassen und so lange schlagen, bis er gelöst ist.

2. Die Nüsse, das Mehl, den Kakao und das Backpulver mischen und locker unterheben.

3. Den Teig in eine gefettete, mit Pergamentpapier ausgelegte Springform füllen und im vorgeheizten Backofen (E: 175°C, G: 2) etwa 40 Minuten backen.

4. Danach aus der Form nehmen, auskühlen lassen und zweimal durchschneiden.

5. Für die Füllung die Sahne, Sahnestärke und den Zucker sehr steif schlagen.

6. Die Kuvertüre erwärmen und unter Rühren wieder abkühlen lassen.

7. Dann zusammen mit den Nüssen locker unter die Sahne ziehen.

8. Die Torte damit füllen, den Rand und die Decke dünn damit bestreichen.

9. Die Marzipanrohmasse mit dem Puderzucker und Rum verkneten.

10. Ausrollen, in Größe der Tortendecke ausschneiden und auf die Torte legen.

11. Die Himbeeren etwas antauen lassen, dann auf die Mitte der Torte legen.

12. Den Tortenguß nach Vorschrift kochen und eßlöffelweise über die Himbeeren ziehen.

13. Die Torte vor dem Anschneiden etwas durchziehen lassen.

Mein Tip

Gut verpackt in Alufolie können Sie diese Torte etwa 2 Tage im Kühlschrank aufbewahren.

Mandarinentorte

Teig:
4 Eier

4 EL Wasser

150 g Zucker

1 P. Vanillinzucker

100 g Mehl

100 g Stärkemehl

2 TL Backpulver

Belag:
½ l Sahne

1 P. Sahnestärke

1 P. Vanillinzucker

1 kleine Dose Mandarinen

2 Blatt weiße Gelatine

4 EL Rum

2 EL Schokoladenstreusel

Außerdem:
Fett und Pergamentpapier

für die Form

Backzeit: etwa 30 Minuten
Schaltung: E: 175°C, G: 2

1. Die Eier trennen und das Eiweiß mit dem Wasser sehr steif schlagen.

2. Die Eigelbe mit dem Zucker und Vanillinzucker sehr schaumig rühren und das Eiweiß daraufgeben.

3. Mehl mit Stärkemehl und Backpulver mischen und daraufsieben.

4. Vorsichtig alles mit einem Schneebesen vermischen und in eine gefettete und mit Pergamentpapier ausgelegte Springform geben.

5. Im vorgeheizten Ofen (E: 175°C, G: 2) etwa 30 Minuten backen.

6. Danach auf ein Kuchengitter stürzen und zweimal quer durchschneiden.

7. Die Sahne mit der Sahnestärke schlagen und den Vanillinzucker dazugeben.
Die Menge in 3 gleich große Teile teilen.

8. Die Mandarinenscheiben abtropfen lassen und den Saft aufbewahren.

9. Gelatineblätter nach Anweisung auflösen, den Mandarinensaft dazugeben und gut verrühren. Diese Mischung unter ⅓ der Sahne rühren.

10. Die unterste Tortenplatte mit dem Rum tränken und mit unvermischter Sahne bestreichen.

11. Den 2. Boden daraufsetzen und mit Mandarinenscheiben belegen.

12. Darauf die mit Mandarinensaft vermischte Sahne streichen und den Deckel daraufsetzen.

13. Den Tortendeckel mit der Hälfte der restlichen Sahne bestreichen und die Schokoladenstreusel darüberstreuen.

14. Den Rest der Sahne in einen Spritzbeutel mit Sterntülle geben und rings um den Rand und in die Mitte Sahnetupfer setzen.

Mandarinentorte mit Nußcreme

Teig:
2 Eiweiß
2 EL Wasser
2 Eigelb
100 g Zucker
1 P. Vanillinzucker
40 g Mehl
40 g Stärkemehl
½ TL Backpulver
Belag:
100 g Haselnüsse
½ l Milch
50 g Stärkemehl
50 g Zucker
1 P. Vanillinzucker
30 g Butter
2 Eigelb
2 Eiweiß
500 g Mandarinen
50 g gehobelte Nüsse
75 g Puderzucker
Außerdem:
Fett und Semmelbrösel
für die Form

Backzeit: 10–15 Minuten
Schaltung: E: 200°C, G: 3

1. Das Eiweiß mit dem Wasser sehr steif schlagen.

2. Die Eigelbe mit Zucker und Vanillinzucker schaumig rühren und den Eischnee daraufgeben.

3. Mehl, Stärkemehl und Backpulver darübersieben und mit einem Schneebesen unterheben.

4. Eine Tortenform ausfetten, mit Semmelbröseln bestreuen und den Teig hineingeben. Im vorgeheizten Ofen (E: 200°C, G: 3) 10–15 Minuten backen.

5. Für die Creme die Haselnüsse anrösten und mit einem Handtuch die Haut abreiben. Die Nüsse mahlen.

6. 6 Eßlöffel Milch mit dem Stärkemehl verquirlen, die restliche Milch mit Zucker, Vanillinzucker und Butter erhitzen.

7. Das angerührte Stärkemehl unter ständigem Rühren dazugeben, aufkochen lassen und vom Herd nehmen.

8. Die Eigelbe mit etwas heißer Masse verquirlen und unterrühren.

9. Das Eiweiß steif schlagen, mit Puderzucker und den gemahlenen Nüssen unter die Masse rühren.

10. Die Creme noch warm auf dem Biskuitboden verteilen.

11. Die Mandarinen schälen, in eine Schüssel geben und mit etwas Zucker bestreuen. Kurz ziehen lassen und dann senkrecht in die Nußcreme stecken.

12. Die gehobelten Nüsse mit dem Puderzucker mischen und über die Torte streuen.

Mein Tip

Sehr pikant schmeckt die Torte auch, wenn Sie statt der Haselnüsse gemahlene Walnußkerne für den Belag nehmen.
Bestreuen Sie dann die Torte auch mit gehobelten oder grob gehackten Walnüssen.

Obst-Sacher-Torte

Teig:

6 Eiweiß

180 g Zucker

1 Prise Salz

6 Eigelb

70 g Butter

110 g Mehl

1 Msp. Backpulver

50 g Kakao

Creme:

½ l Milch

1 P. Vanillepuddingpulver

200 g Zucker

375 g Butter

4–6 EL Rum

70 g Zitronat

140 g Orangeat

1 Schälchen kandierte Kirschen

Zum Bestreuen und

Garnieren:

1 P. gebräunte Mandelblättchen

1 Schälchen kandierte Kirschen

1 TL Kakao

Außerdem:

Fett und Pergamentpapier

für die Form

Backzeit: 50–60 Minuten
Schaltung: E: 175–200°C,
G: 2–3

1. Eiweiß steif schlagen und nach und nach Zucker, sowie Salz hineingeben.

2. Die Eigelbe einrühren, dann die lauwarme Butter mit dem Mehl, Backpulver und Kakao unterziehen.

3. In eine gefettete, mit Pergamentpapier ausgelegte Springform füllen, den Teig glattstreichen und im vorgeheizten Ofen (E: 175–200°C, G: 2–3) in 50–60 Minuten auf unterer Schiene backen.

4. Den erkalteten Kuchen zweimal durchschneiden und den mittleren Boden kleinwürfeln.

5. Inzwischen die Creme bereiten: Den Pudding nach Anweisung auf der Packung herstellen und unter mehrmaligem Umrühren erkalten lassen.

6. Die Butter mit dem restlichen Zucker schaumig rühren, den Pudding eßlöffelweise dazugeben und die Creme mit dem Rum abschmecken.

7. ⅔ der Creme mit kleingewürfeltem Zitronat, Orangeat und kandierten Kirschen verrühren und die Kuchenwürfel unterheben.

8. Die Hälfte der Creme auf den unteren Boden auftragen, glattstreichen und den anderen Boden darüberlegen. Im Kühlschrank gut durchziehen lassen.

9. Die Torte mit der Hälfte der restlichen Creme bestreichen.

10. Den Tortenrand mit gebräunten Mandeln bewerfen.

11. Die übrige Creme mit Kakao verrühren, in einen Spritzbeutel mit Sterntülle füllen und die Torte damit garnieren.

12. Mit halbierten Kirschen belegen.

Malakofftorte

3 P. Löffelbiskuits
Füllung:
50 g Stärkemehl
½ l Milch
3 Eigelb
75 g Zucker
1 P. Vanillinzucker
ausgeschabtes Mark von
1 Vanilleschote
1 P. gemahlene Gelatine
1 EL Weinbrand
⅛ l Sahne
Verzierung:
100 g entkernte Sauerkirschen
aus dem Glas
Außerdem:
Pergamentpapier oder Alufolie
für die Form

1. Eine Springform mit Pergamentpapier oder Alufolie auslegen und mit den Löffelbiskuits einen Boden und Rand bilden.

2. Für die Creme das Stärkemehl mit etwas Milch anrühren.

3. Die übrige Milch mit Zucker, Vanillinzucker und Vanillemark aufkochen, das angerührte Stärkemehl unterrühren und nochmals aufkochen lassen. Vom Feuer nehmen, die Eigelbe mit et-

was heißer Creme verquirlen und unterschlagen.

4. Die Gelatine nach Anweisung auflösen und unter die abkühlende Creme rühren.

5. Unter öfterem Umrühren erkalten lassen und zum Schluß den Weinbrand dazugießen.

6. Wenn die Masse anfängt, steif zu werden, die steif geschlagene Schlagsahne unterziehen.

7. Die Creme nun etwa 1 cm dick auf die Löffelbiskuits streichen, darauf wieder eine Schicht Löffelbiskuits legen. So weiterarbeiten, bis die Creme verbraucht ist.

8. Die letzte Schicht besteht aus Löffelbiskuits.

9. Die Torte gut kühlen und vor dem Servieren mit Kirschen verzieren.

Vanille-Rum-Charlotte

Creme:
6 Eigelb
250 g Zucker
2 Vanillinzucker
2 EL Rum
½ l Milch
16–18 Blatt
weiße Gelatine
¼ l Sahne
Teig:
30 Löffelbiskuits
2–3 EL Rum
Zum Garnieren:
1 Pfirsich aus der Dose
etwas Sahne

1. Die Eigelbe mit Zucker und Vanillinzucker rühren, bis die Masse cremig ist. Rum und Milch hinzufügen.

2. Die in kaltem Wasser eingeweichte, ausgedrückte Gelatine in wenig heißem Wasser auflösen und in die schaumige Flüssigkeit rühren. Kalt stellen und öfter umrühren.

3. Wenn die Creme anfängt, steif zu werden, die geschlagene Sahne unterheben. Zum Garnieren etwas zurücklassen.

4. Die Löffelbiskuits mit der oberen Seite nach unten in die Springform legen und mit Rum beträufeln.

5. Etwas Creme daraufffüllen und an den Rand halbierte Löffelbiskuits stellen.

6. Den Rest der Creme in die Springform füllen. Im Kühlschrank steif werden lassen.

7. Mit einem Messer den Rand lösen und die Form auf eine Platte stürzen.

8. Mit Pfirsichspalten und Schlagsahne garnieren.

9. Die Vanille-Rum-Charlotte mit Schlagsahne servieren.

Schwarzwälder Kirschtorte

Teig:
125 g Butter oder Margarine
125 g Zucker
1 P. Vanillinzucker
5 Eier, 60 g Mehl
65 g Stärkemehl
2 TL Backpulver
100 g abgezogene und gehackte Mandeln
125 g geriebene Zartbitterschokolade
Füllung:
6–7 EL Kirschwasser
1 Glas entsteinte Sauerkirschen
3/8 l Sahne, 1 P. Sahnestärke
Verzierung:
Borkenschokolade, Kirschen
Außerdem:
Fett und Semmelbrösel für die Form

Backzeit: etwa 35 Minuten
Schaltung: E: 175°C, G: 2

1. Die Butter oder Margarine schaumig rühren und nach und nach Zucker, Vanillinzucker und die Eier dazugeben.

2. Das Mehl mit dem Stärkemehl und Backpulver mischen und unterrühren.

3. Zum Schluß die gehackten Mandeln und die geriebene Schokolade dazugeben.

4. Eine Springform einfetten, mit Semmelbröseln ausstreuen und den Teig hineingeben.

5. Im vorgeheizten Ofen (E: 175°C, G: 2) etwa 35 Minuten backen.

6. Nach dem Backen die Torte auf einem Kuchengitter auskühlen lassen und zweimal mit Hilfe eines Zwirnsfadens durchschneiden.

7. Die untere Tortenplatte mit Kirschwasser beträufeln, mit abgetropften Kirschen belegen und mit Sahnestärke geschlagene Sahne darübergeben.

8. Die 2. Tortenplatte darauflegen und wie die 1. Platte beträufeln und belegen.

9. Die 3. Platte auflegen und auch mit Kirschwasser beträufeln.

10. Oberfläche und Rand der Torte mit Schlagsahne bestreichen und mit Schokolade und Kirschen garnieren.

Baiser-Krokant-Torte

Teig:
9 Eiweiß
450 g feiner Zucker
Belag:
¾ l Sahne
3 P. Sahnestärke
3 EL Zucker
400 g Krokantstreusel
Außerdem:
Alufolie für das Blech

Backzeit: etwa 60 Minuten
Schaltung: E: 100–125°C,
G: 1–2

1. Das Eiweiß in einer sehr großen Schüssel ganz steif schlagen. Unter ständigem Schlagen den Zucker langsam einrieseln lassen.

2. 1 oder 2 Backbleche mit Alufolie auslegen. Kreise von etwa 25 cm Durchmesser markieren.

3. Die Baisermasse in einen Spritzbeutel mit glatter Tülle füllen. Zunächst bei den markierten Kreisen jeweils einen Außenring aufspritzen und dann spiralförmig nach innen spritzen. Keine Zwischenräume freilassen.

4. Die Platten bei geringer Hitze mehr trocknen als backen (E: 100–125°C, G: 1–2), bis sie sich fest anfühlen.

5. Dann mit der Alufolie nach unten auf ein feuchtes Tuch legen, damit sich die Platten leichter lösen lassen.

6. Sind 2 Kuchenbleche vorhanden oder 1 Blech und Bratenpfanne, beides mit Alufolie auslegen und jeweils 2 Baiserplatten daraufspritzen.

7. Das eine Blech auf die unterste Schiene stellen, das zweite Blech im oberen Backofendrittel einschieben. Nach der halben Backzeit die Bleche vertauschen, das heißt, das untere kommt nun nach oben, das obere nach unten.

8. Für den Belag die gutgekühlte Sahne sehr steif schlagen. Sahnestärke, Zucker und ⅓ der Krokantstreusel unterziehen.

9. Nun die einzelnen Baiserplatten mit der Krokantsahne bestreichen und zusammensetzen. Den Außenrand und die Oberfläche der Torte ebenfalls mit der Sahne bestreichen.

10. Den Außenrand mit Krokant bestreuen. Jedes Tortenstück mit einem dicken Sahnetupfer verzieren.

Baiser-Krokant-Torte ▷

Buttercremetorte mit kandierten Feigen

Teig:
4 Eigelb
4 EL kaltes Wasser
1 Prise Salz
200 g Zucker
1 P. Vanillinzucker
4 Eiweiß
100 g Mehl
100 g Stärkemehl
1½ TL Backpulver

Creme:
250 g Butter
150 g Puderzucker
2 Eigelb

Zum Bestreichen:
½ Glas Zitronenmarmelade

Dekoration:
250 g ganze kandierte Feigen
einige kandierte
Zitronenscheiben
2 EL Pistazienkerne

Außerdem:
Fett für die Form

Backzeit: etwa 30 Minuten
Schaltung: E: 175–200°C,
G: 2–3

1. Die Eigelbe mit dem kalten Wasser, Salz, dem Zucker und Vanillinzucker sehr schaumig rühren.

2. Das Eiweiß zu sehr steifem Schnee schlagen und auf die Eigelbmasse geben.

3. Das Mehl mit dem Stärkemehl und Backpulver mischen und über das Eiweiß sieben.

4. Alles vorsichtig miteinander mischen und den Teig in eine am Boden gefettete Springform geben.

5. Den Teig im vorgeheizten Backofen (E: 175–200°C, G: 2–3) etwa 30 Minuten backen.

6. Danach auskühlen lassen und dann zweimal waagerecht durchschneiden.

7. Für die Creme die Butter schaumig rühren und nach und nach zunächst den durchgesiebten Zucker und dann die Eigelbe unterrühren.

8. Die einzelnen Tortenböden zunächst dünn mit der Zitronenmarmelade, dann mit etwa ⅔ der Buttercreme bestreichen und schließlich wieder zusammensetzen.

9. Den Außenrand und die Oberfläche der Torte ebenfalls mit Buttercreme bestreichen, aber vorher 2–3 Eßlöffel voll abnehmen und in einen Spritzbeutel mit Sterntülle füllen. Den Außenrand der Torte nach Belieben mit einem breiten Sägemesser einrillen.

10. Die Tortenstücke mit kleinen Cremerosetten markieren und von der Mitte her strahlenförmig mit dünnen Streifen Buttercreme bespritzen.

11. Die kandierten Feigen in dünne Scheibchen schneiden und die Torte damit belegen.

12. Am unteren Außenrand der Torte kandierte, halbierte Zitronenscheibchen andrücken.

13. Die Buttercremerosetten noch mit Pistazien verzieren und die Buttercremetorte anschließend gut durchkühlen lassen.

◁ Buttercremetorte mit kandierten Feigen

Erdbeer-Quark-Torte

Teig:
150 g Mehl
3 Eigelb
120 g Zucker
1 Prise Salz
50 g geriebene Haselnüsse
100 g Butter oder Margarine
Belag:
500 g Speisequark
1 Gläschen Orangenlikör
100–150 g Zucker
abgeriebene Schale von
1 ungespritzten Orange
6 Blatt weiße Gelatine
⅜ l Sahne
750 g Erdbeeren
Verzierung:
1 Beutel blättrig geschnittene
gebräunte Mandeln

Backzeit: 15–20 Minuten
Schaltung: E: 225°C, G: 4

1. Das Mehl auf ein Backbrett sieben, eine Mulde hineindrücken und die Eigelbe hineinschütten.

2. Zucker, Salz und geriebene Nüsse mit den Fettflöckchen auf den Mehlrand geben, alles gut mit dem Pfannenmesser durchhakken und zu einem glatten Teigkloß verkneten.

3. Den ungefetteten Boden einer Springform damit auslegen und den Rand etwa 1½ cm hochdrükken.

4. Den Boden mit der Gabel mehrmals einstechen und den Kuchen im vorgeheizten Ofen (E: 225°C, G: 4) 15–20 Minuten auf mittlerer Schiene goldbraun bakken.

5. Für die Creme den Speisequark mit Orangenlikör, Zucker und etwas abgeriebener Orangenschale verrühren.

6. Die eingeweichte, aufgelöste Gelatine mit etwas Creme verrühren und dann zu der übrigen Quarkmasse geben.

7. ⅔ der geschlagenen Sahne unter die Creme ziehen und in den ausgekühlten Tortenboden füllen.

8. Die vorbereiteten Erdbeeren hineindrücken und den Tortenrand mit der restlichen Sahne und Mandelblättchen garnieren.

Whiskytorte

Teig:
200 g Butter, 250 g Zucker
2 P. Vanillinzucker
5 Eigelb
1 Prise Salz
einige Tropfen Backaroma
Zitrone und
Bittermandel
250 g Mehl
½ P. Backpulver
1 P. Vanillepuddingpulver
5 Eiweiß
je 1 Prise Muskat, Piment
und Koriander
Zum Bestreuen:
100 g gehobelte Haselnüsse
Zum Tränken:
etwa ⅛ l Whisky
Guß:
2 EL Puderzucker
etwas Wasser
Verzierung:
Maraschinokirschen
Außerdem:
Fett für die Form

Backzeit: etwa 55 Minuten
Schaltung: E: 175°C, G: 2

1. Die Butter, den Zucker und Vanillinzucker schaumig rühren.

2. Nach und nach die Eigelbe hinzufügen und so lange rühren,

bis sich der Zucker gelöst hat. Das Salz und die Backaromen dazugeben.

3. Das Mehl, Backpulver und Puddingpulver mischen und kurz unterrühren.

4. Nun das Eiweiß steif schlagen und unterheben. Zum Schluß die Gewürze hinzufügen.

5. Die Hälfte der gehobelten Haselnüsse in eine gefettete Springform streuen.

6. Den Teig einfüllen und die restlichen Nüsse darüber verteilen.

7. Den Kuchen auf der unteren Schiene im vorgeheizten Backofen (E: 175° C, G: 2) etwa 55 Minuten backen.

8. Nach dem Erkalten mit dem Whisky tränken.

9. Den Puderzucker in wenig Wasser auflösen und den Kuchen mit Zuckergußtupfen und Maraschinokirschen verzieren.

Feigentorte

Belag:
250 g Kranzfeigen
oder 1 Dose Feigen (280 g)
⅛ l Rum
Teig:
4 Eigelb
100 g Zucker
4 EL warmes Wasser
4 EL Rum von den Feigen
200 g Mehl
½ TL Backpulver
50 g flüssige Butter
oder Margarine
Baiserhaube:
4 Eiweiß
250 g Zucker
½ TL Ingwerpulver
1 TL Rum
Außerdem:
Pergamentpapier für die Form

Backzeit: etwa 60 Minuten
Schaltung: E: 200° C, G: 3

1. Die Feigen mit Rum begießen und zugedeckt 3–6 Stunden quellen lassen.

2. Die Eigelbe, den Zucker und das Wasser schlagen, bis der Zucker gelöst ist. Den Rum unterschlagen.

3. Das Mehl und Backpulver mischen und unterrühren. Das abgekühlte Fett unterziehen.

4. Den Boden einer Springform mit gefettetem Pergamentpapier auslegen. Darauf die gut abgetropften Feigen verteilen, den Teig darübergeben und etwa 30 Minuten (E: 200° C, G: 3) vorbacken.

5. Danach auf einen Kuchenrost stürzen, das Pergamentpapier abziehen und auskühlen lassen.

6. Dann das Eiweiß steif schlagen, den Zucker unter Schlagen einstreuen, das Ingwerpulver und den Rum unterrühren.

7. Den Kuchen auf ein Backblech setzen, die Baisermasse auf den Kuchen spritzen und nochmals 30 Minuten (E: 200° C, G: 3) backen.

Erdbeer-Sahne-Torte

Teig:
4 Eigelb
4 EL heißes Wasser
150 g Zucker
1 Prise Salz
1 P. Vanillinzucker
4 Eiweiß
100 g Mehl
100 g Stärkemehl
3 TL Backpulver

Füllung:
½ l Sahne
2 P. Sahnestärke
2 TL Zucker
750–1000 g Erdbeeren

Verzierung:
20 g Butter
1 Tüte Mandelblättchen (40 g)

Außerdem:
Fett und Pergamentpapier
für die Form

Backzeit: 35–40 Minuten
Schaltung: E: 200°C, G: 3

1. Die Eigelbe mit heißem Wasser schaumig schlagen.

2. Dann ⅔ des Zuckers, etwas Salz und Vanillinzucker hinzufügen und zu einer weiß-cremigen Masse schlagen.

3. Eiweiß zu steifem Schnee schlagen und den Rest des Zuckers hinzugeben. Den Eischnee auf die Eigelbmasse geben.

4. Darüber das mit Stärkemehl und Backpulver gemischte Mehl sieben und mit dem Schneebesen unterheben.

5. Den Teig in eine gefettete, mit Pergamentpapier ausgelegte Form füllen und im vorgeheizten Ofen (E: 200°C, G: 3) 35–40 Minuten auf unterer Schiene backen.

6. Den Biskuitboden stürzen, das Papier abziehen. Den erkalteten Boden zweimal durchschneiden.

7. Mit ⅔ der mit Sahnestärke und Zucker geschlagenen Sahne und geviertelten Erdbeeren füllen. Einige ganz besonders schöne Früchte zum Garnieren zurücklassen.

8. Die Torte außen herum mit Sahne bestreichen, die Ränder mit in Butter gebräunten Mandelblättchen bewerfen.

9. Mit einem in heißes Wasser getauchten Messer die Tortenstücke vorzeichnen.

10. Die restliche Sahne in einen Spritzbeutel füllen, dicke Tupfen davon auf jedes Tortenstück spritzen und jeweils eine Erdbeere vor die Tupfen setzen.

So wird der Boden einer Springform mit Pergamentpapier, Backpapier oder Alufolie ausgelegt.

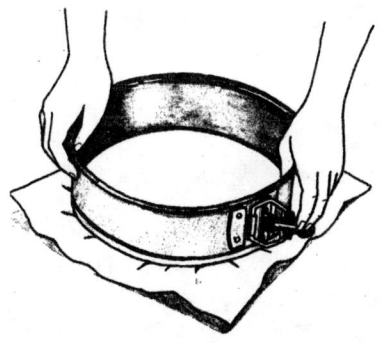

Himbeer-Schokoladen-Torte

Teig:
100 g Butter
125 g Zucker
4 Eier
70 g geschälte und gemahlene Mandeln
100 g geriebene, halbbittere Schokolade
50 g Stärkemehl
1 TL Backpulver
75 g Mehl
Füllung:
5 EL Himbeergeist
½ l Sahne
2 EL Zucker
1 P. Sahnestärke
500 g frische Himbeeren
Zum Bestreuen:
60 g geraspelte Schokolade
Außerdem:
Fett für die Form

Backzeit: 30–40 Minuten
Schaltung: E: 175°C, G: 2

1. Die Butter mit dem Zucker schaumig rühren und nach und nach die Eier dazugeben.

2. Die Mandeln und Schokolade danach unterrühren und zum Schluß das mit Stärkemehl und Backpulver gemischte Mehl dazugeben.

3. Den Teig in eine gefettete Springform füllen und im vorgeheizten Ofen (E: 175°C, G: 2) 30–40 Minuten backen.

4. Nach dem Backen den Kuchen auf ein Kuchengitter stürzen, auskühlen lassen und einmal quer durchschneiden.

5. Die untere Tortenplatte mit dem Himbeergeist beträufeln.

6. Die Sahne mit dem Zucker und der Sahnestärke steif schlagen.

7. Die Himbeeren vorsichtig waschen. Die schönsten für die Dekoration zurückbehalten und die restlichen unter die Hälfte der Sahne rühren.

8. Den unteren Tortenboden damit bestreichen und die Torte zusammensetzen.

9. Den Rand der Torte mit Sahne bestreichen und die restliche Sahne in einen Spritzbeutel mit Sterntülle füllen und den Tortendeckel damit verzieren.

10. Die zurückbehaltenen Himbeeren als Dekoration daraufsetzen und den Rand mit der geraspelten Schokolade bestreuen.

Mein Tip

Wenn Sie verzierte Cremetorten einfrieren wollen, so stellen Sie sie zunächst unverpackt für 1 Stunde in den Gefrierschrank. Wenn Sie sie danach einpacken, ist die Verzierung angefroren und wird nicht mehr beschädigt.

Ananas-Sahne-Torte

Teig:
4 Eier
3 EL Wasser
125 g Zucker
1 P. Vanillinzucker
75 g Stärkemehl
125 g Mehl
1 TL Backpulver
Belag:
1 Dose Ananas
30 g Stärkemehl
½ l Sahne
2 P. Vanillinzucker
2 P. Sahnestärke
1 P. klarer Tortenguß
Außerdem:
Fett und Semmelbrösel
für die Form

Backzeit: etwa 40 Minuten
Schaltung: E: 175°C, G: 2

1. Die Eier trennen und das Eiweiß mit dem Wasser sehr steif schlagen.

2. Die Eigelbe mit Zucker und Vanillinzucker schaumig rühren. Den Eischnee daraufgeben.

3. Stärkemehl mit Backpulver und Mehl mischen und darübersieben. Alles vorsichtig untereinandermischen.

4. Eine Springform von 26 cm Durchmesser einfetten und mit Semmelbröseln ausstreuen.

5. Den Teig hineingeben und im vorgeheizten Ofen (E: 175°C, G: 2) etwa 40 Minuten backen.

6. Den Tortenboden nach dem Backen auf ein Kuchengitter stürzen, auskühlen lassen und einmal quer durchschneiden.

7. Die Ananasscheiben aus der Dose nehmen und gut abtropfen lassen.

8. Die Hälfte der Scheiben in kleine Stücke schneiden, die andere in Hälften.

9. ¼ l Ananassaft zum Kochen bringen, das Stärkemehl mit etwas Wasser anrühren und zum Saft geben.

10. Kurz aufkochen lassen, von der Kochstelle nehmen und die Ananasstückchen hineingeben. Auskühlen lassen.

11. Die Sahne mit Vanillinzucker und der Sahnestärke steif schlagen.

12. Die Hälfte der Sahne unter die Ananascreme heben und den unteren Tortenboden damit bestreichen.

13. Den 2. Boden daraufsetzen und die Torte rundherum mit der restlichen Sahne bestreichen.

14. Die Ananasscheiben darauflegen und mit nach Vorschrift zubereitetem Tortenguß überziehen.

Datteltorte

Teig:
500 g Mehl
250 g Margarine
130 g Zucker, 2 Eier
Creme:
2 P. Vanillepuddingpulver
1 l Milch
60–80 g Zucker
1 P. Vanillinzucker
6 Blatt weiße Gelatine
1/8 l Sahne
1 P. Sahnestärke
250 g in Würfel
geschnittene Datteln
Verzierung:
einige Datteln
einige grüne kandierte Kirschen

Guß:

150 g Puderzucker
1 EL Rum
etwas Wasser

Backzeit: etwa 15 Minuten
pro Boden
Schaltung: E: 225° C, G: 4

1. Einen Mürbeteig herstellen, wie in der Arbeitsanleitung im Kapitel Mürbeteig beschrieben.

2. Den Teig ausrollen und nacheinander 4–5 gleiche Böden in einer Springform (E: 225° C, G: 4) etwa 15 Minuten pro Boden backen.

3. Für die Creme Vanillepudding (2 Puddingpulver) kochen, abkühlen lassen und die Datteln sowie die aufgelöste Gelatine unterheben.

4. Wenn die Creme anfängt fest zu werden, die steife Sahne unterheben.

5. Die Mürbeteigböden mit Creme aufeinander setzen.

6. Oben mit Guß bestreichen und mit kandierten Kirschen und Datteln garnieren.

Orangen-Creme-Torte

Teig:

3 Eier, 2 EL Wasser
100 g Zucker
1 P. Vanillinzucker
40 g Stärkemehl, 80 g Mehl
1/2 TL Backpulver

Creme:

40 g Stärkemehl
1/4 l Milch
100 g Zucker
abgeriebene Schale von
1 ungespritzten Orange
150 g Butter

Verzierung:

Scheiben von 1 Orange

Außerdem:

Fett und Semmelbrösel
für die Form

Backzeit: etwa 30 Minuten
Schaltung: E: 175° C, G: 2

1. Die Eier trennen und das Eiweiß mit Wasser steif schlagen.

2. Die Eigelbe mit Zucker und Vanillinzucker schaumig rühren und das Eiweiß daraufgeben.

3. Das Stärkemehl mit Mehl und Backpulver mischen und darübersieben. Alles vorsichtig untereinanderrühren.

4. Eine Tortenform von 24 cm Durchmesser einfetten und mit Semmelbröseln ausstreuen.

5. Den Teig hineingeben und im vorgeheizten Ofen (E: 175° C, G: 2) etwa 30 Minuten backen.

6. Nach dem Backen den Boden auskühlen lassen und einmal quer durchschneiden.

7. Für die Creme das Stärkemehl mit etwas Milch anrühren, den Rest der Milch mit Zucker aufkochen lassen.

8. Die angerührte Stärke unter Rühren dazugeben, einmal aufkochen und abkühlen lassen.

9. Die abgeriebene Orangenschale unterrühren.

10. Die Butter schaumig schlagen und die Creme löffelweise dazugeben.

11. 2/3 der Creme auf den unteren Boden streichen und den Deckel daraufsetzen.

12. Den Rest daraufstreichen und die Torte mit Orangenscheiben verzieren.

Zuger Kirschtorte

Teig:
Makronenböden:
5 Eiweiß, 15 g Mehl
100 g abgezogene, gemahlene
Mandeln oder Haselnüsse
150 g Zucker
Biskuitboden:
4 Eigelb
3–4 EL heißes Wasser
190 g Zucker
4 Eiweiß, 100 g Mehl
100 g Stärkemehl
1½ TL Backpulver
Buttercreme:
250 g Butter
125 g Puderzucker
1 Eigelb
4 EL Kirschwasser
Zum Beträufeln:
etwas Kirschwasser
Zum Bestreuen:
100 g gemahlene, abgezogene
Mandeln
etwa 3 EL Puderzucker
100 g Mandelstifte
etwas Butter, etwas Zucker
Außerdem:
Fett und Pergamentpapier
für die Form

Backzeit: insgesamt etwa 150 Minuten.
Schaltung: E: 100°C/175°C,
G: 1/2

1. Das Eiweiß zu sehr steifem Schnee schlagen und unter ständigem Schlagen den Zucker hinzufügen.

2. Dann das Mehl und die gemahlenen Nüsse unterheben.

3. Eine Springform einfetten und mit Pergamentpapier auslegen. Von dem Teig im vorgeheizten Ofen (E: 100°C, G: 1) jeweils in etwa 2 Stunden 2 Makronenböden backen.

4. Die Makronenböden vorsichtig stürzen und das Pergamentpapier abziehen. Auf einem Kuchengitter auskühlen lassen.

5. Ebenso einen Biskuitboden in 25–30 Minuten (E: 175°C, G: 2) backen, wie in der Arbeitsanleitung im Kapitel „Kuchen, Torten und Gebäck aus Biskuit" beschrieben.

6. Nach dem Abkühlen einmal durchschneiden und mit Kirschwasser beträufeln.

7. Für die Buttercreme Butter mit gesiebtem Puderzucker schaumig rühren. Eigelb und Kirschwasser hinzufügen.

8. Nun einen Makronenboden mit Creme bestreichen und dann einen Biskuitboden darauflegen.

9. Diesen ebenfalls mit Creme bestreichen und den 2. Makronenboden darauflegen.

10. Wieder mit Creme bestreichen und mit dem Biskuitboden abdecken.

11. Die Torte von allen Seiten mit Creme bestreichen.

12. Die Tortenoberfläche mit abgezogenen, gemahlenen Mandeln bestreuen und dick mit Puderzucker bestäuben.

13. Mit einem Messer ein Rautenmuster einritzen.

14. Die Mandelstifte in etwas Butter bräunen und in Zucker wälzen. Damit den Tortenrand bestreuen.

15. Die Torte gut gekühlt servieren.

Backen mit Eis

Eistorten und Eistörtchen haben immer Saison, sie schmecken im Sommer genausogut wie im Winter. Ihr großer Vorteil ist, daß Sie die Torten im Gefrierschrank aufbewahren können und sie erst dann herausholen, wenn sie gebraucht werden.

Sie sollten allerdings die Torten nicht unmittelbar vom Tiefkühlschrank auf den Tisch bringen. Lassen Sie sie lieber im Kühlschrank leicht antauen, der Geschmack entwickelt sich dann erst richtig, und das Eis ist nicht mehr „steinhart".

Erdbeereistorte

Teig:
125 g Butter, 125 g Zucker
5 Eier, 125 g Mehl
50 g Stärkemehl
75 g geraspelte bittere Schokolade
2 TL Backpulver
Füllung:
350 g Erdbeeren
1/2 l Sahne
175 g Zucker
Garnierung:
1/4 l Sahne
1 P. Vanillinzucker
12 Erdbeeren
75 g grob geraspelte bittere Schokolade
Außerdem:
Fett und Semmelbrösel für die Form

Backzeit: 40–50 Minuten
Schaltung: E: 200°C, G: 3

1. Butter und Zucker schaumig rühren und nach und nach die Eier dazugeben.

2. Das Mehl mit Stärkemehl und Backpulver mischen und zusammen mit der geraspelten Schokolade unterrühren.

3. Eine Springform einfetten, mit Semmelbröseln ausstreuen und den Teig hineingeben.

4. Im vorgeheizten Ofen (E: 200°C, G: 3) 40–50 Minuten backen.

5. Auskühlen lassen und einmal quer durchschneiden.

6. Die Springform mit Pergamentpapier auslegen und den unteren Boden hineintun.

7. Die Erdbeeren waschen, abzupfen und pürieren.

8. Die Schlagsahne mit einrieselndem Zucker steif schlagen und das Erdbeerpüree unterrühren.

9. Die Masse auf den Tortenboden streichen, den zweiten daraufsetzen und die Torte etwa 3 Stunden gefrieren lassen.

10. Für die Garnierung die Sahne mit dem Vanillinzucker steif schlagen und in einen Spritzbeutel füllen.

11. Die Torte damit verzieren und die Erdbeeren daraufsetzen. Zum Schluß mit geraspelter Schokolade bestreuen.

Bunter Eiskuchen

Teig:
2 Eiweiß, 100 g Zucker
100 g Krokant
Belag:
9 Eier, 200 g Zucker
1 l Sahne
2 EL Kakao
50 g Schokoladenstreusel
2 EL Kakao
1 P. Vanillinzucker
4 EL Johannisbeergelee
2 EL Grand Marnier
1 Tropfen rote Speisefarbe
Außerdem:
Backpapier für die Form

Backzeit: etwa 40 Minuten
Schaltung: E: 100°C, G: 1

1. Das Eiweiß sehr steif schlagen und den Zucker nach und nach einrieseln lassen.

2. Eine Springform mit Backpapier auslegen und das Eiweiß darauf ausstreichen.

3. Im vorgeheizten Backofen (E: 100°C, G: 1) etwa 40 Minuten backen.

4. Nach dem Backen aus der Form heben, vom Backpapier lösen und auskühlen lassen.

5. Die ausgekühlte Baisermasse zerbröckeln und mit dem Krokant vermischen.

6. Diese Mischung in eine Springform geben und glattstreichen.

7. Die Eier mit dem Zucker im Wasserbad sehr schaumig schlagen, herausnehmen und nochmals etwa 10 Minuten schlagen.

8. Die Sahne steif schlagen und unter die Eiermasse heben.

9. 1/3 davon mit dem Kakao und den Schokoladenstreuseln vermischen, 1/3 mit Vanillinzucker und das restliche mit Gelee, Likör und Speisefarbe.

10. Die verschiedenen Schichten in die Springform geben und über Nacht in den Tiefkühlschrank stellen.

Mein Tip

Achten Sie bitte – bevor Sie mit dem Backen beginnen – darauf, daß die Springform auch in das Gefrierfach oder in den Tiefkühlschrank paßt. Sonst die Torte eventuell in 2 kleineren Formen zubereiten.

Preiselbeer-Eistorte

Teig:

150 g Butter oder Margarine
150 g Zucker
1 P. Vanillinzucker
4 Eier
200 g gemahlene Haselnüsse
30 g Kakao
½ TL Nelkenpulver
1½ gestrichene TL Backpulver

Füllung:

2 P. Vanilleeis (à 500 g)
1 Glas Preiselbeeren (450 g)

Verzierung:

¼ l Sahne
2 EL Preiselbeeren
Haselnußblättchen
Mokkabohnen

Außerdem:

Fett für die Form

Backzeit: 35–40 Minuten
Schaltung: E: 175°C, G: 2

1. Das Fett schaumig rühren. Den Zucker, Vanillinzucker und die Eier nacheinander einrühren.

2. Danach die Nüsse, den Kakao und das Nelken- und Backpulver hinzufügen.

3. Den Teig in eine nur am Boden gefettete Springform füllen.

4. Im vorgeheizten Backofen (E: 175°C, G: 2) 35–40 Minuten backen.

5. Danach den Tortenboden auskühlen lassen und waagerecht durchschneiden.

6. Einen Boden auf eine Tortenplatte legen und den Springformrand darumherumsetzen.

7. Das Eis etwas antauen lassen und cremig rühren. 2/3 der abgetropften Preiselbeeren unterrühren.

8. Die Masse auf den Tortenboden geben und glattstreichen, danach den 2. Boden darauflegen und kurz ins Gefrierfach stellen.

9. Vor dem Servieren die Torte aus der Form lösen.

10. Die Sahne steif schlagen. Die Torte damit bestreichen und mit Preiselbeeren, Haselnußblättchen und Mokkabohnen garnieren.

Vanille-Kirsch-Eistorte

Teig:
4 Eigelb
125 g Zucker
4 Eiweiß
75 g Mehl
50 g Stärkemehl
½ TL Backpulver
Zum Beträufeln:
2–3 Gläschen Kirschwasser
Füllung und Belag:
4 EL Himbeergelee
1 großes Glas
entsteinte Kirschen
3 P. Instant-Cremespeise
Kirschgeschmack
½ l Kirschsaft
(von den Kompottfrüchten)
0,3 l Sahne
etwa 100 g grob geriebene
zartbittere Kuvertüre
2 P. Vanilleeis (à 500 g)
8 Eiweiß
1 TL Zitronensaft
250 g Puderzucker
Außerdem:
Fett und Pergamentpapier
für die Form
Alufolie

Backzeit: etwa 35 Minuten
Schaltung: E: 175–200°C,
G: 2–3

1. Die Eigelbe mit 4 Eßlöffeln Wasser schaumig rühren und den Zucker einrieseln lassen.

2. Das Eiweiß steif schlagen und daraufgeben.

3. Das Mehl mit dem Stärkemehl und Backpulver mischen und darübersieben.

4. Alles vorsichtig mit einem Schneebesen mischen und in eine gefettete und mit Pergamentpapier ausgelegte Springform geben.

5. Im vorgeheizten Ofen (E: 175–200°C, G: 2–3) etwa 35 Minuten backen und auf einem Kuchengitter auskühlen lassen. Danach den Tortenboden einmal waagerecht durchschneiden.

6. Beide Scheiben mit Kirschwasser beträufeln und mit dem Gelee dick bestreichen.

7. Die Kirschen aus dem Glas gut abtropfen lassen. Den Saft auffangen und auf ½ l (eventuell mit Wasser) auffüllen.

8. Die Cremespeise nach Vorschrift mit Saft und Wasser zubereiten.

9. Die Sahne steif schlagen und unter die Creme mischen.

10. Den unteren Biskuitboden mit ⅓ der Creme bestreichen. Den 2. Boden daraufsetzen und in eine Springform legen.

11. Nun die Kirschen auf dem Boden verteilen und dick mit Kuvertüre überstreuen.

12. Das gutgekühlte Eis zu Kugeln formen, reihum zu einem Kranz auf die Kirschen legen.

13. Die restliche Kirschcreme darüber verteilen, sofort ins Tiefkühlgerät oder Eisfach zum Vorkühlen stellen.

14. Inzwischen das Eiweiß mit Zitronensaft und mit der halben Menge Puderzucker schnittfest schlagen. Den restlichen Zucker hineinschlagen.

15. Den Backofen oder den Grill auf höchster Stufe vorheizen. Die Alufolie bereitlegen.

16. Nach etwa 30 Minuten Vorkühlen die Torte aus dem Gerät nehmen.

17. Den Tortenrand entfernen

und die Torte auf ein passendes Stück Alufolie setzen.

18. Rundum mit dem Eischnee bestreichen, dabei die Oberfläche mit einem Spachtel wellenförmig verzieren.

19. Sofort in den Ofen oder Grill geben und nur so lange überbakken, bis die Schneespitzen anbräunen.

20. Die Torte sofort servieren, sonst schmilzt das Eis.

Mein Tip

Backen Sie den Tortenboden bereits am Tag davor, er läßt sich dann besser durchschneiden, und Sie haben auch mehr Zeit für die weiteren Vorbereitungen für diese Torte.

Himbeereistorte

Teig:
3 Eiweiß
150 g Zucker
½ TL Zitronensaft
Füllung:
200 g Zartbitterschokolade
3 P. Vanilleeis
500 g Himbeeren
100 g Puderzucker
¼ l Sahne
Außerdem:
Alufolie

Backzeit: etwa 60 Minuten
Schaltung: E: 100° C, G: 1

1. Das Eiweiß schnittfest schlagen und nach und nach den Zucker einrühren. Zum Schluß den Zitronensaft dazugeben.

2. Ein Backblech mit Alufolie belegen, einen Springformrand daraufsetzen und die Rundung mit einem Stift aufzeichnen.

3. Den Rand dann wieder wegnehmen und die Baisermasse auf die vorgezeichnete Fläche streichen.

4. Im vorgeheizten Ofen (E: 100° C, G: 1) etwa 60 Minuten backen.

5. Danach den Boden von der Folie lösen und auf einem Kuchengitter auskühlen lassen.

6. Die Schokolade im Wasserbad auflösen und auf den Tortenboden streichen.

7. Das Eis antauen lassen und auf dem Tortenboden verteilen.

8. Darauf die Torte im Gefrierschrank wieder fest werden lassen. Das dauert etwa 60 Minuten.

9. Die Himbeeren vorbereiten, auf der Eistorte verteilen und etwa ⅔ des Puderzuckers darüberstreuen.

10. Die Sahne mit dem restlichen Puderzucker steif schlagen und in einen Spritzbeutel mit Sterntülle füllen. Über die Himbeeren spritzen und die Torte sofort servieren.

Orangeneistorte

Teig:
150 g Butter oder Margarine
200 g Zucker, 5 Eier
1 Prise Salz
1 Gläschen Grand Marnier
200 g gemahlene Mandeln
100 g feingehacktes Orangeat
80 g Semmelbrösel

Füllung:
1 Gläschen Orangenlikör
6 EL Orangenmarmelade

Verzierung:
1 P. Schoko-Vanille-Eis (500 g)
2 EL Schokoladenstreusel
etwas ungespritzte
Orangenschale, dünn geschält

Außerdem:
Backpapier

Backzeit: etwa 60 Minuten
Schaltung: E: 175–200° C,
G: 2–3

1. Die Butter oder Margarine mit dem Zucker schaumig rühren.

2. Die Eier trennen und die Eigelbe mit dem Salz dazugeben. So lange rühren, bis sich der Zucker aufgelöst hat.

3. Den Grand Marnier, die gemahlenen Mandeln, das Orangeat und die Semmelbrösel dazugeben und alles zu einem glatten Teig verarbeiten.

4. Das Eiweiß zu steifem Schnee schlagen und unterheben.

5. Eine Springform am Boden mit Backpapier auslegen und den Teig hineingeben.

6. Den Teig glattstreichen und im vorgeheizten Backofen (E: 175–200° C, G: 2–3) etwa 60 Minuten backen.

7. Danach auskühlen lassen und zweimal waagerecht durchschneiden.

8. Die Böden mit dem Orangenlikör beträufeln und mit Orangenmarmelade bestreichen und wieder zusammensetzen.

9. Der Kuchen kann gut in Alufolie verpackt nun 1 Tag durchziehen.

10. Unmittelbar vor dem Servieren das Eis in Scheiben schneiden und fächerförmig auf den Tortendeckel legen.

11. Die Schokoladenstreusel darüberstreuen und die Orangenschale als Rose aufgerollt in die Mitte setzen.

Eistorte „Maryland"

Teig:
100 g Butter
125 g Corn-flakes
50 g gemahlene Mandeln
50 g Zucker

Belag:
3 EL Himbeergelee
500 g Himbeeren
100 g Puderzucker
2 P. Vanilleeispulver
400 ml Milch
½ l Sahne
⅛ l Sahne
1 P. Vanillinzucker

Zum Bestreuen:
75 g geraspelte bittere
Schokolade

Außerdem:
Alufolie

1. Die Butter schmelzen und wieder auf Zimmertemperatur abkühlen lassen.

2. Die Corn-flakes auf ein Handtuch geben und mit dem Nudelholz zerdrücken. Mit den Mandeln und dem Zucker unter die Butter rühren.

3. Eine Springform mit Alufolie auskleiden und die Corn-flakes-Masse hineingeben.

4. Diesen Tortenboden etwa 30 Minuten im Kühlschrank erstarren lassen.

5. Danach gleichmäßig mit dem Himbeergelee bestreichen.

6. Die Himbeeren verlesen, vorsichtig waschen und die schönsten 12 für die Dekoration zurücklegen.

7. Die restlichen Himbeeren mit dem Puderzucker bestreuen, etwas ziehen lassen und dann pürieren.

8. Das Vanilleeis nach der Anleitung auf der Packung mit der Milch zubereiten und die Sahne steif schlagen.

9. ½ l geschlagene Sahne und das Himbeerpüree unter die Eismasse ziehen und in die Springform füllen.

10. Die Masse glattstreichen und etwa 4 Stunden gefrieren lassen.

11. Vor dem Servieren ⅛ l Sahne mit dem Vanillinzucker steif schlagen und den Rand und die Oberfläche der Torte dünn damit bestreichen. Den Rest in einen Spritzbeutel füllen.

12. Den Rand und die Oberfläche der Torte mit den Schokoladenraspeln bestreuen und 12 Tortenstückchen markieren.

13. Auf jedes Stück einen Sahnetupfer setzen und darauf je 1 Himbeere legen.

Kirschtörtchen mit Eis

Teig:
150 g Butter oder Margarine
125 g Zucker
1 P. Vanillinzucker
2 Eier
250 g Mehl
2 TL Backpulver
Belag:
2 Gläser entkernte Sauerkirschen
1 P. klarer Tortenguß
1 Becher Vanille-Himbeer-Eis (500 g)
Außerdem:
Fett für die Förmchen

Backzeit: etwa 15 Minuten
Schaltung: E: 200 °C, G: 3

1. Die Butter mit dem Zucker und Vanillinzucker schaumig rühren und nach und nach die beiden Eier dazugeben.

2. Das Mehl mit dem Backpulver mischen und unterrühren.

3. 6 Törtchenformen einfetten, den Teig darin verteilen und die Törtchen im vorgeheizten Ofen (E: 200° C, G: 3) etwa 15 Minuten backen.

4. Nach dem Auskühlen die abgetropften Sauerkirschen bergartig auf den Törtchen verteilen.

5. Den Tortenguß nach Anleitung zubereiten und die Früchte damit dünn überziehen.

6. Vor dem Servieren auf jedes Törtchen etwas Eis geben und eventuell mit Eiskeksen verzieren.

Himbeer-Schoko-Eistorte

Teig:

2 Eier, 100 g Zucker

1 Prise Salz

40 g Mehl

40 g Stärkepulver

½ TL Backpulver

Zum Beträufeln:

1 Gläschen Himbeergeist

Belag:

2 Eier

100 g Zucker

100 g Schokoladenraspel

1 TL Kakao

4 EL Himbeersoße

(Fertigprodukt)

³/₄ l Sahne

1 P. Vanillinzucker

Verzierung:

100 g Himbeeren

(frisch oder tiefgekühlt)

Außerdem:

Backpapier für die Form

Backzeit: etwa 30 Minuten
Schaltung: E: 180°C, G: 2

1. Die Eier trennen und das Eiweiß mit 2 Eßlöffeln kaltem Wasser steif schlagen. Den Zucker und das Salz einrieseln lassen.

2. Die Eigelbe schaumig rühren und unter die Eiweißmasse ziehen.

3. Das Mehl mit dem Stärkemehl und Backpulver mischen und ebenfalls unterziehen.

4. Eine Springform mit Backpapier auslegen, den Teig hineingeben und glattstreichen.

5. Im vorgeheizten Backofen (E: 180°C, G: 2) etwa 30 Minuten backen.

6. Den Biskuitboden dann vom Papier lösen, auskühlen lassen und mit Himbeergeist beträufeln.

7. Die Eier im Wasserbad mit dem Zucker schlagen, bis eine helle, cremige Masse entsteht.

8. Die Creme halbieren und unter die erste Hälfte die Schokoladenstreusel und den Kakao rühren.

9. Die andere Hälfte der Creme mit der Himbeersoße verrühren.

10. Die Sahne mit dem Vanillinzucker steif schlagen und etwas davon für die Verzierung beiseite stellen.

11. Jeweils die Hälfte der übrigen Sahne unter die Schokoladencreme und Himbeercreme ziehen.

12. Den Biskuitboden zurück in die Form legen.

13. Zunächst die Schokoladen- und dann die Himbeercreme daraufstreichen.

14. Die restliche Sahne in einen Spritzbeutel mit Sterntülle füllen und die Torte damit garnieren.

15. Die Torte für einige Stunden in das Gefrierfach stellen, bis sie gefroren ist.

16. Vor dem Servieren die Torte aus der Springform lösen und einige Zeit im Kühlschrank antauen lassen.

17. Erst dann mit den Himbeeren garnieren.

Mit Backmischungen phantasievoll backen

Wenn Sie einmal wenig Zeit haben und trotzdem Ihre Familie oder Ihre Gäste mit einem Kuchen oder einer Torte verwöhnen wollen, so greifen Sie doch einmal zu einer Backmischung. Mit etwas Phantasie können Sie daraus die schönsten Kuchen und Torten zaubern.

Die Auswahl der Backmischungen reicht von einfachem Grundgebäck, wie Hefekuchen oder Biskuit, über Rührkuchen bis hin zu Torten mit Cremes, die ebenfalls den Packungen beiliegen.

Durch Zugabe von verschiedenen Gewürzen, Backaromen, Rosinen, Mandeln oder Obst können Sie immer wieder neue Kuchen und Torten kreieren.

Gewürzdominos

Teig:

1 P. Backmischung
Gewürzkuchen
125 g Butter oder Margarine
2 Eier, 125 ml kaltes Wasser

Füllung:

½ Glas Sauerkirsch- oder
Himbeerkonfitüre (ca. 240 g)
1–2 EL Kirschwasser oder -likör
200 g Marzipanrohmasse
Puderzucker

Guß:

1 Becher Schokoladenfettglasur
(125 g)

Verzierung:

2 EL feingehackte Pistazien
Mandelblättchen oder
bunter Streuzucker

Außerdem:

Fett oder Alufolie
für die Form
Pergamentpapier

Backzeit: 30–35 Minuten
Schaltung: E: 175°C, G: 2

1. Backmischung, weiches Fett, Eier und Wasser genau nach Packungsangabe in eine Rührschüssel geben und zu einem cremigen Teig rühren.

2. Den Teig in eine ausgefettete flache Kuchenform, quadratisch oder rechteckig, geben und glattstreichen. Oder das Backblech bis zur Hälfte mit Alufolie auslegen, in der Blechmitte einen 2–3 cm hohen Falz hochdrücken, den Boden leicht fetten.

3. Auf der mittleren Schiene des Backofens einschieben und in 30–35 Minuten zu schöner Farbe backen (E: 175°C, G: 2). Vor dem Herausnehmen prüfen, ob der Kuchen durchgebacken ist.

4. In der Form kurz abkühlen lassen, dann auf ein Kuchengitter stürzen.

5. Nach dem Abkühlen mit einem scharfen Messer waagrecht in der Mitte durchteilen. Die obere Platte vorsichtig beiseite legen.

6. Die Kirsch- oder Himbeerkonfitüre mit Kirschwasser glattrühren, die untere Kuchenplatte damit bestreichen und etwas Konfitüre zurückbehalten.

7. Die Marzipanrohmasse zwischen 2 Bogen Pergamentpapier oder Alufolie in der Größe der Kuchenplatte ausrollen.

8. Zwischendurch die Bogen immer wieder vorsichtig lösen, eventuell etwas Puderzucker über die Marzipanmasse stäuben, wieder auflegen und weiter bis zur gewünschten Größe ausrollen.

9. Die Marzipanplatte vorsichtig auf die Gewürzkuchenplatte legen, leicht festdrücken und mit der restlichen Konfitüre bestreichen.

10. Die obere Kuchenplatte darüberdecken und andrücken.

11. Mit einem scharfen Messer aus der gefüllten Platte gleich große Quadrate (2 x 2 cm) schneiden.

12. Die Zuckerglasur nach Packungsanweisung zubereiten und die Hälfte der Dominos damit rundherum bestreichen, die Oberseite mit feingehackten Pistazien oder buntem Streuzucker bestreuen.

13. Die restlichen Dominos mit der flüssigen Schokoladenglasur überziehen.

14. Ebenfalls mit feingehackten Pistazien, Mandelblättchen oder auch Schokoladenstreuseln usw. bestreuen.

Zitronenkuchen

Teig:
1 P. Zitronenkuchen-
Backmischung
2 Eier
100 g Butter oder Margarine
5 EL Zitronensaft
2 Äpfel
⅛ l Weißwein
1 EL Zucker
75 g Zartbitterschokolade
abgeriebene Schale
von 2 ungespritzten Zitronen
50 g gewürfeltes Zitronat
Verzierung:
1 P. Zitronenguß
(liegt der Backmischung bei)
2 EL Zitronensaft
einige rote Belegkirschen
Außerdem:
Fett für die Form

Backzeit: etwa 55 Minuten
Schaltung: E: 175–200°C,
G: 2–3

1. Die Backmischung, Eier, das Fett und den Zitronensaft nach Packungsanweisung zu einem glatten Rührteig verarbeiten.

2. Die Äpfel schälen, das Kerngehäuse entfernen und in dem Weißwein und Zucker etwa 4 Minuten dünsten. Abtropfen lassen.

3. Die Hälfte in kleine Stücke schneiden und zusammen mit der kleingehackten Schokolade, Zitronenschale, und dem Zitronat unter den Teig mischen.

4. In eine gefettete Kastenform füllen und etwa 55 Minuten im vorgeheizten Backofen (E: 175 bis 200°C, G: 2–3) backen.

5. Aus der Form lösen und etwas abkühlen lassen.

6. Für die Glasur den Zitronenguß und den Zitronensaft glattrühren und über den Kuchen ziehen.

7. Mit den restlichen Apfelscheiben und roten Belegkirschen verzieren.

Gerührter Kaffeekuchen

Teig:
1 P. Backmischung Rührkuchen
125 g Butter oder Margarine
3 Eier, 75 ml Wasser

Belag:
100 g grobgehackte
Walnußkerne
1 EL brauner Zucker
1–2 EL Honig
Außerdem:
Fett für die Form

Backzeit: 45–50 Minuten
Schaltung: E: 175°C, G: 2

1. Den Rührkuchenteig nach Anleitung rühren, in eine gefettete Springform geben und glattstreichen.

2. Die grobgehackten Walnüsse und den braunen Zucker gleichmäßig auf den Teig streuen. Den Honig mit einem Löffel dünn über den Teig laufen lassen.

3. Im vorgeheizten Ofen (E: 175°C, G: 2) 45–50 Minuten backen, bis die Oberfläche schön gebräunt ist.

4. Den Rand etwas lösen, den Kuchen auf ein Kuchengitter stürzen, dann umdrehen und auskühlen lassen.

Honigkuchen mit Ingwerstückchen

Teig:
1 P. Backmischung Rührkuchen
125 g Butter oder Margarine
3 Eier, 75 ml Wasser
1 TL gemahlener Zimt
1 TL gemahlene Nelken
1 TL Muskatblüte
100 g kandierter Ingwer
3 EL Bienenhonig
Glasur:
200 g Puderzucker
2–3 EL Rum oder Kirschwasser
Außerdem:
Fett und Semmelbrösel
für die Form

Backzeit: 55–65 Minuten
Schaltung: E: 175°C, G: 2

1. Den Rührkuchenteig nach Anleitung rühren, zum Schluß Zimt, Nelken, Muskatblüte, feingewürfelten Ingwer und Honig unterrühren.

2. Den Teig in eine gefettete und mit Semmelbröseln ausgestreute Form füllen und glattstreichen.

3. Im vorgeheizten Ofen (E: 175°C, G: 2) 55–65 Minuten backen.

4. In der Form etwas auskühlen lassen. Vorsichtig stürzen.

5. Den Puderzucker mit Rum oder Kirschwasser glattrühren und den Kuchen nach dem Auskühlen damit bestreichen.

Haselnußkuchen

Teig:
1 P. feine Backmischung
Haselnußkuchen
100 g Margarine, 1–2 Eier
etwa ⅛ l kaltes Wasser
Zum Beträufeln:
Kirschwasser oder
Himbeergeist
Füllung:
½ l Sahne
2 P. Sahnestärke
150 g geriebene Haselnüsse
Verzierung:
einige ganze Haselnüsse
Außerdem:
Fett für die Form

Backzeit: 40–50 Minuten
Schaltung: E: 175°C, G: 2

1. Den Teig nach Anweisung auf der Packung herstellen und in eine gefettete Springform füllen.

2. In den vorgeheizten Backofen (E: 175°C, G: 2) 40–50 Minuten schieben und backen, dann auskühlen lassen.

3. Zum Füllen den Tortenboden durchschneiden. Mit etwas Himbeergeist oder Kirschwasser beträufeln.

4. Die Sahne mit Sahnestärke schlagen, die geriebenen Haselnüsse vorsichtig darunterheben und den Tortenboden mit zwei Drittel der Haselnußsahne zusammensetzen.

5. Die restliche Sahne in einen Spritzbeutel mit Sterntülle füllen und die Torte damit und mit einigen ganzen Haselnüssen verzieren.

Ingwerschnitten

Teig:
1 P. feine Backmischung
Mandelkuchen
etwa 100 g Margarine
1 Ei, 6 EL kaltes Wasser
je 1 TL gemahlener Zimt
gemahlene Nelken und
Muskatblüte
150 g kandierter Ingwer
3 EL Bienenhonig
Glasur:
125 g Puderzucker
Kirschwasser
Verzierung:
Walnußkerne
Außerdem:
Fett für die Form

Backzeit: etwa 40 Minuten
Schaltung: E: 175°C, G: 2

1. Teig nach Anweisung herstellen. Gewürze, gewürfelten Ingwer und Honig dazurühren.

2. Den Teig in eine gefettete Springform füllen und glattstreichen.

3. Im vorgeheizten Ofen (E: 175°C, G: 2) etwa 40 Minuten backen.

4. Dann 10 Minuten auskühlen lassen, vorsichtig stürzen und in Rhomben oder Schnitten schneiden.

5. Mit Puderzuckerglasur überziehen und mit Walnußkernen garnieren.

Krokantküchlein

Teig:
1 P. Backmischung
Haselnußkuchen
100 g Butter oder Margarine
2 Eier
6 EL kaltes Wasser
2 EL Nußlikör
100 g Haselnußkrokant
Außerdem:
Alufolie, 30 cm breit
und flüssige Margarine
für die Förmchen

Backzeit: 25–30 Minuten
Schaltung: E: 175°C, G: 2

1. Die Backmischung, die weiche Butter oder Margarine, die Eier, das Wasser und den Nußlikör in eine Schüssel geben und zu einem cremigen Teig rühren.

2. Vom Haselnußkrokant 2 Eßlöffel voll zurückbehalten und den Rest in den Teig mischen.

3. Aus der Alufolie Quadrate mit 12 cm Seitenlänge schneiden, über ein Wasserglas stülpen und Förmchen daraus formen. Es werden 12–16 Stück gebraucht.

4. Die Alufolie mit flüssiger Margarine einpinseln und bis zu zwei Dritteln mit Teig füllen.

5. Die Förmchen auf ein Backblech stellen und auf mittlerer Schiene im vorgeheizten Ofen (E: 175°C, G: 2) 25–30 Minuten backen.

6. Nach dem Backen die Küchlein vorsichtig aus den Formen lösen.

7. Die Glasurmischung aus der Packung nach Gebrauchsanleitung zubereiten, die Küchlein damit bestreichen und mit dem zurückbehaltenen Krokant bestreuen.

Johannisbeertorte

Teig:
1 P. Backmischung Obstkuchen
125 g Butter oder Margarine
1 Ei, 1 EL Wasser
Belag:
750 g Johannisbeeren
3 Eiweiß
150 g Zucker
100 g gemahlene Mandeln
oder Haselnüsse
Außerdem:
Fett für die Form

Backzeit: 80–90 Minuten
Schaltung: E: 175°C, G: 2

1. Den Obstkuchenteig nach Anleitung rühren, in eine gefettete Springform geben und glattstreichen.

2. Die Johannisbeeren waschen, abzupfen und sehr gut abtropfen lassen. ⅓ der Johannisbeeren auf den Teig geben, so daß der Boden gerade bedeckt ist.

3. Das Eiweiß sehr steif schlagen. Zucker unter weiterem Schlagen einrieseln lassen.

4. Zuerst die Mandeln oder Nüsse, dann die restlichen Johannisbeeren locker untermischen.

5. Die Masse auf den schon mit Johannisbeeren belegten Teigboden verteilen und im vorgeheizten Ofen (E: 175°C, G: 2) 80–90 Minuten backen.

Aprikosen-Mandel-Törtchen

Teig:
1 P. feine Backmischung
Mandelkuchen
100 g Butter oder Margarine
1 Ei, etwa ⅛ l kaltes Wasser
abgeriebene Schale von
1 ungespritzten Zitrone
Belag:
1 Dose Aprikosenhälften
2 EL Puderzucker
1 Tüte geröstete,
geblätterte Mandeln (ca. 40 g)
Außerdem:
Butter oder Margarine
für die Förmchen

Backzeit: 25–30 Minuten
Schaltung: E: 175–200°C,
G: 2–3

1. Backmischung nach Anweisung auf der Packung zubereiten. Die Zitronenschale unterrühren.

2. Je 1 Eßlöffel Teig in die gefetteten Förmchen füllen und je 1 Aprikosenhälfte daraufdrücken.

3. Im vorgeheizten Ofen (E: 175–200°C, G: 2–3) 25–30 Minuten auf mittlerer Schiene backen.

4. Danach aus den Formen lösen und auf einem Kuchengitter auskühlen lassen.

5. Den Puderzucker mit etwas Wasser verrühren, die Törtchenoberflächen damit bestreichen und die Ränder mit Mandelblättern belegen.

Orangentörtchen

Teig:
1 P. Backmischung Biskuitteig
3 Eier, 6 EL Wasser
Füllung:
8 EL Orangenmarmelade
Belag:
¾ l Sahne
4 P. Sahnestärke
4 EL Zucker
4 große Orangen
5 EL Nußkrokant
1 P. klarer Tortenguß
Außerdem:
Backpapier für das Blech

Backzeit: 12–15 Minuten
Schaltung: E: 225°C, G: 4

1. Den Biskuitteig nach der Anleitung auf der Packung zubereiten und auf ein mit Backpapier
ausgelegtes Backblech streichen.

2. Im vorgeheizten Backofen (E:
225°C, G: 4) 12–15 Minuten
goldbraun backen.

3. Die Biskuitplatte auf ein feuchtes Geschirrtuch stürzen und das
Backpapier abziehen.

4. Die Teigplatte halbieren und
aus jeder Platte 12 Kreise (6–8
cm Durchmesser) ausschneiden.

5. Die Orangenmarmelade glattrühren. Jeweils 2 Biskuitplätz-
chen mit Marmelade bestreichen
und zusammensetzen.

6. Die gutgekühlte Sahne sehr
steif schlagen, die Sahnestärke
und den Zucker unterschlagen.

7. Die Hälfte der Sahne in einen
Spritzbeutel mit kleiner Sterntülle füllen und in den Kühlschrank
legen.

8. Die Oberfläche und Außen-
ränder der Törtchen mit dem
Rest der Sahne bestreichen, den
Rand mit Nußkrokant bestreuen.

9. Die Orangen dick abschälen,
so daß keine weißen Häute mehr
sichtbar sind. Waagrecht in ½ cm
dicke Scheiben schneiden und jeweils 1 Scheibe auf ein Törtchen
legen.

10. Mit etwas Tortenguß – nach
Anweisung auf dem Päckchen
zubereitet – überglänzen und fest
werden lassen.

11. Kleine Sahnetupfen am
Außenrand entlang spritzen und
die Törtchenmitte ebenfalls mit
Sahne verzieren. Gut gekühlt servieren.

Creme-Nuß-Torte

Teig:
1 P. Backmischung Nußkuchen
100 g Margarine, 2 Eier
Füllung:
1 P. Tortencremepulver
½ l Milch, 250 g Butter
abgeriebene Schale von
1 ungespritzten Orange
Verzierung:
Haselnüsse
Außerdem:
Fett für die Form

Backzeit: etwa 30 Minuten
Schaltung: E: 175°C, G: 2

1. Den Teig mit den angegebenen Zutaten zubereiten und in
eine gefettete Springform füllen.

2. Im vorgeheizten Ofen (E:
175°C, G: 2) etwa 30 Minuten
backen.

3. Den ausgekühlten Tortenboden zweimal quer durchschneiden.

4. Die Tortencreme zubereiten
und die Orangenschale unterrühren.

5. Die beiden unteren Böden mit

der Creme bestreichen und die Torte zusammensetzen.

6. Die Torte mit der beiliegenden Glasurmischung bestreichen und sofort mit Haselnüssen verzieren.

Pfirsichkranz

Teig:
1 P. Backmischung
Frankfurter Kranz
3 Eier, 4 EL Wasser
Füllung:
⅛ l Milch
80 g Butter
1 Dose Pfirsiche
Garnierung:
12–16 Cocktailkirschen
Außerdem:
Fett für die Form

Backzeit: 45–50 Minuten
Schaltung: E: 175°C, G: 2

1. Die Backmischung mit den Eiern und dem Wasser cremig rühren.

2. Den Teig in eine ausgefettete Kranzform füllen und im vorgeheizten Backofen (E: 175°C, G: 2) 45–50 Minuten backen.

3. Danach den Rand ringsherum lösen, auf ein Kuchengitter stürzen und auskühlen lassen.

4. Für die Füllung das Cremepulver, das der Packung beiliegt, in eine Schüssel geben.

5. Nach Packungsangabe die Milch dazugeben und zu einer Creme schlagen.

6. Die Butter schmelzen lassen und lauwarm unter die Creme rühren.

7. Den ausgekühlten Kranz zweimal waagrecht durchschneiden.

8. Die Pfirsiche auf einem Sieb abtropfen lassen, 4 Hälften zur Dekoration zurückbehalten und den Rest in kleine Würfel schneiden.

9. Die Pfirsichwürfel mit ⅓ der Buttercreme verrühren.

10. Den Kranz mit dieser Creme füllen und wieder zusammensetzen.

11. Von der restlichen Buttercreme etwas in einen Spritzbeutel füllen und den Rest über den Kranz streichen.

12. Die zurückbehaltenen Pfirsiche in Spalten schneiden und den Kranz damit belegen.

13. Dazwischen Rosetten mit Buttercreme spritzen und die Cocktailkirschen dazwischensetzen.

Mein Tip

Haben Sie immer einige Pakete mit verschiedenen Backmischungen als Vorrat zu Hause, so können Sie noch schnell einen Kuchen backen, wenn sich überraschend Besuch ansagt.

Pfirsichkranz ▷

Mokkatörtchen

Teig:

1 P. Backmischung Wiener Torte oder Schokoladentorte

100 g Butter oder Margarine

3 Eier

Wasser nach Packungsangabe

Glasur:

2 Becher Haselnußglasur

1 TL Instantkaffee

Zum Verzieren:

1 Becher Schokoladenglasur

50 g Mokkaschokoladenböhnchen

Außerdem:

Fett für das Backblech

Backzeit: 15–20 Minuten
Schaltung: E: 200°C, G: 3

1. Die Backmischung, die weiche Butter oder Margarine, Eier und das Wasser nach Packungsangabe in eine Rührschüssel geben. Mit dem elektrischen Handrührgerät auf höchster Schaltstufe in 2–3 Minuten zu einem glatten Teig rühren.

2. Das Backblech leicht fetten und mit dem Teig bestreichen. Im vorgeheizten Backofen (E: 200°C, G: 3) 15–20 Minuten backen.

3. Aus der Teigplatte etwa 24 runde Plätzchen von 6–7 cm Durchmesser ausstechen.

4. Die Schokoladencreme aus der Packung nach der Gebrauchsanweisung zubereiten.

5. Jeweils 2 Plätzchen mit 1 Eßlöffel dieser Creme zusammensetzen.

6. Dann die Törtchen rundherum mit Aprikosenkonfitüre (ebenfalls aus der Packung) bestreichen und diese leicht antrocknen lassen.

7. Die Haselnußglasur im heißen Wasserbad flüssig werden lassen und mit dem Instantkaffee glattrühren. Die Törtchen damit gleichmäßig überziehen.

8. Dann die Schokoladenglasur ebenfalls im Wasserbad schmelzen.

9. In eine kleine Spritztüte füllen, die Sie aus Alufolie oder Pergamentpapier drehen; oder verwenden Sie einfach einen kleinen Frischhaltebeutel und schneiden Sie eine sehr kleine Spitze ab.

10. Die Törtchen mit der Schokoladenglasur bespritzen und mit den Mokkaschokoladenböhnchen verzieren.

Mein Tip

Bestreichen Sie die Hälfte der Plätzchen nach dem Backen mit Orangenmarmelade oder Aprikosenkonfitüre, und setzen Sie sie dann mit der Schokoladencreme zusammen.

◁ Mokkatörtchen

Sahnebrezeln

Teig:
1 P. Backmischung Hefeteig
⅛ l Wasser
1 Ei
Zum Ausbacken:
etwa 1 kg Schweineschmalz
Füllung:
¼ l Sahne
25 g Zucker
1 P. Sahnestärke
1 EL Orangenlikör
Außerdem:
Mehl zum Ausrollen

1. Den Hefeteig nach Angabe auf der Packung zubereiten, dabei allerdings nur ⅛ l lauwarmes Wasser und 1 Ei gebrauchen.

2. Den Teig gehen lassen und danach nochmals kräftig durchkneten.

3. Auf einer leicht bemehlten Arbeitsfläche zu einem Rechteck vom 24 x 36 cm ausrollen und mit einem Teigrädchen oder einem scharfen Messer in 12 Streifen schneiden.

4. Die Streifen mit schwach bemehlten Händen zu Brezeln zusammenlegen und auf ein bemehltes Backbrett legen.

5. Die Brezeln mit einem Handtuch bedecken und nochmals 20 Minuten gehen lassen.

6. Danach die Brezeln in dem erhitzten Schweineschmalz nach und nach goldbraun backen.

7. Mit einem Schaumlöffel herausnehmen und auf einem Kuchengitter abtropfen und auskühlen lassen.

8. Für die Füllung die Sahne halbsteif schlagen, dann den Zucker und die Sahnestärke dazugeben und steif schlagen. Zum Schluß den Orangenlikör unterziehen.

9. Die erkalteten Brezeln mit einem scharfen Messer waagerecht durchschneiden und mit der Sahne füllen.

10. Die Brezeln möglichst schnell servieren, damit sie innen nicht so aufweichen.

Teeschnitten

Teig:
1 P. Backmischung Marmorkuchen
150 g Butter oder Margarine
2 Eier
Wasser nach Packungsangabe
Guß:
Eiweißglasur
Außerdem:
Fett für die Form

Backzeit: etwa 60 Minuten
Schaltung: E: 175°C, G: 2

1. Den hellen Teig nach Anleitung rühren und in eine gefettete Springform geben.

2. Den dunklen Teig ebenfalls zubereiten und auf den hellen streichen.

3. Eine Gabel spiralenförmig durch den Teig ziehen.

4. Den Kuchen im vorgeheizten Ofen (E: 175°C, G: 2) etwa 60 Minuten backen.

5. Den Kuchen auskühlen lassen, in kleine Stücke schneiden und diese mit Eiweißglasur (Kapitel „Güsse, Glasuren und Cremes") überziehen.

Backen für Ostern

Ostern ist wie Weihnachten ein Fest, das im Kreise der
Familie gefeiert wird, und dazu gehört natürlich auch
eine festliche Torte, ein knuspriger Hefezopf oder ein
herzhaftes Osterbrot.
Die verschiedenen Länder und Landschaften haben ihre
traditionellen Rezepte, die von Generation zu Generation weitervererbt wurden.

Ostertorte mit Hasen

Teig:
4 Eigelb, 4 EL heißes Wasser
1 P. Vanillinzucker
150 g Zucker
4 Eiweiß
100 g Mehl
100 g Stärkemehl
1½ TL Backpulver
Mürbeteig für die Hasen:
100 g Mehl
50 g Butter
50 g Zucker, 1 Ei
Füllung für die Hasen:
50 g Puderzucker
1 EL Himbeersirup
Glasur für die Hasen:
100 g Nußglasur
Creme:
½ l Milch
1 P. Vanillepudding
Schale von
1 ungespritzten Zitrone
150 g Zucker, 250 g Butter
Verzierung:
weiße Liebesperlen
kleine Zuckerostereier
Außerdem:
Backpapier für die Form
Fett für das Backblech

Backzeit: insgesamt etwa 45 Minuten
Schaltung: E: 200°C, G: 3

1. Die Eigelbe mit dem heißen Wasser schaumig rühren.

2. Den Vanillinzucker und ⅔ des Zuckers unterrühren und alles so lange schlagen, bis sich der Zucker aufgelöst hat.

3. Das Eiweiß sehr steif schlagen, den restlichen Zucker dazugeben und auf die Eigelbmasse geben.

4. Das Mehl mit dem Stärkemehl und dem Backpulver mischen und daraufsieben. Mit einem Schneebesen unterheben.

5. Den Teig in eine mit Backpapier ausgelegte Springform geben und im vorgeheizten Ofen (E: 200°C, G: 3) etwa 35 Minuten backen.

6. Für die Hasen das Mehl mit der Butter, dem Zucker und dem Ei zu einem Mürbeteig verkneten und 30 Minuten kalt stellen.

7. Den Teig ausrollen und mit einer Form kleine Osterhasen ausstechen.

8. Die Hasen auf ein gefettetes Backblech legen und im vorgeheizten Backofen (E: 200°C, G: 3) etwa 10 Minuten backen.

9. Den Puderzucker mit dem Himbeersirup glattrühren und jeweils 2 Hasen damit zusammensetzen.

10. Die zusammengesetzten Hasen mit der Nußglasur bestreichen und weiße Liebesperlen als Augen einsetzen.

11. Für die Creme einen Pudding kochen und unter mehrmaligem Umrühren erkalten lassen.

12. Die Butter schaumig rühren und den erkalteten Pudding eßlöffelweise dazugeben.

13. Den Biskuitboden zweimal durchschneiden, mit der Creme füllen und außen mit Creme bestreichen.

14. Die Tortenstücke mit einem Messer vorzeichnen.

15. Die restliche Creme in den Spritzbeutel füllen und den Tortenrand mit Rosetten, die zur Tortenmitte hin etwas auslaufen, bespritzen.

16. Die Osterhasen auf die Mitte jedes Tortenstücks setzen. Damit sie nicht umfallen, von jeder Seite eine Rosette gegenspritzen. Mit Zuckerostereiern verzieren.

Dekorierte Ostertorte

Teig:

300 g Butter oder Margarine
250 g Zucker
2 P. Vanillinzucker
1 Msp. Salz
6 Eigelb, 6 Eiweiß
75 g Stärkemehl
250 g Mehl
2 TL Backpulver

Füllung:

½ Glas Himbeergelee
225 g Rohmarzipan
325 g Puderzucker
¼ l Milch
¼ P. Vanillepuddingpulver
1 Prise Salz
2 EL Zucker
125 g Butter
40 g blättrig geschnittene Mandeln
1–2 EL Zitronensaft
gelbe Speisefarbe
25 g bittere Schokolade

Außerdem:

Backpapier für die Form

Backzeit: pro Boden etwa 10 Minuten
Schaltung: E: 200°C, G: 3

1. Das Fett mit dem Zucker, Vanillinzucker und Salz schaumig rühren und dabei nach und nach die Eigelbe einfließen lassen.

2. Das Eiweiß zu sehr steifem Schnee schlagen und auf die Masse geben.

3. Das Stärkemehl mit dem Mehl und Backpulver vermischen und über das Eiweiß streuen. Alles vorsichtig mit einem Schneebesen vermischen.

4. Aus dem Teig in einer mit Backpapier ausgelegten Springform im auf 200 Grad (G: 3) vorgeheizten Ofen 6 Tortenböden in etwa je 10 Minuten goldgelb backen.

5. Die unterste Tortenplatte mit Himbeergelee bestreichen.

6. Das Marzipan mit 175 g Puderzucker verkneten, in 3 Teile teilen und 2 Tortenböden in der Größe der anderen daraus ausrollen. Das restliche Drittel zur Seite legen.

7. Die Marzipanböden auf 2 Tortenböden legen.

8. Aus Milch, Puddingpulver, Salz und Zucker einen Pudding nach Anweisung auf der Packung kochen.

9. Den Pudding auskühlen lassen und dabei ab und zu umrühren.

10. Die Butter schaumig rühren und nach und nach den Pudding dazurühren. Dabei darauf achten, daß beides die gleiche Temperatur hat, damit die Creme nicht gerinnt.

11. 2 Tortenplatten mit ⅔ der Creme dünn bestreichen und die Torte zusammensetzen.

12. Den Rand der Torte mit der restlichen Creme bestreichen und die Mandeln darauf verteilen.

13. Den restlichen Puderzucker mit dem Zitronensaft glattrühren und die Torte damit überziehen.

14. Die restliche Marzipanmasse mit gelber Speisefarbe vermischen und ausrollen.

15. Mit kleinen Ausstecherformen Figuren daraus ausstechen.

16. Die Schokolade schmelzen lassen und die Figuren damit garnieren.

17. Die Torte mit diesen Figuren und einigen bunten Zuckerostereiern verzieren.

Bunte Ostertorte

Teig:

4 Eiweiß, 4 EL Wasser
200 g Zucker
1 P. Vanillinzucker
4 Eigelb
100 g Stärkemehl
100 g Mehl
1 TL Backpulver
150 g abgezogene, gemahlene Mandeln
75 g flüssige Butter oder Margarine

Creme:

3 EL Stärkemehl
¼ l Milch
50 g Zucker
½ Vanilleschote (ausgeschabt)
200 g Butter

Füllung:

3–4 EL rote Konfitüre

Weißer Guß:

2 Eiweiß
1–2 EL Zitronensaft
300 g Puderzucker

Gelber Guß:

3 EL weißer Guß
2 Eigelb
100 g Puderzucker

Zum Verzieren:

1 Beutel abgezogene Pistazien
Osterhasen
Osterküken
einige Ostereier

Außerdem:

Backpapier für die Form

Backzeit: etwa 50 Minuten
Schaltung: E: 175–200°C,
G: 2–3

1. Eiweiß und Wasser in eine Schüssel geben und sehr steif schlagen.

2. Dann Zucker und Vanillinzucker unter weiterem Schlagen einrieseln lassen.

3. Die geschlagenen Eigelbe unter die Eiweißmasse ziehen.

4. Zuletzt Stärkemehl, Mehl und Backpulver mischen und mit den gemahlenen Mandeln und dem abgekühlten, flüssigen Fett unterheben.

5. Den Boden einer Springform mit Backpapier belegen und die Biskuitmasse einfüllen. Im vorgeheizten Backofen (E: 175 bis 200°C, G: 2–3) etwa 50 Minuten auf unterster Schiene backen. Danach erkalten lassen.

6. Für die Creme Stärkemehl mit etwas kalter Milch anrühren.

7. Restliche Milch, Zucker, Vanillemark und -schote zum Kochen bringen und mit angerührtem Stärkemehl binden.

8. Alles aufkochen, die Schote herausnehmen und den Pudding erkalten lassen.

9. Die Butter schaumig schlagen und löffelweise unter den Pudding rühren.

10. Den Tortenboden in 3 Platten schneiden. Die 1. Platte mit der Creme bestreichen.

11. Die 2. Platte mit Konfitüre bestreichen und auf die Creme setzen. Mit der 3. Platte abdecken.

12. Für den weißen Guß das Eiweiß steif schlagen, Zitronensaft und Puderzucker hinzufügen und die Masse glattrühren.

13. Für den gelben Guß 3 Eßlöffel weißen Guß abnehmen und Eigelbe und Puderzucker darunterrühren.

14. Danach die gefüllte Torte mit dem weißen Guß gleichmäßig überziehen.

15. Anschließend mit dem gelben Guß verzieren. Hierfür einen Bogen Pergamentpapier trichter-

förmig zusammenrollen, den Guß einfüllen und ein Muster auf die Torte spritzen.

16. Rand und Mitte der Torte mit gehackten Pistazien bestreuen.

17. Mit kleinen Osterhasen, Küken und Ostereiern verzieren.

Osterkranz

Teig:
300 g Mehl
20 g Hefe
50 g Zucker
etwa 1/8 l Milch
1 Prise Salz
50 g Butter
Füllung:
150–200 g gemahlene Haselnüsse
125 g Zucker
1 P. Vanillinzucker
5 EL Dosenmilch
1 EL Rum

Guß:
200 g Puderzucker
etwas Zitronensaft und Wasser
40 g Mandelstifte
etwas Butter und Zucker
Zum Garnieren:
einige bunte Zuckerostereier
Außerdem:
Fett für das Backblech

Backzeit: etwa 30 Minuten
Schaltung: E: 200° C, G: 3

1. Aus den angegebenen Zutaten einen Hefeteig herstellen, wie in der Arbeitsanleitung im Kapitel „Hefeteig" beschrieben.

2. Den Teig gut durchkneten und zu einem Rechteck von etwa 30 x 40 cm ausrollen.

3. Für die Füllung die gemahlenen Haselnüsse mit Zucker, Vanillinzucker, Dosenmilch und Rum verrühren.

4. Diese Nußmasse gleichmäßig auf dem ausgerollten Teig verteilen und den Teig von der langen Seite her aufrollen.

5. Dann zu einem Kranz auf ein gefettetes Blech legen. Die Enden gut zusammendrücken, damit der Kranz nicht auseinanderläuft.

6. Nun am äußeren Rand im Abstand von etwa 2 cm ringsherum etwa 2/3 der Kranzbreite einschneiden.

7. Den Kranz an einem warmen Ort gehen lassen und im vorgeheizten Ofen (E: 200°C, G: 3) etwa 30 Minuten backen.

8. Danach etwas abgekühlt mit Puderzuckerguß bestreichen. Dafür gesiebten Puderzucker mit Zitronensaft und Wasser glattrühren (der Guß muß dickflüssig sein).

9. Die Mandelstifte in etwas Butter bräunen und in Zucker wälzen. Damit den Kranz bestreuen.

10. In die Einschnitte des Kranzes bunte Zuckerostereier drücken.

Russischer Osterkuchen

Teig:
¼ l und 4 EL lauwarme Milch
1 P. Trockenhefe
6 EL Zucker
475 g Mehl
½ TL Salz
10 Eigelb
375 g Butter
150 g Rosinen
2 EL geriebene Schale
von 1 ungespritzten Orange
1 EL geriebene Schale
von 1 ungespritzten Zitrone
Außerdem:
Fett für die Form

Backzeit: etwa 50 Minuten
Schaltung: E: 200°C, G: 3

1. 4 Eßlöffel Milch, die Hefe und etwas Zucker verrühren, bis sich die Hefe völlig auflöst.

2. Etwa 25 Minuten an einen warmen, vor Zugluft geschützten Ort stellen, bis sich der Umfang der Hefelösung verdoppelt hat.

3. Das Mehl mit dem restlichen Zucker und dem Salz in eine Schüssel geben.

4. Eine Mulde hineindrücken, die Hefelösung, die restliche Milch sowie die Eigelbe hineingeben.

5. Nach und nach das Mehl unter die flüssigen Zutaten einrühren.

6. Wenn sich alles sehr gut verbunden hat, eßlöffelweise die Butter hinzufügen, zuletzt die Rosinen, die Orangen- und Zitronenschale.

7. Den Teig 4–5 Minuten mit dem Knetstab bearbeiten. In der gebutterten und mit Mehl ausgestaubten Form 15–20 Minuten gehen lassen.

8. Im vorgeheizten Ofen (E: 200°C, G: 3) etwa 50 Minuten backen.

Osterbrot

Teig:
750 g Mehl
½ TL Salz
50 g Hefe
80 g Zucker
⅜ l Milch, 1 Ei
75 g Butter oder Margarine
je 50 g Zitronat
Korinthen und Rosinen
Zum Bestreichen:
1 Eigelb
1 EL Sahne
Zur Verzierung:
20 süße abgezogene Mandeln
Außerdem:
Fett für das Backblech

Backzeit: 30–40 Minuten
Schaltung: E: 200°C, G: 3

1. Das Mehl mit Salz vermischt in eine Schüssel geben, in die Mitte eine Vertiefung drücken.

2. Die Hefe hineinbröckeln, mit 1 Eßlöffel Zucker und etwas Mehl und Milch zu einem Vorteig verrühren und ¼ Stunde gehen lassen.

3. Die lauwarme Milch dazugießen, Salz und den restlichen Zucker, 1 Ei und weiche Fettflocken auf dem Mehl verteilen, und

den Teig so lange schlagen, bis er sich vom Schüsselboden löst und ganz glatt ist.

4. Zugedeckt 30 Minuten gehen lassen, mit etwas Mehl verkneten, bis er nicht mehr klebt.

5. ⅓ des Teigs abnehmen.

6. Zitronatwürfel, Korinthen und Rosinen (einige zum Dekorieren zurücklassen) unter den restlichen Teig kneten. Den großen Teigkloß zu einem Brot formen.

7. Aus dem restlichen Teig 6 gleich große Stücke schneiden, jedes Stück mit den Händen ausrollen und aus je 3 Teigsträngen einen Zopf flechten.

8. Das Osterbrot mit verquirltem Ei und Sahne bestreichen. Die Zöpfe kreuzweise darüberlegen und auch mit Eigelb bestreichen.

9. Das Osterbrot mit den Mandeln und zurückgelassenen Rosinen dekorieren und gehen lassen.

10. Im heißen Ofen (E: 200°C, G: 3) 30–40 Minuten backen.

Böhmisches Osterbrot

Teig:
400 g Mehl
30 g Hefe, 60 g Zucker
⅛ l Milch
½ TL Salz
60 g Butter
2 Eigelb
90 g Butter, 2 Eigelb
20 g gehackte Haselnüsse
½ TL Anis
1–2 EL Rum
Zum Bestreichen:
1 Eigelb
1–2 EL Dosenmilch
Außerdem:
Fett für das Backblech

Backzeit: 35–45 Minuten
Schaltung: E: 175°C, G: 2

1. Das Mehl in eine Schüssel geben und in die Mitte eine Vertiefung drücken.

2. Hefe hineinbröckeln und mit 1 Teelöffel Zucker, etwas lauwarmer Milch und etwas Mehl zu einem Vorteig verrühren und ¼ Stunde gehen lassen.

3. Danach Zucker, Milch, Salz, Butter und 2 Eigelbe dazugeben

und alles schlagen, bis sich der Teig von der Schüssel löst.

4. Zugedeckt über Nacht an einem nicht zu warmen Ort gehen lassen.

5. Am nächsten Tag 90 g Butter, 2 Eigelb, die gehackten Nüsse, Anis und Rum in den vorhandenen Hefeteig einarbeiten und nochmals kräftig durchkneten.

6. Den Teig mit Mehl zu einer Kugel formen und auf ein gefettetes Backblech legen.

7. Von der Mitte her mit einem Messer dreimal sternförmig einschneiden und zugedeckt nochmals gehen lassen.

8. Danach den Teig mit dem mit Dosenmilch verquirlten Eigelb bestreichen und im vorgeheizten Ofen (E: 175°C, G: 2) 35–45 Minuten backen.

Osterhasen

Teig:

500 g Mehl

1 Würfel Hefe

knapp ¼ l Milch

80 g Butter oder Margarine

80 g Zucker, 1 Msp. Salz

1 Msp. Kardamon

1 EL Öl, 1 Ei

Zum Bestreichen:

1 Eigelb, 2 EL Milch

Außerdem:

einige Korinthen für die Augen

Fett für das Blech

Backzeit: 25–30 Minuten

Schaltung: E: 200°C, G: 3

1. Das Mehl in eine Schüssel geben und in die Mitte eine Vertiefung drücken.

2. Dort hinein die Hefe bröckeln und mit etwas Zucker und lauwarmer Milch verrühren. Zugedeckt 15 Minuten gehen lassen.

3. Danach die übrigen Zutaten dazugeben und alles zu einem glatten Teig verarbeiten und diesen nochmals zugedeckt 1 Stunde an einem warmen Ort gehen lassen.

4. Den Teig gut durchkneten und auf einer leicht bemehlten Arbeitsplatte etwa ½ cm dick ausrollen.

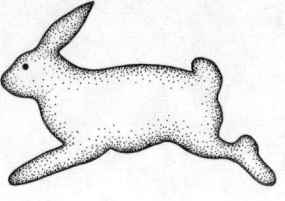

5. Während der Teig noch geht, kann man sich auf Pappe laufende oder sitzende Hasen aufmalen und dann ausschneiden.

6. Die Schablonen werden nun auf den Teig gelegt, und mit einem spitzen Messer werden dann die Hasen ausgeschnitten.

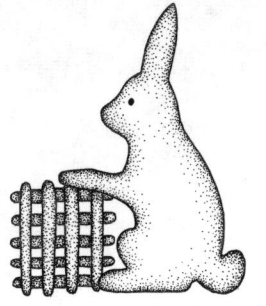

7. Bei sitzenden Hasen zum Beispiel kann ein Korb aus Teigrollen geformt werden, die wie ein Gitter übereinander gelegt werden.

8. Die Hasen auf einem gefetteten Backblech nochmals 20 Minuten gehen lassen, danach mit dem Eigelb, das mit der Milch verquirlt wurde, bestreichen und als Augen kleine Korinthen eindrükken.

9. Im vorgeheizten Ofen (E: 200°C, G: 3) 25–30 Minuten backen.

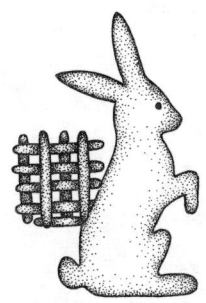

Osternester

Teig:
250 g Mehl, 15 g Hefe
etwa ⅛ l Milch
1 Prise Salz
40 g Butter, 50 g Zucker
Zum Bestreichen:
1 Eigelb
Außerdem:
Fett für das Blech

Backzeit: etwa 15 Minuten
Schaltung: E: 225°C, G: 4

1. Das Mehl in eine Schüssel sieben und in die Mitte eine Vertiefung drücken.

2. Dahinein die Hefe bröckeln, mit 2 Eßlöffeln warmer Milch, 1 Teelöffel Zucker und etwas Mehl verrühren.

3. Auf den Mehlrand weiche Butterflöckchen, Salz und den Zucker geben. Die Hefe gehen lassen.

4. Dann die restliche warme Milch und die anderen Zutaten tüchtig schlagen und kneten. Den Teig etwa 1 Stunde gehen lassen.

5. In fingerdicke Rollen von 15 cm Länge formen.

6. Jeweils 2 Rollen zusammendrehen und zu einem kleinen Kranz formen (ergibt 8 Osternester).

7. Ein gekochtes Ei hineinsetzen und den Teig gehen lassen, mit Eigelb bestreichen.

8. Auf einem gefetteten Backblech im vorgeheizten Ofen (E: 225°C, G: 4) etwa 15 Minuten auf der mittleren Schiene backen.

Osterbrötchen

Teig:
250 g Butter oder Margarine
100 g Zucker
1 P. Vanillinzucker
2 Eier
200 g Mehl
1 TL Backpulver
100 g gemahlene Mandeln
100 g feingehacktes Orangeat
Guß:
150 g Puderzucker
2 EL heißes Wasser
Außerdem:
Fett für das Blech

Backzeit: etwa 20 Minuten
Schaltung: E: 175–200°C,
G: 2–3

1. Das Fett mit dem Zucker und Vanillinzucker schaumig rühren und die Eier dazugeben.

2. Nach und nach das mit Backpulver gemischte Mehl und die gemahlenen Mandeln unterrühren. Zum Schluß das Orangeat dazugeben.

3. Aus dem Teig ovale Brötchen formen und diese auf einem gefetteten Backblech im vorgeheizten Ofen (E: 175–200°C, G: 2–3) etwa 20 Minuten backen.

4. Nach dem Backen auf einem Kuchengitter auskühlen lassen und dann mit einem Guß aus Puderzucker und Wasser überziehen.

Ostertörtchen

Teig:
2 Eigelb
2 El heißes Wasser
125 g Zucker
1 P. Vanillinzucker
40 g Mehl
40 g Stärkemehl
1 TL Backpulver
Belag:
250 g Sahnequark
100 g Zucker
abgeriebene Schale von
1 ungespritzten Zitrone
3 EL Zitronensaft
3 Blatt weiße Gelatine
1/8 l Sahne
Verzierung:
4 EL gehackte Pistazien
24 kleine Zuckerostereier
Außerdem:
Backpapier für das Blech

Backzeit: 12–15 Minuten
Schaltung: E: 200°C, G: 3

1. Die Eigelbe mit dem heißen Wasser schaumig rühren und 2/3 des Zuckers und den Vanillinzucker unterrühren. So lange schlagen, bis sich der Zucker aufgelöst hat.

2. Das Eiweiß mit dem restlichen Zucker sehr steif schlagen und auf die Eigelbmasse geben.

3. Das Mehl mit dem Stärkemehl und Backpulver mischen und darübersieben. Mit einem Schneebesen unterheben.

4. Ein Backblech mit Backpapier auslegen und den Teig darauf verstreichen.

5. Im vorgeheizten Backofen (E: 200°C, G: 3) 12–15 Minuten backen.

6. Danach die Teigplatte vorsichtig auf ein Küchenhandtuch stürzen und das Papier abziehen. Auskühlen lassen.

7. Den Quark mit dem Zucker, der abgeriebenen Zitronenschale und dem Zitronensaft verrühren.

8. Die Gelatine nach Vorschrift auf der Packung auflösen und unter den Quark rühren.

9. Wenn die Creme anfängt, fest zu werden, die geschlagene Sahne unterrühren.

10. Aus der Teigplatte 8 Plätzchen stechen und 4 davon mit Creme bestreichen.

11. Die anderen daraufsetzen und die Ränder mit Creme bestreichen.

12. Den Rest der Creme in einen Spritzbeutel mit Sterntülle füllen und die Törtchen damit dekorieren.

13. Die Ränder mit gehackten Pistazien bewerfen und die Törtchen mit bunten Zuckereiern verzieren.

Backen für Weihnachten

In der Adventszeit beginnt es in fast allen Wohnungen nach Weihnachtsplätzchen, Lebkuchen und Kerzen zu duften. Selbst wer sonst wenig oder gar nicht backt, besinnt sich auf einmal auf alte Rezepte, erinnert sich an seine Kindheit und entwickelt einen Backeifer, über den er sich vielleicht im stillen wundert.

Kuchen und Stollen

Adventskuchen

Teig:
300 g Mehl, 150 g Butter
80 g Zucker, 1 Ei
½ P. Backpulver
Füllung:
1 EL Butter, 200 g Zucker
⅛ l Sahne
300 g gehackte Walnüsse
1 P. Vanillinzucker
2 Eier
Guß:
100 g Blockschokolade
25 g Kokosfett
Verzierung:
Nüsse oder Mandeln
Außerdem:
Fett für die Form

Backzeit: 30–40 Minuten
Schaltung: E: 200°C, G: 3

1. Das Mehl mit der Butter und den übrigen Zutaten zu einem glatten Teig verkneten.

2. Mit der einen Hälfte des Teigs eine gefettete Springform auslegen und einen Rand hochdrükken.

3. Für die Füllung die Butter in einer Pfanne schmelzen lassen und den Zucker dazugeben.

4. So lange rühren, bis er sich völlig aufgelöst hat, und mit der Sahne ablöschen. Etwa 5 Minuten kochen lassen.

5. Die gehackten Walnüsse unterrühren und den Vanillinzucker dazugeben.

6. Danach die Masse auskühlen lassen, die Eier unterrühren und die Masse auf den Teigboden legen.

7. Den restlichen Teig ausrollen, einen Kreis so groß wie die Springform daraus schneiden und auf die Nußmasse legen.

8. Im vorgeheizten Ofen (E: 200°C, G: 3) 30–40 Minuten backen.

9. Für die Glasur die Blockschokolade schmelzen lassen, das Kokosfett dazugeben und den Kuchen damit überziehen.

10. Mit Nüssen oder Mandeln verzieren.

Rehrücken

Teig:
2 Eier, 2 Eigelb
75 g Zucker, 2 Eiweiß
1 P. Vanillinzucker
80 g Mandeln
80 g Halbbitterschokolade
3 Zwiebäcke
1 TL Zimt
1 EL Zitronat
1 EL Orangeat
Glasur:
200 g Blockschokolade
50 g Kokosfett
Verzierung:
100 g Mandelstifte
Außerdem:
Fett und Semmelbrösel
für die Form

Backzeit: etwa 45 Minuten
Schaltung: E: 175°C, G: 2

1. Die Eier, die Eigelbe und den Zucker sehr schaumig rühren.

2. Das Eiweiß mit dem Vanillinzucker steif schlagen.

3. Die Mandeln mahlen, die Schokolade und den Zwieback reiben und alles zur Eimasse geben.

4. Den Zimt, das Zitronat und Orangeat unter den Teig geben und diesen in einer gefetteten, mit Semmelbröseln ausgestreuten Rehrückenform im vorgeheizten Ofen (E: 175°C, G: 2) etwa 45 Minuten backen.

5. Die Blockschokolade mit dem Kokosfett schmelzen lassen und den Rehrücken damit überziehen.

6. Die Mandelstifte versetzt in den noch weichen Guß stecken.

Baumkuchen

Teig:
200 g Butter oder Margarine
200 g Zucker
1 P. Vanillinzucker
1 TL Zitronensaft
3 Eier, 125 g Mehl
125 g Stärkemehl
1 TL Backpulver
Glasur:
100 g geriebene Schokolade
150 g Puderzucker
4–5 EL Milch
15 g Kokosfett

Außerdem:
Fett für die Form

Backzeit: 5–10 Minuten pro Boden
Schaltung: E: 200°C, G: 3

1. Die Butter oder Margarine mit dem Zucker, dem Vanillinzucker, dem Zitronensaft und den Eiern sehr schaumig rühren.

2. Das Mehl mit dem Stärkemehl und dem Backpulver vermengen und unter die Masse rühren.

3. In eine gefettete Kastenform eine etwa ½ cm dicke Teigschicht geben und bei 200°C (G: 3) 5–10 Minuten backen, danach die nächste Teigschicht daraufgeben und wiederum backen.

4. So fortfahren, bis der ganze Teig verbraucht ist, dann den Kuchen zum Auskühlen auf einen Rost stürzen.

5. Für die Glasur die Schokolade im Wasserbad zergehen lassen und mit den übrigen Zutaten heiß verarbeiten.

6. Den Baumkuchen damit bestreichen.

Englischer Weihnachtskuchen

Teig:
4 Eier, 4 EL Orangensaft
175 g Zucker
abgeriebene Schale von
2 ungespritzten Orangen
100 g Stärkemehl
75 g Mehl
1 P. Backpulver
250 g abgezogene
gemahlene Mandeln
1 EL Rum
Creme:
200 g Halbbitterschokolade
¼ l Sahne
100 g gehackte Walnußkerne
Zum Bestreichen:
½ Glas Orangenmarmelade
Guß:
250 g Puderzucker
3–4 EL Zitronensaft
Verzierung:
verschiedene kandierte Früchte
Außerdem:
Fett und Pergamentpapier
für das Blech

Backzeit: 15–20 Minuten
Schaltung: E: 200°C, G: 3

1. Die Eier vom Eigelb trennen und das Eiweiß mit dem Orangensaft sehr steif schlagen.

2. Den Zucker und die Orangenschale einrieseln lassen und kurz unterschlagen.

3. Die Eigelbe verrühren und darunterheben.

4. Das Stärkemehl, Mehl und Backpulver vermischen und ebenfalls vorsichtig unterheben.

5. Zum Schluß die Mandeln und den Rum unterrühren.

6. Den Teig auf einem mit gefettetem Pergamentpapier ausgelegten Backblech gleichmäßig verteilen und im vorgeheizten Ofen (E: 200°C, G: 3) 15–20 Minuten backen.

7. Nach dem Backen die Biskuitplatte auf ein Tuch stürzen, das Pergamentpapier entfernen und den Kuchen auskühlen lassen.

8. Nach dem Erkalten den Kuchen in 4 gleich große Rechtecke schneiden.

9. Für die Creme die Schokolade in kleine Stücke brechen und im Wasserbad schmelzen.

10. Unter die geschlagene Sahne rühren und die Walnußkerne dazugeben.

11. Die Creme abwechselnd mit der Orangenmarmelade auf die Kuchenplatten streichen und diese zusammensetzen.

12. Für den Guß den Puderzucker und Zitronensaft glattrühren und über den Kuchen streichen. Mit kandierten Früchten verzieren.

Variation

Cointreauglasur
250 g Puderzucker
3–4 EL Cointreau

Den Puderzucker in eine Schüssel sieben und mit so viel Cointreau glattrühren, daß eine dickflüssige Masse entsteht.

Honigkuchen aus der Napfkuchenform

Teig:
250 g Butter oder Margarine
125 g Honig
125 g brauner Zucker
5 Eier, ½ TL Zimt
abgeriebene Schale und Saft
von 1 ungespritzten Zitrone
1 Msp. Muskat
250 g Mehl
1 TL Backpulver
75 g rote Belegkirschen
100 g Rosinen
100 g Zitronat
Guß:
250 g Puderzucker
3 EL weißer Rum
Verzierung:
geraspelte Schokolade
einige ganze Mandeln
rote Belegkirschen
Außerdem:
Fett für die Form

Backzeit: etwa 70 Minuten
Schaltung: E: 175°C, G: 2

1. Die Butter oder Margarine zusammen mit dem Honig schaumig rühren. Den Zucker einrieseln lassen.

2. Die Eier nacheinander dazugeben und so lange rühren, bis sich der Zucker aufgelöst hat.

3. Den Zimt, die abgeriebene Zitronenschale, den Zitronensaft und Muskat dazurühren.

4. Das Mehl mit dem Backpulver mischen und gut unterrühren.

5. Die Belegkirschen und das Zitronat hacken und zusammen mit den Rosinen zum Schluß dazugeben.

6. Den Teig in eine gut gefettete Napfkuchenform füllen und im vorgeheizten Backofen (E: 175°C, G: 2) etwa 70 Minuten backen.

7. Danach den Kuchen noch 10 Minuten in der Form lassen, dann auf ein Kuchengitter stürzen, die Form abheben und den Kuchen auskühlen lassen.

8. Für den Guß den Puderzucker mit dem Rum verrühren und den Kuchen damit überziehen.

9. Die geraspelte Schokolade über den Guß streuen, bevor er hart wird.

10. Mit ganzen Mandeln und Belegkirschen garnieren.

Mein Tip

Packen Sie den Kuchen gut in Alufolie ein, und lassen Sie ihn einige Tage durchziehen, so kann sich das Aroma der Backzutaten noch besser entwickeln.

Sterntorte mit Schokoladen-Sahne-Füllung

Teig:
125 g Butter oder Margarine
75 g Zucker
1 P. Vanillinzucker
1 Prise Salz
2 Eier
100 g Mehl
50 g Stärkemehl
2 gestrichene TL Backpulver
75 g aufgelöstes Nußnougat
40 g gehackte Mandeln
1 TL Pfefferkuchengewürz
1 EL Kakao
1 EL Rum
Zum Beträufeln:
3 EL Himbeergeist
Zum Bestreichen:
4 EL Himbeergelee
Füllung:
1/8 l Sahne
1 Tafel Bitterschokolade
1 Msp. Zimt
Guß:
150 g Puderzucker
1 TL Zimt
1 Msp. Kakao
1–2 EL heißes Wasser
1 Würfel Kokosfett
Verzierung:
1 kleines Marzipanbrot
rosa Zuckerblümchen

Außerdem:
Fett für die Form

Backzeit: etwa 60 Minuten
Schaltung: E: 175°C, G: 2

1. Das Fett schaumig rühren, den Zucker, Vanillinzucker, das Salz und die Eier hinzufügen.

2. Das Mehl, Stärkemehl und Backpulver mischen und kurz unterrühren.

3. Danach die aufgelöste Nougatmasse, die Mandeln, das Pfefferkuchengewürz, den Kakao und Rum hinzufügen und unterrühren.

4. Den Teig in eine gut gefettete Sternform füllen.

5. Im vorgeheizten Backofen (E: 175°C, G: 2) etwa 60 Minuten auf unterer Schiene backen. Aus der Form lösen und erkalten lassen.

6. Zweimal durchschneiden. Mit Himbeergeist beträufeln und mit Himbeergelee bestreichen.

7. Die Sahne, Schokolade und den Zimt unter Rühren erwärmen (nicht kochen), kalt stellen und steif schlagen.

8. Etwas Schokoladensahne beiseite stellen. Die übrige Sahne auf die beiden unteren Böden streichen. Wieder zusammensetzen.

9. Für den Guß den Puderzucker, Zimt, Kakao, das heiße Wasser und heiße Kokosfett glattrühren und über den Stern gießen.

10. Sobald der Guß anfängt, fest zu werden, die restliche Schokoladensahne in einen Spritzbeutel mit Lochtülle geben und die Konturen auf dem Stern nachziehen.

11. Mit Marzipanscheiben und Zuckerblümchen verzieren.

Variation

Orangenguß
150 g Puderzucker
1–2 EL Orangensaft
1 EL Orangenlikör

Den Puderzucker in eine Schüssel sieben und mit dem Saft und Likör glattrühren.

Früchtebrot

Teig:
250 g Haselnüsse
125 g getrocknete Aprikosen
250 g Rosinen
125 g Korinthen
je 50 g Orangeat
und Zitronat
etwa ⅛ l Zwetschenwasser
250 g getrocknete
Kurpflaumen ohne Kerne
250 g getrocknete Birnen
250 g entsteinte Datteln
225 g Zucker
50 g Hefe
275 g Mehl
je 1 EL Zimt und
Aniskörner
je 1 Msp. gemahlene Nelken
Ingwerpulver
und Kardamom
Außerdem:
Fett für das Backblech
Alufolie
Pergamentpapier
oder Backpapier

Backzeit: etwa 75 Minuten
Schaltung: E: 200° C, G: 3

1. Die ganzen Haselnüsse, gewürfelte Aprikosen, gewaschene Rosinen und Korinthen, Orangeat und Zitronat in eine Schüssel geben und mit dem Zwetschenwasser übergießen. Zugedeckt über Nacht stehen lassen.

2. Die getrockneten Pflaumen, Birnen und Datteln würfeln und in einen großen Kochtopf geben.

3. ½ l Wasser und den Zucker dazugeben und aufkochen lassen. Danach die Früchte auf einem Sieb abtropfen lassen.

4. Den Fruchtsaft lauwarm werden lassen und ¼ l mit der zerbröckelten Hefe verrühren.

5. Das Mehl dazugeben und zu einem weichen Teig verarbeiten. Zugedeckt an einem warmen Ort etwa 30 Minuten gehen lassen.

6. Den Teig in eine große Schüssel geben und mit allen Früchten vorsichtig verkneten. Die Gewürze ebenfalls dazugeben. Der Teig wird feucht und klebrig.

7. Aus dem Teig 2 Brote formen und auf ein gefettetes Backblech legen.

8. Aus fester Alufolie zwei, etwa 3 cm breite Manschetten formen und diese um die Brote legen, damit sie nicht so auseinanderlaufen.

9. Im vorgeheizten Ofen (E: 200° C, G: 3) etwa 75 Minuten backen.

10. Nach etwa 40 Minuten die Brote mit Pergamentpapier oder Backpapier abdecken.

11. Nach dem Backen die warmen Brote einige Male mit dem restlichen Fruchtsaft bestreichen.

Weihnachtstorte

Teig:
7 Eigelb
5 EL Wasser
200 g Zucker
7 Eiweiß
225 g Mehl
1 TL Backpulver
1 EL Zitronensaft
Füllung:
300 g Nougat
600 g Rohmarzipan
250 g Puderzucker
½ Glas Johannisbeergelee
verschiedene Speisefarben
1 Eiweiß
Außerdem:
Fett und Pergamentpapier
für die Form

Backzeit: pro Boden 5–10 Minuten
Schaltung: E: 175°C, G: 2

1. Die Eigelbe mit dem Wasser und Zucker schaumig rühren.

2. Das Eiweiß sehr steif schlagen und auf die Eigelbmasse geben.

3. Das mit Backpulver gemischte Mehl darübersieben, den Zitronensaft dazugeben und alles vorsichtig mit einem Schneebesen mischen.

4. Eine Springform ausfetten, mit Pergamentpapier auslegen und nacheinander 6 Tortenböden (E: 175°C, G: 2) in jeweils 5–10 Minuten goldgelb backen.

5. Das Nougat zwischen Pergamentpapier ausrollen, 2 Tortenplatten in der Größe der anderen ausstechen und 2 Teigböden damit belegen.

6. Das Rohmarzipan mit dem Puderzucker verkneten und zweimal 160 g zu 2 Tortenplatten ausrollen. Auf 2 weitere Tortenböden legen.

7. Den 5. Tortenboden mit Johannisbeergelee bestreichen und die Tortenböden so zusammensetzen, daß zuerst ein Boden mit Nougat kommt, dann ein Boden mit Marzipan, darauf der Boden mit Johannisbeergelee und darauf wieder ein Nougatboden und ein Marzipanboden. Den letzten Boden daraufsetzen.

8. Die restliche Marzipanmasse ausrollen und über die Oberfläche und den Rand der Torte ziehen.

9. Die Marzipanreste wiederum ausrollen, einfärben und verschiedene Formen mit kleinen Ausstecherformen ausstechen.

10. Die ausgestochenen Formen mit Eiweiß auf die Torte kleben.

Julkrans (skandinavischer Weihnachtskuchen)

Teig:
20 g Hefe, 1 Prise Salz
etwa ¹/₁₀ l Milch
1 Eigelb
75 g Butter
4 EL Zucker
1 Prise Zimt
300 g Mehl
Füllung:
2 EL abgeriebene
Zitronenschale
50 g Walnußkerne
50 g Mandeln
75 g Sultaninen
3 EL Rum
3 EL Milch
50 g Korinthen
100 g gehackte kandierte
Früchte
3 EL grober Zucker

Belag:

1 Eigelb

1 Handvoll kandierte
Früchte und Mandelsplitter

Außerdem:

Mehl zum Ausrollen

Fett für das Blech

Backzeit: etwa 40 Minuten
Schaltung: E: 175–200°C,
G: 2–3

1. Die Hefe zerbröckeln und mit etwas Mehl und lauwarmer Milch sowie etwas Zucker zu einem Vorteig anrühren. 30 Minuten zugedeckt gehen lassen.

2. Mit allen übrigen, zimmerwarmen Zutaten zum Teig vermischen, einen Kloß formen und nochmals zugedeckt 30 Minuten gehen lassen.

3. Inzwischen alle Zutaten für die Füllung zerkleinern und zu einer dicken, feuchten Paste vermengen.

4. Aus dem Teig eine etwa 50 cm lange Rolle formen und zu einem Rechteck ausrollen.

5. Die Füllung darauf verteilen, zusammenrollen und die Ränder fest zusammendrücken.

6. Zu einem Kranz formen und auf ein gefettetes Backblech legen.

7. Nun mit Eigelb bestreichen, hübsch mit kandierten Früchten und Mandeln verzieren und im vorgeheizten Ofen (E: 175–200°C, G: 2–3) etwa 40 Minuten backen.

Quarkstollen

Teig:

500 g trockener Magerquark
oder Schichtkäse

500 g Mehl, ½ TL Salz

50 Butter oder Margarine

2 EL abgeriebene Schale
von 1 ungespritzten Zitrone

150 g Zucker

2 EL kleingehackte Mandeln

2 EL Rosinen

4 EL sehr klein geschnittene
kandierte Früchte
(inklusive Zitronat
und Orangeat)

1 P. Vanillinzucker

1 P. Backpulver

Zum Bestreichen:

2 EL zerlassene Butter

5 EL Puderzucker

1 EL Vanillinzucker

Außerdem:

Fett für das Blech

Backzeit: etwa 60 Minuten
Schaltung: E: 200°C, G: 3

1. Alle Zutaten kräftig miteinander verkneten, wobei man die Rosinen vorher nach Belieben in etwas Rum einweichen kann.

2. Einen länglichen, halbflachen Laib formen und zu einem Stollen übereinanderschlagen.

3. Auf einem gefetteten Blech im vorgeheizten Ofen (E: 200°C, G: 3) etwa 60 Minuten backen.

4. Noch heiß mit zerlassener Butter bepinseln und mit einer Mischung aus Puderzucker und Vanillinzucker bestreuen.

Original Dresdner Christstollen

Teig:

375 g Rosinen
125 g Korinthen, 4 cl Rum
2 P. Dauerhefe
oder 60 g frische Hefe
2 TL Zucker
knapp ¼ l lauwarme Milch
750 g Mehl
125 g feiner Zucker
2 P. Vanillinzucker
½ TL Salz
4 Tropfen Zitronenbacköl
je 1 Msp. Kardamom
und Muskat
250 g Butter
100 g Orangeat
100 g Zitronat
100 g Mandelsplitter
10 g abgezogene, gestiftelte bittere Mandeln

Zum Bestreichen:

75 g Butter

Zum Bestäuben:

50 g Puderzucker

Außerdem:

Alufolie
Fett

Backzeit: etwa 60 Minuten
Schaltung: E: 250/200° C,
G: 5/3

1. Die Rosinen und Korinthen über Nacht im Rum einweichen.

2. Die Dauerhefe oder frische Hefe mit den 2 Teelöffeln Zucker mischen, mit der Milch übergießen, gut durchrühren und 15 Minuten bei Zimmertemperatur gehen lassen.

3. 500 g Mehl in eine Rührschüssel sieben, in der Mitte eine Vertiefung eindrücken, den Zucker, Vanillinzucker, die Gewürze und die lauwarme Butter an den Rand des Mehls geben.

4. Die Hefe in die Mitte gießen und von der Mitte aus mit Mehl und den anderen Zutaten verarbeiten.

5. Das restliche Mehl darübersieben und so lange schlagen, bis der Teig glatt ist und sich leicht von der Schüssel löst.

6. Die im Rum eingeweichten Rosinen und Korinthen, das feingewürfelte Orangeat und Zitronat sowie Mandeln unterkneten.

7. Den Teig an einem warmen Ort zugedeckt so lange gehen lassen, bis er etwa das doppelte Volumen bekommen hat.

8. Kurz, aber kräftig durchkneten und zu einem etwa 30 x 15 cm großen Rechteck mit abgerundeten Ecken ausrollen.

9. Ein Drittel etwas dünner ausrollen, mit dem Rollholz leicht eindrücken und über den dickeren Teil klappen, so daß ein etwa 2 cm breiter Rand bleibt.

10. Den Stollen auf einer gefetteten Alufolie auf ein Backblech legen, die Folie um den Stollen hochklappen: So kann er nicht „laufen", sondern geht in die Höhe auf.

11. Zugedeckt an einem warmen Ort gehen lassen, bis er etwa um die Hälfte höher geworden ist.

12. Im vorgeheizten Ofen zunächst bei 250° C (G: 5), nach 10 Minuten bei 200° C (G: 3) etwa 50 Minuten backen.

13. Der Stollen ist gar, wenn ein Holzspießchen beim Herausziehen trocken ist.

14. Nach dem Backen wird der Stollen gleich mit der zerlassenen Butter eingestrichen und mit dem Puderzucker überstäubt.

So wird ein Stollen geformt

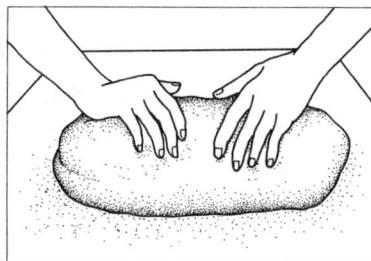

1. *Auf einer bemehlten Arbeitsfläche den Teig zu einem halbflachen Laib formen.*

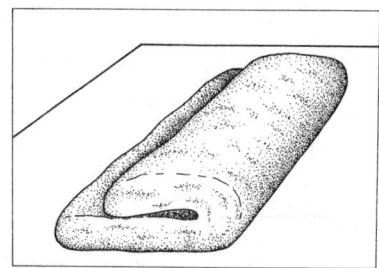

2. *Das Teigstück so übereinanderschlagen, daß unten ein etwa 2 cm breiter Rand übersteht.*

Früchtekuchen

(Foto Seite 403)

Teig:

3 Eier, 125 g Zucker
100 g Haselnüsse
100 g Mandeln
100 g Zitronat
100 g Orangeat
100 g getrocknete Feigen
250 g Rosinen oder Sultaninen
125 g Mehl
2 gestrichene TL
Backpulver
½ TL gemahlener Zimt

Guß:

200 g Puderzucker
1 TL Rum
1–2 EL Wasser

Verzierung:

1 EL abgezogene Mandeln
1 TL gehackte Pistazien
Belegkirschen

Außerdem:

Fett für die Form

Backzeit: 60–70 Minuten
Schaltung: E: 175–200°C,
G: 2–3

1. Eier und Zucker zu einer dickschaumigen Masse rühren.

2. Die Haselnüsse und Mandeln grob hacken. Zitronat und Orangeat und Feigen in kleine Würfel schneiden.

3. Zusammen mit den Rosinen oder Sultaninen sowie mit Mehl, Backpulver und Zimt unter die Eimasse rühren.

4. Den Teig in die gut ausgefettete Rehrückenform füllen und im vorgeheizten Backofen (E: 175 bis 200°C, G: 2–3) 60–70 Minuten backen.

5. Danach den Kuchen auf einem Kuchengitter auskühlen lassen.

6. Aus Puderzucker, Rum und etwas Wasser einen Zuckerguß rühren und den Früchtekuchen damit glasieren.

7. Mit abgezogenen Mandeln, gehackten Pistazien und Belegkirschen verzieren.

Weihnachtsstollen

Teig:
500 g Weizenmehl
1 P. Backpulver
2 Eier, 150 g Zucker
1 P. Vanillinzucker
½ TL Salz
125 g Butter oder Margarine
50 g Rinderfett oder
Kokosfett
250 g trockener Quark
125 g Korinthen
125 g Rosinen
125 g Mandeln oder
Haselnüsse
4 Tropfen Bittermandel-
Backaroma oder
5 bittere geriebene Mandeln
2 EL Rum
abgeriebene Zitronenschale von
1 ungespritzten Zitrone
1 Msp. Kardamom
1 Msp. Muskatblüte
40 g Zitronat
Zum Bestreichen:
50 g flüssige Butter
Zum Bestreuen:
50 g Puderzucker
Außerdem:
Fett für das Blech

Backzeit: etwa 75 Minuten
Schaltung: E: 200° C, G: 3

1. Mehl und Backpulver vermischen und auf ein Backbrett geben.

2. In die Mitte eine Vertiefung drücken und Eier, Zucker, Vanillinzucker und Salz hineingeben.

3. Darauf die in Stücke geschnittene Butter oder Margarine, das feingehackte Rinder- oder Kokosfett, den durch ein Sieb gestrichenen Quark und die gewaschenen und getrockneten Korinthen und Rosinen geben.

4. Die abgezogenen Mandeln in grobe Stücke hacken (Haselnüsse mahlen), das Zitronat kleinschneiden und ebenfalls mit den Gewürzen auf die anderen Zutaten geben.

5. Alles zusammen gut durchkneten. Sollte der Teig kleben, noch etwas Mehl darüberstreuen.

6. Den Teig zu einem Stollen formen, indem man ein Rechteck aus dem Teig formt und es der Länge nach zu ⅔ übereinanderschlägt.

7. Auf ein gefettetes Backblech legen und im vorgeheizten Ofen (E: 200° C, G: 3) etwa 75 Minuten backen.

8. Sogleich nach dem Backen mit flüssiger Butter bestreichen und dick mit Puderzucker bestäuben.

Mein Tip

Stollen sollten Sie möglichst früh backen, da sie durch längere Lagerung immer besser werden. Verpacken Sie den Stollen gut in Zellophanpapier oder in Alufolie und bewahren Sie ihn an einem kühlen Ort auf.

Früchtekuchen und Weihnachtsstollen ▷

Honigkuchen und Plätzchen

Nürnberger Lebkuchen

Teig:
4 Eier, 250 g Zucker
je 75 g gewürfeltes Orangeat
und Zitronat
1 Msp. Hirschhornsalz
75 g gehackte Mandeln
250 g Mehl
½ TL Zimt
je 1 Msp. Kardamom
geriebene Muskatnuß
und Nelkenpulver
Außerdem:
etwa 35 große rechteckige
Oblaten

Backzeit: etwa 20 Minuten
Schaltung: E: 160°C, G: 1–2

1. Die Eier mit dem Zucker in einer Schüssel schaumig rühren.

2. Das Orangeat, Zitronat, das in etwas Wasser aufgelöste Hirschhornsalz und die Mandeln dazugeben.

◁ Nürnberger Lebkuchen, Schokoladenlebkuchen

3. Das Mehl mit den Gewürzen mischen und unter die Eiermasse rühren. Den Teig etwa 5 Stunden ruhen lassen.

4. Danach die Oblaten mit dem Teig bestreichen und auf ein Backblech legen. Über Nacht trocknen lassen.

5. Im vorgeheizten Ofen (E: 160°C, G: 1–2) etwa 20 Minuten auf mittlerer Schiene backen, dabei die Ofentür nicht ganz schließen.

Schokoladenlebkuchen

Teig:
325 g Zucker, 4 Eier
je 75 g feingewürfeltes
Zitronat und Orangeat
100 g geschälte und
gemahlene Mandeln
15 g geschälte und
gehackte Pistazien
1 Prise Kardamom
je 1 Prise Muskat
Zimt und Nelkenpulver
abgeriebene Schale
von 1 ungespritzten Zitrone
240 g Mehl, 70 g Kakao
Außerdem:
runde Oblaten
Glasur:
100 g Kuvertüre

Backzeit: 25–30 Minuten
Schaltung: E: 200°C, G: 3

1. Den Zucker und die Eier schaumig rühren, das Zitronat, Orangeat, die Mandeln, Pistazien, die Gewürze und die abgeriebene Zitronenschale dazugeben.

2. Das Mehl mit dem Kakao unter die Teigmasse rühren.

3. Den Teig auf runde Oblaten von 10 cm Durchmesser verteilen und im vorgeheizten Backofen (E: 200°C, G: 3) 25–30 Minuten backen.

4. Nach dem Erkalten mit der Kuvertüre überziehen.

Thorner Honigkuchen

Teig:
2 Eier, 2 Eigelb
120 g Zucker, 250 g Honig
abgeriebene Schale von
1 ungespritzten Zitrone
je 1 Prise Zimt und
Nelkenpulver
50 g geschälte und
gehackte Mandeln
50 g würflig geschnittenes
Zitronat
300 g Mehl
1 TL Backpulver
Glasur:
100 g Puderzucker
1 Eiweiß
Saft von ½ Zitrone
Verzierung:
einige geschälte,
halbierte Mandeln
Außerdem:
Fett und Mehl
für das Backblech

Backzeit: etwa 25 Minuten
Schaltung: E: 175°C, G: 2

1. Die Eier, Eigelbe und den Zucker schaumig rühren.

2. Den flüssigen Honig, die Gewürze, Mandeln und das Zitronat dazugeben.

3. Das Mehl mit dem Backpulver vermischen und ebenfalls unterrühren. Alles gut verkneten.

4. Ein gefettetes Backblech mit Mehl bestäuben, den Teig darauf verteilen und glattstreichen.

5. Im vorgeheizten Ofen (E: 175°C, G: 2) etwa 25 Minuten backen.

6. Nach dem Backen den Kuchen auf ein Brett stürzen.

7. Den Puderzucker mit dem geschlagenen Eiweiß und dem Zitronensaft verrühren und über den Kuchen streichen.

8. Mit einem in Wasser getauchten Messer den Teig in gleich große Quadrate schneiden und mit je ½ Mandel verzieren.

Spekulatius

Teig:
500 g Mehl
125 g Butter
250 g Zucker
1 Ei
abgeriebene Schale von
1 ungespritzten Zitrone
3 g Zimt
1 P. Vanillinzucker
1 Prise Kardamom
1 Prise Nelkenpulver
1 Prise Salz
2 EL Milch
3 g Hirschhornsalz
Außerdem:
Mehl für die Modeln
Fett für das Backblech

Backzeit: etwa 15 Minuten
Schaltung: E: 200°C, G: 3

1. Das Mehl auf ein Backbrett geben und in der Mitte eine Mulde formen.

2. Die Butter in die Mitte geben, dazu den Zucker, das Ei und die Gewürze.

3. Alle Zutaten gut durcheinandermengen, das in Milch aufgelöste Hirschhornsalz dazugießen und nun von außen her das Mehl darunterarbeiten.

4. Den Teig über Nacht kühl stellen.

5. Den Teig in Stücke schneiden und Rollen von 5 cm Durchmesser formen. Auf die gut gemehlte Holzform legen, den Teig mit dem Handballen in die Form drücken und den überstehenden Teig mit einem Messer abschneiden.

6. Die Teigformen auf einem Tuch herausklopfen und auf ein gefettetes Blech setzen.

7. Sollten sich die Formen nicht aus dem Holz lösen, so müssen die Model besser bemehlt oder der Teig mit etwas Mehl fester gemacht werden.

8. Im vorgeheizten Ofen (E: 200°C, G: 3) etwa 15 Minuten backen.

Nußprinten

Teig:
125 g Honig
60 g Farinzucker
50 g Butter oder Margarine
1 Ei
50 g braune Kandisstückchen
150 g gemahlene Haselnußkerne
abgeriebene Schale von 1 ungespritzten Zitrone
½ TL gemahlener Zimt
½ TL gemahlene Nelken
½ TL Kardamom
250 g Mehl
½ P. Backpulver
Zum Bestreichen:
100 g Kuvertüre
30 g gehackte Haselnußkerne
Außerdem:
Mehl zum Ausrollen
Fett für das Backblech

Backzeit: etwa 20 Minuten
Schaltung: E: 175°C, G: 2

1. Den Honig, Farinzucker und die Butter oder Margarine in einem Topf langsam erwärmen, zerlassen und abkühlen.

2. Unter die fast erkaltete Masse das Ei, die Kandisstückchen, Haselnüsse, Gewürze und einen Teil des Mehls rühren.

3. Das restliche Mehl mit dem Backpulver mischen und unterkneten. Den Teig mindestens 60 Minuten zugedeckt ruhen lassen.

4. Dann auf einem bemehlten Backbrett 1½ cm dick ausrollen. In 7 cm lange, 3 cm breite Streifen schneiden.

5. Ein Backblech einfetten und die Teigstreifen darauflegen. Im vorgeheizten Ofen (E: 175°C, G: 2) etwa 20 Minuten auf der mittleren Schiene backen.

6. In der Zwischenzeit die Kuvertüre im Wasserbad erhitzen. Die gehackten Haselnußkerne unter die Masse mischen.

7. Die Printen aus dem Ofen nehmen, etwas abkühlen lassen und halb mit der Kuvertüre bestreichen. Erkalten lassen.

Gefüllte Spekulatius

Teig:
300 g Mehl
2 TL Backpulver
300 g Zucker
1 P. Spekulatiusgewürz
(fertige Mischung)
abgeriebene Schale von
1 ungespritzten Zitrone
2 Eier
300 g gemahlene Mandeln
300 g Butter
Füllung:
300 g Rohmarzipan
300 g Puderzucker
1 Eiweiß
Zum Bestreichen:
1 Ei
Verzierung:
100 g geschälte Mandeln
Außerdem:
Pergamentpapier
Fett für das Backblech

Backzeit: etwa 50 Minuten
Schaltung: E: 175°C, G: 2

1. Für den Teig das Mehl und Backpulver mischen. In die Mitte eine Mulde drücken.

2. Den Zucker, das Spekulatiusgewürz, die Zitronenschale und die Eier hineingeben.

3. Die Mandeln darüberstreuen. Die Butter in Flocken darauf verteilen.

4. Alles zu einem geschmeidigen Teig kneten.

5. Mit Pergamentpapier bedeckt 60 Minuten kühlen.

6. Das Rohmarzipan mit dem Puderzucker und Eiweiß in einer Schüssel geschmeidig kneten.

7. Ein Backblech einfetten und die Hälfte des Spekulatiusteigs darauf ausrollen.

8. Die Marzipanmasse zwischen 2 Blättern Pergamentpapier in der gleichen Größe ausrollen und auf den Teig legen.

9. Den restlichen Teig auf der bemehlten Arbeitsfläche in 3 Teile ausrollen.

10. Auf das Marzipan legen und mit dem Rollholz die Nähte verbinden, etwas nachdrücken.

11. Mit dem verquirlten Ei bestreichen.

12. Mandeln halbieren und die Teigoberfläche in Mustern damit belegen. Auch die Mandeln mit Ei bestreichen.

13. Auf der mittleren Schiene im vorgeheizten Ofen (E: 175°C, G: 2) etwa 50 Minuten backen.

14. Das Blech aus dem Ofen nehmen. Die Spekulatius sofort in gleichmäßige Rechtecke (4,5 x 8 cm) schneiden und auf dem Blech auskühlen lassen.

Aachener Printen

Teig:
250 g Honig
250 g brauner Kandiszucker
500 g Mehl
5 g Zimt
2 g Nelken
2 g Kardamom
1 Prise Salz, 10 g Pottasche
Außerdem:
Mehl zum Ausrollen
Fett für das Backblech

Backzeit: etwa 30 Minuten
Schaltung: E: 200°C, G: 3

1. Den Honig bei schwacher Hitze erwärmen und den zerstoßenen Kandiszucker hineingeben.

2. Wenn der Zucker sich aufgelöst hat, die Masse vom Herd nehmen und auskühlen lassen.

3. Das Mehl mit den Gewürzen mischen und in die Honigmasse einrieseln lassen.

4. Anfangs verrühren und zum Schluß mit der in 2–3 Eßlöffeln Wasser angerührten Pottasche verkneten. Den Teig etwa 1 Tag zugedeckt ruhen lassen.

5. Auf einem bemehlten Brett den Teig 2–3 mm dick ausrollen und in 8x2 cm breite Streifen schneiden.

6. In weitem Abstand voneinander auf ein gefettetes Backblech legen und im vorgeheizten Ofen (E: 200°C, G: 3) etwa 30 Minuten backen.

Anisplätzchen

Teig:
190 g Zucker
3 Eier
1 Prise Salz
190 g Mehl
1 TL gemahlener Anis
Glasur:
100 g Puderzucker
1 Eiweiß
1 EL Zitronensaft
Zum Bestreuen:
10 g Anissamen
Außerdem:
Fett und Mehl
für die Bleche

Backzeit: 8–10 Minuten
Schaltung: E: 175°C, G: 2

1. Den Zucker, die Eier und das Salz mit 1 Eßlöffel Wasser im warmen Wasserbad aufschlagen. Die Masse muß dick und schaumig sein. Weiterrühren, bis die Masse erkaltet ist.

2. Dann das Mehl und den gemahlenen Anis daruntermischen, etwas kühl stellen.

3. Die Masse in einen Spritzbeutel mit mittlerer Lochtülle füllen und auf gefettete und bemehlte Bleche 1,5 cm große Tupfer spritzen. Über Nacht an einem warmen Ort trocknen lassen.

4. Die Plätzchen auf der mittleren Schiene im vorgeheizten Backofen (E: 175°C, G: 2) 8–10 Minuten backen.

5. Den Puderzucker und das Eiweiß steif schlagen und mit dem Zitronensaft verrühren.

6. Die Plätzchen sofort mit dem Messer vom Blech lösen, mit der Zuckerglasur bestreichen und mit dem Anissamen bestreuen.

Krainer Honigpotizen

Belag:
250 g Honig
100 g gemahlene Haselnüsse
1 TL Zimt
½ TL gemahlene Nelken
1 EL Rum
etwas Weißwein
Teig:
250 g Mehl, 20 g Hefe
1 TL Zucker
knapp ⅛ l lauwarme Milch
40 g Zucker
50 g Butter oder Margarine
1 Ei, 1 Prise Salz
Zum Bestreichen:
1 Ei
Guß:
200 g Puderzucker
2–3 EL Wasser
2 Tropfen Zitronensaft
Außerdem:
Mehl zum Ausrollen
Fett für das Backblech

Backzeit: 40–50 Minuten
Schaltung: E: 200°C, G: 3

1. Den Honig aufkochen und mit den gemahlenen Haselnüssen, dem Zimt und den gemahlenen Nelken verrühren.

2. Die Masse mit dem Rum und etwas Weißwein geschmeidig rühren.

3. Das Mehl in eine Schüssel geben und in die Mitte eine Vertiefung drücken.

4. Die Hefe hineinbröckeln und mit dem Zucker und etwas lauwarmer Milch als Vorteig ansetzen. Zugedeckt etwa 15 Minuten gehen lassen.

5. Mit der restlichen Milch, den 40 g Zucker, dem Fett, dem Ei und Salz zu einem geschmeidigen Hefeteig verkneten. Nochmals 30 Minuten gehen lassen.

6. Den Teig auf einer bemehlten Arbeitsfläche ausrollen und mit der Haselnußmasse bestreichen.

7. Den Teig in Rechtecke schneiden und zu Rollen formen.

8. Die Rollen auf ein gefettetes Backblech legen und mit dem verquirlten Ei bestreichen. Nochmals zugedeckt 15 Minuten gehen lassen.

9. Im vorgeheizten Backofen (E: 200°C, G: 3) 40–50 Minuten backen.

10. Den Puderzucker mit dem Wasser und Zitronensaft glattrühren.

11. Die Rollen mit dem Guß bestreichen und dann in Scheiben schneiden.

Mandelpätzchen

Teig:
100 g geschälte Mandeln
50 g Schokolade
250 g Mehl
70 g Zucker
1 Prise Salz
1 EL Rum
200 g Butter oder Margarine
Zum Bestreichen:
2 Eigelb
Zum Bestreuen:
80 g gehackte Mandeln
Außerdem:
Alufolie
Mehl für das Backbrett

Backzeit: etwa 8 Minuten
Schaltung: E: 200°C, G: 3

1. Die Mandeln ungeschält durch die Mandelmühle drehen; dann die Schokolade fein reiben.

2. Das Mehl auf eine Arbeitsfläche geben. Den Zucker, das Salz, die gemahlenen Mandeln und die Schokolade daraufstreuen. Den Rum darüberträufeln.

3. Mit den Butter- oder Margarineflöckchen belegen.

4. Alles rasch verkneten und zu einer Teigkugel formen.

5. Den Teig in Alufolie verpackt mindestens 60 Minuten in den Kühlschrank legen.

6. Den Teig auf dem bemehlten Backbrett mit einem Nudelholz 3 mm dick ausrollen.

7. Runde Plätzchen mit gezackten Rändern (Durchmesser 3 cm) ausstechen und auf ein ungefettetes Backblech legen.

8. Mit den verquirlten Eigelben bestreichen und mit den gehackten Mandeln bestreuen. In dem vorgeheizten Ofen (E: 200°C, G: 3) etwa 8 Minuten auf der mittleren Schiene backen.

Sesamplätzchen

Teig:
70 g Sesam
160 g Butter
120 g Zucker
2 Eier
Mark von ½ Vanillestange
150 g Mehl
1 Prise Salz
1 TL Backpulver
½ TL Zimt
Füllung:
50 g Puderzucker
100 g Erdnußmus
Außerdem:
Backpapier

Backzeit: 15–20 Minuten
Schaltung: E: 150°C, G: 1–2

1. 50 g Sesam auf ein Backblech schütten und im vorgeheizten Ofen auf mittlerer Schiene bei 175°C (G: 2) etwa 10 Minuten rösten. Auskühlen lassen.

2. 110 g weiche Butter mit dem Zucker schaumig rühren, nach und nach die Eier und das Mark unterrühren.

3. Das Mehl, Salz, Backpulver, den Zimt und den gerösteten Sesam mischen und mit der Buttermasse zu einem Teig verkneten.

4. Ein Backblech mit Backpapier auslegen. Mit einem Spritzbeutel (kleine Lochtülle) im Abstand von 4 cm haselnußgroße Häufchen spritzen.

5. Im vorgeheizten Ofen (E: 150°C, G: 1–2) 15–20 Minuten auf mittlerer Schiene backen.

6. Wenn die Plätzchen etwas breitgelaufen sind, die Hälfte mit dem restlichen Sesam bestreuen.

7. Zu Ende backen, noch heiß vom Blech nehmen und auskühlen lassen.

8. Den Puderzucker und die restliche Butter unter das Erdnußmus rühren.

9. Die unbestreuten Plätzchen umdrehen. Das Mus mit einem Spritzbeutel (kleine Lochtülle) auf die Plätzchen spritzen. Die bestreuten Plätzchen darauflegen und etwas andrücken.

Falsche Zimtsterne

Teig:
250 g Haferflocken
250 g Zucker
50 g Butter, 1 Ei
½ Zitrone
1 TL Zimt
einige Tropfen
Bittermandelessenz
250 g Mehl
1 P. Backpulver
Glasur:
50 g Puderzucker
½ Eiweiß
Außerdem:
Zucker zum Ausrollen

Backzeit: etwa 20 Minuten
Schaltung: E: 200°C, G: 3

1. Die Haferflocken mit 50 g Zucker hellgelb rösten und auskühlen lassen.

2. Die Butter schaumig rühren, das Ei und den restlichen Zucker dazugeben.

3. Die Gewürze, die gerösteten Haferflocken, das Mehl und Backpulver dazugeben und alles gut verkneten.

4. Den Teig auf Zucker ausrollen und Sterne ausstechen.

5. Das Eiweiß mit dem Puderzucker schaumig schlagen und auf die Sterne streichen, danach im vorgeheizten Ofen (E: 200°C, G: 3) etwa 20 Minuten backen.

Spitzbuben mit Schokoladenglasur

Teig:
400 g Mehl
130 g gemahlene Mandeln
130 g Zucker
2 P. Vanillinzucker
1 Msp. Salz
250 g Butter
2 Eier
abgeriebene Schale von
1 ungespritzten Zitrone
Füllung:
100 g Hagebuttenkonfitüre
Glasur:
200 g Schokoladenfettglasur
Außerdem:
Mehl zum Ausrollen
Fett für das Backblech

Backzeit: 7–10 Minuten
Schaltung: E: 200°C, G: 3

1. Das Mehl mit den übrigen Zutaten rasch zu einem festen Teig verarbeiten und diesen 3 Stunden kühl stellen.

2. Eine Arbeitsfläche mit etwas Mehl bestäuben und den Teig darauf dünn ausrollen.

3. Aus dem Teig mit einem Wasserglas runde Plätzchen ausstechen, diese auf ein gefettetes Backblech legen und nochmals 30 Minuten kühl stellen.

4. Danach im vorgeheizten Ofen (E: 200°C, G: 3) 7–10 Minuten backen.

5. Die Hälfte der noch heißen Plätzchen mit Hagebuttenkonfitüre bestreichen und die andere daraufsetzen. Auskühlen lassen.

6. Die Glasur nach Anleitung zubereiten und die Plätzchen bis zur Hälfte darin eintauchen. Auf einem Gitter abtropfen und auskühlen lassen.

Korinthenhäufchen

Teig:
125 g Korinthen
2 EL Rum
125 g Butter
2 Eigelb
125 g Zucker
1 P. Vanillinzucker
200 g Mehl
Zum Bestreichen:
1 Eiweiß
Verzierung:
25 g Korinthen
Außerdem:
Fett und Mehl
für das Blech

Backzeit: 12–15 Minuten
Schaltung: E: 175°C, G: 2

1. Die Korinthen mindestens 1 Stunde in dem Rum einweichen.

2. Die weiche Butter in einer Schüssel schaumig rühren, nach und nach die Eigelbe, den Zucker und Vanillinzucker untermischen. Dann die Masse noch rühren bis sich der Zucker aufgelöst hat.

3. Die eingeweichten Korinthen mit dem Rum dazugeben, das gesiebte Mehl unterkneten.

4. Ein Backblech einfetten und mit Mehl bestäuben.

5. Mit einem Teelöffel kleine Teighäufchen abstechen und in Abständen von etwa 4 cm auf das Blech setzen, da der Teig beim Backen etwas läuft.

6. Im vorgeheizten Ofen (E: 175°C, G: 2) 12–15 Minuten auf mittlerer Schiene backen.

7. Die noch heißen Plätzchen mit dem geschlagenen Eiweiß bestreichen und in die Mitte von jedem Plätzchen ein paar Korinthen setzen.

Frankfurter Bethmännchen

Teig:
100 g süße Mandeln
250 g Marzipanrohmasse
60 g Puderzucker
1 Eiweiß
10 g Mehl
Zum Bestreichen:
1 Eigelb
Außerdem:
Fett und Mehl für das Blech

Backzeit: 10–15 Minuten
Schaltung: E: 175°C, G: 2

1. Die Mandeln kurz in kochendes Wasser geben, kalt abschrekken, die Haut abziehen, die Mandeln flach hinlegen und einmal längs durchschneiden.

2. Marzipanrohmasse, Puderzucker und Eiweiß zu einer glatten Masse verarbeiten, dann das Mehl unterkneten.

3. Die Hände mit Wasser abspülen und aus dem Teig kleine Kugeln formen. Auf ein gefettetes und bemehltes Backblech geben.

4. An jede Kugel 3 Mandelhälften setzen und mit Eigelb bestreichen.

5. Im vorgeheizten Backofen (E: 175°C, G: 2) 10–15 Minuten auf der mittleren Schiene backen.

Ausstecherle

Teig:
100 g Butter, 100 g Zucker
1 Ei, 1 P. Vanillinzucker
250 g Mehl
1 Msp. Backpulver
Zum Bestreichen:
1–2 Eigelb
Verzierung:
gehackte Mandeln
Hagelzucker
bunte Zuckerperlen
Walnüsse
Außerdem:
Mehl zum Ausrollen
Fett für das Blech

Backzeit: etwa 10 Minuten
Schaltung: 220°C, G: 4

1. Die Butter mit dem Zucker und dem Ei schaumig rühren und den Vanillinzucker sowie das Backpulver zusammen mit dem Mehl dazugeben.

2. Den Teig rasch zusammenkneten und 30 Minuten kühl stellen.

3. Danach auf einer bemehlten Platte ausrollen und mit verschiedenen Ausstecherformen ausstechen.

4. Die Plätzchen auf ein gefettetes Backblech setzen, mit dem Eigelb bestreichen und nach Belieben mit gehackten Mandeln, Hagelzucker, bunten Zuckerperlen oder halben Walnüssen verzieren.

5. Im vorgeheizten Ofen (E: 220°C, G: 4) etwa 10 Minuten backen.

Bischofsmützen

Teig:
400 g Mehl
2 Eigelb
100 g Zucker
2 P. Vanillinzucker
200 g Butter oder Margarine
Füllung:
1 Glas Aprikosenkonfitüre
Zum Bestreichen:
2 Eiweiß
Zum Bestäuben:
Puderzucker
Außerdem:
Fett für das Backblech

Backzeit: 15–20 Minuten
Schaltung: E: 200°C, G: 3

1. Das Mehl auf ein Backbrett geben, in die Mitte eine Vertiefung drücken und die Eigelbe, den Zucker und Vanillinzucker hineingeben.

2. Diese Zutaten mit etwas Mehl zu einem Brei verrühren.

3. Die Butter oder Margarine in Flöckchen darübergeben und alles zusammen gut durchkneten.

4. Den Teig kalt stellen, danach auf Mehl dünn auswellen und runde Plätzchen ausstechen.

5. In die Mitte eines jeden Plätzchens etwas Aprikosenkonfitüre geben, die Ränder mit Eiweiß bestreichen und von 3 Seiten so nach oben drücken, daß kleine Bischofsmützen entstehen. Die Konfitüre muß noch etwas zu sehen sein.

6. Die Bischofsmützen auf ein gefettetes Backblech geben und im vorgeheizten Ofen (E: 200°C, G: 3) 15–20 Minuten backen.

7. Nach dem Backen auf einem Backrost erkalten lassen und mit Puderzucker bestauben.

Walnußmakronen

Teig:
400 g Walnußkerne

400 g Zucker

2 P. Vanillinzucker

1 TL Zimt

4 Eiweiß

Guß:
Schokoladenfettglasur

Außerdem:
Backpapier

Backzeit: etwa 15 Minuten
Schaltung: E: 160°C, G: 1–2

1. Von den Walnußkernen etwa 100 g abnehmen. Die restlichen Kerne mahlen, mit Zucker, Vanillinzucker, Zimt und geschlagenem Eiweiß vermischen.

2. Auf ein mit Backpapier belegtes Blech spiralenförmige Plätzchen in der Größe eines Fünf-Mark-Stücks aufspritzen.

3. Je 1 Walnußhälfte aufsetzen und im vorgeheizten Ofen (E: 160°C, G: 1–2) etwa 15 Minuten backen.

4. Nach Wunsch können die Makronen, wenn sie abgekühlt sind, noch mit den Rändern in Schokoladenfettglasur getaucht werden.

Haferflocken-makronen

Teig:
250 g Zucker

3 Eier

50 g Butter

350 g Haferflocken

½ Tasse Milch

1 P. Backpulver

Saft von je 1 Orange
und Zitrone

60 g feingewürfeltes Zitronat

Außerdem:
runde Oblaten

Backzeit: etwa 20 Minuten
Schaltung: E: 180°C, G: 2

1. Eier und Zucker schaumig rühren, flüssige Butter und die übrigen Zutaten nach und nach dazugeben.

2. Die Masse mit einem Teelöffel auf die Oblaten verteilen und bei 180°C (G: 2) etwa 20 Minuten backen.

Heidesand

Teig:
125 g Butter

125 g Zucker

200 g Mehl

1 P. Vanillinzucker

1 TL Backpulver

Außerdem:
Fett für das Blech

Backzeit: etwa 10 Minuten
Schaltung: E: 200°C, G: 3

1. Die Butter leicht bräunen und abkühlen lassen.

2. Danach den Zucker, das Mehl, vermengt mit dem Backpulver und den Vanillinzucker dazugeben.

3. Aus dem Teig kleine Kugeln formen und auf dem gefetteten Backblech im vorgeheizten Ofen (E: 200°C, G: 3) etwa 10 Minuten backen.

Gewürzringe

Teig:

250 g Butter oder Margarine
ausgeschabtes Mark von
1 Vanilleschote
220 g Zucker, 2 Eier
2 Eigelb
250 g Stärkemehl
250 g Mehl
½ TL Zimt
1 Prise Nelkenpulver
½ TL Kardamom

Außerdem:

Fett für das Backblech

Backzeit: etwa 10 Minuten
Schaltung: E: 200°C, G: 3

1. Die Butter oder Margarine schaumig rühren und das Vanille-mark dazugeben.

2. Danach den Zucker und die Eier abwechselnd dazugeben, das Stärkemehl, ⅓ des Mehls und die Gewürze darunterrühren und zum Schluß das restliche Mehl. Gut durchkneten.

3. Den Teig in einen Spritzbeutel mit gezackter Tülle füllen und kleine Ringe auf ein gefettetes Backblech spritzen.

4. Im vorgeheizten Ofen (E: 200°C, G: 3) etwa 10 Minute bak-ken und auf einem Kuchenrost erkalten lassen.

Pfeffernüsse

Teig:

500 g Mehl
3 TL Backpulver
300 g Zucker
2 Eier
6 EL Milch
je 1 Msp. Ingwer
Nelken, Muskat
weißer Pfeffer
½ TL Zimt
abgeriebene Schale von
je ½ ungespritzten Orange
und Zitrone
50 g gemahlene Mandeln
30 g kleingewürfeltes Zitronat

Guß:

200 g Puderzucker
2–3 EL Wasser

Außerdem:

Fett für das Blech

Backzeit: etwa 20 Minuten
Schaltung: E: 175°C, G: 2

1. Das Mehl mit dem Backpulver mischen und in eine große Schüssel oder auf ein Backbrett sieben und in die Mitte eine Mulde drük-ken.

2. Die Eier, den Zucker, die Milch und die Gewürze hineingeben und mit einem Teil des Mehls ver-arbeiten.

3. Danach die restlichen Zutaten über die Masse verteilen und alles zu einem glatten Teig verkneten. 30 Minuten kalt stellen.

4. Den Teig zu einer Rolle for-men (2 cm Durchmesser) und Scheiben abschneiden.

5. Die Scheiben auf ein gefette-tes Backblech legen und im vor-geheizten Ofen (E: 175°C, G: 2) etwa 20 Minuten backen.

6. Den Puderzucker mit 2–3 Eß-löffeln heißem Wasser zu einer glatten Masse verrühren und auf die erkalteten Scheiben strei-chen.

Springerle

Teig:
4 Eier
500 g Zucker
abgeriebene Schale von
1 ungespritzten Zitrone
550 g Mehl
Zum Bestreuen:
Anis
Außerdem:
Mehl für die Modeln
Fett für das Blech

Backzeit: 15–20 Minuten
Schaltung: E: 160°C, G: 1–2

1. Die Eier und den Zucker so lange schaumig rühren, bis sich der Zucker ganz aufgelöst hat. Die Zitronenschale und 500 g Mehl unterkneten.

2. Die Arbeitsfläche mit etwas Mehl bestäuben und den Teig etwa ½ cm dick ausrollen.

3. Das restliche Mehl in ein Mullsäckchen füllen. Die Model damit innen bestäuben und fest auf den Teig drücken.

4. Die Formen ausschneiden und über Nacht bei Zimmertemperatur trocknen lassen.

5. Ein Backblech einfetten, mit Anis bestreuen und die Springerle darauflegen.

6. Im vorgeheizten Ofen (E: 160°C, G: 1–2) 15–20 Minuten auf mittlerer Schiene backen. Auskühlen lassen.

Haselnußgebäck

Teig:
200 g Butter oder Margarine
125 g Puderzucker
2 Eier
125 g gemahlene Haselnüsse
125 g Mehl
1 Prise Salz
1 Msp. Zimt
Verzierung:
etwa 60 ganze Haselnüsse (30 g)
Außerdem:
Fett für das Blech

Backzeit: etwa 15 Minuten
Schaltung: E: 175°C, G: 2

1. Die Butter oder Margarine in einer Schüssel glattrühren. Mit dem Puderzucker und den Eiern schaumig schlagen.

2. Nach und nach die gemahlenen Haselnüsse, das Mehl, das Salz und den Zimt einkneten.

3. 2 Stunden zugedeckt im Kühlschrank ruhen lassen.

4. Ein Backblech einfetten. Aus dem Teig kleine Kugeln formen und auf das Blech legen.

5. In die Mitte jeder Kugel eine Haselnuß drücken.

6. Im vorgeheizten Ofen (E: 175°C, G: 2) etwa 15 Minuten auf mittlerer Schiene backen.

Kokosnußmakronen

Teig:
4 Eiweiß
175 g Zucker
300 g Kokosraspeln
abgeriebene Schale von
1 ungespritzten Zitrone
Außerdem:
Fett oder Backpapier
für das Blech

Backzeit: etwa 30 Minuten
Schaltung: E: 160°C, G: 2

1. Das Eiweiß steif schlagen und nach und nach den Zucker einrieseln lassen. Dabei immer weiter schlagen, damit die Masse steif wird.

2. Die Kokosraspeln und die abgeriebene Zitronenschale unterziehen.

3. Ein Backblech einfetten oder mit Backpapier belegen und mit einem Teelöffel kleine Teighäufchen daraufsetzen.

4. Im vorgeheizten Ofen (E: 160°C, G: 2) etwa 30 Minuten auf mittlerer Schiene backen.

5. Auf einem Kuchengitter auskühlen lassen.

Albertle

Teig:
125 g Butter
250 g Zucker, 4 Eier
2 P. Vanillinzucker
250 g Mehl
250 g Stärkemehl
3 EL Sahne
1 P. Backpulver
Außerdem:
Fett für das Blech

Backzeit: etwa 15 Minuten
Schaltung: E: 175–200°C,
G: 2–3

1. Die Butter schaumig rühren und abwechselnd die Eier, den Zucker und die übrigen Zutaten untermischen.

2. Auf dem Backbrett zu einem glatten Teig verkneten und 1 Stunde ruhen lassen. Wenn er klebt, noch Mehl darunterkneten.

3. Dann den Teig sehr dünn ausrollen und mit dem Reibeisen ein Muster aufdrücken und Plätzchen oder Formen ausstechen.

4. Im vorgeheizten Ofen (E: 175–200°C, G: 2–3) auf einem gefetteten Backblech etwa 15 Minuten backen.

Mandelhörnchen

Teig:
125 g Butter
1 Ei, 125 g Zucker
75 g grob gemahlene Mandeln
1 Msp. Zimt
200 g Mehl
Außerdem:
Fett für das Blech

Backzeit: etwa 15 Minuten
Schaltung: E: 200°C, G: 3

1. Die Butter schaumig rühren und das Ei sowie den Zucker dazugeben.

2. Wenn die Masse schön glattgerührt ist, die gemahlenen Mandeln, den Zimt und das Mehl dazugeben und alles zu einem Mürbeteig verkneten. Den Teig etwa 30 Minuten kühl stellen.

3. Danach den Teig zu dünnen Rollen formen, von den Rollen jeweils Stücke von etwa 5 cm abschneiden und diese zu Hörnchen formen.

4. Die Hörnchen auf ein gefettetes Backblech legen und im vorgeheizten Ofen (E: 200°C, G: 3) etwa 15 Minuten backen.

Marzipanbusserl

Teig:
200 g Mehl
50 g gemahlene Mandeln
oder Haselnüsse
1 Ei, 1 Prise Salz
125 g Zucker
1 P. Vanillinzucker
100 g Butter oder Margarine
Füllung:
3–4 EL Himbeer- oder
Sauerkirschkonfitüre
Verzierung:
125 g Marzipanrohmasse
Guß:
200 g bittere Kuvertüre
Außerdem:
Puderzucker
Pergamentpapier
oder Alufolie

Backzeit: etwa 15 Minuten
Schaltung: E: 225°C, G: 4

1. Das Mehl und die gemahlenen Mandeln oder Haselnüsse auf das Backbrett geben und eine Mulde eindrücken.

2. Das Ei, Salz, den Zucker und Vanillinzucker hineingeben. Die Butter oder Margarine in Flöckchen darüber verteilen.

3. Alle Zutaten mit einem breiten Pfannenmesser verhacken und dann rasch mit kühlen Händen einen glatten Mürbeteig kneten. Im Kühlschrank 30 Minuten durchkühlen.

4. Den Teig auf leicht bemehlter Unterlage etwa 3 mm dick ausrollen.

5. Runde Plätzchen von etwa 3 cm Durchmesser mit einer Form oder einem kleinen Glas ausstechen und auf das gefettete Backblech legen.

6. Im vorgeheizten Backofen (E: 225°C, G: 4) in etwa 15 Minuten zu schöner Farbe backen.

7. Vom Blech lösen, auf ein Kuchengitter legen und abkühlen lassen.

8. Die Himbeer- oder Sauerkirschkonfitüre glattrühren und jeweils zwei runde Plätzchen mit etwas Konfitüre zusammenkleben.

9. Die Marzipanrohmasse auf dem Puderzucker ausrollen oder zwischen 2 Bogen Pergamentpapier oder Alufolie legen und ausrollen. Dabei die Bogen zwischendurch lösen und wieder auflegen.

10. Kleine runde Plätzchen von etwa 1½ cm Durchmesser ausstechen.

11. Die Kuvertüre im heißen Wasserbad schmelzen.

12. Die gefüllten Plätzchen mit der flüssigen Schokoladenglasur überziehen und in die Mitte jeweils ein Marzipanplätzchen drücken.

Mein Tip

Luftdicht aufbewahrt hält dieses Gebäck lange frisch.

Mandelrhomben

Teig:
250 g Mehl
125 g Butter oder Margarine
60 g Zucker
3 Eigelb
Belag:
3 Eiweiß
200 g Zucker
200 g gemahlene Mandeln
etwas abgeriebene
Zitronenschale
1 EL Zimt
Außerdem:
Mehl zum Ausrollen
Fett für das Blech

Backzeit: etwa 10 Minuten
Schaltung: E: 220°C, G: 4

1. Das Mehl, die weiche Butter oder Margarine, den Zucker und die Eigelbe zu einem Mürbeteig verarbeiten.

2. In Alufolie einschlagen und 1 Stunde kaltstellen.

3. Dann auf einer bemehlten Arbeitsfläche messerrückendick ausrollen. Dabei das Rollholz nicht zu stark aufdrücken, weil der Teig sonst reißt!

4. Mit einem Kuchenrädchen oder scharfen Messer Rhomben von 4 cm Seitenlänge ausschneiden, auf ein gefettetes Blech legen und kalt stellen.

5. In der Zwischenzeit das Eiweiß sehr steif schlagen, dann den Zucker, die Mandeln, Zitronenschale und den Zimt unterheben.

6. Mit einem Teelöffel kleine Häufchen auf die Rhomben setzen.

7. Im vorgeheizten Backofen (E: 220°C, G: 4) etwa 10 Minuten backen, auf einem Kuchengitter erkalten lassen.

Haselnußschnitten

Teig:
3 Eiweiß
500 g gemahlene Haselnüsse
500 g Puderzucker
Außerdem:
Puderzucker zum Ausrollen
Fett für das Blech

Backzeit: 10–15 Minuten
Schaltung: E: 175°C, G: 2

1. Das Eiweiß zu sehr steifem Schnee schlagen und mit dem gesiebten Puderzucker verrühren. Von dieser Masse 1 Tasse voll für die Glasur zurückstellen.

2. Die gemahlenen Nüsse nach und nach unter die Eiweiß-Zucker-Masse rühren, bis sich alles zu einer ganz festen Masse gebunden hat. Eventuell gemahlene Haselnüsse zurücklassen.

3. Auf Puderzucker dünn ausrollen und in Streifen schneiden.

4. Die Streifen auf ein gefettetes Backblech legen und vor dem Backen mit der Glasur bestreichen.

5. Im vorgeheizten Ofen (E: 175°C, G: 2) 10–15 Minuten hellgelb backen.

Buttergebäck

Teig:
250 g Butter
250 g Zucker, 4 Eier
500 g Mehl
abgeriebene Zitronenschale
Zum Bestreuen:
Zucker
Außerdem:
Mehl zum Ausrollen
Fett für das Backblech

Backzeit: etwa 15 Minuten
Schaltung: E: 175–200°C,
G: 2–3

1. Die Butter mit dem Zucker schaumig rühren und nach und nach die Eier dazugeben.

2. Die abgeriebene Zitronenschale und das Mehl unterarbeiten und den Teig etwa 1 Stunde kühl stellen.

3. Danach auf einer bemehlten Arbeitsfläche ausrollen und Plätzchen in beliebigen Formen ausstechen.

4. Die Plätzchen auf ein gefettetes Backblech legen und im vorgeheizten Ofen (E: 175–200°C, G: 2–3) in etwa 15 Minuten goldgelb backen.

5. Nach dem Backen sofort vom Blech lösen und mit Zucker bestreuen.

Braune Lebkuchen

Teig:
500 g Bienenhonig
250 g Zucker, 750 g Mehl
125 g geriebene Schokolade
125 g gewürfeltes Zitronat
125 g sehr fein
gehackte Mandeln
je 1 TL Zimt und Kakao
¼ TL gemahlene Nelken
1 Prise Salz
3 gestrichene TL
Hirschhornsalz, 1 EL Wasser
Zum Bestreichen:
1 EL Rosenwasser
Guß:
200 g Kuvertüre
30 g geschälte Pistazien
Außerdem:
Fett für das Blech

Backzeit: 30–35 Minuten
Schaltung: E: 175°C, G: 2

1. Den Honig und Zucker im Topf erhitzen und flüssig werden lassen. Leicht abkühlen.

2. Das Mehl, die geriebene Schokolade, das Zitronat, die Mandeln, den Zimt, Kakao, die Nelken und das Salz mischen und in die Honigmasse geben.

3. Das Hirschhornsalz mit etwas Wasser verrühren und dazugeben. Alles gut miteinander verkneten.

4. Ein Backblech einfetten und den Teig darauf ausrollen. 4 Tage bei Zimmertemperatur ruhen lassen.

5. Vor dem Backen dünn mit einem Teil des Rosenwassers bestreichen.

6. Im vorgeheizten Ofen (E: 175°C, G: 2) 30–35 Minuten backen.

7. Den Kuchen vom Blech lösen. Noch warm mit dem restlichen Rosenwasser bestreichen.

8. Die Kuvertüre im Wasserbad auflösen und sofort darüberstreichen.

9. Die Kuchenplatte in 6 x 6 cm große Quadrate schneiden.

10. Die Pistazien hacken und die Lebkuchen damit garnieren solange die Kuvertüre noch weich ist.

Basler Brunsli

Teig:
250 g Zucker
250 g geriebene Mandeln
1 Msp. Zimt
2 EL Mehl
2 Eiweiß
100 g bittere Schokolade
Außerdem:
Zucker zum Ausrollen
Backpapier für das Blech

Backzeit: 5–10 Minuten
Schaltung: E: 220°C, G: 4

1. Den Zucker, die Mandeln, den Zimt und das Mehl verrühren.

2. Das Eiweiß sehr steif schlagen und die im Wasserbad aufgelöste Schokolade darunterziehen.

3. Den Teig auf einer mit Zucker bestreuten Arbeitsfläche etwa 5 mm dick ausrollen und Formen ausstechen.

4. Auf ein mit Backpapier ausgelegtes Backblech legen und einige Stunden trocknen lassen.

5. Danach im vorgeheizten Ofen (E: 220°C, G: 4) 5–10 Minuten backen.

Dattelmakronen

Teig:
3 Eiweiß
250 g Puderzucker
1 P. Vanillinzucker
250 g entkernte Datteln
250 g Mandelstifte
Außerdem:
Backoblaten von
4 cm Durchmesser

Backzeit: etwa 15 Minuten
Schaltung: E: 175–200°C,
G: 2–3

1. Das Eiweiß zu steifem Schnee schlagen und den Puderzucker unter weiterem Schlagen einrieseln lassen. Den Vanillinzucker dazugeben.

2. Die Datteln in dünne Streifen schneiden und mit den Mandelstiften dazugeben.

3. Mit einem Teelöffel kleine Teighäufchen auf die Backoblaten setzen und diese etwa 2 Stunden trocknen lassen.

4. Auf einem ungefetteten Backblech in den Backofen (E: 175 bis 200°C, G: 2–3) schieben und in etwa 15 Minuten hellgelb backen.

Zitronenlaibchen

Teig:
125 g Zucker, 2 Eier
150 g Mehl
½ TL Anis
abgeriebene Schale
von 1 Zitrone
Verzierung:
kleingeschnittenes Zitronat
Außerdem:
Fett und Mehl
für das Blech

Backzeit: 20–30 Minuten
Schaltung: E: 175°C, G: 2

1. Zucker und Eier schaumig rühren und das Mehl, Anis und die Zitronenschale dazugeben.

2. Mit 2 Teelöffeln kleine Häufchen auf ein bemehltes und gefettetes Blech setzen, in die Mitte eines jeden Häufchens ein kleines Stück Zitronat setzen und über Nacht ruhen lassen.

3. Danach im vorgeheizten Backofen (E: 175°C, G: 2) 20–30 Minuten backen. Die Laibchen müssen ein schönes Füßchen und eine glatte Oberfläche haben.

Mandelstangen

Teig:
125 g gemahlene Mandeln
180 g Zucker
50 g Zitronat
3 Eiweiß
1 P. Vanillinzucker
1 Msp. Zimt
Glasur:
1 Becher Schokoladenglasur
Außerdem:
5–6 Oblaten (12 x 20 cm)

Backzeit: 10–15 Minuten
Schaltung: E: 175°C, G: 2

1. Die gemahlenen Mandeln mit dem Zucker in der Pfanne hellbraun rösten und wieder kalt werden lassen.

2. Das feingehackte Zitronat untermischen.

3. Das Eiweiß sehr steif schlagen, Vanillinzucker, Zimt und die Mandelmischung locker unterheben.

4. Die Masse etwa ½ cm dick gleichmäßig auf die Oblaten streichen und in 2–3 cm breite Streifen schneiden.

5. Im Backofen (E: 175°C, G: 2) in 10–15 Minuten auf dem ungefetteten Backblech ganz hell bakken.

6. Noch heiß um ein Nudelholz biegen, damit kleine Bogen entstehen.

7. Die Stangenenden in die in heißem Wasserbad geschmolzene Schokoladenglasur tauchen und trocknen lassen.

Schokoladenmazurek

Teig:
300 g Mehl
125 g Butter oder Margarine
100 g Zucker, 1 Ei
Belag:
2 Eier
100 g Puderzucker
100 g geriebene Schokolade
50 g geschälte und gemahlene Mandeln
50 g Rosinen
1 EL Mehl

Außerdem:
Mehl zum Ausrollen
Fett für das Blech

Backzeit: insgesamt etwa 25 Minuten
Schaltung: E: 200°C, G: 3

1. Aus dem Mehl, der Butter oder Margarine, dem Zucker und Ei einen Mürbeteig bereiten und diesen 30 Minuten kalt stellen.

2. Danach dünn ausrollen, auf ein gefettetes Blech legen und in 15 Minuten bei 200°C (G: 3) hell backen.

3. Für den Belag die Eier mit dem Puderzucker schaumig rühren und die Schokolade dazugeben.

4. Die Mandeln, Rosinen und das Mehl dazugeben und die Masse auf den noch warmen Kuchen streichen.

5. Nochmals bei gleicher Backhitze für etwa 10 Minuten in den Ofen schieben. Danach in Rhomben oder Quadrate schneiden.

Maria-Theresien-Taler

Teig:
100 g gestiftelte Mandeln
50 g feingehacktes Orangeat
150 g feiner Zucker
1 EL Mehl, ¼ l Sahne
Zum Bestreichen:
2 EL Rum
Guß:
Schokoladenglasur
Außerdem:
Fett für das Blech

Backzeit: etwa 15 Minuten
Schaltung: E: 175–200°C,
G: 2–3

1. Die Mandeln mit dem Orangeat, Zucker und Mehl mischen, die Sahne dazugeben und alles kurz aufkochen lassen. Zum Auskühlen stellen.

2. Mit einem Teelöffel kleine Häufchen auf ein gefettetes Backblech legen.

3. Diese zu kleinen Scheibchen flachdrücken und mit Rum bepinseln.

4. Im vorgeheizten Ofen (E: 175–200°C, G: 2–3) etwa 15 Minuten backen.

5. Die Maria-Theresien-Taler am nächsten Tag bis zur Hälfte in Schokoladenglasur tauchen.

Husarenkrapfen

Teig:
300 g Mehl
1 TL Backpulver
80 g Zucker
2 Tropfen Bittermandelbacköl
1 Eigelb
1 Prise Salz
100 g gemahlene Haselnüsse
200 g Butter oder Margarine
Füllung:
6 EL rote Konfitüre
Zum Wälzen:
Puderzucker
1–2 P. Vanillinzucker
Außerdem:
Fett für das Blech

Backzeit: etwa 15 Minuten
Schaltung: E: 200°C, G: 3

1. Das Mehl mit dem Backpulver auf ein Backbrett sieben. Die übrigen Zutaten darüber verteilen.

2. Alles zu einem glatten Teig verkneten und 1 Stunde kalt stellen.

3. Dann den Teig zu Rollen formen; walnußgroße Stücke abschneiden, zu Kugeln formen und auf das gefettete Backblech setzen.

4. In die Mitte jeder Kugel mit einem Rührlöffelstiel oder der Fingerkuppe eine Vertiefung eindrücken. Diese mit Konfitüre füllen.

5. Im vorgeheizten Backofen (E: 200°C, G: 3) etwa 15 Minuten goldbraun backen.

6. Den Puderzucker und Vanillinzucker auf einem Teller mischen und die Plätzchen noch warm darin wälzen.

Nußmakronen

Teig:
250 g geriebene Haselnüsse
3 Eiweiß
250 g Zucker
1 Prise Salz
1 TL Zimt
abgeriebene Schale von
1 ungespritzten Zitrone
Außerdem:
Backoblaten mit
kleinstem Durchmesser.

Backzeit: 10–12 Minuten
Schaltung: E: 200°C, G: 3

1. Die Haselnüsse, Eiweiß, den Zucker, das Salz, den Zimt und die Zitronenschale in einen Topf geben.

2. Bei sehr milder Hitze 8–10 Minuten ständig rühren, bis der Zucker sich auflöst.

3. Das Eiweiß darf dabei nicht gerinnen, deshalb muß die Masse ständig bewegt werden und darf nicht am Topfboden ansetzen.

4. Die Backoblaten auf ein Blech legen. Dann die noch warme Masse – kalt ist sie nicht spritzfähig – in einen Spritzbeutel mit mittlerer Lochtülle füllen und auf die Oblaten spritzen. Dabei einen etwa 1 cm breiten Rand frei lassen.

5. Die Makronen im vorgeheizten Backofen (E: 200°C, G: 3) 10–12 Minuten auf der mittleren Schiene backen.

6. Nach dem Auskühlen den überstehenden Rand der Oblaten abbrechen.

7. Die Makronen in Blechdosen verschlossen aufbewahren.

Quittenbrot

Teig:
1 kg Quitten
Zucker (soviel wie
das Quittenmus wiegt)
je 1 Prise Zimt
und Nelkenpulver
Zum Bestreuen:
grober Zucker
Außerdem:
Alufolie

1. Die Quitten waschen, in Stücke schneiden und das Kerngehäuse entfernen.

2. In einem Topf mit Wasser bedeckt weich kochen und danach durch ein Sieb streichen. Das Mus abwiegen und genausoviel Zucker dazugeben.

3. Mit dem Zucker das Mus so lange kochen, bis es schwer vom Löffel fällt, die Masse dabei ständig rühren.

4. Unter die noch heiße Masse den Zimt und das Nelkenpulver rühren.

5. Auf eine mit Alufolie belegte Platte streichen und gut abtrocknen lassen.

6. Danach die Quittenpaste auf ein mit grobem Zucker bestreutes Blech stürzen.

7. Mit grobem Zucker bestreuen und Rauten, Würfel und Streifen daraus schneiden.

8. Das Quittenbrot auf Alufolie mindestens 1 Woche trocknen lassen.

Vanillekipferl

Teig:
250 g Mehl
1 TL Backpulver
125 g Zucker
2 P. Vanillinzucker
1 Msp. Salz
200 g Butter oder Margarine
3 Eigelb
125 g gemahlene Mandeln
Zum Wälzen:
150 g Puderzucker
2 P. Vanillinzucker
Außerdem:
Mehl zum Ausrollen
Fett oder Backpapier
für das Blech

Backzeit: etwa 10 Minuten
Schaltung: E: 175–200°C,
G: 2–3

1. Das Mehl mit dem Backpulver, Zucker und Vanillinzucker in einer Schüssel mischen.

2. Das Salz, die kleingeschnittene Butter oder Margarine, die Eigelbe und die Mandeln dazugeben und alles gut durchkneten und zu einem glatten Teig verarbeiten.

3. Aus dem Teig daumendicke Rollen formen, auf ein Backbrett legen und zugedeckt etwa ½ Stunde kalt stellen.

4. Danach kleine Hörnchen aus den Rollen formen und auf ein gefettetes oder mit Backpapier ausgelegtes Backblech legen.

5. Im vorgeheizten Ofen (E: 175–200°C, G: 2–3) in etwa 10 Minuten goldbraun backen.

6. Die Kipferln nach dem Backen sofort in dem mit Vanillinzucker vermischten Puderzucker wälzen und auf einem Kuchenrost auskühlen lassen.

7. Die Kipferln lassen sich in fest verschlossenen Dosen gut aufbewahren, wenn sie kühl und trocken gelagert werden.

Terrassenplätzchen

Teig:
300 g Mehl
175 g Butter oder Margarine
100 g Zucker
Zum Bestreichen:
Himbeerkonfitüre
Zum Bestäuben:
Puderzucker

Außerdem:
Fett für das Backblech

Backzeit: etwa 15 Minuten
Schaltung: E: 200°C, G: 3

1. Aus dem Mehl, der Butter oder Margarine und dem Zucker einen glatten Mürbeteig kneten.

2. Etwa 30 Minuten kalt stellen, dann 3–5 mm dick ausrollen.

3. In 2 oder 3 verschiedenen Größen runde und gezackte Plätzchen ausstechen und auf das gefettete Backblech legen.

4. Im vorgeheizten Backofen (E: 200°C, G: 3) in etwa 15 Minuten hell backen.

5. Dann jeweils ein größeres und ein kleineres Plätzchen mit etwas Konfitüre bestreichen und zusammenkleben. Mit Puderzucker überstäuben und mit einem Konfitüretupfen verzieren.

Ingwerplätzchen

Teig:
250 g Mehl
1 TL Backpulver
150 g Zucker
1 P. Vanillinzucker
200 g Butter oder Margarine
1 Ei, 1 Prise Salz
50 g Ingwerpflaumen
50 g gemahlene Mandeln
Zum Bestreichen:
1 Eigelb
1 EL Milch
Außerdem:
Mehl zum Ausrollen
Fett für das Backblech

Backzeit: etwa 15 Minuten
Schaltung: E: 200°C, G: 3

1. Das Mehl, Backpulver, den Zucker, Vanillinzucker und die in Flöckchen geteilte Butter oder Margarine auf ein Backbrett geben.

2. In die Mitte eine Vertiefung drücken. Das Ei, Salz, die kleingehackten Ingwerpflaumen und die gemahlenen Mandeln hineingeben.

3. Mit einem breiten Messer alles miteinander verhacken, dann rasch zu einem Teig kneten und diesen 30 Minuten kalt stellen.

4. Auf leicht bemehlter Unterlage ½ cm dick ausrollen, runde gezackte Plätzchen ausstechen und auf das gefettete Backblech legen.

5. Das Eigelb und die Milch verrühren und die Plätzchen damit bepinseln.

6. Im vorgeheizten Backofen (E: 200°C, G: 3) in etwa 15 Minuten goldgelb backen.

Zimtsterne

Teig:
500 g Mandeln
6 Eiweiß
500 g Puderzucker
abgeriebene Schale von
1 ungespritzten Zitrone
4 EL Zitronensaft
2 TL Zimt
etwas Nelkenpulver
Außerdem:
Zucker und wenig Mehl
zum Ausrollen

Backzeit: etwa 20 Minuten
Schaltung: E: 200°C, G: 3

1. Die Mandeln mit Schale durch die Mandelmühle drehen.

2. Das Eiweiß sehr steif schlagen, den gesiebten Puderzucker, Zitronenschale und -saft unterheben. 10 Eßlöffel für den Guß beiseite stellen.

3. Die Mandeln und Gewürze unter den Eischnee heben.

4. Den Teig auf eine mit Zucker und wenig Mehl bestreute Arbeitsfläche geben und leicht durchkneten.

5. Die Arbeitsfläche mit einem Teigschaber oder einer Platte säubern und erneut mit Zucker und wenig Mehl bestreuen.

6. Den Teig ½ cm dick ausrollen und Sterne ausstechen. (Ausstecher zwischendurch in Mehl tauchen und eventuell mit Wasser säubern).

7. Die Zimtsterne auf gefettete Bleche setzen und mit dem zurückbehaltenen Zuckerguß dünn bestreichen.

8. Im vorgeheizten Ofen (E: 200°C, G: 3) etwa 20 Minuten auf mittlerer Schiene backen.

Mandelmakronen

Teig:
250 g geschälte
gemahlene Mandeln
250 g Zucker
1 EL Zitronensaft
3 Eiweiß
Guß:
100 g Puderzucker
1 EL Zitronensaft
Verzierung:
einige kandierte Kirschen
Außerdem:
runde Oblaten

Backzeit: etwa 20 Minuten
Schaltung: E: 175°C, G: 2

1. Die Mandeln, den Zucker, Zitronensaft und 1 Eiweiß in einem Topf unter Rühren so lange vorsichtig erwärmen, bis die Masse zusammenklumpt.

2. Dann vollständig kalt werden lassen und die beiden anderen steif geschlagenen Eiweiße langsam untermischen.

3. Kleine Häufchen auf die Oblaten setzen, die vorher auf Backbleche gelegt wurden.

4. Im vorgeheizten Backofen (E: 175°C, G: 2) in etwa 20 Minuten hell backen.

5. Noch warm mit einem Puderzuckerguß glasieren und mit Stückchen kandierter Kirschen verzieren.

Schokoladenkugeln

Teig:
250 g gemahlene Haselnüsse
oder Mandeln
250 g Puderzucker
60 g Mehl
2 EL Kakao
½ TL Zimt
2 Eier
Guß:
100 g Kuvertüre
1 TL Kokosfett
Verzierung:
halbierte Mandeln
Außerdem:
Fett für das Blech

Backzeit: etwa 20 Minuten
Schaltung: E: 175–200°C,
G: 2–3

1. Aus den gemahlenen Haselnüssen oder Mandeln, dem Puderzucker, Mehl, Kakao, Zimt und den Eiern einen glatten Teig kneten und 30 Minuten kalt stellen.

2. Aus dem Teig Rollen formen, kleine Stücke abschneiden und mit angefeuchteten Händen zu walnußgroßen Kugeln drehen.

3. Auf einem leicht gefetteten Backblech etwa 1 Stunde trocknen lassen.

4. Im vorgeheizten Backofen (E: 175–200°C, G: 2–3) in etwa 20 Minuten hellbraun backen.

5. Die Kuvertüre schmelzen und mit dem Kokosfett glattrühren. Die Kugeln damit überziehen und mit Mandeln verzieren.

Vanillekipferl, Mandelmakronen, ▷
Terrassenplätzchen,
Schokoladenkugeln, Zimtsterne und
Ingwerplätzchen

Weihnachtsschlitten

Teig:
250 g Honig, 125 g Zucker
125 g Pflanzenfett
500 g Mehl
25 g dunkler Kakao, 1 TL Zimt
1 TL Lebkuchengewürz
1 Ei, 5 g Pottasche
1 EL Rosenwasser

Guß:
500 g Puderzucker
2 Eiweiß

Dekoration:
100 g Schokoladenplätzchen
20 Schokoladenkringel
20 Zuckerkringel
100 g rosa Zuckerplätzchen
mit Schokoladenfüllung
100 g Smarties
100 g Liebesperlen
(nicht zu kleine)
1 Becher Schokoladenglasur

Außerdem:
Pappe für die Schablonen
Mehl zum Ausrollen
Alufolie für das Blech

Backzeit: 15–20 Minuten
Schaltung: E: 200°C, G: 3

Dieser Teig reicht für einen Schlitten von 25 cm Länge und 10 cm Breite.

◁ Weihnachtsschlitten

1. Zunächst Schablonen für die Schlittenseitenteile und das Pferdchen ausschneiden.

2. Honig, Zucker und Pflanzenfett in einem Topf aufkochen.

3. Das Mehl zusammen mit dem Kakao und den Gewürzen in eine große Schüssel geben.

4. Die abgekühlte Honigmasse, das Ei und die in Rosenwasser aufgelöste Pottasche dazugeben.

5. Alles zu einem geschmeidigen Teig verarbeiten und einige Stunden ruhen lassen.

6. Danach den Teig auf einer bemehlten Arbeitsfläche etwa ½ cm dick ausrollen.

7. Nach der Schablone 2 Schlittenseitenteile ausschneiden. Achten Sie beim Backen darauf, daß die Teile gegeneinander liegen, da ja eine rechte und eine linke Schlittenseite benötigt wird.

8. Außerdem werden noch 1 Rechteck (10 x 8 cm) für den Boden ausgeschnitten, einige Streifen (1 cm breit, etwa 20 cm lang), ein Streifen (1 cm breit, 12 cm lang) sowie ein Rechteck (8 x 4 cm) für die Rückenlehne.

9. Die Schlittenteile dann nacheinander auf dem mit Alufolie belegten Backblech (E: 200 bis 225°C, G: 3–4) 15–20 Minuten backen.

10. Anschließend aus dem Teig noch ein Pferdchen ausschneiden und ebenfalls backen.

11. Die ausgekühlten Schlittenteile werden mit dickem Zuckerguß zusammengeklebt.

12. Zunächst kleben Sie am besten jeweils unten an der Innenwand des Seitenteils einen langen Lebkuchenstreifen an.

13. Wenn diese fest verbunden sind, stellt man die Seitenwände hoch und legt einfach den Schlittenboden auf diese Querbalken. Er wird ebenfalls mit Zuckerguß festgeklebt.

14. Die Rückenlehne und vorn den kleinen Querbalken am Schlitten festkleben.

15. Wenn alles einen guten Zusammenhalt hat, werden Schlitten und Pferd dekoriert, wie auf dem Foto zu sehen.

Sandplätzchen

Teig:
125 g Butter
125 g Zucker
1 P. Vanillinzucker
1 Ei, 150 g Mehl
100 g Stärkemehl
½ TL Backpulver
Belag:
4 EL Johannisbeergelee
50 g Mandelstifte
Außerdem:
Fett und Mehl für das Backblech

Backzeit: 10–15 Minuten
Schaltung: E: 175°C, G: 2

1. Die Butter mit dem Zucker und dem Vanillinzucker schaumig rühren.

2. Das Mehl mit dem Stärkemehl und dem Backpulver mischen und zu einem glatten Teig rühren.

3. Den Teig in einen Spritzbeutel mit glatter Tülle füllen.

4. Ein Backblech einfetten und mit Mehl bestäuben.

5. Den Teig in kleinen Häufchen daraufspritzen.

6. In die Mitte der Plätzchen eine kleine Mulde drücken, etwas Johannisbeergelee hineingeben und einige Mandeln darüberstreuen.

7. Im vorgeheizten Ofen (E: 175°C, G: 2) 10–15 Minuten backen.

Helgoländer

Teig:
50 g Haselnüsse
250 g Mehl
65 g Butter oder Margarine
65 g Schmalz
95 g Zucker
Vanillemark von ¼ Stange
1 Msp. Kardamom
1 Msp. Zimt
1 Prise Salz
abgeriebene Schale von
1 ungespritzten Zitrone
1 Ei, 1 TL Pottasche
Außerdem:
Mehl
Fett für das Blech

Backzeit: 10–12 Minuten
Schaltung: E: 200°C, G: 3

1. Die Haselnüsse grob hacken.

2. Das Mehl auf ein Backbrett geben und eine Mulde formen.

3. Die weiche Butter oder Margarine, das Schmalz, den Zucker, das Vanillemark, den Kardamom, Zimt, das Salz und die Zitronenschale in die Mulde geben.

4. Dann das Ei und die in wenig warmem Wasser aufgelöste Pottasche dazugeben.

5. Alle Zutaten in der Mehlmulde vermengen, dann von der Mitte aus zu einem Teig verarbeiten. Zum Schluß die gehackten Nüsse unterkneten.

6. Den Teig vierteilen und 4 Rollen von etwa 2 cm Durchmesser formen.

7. Auf einem bemehlten Blech 30 Minuten kühl stellen.

8. Die Rollen dann in ½ cm dicke Scheiben schneiden. Die Scheiben nicht zu eng auf gefettete Bleche setzen.

9. Im vorgeheizten Backofen (E: 200°C, G: 3) 10–12 Minuten auf der mittleren Schiene backen.

10. Die Helgoländer sind sehr lange haltbar; je länger sie liegen, desto besser schmecken sie.

Konfekt

Selbstgemachtes Konfekt schmeckt nicht nur zu Weihnachten, sondern auch zu allen anderen festlichen Gelegenheiten oder zu einem gemütlichen Fernseh- oder Leseabend.

In eine hübsche Dose oder Holzschachtel verpackt, sind Pralinen außerdem ein originelles und sehr persönliches Geschenk.

Pralinen halten nicht sehr lange, Sie sollten sie deshalb nur einige Tage vor Gebrauch zubereiten und bis dahin zugedeckt kühl stellen.

Pistazien-Marzipan-Pralinen

75 g Haselnußkerne
150 g Pistazienkerne
150 g Puderzucker
4 EL Arrak
1 Eiweiß
Füllung:
60 g kandierte
Orangenscheiben
Zum Tauchen:
100 g Kuvertüre
Außerdem:
Puderzucker
Alufolie

1. Die Haselnußkerne auf einem Backblech im vorgeheizten Backofen auf der mittleren Schiene bei 200°C, (G: 3) etwa 6–8 Minuten rösten. Die aufgeplatzten Häutchen in einem Sieb abreiben.

2. Die Haselnüsse auskühlen lassen und zusammen mit 100 g Pistazienkernen fein mahlen.

3. Anschließend mit dem gesiebten Puderzucker, dem Arrak und Eiweiß zu einem Teig verkneten. Den Teig in 5 gleiche Stücke teilen.

4. Die Arbeitsfläche mit Puderzucker bestäuben. Darauf aus den Teigstücken 5 Rollen von 15 cm Länge formen. Jede Rolle in 10 Teile schneiden.

5. Die kandierten Orangenscheiben sehr fein hacken. Jedes Teigröllchen einmal mit dem Finger eindrücken. In die Vertiefung ein wenig kandierte Orangenscheiben geben.

6. Die Masse leicht zusammendrücken, so daß die Orangenfüllung in der Mitte liegt.

7. Dann kleine Kugeln daraus rollen und auf ein mit Alufolie ausgelegtes Blech oder Tablett legen.

8. Die Kugeln etwas zusammendrücken, so daß kleine Rechtecke daraus werden.

9. Mit dem Messerrücken kleine Kerben in die Oberfläche drücken.

10. Die Kuvertüre auflösen.

11. Die Pralinen auf einer Gabel bis zur Hälfte in die Kuvertüre tauchen und am Rand des Gefäßes leicht abstreichen. Die Pralinen auf Papier oder Folie setzen.

12. Die restlichen Pistazienkerne mit einem Ende in die Kuvertüre tauchen und dann schräg in die Oberfläche der Praline eindrücken.

Schokoladentrüffel

125 g Butter
125 g Puderzucker
375 g bittere Schokolade
25 g Kakao
3–4 EL Rum
Verzierung:
100 g Trüffelkrümel

1. Die Butter schaumig rühren und den Puderzucker einrieseln lassen.

2. Die Schokolade zerkleinern und im heißen Wasserbad schmelzen. Zur Masse rühren. Zum Schluß den Kakao und Rum dazugeben.

3. Aus der Masse kleine Kugeln formen und in Trüffelkrümeln wälzen.

Weinbrandtrüffel

100 g Vollmilchschokolade
50 g Zartbitterschokolade
125 g Butter
125 g Puderzucker
1 Gläschen Weinbrand
3 EL Kakao
Zum Bestreuen:
20 g gehackte Pistazien
Außerdem:
Pralinenmanschetten

1. Die Vollmilch- und Zartbitter-schokolade zerbröckeln und im Wasserbad auflösen.

2. Die weiche Butter mit dem Puderzucker schaumig rühren.

3. Nach und nach die etwas abgekühlte Schokolade, den Weinbrand und das Kakaopulver dazurühren.

4. Die Masse im Kühlschrank etwa 30 Minuten fest werden lassen.

5. Danach in einen Spritzbeutel füllen und kleine Häufchen in Pralinenmanschetten spritzen.

6. Mit den gehackten Pistazien bestreuen und über Nacht im Kühlschrank hart werden lassen.

Rumkugeln

500 g bittere Schokolade
50 g Butter oder Margarine
2 EL Sahne
2 EL Puderzucker
5 EL Rum
50 g Kakao
Verzierung:
200 g dunkle
Schokoladenstreusel

1. Die Schokolade zerkleinern und im heißen Wasserbad zergehen lassen.

2. Die Butter oder Margarine, Sahne, den Puderzucker, Rum und Kakao nach und nach mit dem Schneebesen unterrühren und die Masse erkalten lassen.

3. Aus der Masse Kugeln formen und in den Schokoladenstreuseln wälzen.

4. Danach kühl stellen, bis die Kugeln fest geworden sind.

Glasierte Nußhäufchen

225 g Haselnußkerne
225 g Mandeln
225 g Pistazienkerne
600 g Zucker

1. Aus jeweils 3 Haselnußkernen, 3 Mandeln und 3 Pistazien kleine Häufchen auf ein Backblech legen.

2. Den Zucker unter ständigem Rühren bei geringer Hitze erwärmen, bis er bräunlich wird.

3. Von dem Karamel etwas über jedes Häufchen gießen und erstarren lassen. Die Häufchen werden vom erkalteten Karamel zusammengehalten.

Nußpralinen

250 g Rohmarzipanmasse
75 g Puderzucker
75 g gehackte und geröstete Haselnüsse
1 EL Nußlikör
Trüffelmasse:
150 g Kuvertüre
⅛ l Sahne
Zum Bestreichen:
200 g dunkle Kuvertüre
Außerdem:
Puderzucker zum Ausrollen

1. Das Rohmarzipan mit Puderzucker, gehackten Haselnüssen und Nußlikör vermischen und gut durchkneten.

2. Auf einem mit Puderzucker bestreuten Backbrett etwa ½ cm dick ausrollen.

3. Für die Trüffelmasse die Kuvertüre im heißen Wasserbad zergehen lassen.

4. Die Sahne in einen Topf geben und unter ständigem Rühren aufkochen lassen.

5. Den Topf vom Herd nehmen und die aufgelöste Kuvertüre darunterrühren.

6. Die Masse an einem kühlen Ort fast erstarren lassen und dann auf die Marzipanplatte streichen.

7 Mit dem Messer kleine Quadrate ausschneiden.

8. Die dunkle Kuvertüre nach Vorschrift auflösen und die Quadrate damit bestreichen.

Walnuß-Marzipan-Ecken

400 g Marzipanrohmasse
100 g Puderzucker
75 g Walnußkerne
3 EL Obstschnaps
400 g Vollmilchkuvertüre
54 Walnußhälften
Außerdem:
etwas Puderzucker zum Ausrollen
Backpapier

1. Das Marzipan mit dem Puderzucker zu einer glatten Masse verkneten.

2. Die Walnußkerne in einer Pfanne anrösten und sehr fein hacken.

3. Die gehackten Walnußkerne mit dem Obstschnaps gut unter die Marzipanmasse kneten.

4. Diese Mischung in einen Plastikbeutel geben und über Nacht durchziehen lassen.

5. Etwas Puderzucker auf eine Arbeitsplatte sieben und das Marzipan darauf etwa 1 cm dick ausrollen.

6. Mit einem Ausstecher Taler von etwa 8 cm Durchmesser ausstechen. Die Reste immer wieder zusammenkneten und ausrollen.

7. Die Taler in 6 gleichgroße Dreiecke schneiden.

8. Die Kuvertüre hacken, in eine Schüssel geben und im heißen Wasserbad auflösen.

9. Die Pralinen mit einer Gabel in die Kuvertüre tauchen und auf Backpapier setzen.

10. Sofort jeweils mit 1 Walnußhälfte verzieren, bevor die Kuvertüre kalt wird.

Mokkakugeln

200 g Butter oder Margarine
200 g halbbittere Kuvertüre
100 g Puderzucker
100 g gemahlene Haselnüsse
oder Mandeln
1 gehäufter EL Instantkaffee
Typ Mokka, 1–2 EL Kakaolikör
Verzierung:
100 g Schokoladenstreusel oder
geraspelte Schokolade
kleine Konfektmanschetten

1. Die Butter aufkochen und wieder abkühlen lassen. In eine Schüssel geben und schaumig rühren.

2. Die Kuvertüre reiben und mit dem Puderzucker, den gemahlenen Haselnüssen oder Mandeln, dem Instantkaffee und Kakaolikör unter die Butter rühren.

3. Mit kühlen, angefeuchteten Händen walnußgroße Kugeln drehen und diese in Schokoladenstreuseln wälzen.

4. Einige Zeit (1–2 Stunden) im Kühlschrank durchkühlen lassen.

5. In kleine Konfektmanschetten legen und bis zum Gebrauch kühl aufbewahren.

Mokkabohnen

250 g Kuvertüre
50 g weiche Butter
50 g Nougat
80 g Puderzucker
10 g Instantkaffee
50 ml Cognac
Zum Überziehen:
200 g Vollmilchkuvertüre
Verzierung:
100 g Mokkabohnen
Außerdem:
Alufolie

1. Die Kuvertüre zerbröckeln und im heißen Wasserbad auflösen.

2. Inzwischen die weiche Butter mit dem Nougat und gesiebten Puderzucker schaumig rühren.

3. Den Instantkaffee im Cognac auflösen.

4. Die Kuvertüre und den Kaffee unter die Nougatmasse rühren.

5. Ein Backblech mit Alufolie auslegen. Die Masse mit einem Spritzbeutel mit großer Lochtülle bohnenförmig daraufspritzen, dann etwas auskühlen lassen.

6. Inzwischen die Vollmilchkuvertüre auflösen. Die Nougatbohnen damit überziehen und zum Schluß auf jede Praline eine Mokkabohne setzen.

Schokoladentrüffel

125 g Butter
125 g Puderzucker
375 g bittere Schokolade
25 g Kakao
3–4 EL Rum
Zum Wälzen:
100 g Trüffelkrümel

1. Die Butter schaumig rühren und den Puderzucker einrieseln lassen.

2. Die Schokolade zerkleinern und im heißen Wasserbad schmelzen. Zur Masse rühren.

3. Zum Schluß Kakao und Rum dazugeben und alles gut verrühren.

4. Aus der Masse kleine Kugeln formen und in Trüffelkrümeln wälzen.

Nougatwürfel

200 g Rohmarzipanmasse
150 g Puderzucker
1–2 EL Rum
etwas feiner Zucker
200 g Nougatrohmasse
Zum Ausrollen:
feiner Zucker

1. Das Rohmarzipan mit dem Puderzucker und Rum glattkneten.

2. Auf feinem Zucker etwa ½ cm dick ausrollen und mit etwas Rum bestreichen.

3. Die Nougatrohmasse im heißen Wasserbad zergehen lassen und die Hälfte der Marzipanplatte damit bestreichen.

4. Die andere Hälfte darauflegen und kühl stellen.

5. Danach mit einem scharfen Messer kleine Quadrate oder Rechtecke schneiden.

Lübecker Marzipan

150 g Mandeln
150 g Puderzucker
1 EL Rosenwasser
2 Tropfen Bittermandelöl
Zum Ausrollen:
Puderzucker

1. Die Mandeln abziehen und zweimal durch die Mandelmühle drehen.

2. Dann zusammen mit dem Puderzucker, Rosenwasser und Bittermandelöl zu einer glatten, geschmeidigen Masse kneten.

3. Auf der mit Puderzucker bestäubten Arbeitsfläche etwa 1 cm dick ausrollen und in etwa 2 cm große Quadrate schneiden.

4. Auf ein Backblech legen und über Nacht bei Zimmertemperatur trocknen lassen.

Marzipanentchen

250 g Rohmarzipan
200 g Puderzucker
1–2 EL Orangenlikör
Verzierung:
100 g Puderzucker
1–2 EL Wasser
Speisefarben
50 g Schokolade
Zuckerperlen

1. Das Rohmarzipan, den Puderzucker und Orangenlikör verkneten.

2. Die Masse in 5–8 gleich große Stücke teilen und aus jedem Stück ein Entchen formen oder in eine gekaufte Entenform drücken.

3. Zum Verzieren den Puderzucker mit dem Wasser glattrühren und jeweils einen Teil mit verschiedenen Farben nach Belieben färben.

4. Die Entchen damit und mit der im Wasserbad aufgelösten Schokolade bemalen.

5. Zuckerperlen als Augen hineindrücken.

Mandelsplitter

1 Tafel Vollmilchschokolade
1 TL Kokosfett
100–125 g Mandelstifte
1 Msp. Zimt
1 TL Instantkaffee
Außerdem:
Alufolie

1. Die Schokolade zerbröckeln und mit dem Kokosfett in einen kleinen Topf geben. Beides im heißen Wasserbad schmelzen lassen.

2. In die geschmolzene Masse die Mandelstifte, den Zimt und Instantkaffee hineingeben und unterrühren.

3. Auf einen Bogen Alufolie nun mit einem Teelöffel kleine Mandel-Schokoladen-Häufchen setzen und erkalten lassen.

Gefüllte Datteln

250 g Datteln
125 g Marzipanrohmasse
1 EL Rum
1–2 EL gehackte Mandeln
Zum Bepinseln:
1 Becher Schokoladenglasur
Außerdem:
Konfektmanschetten

1. Die Datteln mit einem scharfen Messer an einer Seite der Länge nach auf-, aber nicht ganz durchschneiden. Den Kern herauslösen.

2. Die Marzipanrohmasse mit dem Rum und den gehackten Mandeln in eine Schüssel geben, gut durchkneten und zu einer Rolle formen.

3. Die Rolle in so viele kleine Stücke schneiden, wie Datteln vorhanden sind.

4. Jede Dattel mit der Marzipanmasse füllen und etwas zusammendrücken.

5. Die Schokoladenglasur im heißen Wasserbad schmelzen lassen und die Datteln damit bestreichen.

6. Auf einem Kuchengitter abkühlen lassen und in kleine Papiermanschetten legen.

Kirschkonfekt

100 g kandierte Kirschen
100 g Sultaninen
2 EL Kirschlikör
50 g gemahlene Walnüsse
125 g bittere Schokolade
Zum Wälzen:
50 g Puderzucker

1. Die Kirschen und Sultaninen grob hacken, in eine Schüssel geben, mit Kirschlikör beträufeln und ziehen lassen.

2. Die Nüsse dazugeben.

3. Die Schokolade zerkleinern und im heißen Wasserbad zergehen lassen.

4. Ebenfalls zur Masse geben und alles gut miteinander verrühren. Zugedeckt 1 Stunde kalt stellen.

5. Danach Kugeln daraus formen, in Puderzucker wälzen und trocknen lassen.

Königsberger Marzipan

250 g abgezogene,
feingemahlene Mandeln
10 abgezogene
gemahlene, bittere Mandeln
200 g feiner Zucker
1½ EL Rosenwasser
Zum Bestreichen:
1½ EL Rosenwasser
Außerdem:
Zucker zum Ausrollen
Alufolie, Pergamentpapier

1. Die gemahlenen Mandeln mit dem Zucker und Rosenwasser mischen. Bei der Zugabe von Rosenwasser vorsichtig sein, damit der Teig nicht zu feucht wird.

2. Von der fertigen Masse eine Kugel formen und in ein Tuch einschlagen. Bis zum nächsten Tag ruhen lassen.

3. Dann auf kleinstem Feuer in einem Topf so lange rühren, bis sie sich vom Topf löst und beim Berühren nicht mehr am Finger klebt.

4. Nach dem Auskühlen den Teig auf einem mit Zucker bestreuten Brett kneten und etwa 1 cm dick ausrollen.

5. Mit kleinen Förmchen Herzen oder runde Formen ausstechen und die Ränder mit ganz wenig Rosenwasser bestreichen.

6. Auf ein mit Pergamentpapier ausgelegtes Grillblech legen.

7. Das Innere der Stücke mit passenden Pergamentpapierstücken belegen, damit es ganz weiß bleibt.

8. Im vorgeheizten Grill vorsichtig die Ränder bräunen.

Buttercanache mit Zimt

250 g halbbittere Kuvertüre
100 g Butter
40 g Puderzucker
5 g Zimt
50 ml weißer Rum
Verzierung:
50 g Vollmilchkuvertüre

1. Die grob gehackte Kuvertüre im warmen Wasserbad auflösen und unter gelegentlichem Rühren kalt werden lassen, bis sie dickflüssig ist.

2. In der Zwischenzeit die Butter, den gesiebten Puderzucker, Zimt und Rum mit dem Schneebesen schaumig schlagen.

3. Die dickflüssige Kuvertüre dazugeben, kurz kalt stellen, dann noch einmal gut durchschlagen.

4. Ist die Masse zu fest, kurz in ein Wasserbad stellen und noch einmal durchschlagen.

5. Die Masse in einen Spritzbeutel mit mittlerer Lochtülle füllen. Auf Pergament oder Alufolie etwa 4 cm lange Stäbchen spritzen.

6. Die Vollmilchkuvertüre auflösen und in einen Spritzbeutel mit sehr kleiner Tülle füllen.

7. Sehr schnell über den Stäbchen hin- und herspritzen, so daß sie wie übersponnen aussehen.

Brot und Brötchen

Brot und Brötchen selbst zu backen, ist für viele ein
Hobby geworden.

Manche haben es darin schon zur Perfektion gebracht,
aber es gibt auch Anfänger, für die diese Ratschläge
gedacht sind.

Wichtig ist, daß der Teig richtig aufgeht, sonst wird das
Brot klitschig und fest und belastet den Magen.

Hefe und Sauerteig sind die beiden Treibmittel, die beim
Brotbacken verwendet werden.

Lassen Sie den Teig immer lange genug gehen, lieber
etwas zu lang als zu kurz. Je länger Sie den Teig durchkneten, desto lockerer wird Ihr Brot.

Damit das Brot würzig wird, brauchen Sie in erster Linie
Salz. Es gibt dem Brotteig nicht nur einen besseren
Geschmack, sondern es verbessert auch die Eigenschaf-
ten des Teigs.

Darüber hinaus können Sie das Brot mit Gewürzen wie
Anis, Ingwer, Fenchel, Kümmel, Majoran, Kardamom,
Knoblauch oder Pfeffer würzen. Auch frische Kräuter,
Nüsse, Leinsamen, Sesam, Mohn, Honig oder Sirup
eignen sich zum Würzen.

Süße und kräftige Brote

Wie schon erwähnt, sind Hefe und Sauerteig die Grundlagen für ein Brot.

Hefe gibt es im Handel frisch in Würfel gepreßt oder als Trockenhefe, wobei 1 Päckchen Hefe in der Treibkraft 25 g frischer Hefe entspricht.

Für Brote mit Weizenmehl reicht Hefe als Triebmittel aus, für Roggenmehlbrote verwendet man besser den Sauerteig.

Er ist ein sauer gärender Teig, den Sie beim Bäcker oder im Reformhaus kaufen oder selbst herstellen können.

Eine dem Sauerteig ähnliche Gärhilfe ist das Sekowa-Spezial-Backferment, das Sie ebenfalls in Reformhäusern kaufen können.

Wollen Sie den Sauerteig selbst herstellen, so richten Sie sich nach dem Rezept auf Seite 540.

Rosinenstuten

Teig:
½ Würfel Hefe
200 ml lauwarme Milch
50 g Zucker
500 g Weizenmehl Typ 405
1 TL Salz
2 Eier
abgeriebene Schale von
1 ungespritzten Zitrone
50 g weiche Butter oder
Margarine
125 g kernlose Rosinen
Zum Einpinseln:
Milch
Außerdem:
Fett für die Form

Backzeit: etwa 40 Minuten
Schaltung: E: 220°C, G: 4

1. Die Hefe zerbröckeln und mit der lauwarmen Milch verrühren. 15 Minuten gehen lassen.

2. Dann den Zucker, das Mehl, das Salz, die Eier, Zitronenschale, die weiche Butter oder Margarine und die Rosinen hinzufügen.

3. So lange verkneten, bis sich der Teig als Kloß vom Schüsselrand löst.

4. Ein Geschirrtuch über die Schüssel decken und den Teig gehen lassen, bis er sich fast verdoppelt hat.

5. Einen Laib formen und in die gefettete Kastenform füllen. Zugedeckt nochmals etwa 15 Minuten gehen lassen.

6. Dann mit Milch einpinseln und in der Länge vorsichtig fingertief einschneiden.

7. Den Rosinenstuten im vorgeheizten Backofen (E: 220°C, G: 4) etwa 40 Minuten backen.

Westfälischer Stuten

Teig:
500 g Weizenmehl Typ 405
1 P. Trockenhefe
80 g Zucker
¼ l lauwarme Milch
1 Prise Salz, 1 Ei
100 g Butter oder Margarine
1 EL Öl
1 EL Magerquark
Außerdem:
Fett für die Form

Backzeit: etwa 45 Minuten
Schaltung: E: 200°C, G: 3

1. Das Mehl mit der Trockenhefe mischen und in eine Schüssel geben.

2. Den Zucker, die Milch, das Salz, das Ei, das in Flöckchen geschnittene Fett, das Öl und den Magerquark dazugeben und alles zu einem geschmeidigen Teig rühren.

3. Den Teig zugedeckt etwa 1 Stunde gehen lassen.

4. Danach in eine gefettete Kastenform füllen, nochmals 15 Minuten gehen lassen und im vorgeheizten Ofen (E: 200°C, G: 3) etwa 45 Minuten backen.

Honigbrot

Teig:
400 g Mehl Typ 405
30 g Hefe
1 TL Zucker
⅛ l Milch
3 EL Honig
¹⁄₁₀ l Wasser
60 g Butter oder Margarine
½ TL Salz
abgeriebene Schale
von ½ Zitrone
½ TL Kardamom
1 Prise Muskatblüte
1 Prise Koriander
1 Prise Ingwer
Zum Bestreichen:
1–2 EL Butter
Außerdem:
Fett für das Blech

Backzeit: 20–30 Minuten
Schaltung: E: 175°C, G: 2

1. Das Mehl in eine Schüssel geben und in die Mitte eine Vertiefung drücken. Die Hefe hineingeben und mit etwas lauwarmer Milch und etwas Mehl zu einem Vorteig verrühren.

2. Mit Mehl bestäuben und an einem warmen Ort ¼ Stunde gehen lassen.

3. Den Honig mit dem lauwarmen Wasser verrühren, die zerlassene Butter und die übrigen Zutaten unterrühren.

4. Diese Mischung zum Vorteig geben und alles zusammen mit dem Mehl gut schlagen, bis sich der Teig vom Schüsselrand löst. Je nach Bedarf noch etwas Mehl oder Milch dazugeben, verkneten, der Teig muß mittelfest sein.

5. Aus dem Teig einen länglichen Laib formen und auf einem gefetteten Backblech nochmals zugedeckt gehen lassen.

6. Danach mit dem Messer mehrere schräge Einschnitte machen.

7. Mit geschmolzener Butter bestreichen und im vorgeheizten Ofen (E: 175°C, G: 2) in 20–30 Minuten hellbraun backen.

Buttermilchbrot mit Korinthen

Teig:
125 g Korinthen
1 EL Rum
500 g Weizenmehl Typ 550
1 P. Trockenhefe
3 EL Honig
1 TL Salz
¼ l Buttermilch
75 g Butter oder Margarine
abgeriebene Schale von
1 ungespritzten Zitrone
½ TL Kardamom
1 Ei
Zum Einpinseln:
Milch
Außerdem:
Fett für die Form

Backzeit: etwa 30 Minuten
Schaltung: E: 200°C, G: 3

1. Die Konrinthen mit dem Rum beträufeln und einige Stunden stehenlassen.

2. Das Mehl und die Hefe in eine Schüssel geben. Den Honig, das Salz, die Buttermilch, die weiche Butter oder Margarine, die Zitronenschale, den Kardamom, die Korinthen und das Ei dazugeben.

3. Alles so lange rühren, bis sich der Teig vom Schüsselrand löst.

4. Zugedeckt an einem warmen Ort etwa 60 Minuten gehen lassen.

5. Dann den Teig mit den Händen gut durchkneten, einen Laib formen und in eine gefettete Kastenform legen.

6. Nochmals 15 Minuten gehen lassen. Mit Milch einpinseln und im vorgeheizten Backofen (E: 200°C, G: 3) etwa 30 Minuten backen.

Quarkbrot mit Zwiebeln

Teig:
3 Zwiebeln
3 EL Öl
300 g Mehl Typ 550
3 EL Weizenkleie
1 P. Trockenhefe
⅛ l lauwarme Milch
2 TL Salz
125 g Magerquark
Zum Bepinseln:
Milch
Außerdem:
Fett für die Form

Backzeit: 40–50 Minuten
Schaltung: E: 200°C, G: 3

1. Die Zwiebeln schälen und fein würfeln. In dem Öl glasig dünsten und abkühlen lassen.

2. Das Mehl, die Weizenkleie, Hefe, lauwarme Milch, das Salz, den Magerquark und die Zwiebeln in eine Schüssel geben.

3. Alles so lange verrühren, bis sich der Teig als Kloß vom Schüsselrand löst.

4. Zugedeckt an einem warmen Ort etwa 60 Minuten gehen lassen.

5. Danach den Teig mit den Händen gut durchkneten. Einen Laib formen und in eine gefettete Kastenform legen. Zugedeckt nochmals 15 Minuten gehen lassen.

6. Die Oberfläche mit etwas Milch einpinseln und im vorgeheizten Backofen (E: 200°C, G: 3) 40–50 Minuten backen.

Graubündener Brot

Teig:

500 g Mehl Typ 405
1 Würfel Hefe
100 g Zucker
knapp ¼ l lauwarme Milch
abgeriebene Schale von
1 ungespritzten Zitrone
1 Prise Salz
2 Eier
120 g Butter
50 g Sultaninen
Zum Bestreuen:
Hagelzucker
Außerdem:
Fett für das Backblech

Backzeit: etwa 25 Minuten
Schaltung: E: 200°C, G: 3

1. Das Mehl in eine Schüssel geben und in die Mitte eine Vertiefung drücken.

2. Die Hefe hineinbröckeln und mit etwas Zucker und lauwarmer Milch zu einem Vorteig verrühren. Mit Mehl bestäuben und zugedeckt etwa 15 Minuten gehen lassen.

3. Danach den restlichen Zucker, die übrige Milch, abgeriebene Zitronenschale, das Salz, die Eier, die weiche Butter und die Sultaninen dazugeben und alles so lange schlagen, bis sich der Teig vom Schüsselrand löst.

4. Zugedeckt an einem warmen Ort etwa 1 Stunde gehen lassen, bis sich der Teig verdoppelt hat.

5. Darauf den Teig nochmals gut duchkneten, in 3 Portionen teilen und 3 Brote daraus formen.

6. Die Brote auf ein gefettetes Backblech legen, mit Hagelzucker bestreuen und nochmals gehen lassen.

7. Im vorgeheizten Ofen (E: 200°C, G: 3) etwa 25 Minuten backen.

Brot im Römertopf

Teig:

660 g Vollkornmehl
1 Würfel Hefe
1 EL Salz
knapp ½ l Wasser
Außerdem:
1 Römertopf
Fett für den Topf

Backzeit: etwa 2 Stunden
Schaltung: E: 220°C, G: 4

1. Die Hefe in 3 Eßlöffeln warmem Wasser auflösen, das Mehl, Salz und das restliche Wasser dazugeben und alles tüchtig durchkneten.

2. Den Teig an einem warmen Ort zugedeckt etwa 15 Minuten gehen lassen.

4. Inzwischen den Römertopf wässern, gut abtrocknen und ausfetten.

5. Den gegangenen Teig nochmals gut durchkneten und einen Laib daraus formen.

6. Den Laib in den gefetteten Römertopf legen und den Deckel sofort daraufgeben.

7. Den Römertopf in den kalten Backofen schieben und das Brot etwa 2 Stunden bei 220°C (G: 4) backen.

Schwedisches Weißbrot

Teig:
1/4 l Milch
1 P. Trockenhefe
100 g Butter oder Margarine
2 Eier, 1/2 TL Salz
75 g Zucker
1 TL Zimt
500 g Weizenmehl Typ 405
1 Prise Salz
Zum Bestreuen:
1 EL Hagelzucker
20 g gehackte Mandeln
Außerdem:
Mehl zum Ausrollen
Fett für das Backblech

Backzeit: etwa 30 Minuten
Schaltung: E: 200°C, G: 3

1. Die Milch erwärmen und die Tockenhefe in 3 Eßlöffeln Milch auflösen.

2. Die Butter oder Margarine in der warmen Milch schmelzen lassen.

3. 1 Ei mit der aufgelösten Hefe kräftig verrühren und in eine genügend große Schüssel geben.

4. Das Fett-Milch-Gemisch, Salz, Zucker und Zimt dazugeben, ebenso das Mehl.

5. Alles zu einem glatten Teig verarbeiten, dabei den Teig etwa 10 Minuten kräftig kneten.

6. Aus dem Teig einen Ballen formen, diesen in eine gefettete Schüssel geben und zugedeckt etwa 1 Stunde gehen lassen.

7. Danach aus dem Teig ein Brot von etwa 20 cm Länge formen und auf ein gefettetes Backblech legen.

8. Das Brot mehrmals mit einem scharfen Messer schräg einkerben.

9. Das 2. Ei mit 1 Eßlöffel Wasser und dem Salz verschlagen und das Brot damit bestreichen.

10. Den Hagelzucker und die gehackten Mandeln darüberstreuen.

11. Das Brot im vorgeheizten Ofen (E: 200°C, G: 3) etwa 30 Minuten backen.

Maisbrot

Teig:
250 g durchwachsener, geräucherter Speck
250 g fetter, geräucherter Speck
250 g Maisgrieß aus dem Reformhaus
1 TL Salz
150 g Zucker
8 TL Backpulver
6 EL Öl
2 Eier
knapp 1 l Milch
50 g Butter
Außerdem:
etwas Maisgrieß zum Ausstreuen der Form

Backzeit: 30–35 Minuten
Schaltung: E: 200°C, G: 3

1. Den Speck in nicht zu kleine Würfel schneiden und in einer Pfanne ausbraten, bis die Würfel braun und knusprig sind.

2. Die Speckwürfel mit einem Schaumlöffel aus dem Fett heben und auf Küchenpapier auskühlen lassen. Das Speckfett aufheben und anderweitig verwenden.

3. Den Grieß mit dem Salz, dem Zucker und Backpulver in einer großen Schüssel vermischen.

4. Das Öl, die Eier und die Milch verquirlen und nach und nach unter den Mais rühren. Es muß ein ziemlich flüssiger und glatter Teig entstehen.

5. Die Speckwürfel unter den Grießteig rühren.

6. Eine viereckige Auflaufform mit Speckfett ausfetten und mit Maisgrieß ausstreuen. Den Teig in die Form füllen.

7. Im vorgeheizten Backofen (E: 200°C, G: 3) 30–35 Minuten backen.

8. Nach dem Backen das Maisbrot in der Form auf ein Kuchengitter stellen und die Oberfläche mit flüssiger Butter bestreichen. Auskühlen lassen.

Baguette

Teig:
1 kg Weizenmehl Typ 550
1 Würfel Hefe
½ l Wasser
1 EL Salz
Außerdem:
Fett für das Backblech

Backzeit: etwa 45 Minuten
Schaltung: E: 250°C/220°C,
G: 4/5

1. Das Mehl in eine große Schüssel sieben und in die Mitte eine Vertiefung drücken.

2. Die Hefe in ¼ l lauwarmem Wasser auflösen und in die Vertiefung gießen.

3. Mit etwas Mehl verrühren und zugedeckt 15 Minuten gehen lassen.

4. Das Salz und ¼ l lauwarmes Wasser dazugeben und alles zu einem glatten, festen Teig verkneten. Eventuell noch ein wenig Wasser dazugeben.

5. Den Teig zugedeckt an einem warmen Ort etwa 1½ Stunden gehen lassen.

6. Danach den Teig auf einem bemehlten Brett noch einmal durchkneten und in 4 Teile teilen.

7. Aus jedem Teil eine Rolle formen und diese auf das gefettete Backblech legen. Zugedeckt nochmals 15 Minuten gehen lassen.

8. Den Backofen auf 250°C (G: 5) vorheizen.

9. Die Brote mit einem scharfen Messer mehrmals schräg einschneiden und mit Wasser bestreichen.

10. Die Brote auf der mittleren Schiene zunächst 15 Minuten bei 250°C, (G: 5), dann noch 30 Minuten bei 220°C, (G: 4) backen.

Zwiebelbrot

Teig:
2 P. Trockenhefe
350 ml lauwarmes Wasser
350 g Weizenmehl Typ 405
200 g Roggenvollkornschrot
Typ 1800
100 g Weizenkeime
1 TL Zwiebelsalz, 1 TL Salz
3 mittelgroße Zwiebeln
3 EL Öl
Zum Einpinseln:
Milch
Außerdem:
Fett für das Backblech

Backzeit: etwa 90 Minuten
Schaltung: E: 200°C, G: 3

1. Die Trockenhefe nach Anleitung auf den Päckchen mit etwas Wasser anrühren und gehen lassen.

2. Mehl, Roggenvollkornschrot und Weizenkeime in eine Schüssel geben und mischen.

3. Wasser, Zwiebelsalz, Salz und Hefe darübergeben und alles so lange schlagen, bis sich der Teig vom Schüsselrand löst.

4. Den Teig zugedeckt etwa 50 Minuten gehen lassen.

5. Die Zwiebeln schälen und zerhacken. In einer Pfanne in Öl glasig dünsten und erkalten lassen.

6. Die Zwiebeln unter den gegangenen Brotteig kneten und auf einem Backbrett mit bemehlten Händen daraus ein großes Brot formen.

7. Auf ein gefettetes Backblech legen und nochmals zugedeckt 30 Minuten gehen lassen.

8. Die Oberfläche des Brotes mit Milch bestreichen und mehrmals mit einem Messer schräg einschneiden.

9. Im vorgeheizten Ofen (E: 200°C, G: 3) etwa 90 Minuten backen.

Gewürzbrot

Teig:
¼ l Wasser
20 g Butter
25 g Hefe
300 g Roggenmehl Typ 1370
300 g Weizenmehl Typ 550
1 EL Salz
1 EL gehackter, frischer
Estragon (Majoran oder
Basilikum können den Estragon
ersetzen)
1 EL Kümmel
4–5 EL feingehackte Petersilie
Zum Bestreichen:
1 Ei
Außerdem:
Fett und Mehl für das Blech

Backzeit: etwa 30 Minuten
Schaltung: E: 200°C, G: 3

1. Das Wasser lauwarm erwärmen und die Butter darin zergehen lassen. Die zerbröselte Hefe dazugeben und unter Rühren auflösen.

2. Das Roggenmehl mit 150 g Weizenmehl und dem Salz mischen.

3. Die Hefeflüssigkeit einrühren, einen glatten Teig kneten und an einem warmen Ort zugedeckt 30 Minuten gehen lassen.

4. Das restliche Mehl sowie die feingehackten Kräuter in den Teig kneten und den Teig zu einem Brotlaib formen.

5. Auf ein bemehltes Backblech setzen und zugedeckt weitere 20 Minuten gehen lassen.

6. Das Brot mit dem geschlagenen Ei bepinseln und im vorgeheizten Backofen (E: 200°C, G: 3) in etwa 30 Minuten goldgelb backen.

Dillbrot

Teig:
500 g Weizenmehl Typ 550
40 g Hefe, 1 Prise Zucker
4 EL lauwarme Milch
2 Zwiebeln
1 geschälte Knoblauchzehe
30 g getrockneter Dill
(keinen frischen verwenden
er verliert durch das Backen
das Aroma)
je ½ TL getrockneter Borretsch
Fenchelsamen
Korianderkörner und Salz
1 Prise Muskat, 1 Prise Anis
50 g Butter, 2 Eier
Außerdem:
Fett für das Blech

Backzeit: etwa 45 Minuten
Schaltung: E: 220°C, G: 4

1. Das Mehl in eine Schüssel geben. In die Mitte eine Mulde drükken, in die Hefe und Zucker kommen.

2. Mit der Milch und etwas Mehl zum Vorteig verrühren. An einem warmen Platz zur doppelten Menge aufgehen lassen. Das dauert etwa 20–25 Minuten.

3. Die Zwiebeln schälen und ebenso wie die Knoblauchzehe sehr fein hacken.

4. Mit allen Kräutern und Gewürzen zum Teig geben, ebenso die zerlassene Butter und die Eier.

5. Alles zu einem glatten, festen Teig verarbeiten. Etwa 20–30 Minuten gehen lassen.

6. Aus dem Teig ein längliches Brot formen und auf ein gefettetes Blech setzen.

7. Die Oberfläche längs leicht einschneiden und mit Wasser bestreichen. Nochmals gehen lassen.

8. In den vorgeheizten Backofen (E: 220°C, G: 4) auf die untere Schiene schieben und etwa 45 Minuten backen.

Mein Tip

Bei längerer Backzeit wird die Kruste der Brote kräftiger im Geschmack und dicker.
Wenn Sie auch bei einem Brot, das Sie in einer Form gebacken haben, rundherum eine knusprige Kruste haben wollen, backen Sie das Brot in der letzten Viertelstunde ohne Form auf einem Backblech.

Berliner Brot

Vorteig:
300 g Roggenmehl Typ 1150
knapp ⅜ l lauwarmes Wasser
1 EL Sauerteig
1 EL Sekowa-Spezial-
Backferment
Hauptteig:
700 g Roggenmehl Typ 1150
knapp ¼ l lauwarmes Wasser
2 EL Salz
2 EL dunkler Sirup
1 EL Speiseöl
Außerdem:
Mehl
Backpapier für das Blech

Backzeit: etwa 55 Minuten
Schaltung: E: 250°C/200°C,
G: 5/3

1. Das Mehl für den Vorteig in eine große Schüssel geben.

2. Den Sauerteig und das Backferment in etwas lauwarmem Wasser ganz glattrühren und dann zum Mehl gießen.

3. Das restliche Wasser dazugeben und alles kräftig durchkneten. Die Oberfläche glattstreichen.

4. Die Schüssel in einen Plastikbeutel schieben, mit einem Küchentuch zudecken und über Nacht bei Zimmertemperatur gären lassen.

5. Am nächsten Tag das Mehl, Wasser, Salz, den Sirup und das Öl zum Vorteig geben und alles so lange kneten, bis ein glatter Teig entsteht, der nicht mehr klebt.

6. Den Teig mit der Schüssel in einen Plastikbeutel schieben und zugedeckt an einem 40°C warmen Ort etwa 1 Stunde gehen lassen.

7. Den gegangenen Teig auf einer bemehlten Arbeitsfläche nochmals gut durchkneten und einen runden oder länglichen Laib daraus formen.

8. Das Brot auf ein mit Backpapier ausgelegtes Blech legen und nochmals zugedeckt 1 Stunde gehen lassen.

9. Den Backofen auf 250°C (G: 5) vorheizen und eine feuerfeste Form mit kochendem Wasser hineinstellen.

10. Das Brot auf der mittleren Schiene in den Ofen schieben.

11. Zunächst 10 Minuten bei 250°C (G: 5) backen und dann den Herd auf 200°C (G: 3) zurückstellen und das Brot 45 Minuten backen.

12. Nach dem Backen das Brot auf einem Kuchengitter auskühlen lassen.

Hausbrot

Teig:

70 g Sauerteig
2 P. Hefe
750 g Roggenmehl Typ 1150
750 g Weizenmehl Typ 1050
knapp 1 l warmes Wasser
30 g Salz
Koriander
Kümmel, Fenchel
Anis

Außerdem:

Mehl
Fett für das Blech

Backzeit: etwa 65 Minuten
Schaltung: E: 250°C/200°C,
G: 5/3

1. Aus dem Sauerteig und der Hefe einen Vorteig rühren und diesen gehen lassen, bis er sich verdoppelt hat.

2. Das Mehl, Wasser, Salz und die Gewürze nach Geschmack in eine Schüssel geben, den Vorteig dazutun und alles zu einem glatten Teig verkneten.

3. Den Teig gut gehen lassen und danach mit bemehlten Händen 2 Brote formen.

4. Diese auf ein gefettetes Back-blech legen, mit der Gabel einste-chen und seitlich etwas einschnei-den.

5. Nochmals gehen lassen, bis das Brot kleine Risse zeigt.

6. Dann mit warmem Wasser be-pinseln und im vorgeheizten Ofen 10 Minuten bei 250°C (G: 5), danach noch etwa 55 Mi-nuten bei 200°C, G: 3 backen.

7. Kurz vor dem Herausnehmen nochmals mit Wasser bepinseln, damit das Brot glänzend wird.

Speckbrot

Teig:

100 g Roggenmehl Typ 1370
250 g Weizenmehl Typ 405
30 g frische Hefe
1 TL Zucker
gut ⅛ l Milch
3 EL Öl
1 Prise Salz und Pfeffer
100 g in feine Würfel
geschnittener Schinkenspeck

Außerdem:

Mehl, Fett für das Blech

Backzeit: etwa 50 Minuten
Schaltung: E: 200°C, G: 3

1. Das Mehl in eine hohe Schüs-sel geben, in die Mitte eine Vertie-fung drücken und die Hefe hin-einbröckeln.

2. Den Zucker und 1 Tasse war-me Milch (von der angegebenen Menge abnehmen) dazugeben. 15 Minuten gehen lassen.

3. Die restlichen Zutaten in die Schüssel geben und so lange kne-ten, bis sich der Teig vom Schüs-selrand löst.

4. Den Teig mit Mehl bestäuben, ein Tuch überdecken und gehen lassen, bis der Teig sich etwa ver-doppelt hat.

5. Den Teig auf dem Backbrett mit bemehlten Händen gut durchkneten und einen runden Brotlaib formen.

6. Den Laib auf ein gefettetes Blech setzen und nochmals etwa 30 Minuten gehen lassen.

7. Mit Wasser einpinseln und im vorgeheizten Backofen (E: 200°C, G: 3) etwa 50 Minuten backen.

Vollkornbrot aus Schweden

Teig:
100 g Hefe
2 EL Butter
¾ l Wasser
4 TL Salz
350 g Roggenschrot
150 g grob zerdrückte Roggenkörner (Reformhaus)
350 g Weizenmehl Typ 550
2 EL dunkler Sirup
Außerdem:
Fett für die Form

Backzeit: 60–75 Minuten
Schaltung: E: 175°C, G: 2

1. In einer großen Schüssel die Hefe in kleine Stücke brechen.

2. Die Butter zerlassen und mit lauwarmem Wasser vermischen.

3. Die Flüssigkeit über die Hefe gießen und rühren, bis sie geschmolzen ist.

4. Roggenschrot und Roggenkörner, Salz, Sirup und gut die Hälfte des Weizenmehls dazugeben.

5. Den Teig mit den Händen kneten und den Rest des Weizenmehls dabei nach und nach einarbeiten.

6. Den Teig zu einer Kugel formen und zugedeckt an einem warmen Ort 1½ Stunden gehen lassen.

7. Dann nochmals kurz durchkneten, 2 Brote formen und in gebutterte Backformen legen.

8. Nochmals 45–60 Minuten gehen lassen.

9. Das Brot auf der untersten Schiene im vorgeheizten Backofen (E: 175°C, G: 2) backen und mehrmals mit Wasser überpinseln.

10. Während des Abkühlens mit einem Tuch zudecken.

Pfefferbrot

Teig:
1 Würfel Hefe
¼ l Milch
400 g Mehl Typ 550
50 g Weizenschrot Typ 1700
1 TL Zucker
2 TL Salz
30 g Butter oder Margarine
2 EL eingelegte grüne
Pfefferkörner
1 TL gemahlener Koriander
Zum Bepinseln:
Milch
Außerdem:
Fett für die Form

Backzeit: etwa 30 Minuten
Schaltung: E: 200°C, G: 3

1. Die Hefe zerbröckeln und mit der lauwarmen Milch verrühren.

2. Das Mehl, den Weizenschrot, Zucker, das Salz, die weiche Butter oder Margarine, die Pfefferkörner und den Koriander dazugeben.

3. Alles zu einem geschmeidigen Teig verkneten.

4. Zugedeckt an einem warmen Ort gehen lassen, bis sich der Teig verdoppelt hat.

5. Danach den Teig mit den Händen gut durchkneten, einen Laib formen, in eine gefettete Kastenform füllen und nochmals 15 Minuten gehen lassen.

6. Die Oberfläche des Brotes mit Milch einpinseln und längs einschneiden.

7. Das Brot im vorgeheizten Backofen (E: 200°C, G: 3) etwa 30 Minuten backen.

Mein Tip

Damit angeschnittene Brotlaibe frisch bleiben, stellen Sie sie am besten mit der Schnittfläche auf ein Holzbrett oder schlagen Folie über die Schnittfläche.

Schinkenbrot

Teig:
200 g Schinkenspeck
1 Würfel Hefe (42 g)
¼ l saure Sahne
250 g Weizenmehl Typ 550
250 g Weizenschrot Typ 1700
1 TL Zucker
1 TL Salz
Zum Einpinseln:
Milch
Außerdem:
Fett für die Form

Backzeit: etwa 30 Minuten
Schaltung: E: 225°C, G: 4

1. Den Speck würfeln und in der Pfanne langsam glasig dünsten. Etwas abkühlen lassen.

2. Die Hefe zerbröckeln und mit der lauwarmen Sahne in einer Rührschüssel verrühren.

3. Das Mehl, den Weizenschrot, Zucker, Speck und das Salz hinzufügen.

4. Alles so lange verkneten, bis sich der Teig als Kloß vom Schüsselrand löst.

5. Die Schüssel mit einem Geschirrtuch abdecken und den Teig um das Doppelte aufgehen lassen.

6. Mit den Händen gut durchkneten, einen Laib formen und in eine gefettete Kastenform legen. Zugedeckt nochmals etwa 15 Minuten gehen lassen.

7. Dann die Oberfläche des Brotes mit Milch einpinseln und mehrmals mit einem spitzen Messer einschneiden. Im vorgeheizten Backofen (E: 225° C, G: 4) etwa 30 Minuten backen.

Mein Tip

Brot sollten Sie nicht im Kühlschrank aufbewahren. Es läßt sich aber gut einfrieren. Teilen Sie dazu das Brot in Portionen, die Sie später im Backofen aufbacken können.

Walnußbrot

Teig:
200 g Walnußkerne
1 TL Butter
250 g Roggenfertigmehl
Typ 805 (Gloria)
250 g Weizenmehl Typ 1050
1 EL Salz
1 TL Zucker
4 TL getrockneter
grüner Pfeffer
30 g Butter oder Margarine
1 Ei
1½ P. frische Hefe
knapp ¼ l lauwarmes Wasser
Außerdem:
Mehl
Fett für die Form

Backzeit: etwa 60 Minuten
Schaltung: E: 250° C/200° C,
G: 5/3

1. Von den Walnußkernen die schönsten 12 für die Dekoration zurücklegen.

2. Die restlichen grob hacken und in der Butter rundherum anrösten. Auskühlen lassen.

3. Die beiden Mehlsorten in eine große Schüssel geben.

4. Die gerösteten Walnüsse, das Salz, den Zucker, den Pfeffer, das weiche Fett und das Ei dazugeben.

5. In die Mitte des Mehls eine Vertiefung drücken, die Hefe hineinbröckeln und mit etwas lauwarmem Wasser und Mehl zu einem Vorteig verrühren. Zugedeckt etwa 15 Minuten gehen lassen.

6. Danach das restliche Wasser dazugeben und den Teig so lange rühren und kneten, bis er glatt und geschmeidig geworden ist und nicht mehr klebt.

7. Den Teig mit Mehl bestäuben und mit der Schüssel in eine große Plastiktüte schieben.

8. Mit einem Küchenhandtuch zudecken und an einem warmen Ort etwa 1 Stunde gehen lassen.

9. Danach den Teig in 12 gleich große Teile teilen und Kugeln daraus formen.

10. Die Kugeln in eine gefettete Backform setzen und mit warmem Wasser bestreichen.

11. Auf jedes Stück 1 der zurückgelegten Walnußkerne drücken.

12. Zugedeckt nochmals etwa 1 Stunde an einem warmen Ort gehen lassen.

13. Danach das Brot in den vorgeheizten Backofen (E: 250° C, G: 5) schieben und eine feuerfeste Form mit kochendem Wasser dazustellen.

14. Nach 10 Minuten die Temperatur auf 200° C (G: 3) zurückstellen und das Brot noch 50 Minuten backen.

15. Danach das Brot noch 5 Minuten in der Form lassen, dann die Ränder mit einem Messer vorsichtig lösen, die Form stürzen und das Brot mit dem Boden nach unten auf einem Gitterrost auskühlen lassen.

Walnußbrot ▷

Leinsamenbrot

Vorteig:
300 g Weizenvollkornschrot
Typ 1700
reichlich ¼ l lauwarmes Wasser
1 EL Sauerteig
1 gehäufter TL Sekowa-
Spezial-Backferment
Hauptteig:
350 g Weizenmehl
Typ 1050
200 g Sechskornschrot
100 g Grünkornschrot
100 g Leinsamenschrot
⅕ l warmes Wasser (45° C)
2 EL Salz
4 EL Speiseöl
Außerdem:
Weizenschrot zum Kneten
Fett oder Backpapier für
das Blech

Backzeit: etwa 50 Minuten
Schaltung: E: 250° C, G: 5

1. Das Mehl für den Vorteig in eine große Schüssel geben.

2. In etwas lauwarmem Wasser den Sauerteig und das Backferment ganz glatt auflösen.

3. Zusammen mit dem restlichen Wasser zum Mehl geben.

4. Die Masse gründlich durchrühren und die Oberfläche glattstreichen.

5. Die Schüssel in einen Plastikbeutel schieben, mit einem Küchentuch bedecken und über Nacht bei Zimmertemperatur zum Gären stehenlassen.

6. Am nächsten Tag zum Vorteig das Mehl, Sechskornschrot, Grünkornschrot, Leinsamenschrot, das Wasser, Salz und Speiseöl geben.

7. Alle Zutaten so lange verkneten, bis ein geschmeidiger Teig entsteht.

8. Den Teig wiederum in eine Plastiktüte geben, zudecken und an einem 40° C warmen Ort gehen lassen.

9. Den gut gegangenen Teig mit Mehl bestreuen und auf einer bemehlten Arbeitsfläche durchkneten, bis er nicht mehr klebt.

10. Von dem Teig einen länglichen Laib formen und diesen auf ein gefettetes oder mit Backpapier ausgelegtes Backblech legen.

11. Mit einem Küchenhandtuch bedecken und nochmals an einem warmen Ort 60 Minuten gehen lassen.

12. Das aufgegangene Brot mit Wasser bestreichen und der Länge nach mit einem scharfen Messer zweimal etwa 1 cm tief einschneiden.

13. Den Backofen auf 250° C (G: 5) vorheizen und eine feuerfeste Form mit kochendem Wasser in den Backofen stellen.

14. Das Brot auf mittlerer Schiene etwa 60 Minuten backen.

15. Danach auf einem Gitter auskühlen lassen.

◁ Leinsamenbrot

Gewürzmischbrot

Teig:

200 g Roggenmehl Typ 1370
300 g Weizenmehl Typ 550
1 P. Hefe, 1 TL Zucker
knapp ¼ l warmes Wasser
1 ½ TL Salz, 4 EL Öl
1 Bund Schnittlauch
1 kleine Zwiebel
je 1 TL Oregano
Fenchelsamen und Kümmel

Zum Bestreichen:

1 Ei, 2 El Milch, 1 Prise Salz

Außerdem:

Mehl
Fett für das Blech

Backzeit: etwa 50 Minuten
Schaltung: E: 225°C, G: 4

1. Das Mehl in eine Schüssel geben und in die Mitte eine Vertiefung drücken.

2. Die Hefe hineinbröckeln und mit Zucker und etwas warmem Wasser zu einem Vorteig anrühren. 15 Minuten gehen lassen.

3. Danach Salz, restliches Wasser und Öl dazugeben und so lange schlagen, bis sich der Teig vom Schüsselrand löst.

4. Den Schnittlauch waschen und in kleine Röllchen schneiden. Die Zwiebel schälen und feinhakken. Beides zusammen mit den Gewürzen zum Teig geben und gut unterkneten. Etwa 1 Stunde gehen lassen.

5. Mit bemehlten Händen den Teig auf einem Backbrett durchkneten, ein ovales Brot formen und dieses auf ein gefettetes Backblech legen. Nochmals 30 Minuten gehen lassen.

6. Das Ei mit der Milch und dem Salz verquirlen. Das Brot in der Mitte der Länge nach einschneiden und mit der Eimilch bestreichen.

7. Auf der mittleren Schiene im vorgeheizten Ofen (E: 225°C, G: 4) etwa 50 Minuten backen.

Fladenbrot

Teig:

10 g Hefe
3 EL lauwarmes Wasser
330 ml Milch, 20 g Butter
300 g Weizenmehl Typ 405
1 TL Salz, 10 g Zucker

Außerdem:

Fett für das Blech

Backzeit: etwa 15 Minuten
Schaltung: E: 200°C, G: 3

1. Die Hefe in dem warmen Wasser auflösen.

2. Die Milch und Butter lauwarm werden lassen.

3. Das Mehl mit dem Salz und Zucker in eine Schüssel geben und in die Mitte eine Mulde drücken.

4. Die Hefemischung hineingeben, mit dem Mehl vermengen und dann die Milch dazugießen.

5. Den Teig so lange durcharbeiten, bis er sich vom Schüsselrand löst.

6. Zugedeckt an einem warmen Ort gehen lassen.

7. Danach nochmals durchkneten und in 2 Teile teilen.

8. Jedes Teil zu einem Streifen von 15 x 30 cm ausrollen und auf ein gefettetes Backblech legen.

9. Die Fladen im vorgeheizten Ofen (E: 200°C, G: 3) etwa 15 Minuten backen.

Brötchen – deftig und süß

Croissants

Teig:
250 g Mehl Typ 405
20 g Hefe
⅛ l Milch
50 g Zucker
1 Prise Salz
1 Ei
1 Eiweiß
80 g Butter
Zum Bestreichen:
1 Eigelb
Außerdem:
Fett und Mehl
für das Blech

Backzeit: etwa 20 Minuten
Schaltung: E: 200°C, G: 3

1. Das Mehl in eine Schüssel geben und in die Mitte eine Vertiefung drücken.

2. Die Hefe hineinbröckeln und mit etwas warmer Milch und 1 Teelöffel Zucker anrühren. 15 Minuten gehen lassen.

3. Die restliche Milch, restlichen Zucker, Salz, Ei und Eiweiß dazugeben und zu einem Teig verarbeiten. Diesen über Nacht kühl stellen.

4. Am nächsten Tag den Teig etwa ½ cm dick ausrollen und die Hälfte der Butter in dünnen Scheiben auf den Teig schneiden.

5. Den Teig vierfach zusammenschlagen und ausrollen. Diesen Vorgang so lange wiederholen, bis sich die Butter im Teig aufgelöst hat.

6. Den Teig 15 Minuten kalt stellen und dann mit der restlichen Butter ebenso verfahren.

7. Den Teig wieder kühl ruhen lassen und noch zweimal zusammenfalten, ausrollen und ausruhen lassen.

8. Danach den Teig etwa ½ cm dick ausrollen und in 10 x 10 cm große Quadrate schneiden.

9. Die Quadrate in je 2 Dreiecke teilen und diese von der breiten zur spitzen Seite hin aufrollen. Zur Hörnchenform biegen.

10. Ein Backblech einfetten und mehlen und die Hörnchen darauflegen.

11. Nochmals 20 Minuten gehen lassen und mit verquirltem Eigelb bestreichen.

12. Im vorgeheizten Ofen (E: 200°C, G: 3) etwa 20 Minuten backen.

Semmel

Teig:

750 g Weizenmehl Typ 405
1 P. Hefe (42 g)
1 TL Zucker
1 TL Salz
etwa ⅓ l lauwarme Milch

Zum Bestreichen:

1 verquirltes Ei

Außerdem:

Mehl
Fett für das Blech

Backzeit: 15–20 Minuten
Schaltung: E: 225°C, G: 4

1. Das Mehl in eine große Schüssel geben, in die Mitte eine Vertiefung drücken und die Hefe hineinbröckeln.

2. Den Zucker und ½ Tasse Milch darübergeben. 15 Minuten gehen lassen.

3. Die restlichen Zutaten in die Schüssel geben und durchkneten, bis sich der Teig vom Schüsselrand löst.

4. Den Teig mit Mehl bestäuben, abdecken und gehen lassen, bis er etwa die doppelte Größe erreicht hat.

5. Mit bemehlten Händen den Teig auf dem Backbrett durchkneten und zu einer etwa 5 cm dicken Stange formen.

6. Mit dem Messer kleine Stücke abschneiden, etwas flachdrücken und auf das gefettete Backblech setzen.

7. Abgedeckt erneut etwa 20 Minuten an einem warmen Ort gehen lassen.

8. Die Teigstücke kreuzweise einschneiden, mit dem verquirlten Ei bestreichen und die Brötchen auf mittlerer Schiene im vorgeheizten Ofen (E: 225°C, G: 4) 15–20 Minuten backen.

Kümmelbrötchen

Teig:

400 g Mehl Typ 1050
1 Würfel Hefe
1 TL Zucker
150 ml lauwarmes Wasser
1 Ei
½ TL Salz
1 EL Kümmel
60 g Margarine

Außerdem:

Mehl, Fett für das Blech

Backzeit: etwa 20 Minuten
Schaltung: E: 220°C, G: 4

1. Das Mehl in eine Schüssel geben und in die Mitte eine Vertiefung drücken.

2. Die Hefe hineingeben und mit dem Zucker und etwas lauwarmem Wasser zu einem Vorteig rühren. Zugedeckt etwa 15 Minuten gehen lassen.

3. Danach das restliche Wasser, Ei, Salz, den gehackten Kümmel und die weiche Margarine dazugeben und alles so lange verkneten, bis sich der Teig vom Schüsselrand löst. Zugedeckt etwa 60 Minuten an einem warmen Ort gehen lassen.

4. Danach den Teig mit bemehlten Händen auf einem Backbrett durchkneten und etwa 10 Brötchen formen.

5. Diese auf ein gefettetes Backblech legen und nochmals 15 Minuten gehen lassen.

6. Im vorgeheizten Ofen (E: 220°C, G: 4) etwa 20 Minuten backen.

Salzstangen

Teig:
1 P. Trockenhefe
¼ l lauwarmes Wasser
500 g Weizenmehl Typ 550
1 TL Salz
Zum Einpinseln:
etwa 4 EL Milch
Zum Bestreuen:
grobes Salz
Außerdem:
Mehl
Fett und Mehl
für das Blech

Backzeit: etwa 20 Minuten
Schaltung: 225°C, G: 4

1. Die Hefe nach Anweisung in etwas lauwarmem Wasser auflösen.

2. Danach das Mehl, Salz und das restliche Wasser in eine Schüssel geben, die aufgelöste Hefe darüber verteilen und alles so lange kneten, bis sich der Teig vom Schüsselrand löst.

3. Den Teig mit Mehl bestäuben und zugedeckt etwa 60 Minuten gehen lassen.

4. Danach den Teig auf einem bemehlten Backbrett durchkne-

ten und aus dem Teig etwa 15 cm lange Stangen formen.

5. Die Stangen auf ein gefettetes und bemehltes Backblech setzen und nochmals zugedeckt gehen lassen.

6. Im vorgeheizten Ofen (E: 225°C, G: 4) etwa 20 Minuten backen.

7. Kurz vor Ende der Backzeit die Stangen mit Milch bestreichen und mit Salz bestreuen.

Kleiebrötchen

Teig:
400 g Weizenmehl Typ 1050
5 EL Weizenkleie
1 TL Zucker
1 P. Hefe
¼ l warme Buttermilch
1 EL Salz
3 EL Öl
Außerdem:
Fett für das Backblech
oder Backpapier

Backzeit: etwa 15 Minuten
Schaltung: E: 220°C, G: 4

1. Das Mehl mit der Kleie in einer Schüssel mischen und in die Mitte eine Vertiefung drücken.

2. Die Hefe mit dem Zucker in der Hälfte der warmen Buttermilch auflösen und in die Mulde gießen.

3. Diese Flüssigkeit mit etwas Mehl verrühren und zugedeckt an einem warmen Ort etwa 15 Minuten gehen lassen.

4. Die restliche Buttermilch, das Salz und Öl dazugeben und alles zu einem glatten Teig durchkneten.

5. Den Teig nochmals zugedeckt etwa 30 Minuten gehen lassen.

6. Aus dem Teig 12–15 kleine Brötchen formen und auf ein gefettetes oder mit Backpapier ausgelegtes Backblech setzen. Mit Wasser bepinseln.

7. Im vorgeheizten Backofen (E: 220°C, G: 4) etwa 15 Minuten backen.

Roggenbrötchen

Teig:
250 g Roggenmehl Typ 1370
100 g Weizenmehl Typ 550
40 g Würfelhefe oder
1 P. Trockenhefe
½ TL Salz
10 g Zucker
300 ml Sauermilch
oder Buttermilch
Außerdem:
Fett für das Backblech

Backzeit: etwa 35 Minuten
Schaltung: 250/200°C, G: 5/3

1. Die beiden Mehle in einer Schüssel mischen und in die Mitte eine Vertiefung drücken.

2. Die Hefe hineinbröckeln und mit etwas lauwarmer Sauermilch und etwas Mehl zu einem Vorteig verrühren. Trockenhefe in etwas lauwarmer Sauermilch auflösen und in die Mulde geben.

3. Den Vorteig zugedeckt etwa 15 Minuten gehen lassen.

4. Das Salz, den Zucker und die restliche lauwarme Sauermilch dazugeben und alles so lange kneten, bis sich der Teig vom Schüsselrand löst.

5. Aus dem Teig einen Klumpen formen und zugedeckt nochmals etwa 40 Minuten gehen lassen.

6. Aus dem Teig 8–10 Brötchen formen und diese über Kreuz mit einem scharfen Messer einschneiden.

7. Die Brötchen 10 Minuten im vorgeheizten Backofen bei 250°C (G: 5) backen, dann die Temperatur auf 200°C (G: 3) reduzieren und noch etwa 25 Minuten backen.

Rosinenbrötchen

Teig:
125 g Quark
6 EL Milch
6 EL Öl
75 g Zucker
1 P. Vanillinzucker
1 Prise Salz
300 g Mehl Typ 405
1 P. Backpulver
100 g kernlose Rosinen
Zum Bestreichen:
Dosenmilch
Außerdem:
Mehl
Fett für das Blech

Backzeit: etwa 20 Minuten
Schaltung: E: 200°C, G: 3

1. Den Quark mit Milch, Öl, Zucker, Vanillinzucker und Salz verrühren.

2. Das Mehl mit dem Backpulver mischen und unter den Quark rühren.

3. Zum Schluß die Rosinen dazugeben und zu einem glatten Teig rühren.

4. Den Teig auf einem bemehlten Backbrett zu einer Rolle formen und aus dieser etwa 10 gleich große Stücke schneiden.

5. Die Scheiben zu Brötchen formen und auf ein gefettetes Backblech legen.

6. Die Brötchen mit Dosenmilch bestreichen und im vorgeheizten Ofen (E: 200°C, G: 3) etwa 20 Minuten backen.

Haselnußbrötchen

Teig:
1 P. frische Hefe
1 TL Zucker
200 ml Milch
½ Tasse Nußnougatcreme
20 g Butter oder Margarine
½ TL Salz
3 EL Sirup
650 g Mehl Typ 405
100 g gehackte Haselnüsse
Zum Bestreichen:
3–4 EL Sahne
Zum Bestreuen:
Sesam
Außerdem:
Fett für das Backblech

Backzeit: 15–20 Minuten
Schaltung: E: 250°C, G: 5

1. Die Hefe zerbröckeln und mit dem Zucker und ½ Tasse lauwarmem Wasser verrühren. Etwa 15 Minuten gehen lassen.

2. Die Milch zum Kochen bringen und Nußnougatcreme, Butter oder Margarine, Salz und Sirup unterrühren.

3. Die Hälfte des Mehls unterarbeiten und etwas abkühlen lassen.

4. Danach die Hefe, das restliche Mehl und die gehackten Haselnüsse unterkneten.

5. Den Teig zugedeckt etwa 1 Stunde gehen lassen.

6. Anschließend nochmals durchkneten, eine Rolle formen und davon 8 Stücke abschneiden.

7. Aus den Teigstücken Brötchen formen und diese auf ein gefettetes Backblech setzen.

8. Die Brötchen mit Sahne bepinseln und mit Sesam bestreuen.

9. Nochmals zugedeckt etwa 15 Minuten gehen lassen.

10. Im vorgeheizten Backofen (E: 250°C, G: 5) 15–20 Minuten backen.

Pomeranzenbrötchen

Teig:
300 g Zucker
6 Eier
abgeriebene Schale von
1 ungespritzten Zitrone
500 g Mehl Typ 405
je 60 g Zitronat und Orangeat
Verzierung:
100 g Zitronatstreifen
Außerdem:
Fett und Mehl
für das Blech

Backzeit: 20–25 Minuten
Schaltung: E: 175–200°C, G: 2–3

1. Den Zucker, die Eier und die abgeriebene Zitronenschale sehr schaumig rühren und nach und nach das Mehl, Zitronat und Orangeat dazurühren.

2. Ovale Plätzchen formen und auf jedes 2–3 schmale Zitronatstreifen legen.

3. Die Brötchen auf ein gefettetes und bemehltes Blech setzen und über Nacht ruhen lassen.

4. Im vorgeheizten Ofen (E: 175–200°C, G: 2–3) 20–25 Minuten backen.

Frühstückshörnchen

Teig:
500 g Mehl Typ 405
1 Würfel Hefe
1 EL Zucker
je ⅛ l Milch und Wasser
1 Ei, 1 TL Salz
Zum Bestreichen:
1 Eigelb
1 EL Milch
Außerdem:
Mehl
Fett für das Blech

Backzeit: etwa 20 Minuten
Schaltung: E: 225°C, G: 4

1. Das Mehl in eine Schüssel geben und in die Mitte eine Vertiefung drücken.

2. Die Hefe hineinbröckeln und mit etwas Wasser und Zucker zu einem Vorteig verrühren. Diesen 15 Minuten gehen lassen.

3. Danach die Milch, das restliche Wasser, das Ei und das Salz dazugeben und alles so lange verkneten, bis sich der Teig vom Schüsselrand löst.

4. Den Teig mit Mehl bestäuben und zugedeckt an einem warmen Ort gehen lassen.

5. Danach den Teig mit bemehlten Händen auf einer Arbeitsplatte durchkneten und auf einer bemehlten Fläche etwa 1 cm dick ausrollen.

6. Aus dem Teig Dreiecke schneiden und zur Spitze hin aufrollen.

7. Die Hörnchen auf ein gefettetes und bemehltes Backblech legen und nochmals zugedeckt 15 Minuten gehen lassen.

8. Das Eigelb mit der Milch verquirlen und die Hörnchen damit bestreichen.

9. Im vorgeheizten Ofen (E: 225°C, G: 4) etwa 20 Minuten backen.

Korinthenbrötchen

Teig:
375 g Mehl Typ 405
1 P. Trockenhefe
etwa ⅛ l Milch, 1 TL Salz
75 g Butter oder Margarine
1 Ei, 50 g Korinthen
je 1 Prise Zimt und Kardamom

Außerdem:
Fett und Mehl
für das Blech

Backzeit: etwa 20 Minuten
Schaltung: E: 220°C, G: 4

1. Das Mehl mit der Trockenhefe mischen und die lauwarme Milch, das Salz, das weiche Fett und das Ei dazugeben. Den Teig gut durchkneten.

2. Den Teig mit Mehl bestäuben und zugedeckt an einem warmen Ort etwa 1 Stunde gehen lassen.

3. Jetzt die Korinthen und die Gewürze unterkneten und kleine Kugeln von etwa 5 cm Durchmesser formen.

4. In genügend großem Abstand auf ein gefettetes und bemehltes Backblech setzen und nochmals gehen lassen.

5. Im vorgeheizten Ofen (E: 220°C, G: 4) etwa 20 Minuten backen.

Herzhaftes Kleingebäck zu Bier und Wein

Wie oft sitzt man mit Freunden bei einem Bier oder Wein gemütlich zusammen und möchte zwischendurch etwas zum Knabbern oder eine kleine Stärkung reichen. Dazu eignet sich herzhaftes Kleingebäck aus „eigener Herstellung" besonders gut.

Sie können alles vorbereiten, bevor der Besuch kommt, manches wird schon vorher gebacken, anderes schieben Sie kurz vor dem Servieren in den Ofen, wenn es warm gegessen werden soll.

Kümmelstangen und Mohnkränze

Teig:
225 g Mehl
3 TL Backpulver
200 g Butter oder Margarine
225 g trockener Schichtkäse
oder 2 P. Tiefkühlblätterteig
Zum Bestreichen:
1 Ei
Zum Bestreuen:
Kümmel und Mohn

Backzeit: etwa 10 Minuten
Schaltung: E: 225°C, G: 4

1. Das Mehl mit dem Backpulver vermischen und auf ein Backbrett sieben.

2. In die Mitte eine Vertiefung drücken und das kalte Fett und den trockenen Schichtkäse hineingeben.

3. Das Fett mit Mehl bedecken und alles zu einem Kloß zusammendrücken. Danach von der Mitte her alle Zutaten zu einem glatten Teig verkneten.

4. Der Teig wird etwa ½ cm dick ausgerollt, mehrfach übereinandergeschlagen und nach der offenen Seite hin wieder ausgerollt.

5. Das Ausrollen und Übereinanderschlagen noch zweimal wiederholen. Danach den Teig am besten über Nacht kalt stellen.

6. Tiefgefrorener Blätterteig muß vor der Verwendung etwa 20 Minuten aufgetaut werden.

7. Den Teig dünn ausrollen und mit dem verquirlten Ei bestreichen.

8. Danach den Teig in etwa 10 cm lange Streifen schneiden, für die Kränze etwas länger.

9. Die Streifen spiralenförmig drehen, mit Kümmel bestreuen und auf ein mit kaltem Wasser abgespültes Blech legen.

10. Für die Kränze die Spiralen ringförmig zusammenlegen und mit Mohn bestreuen.

11. Im vorgeheizten Ofen (E: 225°C, G: 4) etwa 10 Minuten backen.

Gedrehte Käsestangen

Teig:
125 g alter Gouda
200 g Mehl, 2 Eigelb
100 g Butter, ½ TL Salz
Zum Bestreuen:
Sesam und Mohn
Zum Bestreichen:
1 Eigelb
1 TL Wasser
Außerdem:
Backpapier für das Blech

Backzeit: etwa 10 Minuten
Schaltung: E: 210°C, G: 3–4

1. Den Gouda mit dem Mehl, den Eigelben, der Butter und dem Salz zu einem Mürbeteig verkneten und diesen etwa 30 Minuten kalt stellen.

2. Danach den Teig auf einer bemehlten Arbeitsfläche ½ cm dick ausrollen.

3. Aus dem Teig Streifen von 2 cm Breite und 10 cm Länge schneiden.

4. Das Eigelb mit dem Wasser verquirlen und die Teigstreifen damit bestreichen.

5. Die Streifen sofort mit Sesam oder Mohn bestreuen und zweimal in sich drehen.

6. Die Spiralen auf ein mit Backpapier ausgelegtes Backblech legen.

7. Im vorgeheizten Ofen (E: 210° C, G: 3–4) etwa 10 Minuten backen.

gen und mit verquirltem Eigelb bestreichen sowie mit geriebenem Emmentaler bestreuen.

3. In etwa daumendicke Streifen schneiden und die Streifen auf ein mit kaltem Wasser abgespültes Blech legen.

4. Im vorgeheizten Ofen (E: 225° C, G: 4) 10–15 Minuten backen.

rollen. Aus den Teigplatten Dreiecke radeln.

2. Den Schinken und Gouda sehr fein würfeln und mit den Eigelben, der feingehackten Zwiebel und dem Pfeffer vermischen.

3. Diese Mischung auf die Dreiecke geben und zur Spitze hin zu Hörnchen aufrollen.

4. Die Hörnchen mit verquirltem Eigelb bestreichen und auf ein mit kaltem Wasser abgespültes Backblech legen.

5. Im vorgeheizten Ofen (E: 225° C, G: 4) etwa 20 Minuten backen.

Käsestangen

1 P. tiefgekühlter Blätterteig
Zum Bestreichen:
1 Eigelb
Zum Bestreuen:
geriebener Emmentaler
Außerdem:
Mehl zum Ausrollen

Backzeit: 10–15 Minuten
Schaltung: E: 225° C, G: 4

1. Den Blätterteig auftauen lassen und auf einer bemehlten Platte ausrollen.

2. Die Platten mit Wasser bestreichen, jede Platte einmal umschla-

Schinken-Käse-Hörnchen

1 P. Tiefkühlblätterteig
Füllung:
125 g gekochter Schinken
100 g Gouda
2 Eigelb
1 kleine feingehackte Zwiebel
1 Msp. Pfeffer
Zum Bestreichen:
1 Eigelb

Backzeit: etwa 20 Minuten
Schaltung: E: 225° C, G: 4

1. Den Teig in etwa 20 Minuten auftauen lassen und dünn aus-

Laugenbrezeln

Glasur:
50 g Stärkemehl
Teig:
500 g Weizenmehl
40 g Hefe
1 EL Salz
⅜ l lauwarmes Wasser
Zum Kochen:
10 g Natron
Zum Bestreuen:
grobes Salz
Außerdem:
Pergamentpapier, Fett

Backzeit: 25–30 Minuten
Schaltung: E: 225°C, G: 4

1. Für die Stärkeglasur das Stärkemehl auf ein ungefettetes Backblech geben und im vorgeheizten Backofen auf der mittleren Schiene bei 200°C (G: 3) etwa 15–20 Minuten rösten. Das Stärkemehl wird dabei nicht braun. Auskühlen lassen.

2. Anschließend mit ¼ l kaltem Wasser verrühren und 8–10 Minuten bei milder Hitze kochen lassen.

3. Das Mehl in eine Schüssel geben, eine Mulde hineindrücken und die Hefe hineinbröckeln.

4. Das Salz auf den Mehlrand geben. ⅜ l lauwarmes Wasser auf die Hefe gießen.

5. Von der Mitte aus alles zu einem Teig verkneten, schlagen, bis er Blasen wirft und sich vom Schüsselrand löst. Dann mit Mehl bestäuben und zugedeckt 10 Minuten gehen lassen.

6. Den Teig zusammenschlagen, eine Rolle daraus formen und in 15 gleiche Teile schneiden.

7. 15 Stück Pergamentpapier (20 x 15 cm) mit Fett bestreichen.

8. Einzelne Teigstücke mit den Händen zu einer Länge von 15 cm rollen (in der Mitte dicker, an den Enden dünner).

9. Brezeln daraus legen, diese auf das gefettete Papier setzen und nochmals 10 Minuten gehen lassen.

10. Inzwischen 2 l Wasser mit dem Natron zum Kochen bringen, die Brezeln vom Papier hineingleiten lassen, so daß sie mit der Unterseite im Wasser schwimmen.

11. Nach 1 Minute mit der Schaumkelle herausheben und auf das gefettete Backblech setzen.

12. Die Oberfläche mit der Stärkeglasur bestreichen und grobes Salz daraufstreuen.

13. Die Brezeln im vorgeheizten Backofen (E: 225°C, G: 4) 25–30 Minuten auf der mittleren Schiene backen.
Die Laugenbrezeln möglichst frisch verbrauchen.

Garniertes Käsegebäck

Teig:
200 g Mehl
1 TL Backpulver
100 g geriebener Emmentaler
2 EL geriebener Kräuterkäse
1 Msp. Salz
1 TL Paprikapulver edelsüß
2 Eier
100 g Butter oder Margarine
Zum Garnieren:
Pistazien
Haselnüsse
Mandeln
Pinienkerne
Kümmel
Außerdem:
Mehl zum Ausrollen

Backzeit: etwa 12 Minuten
Schaltung: E: 200°C, G: 3

1. Das Mehl, Backpulver, den Käse, das Salz, das Paprikapulver, die Eier und die Butter oder Margarine zu einem Mürbeteig kneten.

2. Den Teig in Alufolie wickeln und mindestens 1 Stunde kühl stellen.

3. Dann auf etwas Mehl höchstens ½ cm dick ausrollen und mit einem Förmchen oder einem dünnen, engen Glas Taler von etwa 3 cm Durchmesser ausstechen.

4. Mit Nüssen, Mandeln usw. garnieren und im vorgeheizten Backofen (E: 200°C, G: 3) in etwa 12 Minuten hellgelb backen.

Kümmelkekse

Teig:
150 g Mehl
125 g geriebener alter Gouda
2 Eigelb
½ TL Paprikapulver
1 Msp. Salz
125 g Butter oder Margarine
Zum Bestreichen:
1 Eigelb
1 TL Dosenmilch
Zum Bestreuen:
1 EL Kümmel
Außerdem:
Mehl zum Ausrollen
Fett oder Backpapier
für das Blech

Backzeit: 15–20 Minuten
Schaltung: E: 200°C, G: 3

1. Das Mehl in einer Schüssel mit dem geriebenen Gouda vermischen.

2. Die Eigelbe, das Paprikapulver, Salz und das in Flöckchen geschnittene Fett dazugeben und alles gut verkneten.

3. Den Teig im Kühlschrank durchkühlen lassen und dann auf einem bemehlten Backbrett ausrollen.

4. Mit einem Wasserglas runde Plätzchen ausstechen und auf ein gefettetes oder mit Backpapier ausgelegtes Backblech legen.

5. Das Eigelb mit der Dosenmilch verquirlen und die Plätzchen damit bestreichen und mit Kümmel bestreuen.

6. Im vorgeheizten Backofen (E: 200°C, G: 3) 15–20 Minuten backen.

Pikante Quarkplätzchen

Teig:
200 g Mehl
100 g Schichtkäse
½ TL Salz
100 g Butter oder Margarine
Zum Bestreichen:
1 Eigelb
Zum Bestreuen:
Kümmel
Füllung:
125 g reifer Camembert
50 g Butter
1 Msp. Paprikapulver
1 kleine, feingehackte Zwiebel
je 1 EL feingehackte Petersilie
und feingehackter Dill
Außerdem:
Mehl zum Ausrollen

Backzeit: etwa 15 Minuten
Schaltung: E: 200°C, G: 3

1. Das Mehl in eine Schüssel geben und den Schichtkäse darüberkrümeln.

2. Das Salz und die in Flöckchen geschnittene Butter oder Margarine dazugeben und alles zu einem glatten Teig verkneten. Den Teig etwa 30 Minuten durchkühlen lassen.

3. Danach auf einer bemehlten Arbeitsfläche ausrollen und mit einem Glas Plätzchen ausstechen.

4. Die Hälfte der Plätzchen mit dem verquirlten Ei bestreichen und mit Kümmel bestreuen.

5. Die Plätzchen auf ein mit kaltem Wasser abgespültes Backblech legen und im vorgeheizten Ofen (E: 200°C, G: 3) etwa 15 Minuten backen.

6. Für die Füllung den Camembert fein zerdrücken und mit der weichen Butter, dem Paprikapulver, der feingehackten Zwiebel und den Kräutern vermischen.

7. Die unbestreuten Plätzchen mit der Käsecreme bestreichen und die anderen daraufsetzen.

8. Die Plätzchen sollten bald gegessen werden, damit sie nicht durchweichen.

Windbeutel mit Kräuterkäse

Teig:
¼ l Wasser
50 g Butter oder Margarine
150 g Mehl
30 g Stärkemehl
4–6 Eier
1 TL Backpulver
Füllung:
125 g Sahnequark
4 Ecken Rahmfrischkäse
50 g Butter
4 EL Milch
je 2 EL Schnittlauch
Dill und Petersilie
Salz, Pfeffer
Außerdem:
Mehl für das Backblech

Backzeit: etwa 20 Minuten
Schaltung: E: 225–250°C,
G: 4–5

1. Das Wasser mit dem Fett zum Kochen bringen.

2. Den Topf von der Kochstelle nehmen und das gesiebte Mehl, vermischt mit dem Stärkemehl, auf einmal hineingeben.

3. Zu einem Kloß rühren und diesen auf der Kochstelle unter Rüh-

ren noch etwa 1 Minute erhitzen, bis sich der Teig vom Topfboden löst.

4. Den heißen Kloß sofort in eine Schüssel geben und nach und nach die Eier unterrühren, bis der Teig glänzt. Eventuell 1 Ei weniger nehmen, damit der Teig nicht zu dünn wird.

5. Nach Erkalten das Backpulver dazugeben.

6. Ein Backblech mit wenig Mehl bestäuben und mit 2 Löffeln walnußgroße Teighäufchen daraufsetzen.

7. Im vorgeheizten Ofen (E: 225–250° C, G: 4–5) etwa 20 Minuten backen.

8. Nach dem Backen sofort mit einer Schere den Deckel abschneiden und auskühlen lassen.

9. Den Sahnequark mit dem Rahmfrischkäse, der Butter und Milch gut verschlagen und dann die Kräuter untermischen.

10. Mit Salz und Pfeffer würzen und die Windbeutel mit dem Kräuterkäse füllen.

Schinken-Speck-Krapfen

Teig:
500 g Mehl, 1 Würfel Hefe
knapp ¼ l lauwarme Milch
2 TL Zucker
1 TL Salz
1 Eigelb
100 g Schmalz
Füllung:
150 g gekochter Schinken
150 g Räucherspeck
4 Eier
200 g geriebener Emmentaler
je 1 Msp. Majoran,
Thymian,
Rosmarin,
Salbei und Basilikum
Salz
frisch gemahlener Pfeffer
Zum Bestreichen:
1 Ei
Außerdem:
Mehl zum Ausrollen
Fett für das Blech

Backzeit: 12–15 Minuten
Schaltung: E: 175–200° C,
G: 2–3

1. Einen Hefeteig zubereiten, wie im Rezept „Piroggen" beschrieben, und den Teig gut gehen lassen, bis er sich verdoppelt hat.

2. Den gekochten Schinken und den Räucherspeck fein würfeln.

3. Die Eier gut verquirlen, mit dem Schinken, dem Käse und den Kräutern verrühren und mit Salz und Pfeffer abschmecken.

4. Ist die Masse zu dünn, kann man noch etwas Käse dazugeben.

5. Den Hefeteig ausrollen und mit einem scharfen Messer in etwa 8 Quadrate teilen.

6. Auf jedes Quadrat etwas von der Füllung geben und die Teigecken wie Pfaffenhütchen nach oben biegen und gut zusammendrücken.

7. Auf ein gefettetes Backblech legen und im vorgeheizten Ofen (E: 175–200° C, G: 2–3) in 12–15 Minuten goldgelb backen.

8. Kurz vor dem Herausnehmen die Krapfen noch mit etwas verquirltem Ei bepinseln.

Sauerkrautküchlein

Teig:
200 g Mehl
½ Tasse Milch
½ TL Salz, 1 Ei
40 g Butter
Füllung:
1 Zwiebel
1 Knoblauchzehe
2 EL Öl
500 g Sauerkraut
Salz, Pfeffer
Zum Ausbacken:
750 g Pflanzenfett
Außerdem:
Mehl zum Ausrollen

1. Das Mehl in eine Schüssel geben und in die Mitte eine Vertiefung drücken.

2. Die Milch mit dem Salz und dem Ei verquirlen und in die Vertiefung gießen.

3. Die Butter in Flöckchen auf den Mehlrand setzen und alles zu einem glatten Teig verkneten.

4. Den Teig zugedeckt etwa 1 Stunde an einem kühlen Ort ruhen lassen.

5. Inzwischen die Zwiebel und Knoblauchzehe schälen und fein hacken.

6. Das Öl in einem Topf heiß werden lassen und die Zwiebel und Knoblauchzehe darin anbraten.

7. Das Sauerkraut dazugeben, etwas anbraten und dann mit wenig Wasser löschen.

8. Mit Salz und Pfeffer abschmecken und etwa ½ Stunde bei leichter Hitze garen lassen. Danach warm stellen.

9. Den Teig auf einer leicht bemehlten Arbeitsfläche messerrückendünn ausrollen und Rechtecke von 5 x 10 cm Seitenlänge ausschneiden.

10. Das Ausbackfett in einem hohen Topf heiß werden lassen und die Kücherl darin goldgelb ausbacken, dabei den Topf ständig, aber vorsichtig rütteln, so kommt die Kissenform der Teigstücke zustande.

11. Die Stücke aus dem Fett nehmen, abtropfen lassen und mit heißem Sauerkraut belegen.

Mein Tip

Statt mit Sauerkraut können Sie die Blätter auch mit angerührtem Gervais bestreichen.
Dazu verrühren Sie 200 g Gervais mit etwas Butter, Salz, feingehackter Zwiebel und scharfem Paprikapulver und streichen diese Mischung auf die erkalteten Blätter.

Sardellenrollen

Teig:
200 g Mehl

1 Prise Salz

2 EL saure Sahne

1 Ei

100 g Butter oder Margarine

Füllung:
12 Sardellenfilets

1 kleines Glas gefüllte Oliven

Verzierung:
2 in Scheiben geschnittene Oliven

Außerdem:
Mehl zum Ausrollen

Fett für das Blech

Backzeit: etwa 15 Minuten
Schaltung: E: 225°C, G: 4

1. Das Mehl, Salz, die saure Sahne, das Ei und die Butter oder Margarine zu einem Mürbeteig verkneten und 30 Minuten kalt stellen.

2. Danach zu einem Rechteck ausrollen und 12 Rechtecke daraus schneiden.

3. Die Sardellenfilets auf Küchenkrepp abtropfen lassen. Die Oliven fein hacken.

4. In jedes Teigstück 1 Sardellenfilet und etwas gehackte Olive einrollen. Mit Olivenscheiben garnieren.

5. Im vorgeheizten Ofen (E: 225°C, G: 4) etwa 15 Minuten backen.

Käserollen

Teig:
1 P. tiefgekühlter Blätterteig (300 g)

Zum Bestreichen:
1 Ei

Füllung:
50 g Butter

50 g Mehl

knapp ½ l Milch

Salz, Pfeffer, Muskatnuß

100 g geriebener Emmentaler

Backzeit: 15–20 Minuten
Schaltung: E: 250°C, G: 5

1. Aus je einer Blätterteigscheibe eine Rolle wickeln, auf ein nasses Blech legen und mit dem verquirlten Eigelb bestreichen.

2. 15 Minuten ruhen lassen, dann im vorgeheizten Ofen (E: 250°C, G: 5) 15–20 Minuten backen.

3. Etwas abkühlen lassen, mit einem Kochlöffelstiel aushöhlen und warm stellen.

4. In einem Topf die Butter schmelzen, das Mehl unterrühren, durchschwitzen, mit der Milch ablöschen und noch 5 Minuten kochen lassen.

5. Vom Herd nehmen und würzen.

6. Den Käse bis auf 2 Eßlöffel hineingeben.

7. Die Soße mit einem Spritzbeutel in die Blätterteigrollen füllen.

8. Die Spitzen der Rollen in den restlichen Käse tauchen. Warm servieren.

Piroggen

Teig:

500 g Mehl, 1 P. Hefe

knapp ¼ l lauwarme Milch

2 TL Zucker

1 TL Salz

1 Eigelb

100 g Schmalz

Füllung:

80 g Schalotten

750 g Champignons

10 g getrocknete Steinpilze

125 g durchwachsener Speck

Salz,

frisch gemahlener Pfeffer

200 g Crème fraîche

2 Eier

1 Bund Dill

Zum Bestreichen:

1 Eigelb

⅛ l Milch

Außerdem:

Mehl zum Ausrollen

Backzeit: 25–30 Minuten
Schaltung: E: 200°C, G: 3

1. Das Mehl in eine Schüssel geben und in die Mitte eine Vertiefung drücken.

2. Die Hefe hineinbröckeln und mit etwas warmer Milch, dem Zucker und etwas Mehl zu einem Vorteig rühren. Diesen etwa 15 Minuten gehen lassen.

3. Danach die restliche Milch, das Salz, Eigelb und das weiche Schmalz dazugeben und alles gut verkneten.

4. Den Teig mit Mehl bestäuben und 1 Stunde gehen lassen.

5. Inzwischen die Schalotten und die Champignons putzen und kleinschneiden. Die Steinpilze grob hacken und in Wasser einweichen.

6. Den Speck fein würfeln und in einem Schmortopf auslassen. Die Schalotten darin goldgelb anbraten, die Champignons dazugeben und gut durchschmoren.

7. Danach die Steinpilze mit der Einweichflüssigkeit hinzufügen und mit Salz und Pfeffer würzen.

8. So lange dünsten, bis die Einweichflüssigkeit verdampft ist, dann Crème fraîche dazugeben und wieder einkochen lassen. Vom Feuer nehmen.

9. Die Eier mit dem feingehackten Dill verquirlen und unter die Masse ziehen. Eventuell noch einmal abschmecken und auskühlen lassen.

10. Nachdem der Teig gegangen ist, wird er zu einem Quadrat von 50–60 cm ausgerollt.

11. Mit dem Lineal in Quadrate von 10 cm Seitenlänge einteilen und mit einem Kuchenrad trennen.

12. Mit der verquirlten Eigelbmilch bestreichen und auf jedes etwa 1 Eßlöffel von der Füllung setzen.

13. Die Quadrate entweder diagonal zusammenlegen oder die Teigecken über der Füllung so zusammenschlagen, daß „Pfaffenhütchen" entstehen.

14. Mit der Eigelbmilch bestreichen, auf ein gefettetes Backblech setzen und im vorgeheizten Ofen (E: 200°C, G: 3) 25–30 Minuten backen.

Pizzas und Quiches

Seit bei uns die Pizzastuben wie Pilze aus dem Boden schossen, haben die Pizzas auch im häuslichen Bereich viele Freunde gewonnen.

Der Teig ist einfach zuzubereiten, und mit ein bißchen Phantasie lassen sich immer neue „Schöpfungen" herstellen.

Quiches sind verwandt mit der Pizza, kommen hauptsächlich aus Frankreich, aber auch im Badischen und im Elsaß sind zum Beispiel Zwiebelkuchen oder Speckkuchen heimisch.

Grundrezept Hefeteig

300 g Mehl
20 g Hefe
⅛ l Wasser
1 TL Salz
100 g Butter oder Olivenöl
2 EL Öl

1. Das Mehl in eine Schüssel geben und in die Mitte eine Vertiefung drücken.

2. Die Hefe hineinbröckeln und mit etwas Wasser und Mehl zu einem Vorteig verrühren. 15 Minuten gehen lassen.

3. Die restlichen Zutaten dazugeben und zu einem glatten Teig verarbeiten.

4. Den Teig zugedeckt 15 Minuten gehen lassen.

Grundrezept Mürbeteig

300 g Mehl
1 TL Backpulver
125 g Butter oder Margarine
2 Eier, 1 TL Salz

1. Das Mehl mit dem Backpulver mischen und auf ein Backbrett geben. In die Mitte eine Vertiefung drücken.

2. Die Butter oder Margarine auf dem Mehlrand verteilen, die Eier und das Salz in die Vertiefung geben.

3. Alle Zutaten von außen her zu einem glatten Teig verkneten und 1 Stunde kalt stellen.

Was zu beachten ist

Belegen Sie die Pizza nicht zu reichlich, da der Belag viel Saft abgibt und der Teig allzu weich bleibt.

Belegen Sie die Pizza nicht bis zum Rand, damit er beim Backen aufgehen kann.

Der Rand soll beim Backen nicht braun werden oder gar verbrennen.

Olivenöl eignet sich am besten für die Pizzas. Ob Sie das sehr gute kaltgepreßte oder eine andere Olivenölsorte nehmen, bleibt Ihrem Geschmack überlassen.

Pizzateig können Sie bis zu 2 Tage im Kühlschrank aufbewahren. Noch besser ist es, ihn portionsweise einzufrieren.

Pizzas – knusprig, deftig und pikant

Pizza con tutto
(6–8 Personen)

Teig:
Hefe-Grundteig oder Mürbeteig
(doppelte Menge)
Belag:
500 g frische Champignons
2 Knoblauchzehen
4 EL Olivenöl
frisch gemahlener Pfeffer
Salz
½ TL Thymian
500 g Tomaten
1 Dose Artischocken
(240 g Einwaage)
1 Röhrchen Sardellen
(30 g Einwaage)
150 g schwarze Oliven
150 g Salami in dünnen
Scheiben
½ TL Oregano
250 g Mozzarella
250 g Gruyère
Außerdem:
Fett für die Bleche

Backzeit: 30–45 Minuten
Schaltung: E: 225°C, G: 4

1. Den Hefeteig nach dem Grundrezept herstellen.

2. 2 Backbleche einfetten und den Teig darauf verteilen.

3. Die Champignons putzen und waschen.

4. Die Knoblauchzehen schälen und hacken.

5. 2 Eßlöffel Öl in einer Pfanne heiß werden lassen und die Champignons mit den gehackten Knoblauchzehen darin anbraten.

6. Etwa 5 Minuten dünsten und mit Pfeffer, Salz und Thymian würzen.

7. Die Tomaten mit kochendem Wasser überbrühen, die Haut abziehen und die Tomaten halbieren. Die Kerne und den Saft aus den Tomaten entfernen.

8. Die Artischockenherzen abtropfen lassen und je nach Größe halbieren oder vierteln.

9. Die Sardellenfilets mit einem scharfen Messer in feine Streifen schneiden.

10. Nun die Champignons, die Tomaten und die Artischockenherzen auf dem Pizzateig verteilen.

11. Die schwarzen Oliven, die Sardellenfilets und die Salamischeiben daraufgeben. Mit Salz, Pfeffer und Oregano würzen.

12. Den Mozzarella in Streifen schneiden und auf beide Pizzas verteilen. Den Gruyère grob raspeln und darüberstreuen.

13. Die Pizzas im vorgeheizten Backofen (E: 225°C, G: 4) 30–45 Minuten backen.

Zwiebelpizza

Teig:
Hefe-Grundteig
Zum Bestreichen:
2 EL Olivenöl
Belag:
1 kg Zwiebeln
2 Knoblauchzehen
1 Bund Petersilie
½ TL getrockneter Thymian
3 Lorbeerblätter
100 g Butter oder Margarine
Salz
frisch gemahlener Pfeffer
150 g schwarze Oliven
1 kleine Dose Anchovis-
filets (30 g)
Außerdem:
Fett für das Blech

Backzeit: 30 Minuten
Schaltung: E: 220°C, G: 4

1. Den Teig nach dem Grundrezept zubereiten, ausrollen und auf ein gefettetes Backblech legen. Mit dem Öl bestreichen.

2. Die Zwiebeln schälen und in Ringe schneiden. Die Knoblauchzehe schälen und hacken.

3. Die Petersilie waschen und fein hacken. Die Lorbeerblätter in einem Mörser zerstoßen.

4. Die Butter oder Margarine in einer großen Pfanne zerlassen und die Zwiebeln, Knoblauchzehen und Kräuter dazugeben.

5. Bei mittlerer Hitze etwa 10 Minuten dünsten, dabei ab und zu umrühren.

6. Mit Salz und frisch gemahlenem Pfeffer würzen.

7. Die Oliven abtropfen lassen, halbieren und auf dem Pizzateig verteilen.

8. Die Zwiebelmischung lauwarm darübergeben.

9. Die Anchovisfilets gut abtropfen lassen und auf die Pizza legen.

10. Im vorgeheizten Ofen (E: 220°C, G: 4) etwa 30 Minuten backen.

Pizza mit Schinken

Teig:
Hefe-Grundteig
Zum Bestreichen:
2 EL Olivenöl
Belag:
500 g gekochter Schinken
250 g Mozzarella
frisch gemahlener Pfeffer
Salz
1 TL Basilikum
Außerdem:
Fett für das Blech

Backzeit: etwa 30 Minuten
Schaltung: E: 200°C, G: 3

1. Den Teig zubereiten wie im Grundrezept beschrieben.

2. Ein Backblech einfetten und den Teig darauf ausrollen. Den Teig mit 2 Eßlöffeln Öl bestreichen.

3. Den Schinken mit Fettrand in dicke Scheiben und dann in Streifen schneiden.

4. Die Schinkenstreifen auf dem Teigboden verteilen.

5. Den Käse in Scheiben schneiden und darauflegen.

6. Kräftig mit frisch gemahlenem Pfeffer, Salz und Basilikum würzen.

7. Im vorgeheizten Ofen (E: 200°C, G: 3) etwa 30 Minuten backen.

Pizza succulenta

Teig:
Hefe-Grundteig oder Mürbeteig
Soße:
2 große Dosen geschälte
Tomaten
4 EL Olivenöl
2 Knoblauchzehen
Salz
frisch gemahlener Pfeffer
2 TL Basilikum
1 Msp. geriebene Muskatnuß
2 Tropfen Tabasco
1 Prise Natron
½ TL Paprikapulver edelsüß
Belag:
2 EL Sardellenpaste
1 EL Olivenöl
1 EL Oregano
1 kleine Dose Sardellenfilets
250 g frische Champignons
150 g magerer Schinken
in Scheiben geschnitten
250 g Mozzarella
2 EL Olivenöl
Außerdem:
Fett für das Blech

Backzeit: etwa 20 Minuten
Schaltung: E: 250°C, G: 5

1. Einen Hefeteig wie am Anfang des Kapitels beschrieben zubereiten.

2. Ein Backblech mit Fett bestreichen und den ausgerollten Teig darauflegen.

3. Die Tomaten aus den Dosen nehmen und gut abtropfen lassen.

4. Das Olivenöl in einem Topf heiß werden lassen und die Tomaten dazugeben.

5. Die Knoblauchzehen schälen und fein hacken. Ebenfalls dazugeben.

6. Die Tomatensoße mit Salz, Pfeffer, Basilikum, Muskatnuß und Tabasco würzen.

7. Das Natron und Paprikapulver ebenfalls unterrühren.

8. Die Soße 45 Minuten kochen lassen, dabei ab und zu umrühren.

9. Die Sardellenpaste mit dem Olivenöl verrühren und den Pizzaboden damit bestreichen.

10. Die abgekühlte, lauwarme Tomatensoße darauf verteilen und mit Oregano bestreuen.

11. Die Sardellenfilets wässern, halbieren und auf die Pizza legen.

12. Die Champignons putzen, blättrig schneiden und ebenfalls auf die Pizza geben.

13. Den Schinken dazwischen verteilen.

14. Den Mozzarella in dünne Streifen schneiden und obendrauf legen.

15. Mit Olivenöl beträufeln und im vorgeheizten Backofen (E: 250°C, G: 5) etwa 20 Minuten backen.

Pizza mit Salami

Teig:
Hefe-Grundteig
oder Mürbeteig
Zum Bestreichen:
2 EL Olivenöl
Belag:
125 g dünne Salamischeiben
500 g frische Tomaten
je ½ TL Oregano
und Majoran
frisch gemahlener Pfeffer
Salz
etwa 15 schwarze Oliven
125 g geriebener Käse
oder Käsescheiben
Außerdem:
Fett für das Blech

Backzeit: etwa 30 Minuten
Schaltung: E: 200°C, G: 3

1. Den Teig zubereiten wie im Grundrezept beschrieben und mit Öl bestreichen.

2. Ein Backblech einfetten und mit dem ausgerollten Teig auslegen.

3. Den Teigboden mehrmals mit einer Gabel einstechen und mit den Salamischeiben belegen.

4. Die Tomaten waschen, abtrocknen und in Scheiben schneiden.

5. Die Tomatenscheiben auf die Salami verteilen und mit Oregano und Majoran bestreuen.

6. Mit Salz und Pfeffer würzen und die Oliven darauf verteilen.

7. Die Pizza dick mit geriebenem Käse bestreuen oder die Käsescheiben darauflegen.

8. Im vorgeheizten Ofen (E: 220°C, G: 4) etwa 30 Minuten backen.

Pizza Napoletana

Teig:
Hefe-Grundteig
Zum Bestreichen:
2 EL Olivenöl
Belag:
1 große Dose Tomaten
200 g Mozzarella
75 g Sardellen aus der Dose
Salz
frisch gemahlener Pfeffer
Oregano
Zum Beträufeln:
etwas Olivenöl
Außerdem:
Fett für das Blech

Backzeit: etwa 30 Minuten
Schaltung: E: 200°C, G: 3

1. Den Teig zubereiten wie im Grundrezept beschrieben.

2. Ein Backblech einfetten und den ausgerollten Teig darauflegen. Mit Olivenöl bestreichen.

3. Die Tomaten aus der Dose abtropfen lassen, in Scheiben schneiden und auf dem Teig verteilen.

4. Den Käse in dünne Scheiben schneiden und zwischen die Tomaten verteilen.

5. Die Sardellen aufrollen und zwischen Tomaten und Käse verteilen.

6. Die Pizza mit Salz, frisch gemahlenem Pfeffer und Oregano bestreuen und mit Olivenöl beträufeln.

7. Die Pizza im vorgeheizten Backofen (E: 200°C, G: 3) etwa 30 Minuten backen.

Pizza Italiana

Teig:
Hefe-Grundteig
Zum Bestreichen:
2 EL Öl
Belag:
150 g Salami in Scheiben
150 g Speck in Scheiben
200 g Mozzarella
250 g Tomaten
Salz
frisch gemahlener Pfeffer
1 EL Oregano
1 kleine Dose Sardellen
15 mit Paprika gefüllte Oliven
Außerdem:
Fett für das Blech

Backzeit: etwa 30 Minuten
Schaltung: E: 200°C, G: 3

1. Den Hefeteig zu einer Platte formen und auf ein gefettetes Backblech legen.

2. Die Teigplatte mit dem Öl bestreichen und lagenweise die Salami und den Speck darauflegen.

3. Den Mozzarellakäse und die gewaschenen Tomaten in Scheiben schneiden und auf die Salami und Speckscheiben legen.

4. Mit Salz, Pfeffer und Oregano kräftig würzen, der Käse hat wenig Eigengeschmack.

5. Die Sardellenfilets auf die Tomatenscheiben setzen und dahinein je 1 Olive legen.

6. Im vorgeheizten Backofen (E: 200°C, G: 3) etwa 30 Minuten backen.

Pizza maritim

Teig:
Hefe-Grundteig
Zum Bestreichen:
2 EL Olivenöl
Belag:
je 100 g geriebener
Emmentaler und Parmesan
500 g Tomaten
300 g Fischfilet
(Scholle oder Seezunge)
200 g Krabben
100 g Muscheln aus der Dose
Salz
frisch gemahlener Pfeffer
Knoblauchpulver
2 EL Olivenöl
Saft von 1 Zitrone
Außerdem:
Fett für das Blech

Backzeit: etwa 30 Minuten
Schaltung: E: 200°C, G: 3

1. Einen Hefeteig herstellen wie im Grundrezept beschrieben.

2. Ein Backblech einfetten. Den Teig ausrollen, auf das Backblech legen und mit 2 Eßlöffeln Olivenöl bestreichen.

3. Den geriebenen Käse gleichmäßig über den Teigboden streuen.

4. Die Tomaten mit kochendem Wasser abbrühen, abziehen und in Scheiben schneiden. Die Tomatenscheiben auf dem Käse verteilen.

5. Das Fischfilet in Stückchen zerpflücken und mit den Krabben, Muscheln und Tomaten auf der Pizza verteilen.

6. Die Pizza mit Salz, Pfeffer und Knoblauchpulver würzen.

7. Das Öl und den Zitronensaft darüberträufeln und im vorgeheizten Backofen (E: 200°C, G: 3) etwa 30 Minuten backen.

Artischockenpizza

Teig:
Hefe-Grundteig
Belag:
2 EL Olivenöl
2 EL scharfer Senf
200 g geriebener Emmentaler
200 g gekochter Schinken
750 g Tomaten
Kräutersalz
frisch gemahlener Pfeffer
1 TL Thymian
1 TL Rosmarin
1 TL Oregano
200 g fetter Schmelzkäse
in Scheiben
1 Dose Artischockenherzen
(Einwaage 240 g)
100 g frische Champignons
Zum Beträufeln:
4 EL Olivenöl
Außerdem:
Fett für das Blech

Backzeit: etwa 30 Minuten
Schaltung: E: 200°C, G: 3

1. Den Teig zubereiten wie im Grundrezept beschrieben.

2. Den Teig ausrollen und auf ein gefettetes Backblech oder in 2 gefettete Springformen legen.

3. Das Öl mit dem Senf verrühren, die Teigplatte damit bestreichen und den geriebenen Emmentaler darüber streuen.

4. Den Schinken in feine Streifen schneiden und auf die Pizza legen.

5. Die Tomaten mit kochendem Wasser überbrühen, abziehen und in Scheiben schneiden.

6. Die Scheiben auf den Käse legen.

7. Salz, Pfeffer und die Kräuter darüberstreuen.

8. Die Pizza mit dem Schmelzkäse belegen.

9. Die Artischockenherzen abtropfen lassen und halbieren.

10. Die Champignons putzen und in dicke Scheiben schneiden.

11. Beides auf dem Schmelzkäse anordnen und mit dem Olivenöl beträufeln.

12. Die Pizza im vorgeheizten Backofen (E: 200°C, G: 3) etwa 30 Minuten backen.

Eier-Krabben-Pizza

Teig:
Hefe-Grundteig
Belag:
4 EL Olivenöl
8 hartgekochte Eier
500 g Tomaten
100 g Krabben
Saft von 1 Zitrone
Salz
weißer Pfeffer
125 g Emmentaler
Außerdem:
für das Blech Olivenöl

Backzeit: etwa 30 Minuten
Schaltung: E: 200°C, G: 3

1. Den Teig zubereiten wie im Grundrezept beschrieben.

2. Ein Backblech mit dem Olivenöl bestreichen.

3. Den Teig ausrollen und auf das Backblech legen.

4. Den Teigboden mit 2 Eßlöffeln Olivenöl bestreichen.

5. Die Eier pellen, in dicke Scheiben schneiden und auf die Pizza legen.

6. Die Tomaten mit kochendem Wasser überbrühen, pellen und in Scheiben schneiden.

7. Die Tomatenscheiben zwischen die Eier legen.

8. Die Krabben mit dem Zitronensaft beträufeln und auf der Pizza verteilen.

9. Mit Salz und Pfeffer würzen.

10. Den Emmentaler grob reiben und darüberstreuen.

11. Die Pizza mit dem restlichen Öl beträufeln.

12. Im vorgeheizten Backofen (E: 200°C, G: 3) etwa 30 Minuten backen.

Pizza mit Meeresfrüchten

Teig:	
Hefe-Grundteig	
Zum Bestreichen:	
2 EL Olivenöl	
Belag:	
100 g Salami	
500 g frische Tomaten	
1–2 Dosen Muscheln naturell	
(Einwaage etwa 80 g)	
1 Dose Garnelen	
(etwa 100 g)	
15 schwarze oder grüne Oliven	
frisch gemahlener Pfeffer	
Salz	
½ TL Oregano	
½ TL Thymian	
100 g geriebener Emmentaler	
Außerdem:	
Fett für das Blech	

Backzeit: etwa 30 Minuten
Schaltung: E: 220°C, G: 4

1. Einen Hefeteig nach dem Grundrezept herstellen.

2. Ein Backblech einfetten und den dünn ausgerollten Teig darauflegen. Mit Olivenöl bestreichen.

3. Den Teigboden mehrmals mit der Gabel einstechen.

4. Die möglichst dünn geschnittenen Salamischeiben auf dem Teigboden verteilen.

5. Die Tomaten waschen, abtrocknen, in Scheiben schneiden, abtropfen und ebenfalls darauf verteilen.

6. Die Muscheln und die Garnelen abtropfen lassen und auf der Pizza verteilen.

7. Die Pizza mit Pfeffer, Salz, Oregano und Thymian würzen.

8. Den geriebenen Käse darüberstreuen.

9. Die Pizza im vorgeheizten Backofen (E: 220°C, G: 4) noch etwa 20 Minuten backen. Wird der Boden nicht vorgebacken, beträgt die Backzeit 30 Minuten.

Mein Tip

Statt der Garnelen können Sie auch sehr gut Krabben nehmen.

Quiches – lecker und saftig

Birnen-Bohnen-Quiche

Teig:

250 g Mehl

1 Ei

½ TL Salz

80 g Butter oder Margarine

½ Tasse kaltes Wasser

Belag:

300 g grüne Bohnen

Salz

400 g Kochbirnen

275 g durchwachsener Räucherspeck

⅛ l süße Sahne

⅛ l saure Sahne

3 Eier

1 EL Mehl

125 g geriebener Schweizer Käse

frisch gemahlener Pfeffer

1 TL zerriebener Thymian

Außerdem:

Fett für die Form

Backzeit: 40–50 Minuten
Schaltung: E: 220°C, G: 4

1. Das Mehl in eine Schüssel oder auf ein Backbrett geben und in die Mitte eine Vertiefung drükken.

2. Das Ei und Salz hineingeben und das in Flöckchen geschnittene Fett darüber verteilen.

3. Diese Zutaten mit einem Messer zerhacken, tröpfchenweise das Wasser dazugeben und einen festen Teig kneten.

4. Mit dem Teig eine gefettete Springform auskleiden und den Boden mehrmals mit einer Gabel einstechen. Kühl stellen.

5. Die Bohnen putzen, waschen, in Stückchen schneiden und in etwas Salzwasser kochen, dabei nicht zu weich werden lassen.

6. Die Birnen gründlich waschen, vierteln, entkernen und in Scheiben schneiden.

7. Den Speck in Streifen schneiden, ausbraten und die Birnenscheiben kurz mitschmoren lassen.

8. Beides abtropfen lassen und mit den abgetropften Bohnen auf dem Tortenboden verteilen.

9. Die Sahne mit den Eiern verquirlen und das Mehl unterrühren.

10. 100 g Käse dazugeben und die Masse kräftig mit frisch gemahlenem Pfeffer und Thymian würzen. Nur wenig salzen, da der Räucherspeck schon salzig ist. Die Masse über dem Gemüse verteilen.

11. Mit dem restlichen Käse bestreuen und im vorgeheizten Ofen (E: 220°C, G: 4) 40–50 Minuten backen. Noch heiß servieren.

Quiche Lorraine

Teig:
200 g Mehl
100 g Margarine
1 Ei
1 Prise Salz
Belag:
175 g gekochter Schinken
in dünnen Scheiben
150 g Emmentaler in
dünnen Scheiben
3 Eier
200 g Sahne
Pfeffer
Salz
geriebene Muskatnuß
Außerdem:
Fett für die Form

Backzeit: etwa 45 Minuten
Schaltung: E: 175°C, G: 2

1. Das Mehl in eine Schüssel geben und die Margarine in Flöckchen darüberschneiden.

2. Ei und Salz dazugeben und alles zu einem Mürbeteig verarbeiten. 30 Minuten kalt stellen.

3. Eine Springform einfetten und mit dem Teig auskleiden und diesen am Boden mehrmals mit einer Gabel einstechen.

4. Den Boden abwechselnd mit Schinken- und Käsescheiben belegen.

5. Die Eier mit der Sahne verquirlen und mit Salz, Pfeffer und Muskat würzen.

6. Über den Kuchen geben und im vorgeheizten Ofen (E: 175°C, G: 2) etwa 45 Minuten backen. Noch heiß servieren.

Artischockentorte

Teig:
200 g Mehl
1 Eigelb
2 EL kaltes Wasser
½ TL Salz
100 g Butter oder Margarine
Füllung:
2 Dosen Artischockenherzen
(je 250 g)
je 1 Msp. weißer Pfeffer
Salz
Muskat
4 Eier
2 Eigelb
¼ l Sahne
2 EL Mehl

Außerdem:
Fett für die Form

Backzeit: etwa 60 Minuten
Schaltung: E: 200°C, G: 3

1. Das Mehl mit dem Eigelb, Wasser, Salz und Fett zu einem glatten Teig verkneten und etwa 1 Stunde oder über Nacht im Kühlschrank durchziehen lassen.

2. Danach eine gefettete Springform damit auskleiden.

3. Die Artischockenherzen abtropfen lassen und auf dem Boden verteilen. Mit dem weißen Pfeffer, Salz und Muskat bestreuen.

4. Die Eier mit den Eigelben, der Sahne und dem Mehl verquirlen und über die Artischocken gießen.

5. Die Torte auf mittlerer Schiene im vorgeheizten Ofen (E: 200°C, G: 3) etwa 60 Minuten backen und heiß servieren.

Sankt Gallener Wähe

Teig:
250 g Mehl
125 g Margarine
1 Ei
1 Prise Backpulver
1 Prise Salz

Belag:
500 g Zwiebeln
2 grüne Paprikaschoten
20 g Margarine
375 g Kochwurst
Salz
Kümmelpulver
Paprika
¼ l saure Sahne
2 Eier
20 g Mehl
Salz

Außerdem:
Fett für die Form

Backzeit: etwa 60 Minuten
Schaltung: E: 175°C, G: 2

1. Mehl, Margarine, Ei, Backpulver und Salz zu einem Mürbeteig verarbeiten und kalt stellen.

2. Die Zwiebeln schälen und in feine Scheiben schneiden.

3. Die Paprikaschoten halbieren, von den Kernen befreien, waschen und in Streifen schneiden.

4. Zusammen mit den Zwiebeln in der Margarine etwa 5 Minuten dünsten.

5. Die Kochwurst in Scheiben schneiden und unter das Gemüse geben. Mit den Gewürzen pikant abschmecken.

6. Die saure Sahne mit den Eiern und dem Mehl verquirlen und mit Salz würzen. Unter die Gemüse-Wurst-Masse ziehen.

7. Eine Springform ausfetten, den Mürbeteig hineingeben und einen Rand hochziehen.

8. Die Masse darauf verteilen, die Wähe in den vorgeheizten Ofen (E: 175°C, G: 2) schieben und etwa 60 Minuten backen.

9. Heiß in der Form servieren und Tomatensalat dazu reichen.

Tomatenkuchen

Teig:
250 g Mehl
1 TL Backpulver
100 g saure Sahne
½ TL Salz
1 Ei
80 g Margarine

Belag:
1500 g Tomaten
1 Zwiebel
Salz
frisch gemahlener Pfeffer
1 TL italienische Kräutermischung
2 Eier
4 EL saure Sahne
1 TL Rosenpaprika
2 Spritzer Tabasco
150 g geriebener Emmentaler Käse

Außerdem:
Fett für die Form

Backzeit: etwa 45 Minuten
Schaltung: E: 200°C, G: 3

1. Das Mehl mit dem Backpulver mischen und in eine Schüssel geben.

2. Saure Sahne, Salz, Ei und weiche Margarine dazugeben und alles zu einem glatten Teig rühren. 30 Minuten kalt stellen.

3. Eine Springform ausfetten und mit dem Teig auskleiden.

4. Die Tomaten waschen, in Scheiben schneiden und diese fächerförmig auf den Teigboden legen.

5. Die Zwiebel schälen, fein hakken und darübergeben. Mit Salz, Pfeffer und italienischen Kräutern würzen.

6. Die Eier mit der sauren Sahne, Paprika und Tabasco verquirlen und den geriebenen Käse dazurühren.

7. Die Masse auf den Tomaten verteilen und im vorgeheizten Ofen (E: 200°C, G: 3) etwa 45 Minuten backen. Warm servieren.

Toskanischer Fleischkuchen

Teig:
250 g Mehl, 2 TL Backpulver
100 g Margarine
knapp ⅛ l Wasser, 1 Prise Salz
Belag:
100 g dünne rohe
Schinkenscheiben
2 Zwiebeln, 25 g Butter
500 g Hackfleisch
2 EL gehackte Pinienkerne
3 EL Tomatenketchup
2 EL Sultaninen
1 kleiner saurer Apfel
Salz, Pfeffer
Zum Bestreichen:
1 Eigelb
Außerdem:
Fett für die Form

Backzeit: 50–60 Minuten
Schaltung: E: 200–225°C,
G: 3–4

1. Das Mehl mit dem Backpulver mischen und in eine Schüssel geben.

2. In Flöckchen geschnittene Margarine, Milch und Salz dazugeben und alles zu einem Mürbeteig verkneten. 30 Minuten kalt stellen.

3. Mit ¾ des Teigs eine gefettete Springform auskleiden und mit einer Gabel mehrmals in den Teig stechen.

4. Die Schinkenscheiben auf dem Boden der Torte verteilen.

5. Die Zwiebeln in feine Würfel schneiden und in der Butter anbraten. Auf den Schinken geben.

6. Das Hackfleisch in eine Schüssel geben und mit den Pinienkernen, dem Tomatenketchup, den Sultaninen und dem geriebenen Apfel vermischen. Mit Salz und Pfeffer würzen und auf den Schinken geben.

7. Den restlichen Teig ausrollen und einen Deckel so groß wie die Springform ausschneiden. Diesen auf das Fleisch legen und mit einer Gabel mehrmals einstechen.

8. Aus dem restlichen Teig Kreise, Monde oder Quadrate ausschneiden und den Deckel damit verzieren.

9. Mit verquirltem Eigelb bestreichen und im vorgeheizten Ofen (E: 200–225°C, G: 2–3) 50–60 Minuten backen. Heiß servieren.

Badischer Zwiebelkuchen

Teig:
250 g Mehl
15 g Hefe
knapp ⅛ l Wasser
je 1 Prise Salz und Zucker
50 g Butter oder Margarine
Belag:
1 kg Zwiebeln
125 g durchwachsener Speck
25 g Butter oder Margarine
1 Brötchen
2 Eier
⅛ l saure Sahne
½ TL Salz
½ TL gehackter Kümmel
Außerdem:
Fett für das Blech

Backzeit: etwa 40 Minuten
Schaltung: E: 225°C, G: 4

1. Das Mehl in eine Schüssel geben und in die Mitte eine Vertiefung drücken.

2. Die Hefe hineinbröckeln und mit etwas lauwarmer Milch und Mehl zu einem Vorteig verrühren. ¼ Stunde zugedeckt gehen lassen.

3. Danach die restliche Milch, das Salz, den Zucker und das warme Fett dazugeben und alles so lange schlagen, bis sich der Teig vom Schüsselrand löst. ½ Stunde zugedeckt gehen lassen.

4. Mit etwas Mehl verkneten. Danach den Teig auf einem gefetteten Backblech dünn ausrollen und nochmals gehen lassen.

5. Für den Belag die Zwiebeln und den Speck in kleine Würfel schneiden.

6. Den Speck in einer Pfanne auslassen, danach die Speckwürfel herausnehmen und zur Seite stellen.

7. Die Zwiebeln mit der Butter oder Margarine zum Speckfett geben und darin dünsten.

8. Das Brötchen in Wasser einweichen, gut ausdrücken und die letzten 5 Minuten mit den Zwiebeln schmoren. Vom Feuer nehmen und etwas abkühlen lassen.

9. Die Eier mit der sauren Sahne verquirlen und zu den Zwiebeln geben.

10. Die Speckstücke, das Salz und den Kümmel dazugeben und alles gut vermischen.

11. Die Masse auf den Hefeteig streichen und im vorgeheizten Ofen (E: 225°C, G: 4) etwa 40 Minuten backen. Heiß servieren.

Mein Tip

Nehmen Sie statt des durchwachsenen Specks mageren Schinken und mischen Sie unter die Eier-Sahnemasse 150 g geriebenen Greyerzer.

Pasteten und Pastetchen

In der französischen Küche sind Pasteten etwas All-
tägliches, und fast jede Hausfrau hat ihr spezielles
Pastetenrezept.
Bei uns werden Sie meist nur zu besonderen Anlässen
gebacken.
Am bekanntesten ist die kleine Blätterteigpastete, die mit
Ragout gefüllt wird.
Mit etwas mehr Arbeit und Zeitaufwand verbunden ist
die Herstellung großer Pasteten, die aus einem Mürbe-
teigmantel mit Füllung bestehen. Aber Sie werden fest-
stellen, daß sich dieser Aufwand lohnt!
Diese Pasteten sollten Sie immer 1–2 Tage vor
Gebrauch zubereiten, da sie ihr volles Aroma erst dann
entfalten, wenn sie durchgezogen sind.

Grundrezept

Was zu beachten ist

Blätterteig

Mürbeteig

500 g Mehl
250 g Butter
1 TL Salz
2 Eier
2–3 EL Wasser

1. Das Mehl auf ein Backbrett sieben und in die Mitte eine Vertiefung drücken.

2. Die Butter in Flöckchen schneiden und auf den Mehlrand setzen.

3. Das Salz, die Eier und das Wasser in die Mulde geben.

4. Nun mit kalten Händen die Zutaten rasch verkneten und das Teigstück für mindestens 1 Stunde in den Kühlschrank legen.

Der Teig darf nicht zu lange geknetet werden, da er sonst brüchig wird und beim Ausrollen und Einlegen in die Form reißt.
Achten Sie beim Auslegen des Teigs in die Form darauf, daß kein Loch im Teig ist. Durch dieses Loch würde beim Backen der Fleischsaft auslaufen.
Da während des Backens Dampf in der Pastete entsteht, müssen in den Deckel 1 oder 2 Löcher von etwa 2 cm Durchmesser geschnitten werden. Stecken Sie in diese Öffnungen zusammengerollte Folie als Kamin.
Da beim Backen der Pasteteninhalt zusammenschrumpft, entstehen zwischen Teig und Füllung Hohlräume, die mit einem Gelee ausgegossen werden. Das Gelee erstarrt und hält den Teig und die Füllung beim Aufschneiden zusammen.

250 g Mehl, ½ TL Salz
⅛ l Wasser
250 g Butter oder Margarine

1. Aus Mehl, Salz und Wasser schnell einen Teig herstellen.

2. Das Fett zwischen Pergamentpapier daumendick ausrollen.

3. Den Teig etwa 2 mm dick ausrollen, das Fett darin einschlagen und 30 Minuten kühl stellen.

4. Den Teigblock auf bemehlter Unterlage mit sanftem Druck nach einer Seite ausrollen.

5. Nun beide Längsseiten zur Mitte zusammenschlagen und wieder 30 Minuten kalt stellen.

6. Den Teig erneut auf bemehlter Fläche in einer Richtung ausrollen und zusammenklappen. Diesen Vorgang noch 2 bis 3mal wiederholen.

So werden Blätterteigpasteten hergestellt

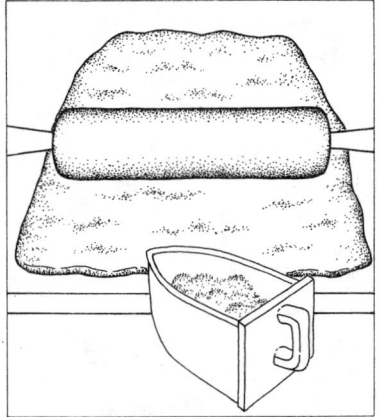

1. Den Blätterteig auf einer bemehlten Arbeitsfläche etwa 7 mm dick ausrollen.

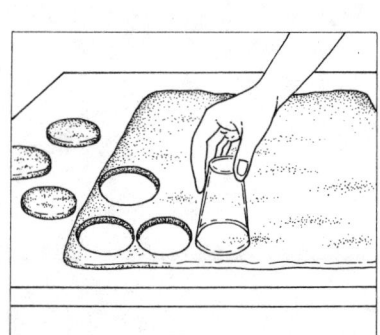

2. Mit einem Glas runde Scheiben von etwa 7 cm Durchmesser ausschneiden.

3. Bei der Hälfte der Scheiben mit einem kleineren Glas die Mitte ausstechen. Das ergibt die Deckel.

4. Die Ringe mit kaltem Wasser anfeuchten und jeweils 1 Ring auf 1 Scheibe setzen.

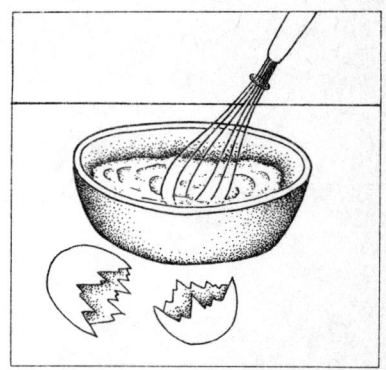

5. 1 Eiweiß verquirlen und die Pasteten damit bestreichen.

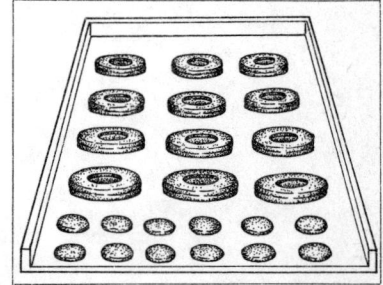

6. Die Pasteten auf ein mit kaltem Wasser abgespültes Backblech setzen, die Deckel davor, da sie weniger Backzeit brauchen.

7. Im vorgeheizten Backofen (E: 220°C, G: 4) etwa 30 Minuten backen, die Deckel herausnehmen, wenn sie aufgegangen und goldbraun sind.

8. Nach dem Backen die Böden der Pasteten mit dem Daumen vorsichtig nach unten drücken!

Kalbsleber-pastetchen

Teig:
Pasteten-Mürbeteig
Füllung:
1 Zwiebel
20 g Butter
350 g Kalbsleber
150 g Kalbfleisch
100 g grüner Speck
½ Brötchen
etwas Milch
1 cl Cognac
1 cl Sherry
Salz
Tabasco
1 Msp. Ingwer
1 Msp. Thymian
1 Msp. geriebene Muskatnuß
1 kleine Dose Trüffel
(12,5 g)
100 g Räucherspeck
Zum Bestreichen:
1 Eigelb

Backzeit: 20–25 Minuten
Schaltung: E: 200°C, G: 3

1. Den Pastetenteig zubereiten wie im Rezept auf Seite 492 beschrieben.

2. Die Zwiebel schälen und fein hacken.

3. Die Butter in einer Pfanne auslassen und die Zwiebeln darin anbraten, beiseite stellen.

4. Die Leber, das Fleisch und den Speck in Würfel schneiden.

5. Das Brötchen in Milch einweichen und ausdrücken.

6. Diese Zutaten möglichst zweimal durch die feine Scheibe des Fleischwolfs drehen.

7. Den Cognac und den Sherry unter diese Fleischmasse rühren. Mit Salz, Tabasco und den Gewürzen abschmecken.

8. Die Trüffel aus der Dose nehmen und hacken.

9. Den Räucherspeck in kleine Würfel schneiden und mit den Trüffeln unter die Fleischfarce ziehen.

10. Den Pastetenmürbeteig etwa 4 mm dick ausrollen und damit kleine Tortelettförmchen auslegen, dabei Teig für die Deckel zurückbehalten.

11. Die Fleischfarce in die Förmchen füllen und mit Teigdeckeln verschließen. Den Rand dabei fest andrücken.

12. Das Eigelb verschlagen und die Oberfläche der Törtchen damit bestreichen.

13. Mit kleinen ausgestochenen Herzen verzieren, die ebenfalls mit Eigelb bestrichen werden.

14. In die Mitte der Deckel mit einer Stricknadel 2 oder 3 Löcher stechen.

15. Im vorgeheizten Backofen (E: 200°C, G: 3) 20–25 Minuten backen.

Königinpastetchen

6 Blätterteigpasteten
Füllung:
½ gekochtes Hähnchen
150 g gekochtes Kalbfleisch
aus der Schulter
100 g gekochte Kalbszunge
20 g Butter
1 EL Mehl
¼ l Fleischbrühe
1 kleine Dose Champignons
(200 g)
1 EL Zitronensaft
1 Gläschen Madeira
Salz
Pfeffer
2 EL Sahne
1 Eigelb
Garnierung:
1 Trüffel aus der Dose

1. Die Blätterteigpasteten zubereiten wie am Anfang des Kapitels beschrieben.

2. Das Hähnchenfleisch von Haut und Knochen lösen und in kleine Würfel schneiden.

3. Das Kalbfleisch und die Kalbszunge ebenfalls in Würfel schneiden.

4. Die Butter in einer Pfanne zergehen lassen und das Mehl einrühren. Mit der Fleischbrühe aufgießen.

5. Die Champignons abtropfen lassen, halbieren und in die Soße geben.

6. Den Zitronensaft, den Madeira und das kleingeschnittene Fleisch nun ebenfalls unterrühren.

7. Mit Salz und Pfeffer abschmecken und alles einmal aufkochen lassen.

8. Die Sahne mit dem Eigelb verquirlen und darunterrühren, dabei darauf achten, daß die Füllung nicht mehr kocht.

9. Die Pastetchen auf einem Backblech im vorgeheizten Backofen heiß werden lassen.

10. Danach die Pastetchen auf 6 angewärmte Teller setzen und die Füllung hineingeben.

11. Mit Trüffelscheiben garnieren und mit Worcestersoße servieren.

Pastetchen mit Haschee

4 Blätterteigpasteten
Füllung:
1 kleine Zwiebel
1 kleine Gewürzgurke
1 TL grüner Pfeffer, Salz
1 hartgekochtes Ei
1 eingelegte Tomatenpaprika
3 EL Öl, 1 TL Senf
200 g Rinderhack, Tabasco

Backzeit: 5 Minuten
Schaltung: E: 250°C, G: 5

1. Die Zwiebel schälen und ebenso wie die Gurke fein hacken.

2. Den Pfeffer zerdrücken, das Ei und die Tomatenpaprika in kleine Würfel schneiden.

3. Das Öl in der Pfanne heiß werden lassen und das Rinderhack darin anbraten.

4. Die vorbereiteten Zutaten und den Senf dazugeben und mit Salz und Tabasco würzen.

5. Die Pasten im vorgeheizten Ofen (E: 250°C, G: 5) etwa 5 Minuten aufbacken und mit dem Haschee füllen.

Krabbenpastetchen

4 Blätterteigpastetchen
Füllung:
30 g Butter
30 g Mehl
¼ l Fleischbrühe
¼ l Milch
Salz
weißer Pfeffer
1 Eigelb
150 g frische oder
tiefgefrorene Krabben
2 EL Zitronensaft
1 EL feingehackter Dill
Garnierung:
Salatblätter
1 Zitrone

1. Die Pasteten zubereiten wie am Anfang des Kapitels beschrieben.

2. Die Butter in einen Topf geben und schmelzen lassen. Das Mehl dazurühren und hellgelb werden lassen.

3. Unter ständigem Rühren die Fleischbrühe und die Milch einrühren.

4. Die Soße auf kleinster Wärmestufe 10 Minuten kochen lassen. Vom Feuer nehmen.

5. Mit Salz und Pfeffer abschmecken, das Eigelb verquirlen und unter die Soße rühren.

6. Die Krabben – tiefgefrorene vorher auftauen lassen – in die Soße geben.

7. Die Krabben 5 Minuten in der Soße ziehen lassen, die dabei nicht mehr kochen darf. Ganz zum Schluß den Dill unterrühren.

8. Die Pastetchen im Backofen aufbacken, auf vorgewärmte Teller stellen und die Füllung hineingeben.

9. Mit Salatblättern und Zitronenschnitzen garnieren.

Gemüsepastetchen

4 Blätterteigpasteten
Füllung:
½ gebratenes Hähnchen
1 kleine Dose Champignons (200 g)
1 Tasse Erbsen aus der Dose
20 g Butter, 1 EL Mehl
⅛ l Milch, Salz
weißer Pfeffer
Muskat
1 Eigelb
1 EL gehackte Petersilie
Sherry

1. Das Hähnchenfleisch von Haut und Knochen befreien und in kleine Würfel schneiden.

2. Die Champignons und die Erbsen abtropfen lassen.

3. Die Champignons in Scheiben schneiden.

4. Aus der Butter und dem Mehl eine Mehlschwitze bereiten und mit der Milch aufgießen.

5. Kurz aufkochen lassen und mit Salz, Pfeffer und Muskat abschmecken.

6. Mit dem Eigelb legieren.

7. Die Fleischwürfel, Champignons und Erbsen dazugeben.

8. Nochmals heiß werden, aber nicht mehr kochen lassen.

9. Die Pastetchen im Backofen aufbacken.

10. Das Ragout hineinfüllen und mit der gehackten Petersilie bestreuen.

Hausmacherpastete

Teig:
Blätterteig nach dem
Grundrezept
Füllung:
300 g gekochte Rinderlunge
200 g gekochter
Schweinebraten
350 g gekochter Schinken
1 Zwiebel
4 Eier
⅛–¼ l Fleischbrühe
(Instant)
150 g gekochter Reis
2 EL geriebener Parmesankäse
Salz
frisch gemahlener Pfeffer
1 EL scharfer Senf
1 TL Thymian
Zum Bestreichen:
1 Eigelb
1 EL Milch

Backzeit: 60–80 Minuten
Schaltung: E: 200°C, G: 3

1. Den Blätterteig nach dem Grundrezept herstellen.

2. Die Lunge, den Schweinebraten und den gekochten Schinken in Würfel schneiden. Die Zwiebel schälen und grob hacken.

3. Diese Zutaten bis auf den Schinken in einer Schüssel vermischen.

4. Jeweils ¼ von der Masse in den Schnellmixbecher einer Universalküchenmaschine geben.

5. Jeweils 1 Ei und etwas Brühe dazugeben und je nach Belieben grob, mittelfein oder fein mixen. Falls keine Küchenmaschine vorhanden ist, werden die festen Zutaten durch den Fleischwolf gedreht und hinterher mit den Eiern und der Brühe vermischt.

6. Die Fleischmasse in eine große Schüssel geben.

7. Den gekochten Reis, den Schinken und den Parmesankäse dazugeben.

8. Die Farce mit Salz, Pfeffer, Senf und Thymian würzen.

9. Den Blätterteig ausrollen und eine mit kaltem Wasser ausgespülte Kastenform (26 cm) damit auslegen. Den Rest für den Deckel zurückbehalten.

10. Die Masse in die Kastenform füllen und fest andrücken.

11. Den Teigdeckel ausrollen, daraufsetzen und an den Rändern gut andrücken.

12. Das Eigelb mit der Milch verquirlen und den Deckel damit bestreichen.

13. In den Deckel 2 pfenniggroße Löcher stechen, damit beim Backen die heiße Luft entweichen kann.

14. Im vorgeheizten Backofen (E: 200°C, G: 3) 60–80 Minuten backen.

Mein Tip

Sollte von der Fleischmasse etwas übrigbleiben, so können Sie daraus Frikadellen braten.

Hirschpastete

Teig:
Pasteten-Mürbeteig
Füllung:
1 Schweinefilet
(etwa 500 g)
Salz
Paprikapulver
20 g Butter
700 g schieres Hirschfleisch
200 g fettes Schweinefleisch
100 g Schweineleber
1 Zwiebel
½ Brötchen
etwas Milch
1 EL gehackte Petersilie
1 Ei
1 Gläschen Cognac
frisch gemahlener Pfeffer
½ TL Oregano
1 Msp. Ingwerpulver
1 Msp. geriebene Muskatnuß
100 g geräucherter Speck
1 kleine Dose Champignons
(200 g)
Zum Bestreichen:
1 Eigelb
Außerdem:
Mehl zum Ausrollen
Fett für die Form
Alufolie

Backzeit: 70–80 Minuten
Schaltung: E: 200°C, G: 3

1. Den Teig zubereiten wie am Anfang des Kapitels beschrieben.

2. Das Schweinefilet von allen Hautresten befreien und mit Salz und Paprikapulver kräftig einreiben.

3. Die Butter in einer Pfanne zergehen lassen und das Filet von allen Seiten scharf anbraten. Danach abkühlen lassen.

4. Das Hirsch- und Schweinefleisch sowie die Leber in Stücke schneiden. Die Zwiebel schälen und halbieren.

5. Das Brötchen in etwas Milch einweichen und sehr gut ausdrücken.

6. Das kleingeschnittene Fleisch, die Leber, die Zwiebel und das Brötchen durch die feine Scheibe des Fleischwolfs drehen.

7. Die gehackte Petersilie, das Ei und den Cognac dazugeben. Mit Salz, Pfeffer und den Gewürzen abschmecken.

8. Den geräucherten Speck in kleine Würfel schneiden, die Champignons abtropfen lassen und in grobe Stücke schneiden. Beides zu der Fleischfarce geben.

9. ⅔ vom Mürbeteig ausrollen und eine gefettete Kastenform damit auskleiden.

10. Die Hälfte der Fleischfarce in die Form füllen. Das Schweinefilet in die Mitte legen.

11. Den Rest der Fleischmasse darübergeben. Kräftig andrücken, damit keine Hohlräume bleiben.

12. Aus dem restlichen Teig auf einer bemehlten Arbeitsfläche den Deckel ausrollen.

13. Das Eigelb verquirlen und den Teigrand damit bestreichen.

14. Die Teigplatte darauflegen und gut andrücken und die Oberfläche mit verquirltem Eigelb bestreichen.

15. Mit einem kleinen Ausstecher 2 Löcher in den Deckel stechen und diese mit Alufolie auskleiden.

16. Aus dem restlichen Teig Verzierungen schneiden und diese auf den Deckel legen. Ebenfalls mit Eigelb bestreichen.

17. Im vorgeheizten Backofen (E: 200°C, G: 3) 70–80 Minuten backen.

18. Auskühlen lassen und dann mit dem Madeiragelee ausgießen.

Madeiragelee

8 Blatt weiße Gelatine
½ l entfettete Fleischbrühe
2 EL Weinessig
⅛ l Madeirawein

1. Die Gelatine nach Anweisung auf der Packung in etwas kaltem Wasser aufweichen.

2. ¼ l Fleischbrühe mit dem Weinessig und dem Madeirawein erhitzen.

3. Die aufgeweichte Gelatine und die restliche Fleischbrühe unterrühren.

4. Erkaltet durch den Kamin in die Pastete gießen. Das Gelee erstarrt und hält beim Aufschneiden Kruste und Füllung zusammen.

Spinatpastete

Teig:
1 P. tiefgekühlter Blätterteig
oder Blätterteig nach dem
Grundrezept
Füllung:
1 kg frischer Spinat, Salz
frisch gemahlener Pfeffer
1 Prise Muskat, 1 Ei
50 g Semmelbrösel
100 g gekochter Schinken
10 Käsescheibletten „Toast"
Zum Bestreichen:
1 Ei

Backzeit: 45 Minuten
Schaltung: E: 200° C, G: 3

1. Den Blätterteig auftauen lassen.

2. Den Spinat gründlich waschen und abtropfen lassen.

3. In kochendem Salzwasser blanchieren und mit Pfeffer und Muskat würzen.

4. Nochmals abtropfen lassen und mit dem Ei und den Semmelbröseln verrühren.

5. ⅔ von dem Blätterteig in Größe der Pastetenform (24 cm Durchmesser) ausrollen und die

Form damit auslegen, dabei einen 3 cm hohen Rand drücken.

6. Den Boden mit 5 Käsescheibletten belegen.

7. Darauf die Hälfte des Spinats geben.

8. Den Schinken in Streifen schneiden und auf den Spinat legen.

9. Nun wieder 5 Käsescheibletten darauf verteilen.

10. Den restlichen Spinat über den Käsescheiben verteilen.

11. Den restlichen Teig als Deckel ausrollen und darüberlegen.

12. Die Teigränder leicht andrücken und in der Mitte über Kreuz einschneiden.

13. Aus den Teigresten Verzierungen herstellen und auf den Deckel legen.

14. Mit dem verquirlten Ei bestreichen.

15. Im vorgeheizten Backofen (E: 200° C, G: 3) 45 Minuten backen.

Jubiläumspastete

Teig:
300 g Mehl
200 g Butter oder Margarine
1 TL Salz
1 Ei
½ Tasse saure Sahne
Füllung:
50 g Butter oder Margarine
2 Zwiebeln
1 Bund Petersilie
125 g frische Champignons
500 g Beefsteakhack
150 g gekochter Schinken
150 g Pökelzunge
½ Brötchen
etwas Milch
1 Gläschen Weinbrand
2 EL abgezogene Pistazien
1 Ei
Salz
1 TL grüner Pfeffer
Majoran
etwas abgeriebene
Zitronenschale
1 Ei
Außerdem:
Mehl zum Ausrollen
Fett fürs Backblech

Backzeit: 40–50 Minuten
Schaltung: E: 200°C, G: 3

1. Aus den Teigzutaten einen Mürbeteig herstellen wie im Grundrezept beschrieben und diesen 1 Stunde im Kühlschrank ruhen lassen.

2. Das Fett in einer großen Pfanne erhitzen.

3. Inzwischen die Zwiebeln schälen und fein hacken.

4. Die Zwiebeln im Fett anbraten.

5. Die Petersilie waschen, ausschütteln und hacken.

6. Die Champignons putzen und kleinschneiden.

7. Beides zu den Zwiebeln geben.

8. Sobald die Champignons etwas angebraten sind, das Beefsteakhack dazugeben.

9. Unter ständigem Rühren etwa 10 Minuten braten, bis alle Flüssigkeit verdampft ist.

10. Diese Mischung in eine Schüssel geben und auskühlen lassen.

11. Den Schinken und die Pökelzunge in Streifen schneiden und dazugeben.

12. Das Brötchen in der Milch einweichen, ausdrücken und ebenfalls dazugeben.

13. Den Weinbrand, die Pistazien und das Ei unterrühren.

14. Mit Salz, Pfeffer, Majoran und abgeriebener Zitronenschale würzen.

15. Den Teig auf einer bemehlten Fläche zu einem Rechteck ausrollen.

16. Auf eine Hälfte die Fleischfarce füllen, dabei einen Rand stehenlassen.

17. Die 2. Teighälfte darüberklappen und die Ränder gut zusammendrücken.

18. Aus den Teigresten Verzierungen schneiden.

19. Das Eiweiß vom Eigelb trennen und die Verzierungen mit etwas Eiweiß auf die Pastete kleben.

20. Das Eigelb verquirlen und die Pastete damit bestreichen.

21. Die Pastete oben mehrmals mit einer Gabel einstechen.

22. Im vorgeheizten Backofen (E: 200°C, G: 3) 40–50 Minuten backen.

Wildpastete „Försterin"

Teig:
Pasteten-Mürbeteig
Füllung:
500 g Reh- oder Hirschkeule
250 g durchwachsenes Schweinefleisch
je ½ TL Wacholderbeeren, Koriander und schwarze Pfefferkörner
4 Schalotten
abgeriebene Schale von 1 ungespritzten Zitrone
je ½ TL Rosenpaprika und Thymian, Salz
1 Gläschen Weinbrand
200 g Bratwurstbrät
25 g Pistazienkerne
200 g dünne Speckscheiben

Zum Bestreichen:
1 Eigelb, 2 EL Milch
Madeiragelee:
siehe „Hirschpastete"

Backzeit: etwa 45 Minuten
Schaltung: E: 250/200° C, G: 5/3

1. Die Knochen aus dem Wildfleisch lösen und dieses zusammen mit dem Schweinefleisch in grobe Stücke schneiden.

2. Die Gewürzkörner zerstoßen, die Schalotten schälen und fein hacken.

3. Die Fleischstücke mit den Gewürzen, der Schalotte, der abgeriebenen Zitronenschale, Paprika, Thymian, Salz und Weinbrand über Nacht marinieren.

4. Die Hälfte des Fleisches durch den Fleischwolf drehen.

5. Die Marinade durchsieben und mit dem Bratwurstbrät und den Pistazien dazugeben und alles gut verkneten.

6. ⅔ des Mürbeteiges ausrollen und eine gefettete Kastenform damit auslegen.

7. Die Speckscheiben auf dem Boden verteilen, einige zum Abdecken zurückbehalten.

8. Die Fleischfarce und das Fleisch lagenweise einschichten, so daß die letzte Lage aus Fleischfarce besteht. Mit den restlichen Speckscheiben belegen.

9. Den restlichen Teig ausrollen und als Deckel über den Teig legen.

10. In den Teigdeckel an 2 Stellen Löcher schneiden und mit Alufolie auskleiden.

11. Das Eigelb mit der Milch verquirlen und den Teigdeckel damit bestreichen.

12. Aus den Teigresten Verzierungen schneiden, auf den Deckel legen und ebenfalls mit Eigelb bestreichen.

13. Die Pastete im vorgeheizten Ofen (E: 250°C, G: 5) etwa 10 Minuten backen, danach die Temperatur auf 200° C/(G: 3) zurückstellen und noch weitere 35 Minuten backen.

14. Nach dem Auskühlen die Pastete mit Madeiragelee ausgießen.

Lachsschinken-pastete

Teig:
Pasteten-Mürbeteig
Füllung:
250 g Kalbfleisch
250 g Schweinenacken
125 g grüner Speck
2 Schalotten
50 g Geflügelleber
2 EL Öl
2 cl Trüffelsaft
2 cl Portwein, 2 cl Madeira
Salz, Nelkenpulver
frisch gemahlener Pfeffer
1 dl Sahne
1 kleine Dose rote
Paprikaschoten
1 Msp. Pastetengewürz
50 g gepökelte Zunge
1 kleine Dose Trüffel
100 g gehackte Pistazien
800 g Lachsschinken
Zum Bestreichen:
1 Eigelb
Außerdem:
Fett für die Form

Backzeit: etwa 75 Minuten
Schaltung: E: 180–200° C,
G: 2–3

Madeiragelee
(siehe „Hirschpastete")

1. Das Fleisch und den Speck in grobe Stücke schneiden und in eine Schüssel geben.

2. Die Schalotten schälen, in feine Würfelchen schneiden und mit der Leber im heißen Öl anbraten.

3. Danach die Leber auskühlen lassen und dann zum Fleisch geben.

4. Den Trüffelsaft, Portwein und Madeira darübergießen und mit Salz, Pfeffer, Nelkenpulver und Pastetengewürz kräftig abschmecken.

5. Die Fleischmasse zugedeckt etwa 4 Stunden ziehen lassen.

6. Danach das Fleisch zweimal durch die feine Scheibe des Fleischwolfes drehen und im Mixer mit der eiskalten Sahne zu einer glatten Masse verarbeiten.

7. Die abgetropften Paprikaschoten, die gepökelte Zunge und die Trüffeln in Würfelchen schneiden und mit den gehackten Pistazien unter die Fleischmasse geben.

8. Eine Pastetenform gut ausfetten.

9. Den Teig auf einer bemehlten Fläche ausrollen und die Form mit ⅔ des Teiges auskleiden.

10. Etwa ⅓ der Fleischfarce einfüllen und den Lachsschinken darauflegen.

11. Die restliche Fleischmasse über dem Schinken verteilen.

12. Den restlichen Teig als Deckel darauflegen. An den Rändern gut andrücken.

13. Das Eigelb verquirlen und den Pastetendeckel damit bestreichen.

14. In die Mitte des Deckels ein Dampfloch schneiden und mit Alufolie auskleiden.

15. Aus den Teigresten Verzierungen schneiden und die Pastete damit belegen. Ebenfalls mit Eigelb bestreichen.

16. Im vorgeheizten Backofen (E: 180–200°C, G: 2–3) etwa 75 Minuten backen.

17. Nach dem Auskühlen durch das Dampfloch Madeiragelee gießen und im Kühlschrank erstarren lassen.

Biologisch backen

„Biologisch", „dynamisch", „alternativ" – das sind Wörter, die in der letzten Zeit in bezug auf unsere Ernährung in Mode gekommen sind. Hinter ihnen verbirgt sich eine völlig neue Ernährungsphilosophie, die man kurz mit dem Bedürfnis „Zurück zur Natur" bezeichnen kann. Damit soll nicht allein die persönliche Gesundheit mehr Beachtung finden, sondern es soll vor allem ein Bewußtsein für unsere Nahrung, welches in der heutigen, hochzivilisierten Gesellschaft leider viel zu wenig entwickelt ist, geschaffen werden.

Da die meisten von uns auf den Kauf der Lebensmittel angewiesen sind, können wir zunächst kaum den Weg der Nahrungsmittel bis in die Regale des Lebensmittelhändlers beeinflussen. Dieses Kapitel über das biologische Backen soll Ihnen die Möglichkeiten zeigen, wie Sie trotzdem ein kritisches Bewußtsein zu unserer Ernährung entwickeln können.

Das biologische Backen unterscheidet sich hierbei grundsätzlich in 3 Punkten von der herkömmlichen Bäckerei: 1. die Verwendung von Vollkornmehlen, 2. der Verzicht auf Zucker und 3. die Verwendung von naturreinen Zutaten.

Backen mit Vollkorn

Ein Getreidekorn besteht aus der mehrschichtigen Schale, dem Keimling und dem Mehlkörper. Der Mehlkörper enthält ausschließlich Stärke und Eiweißstoffe (Kleber), der Keimling und die Schale enthalten Vitamine und lebenswichtige Spurenelemente sowie wertvolle Ballaststoffe.

Das handelsübliche Mehl besteht nur aus dem ausgemahlenen Mehlkörper des Weizenkorns. Vollkornmehl hingegen wird – wie der Name bereits ausdrückt – aus dem ganzen Korn gewonnen. Hierbei unterscheidet man verschiedene Stufen des Ausmahlgrades. Je weniger das Korn ausgemahlen wird, um so weniger verliert es an Vitamingehalt.

Der Ausmahlgrad wird durch die Typenbezeichnung des Mehls angegeben, wobei die höhere Zahl das gröbere (= weniger ausgemahlene) Mehl bezeichnet.

Beim Weizenvollkornmehl z. B. unterscheidet man die Typen 1700, 1050 und 550. Das handelsübliche Weizenmehl ist vom Type 405, also sehr fein ausgemahlen.

In den Rezepten wird zwischen Schrot und Vollkornmehl unterschieden. Beim *Schrot* sollte Mehl mit einer hohen Typenzahl (1700, 1800), beim *Vollkornmehl* ein mittlerer Ausmahlungsgrad (Type 1050, 1150) verwendet werden.

Vollkornmehl erhält man in der Regel im Reformhaus oder in Naturkostläden. Es stammt aus biologischem (= chemikalienfreiem) Anbau. Oft kann man das Mehl beim Kauf direkt frisch mahlen lassen. Dies hat den Vorteil, daß bei sofortiger Weiterverarbeitung des Mehls wertvolle Enzyme, die durch die Verbindung mit Sauerstoff zerstört werden, erhalten bleiben.

Außerdem bietet der Naturkosthändler eine Vielzahl von Vollkornsorten (wie Weizen, Roggen, Gerste, Hafer, Hirse, Buchweizen) an, mit denen man bei der Bäckerei verschiedene Geschmacksvarianten erhält.

Süßmittel

Zu den verbreitetsten Süßstoffen zählt der weiße Zucker (Haushaltszucker). Doch nur wenige kennen die Bestandteile und die Gefahren des Zuckers.

Der weiße Zucker wird aus der Zuckerrübe gewonnen. Er wird aber durch den industriellen Herstellungsprozeß aus seinem natürlichen Zusammenhang gelöst, so daß alle wertvollen Inhaltsstoffe verlorengehen und der weiße Zucker nur aus Kohlenhydraten besteht.

Da der Körper zum Abbau von Kohlenhydraten Vitamin B_1 benötigt, entzieht der Zucker dem Körper dieses Vitamin. Neben der bekannten Kariesförderung durch Zucker kann also auch ein Mangel an Vitamin B_1 im Körper entstehen, der Ursache von Schädigungen an Galle, Leber und der Bauchspeicheldrüse sein kann.

Ziel einer gesunden Ernährung sollte es daher sein, auf den weißen Fabrikzucker möglichst zu verzichten.

Das ist sicher leichter gesagt als getan, da wir uns alle sehr an das „Süße" gewöhnt haben und auf diesen Genuß ungern verzichten möchten. Man sollte aber auf der Suche nach Alternativen auch versuchen, sein Bedürfnis nach Süßem durch Verminderung der Süßstoffintensität zu verringern und mit der Zeit eine neue Süßempfindung entwickeln.

Als Zuckerersatz bieten sich verschiedene Möglichkeiten an:

Honig

Honig ist nicht nur ein reines Naturprodukt, er enthält auch eine Fülle an Vitaminen, Enzymen, Mineralien und Säuren, wodurch er hohen gesundheitlichen Wert erhält. Durch seine klebrige Konsistenz ist Honig jedoch auch kariesfördernd.

Trockenobst

Zu den in unseren Landen häufigsten Trockenobstsorten gehören Rosinen, Sultaninen, Korinthen, Feigen, Datteln, Pflaumen, Aprikosen, Birnen und Bananen.

Durch das Trockenverfahren besitzen sie viel natürlichen Zucker, jedoch weniger Vitamine als im frischen Zustand. Trockenobst sollte naturbelassen und ungeschwefelt sein, wie man es im Reformhaus oder in Naturkostläden erhält.

Frisches Obst

Frisches Obst enthält natürliche Zucker, Vitamine und Mineralsalze. Sie stellen damit nicht nur eine wichtige Ergänzung zur Nahrung dar, sondern wirken verdauungsanregend und fördern das körperliche Wohlbefinden. Beim Verbacken wird dem frischen Obst Wasser entzogen, so daß es eine konzentriertere Süßkraft erhält. Frisches Obst sollte ebenfalls im Reformhaus oder im Naturkostladen gekauft werden, da es hier aus biologischem Anbau stammt. Biologisch angebautes Obst wird weder chemisch gedüngt noch gespritzt, so daß es noch seinen naturbelassenen gehaltvollen Geschmack besitzt. Zwar ist auch ungespritztes Obst nicht frei von den Schadstoffen der Umwelt, doch ist die Belastung wesentlich geringer.

Kleingebäck, Plätzchen und Konfekt

Bayerische Rohrnudeln

Vorteig:
275 ml Milch
40 g Hefe
3 EL Weizenvollkornmehl
Hauptteig:
500 g Weizenvollkornmehl
3 Eier
1 Prise Salz
4 EL Honig
geriebene Schale von
½ ungespritzten Zitrone
50 g Butter
Außerdem:
50 g Butter für die Form

Backzeit: 30–40 Minuten
Schaltung: E: 200°C, G: 3

1. Für den Vorteig die Milch leicht erwärmen und die Hefe in der lauwarmen Milch auflösen.

2. Die Hefemilch mit einem Schneebesen schlagen und dabei das Mehl dazugeben.

3. Diesen Vorteig etwa 30 Minuten gehen lassen.

4. Das Mehl mit dem Vorteig vermengen. Die Eier, das Salz, den Honig, die Zitronenschale und die weiche Butter hinzugeben und alles gut verkneten.

5. 30 Minuten zugedeckt an einem warmen Ort gehen lassen.

6. Eine feuerfeste Form (oder eine Springform) mit Butter einfetten.

7. Die restliche Butter erwärmen, bis sie flüssig ist.

8. Aus dem Teig etwa 16 gleich große Klöße formen, jeden Kloß mit der flüssigen Butter bestreichen und alle dicht nebeneinander (ohne Zwischenräume) in die Form setzen. 10 Minuten gehen lassen.

9. Den Backofen vorheizen (E: 200°C, G: 3) und die Rohrnudeln auf der mittleren Schiebeleiste 30–40 Minuten backen.

Variation:
Gefüllte Rohrnudeln

Zum Füllen eignen sich Aprikosen oder Zwetschen. Dafür pro Rohrnudel 1 Frucht waschen, entsteinen und mit ½ Teelöffel festem Honig füllen.

Vollkornbrot (Rezept Seite 544), ▷
Roggenbrot (Rezept Seite 546).

Nußhörnchen

Vorteig:
275 ml Milch
40 g Hefe
3 EL Weizenvollkornmehl

Hauptteig:
500 g Weizenvollkornmehl
3 Eier
1 Prise Salz
4 EL Honig
geriebene Schale von
½ ungespritzten Zitrone
50 g Butter

Füllung:
250 g Haselnüsse
3 EL Honig
¼ TL Vanillepulver
½ TL Zimt
geriebene Schale von
½ ungespritzten Zitrone
1–2 EL Sahne

Zum Bestreichen:
1 Eigelb
1 EL Milch

Außerdem:
Fett für das Backblech

Backzeit: 25 Minuten
Schaltung: E: 200°C, G: 3

1. Für den Vorteig die Milch leicht erwärmen und die Hefe in der lauwarmen Milch auflösen.

2. Die Hefemilch mit einem Schneebesen schlagen und dabei das Mehl dazugeben.

3. Diesen Vorteig etwa 30 Minuten gehen lassen.

4. Das Mehl mit dem Vorteig vermengen. Die Eier, das Salz, den Honig, die Zitronenschale und die weiche Butter hinzugeben und alles gut verkneten.

5. 30 Minuten zugedeckt an einem warmen Ort gehen lassen.

6. Die Nüsse fein mahlen. Mit dem Honig, der Vanille, dem Zimt und der Zitronenschale gut vermengen. Zum Schluß mit der Sahne glattrühren.

7. Den Teig dünn ausrollen und Dreiecke zuschneiden.

8. In die Mitte eines jeden Dreiecks 1 Teelöffel von der Nußmischung füllen.

9. Die Dreiecke von der breiteren Seite her aufrollen, zu einem Halbkreis formen und auf ein gefettetes Backblech legen. 15 Minuten gehen lassen.

10. Das Eigelb mit der Milch verquirlen und die Hörnchen damit bestreichen.

11. Die Nußhörnchen auf der oberen Schiebeleiste im vorgeheizten Backofen (E: 200°C, G: 3) 25 Minuten backen.

◁ Bayerische Rohrnudeln (Rezept Seite 506),
  Nußhörnchen.

Eierpfannkuchen – Grundrezept

Teig:
3 Eier
½ l kohlensäurehaltiges Mineralwasser
1 Prise Salz
300 g Weizenvollkornmehl
Außerdem:
Margarine für die Pfanne

1. Die Eier mit dem Wasser und dem Salz gut verquirlen.

2. Das Mehl dazugeben und zu einem glatten Teig rühren.

3. 30 Minuten ruhen lassen.

4. Die Pfannkuchen in etwas Margarine bei guter Hitze goldgelb braten.

Mein Tip

Da sich Pfannkuchen aus Vollkornmehl schwer wenden lassen, sollte man zum Ausbraten eine kleine Pfanne benutzen.

Buchweizen-Apfel-Pfannkuchen

Teig:
4 EL Honig
¼ l Wasser
50 g Rosinen
120 g Buchweizenmehl
1 EL Sojamehl
1 Prise Salz
1 TL Zimt
2 Eier
1–2 Äpfel
Außerdem:
Margarine für die Pfanne

1. Den Honig und das Wasser zusammen erwärmen und die Rosinen einige Stunden darin quellen lassen.

2. Die Mehle, das Salz und den Zimt miteinander vermischen und mit den Eiern zu der Rosinenflüssigkeit hinzufügen. Alles gut vermengen.

3. Die Äpfel schälen, vom Kerngehäuse befreien, fein raspeln und unter den Teig rühren.

4. Die Pfannkuchen in reichlich Margarine bei guter Hitze braten.

Quarkpfannkuchen

Teig:
250 g Quark
4 Eier
2–3 Tassen kohlensäurehaltiges Mineralwasser
5 EL Weizenvollkornmehl
1 Prise Salz
2 EL Ahornsirup
Außerdem:
Margarine für die Pfanne

1. Den Quark mit den Eiern und dem Mineralwasser schaumig rühren.

2. Danach das Mehl, das Salz und den Ahornsirup dazugeben und alles zu einem glatten Teig verrühren.

3. Den Teig 1 Stunde ruhen lassen.

4. Die Pfannkuchen in reichlich Margarine knusprig braten.

Palatschinken

Teig:
3 Eier
½ l kohlensäurehaltiges
Mineralwasser
1 Prise Salz
300 g Buchweizenmehl
Füllung:
75 g Rosinen
2 EL Rum
2 Eier
50 g Butter
3 EL Ahornsirup
½ TL Vanillepulver
500 g Quark
geriebene Schale von
½ ungespritzten Zitrone
Zum Übergießen:
2 Eier
⅛ l Milch
1 EL Ahornsirup
Außerdem:
Butter für die Form
Margarine für die Pfanne

Backzeit: 30–40 Minuten
Schaltung: E: 200°C, G: 3

1. Für den Pfannkuchenteig die Eier mit dem Wasser und dem Salz gut verquirlen.

2. Das Mehl gut unterrühren.

3. 30 Minuten ruhen lassen.

4. Für die Füllung zunächst die Rosinen mit dem Rum beträufeln und quellen lassen.

5. Die Eier trennen und das Eiweiß steif schlagen.

6. Die Butter schaumig rühren. Die Eigelbe, den Sirup, die Vanille, den Quark und die Zitronenschale hinzufügen und alles gut verrühren.

7. Den Eischnee und die Rosinen vorsichtig unterheben.

8. Eine Auflaufform gut mit Butter einfetten.

9. Den Backofen vorheizen (E: 200°C, G: 3).

10. Aus dem Pfannkuchenteig mehrere Pfannkuchen in etwas Margarine bei guter Hitze goldgelb braten.

11. Die Quarkmasse gleichmäßig auf die Pfannkuchen verteilen. Die Pfannkuchen aufrollen und nebeneinander in die Auflaufform legen.

12. Die Eier mit der Milch und dem Sirup verquirlen und über die Pfannkuchen gießen.

13. Auf der mittleren Schiebeleiste 30–40 Minuten backen.

Apfeltaschen

Vorteig:
275 ml Milch
40 g Hefe
3 EL Weizenvollkornmehl
Hauptteig:
500 g Weizenvollkornmehl
3 Eier
50 g Butter
1 Prise Salz
2 EL Honig
geriebene Schale von
½ ungespritzten Zitrone
Füllung:
200 ml Wasser
2 EL Rosinen
4–5 säuerliche Äpfel
geriebene Schale von
½ ungespritzten Zitrone
2 EL Honig
½ TL Zimt
1 Prise Ingwerpulver
Zum Bestreichen:
1 Eiweiß
1 Eigelb
1 EL Milch
Außerdem:
Fett für das Backblech

Backzeit: 25 Minuten
Schaltung: E: 200°C, G: 3

1. Für den Vorteig die Milch leicht erwärmen und die Hefe in der lauwarmen Milch auflösen.

2. Die Hefemilch mit einem Schneebesen schlagen und dabei das Mehl dazugeben.

3. Diesen Vorteig etwa 30 Minuten gehen lassen.

4. Das Mehl und den Vorteig vermengen. Die Eier, die weiche Butter, das Salz, den Honig und die Zitronenschale dazugeben und alles gut miteinander verkneten.

5. Zugedeckt an einem warmen Ort 30 Minuten gehen lassen.

6. Das Wasser erhitzen und die Rosinen darin quellen lassen.

7. Die Äpfel schälen, vom Kerngehäuse befreien und in kleine Stücke schneiden.

8. Die Apfelstückchen in 2 Eßlöffeln Wasser weichdünsten. Erkalten lassen.

9. Die Rosinen abtropfen lassen und mit der Zitronenschale, dem Honig und den Gewürzen zu den Äpfeln geben. Alles gut vermengen.

10. Den Teig dünn ausrollen und in etwa 9 x 12 cm große Stükke schneiden.

11. Das Eiweiß leicht verquirlen und die Ränder der Teigstücke damit bestreichen.

12. Auf jede Teigplatte 1–2 Eßlöffel der Apfelmasse geben und die Teigplatte über die längere Seite zusammenklappen. Die Ränder fest zusammendrücken.

13. Ein Backblech einfetten und die Apfeltaschen darauflegen.

14. Das Eigelb mit der Milch vequirlen und die Taschen damit bestreichen. 15 Minuten gehen lassen.

15. Den Backofen vorheizen (E: 200°C, G: 3) und die Apfeltaschen auf der oberen Schiebeleiste 25 Minuten backen.

Spekulatius

Teig:

250 g Weizenvollkornmehl

1 TL Backpulver

75 g Butter

200 g geriebene Mandeln

30 g geriebene Kürbiskerne

je 1 Msp. gemahlene Nelken

Zimt, Kardamom und Piment

2 EL Honig

1 Ei

1–2 EL Milch

Außerdem:

Fett für das Backblech

Backzeit: 30 Minuten
Schaltung: E: 220°C, G: 4

1. Das Mehl mit dem Backpulver vermischen und mit den restlichen Zutaten zu einem Teig verkneten.

2. 1 Stunde ziehen lassen und dann den Teig nochmals durchkneten.

3. Den Teig 2–3 mm dick ausrollen. Mit Spekulatiusholzformen (oder gewöhnlichen Ausstechformen) Figuren ausstechen und auf ein gut gefettetes Backblech legen.

4. Auf der mittleren Schiebeleiste im vorgeheizten Backofen (E: 220°C, G: 4) etwa 30 Minuten backen.

Mandelschnitten

Teig:

200 ml Sahne

4 EL Honig

1 Prise Salz

¼ TL Vanillepulver

4 Eier

250 g Weizenvollkornmehl

1 P. Backpulver

Belag:

125 g Butter

4 EL Honig

¼ TL Vanillepulver

geriebene Schale von

½ ungespritzten Zitrone

200 g Mandelstifte

Außerdem:

Fett für das Backblech

Backzeit: insgesamt 27–30 Minuten
Schaltung: E: 190°C, G: 3

1. Die Sahne mit dem Honig verquirlen. Das Salz, die Vanille und die Eier hinzufügen und alles gut verrühren.

2. Das Mehl mit dem Backpulver mischen und unter die Masse rühren. 15 Minuten ruhen lassen.

3. Den Teig auf ein gefettetes Backblech streichen.

4. Auf der mittleren Schiebeleiste im vorgeheizten Backofen (E: 190° C, G: 3) 12–15 Minuten vorbacken.

5. Währenddessen den Belag zubereiten. Dafür zunächst die Butter erwärmen.

6. Die flüssige Butter mit dem Honig, der Vanille und der Zitronenschale verrühren. Am Schluß die Mandelstifte dazugeben.

7. Die Mandelmasse auf den vorgebackenen Teig streichen.

8. Diesen auf der oberen Schiebeleiste bei gleicher Hitze 15 Minuten backen.

9. Noch warm in Stücke schneiden.

Orangenkekse

Teig:
1 Ei
¼ Tasse Sonnenblumenöl
½ Tasse Honig
geriebene Schale von
1 unbehandelten Orange
3 EL frisch gepreßter
Orangensaft
1 Tasse Weizenvollkornmehl
1 Tasse Kokosflocken
Außerdem:
Fett für das Backblech

Backzeit: 15 Minuten
Schaltung: E: 200°C, G: 3

1. Das Ei schlagen, das Öl und den Honig daruntermischen.

2. Die geriebene Schale und den Orangensaft dazugeben und alles gut vermischen.

3. Zuletzt das Mehl und die Kokosflocken unterrühren.

4. Den Teig löffelweise auf einem gefetteten Backblech verteilen.

5. Die Plätzchen etwa 15 Minuten im vorgeheizten Backofen (E: 200°C, G: 3) auf der mittleren Schiebeleiste backen.

Spitzbuben

Teig:
¾ l Wasser
250 g getrocknete Aprikosen
200 g Haselnüsse
250 g Weizenvollkornmehl
2 EL Honig
geriebene Schale von
½ ungespritzten Zitrone
175 g Butter
Außerdem:
Alufolie
Fett für das Backblech

Backzeit: 10–12 Minuten
Schaltung: E: 180°C, G: 2

1. Das Wasser erwärmen und die Aprikosen über Nacht darin einweichen.

2. Die Nüsse mahlen. Mit dem Mehl, dem Honig und der Zitronenschale vermischen. Die Butter in Flöckchen dazugeben und alles rasch zu einem Teig verkneten.

3. Den Teig in Alufolie einschlagen und 3 Stunden im Kühlschrank ruhen lassen.

4. Die Aprikosen mit so viel Einweichwasser pürieren, daß eine dicke Marmelade entsteht.

5. Den Teig ausrollen, runde Plätzchen in 3 verschiedenen Größen ausstechen (jede Größe in der gleichen Anzahl) und auf ein gefettetes Backblech setzen.

6. Den Backofen vorheizen (E: 180°C, G: 2) und die Plätzchen auf der oberen Schiebeleiste 10 bis 12 Minuten backen.

7. Die Plätzchen auskühlen lassen.

8. Außer der kleinsten Größe alle Plätzchen mit der Aprikosenmarmelade bestreichen und je 3 verschieden große Plätzchen der Größe nach aufeinandersetzen.

Printen

Teig:
400 g Zuckerrübensirup
100 g Margarine
500 g Weizenvollkornmehl
1½ P. Backpulver
1 P. Lebkuchengewürz
175 g gemahlene Haselnüsse
geriebene Schale von
½ ungespritzten Zitrone
geriebene Schale von
½ ungespritzten Orange
2 EL Rum
Zum Bestreichen:
2 EL Zuckerrübensirup
1 EL Rum
Außerdem:
Fett für das Backblech

Backzeit: 15–20 Minuten
Schaltung: E: 190°C, G: 3

1. Den Sirup und die Margarine zusammen erwärmen und wieder etwas abkühlen lassen.

2. Das Mehl mit dem Backpulver und dem Lebkuchengewürz vermischen.

3. Die Sirupmasse, die Nüsse, die Zitronen- und Orangenschale sowie den Rum zum Mehl geben und alles gut verkneten.

4. Zugedeckt im Kühlschrank 2 Stunden ruhen lassen.

5. Den Teig etwa ½ cm dick ausrollen, Rechtecke ausschneiden und auf ein gefettetes Backblech legen.

6. Den Sirup und den Rum verrühren und jede Printe damit bestreichen.

7. Die Printen auf der oberen Schiebeleiste im vorgeheizten Backofen (E: 190°C, G: 3) 15–20 Minuten backen.

Sonnenblumenbälle

Teig:
1 Tasse Sonnenblumenkerne
½ Tasse Rosinen

1. Die Sonnenblumenkerne und die Rosinen mischen und durch den Fleischwolf drehen.

2. Gut durchkneten und aus der Masse Kugeln formen.

3. Die Kugeln im Kühlschrank ruhen lassen.

Maisgebäck

Teig:
1 Ei
75 g Naturjoghurt
2 EL Sonnenblumenöl
2 EL Honig
½ TL Salz
1½ Tassen feines Maismehl
½ TL Backpulver
Außerdem:
Fett für die Förmchen

Backzeit: 20–25 Minuten
Schaltung: E: 175°C, G: 2

1. Das Ei, den Joghurt, das Öl, den Honig und das Salz schaumig rühren.

2. Das Maismehl und das Backpulver vermischen und langsam unter die Masse rühren.

3. Kleine Backförmchen einfetten und den Teig in die Förmchen füllen.

4. Auf der mittleren Schiebeleiste im vorgeheizten Backofen (E: 175°C, G: 2) 20–25 Minuten backen.

Lebkuchen

Teig:
200 g Weizenvollkornmehl
etwas Wasser
4 EL Honig
2 TL Zimt
½ TL gemahlene Nelken
½ TL gemahlener Ingwer
100 g gemahlene Haselnüsse
Zum Belegen:
Pro Lebkuchen 1 Mandel
(je nach Größe
etwa 8–10 Stück)
Zum Bestreichen:
1–2 EL Honig
2 TL Kakaopulver
Außerdem:
Fett für das Backblech

Backzeit: 15–20 Minuten
Schaltung: E: 220°C, G: 4

1. Das Mehl mit so viel Wasser verkneten, daß ein dicker Teig entsteht.

2. Den Honig, die Gewürze und die Nüsse dazugeben und verkneten.

3. Einige Stunden zugedeckt ziehen lassen.

4. Den Teig knapp 1 cm dick ausrollen und große runde Lebkuchen ausstechen. Ist der Teig für diese Weiterverarbeitung zu trocken, muß man noch etwas Wasser hinzufügen und alles gut verkneten. Ist der Teig zu weich, behilft man sich mit Oblaten, auf denen man den Teig verteilt.

5. Die Lebkuchen mit einer Mandel belegen und auf ein gefettetes Backblech setzen.

6. Den Honig erwärmen und mit dem Kakao verrühren. Die Lebkuchen damit bestreichen.

7. Die Lebkuchen auf der mittleren Schiebeleiste im vorgeheizten Backofen (E: 220°C, G: 4) 15–20 Minuten backen.

Knusperstücke

Teig:
50 g Weizenvollkornmehl
50 g Haferflocken
1 EL Honig, 1 EL Öl
50 g gemahlene Nüsse
oder Mandeln
½ TL Salz
1 TL Vanillepulver, 1 TL Zimt
etwas Muskatnuß
geriebene Schale von
1 ungespritzten Zitrone
1 TL Zitronensaft
Außerdem:
Fett für die Förmchen

Backzeit: 30 Minuten
Schaltung: E: 220°C, G: 4

1. Das Weizenvollkornmehl mit den Haferflocken mischen und Honig, Öl, die gemahlenen Nüsse oder Mandeln und die Gewürze dazugeben, ebenso etwas Zitronenschale und den Saft.

2. Den Teig zugedeckt einige Zeit ruhen lassen.

3. Kleine Backförmchen einfetten und den Teig hineingeben.

4. Auf der mittleren Schiebeleiste im vorgeheizten Backofen (E: 220°C, G: 4) 30 Minuten backen.

Sesamkekse

Teig:
125 g Margarine
5 EL Honig
1 Ei
200 g Weizenschrot
100 g Rosinen
120 g Sesamsamen
2 EL Milch
225 g Weizenvollkornmehl
½ TL gemahlene Muskatnuß
Außerdem:
Fett für das Backblech

Backzeit: 10–15 Minuten
Schaltung: E: 190°C, G: 3

1. Die Margarine und den Honig zusammen erwärmen und wieder abkühlen lassen.

2. Das Ei dazugeben und alles miteinander verquirlen.

3. Das Schrot, die Rosinen, den Sesamsamen und die Milch miteinander mischen und nach und nach unter die Margarineflüssigkeit rühren.

4. Zum Schluß das Mehl und die Muskatnuß hinzufügen und alles gut verkneten.

5. Mit einem Teelöffel kleine Teighäufchen auf ein gefettetes Backblech setzen und mit einer Gabel flachdrücken.

6. Die Sesamkekse auf der mittleren Schiebeleiste im vorgeheizten Backofen (E: 190°C, G: 3) 10–15 Minuten backen.

Nußbälle

Teig:
2 Tassen Nüsse (wahlweise Walnüsse,
Mandeln und Haselnüsse)
2 EL Rosinen
3 EL Honig
1 TL gemahlener Zimt
1 EL Carob- oder Kakaopulver
1–2 EL Sesamsamen

1. Die Nüsse mit den Rosinen vermischen und durch den Fleischwolf drehen.

2. Den Honig im Wasserbad verflüssigen.

3. Den verflüssigten Honig mit dem Zimt unter die Nuß-Rosinen-Mischung rühren.

4. Aus der Mischung kleine Kugeln formen und diese in Carob- oder Kakaopulver wälzen.

5. Die Sesamsamen in einer trockenen Pfanne rösten, bis sie leicht braun werden.

6. Die Nußbälle in den Sesamsamen wälzen.

Mein Tip

Lassen Sie die Nußbälle auf einem Holzbrett einige Stunden liegen, bevor Sie sie in eine Tüte oder Dose verpacken. Dadurch werden sie etwas fester und behalten besser ihre kugelige Form.

Kleiegebäck

Teig:
100 g Weizenvollkornmehl
100 g Kleie
½ TL Backpulver
2 EL Honig
¼ TL Salz
150 g Joghurt
Außerdem:
Fett für die Förmchen

Backzeit: etwa 30 Minuten
Schaltung: E: 175° C, G: 2

1. Mehrere kleine Backförmchen einfetten.

2. Das Mehl, die Kleie und das Backpulver miteinander vermischen.

3. Den Honig, das Salz und den Joghurt hinzufügen und alles gut vermengen.

4. Den Teig in die Förmchen füllen.

5. Im vorgeheizten Backofen (E: 175° C, G: 2) auf der mittleren Schiebeleiste etwa 30 Minuten backen.

Quarktaschen

Zutaten und Zubereitung außer der Füllung
wie bei dem Rezept „Apfeltaschen".
Zutaten für die Quarkfüllung:
500 g Magerquark
4 EL Sahne
4 EL Honig
2 Eigelb
¼ TL Vanillepulver
2 EL Rosinen

1. Alle Zutaten miteinander mischen und cremig rühren.

2. Anstelle der Apfelmasse die Quarkfüllung auf die Teigplatten geben.

Zimtsterne

Teig:
4 EL Honig
4 EL Sonnenblumenöl
2 Eier
250 g Weizenvollkornmehl
1 Prise Salz
2 TL Zimt

Zum Bestreichen:
etwas Wasser
Außerdem:
Fett für das Blech

Backzeit: 15–20 Minuten
Schaltung: E: 200° C, G: 3

1. Alle Zutaten zusammen gut zu einem Teig verkneten.

2. Den Teig 2 Stunden ruhen lassen.

3. Ein Backblech einfetten.

4. Den Teig etwa 1 cm dick ausrollen, Sterne ausstechen und auf das Backblech legen.

5. Die Sterne mit etwas Wasser bestreichen und nochmals 1½ Stunden ruhen lassen.

6. Den Backofen vorheizen (E: 200° C, G: 3) und die Zimtsterne auf der oberen Schiebeleiste 15 bis 20 Minuten backen.

Anisplätzchen

Teig:
125 g Butter
¼ l Milch
2 EL Anissamen
100 g Honig
etwa 400 g Weizenvollkornmehl
Außerdem:
Fett für das Blech

Backzeit: 15–20 Minuten
Schaltung: E: 175° C, G: 2

1. Die Butter zerlassen.

2. Die Milch lauwarm erhitzen.

3. Die Butter, die Milch, das Anis und den Honig miteinander vermengen.

4. Mit so viel Mehl verkneten, daß man den Teig ausrollen kann.

5. Ein Backblech einfetten.

6. Den Teig ausrollen, Plätzchen ausstechen und auf das Backblech legen.

7. Im vorgeheizten Backofen (E: 175° C, G: 2) auf der oberen Schiebeleiste 15–20 Minuten backen.

Ahornplätzchen

Teig:
50 g Butter
2 Eier
1 Msp. Vanillepulver
⅛ l Ahornsirup
100 g Weizenvollkornmehl
1 TL Backpulver
75 g Haferflocken
2 EL gehackte Sonnenblumenkerne
Außerdem:
Fett für das Blech.

Backzeit: 12 Minuten
Schaltung: E: 250° C, G: 5

1. Die Butter, die Eier, die Vanille und den Sirup mit einem Schneebesen schlagen.

2. Das Mehl mit dem Backpulver vermischen und mit den Haferflocken und den gehackten Sonnenblumenkernen untermengen.

3. Aus dem Teig Plätzchen formen und auf ein gefettetes Backblech legen.

4. Im vorgeheizten Backofen (E: 250° C, G: 5) auf der oberen Schiebeleiste 12 Minuten backen.

Butterplätzchen

Teig:
2 EL Honig
50 g Butter
2 Eier
350 g Weizenvollkornmehl
½ P. Backpulver
1 Msp. Vanille
Außerdem:
Fett für das Blech

Backzeit: 15 Minuten
Schaltung: E: 200° C, G: 3

1. Den Honig und die Butter zusammen verrühren, dann die Eier hinzufügen.

2. Das Mehl mit dem Backpulver und der Vanille vermischen und alles zu einem Teig verkneten.

3. Den Teig 1 Stunde im Kühlschrank ruhen lassen.

4. Ein Backblech einfetten.

5. Den Teig ausrollen, Formen ausstechen und auf das Backblech legen.

6. Im vorgeheizten Backofen (E: 200° C, G: 3) auf der oberen Schiebeleiste 15 Minuten backen.

Mandelplätzchen

Teig:
150 g geschälte Mandeln
300 g Butter
150 g Honig
1 Ei
1 gehäufter TL Zimt
geriebene Schale von
½ unbehandelten Orange
300 g Weizenvollkornmehl
Zum Bestreichen:
1 Eigelb
1 EL Milch
Zum Bestreuen:
75 g Mandelblättchen
Außerdem:
Alufolie
Fett für das Backblech

Backzeit: 12 Minuten
Schaltung: E: 190° C, G: 3

1. Die Mandeln kleinhacken.

2. Die weiche Butter mit dem Honig schaumig rühren, das Ei, die Mandeln, den Zimt und die Orangenschale dazugeben und alles gut verrühren.

3. Das Mehl unter den Teig kneten.

4. Den Teig in Alufolie einschlagen und 3 Stunden im Kühlschrank ruhen lassen.

5. Den Teig ausrollen, Plätzchen ausstechen und auf ein gefettetes Backblech legen.

6. Das Eigelb mit der Milch verquirlen, die Plätzchen damit bestreichen und mit den Mandelblättchen bestreuen.

7. Die Mandelplätzchen auf der oberen Schiebeleiste im vorgeheizten Backofen (E: 190° C, G: 3) 12 Minuten backen.

Kokosbälle

Teig:
1 Tasse Honig
80 g Hafermehl
oder feine Haferflocken
200 g Kokosflocken
Zum Formen:
etwas Vollkornmehl

1. Den Honig im Wasserbad verflüssigen.

2. Das Mehl mit den Kokosflocken vermischen, den Honig dazugeben und gut verkneten.

3. Aus der Masse Kugeln formen und in etwas Mehl wälzen.

Grießbälle

Teig:
¼ l Wasser
4 EL Vollweizengrieß
100 g Haferflocken
100 g gemahlene Haselnüsse
2 TL Honig
1 EL Weizenkeime
Zum Formen:
Kokosflocken

1. Den Grieß in dem Wasser kurz aufkochen lassen, so daß ein dikker Brei entsteht. Erkalten lassen.

2. Die Haferflocken, die Nüsse, den Honig und die Weizenkeime zu dem Grieß geben und verrühren.

3. Kleine Bällchen formen und in den Kokosflocken wälzen.

4. Die Grießbälle einige Stunden im Kühlschrank ruhen lassen.

Früchtewürfel

Teig:
4 EL Zuckerrübensirup
50 g Margarine
175 g Weizenvollkornmehl
1 gehäufter TL Backpulver
1 TL Lebkuchengewürz
100 g Haselnüsse
4 Eier
100 g Rosinen
2 EL Rum
100 g getrocknete Datteln
100 g getrocknete Feigen
100 g gewürfeltes Orangeat
Außerdem:
Backpapier für
das Backblech

Backzeit: 25 Minuten
Schaltung: E: 200° C, G: 3

1. Den Sirup mit der Margarine zusammen erwärmen und wieder abkühlen lassen.

2. Das Mehl mit dem Backpulver und dem Lebkuchengewürz vermischen und dazugeben.

3. Die Nüsse grob mahlen und mit den Eiern, den Rosinen und dem Rum zu dem Teig hinzufügen.

4. Die Datteln und die Feigen kleinschneiden und mit dem Orangeat ebenfalls unter den Teig mengen.

5. Den Teig 15 Minuten ruhen lassen.

6. Ein Backblech mit Backpapier auslegen und mit einem in Wasser getauchten Teigschaber den Teig auf das Backblech streichen.

7. Auf der oberen Schiebeleiste im vorgeheizten Backofen (E: 200° C, G: 3) 25 Minuten backen.

8. Die Teigplatte nach dem Erkalten in kleine Rauten schneiden.

Mein Tip

In einer Blechdose aufbewahrt halten sich die Früchtewürfel lange frisch.

Früchtemarzipan

Teig:
200 g entsteinte Datteln
100 g entsteinte
Trockenpflaumen
1 EL Rosinen
50 g Haselnüsse
oder Mandeln
50 g Getreideflocken
(Hafer oder Weizen)
Zum Formen:
etwas Vollkornmehl

1. Alle Zutaten mischen und durch den Fleischwolf drehen.

2. Diese Masse zu Kugeln, Stangen oder Talern formen.

3. Die Marzipanstücke in etwas Mehl wälzen.

Kuchen

Mohnkuchen

Vorteig:
145 ml Milch
20 g Hefe
2 EL Weizenvollkornmehl
Hauptteig:
250 g Weizenvollkornmehl
2 Eier
25 g Butter
1 Prise Salz
2 EL Honig
geriebene Schale von
½ Zitrone
Füllung:
75 g Rosinen
½ l Milch
1 Prise Salz
175 g Vollweizengrieß
175 g frisch gemahlener Mohn
4 EL Honig
2 Eier
Zum Bestreichen:
1 Eigelb
1 EL Milch
Außerdem:
Fett für das Backblech

Backzeit: 40 Minuten
Schaltung: E: 200° C, G: 3

1. Für den Vorteig die Milch leicht erwärmen und die Hefe in der lauwarmen Milch auflösen.

2. Die Hefemilch mit einem Schneebesen schlagen und dabei das Mehl dazugeben. Diesen Vorteig etwa 30 Minuten gehen lassen.

3. Das Mehl mit dem Vorteig mischen. Die Eier, die Butter, das Salz, den Honig und die Zitronenschale hinzufügen und alles gut verkneten. 30 Minuten zugedeckt an einem warmen Ort gehen lassen.

4. Für die Füllung zunächst 0,3 l Wasser erhitzen und die Rosinen darin quellen lassen.

5. Die Milch mit dem Salz aufkochen, den Grieß einstreuen, aufkochen und quellen lassen.

6. Die Rosinen abtropfen lassen. Den Mohn, den Honig und die Rosinen unter den Grießbrei rühren. Abkühlen lassen, dann die Eier unter die Grießmasse rühren.

7. Den Teig ausrollen, mit der Mohnmasse bestreichen und zusammenrollen.

8. Die Rolle eventuell zu einem Halbkreis oder Kranz formen und auf ein gefettetes Backblech legen.

9. Das Eigelb mit der Milch verquirlen und die Rolle damit bestreichen. 10 Minuten gehen lassen.

10. Den Backofen vorheizen (E: 200° C, G: 3) und den Kuchen auf der mittleren Schiebeleiste 40 Minuten backen.

Böhmischer Früchtekranz

12 getrocknete Aprikosenhälften
etwa 400 ml Wasser
Vorteig:
140 ml Milch
25 g Hefe
2 gestrichene EL Weizen-
vollkornmehl
Hauptteig:
2 Eier, 1 Prise Salz
2 EL Honig
geriebene Schale von
½ Zitrone
250 g Weizenvollkornmehl
25 g Butter
Füllung:
2 Äpfel
200 g gemahlene Haselnüsse
3 EL Honig
geriebene Schale von
½ Zitrone
¼ TL Vanillepulver
¼ TL Zimt
Zum Bestreichen:
1 Eigelb
1 EL Milch
Zum Bestreuen:
30 g gehobelte Mandeln
Außerdem:
Fett für das Blech

Backzeit: 40 Minuten
Schaltung: E: 200°C, G: 3

1. Das Wasser erhitzen und die Aprikosen darin über Nacht einweichen.

2. Für den Vorteig die Milch leicht erwärmen.

3. Die Hefe in der lauwarmen Milch auflösen.

4. Die Hefemilch mit einem Schneebesen schlagen und dabei das Mehl dazugeben.

5. Diesen Vorteig etwa 30 Minuten gehen lassen.

6. Die Eier mit dem Salz, dem Honig und der Zitronenschale verquirlen und zum Vorteig hinzufügen.

7. Das Mehl unter die Masse mengen. Zum Schluß die zerlassene Butter hinzufügen und alles gut verkneten.

8. Den Teig an einem warmen Ort zugedeckt 60 Minuten gehen lassen.

9. Für die Füllung zunächst die Aprikosen aus dem Einweichwasser nehmen und pürieren.

10. Die Äpfel schälen, vom Kerngehäuse befreien und fein raspeln.

11. Das Aprikosenpüree mit den Äpfeln, den Nüssen, dem Honig, der Zitronenschale, dem Vanillepulver und dem Zimt vermengen.

12. Ein Backblech gut einfetten.

13. Den Hefeteig ausrollen, mit der Füllung bestreichen und aufrollen.

14. Zu einem Kranz schließen und auf das Backblech legen.

15. Die Milch mit dem Eigelb verquirlen und den Kranz damit bestreichen.

16. Die Mandeln über das Eigelb streuen.

17. Den Kranz auf der mittleren Schiebeleiste im vorgeheizten Backofen (E: 200° C, G: 3) 40 Minuten backen.

Hefezopf

Vorteig:
165 ml Milch
25 g Hefe
1 EL Weizenvollkornmehl
Hauptteig:
1 Ei
25 g Honig
4 g Salz
300 g Weizenvollkornmehl
50 g Butter
50 g Sultaninen
Zum Bestreichen:
1 Eigelb
1 EL Milch
Außerdem:
Butter für das Backblech

Backzeit: 60 Minuten
Schaltung: E: 200° C/180° C,
G: 3/2)

1. Für den Vorteig die Milch leicht erwärmen und die Hefe in der lauwarmen Milch auflösen.

2. Die Hefemilch mit einem Schneebesen schlagen und dabei das Mehl dazugeben. Diesen Vorteig etwa 30 Minuten gehen lassen.

3. Das Ei mit dem Honig und dem Salz verquirlen und zum Vorteig hinzufügen.

4. Das Mehl unter die Masse mengen. Zum Schluß die zerlassene Butter und die Sultaninen hinzufügen und alles gut verkneten.

5. Den Teig etwa 60 Minuten gehen lassen.

6. Den Teig in 3 gleich große Stücke teilen und daraus jeweils etwa 30 cm lange Stränge formen. Die Stränge zu einem Zopf flechten.

7. Den Zopf auf das gefettete Backblech legen und den Ofen auf 200° C (G: 3) vorheizen.

8. Die Milch und das Eigelb miteinander verquirlen und den Zopf damit bestreichen.

9. Den Zopf 20 Minuten backen, dann den Ofen auf 180° C (G: 2) herunterschalten und weitere 40 Minuten backen.

Hefekranz mit Nußfüllung

Teig:
siehe Rezept „Hefezopf"
Außerdem:
200 g Haselnußmus
2 EL Honig

1. Zunächst den Teig nach dem Rezept „Hefezopf" zubereiten (Arbeitsschritte 1.–5.).

2. Den Teig 1–2 cm dick zu einem Rechteck ausrollen und mit dem Nußmus und dem Honig bestreichen.

3. Die Teigplatte über die längere Seite zusammenrollen, zu einem Kranz schließen und den Kranz auf das Backblech legen.

4. Den Zopf wie bei dem Rezept „Hefezopf" weiterbehandeln.

Nußkuchen

Teig:

½ TL Salz

50 ml Öl

150 g Honig

100 g Joghurt

2 Eier

100 g gemahlene Haselnüsse

175 g Weizenvollkornmehl

1½ TL Backpulver

Außerdem:

Fett und etwa 40 g gemahlene Haselnüsse für die Form

Backzeit: 30 Minuten
Schaltung: E: 200° C, G: 3

1. Das Salz, das Öl, den Honig und den Joghurt miteinander vermischen.

2. Die Eier hinzufügen und alles mit einem Schneebesen schlagen.

3. Die Nüsse mit dem Mehl und dem Backpulver vermischen und unter den Teig rühren.

4. Eine Springform einfetten und mit den gemahlenen Nüssen ausstreuen.

5. Den Teig in die Form füllen und den Kuchen auf der mittleren Schiebeleiste im vorgeheizten Backofen (E: 200° C, G: 3) 30 Minuten backen.

Gugelhupf

Teig:

1 EL Rum

50 g Rosinen

200 g Margarine

7 EL Honig

1 Prise Salz, 4 Eier

300 g Weizenvollkornmehl

1 P. Backpulver

200 g gemahlene Haselnüsse

Außerdem:

Fett und Schrot für die Form

Backzeit: 60 Minuten
Schaltung: E: 190° C, G: 3

1. Den Rum erwärmen und die Rosinen darin quellen lassen.

2. Die Margarine mit dem Honig verrühren, das Salz und die Eier dazugeben und alles schaumig rühren.

3. Das Mehl und das Backpulver vermischen und mit den Nüssen zu der Schaummasse hinzufügen. Alles gut verrühren.

4. Zum Schluß die Rumrosinen unterheben.

5. Eine Gugelhupfform einfetten und mit Schrot bemehlen. Den Teig in die Form einfüllen.

6. Auf der mittleren Schiebeleiste im vorgeheizten Backofen (E: 190° C, G: 3) 60 Minuten backen.

Linzer Torte

Teig:
250 g gemahlene Mandeln
250 g Weizenvollkornmehl
1 TL Kakao oder Carobpulver
1 TL gemahlener Zimt
½ TL gemahlene Vanille
1 Msp. gemahlene Nelken
1 Msp. gemahlene Muskatnuß
1 Ei
2 EL Kirschwasser
250 g Butter

Füllung:
200 g ungezuckerte Himbeerkonfitüre
oder 200 g ungezuckertes Pflaumenmus

Zum Bestreichen:
1 Eigelb

Außerdem:
Butter und Schrot für die Form

Backzeit: 60 Minuten
Schaltung: E: 180°C, G: 2

1. Die Mandeln, das Mehl, den Kakao und die Gewürze miteinander vermengen und eine Mulde in die Mitte drücken.

2. Das Ei und das Kirschwasser in die Vertiefung füllen. Die Butter in Flöckchen auf dem Rand verteilen.

3. Alles rasch zu einem Teig verkneten und diesen zugedeckt 1 Stunde im Kühlschrank ruhen lassen.

4. Eine Springform mit Butter gut einfetten und mit etwas Schrot bemehlen.

5. ⅔ des Teigs in die Springform füllen, dabei den Rand etwas hochdrücken und den Boden glattstreichen.

6. Den Teigboden mit der Konfitüre oder dem Mus bestreichen.

7. Den restlichen Teig ausrollen und in Streifen schneiden. Diese Streifen gitterförmig auf den Kuchen legen.

8. Das Gitter und den Rand mit verquirltem Eigelb bestreichen.

9. Den Kuchen auf der 2. Schiebeleiste von unten 60 Minuten im vorgeheizten Backofen (E: 180°C, G: 2) backen.

Anmerkung:
Beim Backen verflüchtigt sich der Alkohol, das Kirschwasser ist jedoch wegen seines Geschmacks hier unentbehrlich.

Mürbeteig für Obstböden

Teig:
125 g Weizenvollkornmehl
65 g Margarine
1 Eigelb
30 g Honig
1 TL Wasser

Außerdem:
Fett für die Form

Backzeit: 20 Minuten
Schaltung: E: 200°C, G: 3

1. Alle Zutaten zu einem glatten festen Teig verkneten und diesen 30 Minuten im Kühlschrank ruhen lassen.

2. Eine Tortenbodenform einfetten. Den Teig in die Form drücken und glattstreichen.

3. Auf der mittleren Schiebeleiste im vorgeheizten Backofen (E: 200°C, G: 3) 20 Minuten backen.

Obstkuchen mit Krümelboden

Teig:
18 Graham- oder
Vollkorncrackers
3 EL Honig
½ TL Zimt
75 g Margarine
Belag:
½ l Milch
1 EL Honig
1 P. Vanillepuddingpulver
Einmachobst nach Wahl
1 P. Tortenguß (klar)
Außerdem:
Fett für die Form

Backzeit: 15 Minuten
Schaltung: E: 175° C, G: 2

1. Die Crackers zwischen 2 Geschirrhandtüchern mit einem Teigroller zerbröseln.

2. Die Brösel mit dem Honig, dem Zimt und der Margarine zusammen verkneten.

3. Eine Springform einfetten und den Teig hineindrücken.

4. 15 Minuten auf der mittleren Schiebeleiste im vorgeheizten Backofen (E: 175° C, G: 2) backen.

5. Aus der Milch, dem Honig und dem Puddingpulver einen Pudding zubereiten. Erkalten lassen.

6. Das Obst in einem Sieb abtropfen lassen.

7. Den Pudding auf den Teigboden streichen und das Obst darauf verteilen.

8. Einen Tortenguß zubereiten und über das Obst gießen.

Nußtorte

Teig:
5 Eier
4 EL Honig
50 g Butter
70 g Weizenvollkornmehl
1 TL Zimt
70 g gemahlene Haselnüsse
Außerdem:
Fett für die Form

Backzeit: 40 Minuten
Schaltung: E: 175° C, G: 2

1. Die Eier trennen. Das Eiweiß sehr steif schlagen, am Schluß 2 Eßlöffel Honig mitschlagen.

2. Die Eigelbe mit dem restlichen Honig und der weichen Butter schaumig schlagen.

3. Die Eigelbmasse vorsichtig mit einem Löffel unter das Eiweiß heben.

4. Das Mehl mit dem Zimt vermischen und ebenfalls vorsichtig unterheben. Zuletzt die Nüsse unterheben.

5. Eine Springform gut einfetten und die Masse einfüllen.

6. Auf der 2. Schiebeleiste von unten im vorgeheizten Backofen (E: 175° C, G: 2) 40 Minuten backen.

Johannisbeer-Baiser-Torte

Teig:
200 g Weizenvollkornmehl
1 Prise Salz
3 EL Honig
2–3 EL Wasser
100 g Butter
Belag:
500 g Johannisbeeren
2 Stück Vollkornzwieback
3 Eiweiß
1 Prise Salz
4 EL Honig
Außerdem:
Fett und Schrot für die Form

Backzeit: insgesamt 30 Minuten
Schaltung: E: 190° C/220° C,
G: 3/4

1. Das Mehl mit dem Salz, dem Honig und dem kalten Wasser vermengen. Die Butter in Flöckchen dazugeben und alles rasch verkneten. 30 Minuten im Kühlschrank ruhen lassen.

2. Eine Springform einfetten und mit Schrot bemehlen.

3. Den Teig auf dem Boden und am Rand der Form verteilen. Mit einer Gabel mehrmals einstechen.

4. Auf der 2. Schiebeleiste von unten 15 Minuten im vorgeheizten Backofen (E: 190° C, G: 3) backen.

5. Danach den Boden aus dem Backofen nehmen. Den Backofen auf 220° C, G: 4, hochschalten.

6. Die Johannisbeeren waschen, verlesen und abtropfen lassen.

7. Den Zwieback zwischen 2 Geschirrtüchern mit einem Teigroller zerbröseln. Die Brösel auf den vorgebackenen Boden streuen.

8. Das Eiweiß sehr steif schlagen.

9. Den Honig im Wasserbad verflüssigen und vorsichtig unter das Eiweiß heben.

10. Die Johannisbeeren unter die Eiweißmasse heben und die Johannisbeermasse auf den Kuchenboden streichen.

11. Auf der mittleren Schiebeleiste 15 Minuten fertigbacken.

Zwetschenkuchen mit Streuseln

Vorteig:
200 ml Milch
40 g Hefe
3 EL Weizenvollkornmehl
Hauptteig:
500 g Weizenvollkornmehl
1 EL Honig
1 Ei
1 EL Öl
geriebene Schale von
½ ungespritzten Zitrone
Belag:
1½ kg Zwetschen
Streusel:
3–4 EL Weizenvollkornmehl
100 g gemahlene Mandeln
50 g gemahlene Haselnüsse
2 EL Honig
2 EL Butter
Außerdem:
Fett für das Backblech

Backzeit: 20–30 Minuten
Schaltung: E: 220° C, G: 4

1. Für den Vorteig die Milch leicht erwärmen und die Hefe in der lauwarmen Milch auflösen.

2. Die Hefemilch mit einem Schneebesen schlagen und dabei das Mehl dazugeben. Diesen Vor-

teig etwa 30 Minuten gehen lassen.

3. Das Mehl mit dem Vorteig vermischen. Mit dem Honig, dem Ei, dem Öl und der Zitronenschale gut verkneten. Zugedeckt an einem warmen Ort 30 Minuten gehen lassen.

4. Die Zwetschen waschen, entsteinen und etwas einschneiden.

5. Für die Streusel alle Zutaten zusammen verkneten.

6. Den Teig auf dem Backblech ausrollen und mit den Zwetschen belegen.

7. Den Streuselteig mit den Händen auf die Zwetschen bröseln.

8. Auf der mittleren Schiebeleiste bei 220°C (G: 4) im unvorgeheizten Backofen 20–30 Minuten backen.

Zwetschenwähe

Teig:
200 g Weizenvollkornmehl
50 g gemahlene Mandeln
1 Prise Salz
½ TL Vanillepulver
2 EL Honig
2 EL saure Sahne
1 Ei
100 g Butter
Belag:
1 kg Zwetschen
2 Eier
⅛ l Sahne
½ TL Zimt
2 EL Honig
Außerdem:
Fett und Schrot für die Form

Backzeit: insgesamt 35 Minuten
Schaltung: E: 200°C, G: 3

1. Das Mehl, die Mandeln, das Salz und die Vanille vermischen. Den Honig, die Sahne, das Ei und die Butter (in Flöckchen) hinzufügen und alles rasch zu einem Teig verkneten. 30 Minuten im Kühlschrank ruhen lassen.

2. Eine Springform einfetten und mit Schrot bemehlen.

3. Den Teig auf dem Boden und am Rand der Form verteilen und

mit einer Gabel mehrmals einstechen.

4. Auf der mittleren Schiebeleiste 10 Minuten im vorgeheizten Backofen (E: 200°C, G: 3) vorbacken.

5. Die Zwetschen waschen, entsteinen und etwas einschneiden.

6. Den vorgebackenen Teigboden mit den Zwetschen (Innenseite nach oben) belegen.

7. Den Kuchen auf der oberen Schiebeleiste weitere 10 Minuten backen.

8. Die Eier, die Sahne, den Zimt und den Honig miteinander verquirlen und über die Zwetschen gießen.

9. Den Kuchen nochmals 15 Minuten auf der oberen Schiebeleiste backen.

Kirschkuchen

Teig:
150 g Butter
6 EL Honig
4 Eier
50 g Kakaopulver
1 TL Zimt
1 Prise gemahlene Nelken
50 g Weizenschrot
150 g gemahlene Mandeln
Belag:
500 g (nicht entsteinte)
Sauerkirschen
Außerdem:
Fett und Schrot für die Form

Backzeit: 50–60 Minuten
Schaltung: E: 190°C, G: 3

1. Die weiche Butter mit dem Honig und den Eiern schaumig rühren.

2. Das Kakaopulver, die Gewürze, das Schrot und die Mandeln dazugeben und alles gut verrühren.

3. Eine Springform einfetten und mit Schrot bemehlen.

4. Den Teig in die Form einfüllen und die Kirschen auf dem Teig verteilen.

5. Auf der mittleren Schiebeleiste im vorgeheizten Backofen (E: 190°C, G: 3) 50–60 Minuten backen.

Mein Tip

Servieren Sie den Kuchen mit einer Soße aus 200 g süßer Sahne, 2 Eßlöffeln Ahornsirup und 1 Prise Vanillepulver. Die Sahne steif schlagen und den Ahornsirup sowie die Vanille am Schluß unterrühren.

Apfel-Quark-Kuchen

Teig:
125 g Margarine
5 EL Honig
4 Eier
½ TL Zimt
1 Msp. Vanillepulver
geriebene Schale und
Saft von 1 ungespritzten Zitrone
4 gehäufte EL Vollweizengrieß
2 gestrichene TL Backpulver
1 kg Magerquark
600 g Äpfel
Außerdem:
Fett für die Form
Alufolie

Backzeit: 90 Minuten
Schaltung: E: 180°C, G: 2

1. Die Margarine und den Honig zusammen erwärmen und wieder abkühlen lassen.

2. Die Margarinemischung mit den Eiern, dem Zimt, der Vanille, der Zitronenschale und dem Zitronensaft schaumig rühren.

3. Den Grieß mit dem Backpulver vermischen und mit dem Quark unter den Teig mischen.

4. Die Äpfel schälen, vom Kerngehäuse befreien, fein raspeln und unter den Teig mischen.

5. Eine Springform einfetten und den Teig einfüllen.

6. Den Kuchen auf der 2. Schiebeleiste von unten im vorgeheizten Backofen (E: 180°C, G: 2) 90 Minuten backen. Nach 60 Minuten sollte der Kuchen mit Alufolie abgedeckt werden, damit die Oberfläche nicht zu dunkel wird.

Schwäbischer Apfelkuchen

Teig:
100 g Butter
3 EL Honig
2 Eier
200 g Weizenvollkornmehl
geriebene Schale und
Saft von ½ ungespritzten
Zitrone
1 Msp. Vanillepulver
Belag:
2 EL Rosinen
5 große Äpfel
Saft von ½ Zitrone
Guß:
2 Eier
3 EL Honig
¼ l Sahne
Außerdem:
Fett und Schrot für die Form

Backzeit: 50 Minuten
Schaltung: E: 200° C, G: 3

1. Die weiche Butter mit dem Honig und den Eiern schaumig rühren.

2. Das Mehl, die Zitronenschale, den Zitronensaft und die Vanille dazugeben und alles gut verrühren. 30 Minuten ruhen lassen.

3. 0,2 l Wasser erhitzen und die Rosinen darin quellen lassen.

4. Die Äpfel schälen, vom Kerngehäuse befreien und in mittelgroße Stücke schneiden. Mit dem Zitronensaft beträufeln.

5. Eine Springform einfetten und mit Schrot bemehlen.

6. Den Teig in die Form füllen und einen Rand bilden.

7. Die Rosinen abtropfen lassen und auf dem Teig verteilen. Die Äpfel ebenfalls auf dem Teig verteilen.

8. Die Eier mit dem Honig und der Sahne verquirlen und über die Äpfel gießen.

9. Den Kuchen auf der mittleren Schiebeleiste im vorgeheizten Backofen (E: 200° C, G: 3) 50 Minuten backen.

Mein Tip

Der Kuchen schmeckt warm am besten.

Dattelkuchen mit Joghurt

Teig:
200 g Naturjoghurt
3 EL Honig
1 Ei
2 EL Sonnenblumenöl
300 g Weizenvollkornmehl
500 g Datteln (entsteint)
Außerdem:
Fett für die Form

Backzeit: 40 Minuten
Schaltung: E: 175° C, G: 2

1. Den Joghurt, den Honig, das Ei, das Öl und das Mehl gut miteinander verrühren.

2. Die Datteln vierteln und unter den Teig rühren.

3. 2 Kastenformen einfetten und den Teig gleichmäßig verteilt einfüllen.

4. Die Kuchen im nicht vorgeheizten Ofen auf der 2. Schiebeleiste von unten 40 Minuten backen (E: 175° C, G: 2).

Apfelstrudel

Teig:

300 g Weizenvollkornmehl

6 EL Öl

2 Eier

1½ EL Honig

1 Prise Salz

Füllung:

1 kg Äpfel

25 g Weizenkeime

1 TL Zimt

1 Msp. gemahlene Nelken

2 EL Honig

1 EL Rum

100 g Rosinen

200 g gehobelte Mandeln

Außerdem:

Mehl zum Ausrollen

Fett für das Backblech

Backzeit: 25–35 Minuten
Schaltung: E: 200°C, G: 3

1. Alle Zutaten des Teigs zusammengeben und zu einem glatten, glänzenden Teig verkneten. Eventuell etwas Öl dazugeben. 15 Minuten ruhen lassen.

2. Die Äpfel schälen, vom Kerngehäuse befreien und fein raspeln.

3. Die Äpfel, die Weizenkeime, die Gewürze, den Honig, den Rum und die Rosinen vermengen. (Wenn diese Masse zu trocken ist, kann sie mit süßer Sahne verfeinert werden.)

4. Den Teig auf einem bemehlten Tuch hauchdünn ausrollen.

5. Die Apfelfüllung gleichmäßig auf dem Teig verteilen und diesen zusammenrollen. Auf das gefettete Backblech legen.

6. Den Strudel auf der mittleren Schiebeleiste 25–35 Minuten im vorgeheizten Backofen (E: 200°C, G: 3) backen.

Körniger Dattelkuchen

Füllung:

350 g Datteln

1/8 l Wasser

Teig:

250 g Margarine

6 EL Honig

½ TL Vanillepulver

150 g Weizenvollkornmehl

¼ TL Salz

350 g Haferkörner

Außerdem:

Fett für die Form

Backzeit: 70–80 Minuten
Schaltung: E: 170°C, G: 2

1. Die Datteln vierteln und in dem Wasser unter Rühren weich kochen.

2. Abkühlen lassen.

3. Eine Springform einfetten.

4. Die Margarine schaumig rühren. Nach und nach den Honig und das Vanillepulver dazugeben.

5. Das Mehl mit dem Salz mischen und zusammen mit den Haferkörnern unter die Margarinemischung kneten.

6. Die Hälfte des Teiges auf dem Boden der Form verteilen und einen Rand bilden.

7. Die Datteln auf den Boden füllen und den restlichen Teig darüberstreuen.

8. Im vorgeheizten Backofen (E: 170°C, G: 2) auf der 2. Schiebeleiste von unten 70–80 Minuten backen.

Käsekuchen

Teig:

250 g Weizenvollkornmehl

3 EL Sonnenblumenöl

150 ml Wasser

1–2 EL Honig

Belag:

1 kg Magerquark

2 Eier

3 EL Weizenschrot (oder Flocken)

etwas Milch oder Sahne

3–4 EL Honig

100 g Rosinen

½ TL Vanillepulver

geriebene Schale von ½ ungespritzten Zitrone

Zum Bestreuen:

Schrot und Butter

Außerdem:

Fett und Schrot für die Form

Backzeit: 60 Minuten
Schaltung: E: 250° C, G: 5

1. Aus den Teigzutaten einen Teig kneten und diesen 1 Stunde im Kühlschrank ruhen lassen.

2. Den Quark, die Eier, das Schrot und die Milch (bzw. die Sahne) gut miteinander verrühren. Den Honig, die Rosinen, die Vanille und die Zitronenschale dazugeben.

3. Eine Springform einfetten und mit Schrot bemehlen.

4. Den Teig auf dem Boden und am Rand der Form verteilen.

5. Die Quarkmasse einfüllen und glattstreichen.

6. Mit etwas Schrot und kleinen Butterflöckchen bestreuen.

7. Den Kuchen auf der 2. Schiebeleiste von unten im vorgeheizten Backofen (E: 250° C, G: 5) 60 Minuten backen.

8. Den Käsekuchen nach dem Erkalten aus der Form nehmen.

Bananenkuchen

Teig:

⅛ l Wasser

100 g Rosinen

100 g Butter

3 EL Honig

2 Eier

100 g Joghurt

3 sehr reife Bananen

200 g Weizenvollkornmehl

1 TL Backpulver

1 TL gemahlener Zimt

½ TL Salz

Außerdem:

Fett für die Form

Backzeit: 60 Minuten
Schaltung: E: 175° C, G: 2

1. Das Wasser erhitzen und die Rosinen darin quellen lassen.

2. Eine Kastenform einfetten.

3. Die Butter mit dem Honig, den Eiern und dem Joghurt schaumig rühren.

4. Die geschälten Bananen mit einer Gabel zerdrücken und ebenfalls unterrühren.

5. Das Mehl mit dem Backpulver vermischen und mit dem Zimt und dem Salz unter den Teig rühren.

6. Zum Schluß die Rosinen untermengen.

7. Den Teig in die Form füllen.

8. Im vorgeheizten Backofen (E: 175° C, G: 2) auf der 2. Schiebeleiste von unten 60 Minuten bakken.

Amerikanischer Käsekuchen

Teig:
10 Stück Vollkornzwieback
75 g Butter
2 EL Ahornsirup
Belag:
4 Eier
400 g Doppelrahm-Frischkäse
2 EL Zitronensaft
geriebene Schale von
½ Zitrone
3 EL Ahornsirup
Außerdem:
Fett für die Form

Backzeit: 85 Minuten
Schaltung: E: 150° C, G: 1

1. Eine Springform gut einfetten.

2. Den Zwieback zwischen 2 Geschirrtüchern mit dem Teigroller zerbröseln.

3. Die Zwiebackbrösel mit der Butter und dem Sirup vermengen.

4. Den Bröselteig auf dem Boden der Form verteilen.

5. Für den Belag zunächst die Eier trennen und das Eiweiß steif schlagen.

6. Den Frischkäse mit dem Zitronensaft, der Zitronenschale, dem Sirup und den Eigelben verrühren.

7. Das Eiweiß vorsichtig unter die Käsemasse heben.

8. Die Käsemasse auf dem Zwiebackboden verteilen.

9. Auf der mittleren Schiebeleiste im vorgeheizten Backofen (E: 150°C, G: 1) 85 Minuten backen.

10. Den Kuchen mindestens 2 Stunden in der Form auskühlen lassen.

Karottenkuchen

Teig:
2 Eier
100 ml Öl
150 g Honig
100 g Joghurt
200 g Weizenvollkornmehl
1 TL Backpulver
¼ TL Salz
1½ TL Zimt
400 g Karotten

Außerdem:
Fett für die Form

Backzeit: 45 Minuten
Schaltung: E: 175°C, G: 2

1. Die Eier schaumig schlagen.

2. Das Öl, den Honig und den Joghurt hinzufügen und alles gut mit einem Schneebesen schlagen.

3. Das Mehl mit dem Backpulver vermischen und mit dem Salz und dem Zimt zum Teig hinzufügen. Alles gut vermengen.

4. Die Karotten säubern, fein raspeln und unter den Teig rühren.

5. Den Teig in eine gefettete Springform füllen.

6. Im vorgeheizten Ofen (E: 175°C, G: 2) auf der mittleren Schiebeleiste 45 Minuten bakken.

Kleiner Gewürzkuchen

Teig:
250 g Butter
200 g Honig
4 Eier
375 g Weizenvollkornmehl
2 TL Backpulver
100 g Walnüsse
75 g gewürfeltes Zitronat
2 EL Rum
100 g Rosinen
1 TL gemahlener Zimt
½ TL gemahlenes Piment
1 EL Kakaopulver
1 Prise Salz
1 Prise Muskat
Zum Bestreichen:
2 EL Honig
1 EL Rum
Außerdem:
Fett für das Blech

Backzeit: 20–30 Minuten
Schaltung: E: 180° C, G: 2

1. Die Butter erwärmen und zusammen mit dem Honig und den Eiern verquirlen.

2. Das Mehl mit dem Backpulver vermischen und unter die Buttermasse rühren. 15 Minuten ruhen lassen.

3. Die Walnüsse grob hacken und mit allen anderen Gewürzzutaten unter den Teig rühren.

4. Den Teig auf ein gefettetes Backblech streichen.

5. Den Kuchen auf der mittleren Schiebeleiste im vorgeheizten Backofen (E: 180° C, G: 2) 20–30 Minuten backen.

6. Den Honig und den Rum miteinander verrühren und den heißen Kuchen damit bestreichen.

7. Den Kuchen nach dem Abkühlen in Stückchen schneiden.

Gedeckter Kirschkuchen

Teig:
200 g Butter
150 g Honig, 4 Eier
abgeriebene Schale von
1 ungespritzten Zitrone
250 g Weizenvollkornmehl
1 TL Backpulver
Belag:
750 g Sauerkirschen
Außerdem:
Fett und Semmelbrösel für
die Form

Backzeit: etwa 40 Minuten
Schaltung: E: 175° C, G: 2

1. Die Butter mit dem Honig und den Eiern schaumig rühren.

2. Die abgeriebene Zitronenschale und das mit Backpulver vermischte Mehl dazugeben und zu einem glatten Teig verrühren.

3. Die Kirschen waschen und entsteinen.

4. Eine Springform einfetten und mit Semmelbröseln ausstreuen.

5. ⅔ des Teiges in die Form füllen und die Kirschen darauf verteilen.

6. Den restlichen Teig darüberstreichen.

7. Den Kuchen im vorgeheizten Backofen (E: 175° C, G: 2) etwa 40 Minuten backen.

Englischer Kuchen

Teig:
200 g Rosinen
2–3 EL Rum
200 g Margarine
6 EL Honig
5 Eigelb
½ TL Vanillepulver
geriebene Schale von
½ ungespritzten Zitrone
3 EL Sahne
125 g Weizenschrot
125 g Weizenvollkornmehl
1 P. Backpulver
100 g geriebene Mandeln
5 Eiweiß
Außerdem:
Fett für die Form

Backzeit: 55–60 Minuten
Schaltung: E: 250° C/200° C,
G: 5/3

1. Die Rosinen in dem Rum quellen lassen.

2. Die Margarine, den Honig, die Eigelbe, die Vanille, die Zitronenschale und die Sahne zusammen schaumig rühren.

3. Das Schrot und das Mehl mit dem Backpulver vermischen und nach und nach unter den Teig rühren. Sollte der Teig zu fest sein, noch etwas Sahne unterrühren.

4. Die Rumrosinen und die Mandeln zum Teig geben.

5. Eine Kranz- oder Gugelhupfform einfetten.

6. Das Eiweiß steif schlagen, unter den Teig heben und den Teig in die Form füllen.

7. Den Kuchen auf der 2. Schiebeleiste von unten zunächst 15 Minuten bei 250° C (G: 5) backen. Dann den Backofen auf 200° C (G: 3) herabschalten und den Kuchen weitere 40–45 Minuten backen.

Früchtekuchen

Teig:
100 g Honig
150 g Butter
3 Eier
100 g Hirseflocken
50 g Weizenvollkornmehl
1 gehäufter TL Backpulver
1 Prise Salz
100 g gemahlene Haselnüsse
1 Tasse Rum
50 g Trockenpflaumen
(entsteint)
50 g Trockenaprikosen
100 g gewürfeltes Zitronat
100 g gewürfeltes Orangeat
Außerdem:
Fett und Schrot für die Form

Backzeit: 80 Minuten
Schaltung: E: 175° C, G: 2

1. Den Honig und die Butter zusammen erwärmen und schaumig rühren. Abkühlen lassen.

2. Die Eier unter die Honig-Butter-Masse rühren.

3. Die Hirseflocken, das Mehl, das Backpulver und das Salz miteinander vermengen und mit den Nüssen und dem Rum unter die Schaummasse rühren. 15 Minuten ruhen lassen.

4. Eine kleine Kastenform einfetten und mit Schrot bemehlen.

5. Die Trockenfrüchte kleinschneiden und mit dem Zitronat und dem Orangeat unter den Teig mengen.

6. Den Teig in die Form füllen und glattstreichen.

7. Auf der mittleren Schiebeleiste im vorgeheizten Backofen (E: 175° C, G: 2) 80 Minuten backen.

8. Den ausgekühlten Kuchen in Pergamentpapier oder Alufolie einschlagen und 3 Tage ruhen lassen.

Früchtebrot

Teig:
400 g Trockenpflaumen (entsteint)
200 g Feigen
100 g Datteln (entsteint)
100 g Walnüsse
100 g Haselnüsse
100 g Rosinen
100 g Korinthen
1 TL gemahlener Zimt
je 1 Msp. Nelkenpfeffer, Anis, Salz und Kardamom
2 EL Rum
Saft von 1 Zitrone
300 g Roggenschrot
½ P. Backpulver
Außerdem:
Fett für das Backblech

Backzeit: 70–80 Minuten
Schaltung: E: 180° C, G: 2

1. Die Pflaumen und die Feigen in 1 l Wasser zugedeckt über Nacht einweichen.

2. Das Obst aus dem Einweichwasser nehmen und kleinschneiden. Die Datteln ebenfalls kleinschneiden und dazugeben.

3. Die Nüsse kleinhacken (nicht mahlen) und mit den Rosinen, den Korinthen, den Gewürzen, dem Rum und dem Zitronensaft zu dem Obst dazugeben. Alle Zutaten gut vermengen.

4. Die Fruchtmasse 30 Minuten zugedeckt ziehen lassen.

5. Das Roggenschrot mit dem Backpulver vermischen und unter die Fruchtmasse kneten.

6. 2 Brotlaibe formen und auf ein gefettetes Backblech legen.

7. Die Hände mit kaltem Wasser befeuchten und die Laibe damit glattstreichen.

8. Die Brote auf der untersten Schiebeleiste im vorgeheizten Backofen (E: 180° C, G: 2) 70–80 Minuten backen.

Mein Tip

Früchtebrot hält sich lange, wenn es in einer Blechdose oder in Alufolie aufbewahrt wird.
Besonders dekorativ sehen die Brote aus, wenn sie vor dem Backen mit geschälten Mandeln verziert werden.

Christstollen

Teig:
350 ml Milch
100 g Hefe
1 kg Weizenvollkornmehl
1 Prise Salz
geriebene Schale von
½ ungespritzten Zitrone
175 g Honig
1 TL Zimt
½ TL Vanillepulver
200 g Butter
2 EL Rum
375 g Rosinen
250 g Mandeln
150 g gewürfeltes Zitronat
150 g gewürfeltes Orangeat
Zum Bestreichen:
2 EL Honig
2 EL Rum
50 g Mandelblättchen
Außerdem:
Fett für das Backblech

Backzeit: 65 Minuten
Schaltung: E: 190° C, G: 3

1. Die Milch leicht erwärmen und die Hefe darin auflösen.

2. Die Hefemilch mit dem Mehl vermischen, das Salz, die Zitronenschale, den Honig, den Zimt, die Vanille und die weiche Butter hinzufügen und den Teig kräftig kneten.

3. Zugedeckt an einem warmen Ort 60 Minuten gehen lassen.

4. Den Rum erhitzen und die Rosinen darin quellen lassen. Die Mandeln grob hacken.

5. Die Rumrosinen, die Mandeln, das Zitronat und das Orangeat unter den Teig kneten und 20 Minuten gehen lassen.

6. Aus dem Teig einen Stollen formen und auf ein gefettetes Backblech legen.

7. Den Stollen auf der mittleren Schiebeleiste im vorgeheizten Backofen (E: 190° C, G: 3) 65 Minuten backen.

8. Den Honig mit dem Rum verrühren und den noch heißen Stollen damit bestreichen. Die Mandelblättchen über die Glasur streuen.

Mein Tip

Der Stollen hält sich in Alufolie eingeschlagen 3–4 Wochen frisch.

Quarkstollen

Vorteig:
300 ml Milch
80 g Hefe
3 EL Weizenvollkornmehl
Hauptteig:
1 kg Weizenvollkornmehl
250 g Magerquark
50 g Honig
10 g Salz
2 Msp. gemahlener Kardamon
2 Msp. gemahlene Muskatnuß
geriebene Schale von ½ Zitrone
250 g Butter
etwa 200 ml Wasser
250 g Korinthen
200 g gehackte Haselnüsse
100 g gewürfeltes Zitronat
100 g gewürfeltes Orangeat
Außerdem:
Fett für das Backblech

Backzeit: etwa 75 Minuten
Schaltung: E: 190° C, G: 3

1. Für den Vorteig die Milch leicht erwärmen.

2. Die Hefe in der lauwarmen Milch auflösen.

3. Die Hefemilch mit einem Schneebesen schlagen und dabei das Mehl dazugeben.

4. Diesen Vorteig etwa 30 Minuten gehen lassen.

5. Das Mehl, den Quark, den Honig, das Salz, die Gewürze und die Zitronenschale mit dem Vorteig vermengen.

6. Die weiche Butter unterkneten.

7. Das warme Wasser nach und nach unterkneten, bis ein mittelfester Teig entsteht.

8. Zum Schluß die Korinthen, die Nüsse, das Zitronat und das Orangeat unterkneten.

9. Den Teig zugedeckt an einem warmen Ort 60 Minuten gehen lassen.

10. Ein Backblech einfetten.

11. Den Teig nochmals durchkneten, zu einem Stollen formen und auf das Backblech setzen.

12. Nochmals 15 Minuten zugedeckt gehen lassen.

13. Den Backofen vorheizen (E: 190° C, G: 3) und den Stollen auf der mittleren Schiebeleiste etwa 75 Minuten backen.

Osterbrot

Teig:
350 ml Milch
60 g Hefe
700 g Weizenvollkornmehl
1 Prise Salz
4 EL Honig
40 g Butter
1 Msp. Vanillepulver
½ TL Kardamom
geriebene Schale von
½ ungespritzten Zitrone
2 EL Rum
150 g Rosinen
150 g Mandeln
150 g feingeschnittenes Zitronat
Zum Bestreichen:
1 Eigelb
1 EL Milch
3 EL Mandelblättchen
Außerdem:
Fett für das Backblech

Backzeit: 35–40 Minuten
Schaltung: E: 200° C, G: 3

1. Die Milch erwärmen und die Hefe darin auflösen.

2. Die Hefemilch mit dem Mehl vermischen, das Salz, den Honig, die Butter, die Gewürze und die Zitronenschale hinzufügen und den Teig kräftig kneten.

3. Mindestens 60 Minuten an einem warmen Ort zugedeckt gehen lassen.

4. Den Rum erwärmen und die Rosinen darin quellen lassen. Die Mandeln grob hacken.

5. Die Rumrosinen, die Mandeln und das Zitronat unter den Teig kneten. 30 Minuten gehen lassen.

6. Aus dem Teig 2 Brotlaibe formen und auf das gefettete Backblech legen.

7. Nochmals 15 Minuten gehen lassen.

8. Das Eigelb mit der Milch verquirlen, die Brote damit bestreichen und die Mandelblättchen darüberstreuen.

9. Die Osterbrote auf der mittleren Schiebeleiste im vorgeheizten Backofen (E: 200° C, G: 3) 35–40 Minuten backen.

Brot

Grundkenntnisse zum Brotbacken

Wer an der Vollkornbäckerei Spaß hat, sollte sich unbedingt an das Backen von Brot heranwagen. Selbstgebackene Brote aus Vollkornmehl sind wesentlich schmackhafter als gekaufte, so daß viele sicher nicht mehr so schnell vom eigenen Brotbacken ablassen werden.

Brotbacken ist leichter, als man gemeinhin annimmt. Denn Brot besteht im allgemeinen nur aus Mehl, Wasser und einem Triebmittel.

Der Geschmack richtet sich nach der Mehl- und Kornsorte, nach den Gewürzen und nach dem Triebmittel.

Die Rezepte in diesem Buch verwenden nur Hefe und Sauerteig als Triebmittel. Während man Hefe überall kaufen kann, muß man sich den Grundansatz des Sauerteigs vom Bäcker oder von Freunden besorgen. Sauerteig kann allerdings auch selbst hergestellt werden. Dies ist zwar etwas mühselig und gelingt nicht immer, aber die eigene Herstellung des Sauerteigs gehört zur richtigen Brotbäckerei auf jeden Fall dazu.

Sauerteig entsteht durch die natürliche Gärung von Mehl und Wasser. Man benötigt daher zur Herstellung des Sauerteig-Grundansatzes:

100 g Roggenvollkornmehl
100 g Roggenschrot
¼ l lauwarmes Wasser

Aus diesen Zutaten bereitet man einen Teig, den man 3 Tage zugedeckt an einem warmen Ort (z. B. in Heizungsnähe oder am Lüftungsschacht des Kühlschranks) stehen läßt. Dann sollte eine Säuerung eingetreten sein, was man an einer starken Bläschenbildung erkennt.

Da diese Gärung nur bei gleichbleibender Wärme stattfindet, kommt es vor, daß die Sauerteigherstellung mißlingt. Dann sollte man versuchen, den Grundansatz auf folgende Weise herzustellen:

Aus

125 g Roggenvollkornmehl
1 EL Honig und
etwas lauwarmer Buttermilch

wird ein dickflüssiger Teig zubereitet.

Dieser Teig sollte in einer angewärmten Schüssel stets an einem warmen Ort stehen. Nach 1 Tag sowie nach 3 Tagen muß der Teig durchgeknetet werden. Dabei kann man noch etwas lauwarme Buttermilch hinzufügen. Danach sollten sich im Teig Bläschen bilden.

Von diesem Sauerteig-Grundansatz benötigt man – wie in den nachfolgenden Rezepten ersichtlich – einige Eßlöffel zur Zubereitung des Vorteigs am Vorabend des Backtages.

Am Backtag selbst werden vor der Weiterverarbeitung vom Vorteig 3 Eßlöffel voll abgenommen. Dies ist der Grundansatz für den nächsten Brotbacktag. In einem Schraubglas – im Kühlschrank aufbewahrt – hält er sich bis zu 4 Wochen. Backt man regelmäßig

Brot, so ist die Herstellung des Sauerteig-Grundansatzes nur vor dem ersten Backen notwendig.

Sauerteigbrote haben vor allem in Verbindung mit Roggenmehl einen säuerlichen Geschmack. Sie gehen auch nicht so stark auf wie reine Hefebrote. Deswegen verwendet man oft auch beide Triebmittel zur Herstellung von Brot. Man erhält dadurch ein lokkeres und gleichzeitig säuerliches Brot.

Sauerteigbrote halten sich länger frisch als Hefebrote.

Das Brot sollte in einem Tuch eingeschlagen oder im Brotkasten aufbewahrt werden. Auf keinen Fall sollte man es in einer Plastiktüte aufbewahren. Dort bildet sich häufig zuviel Feuchtigkeit. Außerdem besteht die Gefahr, daß das Plastik den Geschmack des Brotes beeinträchtigt.

Im Backofen sollte neben dem zu backenden Brot eine Schüssel mit heißem Wasser stehen. Dadurch wird die Luftfeuchtigkeit im Ofen erhöht, und das Brot wird nicht so hart.

Man kann auch während des Backens hin und wieder 1 Eßlöffel kaltes Wasser auf den Boden des Ofens geben. Das sofort verdampfende Wasser erhöht ebenfalls die Luftfeuchtigkeit.

Beim Brotbacken ist vor allem darauf zu achten, daß der Teig lange genug durchgeknetet wird. Durch das Kneten wird das Triebmittel gleichmäßig verteilt, was für die Konsistenz des Teigs sehr wichtig ist. Kneten Sie den Teig lieber mit den Händen als mit der Küchenmaschine, auch wenn es Ihnen mühseliger erscheint. Man hat dabei mehr Überblick über die Beschaffenheit des Teigs.

Ein Brot mit eigener Kraft selbst backen zu können, verschafft vielleicht auch Ihnen ein wenig das Gefühl der Unabhängigkeit.

Echtes Grahambrot

Vorteig:
¼ l Milch
40 g Hefe
3 EL Weizenvollkornmehl
Hauptteig:
400 g Weizenvollkornmehl
400 g Weizenschrot
¼ l Milch
1 TL Salz
⅛ l Öl
Außerdem:
Fett und Mehl
für das Backblech

Backzeit: 50 Minuten
Schaltung: E: 200° C, G: 3

1. Für den Vorteig die Milch leicht erwärmen und die Hefe in der lauwarmen Milch auflösen.

2. Die Hefemilch mit einem Schneebesen schlagen und dabei das Mehl dazugeben.

3. Diesen Vorteig etwa 30 Minuten gehen lassen.

4. Das gesamte Mehl zum Vorteig geben und mit der Milch, dem Salz und dem Öl zu einem Teig verarbeiten. Gut kneten.

5. An einem warmen Ort zugedeckt 15 Minuten gehen lassen.

6. Ein Backblech einfetten und mit Mehl bestäuben.

7. Aus dem Teig einen Laib formen und auf das Backblech legen.

8. Nochmals 20 Minuten gehen lassen.

9. Den Backofen vorheizen (E: 200° C, G: 3) und das Brot auf der mittleren Schiebeleiste 50 Minuten backen.

Roggenbrot mit ganzen Körnern

350 ml Wasser
150 g Roggenkörner
Vorteig:
3 EL Sauerteig-Grundansatz
400 ml Wasser
400 g Roggenvollkornmehl
Hauptteig:
400 ml Wasser
40 g Hefe
300 g Roggenvollkornmehl
300 g Weizenvollkornmehl
1 gehäufter EL Salz
1 EL Zuckerrübensirup
Außerdem:
Fett und Mehl
für die Form

Backzeit: 70–80 Minuten
Schaltung: E: 220° C, G: 4

1. Das Wasser erwärmen und die Roggenkörner über Nacht darin quellen lassen.

2. Der Vorteig wird ebenfalls am Abend vor dem Backtag zubereitet. Dafür den Sauerteig-Grundansatz (siehe Kapitel „Grundkenntnisse zum Brotbacken") mit etwas Wasser lösen, das Mehl und das restliche Wasser hinzugeben und alles gut vermengen.

3. Zugedeckt über Nacht ruhen lassen.

4. Am nächsten Tag zuerst 2–3 Eßlöffel des Vorteigs in ein Schraubglas füllen und im Kühlschrank für den nächsten Backtag aufbewahren (= Sauerteig-Grundansatz).

5. Etwas Wasser anwärmen und die Hefe darin lösen.

6. Das Hefewasser, das restliche Wasser, das gesamte Mehl, das Salz und den Sirup zum Vorteig geben. Den Teig kräftig kneten (mindestens 10 Minuten lang).

7. Die Roggenkörner abtropfen lassen und unter den Teig kneten.

8. Den Teig 1 Stunde zugedeckt an einem warmen Ort gehen lassen.

9. Eine große Kastenform einfetten und mit Mehl bestäuben.

10. Den Teig nochmals kneten, dann in die Form füllen und 15 Minuten gehen lassen.

11. Die Oberfläche des Teiges mit Wasser bestreichen.

12. Das Brot auf der mittleren Schiebeleiste im vorgeheizten Backofen (E: 220° C, G: 4) 70–80 Minuten backen.
Eine Schale mit heißem Wasser auf den Boden des Backofens stellen.

Mein Tip

Wenn Sie die Oberfläche des Brotes lieber etwas heller wünschen, decken Sie das Brot nach 20 Minuten Backzeit mit Alufolie ab.

Sonnenblumenmischbrot

Vorteig:
3 EL Sauerteig-Grundansatz
300 ml Wasser
400 g Roggenvollkornmehl
Hauptteig:
175 g Sonnenblumenkerne
300 ml Wasser
1 Würfel Hefe
600 g Weizenvollkornmehl
2 TL Salz
Außerdem:
Fett und Schrot
für die Form

Backzeit: 70–80 Minuten
Schaltung: E: 220°C, G: 4

1. Der Vorteig wird am Abend vor dem Backtag zubereitet. Dafür den Sauerteig-Grundansatz (siehe Kapitel „Grundkenntnisse zum Brotbacken") mit etwas Wasser lösen, das Mehl und das restliche Wasser hinzugeben und alles gut vermengen.

2. Zugedeckt über Nacht ruhen lassen.

3. Am nächsten Tag zuerst 2–3 Eßlöffel des Vorteigs in ein Schraubglas füllen und im Kühlschrank für den nächsten Backtag aufbewahren (= Sauerteig-Grundansatz).

4. 150 g Sonnenblumenkerne in einer trockenen Pfanne bei milder Hitze rösten.

5. Etwas Wasser lauwarm erhitzen und die Hefe darin lösen.

6. Das Hefewasser, das restliche Wasser, das Mehl und das Salz zum Vorteig geben. Den Teig kräftig kneten (mindestens 15 Minuten lang).

7. Die gerösteten Sonnenblumenkerne unter den Teig kneten.

8. Den Teig 1 Stunde zugedeckt an einem warmen Ort gehen lassen.

9. Eine große Kastenform einfetten und mit Schrot bemehlen.

10. Den Teig nochmals kräftig kneten. Danach wird er in die Form gefüllt.

11. Die Teigoberfläche mit Wasser bestreichen und die restlichen Sonnenblumenkerne daraufstreuen und fest eindrücken.

12. Den Teig nochmals 20 Minuten gehen lassen.

13. Den Backofen vorheizen (E: 220°C, G: 4). Das Brot auf der 2. Schiebeleiste von unten 70–80 Minuten backen.
Beim Backen eine Schüssel mit heißem Wasser auf den Ofenboden stellen.

Mein Tip

Ersetzen Sie die Sonnenblumenkerne durch die gleiche Menge Sesamsamen oder (ungerösteten) Leinsamen, Sie erhalten interessante Varianten.

Vollkornbrot

Vorteig:
150 ml Wasser oder Molke
60 g Hefe
3 EL Weizenvollkornmehl
Hauptteig:
1 kg Weizenvollkornmehl
½ l Wasser oder Molke
1 gehäufter EL Salz
1 TL gemahlener Kümmel
1 TL gemahlener Koriander
Außerdem:
Fett und Schrot
für die Form

Backzeit: 70 Minuten
Schaltung: E: 240° C/170° C,
G: 5/2

1. Für den Vorteig das Wasser oder die Molke leicht erwärmen und die Hefe in der warmen Flüssigkeit auflösen.

2. Die Hefeflüssigkeit mit einem Schneebesen schlagen und dabei das Mehl dazugeben.

3. Diesen Vorteig etwa 30 Minuten gehen lassen.

4. Den Vorteig mit dem Mehl, dem Wasser oder der Molke, dem Salz und den Gewürzen zu einem Teig verarbeiten und gut kneten.

5. Den Teig zugedeckt an einem warmen Ort gehen lassen, bis sich sein Volumen etwa verdoppelt hat.

6. Eine große Kastenform einfetten und mit Schrot bemehlen.

7. Den Teig nochmals durchkneten und in die Form füllen. 30 Minuten gehen lassen.

8. Den Backofen vorheizen (E: 240° C, G: 5) und das Brot auf der mittleren Schiebeleiste 20 Minuten bei 240° C (G: 5) backen, dann den Backofen auf 170° C (G: 2) herabschalten und weitere 50 Minuten backen. Dabei eine Schale mit heißem Wasser auf den Boden des Backofens stellen.

Buttermilchbrot

Teig:
700 ml Buttermilch
60 g Hefe
1 kg Weizenvollkornmehl
2 gestrichene TL Salz
Außerdem:
Fett und Mehl
für das Backblech

Backzeit: 80 Minuten
Schaltung: E: 230° C/170° C,
G: 4/2

1. Ein wenig von der Buttermilch leicht erwärmen und die Hefe darin lösen.

2. Die Hefemilch mit dem Mehl, der restlichen Buttermilch und dem Salz zu einem Teig verarbeiten und gut kneten.

3. Den Teig zugedeckt an einem warmen Ort gehen lassen, bis sich sein Volumen verdoppelt hat.

4. Ein Backblech einfetten und mit Mehl bestäuben.

5. Aus dem Teig einen Laib formen und ihn auf das Backblech legen.

6. Die Oberfläche des Laibes mit einem Messer leicht einschneiden.

7. Nochmals 15 Minuten gehen lassen, und dann den Laib mit Wasser bestreichen.

8. Das Brot auf der mittleren Schiebeleiste 20 Minuten im vorgeheizten Backofen bei 230° C (G: 4) backen, dann den Backofen auf 170° C (G: 2) herabschalten und weitere 60 Minuten backen.
Eine Schale mit heißem Wasser auf den Boden des Backofens stellen.

Weizenkeimbrot

Teig:
150 g Weizenkörner
750 ml Wasser
60 g Hefe
1 kg Weizenvollkornmehl
1 EL Salz
8 EL Honig
_3 EL Öl_
**Außerdem:**
Fett und Mehl
für das Backblech

Backzeit: 50–60 Minuten
Schaltung: E: 200° C, G: 3

1. 3 Tage vor dem Backtag die Weizenkörner zum Keimen ansetzen. Hat man keinen Keimapparat, behilft man sich mit einem saugfähigen Papiertuch auf einem Teller. Darauf streut man die Körner. Das Papiertuch muß stets feucht sein. Es muß also immer wieder mit Wasser begossen werden.

2. Nach 3 Tagen löst man die Keimlinge von dem Papier und wäscht sie unter fließendem Wasser gründlich ab.

3. Etwas Wasser leicht erwärmen und die Hefe darin lösen.

4. Die Hälfte des Mehls mit dem Hefewasser, dem restlichen Wasser, dem Salz, dem Honig und dem Öl zu einem Teig verarbeiten.

5. Zugedeckt an einem warmen Ort 30 Minuten gehen lassen.

6. Das restliche Mehl und die Weizenkeime zu dem Teig geben und alles gut verkneten.

7. Den Teig zugedeckt an einem warmen Ort gehen lassen, bis sich sein Volumen etwa verdoppelt hat.

8. Ein Backblech einfetten und mit Mehl bestäuben.

9. Den Teig halbieren und jede Hälfte gut kneten. 2 Laibe formen und auf das Backblech legen. Nochmals 15 Minuten gehen lassen.

10. Die Laibe mit einem Messer (z. B. kreuzweise) einschneiden und mit Wasser bestreichen.

11. Das Brot auf der mittleren Schiebeleiste im vorgeheizten Backofen (E: 200° C, G: 3) 50–60 Minuten backen.

Toastbrot

Vorteig:
275 ml Milch
1 TL Honig
1 Würfel Hefe
3 EL Weizenvollkornmehl
Hauptteig:
450 g Weizenvollkornmehl (fein)
1 gestrichener TL Salz
50 g Butter
1 Ei
Außerdem:
Fett und Schrot
für die Form

Backzeit: 50 Minuten
Schaltung: E: 200° C, G: 3

1. Für den Vorteig die Milch mit dem Honig leicht erwärmen.

2. Die Hefe in der lauwarmen Milch auflösen.

3. Die Hefemilch mit einem Schneebesen schlagen und dabei das Mehl dazugeben.

4. Diesen Vorteig etwa 30 Minuten gehen lassen.

5. Den Vorteig mit dem Mehl, dem Salz, der weichen Butter und dem Ei zu einem Teig gut verkneten.

6. Den Teig zugedeckt an einem warmen Ort gehen lassen, bis sich das Volumen etwa verdoppelt hat.

7. Eine Kastenform einfetten und mit Schrot bemehlen.

8. Den Teig in die Form einfüllen und nochmals 15 Minuten gehen lassen.

9. Den Backofen vorheizen (E: 200° C, G: 3) und das Brot auf der 2. Schiebeleiste von unten 50 Minuten backen.

10. Das frische Brot über Nacht auskühlen lassen und dann in 1 cm breite Scheiben schneiden.

Roggenbrot

Vorteig:
3 EL Sauerteig-Grundansatz
350 ml Wasser
500 g Roggenvollkornmehl
Hauptteig:
150 ml Wasser
20 g Hefe
500 g Roggenvollkornmehl
1 TL Salz
1 EL gemahlener Kümmel
200 ml Sauerkrautsaft
Außerdem:
Fett und Mehl
für das Backblech

Backzeit: 70–80 Minuten
Schaltung: E: 220° C, G: 4

1. Der Vorteig wird am Abend vor dem Backtag zubereitet. Dafür den Sauerteig-Grundansatz (siehe Kapitel „Grundkenntnisse zum Brotbacken") mit etwas Wasser lösen, das Mehl und das restliche Wasser hinzugeben und alles gut vermengen.

2. Zugedeckt über Nacht ruhen lassen.

3. Am nächsten Tag zuerst 2–3 Eßlöffel des Vorteigs in ein Schraubglas füllen und im Kühlschrank für den nächsten Back-

tag aufbewahren (= Sauerteig-Grundansatz).

4. Das Wasser lauwarm erhitzen und die Hefe darin lösen.

5. Das Hefewasser, das Mehl, das Salz, den Kümmel und den Sauerkrautsaft zum Vorteig geben. Den Teig kräftig kneten (mindestens 10 Minuten lang).

6. Den Teig 1 Stunde zugedeckt an einem warmen Ort gehen lassen.

7. Ein Backblech einfetten und mit Mehl bestäuben.

8. Den Teig nochmals kräftig kneten, dann zu einem Laib formen und auf das Backblech legen.

9. Den Laib mit Wasser bestreichen und mit einer grobzinkigen Gabel Löcher in den Teig stechen. 15 Minuten gehen lassen.

10. Den Backofen vorheizen (E: 220° C, G: 4) und das Brot auf der mittleren Schiebeleiste 70–80 Minuten backen.
Eine Schale mit heißem Wasser auf den Boden des Backofens stellen.

Leinsamenbrot

150 g Leinsamen
300 ml Wasser
Vorteig:
3 EL Sauerteig-Grundansatz
350 ml Wasser
300 g Weizenvollkornmehl
Hauptteig:
300 g Weizenvollkornmehl
400 g Roggenvollkornmehl
2½ TL Salz, 350 ml Wasser
Außerdem:
Fett und Mehl
für das Backblech

Backzeit: 70–80 Minuten
Schaltung: E: 220° C, G: 4

1. Den Leinsamen in dem Wasser über Nacht quellen lassen.

2. Der Vorteig wird ebenfalls am Abend vor dem Backtag zubereitet. Dafür den Sauerteig-Grundansatz (siehe Kapitel „Grundkenntnisse zum Brotbacken") mit etwas Wasser lösen, das Mehl und das restliche Wasser hinzugeben und alles gut vermengen.

3. Zugedeckt über Nacht ruhen lassen.

4. Am nächsten Tag zuerst 2–3 Eßlöffel des Vorteigs in ein

Schraubglas füllen und im Kühlschrank für den nächsten Backtag aufbewahren (= Sauerteig-Grundansatz).

5. Das Wasser von den Leinsamen abgießen.

6. Das gesamte Mehl mit dem Salz, den Leinsamen und dem Wasser zum Vorteig geben. Alles gut verkneten (mindestens 10 Minuten lang).

7. Den Teig an einem warmen Ort zugedeckt 1 Stunde gehen lassen.

8. Das Backblech einfetten und mit Mehl bestäuben.

9. Den Teig nochmals kneten, zu einem Laib formen und auf das Backblech legen. 15 Minuten gehen lassen.

10. Den Laib mit einem Messer leicht einschneiden und mit Wasser bestreichen.

11. Das Brot auf der mittleren Schiebeleiste im vorgeheizten Backofen (E: 220° C, G: 4) 70–80 Minuten backen.
Eine Schale mit heißem Wasser auf den Boden des Backofens stellen.

Gewürztes Bauernbrot

Vorteig:
3 EL Sauerteig-Grundansatz
300 ml Wasser
300 g Roggenvollkornmehl
Hauptteig:
400 ml Wasser
20 g Hefe
500 g Weizenvollkornmehl
200 g Roggenvollkornmehl
2 gestrichene TL Salz
1 gestrichener TL gemahlener Kümmel
1 EL Korianderkörner
1 TL Fenchelsamen
1 TL Anissamen
Zum Bestreuen:
Kümmel oder Koriander
Außerdem:
Fett und Mehl
für das Backblech

Backzeit: 80 Minuten
Schaltung: E: 220° C, G: 4

1. Der Vorteig wird am Abend vor dem Backtag zubereitet. Dafür den Sauerteig-Grundansatz (siehe Kapitel „Grundkenntnisse zum Brotbacken") mit etwas Wasser lösen, das Mehl und das restliche Wasser hinzugeben und alles gut vermengen.

2. Zugedeckt über Nacht ruhen lassen.

3. Am nächsten Tag zuerst 2–3 Eßlöffel des Vorteigs in ein Schraubglas füllen und im Kühlschrank für den nächsten Backtag aufbewahren (= Sauerteig-Grundansatz).

4. Etwas Wasser anwärmen und die Hefe darin lösen.

5. Das Hefewasser, das restliche Wasser, das gesamte Mehl, das Salz und die Gewürze mit dem Vorteig zu einem Teig verarbeiten. Kräftig kneten (mindestens 10 Minuten lang).

6. Den Teig zugedeckt an einem warmen Ort 1 Stunde gehen lassen.

7. Ein Backblech einfetten und mit Mehl bestäuben.

8. Den Teig nochmals gut kneten, dann zu einem Laib formen und auf das Backblech legen. 30 Minuten gehen lassen.

9. Den Laib mit Wasser bestreichen, mit Kümmel oder Koriander bestreuen und das Gewürz leicht in den Teig drücken.

10. Das Brot auf der mittleren Schiebeleiste im vorgeheizten Backofen (E: 220° C, G: 4) 80 Minuten backen.
Eine Schale mit heißem Wasser auf den Boden des Backofens stellen.

Haferbrot

Vorteig:
3 EL Sauerteig-Grundansatz
300 ml Wasser
300 g Weizenvollkornmehl
Hauptteig:
500 ml Wasser
20 g Hefe
700 g feine Haferflocken oder Hafervollkornmehl
20 g Salz
Außerdem:
etwas Wasser zum Kneten
Fett für die Form

Backzeit: 80 Minuten
Schaltung: E: 220° C, G: 4

1. Den Vorteig zubereiten wie im Rezept „Gewürztes Bauernbrot" beschrieben.

2. Zugedeckt über Nacht ruhen lassen.

3. Am nächsten Tag zuerst 2–3

Eßlöffel des Vorteigs in ein Schraubglas füllen und im Kühlschrank für den nächsten Backtag aufbewahren (= Sauerteig-Grundansatz).

4. Etwas Wasser lauwarm erhitzen und die Hefe darin lösen.

5. Das Hefewasser, das restliche Wasser, die Haferflocken bzw. das Hafermehl und das Salz zum Vorteig hinzufügen und alles gut verkneten. 15 Minuten quellen lassen.

6. Nun wird der Teig nochmals geknetet, wobei je nach der Konsistenz des Teigs so viel Wasser hinzugefügt werden muß, daß ein geschmeidiger, weicher Teig entsteht.

7. Zugedeckt an einem warmen Ort 45 Minuten gehen lassen.

8. Den Teig in eine gefettete Kastenform füllen und nochmals 45 Minuten zugedeckt an einem warmen Ort gehen lassen.

9. Den Backofen vorheizen (E: 220°C, G: 4).

10. Auf der 2. Schiebeleiste von unten 80 Minuten backen.

Sojabrot

Vorteig:
2 EL Sauerteig-Grundansatz
200 ml Wasser
200 g Weizenvollkornmehl
Hauptteig:
700 ml Wasser
60 g Hefe
500 g Sojamehl (wahlweise
Sojamehl und/oder Sojaschrot)
200 g Weizenvollkornmehl
100 g Roggenvollkornmehl
10 g Salz
Außerdem:
Fett und Schrot
für die Form

Backzeit: 40–50 Minuten
Schaltung: E: 220°C, G: 4

1. Der Vorteig wird am Abend vor dem Backtag zubereitet. Dafür den Sauerteig-Grundansatz (siehe Kapitel „Grundkenntnisse zum Brotbacken") mit etwas Wasser lösen, das Mehl und das restliche Wasser hinzugeben und alles gut vermengen.

2. Zugedeckt über Nacht ruhen lassen.

3. Am nächsten Tag zuerst 2–3 Eßlöffel des Vorteigs in ein Schraubglas füllen und im Kühl-schrank für den nächsten Backtag aufbewahren (= Sauerteig-Grundansatz).

4. Wird Sojaschrot genommen, sollte man es einige Stunden in Wasser einweichen.

5. Etwas Wasser anwärmen und die Hefe darin lösen.

6. Das Hefewasser, das restliche Wasser, das gesamte Mehl und das Salz zum Vorteig geben. Den Teig kräftig kneten (mindestens 10 Minuten lang).

7. Den Teig zugedeckt an einem warmen Ort 15 Minuten gehen lassen.

8. Eine Kastenform einfetten und mit Schrot bemehlen.

9. Den Teig nochmals kräftig kneten. Dann in die Form füllen. 15 Minuten gehen lassen.

10. Den Backofen vorheizen (E: 220°C, G: 4) und das Brot auf der 2. Schiebeleiste von unten 40–50 Minuten backen.

Brot aus Maismehl

Vorteig:
3 EL Sauerteig-Grundansatz
200 ml Wasser
100 g Roggenvollkornmehl
100 g Maismehl
Hauptteig:
200 ml Wasser
200 g Maismehl
etwas Wasser
10 g Hefe
150 g Quark
200 g Maismehl
100 g gemahlene Haselnüsse
10 g Salz
etwa 200 ml Wasser
Außerdem:
Fett und Maismehl für die Form

Backzeit: 60 Minuten
Schaltung: E: 220°C, G: 4

1. Der Vorteig wird am Abend vor dem Backtag zubereitet. Dafür den Sauerteig-Grundansatz (siehe Kapitel „Grundkenntnisse zum Brotbacken") mit etwas Wasser lösen, das Mehl und das restliche Wasser hinzugeben und alles gut vermengen.

2. Zugedeckt über Nacht ruhen lassen.

3. Am nächsten Tag zuerst 2–3 Eßlöffel des Vorteigs in ein Schraubglas füllen und im Kühlschrank für den nächsten Backtag aufbewahren (= Sauerteig-Grundansatz).

4. Das Wasser zum Kochen bringen und über das Maismehl gießen. 10 Minuten quellen lassen.

5. Etwas Wasser lauwarm erhitzen und die Hefe darin lösen. Das Hefewasser unter den Vorteig rühren.

6. Das überbrühte Maismehl mit dem Quark verrühren. Wenn diese Masse nicht mehr heiß ist, ebenfalls zum Vorteig hinzufügen.

7. Das Maismehl, die Nüsse und das Salz hinzufügen und alles gut verkneten. So viel Wasser dazugeben, daß ein geschmeidiger Teig entsteht.

8. Zugedeckt an einem warmen Ort 45 Minuten gehen lassen.

9. Eine Kastenform einfetten und mit Maismehl bestäuben.

10. Den Teig in die Form füllen und nochmals 60 Minuten an einem warmen Ort zugedeckt gehen lassen.

11. Den Backofen vorheizen (E: 220°C, G: 4).

12. Die Form auf den Kuchenrost stellen und das Brot auf der 2. Schiebeleiste von unten 60 Minuten backen.

Mein Tip

Maisbrote schmecken warm am besten.

Brötchen

Sonntagsbrötchen

Teig:
200 ml Wasser, 100 g Rosinen
100 ml Milch, 40 g Hefe
500 g Weizenvollkornmehl
250 g Magerquark, 2 Eier
150 g Butter, 2 EL Honig
Zum Bestreichen:
1 Eigelb, 1 EL Milch
Außerdem:
Fett und Mehl
für das Backblech

Backzeit: 30–35 Minuten
Schaltung: E: 190° C, G: 3

1. Das Wasser erhitzen und die Rosinen darin quellen lassen.

2. Die Milch anwärmen und die Hefe darin lösen.

3. Die Hefemilch, das Mehl, den Quark, die weiche Butter, die Eier und den Honig zu einem Teig verkneten.

4. Die Rosinen abtropfen lassen und unter den Teig kneten.

5. Zugedeckt an einem warmen Ort 45 Minuten gehen lassen.

6. Ein Backblech einfetten und mit Mehl bestäuben.

7. Aus dem Teig etwa 20 gleich große Brötchen formen und auf das Backblech legen. 15 Minuten gehen lassen.

8. Das Eigelb mit der Milch verquirlen und die Brötchen damit bestreichen.

9. Die Brötchen auf der mittleren Schiebeleiste im vorgeheizten Backofen (E: 190° C, G: 3) 30–35 Minuten backen.

Quarkbrötchen

Teig:
200 ml Wasser
2 gehäufte EL Rosinen
500 Magerquark, 2 Eier
1 Prise Salz, 1 EL Honig
250 g Weizenvollkornmehl
1 P. Backpulver
Zum Bestreichen:
1 Eigelb, 1 EL Milch
Außerdem:
Fett und Mehl für das Backblech

Backzeit: 35 Minuten
Schaltung: E: 200° C, G: 3

1. Das Wasser erhitzen und die Rosinen darin quellen lassen.

2. Den Quark mit den Eiern, dem Salz und dem Honig vermischen.

3. Das Mehl mit dem Backpulver vermischen und zusammen mit dem Quarkteig gut verkneten.

4. Die Rosinen abtropfen lassen und unter den Teig kneten. 20 Minuten ruhen lassen.

5. Ein Backblech einfetten und mit Mehl bestäuben.

6. Aus dem Teig 20 gleich große Brötchen formen und auf das Backblech setzen.

7. Das Eigelb und die Milch verquirlen und die Brötchen damit bestreichen.

8. Die Brötchen auf der mittleren Schiebeleiste im vorgeheizten Backofen (E: 200° C, G: 3) 35 Minuten backen.

Graham-Frühstücksbrötchen

Vorteig:
¼ l Wasser
1 TL Honig
1 Würfel Hefe
3 EL Weizenvollkornmehl
Hauptteig:
400 g Weizenvollkornmehl
½ TL Salz
3 EL Öl
Außerdem:
Fett für das Backblech

Backzeit: 12–15 Minuten
Schaltung: E: 230° C, G: 4

1. Für den Vorteig das Wasser und den Honig zusammen leicht erwärmen.

2. Die Hefe in dem lauwarmen Wasser auflösen.

3. Das Hefewasser mit einem Schneebesen schlagen und dabei das Mehl dazugeben.

4. Diesen Vorteig etwa 30 Minuten gehen lassen.

5. Das Mehl zum Vorteig geben und gut vermengen.

6. Zum Schluß das Salz und das Öl hinzufügen und alles gut verkneten.

7. Den Teig 15 Minuten zugedeckt an einem warmen Ort gehen lassen.

8. Aus dem Teig etwa 12 gleich große Brötchen formen und auf ein gefettetes Backblech legen.

9. Nochmals 15 Minuten gehen lassen.

10. Den Backofen vorheizen (E: 230° C, G: 4) und die Brötchen auf der 2. Schiebeleiste von unten 12–15 Minuten backen.

Kaisersemmeln

Teig:
300 ml Wasser
40 g Hefe
500 g Weizenvollkornmehl
1 gestrichener TL Salz
2 EL Pflanzenöl
Zum Bestreuen:
3 EL Mohn
oder 3 EL Sesamsamen
Außerdem:
Fett für das Backblech

Backzeit: 30 Minuten
Schaltung: E: 225° C, G: 4

1. Das Wasser leicht erwärmen und die Hefe darin lösen.

2. Das Hefewasser mit dem Mehl, dem Salz und dem Öl zu einem Teig verarbeiten und alles gut verkneten.

3. Zugedeckt an einem warmen Ort gehen lasen, bis sich das Volumen etwa verdoppelt hat.

4. Aus dem Teig etwa 15 gleich große Brötchen formen. Die Oberfläche mit Wasser bestreichen und diese Seite in den Mohn oder die Sesamsamen tauchen.

5. Die Brötchen auf ein gefettetes Backblech setzen und mit einem Messer sternförmig einschneiden.

6. Nochmals 20 Minuten gehen lassen.

7. Den Backofen vorheizen (E: 225° C, G: 4) und die Brötchen auf der mittleren Schiebeleiste 30 Minuten backen.
Eine Schale mit heißem Wasser auf den Boden des Backofens stellen.

Rezeptverzeichnis